EL MUNDO
DE LA MÚSICA

EL MUNDO DE LA MÚSICA

Grandes Autores y Grandes Obras

OCEANO

Es una obra de

OCEANO
GRUPO EDITORIAL

EQUIPO EDITORIAL

Dirección: Carlos Gispert
Subdirección y Dirección de Producción: José Gay
Dirección de Edición: José A. Vidal

★ ★ ★

Dirección de la obra: Joaquín Navarro
Dirección técnica: Juan Carlos Moreno
Edición: Elisenda Bachs
Cuerpo de Redacción: Roger Alier, Ramón Andrés,
José Luis Falcó, Cristina Jiménez, Mario Llombart,
Javier Mata, Juan Carlos Moreno, Jaime Radigales, Luis Trullén
Edición del Repertorio: Daniel Carramolino, Joaquín Navarro
Edición de la Guía de la música: Jorge Casanovas, Enrique Nicolás
Locución: Abel Folk
Ilustración: Pablo Centellas, Montse Marcet
Dibujos: Juan Pejoán
Compaginación: Virginia Borra, Nuria Lombarte,
José Luis Moreno, Ángel Sevillano
Diseño externo: Jorge Monte
Diseño interno: Pedro González, Nuria Lombarte, Juan Pejoán
Corrección: Antonio Carrero, Marta García, José Vicente
Colaboradores: Mercedes Establier, Guillermo Navarro
Preimpresión: Pedro Martorell
Producción: Antonio Corpas, Antonio Surís, Alex Llimona,
Antonio Aguirre, Ramón Reñé

© MMII OCEANO GRUPO EDITORIAL, S.A.
Milanesat, 21-23
EDIFICIO OCEANO
08017 Barcelona (España)
Teléfono: 932 802 020*
Fax: 932 041 073
www.oceano.com

ISBN: 84-494-1252-8

Impreso en España - Printed in Spain

Depósito legal: B-50147-XLI

9075600070701

Prólogo

La música, y muy en especial la llamada «clásica», constituye una de las disciplinas más complejas y fascinantes desarrolladas por el hombre a lo largo de su historia. Lejos de tratarse de una materia anclada en el pasado, el auge que este arte ha experimentado en los últimos tiempos en amplias capas de la población, sin distinción de clases sociales ni edades, es un hecho incuestionable. Fenómenos como la excelente acogida de que disfrutan las actuaciones de «Los tres tenores» y otras manifestaciones afines, la proliferación de orquestas y conjuntos de cámara a nivel mundial, y la inusitada actividad discográfica en este campo no hace sino confirmar este aserto. No obstante, y paradójicamente, a pesar del profundo interés que despierta, la música clásica es aún una gran desconocida para un amplio sector del público. En el terreno editorial son escasas las publicaciones que tratan este tema, muchas de las cuales, además, se dirigen a un público de especialistas, iniciado en los aspectos más técnicos de este arte. Con *El mundo de la música* el propósito de OCÉANO es el de poner la música al alcance de todo el mundo de una manera tan comprensible y directa como rigurosa, huyendo de todo tecnicismo innecesario.

La obra —que puede utilizarse como instrumento de consulta, de estudio o simplemente para invertir en ella un rato de ocio—, consta de una parte para leer y una parte para escuchar. Esta última está integrada por un disco compacto titulado *Guía de la música,* que nos introduce de manera interactiva en el mundo de los instrumentos musicales a lo largo de casi 75 minutos de escogidos fragmentos, muchos de ellos grabados especialmente para figurar en el disco.

En lo que respecta a la parte destinada a la lectura, presentada con una clara voluntad pedagógica, el texto general se estructura en varias secciones temáticas, la primera de las cuales estudia la evolución de la música a través de sus géneros, obras y maestros más representativos. La segunda sección, dedicada al complejo universo de las voces e instrumentos, deja paso a una selección comentada de obras maestras del repertorio musical, en la que están representadas no sólo aquellas composiciones que gozan de un amplio eco popular (*Adagio* de Albinoni, *Pequeña serenata nocturna* de Mozart...), sino también otras quizás menos conocidas del gran público, aunque no por ello menos interesantes, debidas, sobre todo, a autores contemporáneos. La tercera sección la compone un diccionario en el que tienen cabida tanto términos del vocabulario musical como nombres de intérpretes y compositores; la cuarta, una cronología comparada. La quinta y última sección la forman los comentarios al disco de la *Guía de la música.*

Así se cierra el contenido de *El mundo de la música,* una obra que esperamos logre su propósito de iniciar al aficionado y servirle de guía, de forma atractiva y amigable, en el fascinante mundo de la música.

LOS EDITORES

Elementos de la obra

HISTORIA DE LA MÚSICA Y SUS COMPOSITORES

Concebida según el sistema de dobles páginas, esta sección sigue un orden cronológico. A cada una de las etapas históricas en que se divide el texto le corresponde un pictograma —en el extremo superior derecho de la página—. Éste aparece destacado en color y tamaño, según la época objeto de estudio. Profusamente ilustrada, todas las imágenes van acompañadas de un epígrafe explicativo.

LOS INSTRUMENTOS Y LA VOZ HUMANA

Estructurada, al igual que la anterior, en dobles páginas, esta sección se divide en dos grandes bloques, dedicados respectivamente a las familias instrumentales y a las tipologías de voces. El primero de ellos va acompañado de una serie de dibujos explicativos de los principales instrumentos. Un pictograma, destacado en tamaño y color, indica en todo momento de qué apartado se trata.

EL REPERTORIO IDEAL

Se ofrece aquí una selección comentada de obras maestras del repertorio musical, tanto tradicional como contemporáneo, clasificadas por géneros —música escénica, orquestal, de cámara, instrumental y vocal y coral—, todos ellos con su correspondiente pictograma. Junto a las ilustraciones de este apartado se adjunta, en algunos casos, la partitura de algún tema musical representativo.

LA MÚSICA DE LA A A LA Z

En este diccionario se recogen voces relativas tanto al vocabulario técnico musical —referidas a parámetros como la notación, la armonía o los distintos géneros y estilos musicales— como a compositores e intérpretes representativos, cuya aportación ha dejado una profunda huella en la historia de la música.

CRONOLOGÍA COMPARADA

En esta sección se ofrece una panorámica del desarrollo de la música a través de las distintas etapas históricas, comparada con el de otras disciplinas: Filosofía y Religión, Artes plásticas, Ciencia y Tecnología, Literatura e Historia.

GUÍA DE LA MÚSICA

El propósito de esta *Guía de la música* es iniciar al lector en los secretos de los instrumentos y de la orquesta. Para ello, el texto se complementa con un disco compacto, cada uno de cuyos *tracks* se explica y desarrolla en las páginas de esta sección, junto con imágenes, dibujos y ejemplos musicales.

◄ *Violinista en la ventana*, de Otto Scholderer.

Sumario

Historia de la música y sus compositores

Organizada según un criterio cronológico, esta sección se divide en diversos apartados correspondientes a las distintas etapas históricas. Cada uno de ellos va acompañado de un pictograma —en el extremo superior derecho de la página— que aparece destacado en color y tamaño, según la época a que se refiere el texto.

Antigüedad

Edad Media

Renacimiento

Barroco

Clasicismo

Romanticismo

Nacionalismo

Posromanticismo

La música moderna

◄ Gustav Mahler dirigiendo una de sus obras, según una pintura de Oppenheimer.

Antigüedad
El origen de la música

La música tiene su origen en la búsqueda del lenguaje, esto es, en la necesidad de comunicación. Las teorías etnomusicológicas, formuladas sobre todo a partir del último tercio del siglo XIX, han tenido que ampliar significativamente en nuestra centuria el marco cronológico a la hora de determinar la antigüedad del fenómeno musical en el hombre: su capacidad de distinguir diferentes alturas de sonidos y la facultad de proceder a la ordenación de éstos, nos remontan a hace unos 40 000 años, cuando el *Homo sapiens* era capaz de imitar los

A la derecha, inscripción sobre basalto que representa a un flautista y un bailarín, hallada en el desierto del norte de África, testimonio del papel que en las antiguas culturas desempeñaba la música como expresión de la identificación del hombre con su medio y lo trascendente.

sonidos de la naturaleza y diferenciarlos de lo que constituía la estructura de su lenguaje. Fue entonces, con el llamado *Homo musicus*, cuando comenzaron a perfilarse las primeras expresiones musicales asociadas a un hecho colectivo: rituales funerarios, cacerías y ceremonias vinculadas a la fertilidad formaban parte de una cotidianidad de la que la música había entrado a formar parte por derecho propio. Estudiosos como Léo Frobenius y Constantin Brailoiu nos recuerdan que el hombre, que concebía el cielo como una bóveda de piedra, deseaba dominar la emisión de sonidos para que resonara en él todo su territorio.

Los primeros instrumentos

No obstante, los primeros testimonios fehacientes del hecho musical no nos llegan hasta el Paleolítico inferior, cuando aquel homínido aprendió a crear utensilios de piedra, hueso y asta con los que lograr sonoridades, ya fuera mediante la insuflación sobre el borde biselado de un hueso, ya fuera entrechocando ese mismo material, o bien frotándolo, como sucede con los rascadores dentados. Así mismo, se procedía a la fabricación de sonajeros, realizados con cráneos o frutas desecadas en los cuales se introducían semillas, a menudo dotadas de carácter simbólico, casi siempre funerario. Y es que estos idiófo-

Una de las más antiguas manifestaciones iconográficas del hecho musical se encuentra en las pinturas neolíticas de la cueva del Tassili, en la actual Argelia. Estas imágenes informan de algunos rituales religiosos en los que la música, y más particularmente la danza, tenía un papel primordial. La identificación entre música y religión es precisamente una de las principales características de esta lejana época de la humanidad.

nos —instrumentos de percusión o de choque— están asociados a un hecho importantísimo que ha ayudado a articular el lenguaje: el ritmo. La duración de los sonidos, o la reiteración de los mismos, muchas veces como imitación del paso o de los latidos del corazón, expresa la concepción de aquellos hombres, que entendieron la existencia de modo circular, cíclico, de la misma manera que lo era la floración de los árboles o la sucesión de los días y las noches. Sorprende, por su perfección, la flautilla hallada en Isturitz, en la Baja Navarra (20000 a.C.), provista ya de unas pequeñas perforaciones laterales que tal vez puedan obedecer a unos primarios orificios de obturación.

Otro elemento característico de la prehistoria es el arco musical, del cual se conservan numerosos testimonios rupestres, la mayoría en los Pirineos, como la célebre pintura de la cueva magdaleniense de *Les trois frères* (Ariège), fe-

A lo largo de la historia, la música ha estado presente en todas las civilizaciones. Las imágenes muestran dos relieves pertenecientes a dos de las culturas más avanzadas que poblaron Mesopotamia: abajo a la izquierda, pareja de arpistas asirios y, a la derecha, un arpista babilonio. La música, a través de un amplio y elaborado número de formas e instrumentos, alcanzó un alto grado de desarrollo en estas dos culturas, cuya influencia se dejará sentir sobre las posteriores, entre ellas la egipcia.

fundido aerófono consistente en una pieza plana de hueso o de piedra, cuyo aspecto recuerda, en efecto, el de un rombo, pero también el de una punta de lanza. En uno de sus extremos se practicaba un orificio para atar una larga cuerda; quien lo manipulaba, volteaba con violencia por encima de su cabeza, con el brazo en alto, con lo que producía un zumbido. Su uso era ritual, y por lo común se empleaba de noche, evocando la voz de los espíritus. Una de sus singularidades, llegado su perfeccionamiento hacia el megalítico (3000 a.C.), consistía en su capacidad de emisión simultánea de dos o tres sonidos, lo cual se lograba tallando los vértices de manera adecuada. Pese a lo primitivo de su principio, se ha mantenido en algunas zonas de Oceanía, África y Europa (en España ha recibido los nombres de *zumbadera*, *bramadera* y *roncador*, y sus vestigios proceden de la cueva murciana de Blanquizares de Lébor).

chada hacia 13500 a.C., que muestra una figura mitad bisonte mitad hombre. En otra cueva, la de Cogul, cerca de Lérida, la escena nos presenta diversas figuras, algunas de ellas portadoras de arcos, otras danzando. La música del arco se conseguía colocando un extremo del mismo sobre los dientes, de modo que la boca actuara de resonador; el tañedor golpeaba la cuerda suavemente con una varilla de hueso o madera, y producía así las notas. Es curioso consignar que el arco musical y la danza aparecen cronológicamente en el mismo estadio de cultura. De igual período geológico es el rombo, un curioso y di-

La música en las antiguas civilizaciones

Es un hecho aceptado que la cuna de la primera civilización musical fueron los fértiles territorios bañados por el Tigris y el Éufrates, el actual Irak, donde el pueblo sumerio, en el IV milenio a.C., asentado en la zona meridional de Mesopotamia, desarrolló una actividad musical de carácter religioso, estrechamente relacionada con la liturgia. Aquella sociedad, en cuyo seno apareció la escritura y en la que se perfeccionaron e impulsaron las artes de la alfarería y la fundición, levantó templos majestuosos en los cuales sacerdotes, astrólogos, matemáticos y músicos elaboraron una compleja hímnica en loa de la divinidad. El empleo de una melodía denominada *kalutu*, peculiar por su reiteración, hace presuponer una especie de canto responsorial entonado por el sacerdote en su primer ciclo y respondido luego por un coro de oficiantes. Y lo que es más importante: la intervención de instrumentos musicales en dichas celebraciones.

Figurilla procedente del archipiélago de las Cícladas (Grecia), hallada en una tumba de Keros, que representa a un tañedor de lira. Perteneciente al III milenio a.C., es uno de los muchos testimonios que atestiguan el alto grado de refinamiento alcanzado por la civilización cicládica durante la Edad del Bronce.

Un rico instrumentario

Resulta llamativa la diversidad y distinta naturaleza de los instrumentos utilizados entre los sumerios, pues hallamos, entre los de viento, flautas (*tigtigi*) y oboes (*abub*), lo cual es indicativo del descubrimiento de la lengüeta, propia de los especímenes de la familia del oboe, en los que el sonido se logra mediante la rápida vibración de la columna de aire y no por el choque de éste sobre un bisel o una embocadura, como sucede en las flautas. Sabemos que los sumerios, al igual que los egipcios, poseyeron una cuidada técnica constructiva, ya que los instrumentos de viento, fabricados muchas de las veces con caña, corregían los posibles defectos de la misma durante su crecimiento. También los cordófonos tuvieron una presencia relevante, sobre todo liras (*algar*) y arpas (*zagsal*) horizontales

Fragmento de una estela que ilustra los ritos de fundación de un templo erigido por el príncipe sumerio Gudea, datada hacia el 2120 a.C. En la parte inferior izquierda se observa la figura de un músico tocando la lira, prueba de la importancia que se daba a la música en este tipo de ceremonias.

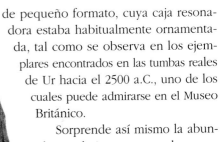

de pequeño formato, cuya caja resonadora estaba habitualmente ornamentada, tal como se observa en los ejemplares encontrados en las tumbas reales de Ur hacia el 2500 a.C., uno de los cuales puede admirarse en el Museo Británico.

Sorprende así mismo la abundancia de instrumentos de percusión presente en la iconografía: platos, estelas, vasos y bajorrelieves atestiguan el uso de un gran tambor (*balag*) y de timbales pequeños (*lilis* y *ub*), así como el empleo de castañuelas rectas y sistros, y los más tardíos címbalos y campanillas. Todo este instrumentario, y también el repertorio litúrgico, fue transmitido a los ulteriores pobladores de las regiones mesopotámicas, entre ellos los asirios, que hacia el 2000 a.C. perfeccionaron las arpas y crearon una especie de primitivo laúd (*pantur*); o los babilonios, pueblo amorita de capital importancia para la evolución musical, ya que, además de ampliar y mejorar el muestrario instrumental, sobre todo en lo referido a los ejemplares del tipo lira, enunció notables teorías musicales estrechamente ligadas a los conocimientos matemáticos y astronómicos. Su influencia marcó sin duda las concepciones cosmológicas y éticas de la música elaboradas mucho tiempo después, en el siglo VI a.C., por Pitágoras —«armonía de las esferas»—, quien es muy probable que conociera directamente a los maestros herederos de la tradición babilónica. Al interpretar los testimonios iconográficos y analizar las posteriores teorías difundidas en Grecia, no es del todo arriesgado suponer que la música de los pueblos mesopotámicos fue en sus inicios pentatónica (escala de cinco sonidos), y que, tras evolucionar, pasó a ser heptatónica (escala de siete sonidos).

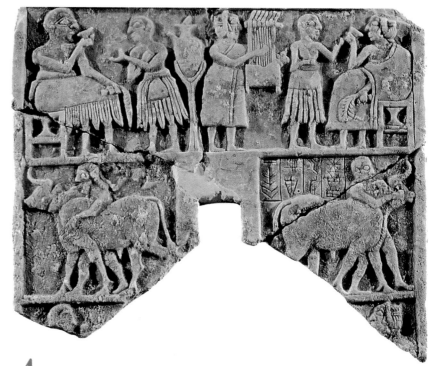

La música en Egipto

Egipto no fue ajeno a todas estas concepciones musicales, y ya desde el Imperio Antiguo (c. 2635-c. 2155 a.C.) la vida musical egipcia fue intensa y por igual importante en los ámbitos civil y religioso. Es significativo que los egipcios llamaran *hy* a la música, es decir, «alegría». Cultivada por todas las clases sociales, conoció una notable evolución en el aspecto instrumental, especialmente en el arpa, aunque también la voz tuvo un gran realce: se asociaba a la divinidad, al aliento como inmaterialidad del alma. El pro-

Arriba, tablilla hallada en Irak, en la que aparece un arpista. Abajo, pintura de la tumba de Nakht en Tebas, en la que se representa a una bailarina acompañada por dos instrumentistas. Mucha de la información de que disponemos acerca de la música en Egipto procede de pinturas como esta.

pio Herodoto recogió en su viaje a Egipto la transmisión de un himno milenario (*Maneros*) y certificó allí el uso de una gama cromática. Los egipcios, como los babilonios, relacionaron las siete notas con los siete planetas. Con el Imperio Nuevo (c. 1550-1080 a.C.), entre las dinastías XVIII y XX, se alcanzó el esplendor musical. Era la época de Nefertiti, Tutankamón y Ramsés II, la era de la monumentalidad de los templos de Abu Simbel, Luxor y Karnak.

La música en la antigua Grecia y en Roma

A diferencia de lo sucedido en las civilizaciones de Mesopotamia y Egipto, la música alcanzó en Grecia un significado artístico similar a como entendemos hoy este término. Es significativo que la voz *mousiké*, de la que deriva la palabra «música», se aplicara no sólo al arte de los sonidos, sino a toda elaboración artística que tendiera a la expresión más elevada. Es decir, la música pasó a ser un elemento de perfección, un instrumento con el que mejorar la conducta y el pensamiento de los hombres; pasó a tener, pues, un contenido ético. No deja de resultar indicativo el hecho de que su florecimiento coincida con el propio de la filosofía, cuando en el siglo VI a.C. la música fue objeto de especulación en un grado hasta entonces no alcanzado.

La «armonía de las esferas»

En el seno de la Grecia arcaica, con Pitágoras a la cabeza, comenzaron los estudios sobre la proporción matemática de los sonidos, lo que hizo concebir la música como una materia, en el sentido de fisicidad. El análisis de la relación entre las distintas alturas sonoras y el establecimiento de unos tipos específicos de escala fueron determinantes para configurar todo un sistema que llegaría a inspirar la concepción armónica de la música en Occidente. Además, Pitágoras, influido por los astrónomos y matemáticos de Babilonia, formuló una teoría cósmica que contemplaba el universo como un espacio armónico, en el cual los planetas emitían un sonido continuo y favorecían un intervalo sonoro análogo a la distancia de las notas de una escala. Según el filósofo de Samos, el sonido más grave correspondía a la Luna, por estar más cerca de la Tierra, mientras que el más agudo pertenecía al ámbito de las estrellas fijas. Según el matemático, los siete planetas guardaban una distancia de un tono, por lo que la escala cósmica estaba conformada por las

Pedestal esculpido a finales del siglo IV a.C. que representa el certamen musical entre Apolo y el sátiro Marsias. Según el mito, este último era dueño de una flauta que había pertenecido a Atenea, instrumento al cual arrancaba los mejores sones, hasta el punto de que llegó a creerse igual a Apolo, el dios de la música. Éste, ofendido, le retó a disputar un certamen que debía dilucidar quién era mejor. Venció la lira del dios y, como castigo por su soberbia, Apolo ordenó que Marsias fuera despellejado.

Reproducción de un vaso griego que muestra a unos intérpretes de lira, instrumento particularmente apreciado en la Grecia clásica.

siete notas. Esta teoría, que también tuvo sus detractores, fue conocida como «armonía de las esferas». Pero la gran aportación pitagórica consistió, sobre todo, en el estudio de las proporciones del sonido: tomando como base un instrumento denominado monocordio, que consistía en una tabla sobre la cual se tensaba una cuerda montada al aire, y que emitía un sonido fijo o fundamental (do), se observó que al acortarse dicha cuerda a la mitad (2/1) sonaba la misma nota, aunque a la octava aguda (do-do'). Cuando la cuerda era acortada en sus dos terceras partes (3/2), sonaba la quinta (do-sol). Así, sobre estos experimentos, Pitágoras y sus continuadores calcularon, y de un modo aceptablemente preciso, el resto de los sonidos que conforman una escala.

Función social de la música en Grecia

Por otra parte, el arte de los sonidos se hizo inseparable de la tragedia y la poesía: la inflexión de la voz, el gesto de los actores y sus movimientos estaban condicionados por la música, a menudo tañida por citaristas y auletas —intérpretes de aulós, una especie de chirimía— que formaban parte de los espectáculos. La música había enseñado a medir el paso, a destacar un pasaje, a mantener el cuerpo en posición expresiva.

No hay que olvidar que los grandes dramaturgos, como Esquilo, Sófocles, Eurípides y Aristófanes, fueron diestros músicos y danzarines, y que los mejores citaristas alcanzaron privilegios sociales que los situaban por encima de los demás músicos y artistas. De hecho, la cítara se convirtió en el emblema musical de la Grecia clásica, puesto que en la época arcaica fue la lira —más ruda y con menores posibilidades so-

Abajo a la izquierda, fresco romano procedente de las ruinas de Pompeya en el que aparece una sacerdotisa tocando los címbalos. A la derecha, la Academia de Platón representada en un mosaico romano: Roma asimiló y adaptó a sus propias necesidades muchas de las teorías musicales de los autores griegos, además de adoptar gran parte de su instrumentario. Es el caso de la cítara y la lira entre los instrumentos de cuerda, o del aulós y la flauta entre los de viento.

La música en Roma

Si observamos los frescos y mosaicos etruscos, comprobamos cómo el instrumentario que se extendió en el mundo romano era propiamente el griego. Puede asegurarse que todos los usos musicales de Grecia fueron asimilados y conservados por Roma, sobre todo a partir del siglo II a.C., cuando la conquista romana fue un hecho. Con todo, muchos filósofos y teóricos musicales latinos denunciaron la decadencia de la música, que había perdido el refinamiento y formaba parte de espectáculos poco edificantes; si, además, tenemos en cuenta el panorama de los citaristas que Petronio describe en el *Satiricón*, siempre con mordacidad y crudeza, vemos que éstos nada tenían que ver con los más sutiles músicos griegos. Sin embargo, frente al declive del gusto musical apareció el contrapeso de los teóricos alejandrinos, entre ellos Nicómaco y Ateneo, quienes rescataron el sentido primigenio de la música en Grecia.

noras que la cítara— el instrumento más cultivado. Junto a los citaristas, gozaron de gran aprecio los cantores, que interpretaban melodías de origen popular, aunque recreadas y refinadas, denominadas *nómoi*, cuya forma admitía la improvisación y la inclusión de breves fragmentos solistas, casi siempre citarísticos.

Edad Media
La liturgia cristiana

La pervivencia de la cultura de los antiguos griegos y romanos determinó el pensamiento y las costumbres de los primeros cristianos, quienes incorporaron a su teología muchos aspectos de la doctrina neoplatónica. La paulatina separación con Oriente, tanto en el aspecto político como en el religioso, desde el siglo V hasta el XI, condujo al olvido casi total de la lengua griega, por lo que fueron desdibujándose las fuentes de un antiguo saber. Sin embargo, se conservó algo muy importante: el espíritu clásico en la cultura. La música no fue una excepción en el modo de transmisión de dicho bagaje.

La música y los primeros cristianos

Dada la interacción entre la música religiosa y la profana en la Antigüedad griega y romana, los Padres de la Iglesia cristiana mostraron un gran escrúpulo y firmeza a la hora de admitir ciertos usos musicales. El propio san Jerónimo denostó el empleo de los instrumentos musicales, y san Agustín, que renunció a terminar su *De musica*, expresa en ciertos párrafos de las *Confesiones* y de *De civitate Dei* sus recelos con respecto al empleo de la música en las reuniones de los cristianos. Precisamente fueron estas reuniones las que dieron pie al nacimiento de una primitiva liturgia, que combinaba las formas helénicas con los salmos judíos de la sinagoga. Las composiciones melódicas con estribillo («antífona» y «responsorio»), que serán el fundamento de la primera música litúrgica, son, efectivamente, una herencia del canto judaico. De nuevo san Agustín nos ofrece un testimonio de ello, al señalar que en los encuentros o las celebraciones se cantaban los salmos de David «con bellas y agradables melodías», y que en dichos cánticos los cantores alternaban sus intervenciones y repetían, generalmente de forma conjunta, el estribillo. También la cantilación de lecturas y plegarias enriqueció aquellas primeras *ecclesiae*. Porque en la cantilación —que consistía en una lectura sostenida, a medio camino entre la melodía y la prosodia, con especial énfasis en la puntuación y la entonación— se encuentran al-

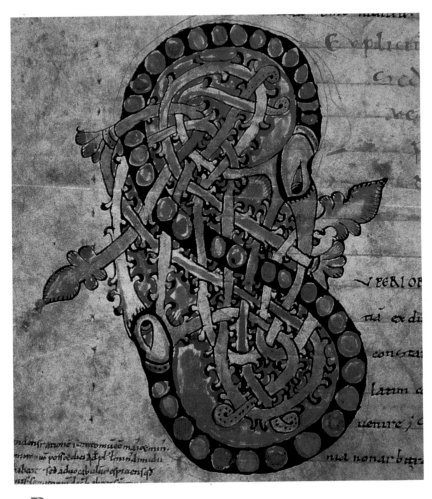

*P*rimera página del *De Musica de Severino Boecio (c. 480-524), tratado que durante prácticamente toda la Edad Media fue considerado la máxima autoridad en materia musical.*

*I*nterior de la Iglesia de Santa María del Naranco, en Asturias, testimonio de una época, los siglos VIII y IX, en que tanto la liturgia cristiana como la música que la acompañaba comenzaron a fijarse según unos criterios definidos.*

gunos de los principios que definirán la música monódica del Occidente cristiano.

El desarrollo de la liturgia

Aunque las obras teóricas de eclesiásticos como Boecio y Casiodoro fueron extraordinariamente importantes, ya que en ellas transmitieron la teoría armónica de los griegos al Occidente latino, el arte de la Iglesia fue el que permitió la práctica y difusión de la «nueva música», que, por otra parte, había incorporado todo el legado del pasado. Su expansión fue rápida si tenemos en cuenta que Constantino permitió las celebraciones cristianas, e incluso favoreció la construcción de santuarios en Jerusalén. Este hecho es trascendental, pues la liturgia se desarrolló precisamente en dichos santuarios, cada vez más numerosos en ese mismo siglo IV. Puede afirmarse que la liturgia de Jerusalén sirvió de modelo a la de Roma. Aquélla se introdujo en la Ciudad Eterna durante el papado de Dámaso I (366-384), y fueron sus sucesores —entre ellos, Gregorio I, que ocupó el solio entre 590 y 604— quienes contribuyeron en gran medida a reformar y unificar los antiguos himnos, una hímnica que la propia Iglesia vio cada vez más, ya superados los recelos, como vehículo ideal para transmitir su espiritualidad. El verdadero impul-

Arriba, Díptico de Boecio, pintura que representa a san Jerónimo, san Agustín y san Gregorio Magno, tres autores que con sus escritos contribuyeron decisivamente a la consolidación del cristianismo y al desarrollo de su liturgia durante el Medioevo. El segundo empezó un tratado sobre la música, que dejó inconcluso debido a los recelos que este arte despertaba en él.

so litúrgico llegó, no obstante, con la implantación del monacato occidental y la aceptación de la *Regla* de san Benito.

Es de destacar que todas las liturgias cristianas, sus distintos ritos —galicano, mozárabe, ambrosiano y franco-romano— se basan en un calendario doble, que tiene en cuenta tanto el año judío como el calendario pagano de Julio César. De modo que empezaron a establecerse oraciones y cantos destinados a las diferentes actividades monásticas, lo cual constituyó una compleja liturgia, descrita ya a finales del siglo IV por una abadesa galaica llamada Etheria, quien en su peregrinación a Tierra Santa nos habla de un auténtico ciclo del Oficio diario, que incluía maitines, laudes, sexta, nona y vísperas. En Cuaresma se añadía tercia, mientras que los domingos el Oficio se ampliaba a la noche, y la hora de laudes era enlazada con la misa semanal. Precisamente la misa fue la mayor fuente litúrgica y la que propició el perfeccionamiento de ésta, pues gozó de una solemnidad especial y, cuando pasó a ser pública, adquirió un carácter «artístico» y una elaboración considerable. Si al principio la misa era cantada semanalmente, a partir del siglo IX se convirtió en una práctica diaria, dada la ampliación del *sanctorale*, cada vez más numeroso y que otorgaba a cada día del año una significación.

Grabado del siglo XVI que representa un Oficio religioso en el monasterio de San Gall (Suiza), uno de los centros desde los que se propagó el canto gregoriano durante la Edad Media. El interés de la imagen radica en la información que proporciona acerca de los usos musicales en la liturgia tardorrenacentista, profundamente influida por la música que se practicaba en la catedral de San Marcos de Venecia.

El canto gregoriano

Se denomina «canto gregoriano» al canto propio de la liturgia romana de la Iglesia católica, herencia de los himnos y cantos entonados en las primitivas iglesias o santuarios cristianos durante los primeros siglos de nuestra era. De hecho, fue a partir de finales del siglo IV cuando empezó una tímida unificación del mismo al cantarse en latín, ya que, anteriormente, la liturgia se celebraba en lengua vernácula; pero durante la siguiente centuria fue cuando este canto, llamado «llano» (*cantus planus*), recibió en Roma una mayor elaboración y sobre todo una unificación, de las cuales surgió un nuevo estilo, más refinado y sobrio, que se basaba en los textos de las Sagradas Escrituras. Se había producido, definitivamente, la síntesis de los cantos de los ritos judíos, griegos y bizantinos.

Este nuevo tipo de canto, siempre monódico y sin acompañamiento instrumental, comenzó a difundirse como *canto romano*, pero a partir del siglo VIII se popularizó como canto gregoriano.

La reforma gregoriana

La explicación de este cambio terminológico responde a la atribución al papa Gregorio I de una importante reforma litúrgica —llevada a cabo casi dos siglos antes de su pontificado— que condicionó sobremanera el repertorio. Hasta el momento, el canto llano había derivado en cuatro grandes escuelas o estilos, correspondientes a las diversas liturgias: el canto galicano, cultivado en las Galias; el canto ambrosiano, surgido en Milán y llamado así en honor de su impulsor, san Ambrosio; el canto visigótico-mozárabe, propio de la península Ibérica, y el citado canto romano. La verdadera contribución de Gregorio I habría consistido, seguramente, en la codificación y fijación de textos y melodías, y su aplicación al calendario litúrgico. Esta voluntad papal se vio reflejada en el llamado *Antiphonarium cento*, una recopilación que sirvió de modelo a los sucesivos antifonarios. El hecho de que Carlomagno llevara a término en el siglo IX una política de expansión, favoreció la implantación del canto gregoriano en detrimento de las dos liturgias que hasta entonces gozaban de un fuerte arraigo, la galicana y la mozárabe. La nueva espiritualidad, pues, encontró un instrumento idóneo para su difusión, y aún más cuando, coincidiendo con la presencia carolingia, llegaron los primeros intentos fructíferos de notación. Porque hasta entonces, la música, memorizada por los cantores, era transmitida oralmente.

Esplendor y decadencia

Este segundo período del canto gregoriano estableció el ordinario de la misa (kyrie, gloria, credo, sanctus y Agnus Dei) y amplió de forma

San Gregorio en una miniatura medieval. A este papa se atribuye la ambiciosa reforma litúrgica que, en el campo musical, dio lugar a la codificación de textos y melodías que hoy conocemos como «gregorianos».

El canto gregoriano desplazó pronto otros estilos litúrgicos regionales para ocupar un puesto de privilegio en la música de la Iglesia, incluso tras el advenimiento de la polifonía. En la ilustración, introito de la Misa de Epifanía, según un misal del monasterio de Pedralbes de Barcelona.

extraordinaria el número de melodías, muchas de ellas surgidas de las iglesias abaciales francesas, germánicas e italianas, aunque también ibéricas, éstas en especial procedentes de Toledo, León, Ripoll y Gerona. Puede afirmarse que durante el reinado de Carlomagno el canto gregoriano conoció su momento de máximo esplendor, al menos si pensamos en la vasta y original constitución del repertorio y en la pureza estilística, ya que, paulatinamente, por el influjo de la entonces naciente polifonía, el *cantus planus* perdió algo de su naturaleza al incorporar, aunque con timidez, algunos recursos propios de la nueva técnica. Sabemos que esta decadencia fue un hecho si nos atenemos al estudio de muchos cantorales de los siglos XV y XVI, en los cuales advertimos algunas relaciones contrapuntísticas —propias de la polifonía— y un buen número de melodías mutiladas.

La propia *Editio medicea* (1614-1615), fruto de una tradición hasta entonces reciente y considerada la más importante del momento, presenta muchas de estas peculiaridades, toda vez que la música está fijada mediante compases, olvidando así una de las características esenciales del canto gregoriano: la libertad rítmica. Esa misma colección fue reimpresa en 1871 con el título de *Editio ratisbonensis*, con lo que los errores y defectos siguieron perpetuándose. Sólo a partir de las investigaciones musicológicas del siglo XX, que han conducido al conocimiento de las fuentes, se ha podido recuperar, si no totalmente, sí una parte del espíritu del canto gregoriano, una tarea comenzada a finales del siglo XIX por los monjes benedictinos de Solesmes, en Francia, cuya labor fue fundamental para la confección de la *Editio vaticana* de 1905, que, si bien en la actualidad ha sido superada, recoge unas 3 000 melodías, todas ellas sin ninguna indicación rítmica.

*E*l canto fue el elemento indispensable en todas las ceremonias eclesiásticas, ya fuera en sus formas de oración o de alabanza a Dios, tanto por parte de los oficiantes (ilustración superior) como de la comunidad de creyentes reunidos en el templo. En la imagen inferior se ve una miniatura en la que se representan unos monjes leyendo un cantoral. Esta miniatura nos permite observar el tetragrama, las cuatro líneas sobre las que se escribían las notas musicales hasta la aparición, a finales del siglo XV, del pentagrama, aún de uso en la actualidad.

Los orígenes de la polifonía

Aunque la polifonía suele asociarse a un hecho evolutivo de la música occidental, no constituye, en realidad, una peculiaridad exclusiva de la música culta propia de la Europa medieval. La búsqueda de un efecto sonoro capaz de producir de forma simultánea varios sonidos es algo inherente a muchas civilizaciones. Si nos remitimos al arte de Occidente, hallamos numerosas pruebas de que en Grecia y Roma —cuya música era esencialmente ho-

mofónica— había una tendencia a la ejecución de pasajes en los que intervenían diversos dibujos melódicos emitidos a un mismo tiempo. Por otra parte, ¿cómo explicar la existencia de un órgano primitivo, instrumento polifónico por excelencia, llamado *hydraulikón* entre los griegos, *hidraulus* entre los romanos? En realidad, los músicos persiguieron desde antiguo el establecimiento de fórmulas que dieran riqueza a sus creaciones: una de ellas era conseguir el movimiento paralelo de notas a distinta altura, casi siempre sobre la base de una larga nota, llamada bordón o pedal, al estilo de la gaita. Este principio, o mejor dicho, su perfeccionamiento, fue lo que llevó a los compositores de la Edad Media a desarrollar un arte polifónico muy ela-

A la izquierda, ilustración del siglo XIII que recrea la llamada «mano de Guido», en referencia a un método establecido por Guido de Arezzo para memorizar notas y melodías mediante el uso de sílabas.
A la derecha, grabado de la catedral gótica de Notre-Dame de París, sede de una escuela que había de revolucionar la práctica musical a partir del establecimiento de la polifonía.

borado, regido por reglas matemáticas y fruto de una investigación de las proporciones del sonido. En este aspecto, los primeros ejemplos de polifonía los hallamos en dos tratados escritos a finales del siglo IX, titulados *Musica Enchiriadis* y *Schola Enchiriadis*.

El arte del *organum*

El nombre de este nuevo arte nacido en el ámbito monacal francés, concretamente en Saint Martial de Limoges, es el de *organum*, llamado así por analogía con el instrumento, capaz de emitir, como se ha dicho, varios sonidos a la vez. Esta técnica consistía en superponer dos (*dupla*), tres (*tripla*) o cuatro voces (*quadrupla*) cantadas de forma paralela a una distancia de quinta (por ejemplo do-sol), cuarta (do-fa) u octava (do-do'). Con el avance de los *organa* se llegó, a mediados del siglo XII, a concebir un tipo de composición caracterizada por el uso de una voz principal (*tenor*), que servía de juego a las restantes para dar estructura a la obra. Dicha estructura estaba cimentada sobre los principios del contrapunto (*punctum contra punctum*), es decir, «nota contra nota».

El *Ars antiqua*

El florecimiento del *organum* tuvo lugar entre los maestros de la llamada Escuela de Notre-Dame, en París, sobre todo con las aportaciones de Magister Alberto (fl. c. 1147-c. 1180), Léonin (fl. c. 1163-1190) y Pérotin (c. 1200), autores de un extraordinario repertorio de *organa* que evolucionó hacia una de las formas más definitorias del arte medieval, el motete, sin el cual no se explica el *Ars antiqua*, una corriente que abarca un período comprendido entre, aproximadamente, 1240 y 1325. Esta denominación, acuñada hacia 1320 quizás por Jacobus de Lieja (c. 1260-1330), surgió como oposición al *Ars nova*, un nuevo modelo compositivo que significó una fractura en la música medieval y dejó el camino abierto a la futura música renacentista. Ciertamente, el motete (del francés *mot*, palabra, o *motet*, estribillo o verso) tuvo una importancia capital, ya que supuso para los músicos un auténtico campo de pruebas tanto en los aspectos rítmicos como en los contrapuntísticos. Solía cantarse después del canto gregoriano, una vez terminado el servicio religioso, si bien a principios del siglo XIII era ya usual fuera de las iglesias y con unos textos en lengua vulgar.

También, y junto al motete, fue de esencial relevancia el *conductus*, nacido en Notre-Dame para acompañar los actos procesionales. Generalmente escrito a tres voces, era de carácter sacro aunque no litúrgico —en ocasiones su melodía principal era una canción trovadoresca—, y, como sucedió con el motete, adquirió un contenido profano, muchas veces festivo, otras, moralizante o impregnado de sátira política.

Entre los nombres más conspicuos del *Ars antiqua* encontramos los de Johannes de Garlandia (fl. c. 1240), autor de *De mensurabili musica*; Franco de Colonia (fl. c. 1280), recordado por el trascendental *Ars cantus mensurabilis*; Hieronymus de Moravia (fl. c. 1272-1304), conocido por su *Tractatus de musica*; Johannes de Grocheo (c. 1300), a quien debemos el *De mu-*

La polifonía iba a ser el sello distintivo de la Baja Edad Media, hasta el punto de convertirse en el equivalente exacto de las grandes construcciones góticas. En la imagen, miniatura entresacada de un manuscrito del siglo XV que muestra a un grupo de cantantes e instrumentistas mientras entonan un canto a varias voces.

sica; Walter Odington (fl. c. 1298-1316), con *De speculatione musices*; y el referido Jacobus de Lieja, artífice del *Speculum musicae*, todos ellos incansables estudiosos de la música, tratadistas y compositores que dieron un nuevo sentido al arte musical y cuya aportación se hará sentir en los dos siglos posteriores.

A la derecha, fragmento de notación musical cuadrada, perteneciente a **Los hermanos de la Fraternidad de Santa María de la Caridad**, *de 1365. Hasta la eclosión de la música trovadoresca en los siglos XIII y XIV, la única manifestación musical que ha llegado hasta nosotros es la eclesiástica.*

El *Ars nova*

Uno de los momentos cruciales de la historia de la música en Occidente lo constituye el *Ars nova*, una corriente estética que debe su nombre a un tratado homónimo de Philippe de Vitry (1291-1361), fechado hacia 1320, en el que aparece por primera vez una figura o nuevo valor musical denominado *mínima*, que venía a desempeñar en el sistema musical de entonces algo así como el papel de nuestra semicorchea. Si al poco tiempo surgió la *semimínima*, podemos suponer la revolución que significó, ya que la música adquirió mayor movilidad, rapidez y articulación, rompiendo así con la rigidez y linealidad del *Ars antiqua*. Por decirlo de algún modo, el movimiento impulsado por Vitry se alejó un tanto del carácter especulativo propio de los siglos anteriores, y pasó a tener un aliento más «artístico». Sin embargo, ese valor, que iba a conmocionar el mundo de la música, no fue invención de dicho compositor, sino, como aseguran las últimas fuentes musicológicas, obra de un maestro, cuyo nombre desconocemos, adscrito a la corte de Navarra. Algunos indicios de estas aportaciones revolucio-

El Ars nova no sólo fue patrimonio de Francia, sino que gozó también de un alto predicamento entre los músicos italianos del siglo XIV. De entre ellos, uno de los más famosos fue el florentino Francesco Landini, cuyo retrato, reproducido en el Codice Squarcialupi, *vemos aquí. Su maestría técnica lo convierte en uno de los fundadores de la escuela musical de Italia.*

Abajo, dos páginas del llamado Códice de Montpellier, *manuscrito que recoge una amplia colección de motetes de la escuela de Notre-Dame de París. Obsérvese que la parte del tenor aparece escrita en el extremo inferior de la página, separada del resto.*

narias aparecen en un tratado algo anterior al *Ars nova*, el tratado *Notitia artis musicae* de Johannes de Muris (c. 1300-c. 1350), quizás de 1319. Pero fue el texto de Vitry el que permitió difundir tan radical novedad, y tanto es así, que el título de su tratado llegó a convertirse en un lema para todos los músicos de vanguardia de la primera mitad del siglo XIV. Los avances del compositor francés no consistieron únicamente en la introducción de la *mínima*, pues indicó, mediante el empleo de notas de color rojo, la distinta duración de las mismas, toda vez que sugirió el uso de diversos signos ideados para que el lector tuviera una guía del compás o los compases en que estaba escrita la composición.

◼ Un músico innovador: Machaut

Por más que se atribuya a Vitry la invención de algunas fórmulas poético-musicales, como el lai y el rondó, lo cierto es que de éste sólo se conserva una docena de motetes, de modo que los primeros ejemplos en el más puro estilo del *Ars nova* se deben al músico acaso más importante del siglo XIV, Guillaume de Machaut (c. 1300-1377): sus lais, motetes, rondós, baladas y la *Misa de Notre-Dame* propiciaron una nueva forma compositiva que se expandió por toda Europa. Se da la circunstancia de que dicha *Misa* —posiblemente escrita para festejar el acceso al trono del francés Carlos V en 1364— es la pri-

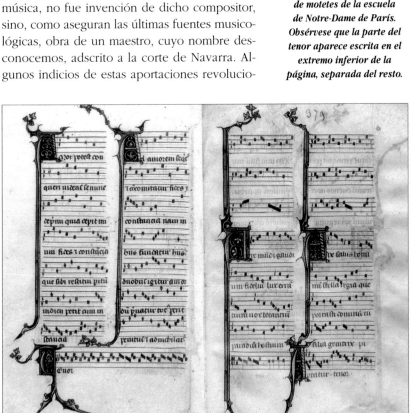

cia y Bolonia, los compositores más sobresalientes se dividieron en tres generaciones consecutivas e igualmente trascendentes: la primera con Giovanni da Cascia (fl. 1340-1350), Jacopo da Bologna (fl. 1340-1360), Gherardello da Firenze (c. 1320-1362) y, quizás por encima de éstos, Francesco Landini (c. 1325-1397), organista ciego, florentino, y autor de una música depurada capaz de equipararse con la mejor producción francesa. Junto a éstos destacaron como teóricos Marchetto da Padova y Prosdocimo de Beldemandis, quienes trataron de aligerar el recargamiento de la escritura polifónica y defendieron una mayor libertad y presencia del elemento melódico. Las dos siguientes generaciones, a finales del siglo XIV, representadas por Philipoctus de Caserta (fl. c. 1370), Anthonello de Caserta (c. finales siglo XIV) y Matheus de Perusio (m. 1418), ayudaron a delinear un estilo mucho más complejo y avanzado, un poco hermético, que hoy se denomina *Ars subtilior* y que tuvo entre los maestros franceses a Solage (fl. 1370-1390), Trebor (fl. 1390-1410) y Jacob de Senleches (fl. 1378-1395), verdadera piedra de toque para una música de nuevo procedimiento, que teñirá buena parte del arte del siglo XV, la época en que los franco-flamencos crearon sus grandes monumentos sonoros: los nombres de Guillaume Dufay, Jakob Obrecht y Josquin Desprez, entre otros, serán el mejor puente hacia una música que hallará su esplendor en la Italia del siglo XVI, la de Miguel Ángel y Tasso.

mera debida a un único autor, es decir, que todas las secuencias fueron creadas por Machaut, con la particularidad de que está compuesta para cuatro voces, lo cual también constituye una novedad. Y algo importante: su *Agnus Dei* presenta un marcado carácter isorrítmico, esto es, la convergencia de distintos fragmentos rítmicos preestablecidos en una misma composición, algo que el propio Machaut —y aun Vitry— había empleado antes en sus motetes.

Guillaume de Machaut fue el gran representante del Ars nova. *En la imagen, miniatura de una edición del siglo XIV de una de sus obras.*

La expansión del *Ars nova*

El *Ars nova*, si bien fue un movimiento esencialmente francés, como también lo había sido el *Ars antiqua*, tuvo especial proyección en Italia, lo que ayudó a perfilar una especie de prerrenacimiento, tan fructífero como importante para la música de los siglos inmediatos. A diferencia del repertorio francés, la polifonía del *Trecento* italiano fue en su mayoría profana, expresada bajo varias y refinadas formas, como el madrigal, la *caccia* y la *ballata*. Si los centros principales del *Ars nova* italiano fueron Floren-

Ilustración entresacada de una Biblia de hacia 1250, en la cual aparece un grupo de músicos durante una fiesta cortesana. Miniaturas como esta son imprescindibles por la información que proporcionan al estudioso acerca del instrumentario usado en la época.

La música profana: juglares y trovadores

Uno de los grandes tesoros de la lírica trovadoresca en España lo representan las Cantigas de Santa María, compiladas por Alfonso X el Sabio durante la segunda mitad del siglo XIII. Su valor no es sólo musical o poético, sino también artístico e histórico: las miniaturas que acompañan los manuscritos, como estas que vemos a izquierda y derecha, aportan una información utilísima desde el punto de vista organológico, además de constituir un auténtico placer visual.

Los escritores eclesiásticos de la Alta Edad Media se refieren con profusión a los nombres de *mimi* e *histriones*, para indicar unos artistas procedentes del teatro romano que llevaban su arte por los caminos de la Europa del siglo VI, con espectáculos no siempre decorosos. Malabaristas, rapsodas satíricos, domadores de simios y cabras, que de todo hacían escarnio y saltaban y cantaban divirtiendo a las gentes. Aquellos rudimentarios artistas fueron conocidos, ya en el siglo VII, como *jocularis* —de *iocularis*, divertido, gracioso—, es decir, una persona que divertía con sus artes y ocurrencias. Pero ya hacia el siglo X, una parte de aquella dinastía de desheredados, como los llamaba Ramón Menéndez Pidal, aprendió a tocar instrumentos con cierta habilidad y a cantar canciones de gesta. Precisamente, éste es el tipo de juglar citado en las *Partidas* de Alfonso X el Sabio, cuyas *Cantigas de Santa María* nos permiten observar en sus miniaturas un buen número de juglares tañendo los más diversos instrumentos: salterios, flautas, albogues —de lengüeta—, arpas, laúdes, trompas, rabeles y zanfonías, entre otros. Su papel fue importantísimo si pensamos que contribuyeron a difundir la lengua vulgar, un hecho vital para el desarrollo de la literatura europea. De castillo en castillo, de ciudad en ciudad, aquellos músicos ambulantes, algunas

veces autores de sus propias canciones, cada vez más distantes de la juglaría de ademanes grotescos, fueron cultivando con rigor la música y las letras. En *Daurel et Beton*, una novela provenzal, se nos dice que su protagonista es un ejemplo perfecto de juglar, distinguido y cortesano, que sabe tocar la vihuela y el arpa, trovar, cantar *chansons de geste* y lais de amor. Es el tipo juglaresco del que nos habla don Juan Manuel, al describir los placeres de que todo hombre puede gozar: «heredades e huertas muy fermosas, cavallos et mulas et aves et canes et tomar plazer, et joglares para le fazer alegria et solaz».

La tradición trovadoresca

Sin embargo, poco a poco el juglar estrechó la colaboración con un artista de rango superior, el trovador —del provenzal *trobar*, encontrar,

De origen aristocrático, los trovadores fueron uno de los elementos distintivos del arte profano de las cortes medievales. Poetas, compositores e intérpretes crearon una lírica refinada, en ocasiones hermética, siempre de un acusado preciosismo, en que las invocaciones a la mujer amada —protagonista absoluta de sus composiciones— simbolizaban al mismo tiempo la sumisión del noble a su señor feudal. En la imagen, Bernart de Ventadorn, uno de los trovadores más apreciados.

en el sentido de crear, hallar nuevas formas musicales y poéticas—, que era quien componía las canciones, mientras que el juglar las cantaba. Aunque éste podía ascender, si dominaba las artes de la versificación y de la música y adquiría modales refinados, al rango de trovador, como es el caso de Gaucelm Faidit (fl. 1180-1216). Contrariamente al juglar, el trovador era por lo general de origen aristocrático, hombre culto y casi siempre laico. Entre los 350 trovadores registrados en el sur de Francia, desde Burdeos hasta Génova, desde Clermont-Ferrand a Lérida, encontramos cinco reyes, otros tantos marqueses, condes, vizcondes, barones y nobles señores... Su denominador común fue la utilización de la lengua provenzal y el profuso cultivo de la canción amorosa, cuya naturaleza fue determinante para la evolución del arte monódico.

Entre los trovadores más señalados encontramos a Guilhem de Poitiers (1071-1126), Marcabrú (fl. 1125-1248), Bernart de Ventadorn (fl. 1147-1170), creador de una de las más bellas canciones trovadorescas, *Can vei la lauzeta mover*, luego rememorada por Dante; Guilhem de Berguedá (fl. 1138-1192), Arnaut Daniel (fl. 1180-1195), Bertran de Born (fl. 1159-1215), a quien debemos *Si tuit li dol e.lh plor e.lh marrimen*; y dos trovadores de vida azarosa, Raimbaut de Vaqueiras (fl. 1180-1225), famoso por su *Kalenda maia*, y Peire Vidal (fl. 1183-1204), autor de *De chantar m'era laissatz*.

■ *Trouvères* y *Minnesinger*

Tanto fue el influjo ejercido por los trovadores, que en el norte de Francia surgió un modelo análogo, el de los *trouvères*, cultivadores, al igual que aquéllos, de la poesía y doctrina corteses. Refinados, buenos músicos, grandes señores, imitaron a los artistas del sur, aunque en lengua de oïl y no en provenzal (lengua de oc). Ciertamente, su calidad no fue inferior, tal como lo demuestran las obras de Chrétien de Troyes (fl. 1160-1190), Ricardo I Corazón de León (1157-1199), Blondel de Nesle (fl. 1175-1210) o Teobaldo de Navarra (Thibaut IV de Champagne, 1201-1253), cuyo *Ausi conme unicorne sui* constituye una de las muestras más altas de los *trouvères*. No hay que olvidar a dos de los artistas más valiosos de esta escuela francesa, Colin de Muset (fl. 1234-1254) y Adam de la Halle (fl. 1255-1288).

Por último, como proyección de los trovadores y *trouvères* —troveros en castellano—,

Miniatura de un manuscrito alemán fechado alrededor de 1320, que representa al Minnesinger Heinrich von Meissen acompañado de otros poetas y músicos. Partiendo de la tradición trovadoresca, los Minnesinger llevaron la temática amorosa de sus canciones a su máximo esplendor.

surgieron en Alemania, algo más tardíamente, los *Minnesinger* —cuyo origen era, como en el caso de los franceses, aristocrático—, artistas que dieron a la lírica amorosa una notable perfección. El primero de los *Minnesinger*, cronológicamente hablando, fue el Señor de Kürenberg (fl. 1150-1170), y aunque hubo creadores de extraordinario mérito, como Heinrich von Veldeke (fl. 1190) y Neidhart von Reuenthal (fl. 1219-1246), el más famoso fue Walther von der Vogelweide (c. 1170-c. 1230), autor de *Owê war sint verswunden*.

Renacimiento
La edad de oro de la polifonía

El siglo XV fue determinante para la evolución musical, tanto en el aspecto artístico como en el ideológico. La aparente sensación de equilibrio que hoy nos transmite la música del Renacimiento no responde en realidad a los hechos, ya que la Iglesia y el mundo laico empezaron a enfrentarse y a imponer cada cual de modo intransigente sus respectivos criterios.

Miniatura del siglo XV que representa un diálogo entre dos de los más prestigiosos representantes de la escuela polifónica franco-flamenca, Guillaume Dufay y Gilles Binchois.

◼ Humanismo y Reforma

La crítica de los eclesiásticos a los cromatismos y a las audacias armónicas favoreció el desarrollo de un arte profano que hasta aquel momento había ido a remolque de la música sacra. Es muy significativo que, en el caso de la polifonía, la Iglesia defendiera la tradición medieval, cuya concepción respondía a un concepto matemático e «intelectual», mientras que el humanismo perseguía el realce del texto, casi siempre de tema amoroso o moral, mediante técnicas polifónicas, lo que obligaba a una flexibilización de las formas en bien de la expresión textual. Con ello, la polifonía vivió una evolución hacia modelos más libres y abiertos, lo cual originó una corriente opuesta y diferenciada con respecto al arte eclesiástico. Sin embargo, y paradójicamen-

*A la derecha, el frontispicio del **Missarum liber primus** de Giovanni Pierluigi da Palestrina, editado en Roma en el año 1554. Abajo, representación de una procesión nupcial, extraída de un manuscrito italiano de finales del siglo XIV. El rico instrumentario que se muestra da cuenta del alto nivel de refinamiento a que en Italia habían llegado este tipo de actos y ceremonias.*

IOANNIS PETRI
Loisij Praenestini in basilica
S. Petri de vrbe cappellae
Magistri
MISSARVM LIBER PRIMVS

te, la Reforma impulsó una música religiosa que otorgaba importancia al uso de la lengua vernácula y a la dulcificación de las estructuras musicales, cosa que en nada contradecía los preceptos humanistas, tan proclives a favorecer la palabra. Tampoco los contrarreformistas discrepaban de este planteamiento, pues deseaban que la música alcanzara la sencillez para que «llegara con claridad a los oídos y a los corazones de los fieles». En realidad subyacía un pro-

blema de entendimiento, originado por varios factores, entre las diversas corrientes teológicas e ideológicas que recorrieron Europa durante más de una centuria y media. Cuando todavía a mediados del siglo XVI se albergaban esperanzas —sostenidas, entre otros, por Carlos V— de que las discrepancias entre católicos y protestantes pudieran desaparecer, éstas se desvanecieron con el Concilio de Trento, que supuso la radicalización de las posiciones católicas. Estas divisiones religiosas fueron también nacionales, y, por supuesto, artísticas.

En lo tocante a la música, emprender una sola dirección era imposible, dada la rica herencia medieval, muy valiosa a partir del *Ars nova*; de ahí que resulte apasionante observar la evolución y la multiplicidad de estilos acontecidos a partir del siglo XV, cuya intensidad sólo decrecerá a finales del siguiente, con el florecimiento de las formas instrumentales, la danza y, sobre todo, el teatro.

La madurez de la polifonía

Fue la polifonía la que protagonizó la mayoría de las tensiones y los desacuerdos, pero tal vez ello fue la causa de que la técnica contrapuntística alcanzara una incontestable madurez. Desde principios del siglo XV surgió en Borgoña una escuela que llevó al extremo el *Ars nova*, al que aportó numerosas novedades, algunas de ellas procedentes de Inglaterra, donde John Dunstable (c. 1390-1453) contribuyó a madurar la importante técnica llamada *fabordón*, que consistía entonces en escribir las voces en un acorde de tercera y de sexta, con una melodía dada destinada a la voz más grave. Esta tendencia derivó hacia la llamada escuela franco-flamenca, cuyos integrantes llevaron hasta lo inaudito las formas compositivas hasta entonces existentes, tanto en el aspecto sacro como en el profano, y cuya aportación fue el germen de muchas formas vocales florecientes en los días renacentistas.

El primero y más importante de sus representantes fue Guillaume Dufay (c. 1400-1474), quien afirmó el estilo *a cappella*, sintetizó los estilos de Francia, Flandes e Inglaterra y sistematizó la Misa cíclica, a la que añadió algunos elementos armónicos de la música profana. A éste siguieron Johannes Ockeghem (c. 1410-1497) y Jacob Obrecht (c. 1450-1505), aunque el músico más ilustre de su generación fue Josquin Desprez (c. 1440-1521). Se da la particularidad de que muchos de los maestros franco-flamencos

Nacida durante la Edad Media, la polifonía fue el gran estilo musical del Renacimiento. De este modo, a diferencia de lo sucedido en las artes plásticas o la literatura, no puede decirse que hubiera una ruptura entre la música medieval y la de los siglos XV y XVI. No será sino hasta el triunfo de la monodia acompañada a finales de este último cuando se abra una nueva etapa. En la ilustración, miniatura tardomedieval procedente de un manuscrito francés.

trabajaron en Italia, entre ellos Adrian Willaert (c. 1490-1562), Cipriano de Rore (1515-1565) y Orlando di Lasso (1532-1594), artistas que llevaron las formas polifónicas a su más alta expresión, y propiciaron nuevos procedimientos compositivos, pues se vieron influidos por la música italiana, menos dada a la consonancia y al equilibrio formal pero más rica en cromatismos, precisamente por influencia del humanismo, que persiguió la igualdad entre palabra y música. En Italia, el compositor más vinculado a los preceptos de los franco-flamencos fue Giovanni Pierluigi da Palestrina (c. 1525-1594), que concilió las disonancias y las consonancias y dio una gran libertad al contrapunto. Junto a Lasso y Tomás Luis de Victoria (1548-1611), se le considera el más alto polifonista del siglo XVI.

El madrigal

El madrigal del siglo XVI refiere una forma vocal que presenta pocas concomitancias con el madrigal de la Edad Media, nacido del *Ars nova* italiano, con tema amoroso o pastoril y en lengua vernácula, a lo que debe su denominación: madrigal procede de *matricale*, «lengua materna».

Orígenes y evolución de la forma

En el XIV, esta composición poético-musical tenía la complejidad propia de la polifonía escrita a dos o tres voces isorrítmicas. Cantada en días de fiesta y júbilo, solía acompañarse con uno o dos instrumentos, que habitualmente realizaban el mismo dibujo que la voz superior vocal. Pero ya en el primer tercio del siglo XVI, la palabra madrigal se aplicó a una creación próxima a la *frottola*, una forma de gran arraigo en Italia desde finales del siglo XV y que, escrita a cuatro voces, tenía un carácter estrófico, a la manera del villancico español. El protagonismo de la línea superior se acentuó en la *frottola* hasta tal punto que no pocas veces

*E*scritos a tres o cuatro voces, los madrigales basaban su música en textos de los más famosos poetas de la época. Arriba, una familia cantando madrigales.

era cantada sólo por dicha voz, mientras que las restantes eran reemplazas por instrumentos. Sin embargo, el madrigal renacentista italiano perdió el uso de la estrofa y tendió a una mayor expresividad gracias al refuerzo y la libertad del ágil tejido contrapuntístico: ahora, hacia 1540, el madrigal contaba ya con cinco voces, aunque ninguna de ellas predominaba sobre las otras. La solución expresiva consistió en dar más movilidad a toda la estructura, dividida por secciones, y en potenciar la interrelación vocal. Se trataba de recursos procedentes de la música sacra, terreno éste en el que sobresalieron muchos de los primeros madrigalistas, como Cipriano de Rore y Palestrina. No obstante, la generación

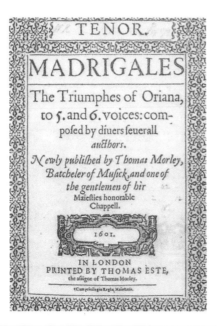

*F*rontispicios de dos colecciones de madrigales debidas a dos de los más importantes cultivadores del género: de izquierda a derecha, **Il primo libro de madrigali a sei voci**, del veneciano Andrea Gabrieli, y **The Triumphes of Oriana**, **a cinco y seis voces**, del británico Thomas Morley. Aunque extendido en toda Europa bajo diferentes denominaciones, en Inglaterra e Italia fue donde este tipo de composición gozó de mayor predicamento. En Italia, precisamente, floreció la tríada de músicos que llevarían el madrigal a su máximo esplendor: Luca Marenzio, Gesualdo da Venosa y, sobre todo, Claudio Monteverdi.

siguiente aportó al madrigal la sensualidad propia de los *affetti*, carácter que prevaleció hasta el último tercio del siglo XVI: la complacencia amorosa, la visión hedonista, la melancolía, la «feliz» resignación del destino humano, pasaron a oscurecer sus colores y a adquirir un pesimismo que influirá de modo determinante en la visión racionalista del mundo propia del siglo XVII.

La búsqueda de la expresividad

El madrigal, ese campo de los afectos, no fue ajeno a dicho cambio, por lo que se acentuó sobremanera el cromatismo —rompiendo así la sensación de estabilidad melódica—, se intercalaron pasajes rápidos y se hicieron cada vez más frecuentes y profundas las disonancias, lo que parecía concordar mejor con los dolientes poemas de Bernardo y Torquato Tasso que les servían de base. Estos rasgos generales caracterizaron el mejor momento madrigalístico, encarnado por Luca Marenzio (1553-1599), Gesualdo da Venosa (c. 1561-1613) y Claudio Monteverdi (1567-1643). El primero de ellos, gran lector de Petrarca y amigo del mencionado Tasso, el autor de *Jerusalén libertada*, contribuyó definitivamente a que el madrigal adquiriera su plena madurez. Artífice de una estructura perfecta, logró, mediante una refinadísima polifonía, un admirable equilibrio entre texto y música: su sorprendente invención melódica, la facilidad para los desarrollos armónicos, la magistral variedad rítmica y los cromatismos más audaces hacen de Marenzio una figura capital, autor de numerosas colecciones madrigalísticas y de una curiosa y no menos valiosa recopilación de *Villanelle et arie alla napolitana*. Por su parte, Gesualdo, príncipe de Venosa, espíritu intenso y de vida azarosa, envuelto en lances que lo obligaron a huir de su Nápoles natal, fue sobre todo un músico manierista, un auténtico puente de paso, como el propio Marenzio, hacia la experiencia barroca. Gesualdo, que era noble, cultivó la música como entretenimiento y no como profesión, lo cual le otorgó cierta libertad, pues no necesitaba adaptarse a los cánones que impone la aceptación por parte del público, de modo que su arte es su-

Género de raigambre cortesana, numerosos testimonios iconográficos nos hablan del madrigal, como este detalle de un tapiz en el cual aparece un grupo de jóvenes que canta acompañándose de instrumentos. Aunque en origen fue una forma que se cantaba a cappella, con el paso del tiempo y bajo la influencia de la ópera, algunos compositores, como Monteverdi, añadieron un acompañamiento instrumental. En otros casos, era también costumbre sustituir una de las cinco o seis voces del tejido contrapuntístico por un instrumento (por ejemplo, el laúd).

mamente atrevido e imprevisible, revolucionario, impregnado de imaginación, con largos pasajes formados por bloques de acordes que parecen levantar un edificio constituido por planos y perspectivas diferentes, pero extrañamente bello, armónico y sugerente. Sus seis libros de madrigales, unidos al *Responso* y a dos colecciones de motetes, convierten a Gesualdo en uno de los creadores más sobresalientes del siglo XVI.

Finalmente, Monteverdi cierra la excelencia del arte del madrigal para situarnos ya en el siglo XVII, por más que sus primeras publicaciones pertenezcan todavía a 1583 (*Madrigali spirituali*), 1587, 1590 y 1592 (*Primo*, *Secondo* y *Terzo libro de madrigali*), composiciones en que su estilo es puramente madrigalístico. En sus ulteriores publicaciones, y atendiendo a las nuevas exigencias expresivas de la monodia acompañada, aportó al género un nuevo predominio de la voz superior, la aplicación de la técnica del bajo continuo y el empleo de instrumentos, tal como sucede en los *Madrigali guerreri e amorosi* de 1638, que suponen un paso definitivo hacia el *stile rappresentativo*.

Los intermedios: la feliz antesala de la ópera

En la *Historia de Florencia* redactada por Nicolás Maquiavelo, el último tercio del siglo XV aparece como una época augusta, la de Lorenzo el Magnífico, antesala de la fastuosidad que caracterizó a los Estados italianos. Fue precisamente en este momento cuando apareció el *intermedio* como aderezo de fiestas y celebraciones teatrales.

Un espectáculo cortesano

Maquiavelo relata en la obra citada la gloria de los festejos públicos, incluidos los torneos y vistosos desfiles en que se lucían las telas más suntuosas de Europa. La música no quedó al margen de este esplendor: a causa de este general florecimiento surgió el *intermedio*, un espectáculo musical breve y refinado, concebido en sus inicios como entreacto para las comedias clásicas latinas. Al denominado *intermedio non apparente*, caracterizado por su naturaleza instrumental, siguió otro tipo de espectáculo, el *intermedio apparente*, que refería una corta acción

En esta página vemos dos de los diseños del pintor y escenógrafo Bernardo Buontalenti realizados para dos intermedi *que se representaron en Florencia en 1589. En la parte superior aparecen los dioses del Olimpo, Mercurio, Apolo, Júpiter y Astraea, cada uno de ellos con sus habituales atributos, mientras que a la izquierda se observa a la Necesidad rodeada por las tres Parcas que rigen el destino. El carácter de estos esbozos ilustra en cuanto al grado de opulencia al que había llegado este tipo de espectáculo cortesano, reflejo de la época de esplendor que vivían las ciudades italianas de la época.*

con cantantes, actores y músicos ricamente ataviados. Incluso la danza entró a formar parte de tales representaciones.

El antecedente de la ópera

La presencia del *intermedio apparente* no sólo supone en sus orígenes un antecedente de la ópera, sino la necesidad de teatralizar, con ayuda de la música, un momento que se adivinaba como culminación de un período, como un trayecto que unía la Grecia clásica y los patios con balaustrada del norte italiano. Aunque tenemos noticia de que en la Mantua de 1471 se representó un *Orfeo* en el que aparecieron bacantes y coros de dríadas, el testimonio más antiguo de un *intermedio non apparente* procede del cronista de la corte ferraresa Bernardo Zambotti, según el cual en los entreactos de la *Fabula di Caephalo*, de Niccolò da Corregio, escenificada en 1487, sonaron instrumentos para el alegre esparcimiento de los asistentes. No obstante, la plenitud del *intermedio* llegó con el nuevo siglo, inaugurado en este campo con la presencia de Bartolomeo Tromboncino (1470-1535), quien preparó en 1502 varios *intermedi* para dos comedias de Plauto (*Asinaria* y *Casina*), representadas a fin de amenizar las nupcias

de Lucrecia Borgia y Alfonso d'Este. Tres años antes, en 1499, había compuesto *intermedi* para los entreactos de *Beatrice* y *Nozze di Psiche e Cupidine*, ambas de Galeotto del Carretto. Sobre este último argumento volverán mucho más tarde, en 1565, el poeta Alessandro Striggio y Francesco Corteccia (1502-1571). Éste, músico florentino, ilustre organista y autor de delicados madrigales, ya había participado en 1539 en algunos *intermedi* destinados a *Il commodo*, de Antonio Landi, obra representada durante los festejos matrimoniales de Cosimo I, duque de Florencia, y Eleonora de Toledo. La documentación permite saber que fueron cinco los *intermedi* de Corteccia, a los cuales agregó un prólogo y un epílogo. En todos ellos figuran las más diversas combinaciones vocales e instrumentales. Si bien la música no ha llegado hasta nosotros, sabemos que la orquesta fue generosísima: 4 claves, 4 violas da gamba, 2 trombones o sacabuches, 2 flautas de pico tenores, 2 cornetas, 4 flautas traveseras, 2 laúdes, un contrabajo de viola,

La floreciente actividad comercial de las urbes italianas durante el siglo XV tuvo su más directa traducción en el arte. Florencia (en la imagen) acogió durante esa época a los más grandes artistas, quienes hicieron de ella una capital única en el mundo.

Panel pintado que conmemora las bodas entre Ferdinando I de Médicis y Christine de Lorena. Ceremonias como esta daban pie a la elaboración de costosos espectáculos en los que música y teatro tenían un particular protagonismo.

5 orlos, dulzián, lirone y tambores. Para entonces el género se hallaba totalmente asentado, y lo que es más, en auge. El mundo observado en los *intermedi*, que cada vez pedían mayor escenificación y complejidad, tendrá muchas concomitancias con el círculo platónico de la Camerata del conde Bardi, de la cual surgirá la ópera.

■ La apoteosis del género

Italia era un festejo, y podemos imaginar la fastuosidad que debió de primar durante los esponsales de Ferdinando I de Médicis y Christine de Lorena en 1589. Los *intermedi* escritos para dicha ocasión, en la que se representaba *La pellegrina*, eran, nada menos, obra de Luca Marenzio —que compuso la *sinfonia*—, Emilio de Cavalieri (c. 1550-1602), Cristoforo Malvezzi (1547-1599) y Giulio Caccini (c. 1545-1618), algunos de cuyos nombres aparecerán posteriormente vinculados a la ópera. El propio Malvezzi, protegido de Isabella de Médicis, fue amigo de Cavalieri y Bardi; para una comedia de este último, *L'amico fido*, compuso *intermedi* en colaboración con Striggio, e hizo lo propio en 1583 para *Le due persilie*, de Giovanni Fedini.

Además, aunque artistas como Andrea Gabrieli (c. 1510-1586) y Claudio Merulo (1533-1604), por citar dos ejemplos, nos remitan al mundo del repertorio sacro e instrumental, también se unieron a este género, que proporcionaría muchas ideas y usos a la ópera. En el caso de Merulo son reseñables dos *intermedi*, que gozaron del favor de los invitados: *Le troiane* (1566), de Ludovico Dolce, y *Tragedia*, de Frangipane, escrito para la visita de Enrique III de Francia, en 1574.

El nacimiento de la ópera

En Italia, a finales del siglo XVI, con el esplendor madrigalístico y el auge de los intermedios —el espectáculo florentino por excelencia—, el mundo musical dio un importante vuelco, hasta el extremo de cambiar el panorama de la música en Europa. Y lo hizo gracias a la aparición de un nuevo género, la ópera, influido por las aportaciones armónicas y expresivas de los madrigalistas por un lado, y por la necesidad escénica y el uso de nuevas combinaciones instrumentales por otro.

La realización de un ideal

La antigua aspiración humanista de amalgamar en un mismo arte la tragedia, la música y la danza, rememorando así el mundo de la Grecia clásica, tuvo su culminación en la *Camerata fiorentina*, una especie de academia —en el sentido renacentista del término— en la que intelectuales, filósofos, músicos y poetas debatían las teorías del pasado y daban cuerpo a nuevas fórmulas, capaces de configurar un nuevo arte, esta vez completo e irrefutable, que contuviera las más diversas disciplinas. Esta *Camerata* se celebraba en la casa palaciega del conde Giovanni Maria Bardi del Vernio (1534-1612), músico también y autor del *Discorso mandato a G. Caccini sopra la musica e 'l cantar bene*. A dichas reuniones asistían el destinatario del texto de Bardi, el mencionado Giulio Caccini, famoso cantante y compositor; Jacopo Peri (1561-1633) y Emilio de Cavalieri, ambos compositores, como también lo fue Vicenzo Galilei (c. 1520-1591), padre del célebre astrónomo, quien aportó a estos encuentros un notable peso intelectual en su calidad de humanista y de teórico de la música. A él se debe uno de los textos más importantes de la época, *Dialogo della musica antica et della moderna* (1581), que cimentó los principios estéticos de la *Camerata*. Representaba a los literatos el insigne Ottavio Rinuccini, autor de los primeros li-

Vista de Venecia pintada por el genovés Giacomo Guardi. En el siglo XVII, Venecia fue la verdadera capital de la ópera, no sólo por la valía de los compositores que en ella trabajaban, con Monteverdi en lugar destacado, sino también por el gran número de teatros públicos de la ciudad dedicados al género.

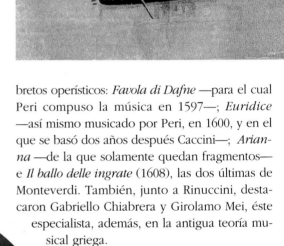

Retrato de Claudio Monteverdi, uno de los grandes genios de la historia de la música y aquel cuya obra mejor establece el paso de la mentalidad renacentista a la nueva sensibilidad barroca.

bretos operísticos: *Favola di Dafne* —para el cual Peri compuso la música en 1597—; *Euridice* —así mismo musicado por Peri, en 1600, y en el que se basó dos años después Caccini—; *Arianna* —de la que solamente quedan fragmentos— e *Il ballo delle ingrate* (1608), las dos últimas de Monteverdi. También, junto a Rinuccini, destacaron Gabriello Chiabrera y Girolamo Mei, éste especialista, además, en la antigua teoría musical griega.

Retorno a la monodia

Musicalmente, la ópera vino a ser consecuencia de la imposición de la superioridad de una voz solista, es decir, de la monodia, sobre la polifonía, cuyo tejido fue sustituido por la técnica instrumental del bajo continuo, que servía de soporte al discurso melódico. Esta solución armónica caracterizará toda la música del Barroco. Dicha tendencia apareció ya en los intermedios florentinos, en que se buscaba una *nuova maniera*, y en el ámbito de los últimos madrigalistas, quienes pretendían recrear el llamado *stilo rappresentativo*, cuyo propósito era, antes que plasmar la música en términos escénicos, reflejar la ten-

partituras con un simbolismo sonoro capaces de recrear una escena por sí mismas, sin ayuda de elementos representativos.

◼ Claudio Monteverdi

La primera tentativa operística, debida a Peri, fue la ya mencionada *Favola di Dafne*, de 1597, a la cual siguieron las dos versiones citadas de *Euridice*. Con todo, la primera composición dramática con un carácter más operístico, en el sentido que luego adquirió la ópera, y que se aleja del denominado recitar cantando de Peri y Caccini fue la *Rappresentazione di Anima e di Corpo* (1600) del refinado De Cavalieri. Sin embargo, quien dio mayor textura al drama, con recitativos ya no puramente declamatorios y nuevos ingredientes musicales —distinción precisa entre aria y recitativo, adopción de la forma estrófica, amplios coros de naturaleza madrigalística, números instrumentales a cargo de una orquesta de proporciones considerables (36 músicos) y sustanciales *ritornelli* instrumentales— fue Claudio Monteverdi, cuyo *Orfeo* (1607) supuso el verda-

*B**ajo estas líneas, dispositivo instrumental solicitado por Monteverdi para la ejecución de su ópera Orfeo. Dado que la obra iba a representarse en el palacio de los duques de Mantua, para los que trabajaba el músico, éste pudo disponer de una nutrida orquesta cuya misión era no sólo la de servir de soporte al canto, sino también la de sugerir la atmósfera apropiada a cada escena.*

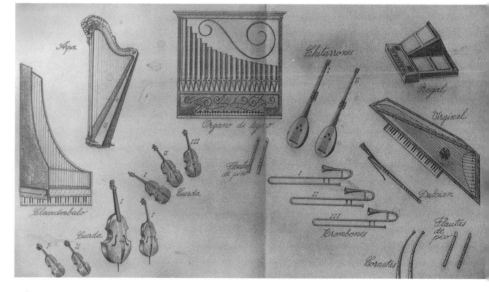

*A** la izquierda, frontispicio de la primera edición de Orfeo, con texto de Alessandro Striggio y música de Claudio Monteverdi. Esta ópera, representada en 1607, establecería de manera definitiva y genial las características del género tal como hoy lo conocemos.*

sión de los diálogos en una acción imaginada. Resulta significativo que un compositor esencialmente madrigalístico como Luca Marenzio se sintiera atraído, ya en su madurez, por los preceptos surgidos en las reuniones de Bardi, cuyos miembros, a su vez, estimaron en Marenzio su música altamente expresiva, apasionada, y lo que entonces se llamaba *musica visiva*, es decir, las

dero aldabonazo de un nuevo arte. Paradójicamente, Monteverdi no perteneció a la *Camerata* de Bardi, pero asimiló y amplió sus preceptos. Sus óperas siguientes, entre ellas *Il ritorno d'Ulisse in patria* (1641) y *L'incoronazione di Poppea* (1642), son fruto de un esfuerzo de síntesis y de renovación estilística, que continuaron Francesco Cavalli (1602-1676), autor de *Il Giasone* (1649) y *Ercole amante* (1662), y Marco Antonio Cesti (1623-1669), admirador de la escuela monteverdiana y conocido sobre todo por *Il pomo d'oro*, representada hacia 1666.

La emancipación de la música instrumental

El progresivo uso durante el Renacimiento de instrumentos dentro del repertorio sacro (a la izquierda), como por ejemplo en Venecia con Andrea y Giovanni Gabrieli, o en el profano, acompañando ceremonias de todo tipo como bodas y banquetes (abajo), propició su progresiva independencia y el que poco a poco surgiesen composiciones escritas directamente para ellos. En esta época, sin embargo, estas primeras obras no se escribían para un instrumento o conjunto de instrumentos concreto, sino que la instrumentación podía variar y adaptarse a los instrumentos disponibles en cada sitio donde se interpretase la pieza.

Una de las características musicales más destacadas del Renacimiento fue la adquisición de un lenguaje propio de carácter instrumental. En los albores renacentistas, el repertorio instrumental consistía básicamente en la transcripción ornamentada de obras vocales y de danzas, que se adecuaban a un grupo instrumental. Ello explica la proliferación, ya significativa a finales del siglo XV, de familias instrumentales que contaban con cuatro miembros (discanto o soprano, alto, tenor y bajo), los cuales respondían a su vez a los distintos registros de la voz humana: así, un cuarteto de flautas, violas o chirimías podía abordar una partitura *a cuatro*, siguiendo las líneas originariamente vocales, sobre las que por lo general se realizaban variaciones.

La formación del repertorio instrumental

Este nuevo fenómeno impulsó sobremanera el arte de la construcción de instrumentos, floreciente tanto en Italia como en España, los Países Bajos, Alemania, Francia e Inglaterra. Por lo demás, y de modo paulatino, con el auge de la tecla y de los instrumentos del tipo laúd, el repertorio comenzó a ampliarse y a adquirir fisonomía propia. Aparecieron así numerosas formas instrumentales, como los *ricercari, toccate, canzone* y *fantasie* en Italia, en tanto que en España eran muy importantes las *diferencias, glosas, fantasías* y *tientos*. Además, cada vez menudeaban más, ya a mediados de siglo, recopilaciones como la de Adrian Willaert, *Musica nova accomodata per cantar et sonar sopra organi et altri istrumenti* (1540), pero sobre todo las de carácter específico, como las debidas a laudistas, vihuelistas y maestros de tecla. No obstante, puede considerarse distintiva, y también modélica, una obra como la del toledano Diego Ortiz (c. 1510-c. 1570) dedicada a la viola da gamba, en español «vihuela de arco» o «violón», instrumento renacentista por excelencia que tuvo gran arraigo durante el siguiente período, el Barroco. Su *Tratado de glosas sobre cláusulas y otros géneros de puntos en la música de violones*, publi-

conjunto «camerístico», como la de Annibale Padovano (1527-1575) en 1556, *Il primo libro di ricercari a 4*, que comprende *toccate* y *ricercari* que pueden tañerse con un órgano o con varios instrumentos. Este tipo de creación daría paso de forma paulatina a partituras de inspiración «orquestal», impulsadas sobre todo por los maestros venecianos adscritos a la capilla de San Marcos. En este sentido resultó determinante la aportación de Andrea Gabrieli y de su sobrino Giovanni Gabrieli (c. 1533-1612), autor de las *Sacrae symphoniae* (1597) y de *canzoni* escritas para diversos instrumentos, sobre todo violines, cornetas y trombones. Algunas de estas obras están escritas «in echo», técnica en la cual se alternan los grupos instrumentales a modo de respuesta, algo que mucho más tarde adoptará Antonio Vivaldi. Así mismo, el más joven de los Gabrieli escribió *Canzoni et sonate*, aparecidas póstumamente en 1615, y aunque en este compositor la palabra «sonata» no tenga el sentido que adquirió más tarde —ya que se refería a una pieza sin estructura fija, pero destinada a instrumentos—, tienen importancia porque alguna de ellas, como la *Sonata pian'e forte*, encierra sugerencias de orden dinámico, entonces novedosas.

La música de *consort*

Ajena a este tipo de música, Inglaterra cultivó otro arte instrumental de gran trascendencia, con notables logros estéticos. Se trata de la música llamada de *consort* (conjunto), habitualmente escrita para un grupo de violas da gamba, por lo común apoyado por un instrumento de tecla —un órgano de cámara o un virginal—, un laúd u otros instrumentos pulsados —cítara, orfarión— y flautas dulces. Las colecciones, que consistían en danzas y canciones (*ayres*) de tipo instrumental, incluyen también fantasías (*fancy*) e *In nomine*, un *cantus firmus* que servía de tema o preámbulo a piezas de denso contrapunto. Entre las compilaciones más célebres cabe citar las de Thomas Morley (1557 o 1558-1602) —*The First Booke of Consort Lessons*, 1599—, Antony Holborne (fl. 1584-1602) —*Pavans, Galliards, Almains, an other short Aries*, 1599—, Tobias Hume (c. 1569-1645) —*The Firts part of Ayres*, 1605— y John Dowland (1563-1626) —*Lachrimae or Seaven Teares*, 1604—, sin olvidar las aportaciones de Christopher Tye (c. 1505-1572), Matthew Locke (1621 o 1622-1677), John Cooper (Coprario; c. 1570-1626) y Orlando Gibbons (1583-1625), quien hacia 1620 imprimió *Fantasies of III parts*.

cado en Roma en 1553, supuso un acontecimiento para el repertorio instrumental, pues en él su autor analiza minuciosamente el arte de la variación, aconseja los modos de abordar la improvisación, desarrolla la glosa —una forma de variación ornamental— y, además de la aportación de obras originales, se refiere a la adaptación al instrumento y a la tecla —un clave o un órgano de cámara— de las obras polifónicas.

Miniatura del maestro Hans Mielich que representa al compositor Orlando di Lasso dirigiendo a la orquesta de la capilla de Munich, una de las primeras formaciones instrumentales importantes de un período en el que justamente la música instrumental comenzaba a independizarse de la vocal. En ella se ve el tipo de instrumentos usados: violas, flautas, trombones, sacabuches...

La aportación de los Gabrieli

Prácticamente todos los instrumentos contaron con textos análogos al de Ortiz, mezcla de creación artística y especulación, pero también fueron abundantes las recopilaciones de creaciones para varios instrumentos a la manera de

La música para tecla

La aparición de la tablatura, un sistema de notación para instrumentos de tecla y laúd surgido en el último tercio del siglo XV, ayudó de forma decisiva a difundir la música instrumental. Abastecida por el repertorio de la canción y la danza, al comienzo encontró en el órgano su mayor propagador. De hecho, las recopilaciones organísticas, y casi coetáneamente las laudísticas, constituyeron el cimiento de la música instrumental del Renacimiento. Pero con anterioridad, la relativa abundancia de copias manuscritas demuestra que la música para tecla era objeto de un amplio cultivo.

De hacia 1425 datan unos fragmentos organísticos, obra de un maestro desconocido del monasterio de Sagan, en Silesia, pero en 1448 Adam Ileborgh (fl. c. 1448) copió o compuso en una tablatura cinco cortos preludios (*preambula*) que indican, además, el uso del pedal, en un estilo que anuncia la madurez del primer gran organista alemán, Conrad Paumann (fl. c. 1410-

Frontispicio de Parthenia, la más temprana e importante colección impresa de música para virginal, una variante de la espineta muy en boga en la Inglaterra de los siglos XVI y XVII. Fechada entre 1612 y 1613, incluye composiciones de tres de los autores más importantes del momento: William Byrd, John Bull y Orlando Gibbons.

Entre los instrumentos más beneficiados por la aparición de un repertorio netamente instrumental se hallan los de tecla, tanto por las composiciones a solo escritas para ellos, como por aquellas otras en las que ejercían la función de bajo continuo.

1473), autor de los *Fundamentum organisandi,* cuyo primer libro es anterior a 1451. Algo más tardía —entre 1460 y 1470— es la colección del *Buxheimer Orgelbuch,* un libro capital que contiene 250 transcripciones de polifonistas, entre ellos Ciconia, Dufay, Binchois, Dunstable, Morton y Villette.

No obstante, los más insignes maestros pertenecen a la siguiente generación, sobre todo Heinrich Isaac (c. 1450-1517), Paul Hofhaimer (1459-1537) y Arnolt Schlick (c. 1460-1521), a quien se debe *Tabulaturen etlicher lobgesang und lidlein uff die Orgeln un Lauten* (1512), verdadera fuente de la ulterior música para tecla. La supremacía del órgano sobre los demás instrumentos llegó con Michael Praetorius (*Musae Sioniae,* 1609) y con el neerlandés Jan Pieterszoon Sweelinck (1562-1621), artífice de espléndidos *ricercari* y *toccate* publicados en edición póstuma.

La música para tecla en España

En España, la música renacentista para tecla constituye uno de los legados más importantes, pues ya en 1557 Luis Venegas de Henestrosa (c. 1510-1557) publicó el *Libro de cifra nueva para tecla, harpa y vihuela,* donde se incluyen him-

nos, fantasías, tientos, fabordones, diferencias, canciones y danzas de Pere Alberch i Vila (1517-1582), Francisco Fernández Palero (m. 1597), Francisco Soto de Langa (1534-1619), Jean Mouton (1459-1522), Philippe Verdelot (c. 1470-1552) y Antonio de Cabezón (1510-1566), entre otros. Este último, Cabezón, fue uno de los organistas y clavecinistas más ilustres de Europa, y si bien hasta después de su muerte no se dieron sus obras a la imprenta —*Obras de música para tecla, harpa y vihuela*, 1578—, sus partituras eran admiradas en todo el continente, sobre todo en los Países Bajos e Inglaterra. Su más digno sucesor sería Tomás de Santa María (m. 1570), gran virtuoso y teórico del órgano y autor del *Arte de tañer fantasía* (1565).

Principales representantes en Europa

En Italia, las colecciones para tecla son anteriores, como la impresa por Andrea Antico en 1517, *Frottolo intabulate da sonare organi*, si bien las mejores muestras no llegaron hasta Girolamo Cavazzoni (*Intabulatura d'organo*, 1543), Claudio Merulo (*Ricercari d'intabolatura d'organo*, 1567; *Messe d'intavolatura d'organo*, 1568), Girolamo Diruta (*Il transilvano*, 1593) y Adriano Banchieri (1568-1634), quien además del *Organo suonarino* (1605), de clara filiación barroca, escribió un famoso tratado: *Conclusioni nel suono dell'organo* (1609).

Aunque Francia e Inglaterra tuvieron un florecimiento algo más tardío al respecto, precisamente a este último país pertenece el *Mulliner Book* (después de 1553), que incluye obras de los grandes John Taverner (c. 1490-1545), Thomas Tallis (c. 1505-1585) y Christopher Tye, quienes abrirán camino a William Byrd (1543-1623) y John Bull (c. 1562-1628). En cuanto a Francia, la música renacentista para tecla está representada por el mencionado Jean Mouton, Thomas Champion (m. c. 1580), Eustache du Caurroy (1549-1609) y, por encima de éstos, Jehan Titelouze (1562 o 1563-1633).

Un variado instrumentario

La mayoría de recopilaciones para tecla no eran específicas para órgano, pues podían ser tañidas con cualquier instrumento de teclado, como el clave, el clavicordio y el virginal, y hasta el siglo XVII no surgirán libros destinados exclusivamente a estos instrumentos, con la salvedad del virginal, una especie de clave rectangular en

A bajo, detalle de una pintura realizada sobre una espineta en la que están representadas un consort *de violas y un virginal, instrumento emparentado con el clave que gozó de amplio predicamento en la Inglaterra isabelina, ya fuera en obras a solo o acompañando, como aquí, a otros instrumentos.*

uso en los Países Bajos e Inglaterra, donde suscitó la atención de los más destacados compositores del siglo XVI, y para el cual a principios de la centuria siguiente aparecieron dos recopilaciones en sendas colecciones capitales, *Parthenia or Maydenhead of the first musicke that ever was printed for the Virginall* (1612) —que contiene partituras de Bull, Byrd, Gibbons, Giles Farnaby (c. 1563-1640), Dowland, Thomas Tomkins (1572-1656) y Morley, entre otros— y *Fitzwilliam Virginal Book*, copiado entre 1609 y 1619, y en el cual aparecen, además de Bull y Byrd, Tallis, Peter Philips (c. 1560-1628), Edmund Hooper (c. 1553-1621) y el antes mencionado Sweelinck, entre otros maestros.

La música para laúd y vihuela

El desarrollo y la evolución del arte instrumental del siglo XVI están estrechamente relacionados con el laúd, instrumento predilecto del Renacimiento, usado tanto para el acompañamiento del canto como para la interpretación de las nuevas formas instrumentales surgidas entonces. Dado su carácter polifónico, fue un excelente medio para la transcripción de danzas y obras vocales.

La música de laúd y la de teclado mantuvieron una estrecha relación durante alrededor de un siglo, y no hay que olvidar que sus respectivos repertorios fueron la base de buena parte de la música ulterior. Ya a principios del siglo XVI, en 1507, encontramos *Intabulatura de lauto,* de Ottaviano Petrucci (1466-1539), obra en que figuran no sólo transcripciones de obras polifónicas, sino también páginas específicamente instrumentales, sobre todo *ricercari*, que muestran el carácter improvisatorio al que tendía la música renacentista. Así mismo, en 1512, se observa en el texto fundamental de Arnolt Schlick, titulado *Tabulaturen etlicher lobgesang und lidlein uff die Orgeln und Lauten*, la transcripción de doce canciones, a las que siguen tres piezas específicas, «escritas a tres voces para pulsar».

Compositores y tratadistas

La refinada y a veces compleja música laudística contó con distintos sistemas de tablatura y afinación. Muchos compositores y teóricos disertaron sobre el número de trastes que un laúd debía tener: Hans Gerle (*Musica Teusch*, 1532), Juan Bermudo (*Libro llamado declaración de instrumentos musicales*, 1555), Vincenzo Galilei (*Fronimo: dialogo nel quale si contengono le vere, et necessarie regole del intavolare la musica nel liuto*, 1568) y John Dowland (*Varietie of Lute-lessons*, 1610) difieren en su sistema, pero todos ellos coinciden en señalar las excelencias de un instrumento que, junto a los de teclado, había hecho posible que un solo intérprete ejecutara una obra a varias voces.

Respecto a su afinación, es de señalar que no existía un único temple y que, ya a mediados del siglo XVI, queriendo ampliar la región grave

Detalle de la pintura **El hijo pródigo entre las cortesanas,** *de artista desconocido, en el que unos músicos tocan a la flauta y el laúd una* chanson *polifónica. En este período, la transcripción de composiciones polifónicas a instrumentos de tecla o de la amplia familia de los laúdes era una costumbre habitual hasta que empezó a consolidarse un repertorio escrito a propósito para esos instrumentos.*

del instrumento, nació un tipo de laúd de mayor tamaño, el *archilaúd*, que disponía de un mástil suplementario, pequeño y añadido al principal, destinado a albergar cuerdas de superior longitud.

Apogeo del laúd

El instrumento conoció una floración extraordinaria. En Italia fue muy significativa desde principios del XVI, cuando Petrucci publicó sus libros y Vincenzo Capirola (1474-1548) dejó escrito uno de los mejores manuscritos (c. 1517) para laúd de su tiempo. Años después, en 1536, Adrian Willaert editó en Venecia una transcripción de madrigales de Verdelot «de cantare et sonare nel lauto». En Alemania, el éxito del laúd también fue notabilísimo, con los ya citados Gerle y Schlick y otros compositores posteriores, entre ellos Matthäus Waissel (c. 1535 o 1540-1602) y Wolff Heckel (c. 1515-1562), aunque por encima de éstos debe destacarse al más tardío Matthias Reyman (c. 1565-c. 1625), autor de *Noctes musicae* (1598), cuya escritura está ya muy evolucionada. Francia fue acaso más innovadora que Alemania, con maestros como Adrian Le Roy (c. 1520-1598), a quien se debe un magnífico cuaderno de *Airs de cour mis sur le luth* (1571), y Guillaume Morlaye (c. 1510-1558). Aunque su arraigo en Inglaterra fue también considerable, el primer libro impreso no apareció allí hasta la segunda mitad del siglo XVI, cuando se publicó en inglés (1568) uno del citado Le Roy. Pero la excelencia de su música fue grande, sobre todo en manos de John Dowland y otros compositores que imprimieron sus obras a caballo entre dos siglos, como Thomas Morley (*The first Booke of Ayres*, 1600) y John Danyel (*Songs for the Lute, Viol and Voice*, 1606).

La vihuela en España

En España, el laúd tuvo menor predicamento, pero la vihuela, su equivalente, aunque con una caja armónica similar a la de la guitarra, proporcionó una música de gran altura. La delicadeza, inventiva y audacia de la escuela vihuelística española, que cultivó formas tan complejas como el tiento y la fantasía, constituyen uno de los momentos más importantes de la música del Renacimiento, y no sólo en España.

Entre los mayores representantes de la llamada *vihuela de mano*, en oposición a la vihuela de arco o de pierna —estos dos últimos eran los nombres castellanos de la italiana viola da gamba—, encontramos a Luis de Milán (*El maestro*, 1536), Luis de Narváez (*El Delphin de música*, 1536), Alonso Mudarra (*Tres libros de música en cifras para vihuela*, 1546), Enríquez de Valderrábano (*Silva de Sirenas*, 1547), Diego Pisador (*Libro de música de vihuela*, 1552), Miguel de Fuenllana (*Orphénica lyra*, 1554) y Esteban Daza (*El Parnasso*, 1576), a cuyos títulos hay que añadir también las obras generales de Luis Venegas de Henestrosa (*Libro de cifra nueva para tecla, harpa y vihuela*, 1557), Tomás de Santa María (*Arte de tañer fantasía*, 1565) y Antonio de Cabezón (*Obras de música para tecla, harpa y vihuela*, 1578).

La revolución de la imprenta

Impressum Uenetijs per Octauianum Petrutii Forosempnte fem dies Februarij Salutis anno 1501 Cuj priuilegio inuictissimi Domini Uenetiarisqp nullus possit cantum figuratum Imprimere sub pena in ipso priuilegio contenta.

Regiftrum ABCDEFG. Omnes quaterni.

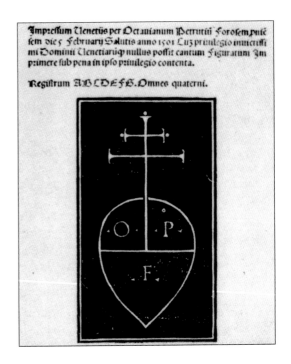

La llegada en el siglo XV de las nuevas técnicas de impresión cambió por completo el panorama cultural europeo, ya que las mismas favorecieron una difusión del saber más rápida: ediciones literarias y científicas corrían de mano en mano, cada vez mejor definidas técnicamente, cada vez más logradas. La música, por supuesto, se benefició del invento atribuido a Gutenberg o tal vez a Meutelin —en Maguncia el primero, en Estrasburgo el segundo—, quienes propiciaron, al menos sí de forma comprobada, un extraordinario avance en el campo tipográfico.

Inicios de la edición musical

En toda Europa, y no con lentitud, proliferaron los talleres que utilizaban los métodos de los citados impresores. Ya en el último tercio de siglo tenemos noticia de imprentas especializadas en asuntos musicales, sobre todo en los Países Bajos y Alemania. La edición de las obras era por demás laboriosa y delicada, pues cada página necesitaba de tres impresiones: dos de ellas destinadas una al pentagrama y otra a las notas, en tanto la tercera se reservaba para la paginación y el texto, si lo tuviere la obra. Por añadidura, los impresores debían incorporar todas las novedades que llegaban al campo de la notación, por lo que los procedimientos tipográficos variaban necesariamente en un lapso de tiempo reducido.

Los primeros ejemplos de música impresa corresponden a composiciones y colecciones sacras, como el *Collectorium super Magnificat,* de Gerson (1473), aparecido en Esslingen, en el que el pentagrama está trazado a mano, o el *Missale romanum* de 1476, que vio

Colofón usado por el editor Ottaviano Petrucci en su imprenta. Las iniciales corresponden a las de su nombre y apellido y procedencia: Octavianus Petrutius Forosemproniensis (de Fossombrone). Petrucci fue uno de los grandes impulsores de la impresión musical, a la que aportó importantes innovaciones y mejoras.

Frontispicio del Missarum liber primus de Costanzo Porta, publicado en la imprenta de Antonio Gardano, en Venecia, en 1578. De origen francés, Gardano destacó, sobre todo, en la edición de madrigales.

la luz en Roma, en la imprenta de Ulrich Han. Aunque al comienzo las imprentas tuvieron en la Iglesia a su mejor cliente, también el auge de la nobleza favoreció en buena manera el negocio de la impresión, sobre todo en Italia. Hay que tener en cuenta que los Estados italianos eran sumamente poderosos merced a su comercio y fueron grandes benefactores de las artes: en Roma residía el pontífice, Venecia era una auténtica potencia económica, mientras que Nápoles, Milán y Florencia vivían una renovada expansión. Además, la existencia de familias conspicuas, como los Este de Ferrara, los Gonzaga de Mantua y los Montefeltro de Urbino, afirmó un mecenazgo que atrajo a la península Italiana a músicos e impresores de toda Europa.

Un pionero de la impresión

Allí, en Italia, Ottaviano Petrucci mereció del Dogo veneciano los derechos exclusivos de impresión, por lo que su taller vivió una gran actividad y adquirió suma importancia. Él fue quien perfeccionó esta técnica de las tres impresiones, que dejaba anticuado el uso de las tablas de madera, es decir, la más rudimentaria xilografía.

Su primera gran aportación data de 1501, cuando imprimió la colección de canciones franco-flamencas titulada *Harmonice musices Odhecaton,* todo un modelo para los demás impresores. Tal vez el floreciente auge de la imprenta impulsó a Petrucci a abandonar Venecia para abrir un taller en Fossombrone, pues en la ciudad adriática fueron legión los artesanos que

abrieron su propio negocio, entre ellos Andrea Antico —que también tenía un establecimiento en Roma—, colaborador y amigo de Petrucci y a quien se debe la primera publicación de tablaturas organísticas en Italia, *Frottole intabulate* (1517). De entre ellos alcanzó gran fama por méritos propios, ya durante la segunda mitad de siglo, Antonio Gardano, uno de los mejores impresores musicales de Europa, artífice de las más destacadas colecciones madrigalísticas de la época. Gardano, afincado en Venecia, procedía de Francia, un país donde la imprenta había logrado una perfección considerable.

◼ Otros grandes impresores

En París destacó Pierre Attaingnant (c.1494-1551), músico a su vez e importantísimo por sus ediciones de canciones, motetes y misas, en las que utilizó un nuevo sistema de caracteres mó-

Bajo estas líneas, una imprenta francesa según una ilustración de 1530. Con Venecia, París fue el centro más importante de la impresión musical del Renacimiento. Allí trabajaba Pierre Attaingnant, compositor destacado además de editor, cuyo taller imprimió mientras estuvo en activo más de treinta misas, trescientos motetes y dos mil chansons, además de danzas y piezas para laúd y teclado.

viles que comprenden una nota y un fragmento de pentagrama, procedimiento ideado por el también francés Pierre Hautun.

La colección de Attaingnant, *Chansons nouvelles*, impresa en 1527, conoció una extraordinaria difusión, sólo igualada por las publicaciones de Robert Ballard y Adrian Le Roy —éste, además, fue compositor y excelente laudista—, quienes imprimieron abundantes obras de Orlando di Lasso, amigo de ambos, y numerosas colecciones vocales e instrumentales, entre ellas un libro de *Airs de cour mis sur le luth* (1571), capital para conocer el origen de este género. Junto a los citados, pueden recordarse otros grandes impresores, como Jacques Moderne (Lyon), Tylman Susato (Amberes), los dos Pierre Phàlese, padre e hijo (Amberes y Lovaina), y los compositores Thomas Tallis y William Byrd, dos grandes maestros que abrieron una notabilísima imprenta en Londres.

Frontispicio de la parte primera del Patrocinum Musices de Orlando di Lasso, el gran maestro de la polifonía, con Victoria y Palestrina. El libro, que recoge varias de las composiciones de este autor, fue publicado en Munich en 1573 en la imprenta de Adam Berg. Por la riqueza y calidad de su decoración, plagada de motivos simbólicos, se trata de uno de los más bellos ejemplos de edición musical de la época.

Barroco
El gran espectáculo barroco: la ópera

La ópera nació en el crepúsculo del Renacimiento no sólo para alcanzar los ideales procedentes del humanismo, que anhelaban reunir en una misma escena distintas artes, sino también para dar fluidez narrativa a una música dominada hasta entonces por el contrapunto. Porque la gran herencia recibida por la música renacentista no fue otra que la procedente de la escuela contrapuntística franco-flamenca, muchos de cuyos miembros se habían establecido en Italia. En cierto modo, puede decirse que buena parte del siglo XVI estuvo presidida por una idea musical compleja, hermética, cuyas raíces se remontan nada menos que al *Ars nova*. Pero en el llamado «siglo de los sentidos», la música necesariamente tuvo que conseguir la cualidad de la inmediatez, de la sensualidad, de modo que las especulaciones teóricas fueron dando paso a un nuevo tipo de arte en el que el texto forzosamente iba a tener un nuevo tratamiento vocal, alejado del contrapuntismo. Las aportaciones de los madrigalistas —sobre todo Marenzio, Gesualdo y Monteverdi— y de los

La ópera vivió en Venecia un período de esplendor durante el siglo XVII, con nombres como los de Monteverdi o Cavalli. En la imagen, grabado de los Viaggi di Enrico Wanton que muestra un teatro veneciano durante una representación.

Interior del lujoso teatro San Giovanni Grisostomo, en un grabado de Vincenzo Coronelli. Propiedad de la familia Grimani, es un claro exponente de teatro barroco.

maestros de la música instrumental, deseosos de hallar un arte *concertato*, trazaron una línea liberadora que tendió a la emancipación de la melodía y a tratar el acorde como una unidad propia, capaz de encadenarse junto a otros acordes para conseguir así una secuencia armónica de soporte, de apoyo a la melodía.

Los teatros de ópera

Ésta fue la gran aportación de la ópera, un género que sugirió un «altro modo di cantare» y de aprehender la realidad. La aproximación a los clásicos, la nueva lectura de Platón, el nacimiento del jardín como un lugar ornamentado en el que deleitarse, las telas labradas y los artesonados con maderas de las Indias eran el reflejo de un mundo de concepción más terrena, de un mundo escindido entre un pasado teofánico y una modernidad laica: es el anuncio del Barroco. Incluso la música halló nuevos escenarios, pues fue en ese paso del Renacimiento al Barroco, en el último tercio del siglo XVI, cuando empezaron a abrirse salas operísticas, aunque no en el sentido que les damos hoy, pues, por lo general, dichos espacios formaban parte de una estancia señorial y su acceso estaba restringido a los nobles y poderosos, o a los miembros de las academias. Pintores como Andrea del Sarto y Guido Reni nos han dejado testimonio de su

asistencia a dichos espectáculos como miembros de academias, invitados por los caballeros más distinguidos. La rivalidad entre familias patricias produjo un fenómeno sin duda fructífero para la música: la apertura de salas exclusivas, apartadas ya de los edificios palaciegos. El público que acudía a ellas continuaba siendo selecto, pero ya debía pagar una entrada, bien con dinero, bien con un regalo. Aunque los primeros conciertos de pago tal como los entendemos hoy, abiertos al público en general, no fueron impulsados hasta 1672, primero en Inglaterra, por el compositor John Banister (c. 1625-1679) —¡incluso abrió una cervecería en el mismo local!—, y poco después en Hamburgo, hubo algunos precedentes venecianos. En la ciudad adriática se abrió en 1637 el primer teatro de ópera, el San Cassiano, inaugurado con *L'Andromeda,* de Francesco Manelli (1594-1667). La rivalidad entre familias acaudaladas propició nuevas inauguraciones: los teatros de Santi Giovanni e Paolo (1639), el San Moïse (1640) y el Novissimo (1641).

El caso de Monteverdi nos permite observar la evolución social del género desde su nacimiento hasta el momento de su expansión veneciana: así, mientras su *Orfeo* (1607) se estrenó en la restringida y aristocrática Accademia degli

*R**etrato de Alessandro Scarlatti, máximo representante de la escuela operística napolitana y uno de los principales responsables de la consolidación del «aria da capo» en la ópera.*

Invaghiti de Mantua, su última ópera, *L'incoronazione di Poppea*, que data de 1643, fue aplaudida ya en el Teatro Santi Giovanni e Paolo.

▌ Éxito y expansión del género

La difusión de este nuevo espectáculo barroco fue rápida y se extendió a todas las ciudades italianas, y aunque había tenido su origen en Florencia, fue sobre todo en Venecia y Roma donde halló su mayor impulso, al menos en su etapa inicial, ya que, poco después, se sumaría Nápoles. La ópera romana, que fascinó al papa Urbano VIII, convertido en mecenas de cantantes y compositores, se distinguió por el fasto escénico y las complejas tramoyas que embelesaban a un público ávido de novedades. Los dioses mitológicos volaban sobre el escenario, los árboles caían derribados por la tormenta, los cielos se rasgaban, los volcanes arrojaban fuego, los puentes del Olimpo se hundían... La escena se convertía en la metáfora del convulso y violento mundo barroco. Muchos artistas —entre ellos Bernini— participaron en la elaboración de estas abigarradas escenografías, cada vez más espectaculares y elaboradas. En Roma, y por orden pontificia,

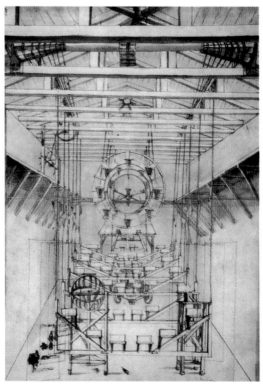

*L**a ópera barroca es, sobre todo, artificio, espectáculo, tanto vocal como escénico. En este sentido, revestía especial importancia la escenografía, cuya maquinaria alcanzó niveles de complejidad inimaginables hasta entonces, en busca siempre del efecto sorprendente y espectacular. A la izquierda, dos diseños escénicos para la ópera de Legrenzi* Germanico sul Reno.

se inauguró el palaciego Teatro delle Quattro Fontane, con un aforo de ¡3 000 espectadores! De carácter restringido, en su escenario se representaron óperas como *Il palazzo incantato* (1642), de Luigi Rossi (c. 1597-1653), y *Dal male il bene* (1653), de Marco Marazzoli (c. 1602-1662), dos dramas de gran éxito en su tiempo. Tanta fue la aceptación de este nuevo género que muy pronto trascendió al resto de Europa, y ya alrededor de 1660 la música italiana operística había conseguido implantar una moda cuya hegemonía duraría más de dos siglos.

Es significativo que en Munich (1656) y Dresde (1667) se inauguraran teatros para representar mayoritariamente óperas italianas, y que Mazarino, italiano de origen, pusiera en boga la ópera de Italia en la corte versallesca, a la que acudieron, entre otros, el afamado escenógrafo Giacomo Torelli y compositores como el citado Luigi Rossi, Francesco Cavalli y Carlo Caproli. No hay que olvidar tampoco que en Versalles se afincó un músico florentino, violinista y bailarín, que afrancesó su nombre y acabó revolucionando la ópera gala al crear un nuevo estilo que, paradójicamente, se oponía con vehemencia al italiano: se trata de Giovanni Battista Lulli (1632-1687), que firmó sus composiciones con el universal Jean-Baptiste Lully.

La influencia italiana

Gracias a su extraordinaria actividad, Italia abasteció el flujo de todas las corrientes operísticas europeas, máxime habida cuenta de que

Aunque más conocido por su producción instrumental, Antonio Vivaldi también destacó en la ópera, con títulos como Orlando finto pazzo *u* Ottone in villa. *Arriba, fragmento de una de sus partituras para soprano y cuerdas.*

Tras Venecia, la capitalidad de la ópera pasó a Nápoles, ciudad que tuvo en el Teatro San Carlo su centro lírico más representativo e influyente, que desde 1737 reemplazó al Teatro de San Bartolomeo como sede de la ópera seria, y del cual se ve aquí el interior.

tanto Venecia como Roma y Nápoles no dejaron de producir espectáculos y artistas de talento. Uno de los impulsores del teatro napolitano, del que surgirá la tan trascendental *opera buffa*, fue Francesco Provenzale (c. 1626-1704), quien, siguiendo el modelo de Monteverdi, dio a sus partituras unos caracteres desenfadados, propios de la escuela de Nápoles, tal como atestigua su obra de mayor renombre, *Il schiavo di sua moglie* (1671), que sirvió de pauta a maestros como el romano Alessandro Stradella (1644-1682), cuya obra *Il Trespolo tutore*, fechada hacia 1677, se considera como el prototipo del divertido género *buffo*, que obtendría su triunfo definitivo con *La serva padrona* (1733), de Giovanni Battista Pergolesi.

Pero la figura de mayor magnitud, que sirvió de engarce entre los dos siglos, fue Alessandro Scarlatti (1660-1725), representante de la escuela napolitana, por más que su actividad transcurriera en buena parte en Roma. Su dominio tanto en el terreno de la ópera cómica —*Tutto il mal non vien per nuocere*, 1681— como en el de la ópera seria —*Olimpia vendicata*, 1685— fue absoluto. Scarlatti propició un nuevo desarrollo del aria, que definitivamente adoptaba un esquema tripartito, con una tercera parte que era re-

petición de la primera («da capo»); una mayor elaboración de la obertura instrumental —llamada entonces *sinfonía*—, e incorporaba numerosos concertantes para cuatro cantantes —lo que denominó *arie a quattro*—, como sucede en *Telemaco* (1718).

La ópera haendeliana

Después de Scarlatti puede hablarse ya de un triunfo total de la ópera italiana: los compositores no italianos más célebres de la primera mitad del siglo XVIII —con las excepciones de Johann Sebastian Bach, que no escribió ópera, o Jean-Philippe Rameau, defensor de la escuela francesa— se dedicaron a este género, y además con un estilo totalmente italianizante, como es el caso de Georg Philipp Telemann (1681-1767) y su *Pimpinone* (1725), y muy especialmente de Georg Friedrich Haendel, acaso el mayor operista de su tiempo, que dio a la escena obras tan esenciales como *Rinaldo* (1711), *Giulio Cesare* (1724), *Tamerlano* (1724), *Orlando* (1733) y *Serse* (1738), todas ellas estrenadas en Londres, ciudad en la cual el maestro alemán se había afincado en 1712, y en la que hubo de competir duramente con los compositores italianos allí es-

Como durante todo el período barroco la demanda de ópera fue desorbitada, empresarios y compositores, para satisfacerla, idearon una serie de obras escritas en colaboración entre diversos músicos, que se denominaban pasticcio. *Uno de ellos es el* Giunio Bruto *—del que la ilustración superior presenta una escena del acto tercero—, compuesto por Alessandro Scarlatti. Los dos primeros actos de la obra fueron escritos, respectivamente, por Carlo Cesarini y Antonio Caldara.*

tablecidos, y de ellos, sobre todo, con Giovanni Bononcini (1670-1747), autor de óperas muy celebradas en su tiempo, como *Muzio Scevola* (1721) y *Griselda* (1722).

Haendel y sus más brillantes coetáneos señalaron, en pleno declive barroco, el esplendor de un arte que adquirió renovado vigor durante la segunda mitad del siglo XVIII, hasta llevarnos a los hallazgos del clasicismo. Un arte cultivado en toda Europa, que cambió radicalmente la fisonomía musical y que influyó incluso en el modo compositivo de la música instrumental. Se había convertido en la atracción predilecta de un público que aclamaba a los compositores y más aún a los cantantes, de quienes admiraba los malabarismos vocales, en especial en los *castrati* (castrados), nombre que se daba a aquellos que, en la pubertad, habían sido sometidos a castración a fin de conservar su pureza vocal. Su amplia tesitura les permitía abarcar las voces de soprano, contralto y tenor, y en algunos casos adentrarse en el registro medio de barítono; ello, unido a la potencia de la voz, hizo de estos artistas unos extraordinarios intérpretes. *Castrati* destacados fueron Ferri, Siface, Senesino, Farinelli, Pistocchi, Caffarelli, Marchesi, Tenducci y Rauzzini, por citar sólo algunos.

La ópera en el resto de Europa

El predominio de Italia fue absoluto en todo el Viejo Continente. Numerosas compañías italianas, sobre todo venecianas y napolitanas, probaron fortuna en las ciudades europeas. En ocasiones era la propia corte la que solicitaba los servicios de un compositor, como sucedió con la vienesa, que pidió su concurso a Antonio Draghi (1617-1700). Éste, que influyó sobremanera en los músicos locales, vivió en Viena más de tres décadas y presentó en ella casi cuarenta óperas, como *Achille in Sciro* (1669) y *L'albero del ramo d'oro* (1681). Un caso similar ocurrió con Giovanni Andrea Bontempi (c. 1624-1705), establecido en Dresde y a quien se debe la primera ópera italiana representada en Alemania, *Il Paride in musica* (1662). En Munich se encontraba otro gran compositor, Agostino Steffani (1654-1728), acaso el de mayor incidencia en Alemania, autor de obras como *Alarico il Baltha* (1687) y *Niobe* (1688). Más tarde, Steffani se trasladó a Hannover, donde dio a

Abajo, portada de la segunda edición de Bellérophon, *una de las* tragédie-lyrique *de Jean-Baptiste Lully. La ópera italiana, que se había extendido con éxito por Europa, sólo encontró resistencia en Francia, donde, paradójicamente, sería un italiano, Lully, quien estableciera las bases de un arte lírico nacional francés. Una de sus características, la subordinación de los recitativos a la expresión musical, está ya presente en esta ópera.*

conocer óperas de gran éxito, entre ellas *Henrico Leone* (1689), y años después *Arminio* (1707) e *Il Tassilone* (1709), éstas escritas para el elector palatino de Düsseldorf. Estos compositores italianos, infatigables creadores y viajeros que recorrieron Europa de punta a punta, crearon una verdadera escuela. A Giovanni Marco Rutini (1723-1797) lo vemos en un prieto puñado de años en las cortes y los teatros de Nápoles, Praga, Berlín y San Petersburgo, algo muy similar a lo acaecido con Niccolò Jommelli (1714-1774), autor de *Didone abbandonata* (1747), que trabajó en las principales ciudades italianas, pero también lo hizo en Viena, Sttutgart y Mannheim, además de escribir algunas producciones para el rey de Portugal, como *Il trionfo di Clelia* (1774).

La ópera española

En España, el panorama era similar, y aunque desde el siglo XVII maestros como Juan Hidalgo (c. 1612-1685) crearon obras escénicas cortesanas, a menudo sobre textos de Calderón de la Barca, Villamediana y Bocángel —como *Celos aun del aire matan* (1660), sobre un poema del primero—, lo cierto es que durante un siglo y medio la corte madrileña estuvo dominada por los italianos. Pese a este panorama claramente italianizante, hubo maestros autóctonos, como Sebastián Durón (1660-1716) y Antonio Literes (1673-1747), que tuvieron cierta originalidad. El

BELLEROPHON TRAGEDIE.
ACTE PREMIER.
Le Théâtre Repréfente la Ville de Patare Capitale du Royaume de Lycie.
Scene Premiere.

primero de ellos fue el artífice de *La guerra de los gigantes* (sin fechar) y de buen número de zarzuelas —*Salir el amor al mundo* (1680), *Muerte en amor es ausencia* (sin fechar)—, un género que empezaba a florecer por entonces y que no guarda relación estilística con el que más tarde conocería el favor popular. Por su parte, Literes alcanzó una notable fama con la ópera *Los elementos* (sin fechar), y sobre todo, con la zarzuela *Acis y Galatea* (1708). Un caso distinto es el de Domingo Terradellas (1713-1751), compositor barcelonés que conoció fortuna en el extranjero con óperas inspiradas en la escuela napolitana, como *Merope* (1743) y *Annibale in Capua* (1746).

La modalidad operística inglesa

En Inglaterra, al menos durante el siglo XVII, la ópera presentó un carácter propio, debido a la tradición de la mascarada (*mask* o *maske*), un entretenimiento cortesano en el que danza, música y poesía se combinaban con el mimo y el recitado. Los hermanos William (1602-1645) y Henry (1596-1662) Lawes crearon en este campo bellas partituras —*Triumphs of the Prince d'Amour* (1636)—, que pueden considerarse, junto a las de Christopher Gibbons (1615-1676), Matthew Locke y Henry Cooke (c. 1615-1672), un antecedente de la música escénica del gran Henry Purcell (1659-1695), que dio perfil propio a la ópera inglesa, con páginas capitales como

Dido and Aeneas (1689), *Dioclesian* (1690), *King Arthur* (1691) y *The Fairy Queen* (1692). A los pocos años de la muerte de Purcell fueron llegando a Inglaterra las compañías italianas y, con ellas, algunos compositores de relieve, como Attilio Ariosti (1666-1729), que rivalizaron en Londres con otro músico afincado allí, Haendel.

La *tragédie-lyrique* y la *comédie-ballet* francesas

El caso de Francia fue distinto, ya que vivió un rechazo hacia la ópera italiana hasta mediados del siglo XVIII. La razón estribaba en que Jean-Baptiste Lully creó una especie de ópera nacional, muy definida estilísticamente, con una obertura en tres secciones, abundantes ballets, refinada e imaginativa orquestación, poca movilidad escénica y recitativos silábicos, que aplicó a distintos géneros, como la *tragédie-lyrique* —*Cadmus et Hermione* (1673), *Atys* (1676)—, la *pastorale* —*Les fêtes de l'Amour et de Bacchus* (1672)—, y la *comédie-ballet* —*Le bourgeois gentilhomme* (1670)—. Entre los ilustres herederos de Lully cabe citar a André Campra (1660-1744) —*L'Europe galante* (1697)—, Marin Marais (1656-1728) —*Alcione* (1706)— y especialmente a uno de los músicos más elevados del Barroco, Jean-Philippe Rameau (1683-1764), célebre por *Les Indes galantes* (1735), *Castor et Pollux* (1737), *Dardanus* (1739) y *Zoroastre* (1749).

La música sacra barroca

Con la llegada del llamado *stilo concertato*, la música religiosa vivió durante el siglo XVIII un cambio extraordinario. Por primera vez, al arte sacro contrapuntístico y *a cappella* se oponía otro de corte monódico con acompañamiento instrumental. En la primera corriente se situaban maestros tan prestigiosos como Gregorio Allegri (1582-1652), autor de motetes, misas y de un conocido *Miserere*, y Paolo Agostini (c. 1583-1629), que también utilizó la técnica policoral. Frente a ellos, sin embargo, surgió una vía renovadora cuyo impulso debe buscarse en el maestro de capilla de San Marcos Giovanni Gabrieli, aunque de modo muy especial en su discípulo Alessandro Grandi (c. 1575-1630), quien, además de su preciosa recopilación de *Cantade et arie* (1620), escribió diversas misas con *il basso per sonare* y colecciones de motetes con *sinfonie d'istromenti*, en las cuales se advierten influencias de los operistas, entre ellos Monteverdi.

Un género barroco: el oratorio

Junto a Grandi debe subrayarse la importancia de Giacomo Carissimi (1605-1674), un compositor romano que tendió, ya desde sus primeras creaciones, a un marcado cromatismo, lo cual proporcionó a su música una gran expresión y dramatismo, aumentados con su adscripción al *stilo concertato*. Su nombre es esencial dentro de la música sacra, pues está vinculado al nacimiento del oratorio, una forma musical dramática no destinada a la representación, surgida a mediados del siglo XVII, que tiene su raíz en la *lauda drammatica*, una composición polifónica, sacra pero no litúrgica, de raíz popular y de la que el español Francisco Soto de Langa (1534-1619), residente en Roma, escribió cinco cuadernos. Pasajes dialogados, arias y números corales e instrumentales conformaron uno de los géneros más característicamente barrocos, tendentes a la monumentalidad y la tensión, como sucede en los primeros ejemplos de Giovanni Francesco Anerio (c. 1567-1630), Severo Bonini

Aunque nacido en Italia, el oratorio alcanzó su culminación como género en Inglaterra, gracias sobre todo a la aportación de un músico alemán allí establecido, Georg Friedrich Haendel. Arriba, página autógrafa de la partitura más conocida de este compositor, El Mesías, correspondiente al coro «And the Glory of the Lord». Estrenada en 1742, es sin duda el paradigma del oratorio barroco, modelo ineludible para todos los autores posteriores.

(1582-1663) y el citado Carissimi, cuyas partituras incluyen textos en latín, basados en el Antiguo Testamento. Destinados a interpretarse durante la Cuaresma, los primeros oratorios de celebridad se ejecutaron en el Oratorio del Santissimo Crocefisso, en Roma, donde era usual la interpretación de motetes y *laude*. Allí Carissimi dio a conocer algunas de sus páginas más señaladas, como *Jephte* (c. 1650) y *Jonas* (c. 1654), divididas en dos partes, antes y después del sermón, y en el estilo vocal del *arioso*, aunque impregnado de religiosidad. El hecho de que Carissimi ejerciera durante años sus funciones en el Collegio Germanico de Roma posibilitó la difusión del género en Alemania, pues algunos de los músicos que actuaron a sus órdenes difundieron luego esta forma sacra a su regreso a tierras germanas. Uno de los mentores del género fue Johann Kaspar Kerll (1627-1693), alumno directo de Carissimi y autor de *Pia et fortis mulier Santa Natalia* (1677), mientras que en Francia fue Marc-Antoine Charpentier (c. 1645-1704), que también estudió con Carissimi, quien consiguió implantar el oratorio, sobre todo con *Judith sive Bethulia liberata* (1670), *Josue* (1680) y *Le reniement de Saint Pierre* (c. 1700), éste en francés.

La plenitud del género

Con todo, durante el último tercio del siglo XVII fue cuando comenzó a fraguarse la verdadera magnitud del oratorio gracias a músicos como Alessandro Stradella y Alessandro Scarlatti, quienes introdujeron el estilo vocal del aria y los recursos instrumentales del *concerto grosso*, lo que dejó las puertas abiertas a las grandes creaciones de Johann Sebastian Bach —las pasiones se asimilan en Alemania al oratorio, tal es el caso de la *Pasión según san Mateo* (primera versión de 1727); el maestro de Eisenach escribió, además, el *Oratorio de Navidad* (1734)— y Georg Friedrich Haendel, quien tras abandonar su carrera operística se dedicó por entero a la escritura de oratorios, en los que alcanzó cimas extraordinarias con *Esther* (1735), *Saul* (1739), *Israel in Egypt* (1739), *Samson* (1743), *Judas Maccabeus* (1747), y sobre todo, *El Mesías* (1742), acaso el más célebre de cuantos oratorios se han escrito a lo largo de la historia de la música.

A la derecha, grabado que representa la interpretación de una cantata en una ciudad alemana en tiempos de Bach. Género por antonomasia de la música sacra luterana, la cantata tuvo precisamente en Johann Sebastian Bach su figura más relevante. Una de sus principales características fue la de incluir unos pasajes, los corales, en los que podía participar la comunidad de creyentes.

La cantata

La otra forma vocal e instrumental barroca por excelencia es la cantata, cuyos orígenes se remontan a principios del siglo XVII. Las colecciones primigenias pertenecen a Alessandro Grandi y Domenico Crivellati (*Cantate diverse*, 1628), aunque algunas fueron escritas ya alrededor de 1619 por Carissimi. Nacida como prolongación del madrigal, su inicial carácter profano fue compartido luego por la cantata sacra, en la cual resultó fundamental la aportación de Alessandro Scarlatti. Su expansión por Alemania resultó notabilísima, sobre todo gracias a Dietrich Buxtehude (c. 1637-1707), Johann Sebastian Bach y Georg Philipp Telemann, autores cuya producción, especialmente la de Bach, constituye una de las cimas de este arte vocal.

*Pintura de Francesco Solimena que representa a Judith con la cabeza de Holofernes. Esta bíblica escena gozó de especial favor entre los músicos del Barroco, quienes la hicieron objeto de numerosas adaptaciones musicales. Es el caso de Vivaldi y su **Juditha triumphans**.*

Johann Sebastian Bach

L a figura de Johann Sebastian Bach (1685-1750) supone sin duda la cumbre del arte musical barroco. No es extraño que Anton Webern dijera que toda la música se encontraba en Bach. El propio Arnold Schönberg subrayó que las audacias tonales de este compositor abrieron el camino a la disolución de la tonalidad, acontecida dos siglos después. A Igor Stravinski, la personalidad artística del maestro de Eisenach le pareció un milagro, algo sobrenatural e inexplicable. Y, sin embargo, en su época Bach fue un músico poco conocido en comparación con maestros como Georg Philipp Telemann o Georg Friedrich Haendel.

Una vida dedicada a la música

Maestro de capilla en diversas cortes, entre ellas las de Weimar y Cöthen, obtuvo, sobre todo, fama como organista. Sus composiciones, de profundo carácter especulativo, en las que la técnica y la ideación de nuevos procedimientos se combinan con las soluciones armónicas y melódicas más bellas, a oídos de sus coetáneos resultaban, por decirlo de algún modo, demasiado «intelectuales». El público estaba acostumbrado a un arte menos denso, influido por el melodismo y la sencillez armónica de los compositores italianos y por el surgimiento de la ópera italiana, de la que la música instrumental adquirió no pocos elementos.

Podemos decir que Bach trabajó en la sombra, dedicado a cumplir con sus obligaciones de maestro de capilla e inmerso en un ambiente doméstico tan denso como azaroso, con dos matrimonios y casi una veintena de hijos, algunos de los cuales fueron eminentes compositores, como Wilhelm Friedemann (1710-1784), Carl Philipp Emanuel (1714-1788) y Johann Christian (1735-1782). El gusto por un arte menos complejo sur-

*R*etrato de Johann Sebastian Bach, uno de los colosos de la historia de la música, cuyo arte aún sigue sorprendiendo hoy por la grandeza de su concepción.

gido durante el Barroco tardío hizo que maestros de talento, pero menores, como Johann Gottlieb Graun (1702-1771), ensombrecieran la última etapa de Bach.

La síntesis de una época

Admirador de la tradición organística del norte alemán, en especial de la representada por Dietrich Buxtehude, aunque también de los músicos italianos, sobre todo los venecianos Antonio Vivaldi y Tommaso Albinoni, Bach fue capaz de amalgamar en su

A la derecha, ilustración en la que vemos a Bach improvisando al órgano ante el rey Federico II de Prusia en Potsdam, sobre un complejo tema contrapuntístico proporcionado por el mismo monarca, destacado melómano y compositor ocasional.

obra las ideas estéticas más antagónicas y de combinarlas magistralmente, aunque sería inexacto no reconocer también las muchas influencias de los músicos franceses, que enriquecieron, y de modo muy sustancial, su concepción armónica. Autor de una ingente producción para tecla y de una obra vocal incomparable, con pasiones, cantatas y misas que constituyen verdaderos modelos de perfección, se le debe así mismo un repertorio de cámara e instrumental prodigioso. En sus *Sonatas y Partitas para violín solo* y en las *Suites para violoncelo solo* encontramos infinitos hallazgos, ya sean armónicos o contrapuntísticos, terreno este último en el que Bach se erigió en maestro indiscutido. Todavía hoy su contrapunto se estudia en todos los conservatorios del mundo, tanta maestría encierra su escritura. Max Reger llegó a decir que en una fuga de Bach estaba contenida toda la filosofía de Occidente.

▓ Una obra rica y variada

Como era previsible, su genio abarcó el ámbito concertante en el que, junto a las obras para clave y las partituras violinísticas, merecen lugar

*E*n la Alemania protestante, el oratorio sacro, originado en Italia y que en Inglaterra había alcanzado su máximo esplendor con Haendel, tomó la forma de la Pasión. Abajo, fragmento de la partitura original de la Pasión según san Mateo, *una de las páginas culminantes de la producción de Bach. Obra austera a la vez que monumental, es la más fiel expresión de la intensa espiritualidad de su creador. Su recuperación por parte de Felix Mendelssohn en un concierto histórico celebrado en Berlín en 1829 significó el inicio de la rehabilitación de la música de este maestro, después de un período de semiolvido.*

de honor los llamados *Conciertos de Brandenburgo* (BWV 1046-BWV 1051), compuestos probablemente entre 1713 y 1721. Esta colección de seis conciertos fue enviada por Bach como obsequio al margrave Christian Ludwig de Brandenburgo, tío de Federico Guillermo I. Aunque el destinatario apreció las partituras, le parecieron algo difíciles y extravagantes, lo cual no debe sorprendernos si pensamos que en tiempos de Bach la forma concierto era mucho más convencional, todavía vinculada con el *concerto grosso* o con el esquema básico del concierto solista al estilo vivaldiano. Bach tiene una facilidad pasmosa para mezclar episodios del más puro e intenso contrapunto con los aires de danza o con la escritura armónica más brillante.

Todos estos recursos nos sitúan en la antesala del concierto clásico, y por tanto a las puertas del concierto desarrollado durante el siglo XIX. Es muy acertada la observación de un estudioso tan destacado como Carl Dahlhaus, quien señaló que Bach no fue importante para la música del siglo XVIII, sino para la del siguiente. En efecto, a raíz del descubrimiento de la *Pasión según san Mateo* que dirigió en 1829 en un concierto Felix Mendelssohn, Bach dejó de ser un organista de talento y autor de imponentes fugas, para convertirse en un mito de la música. La tiniebla en que había quedado envuelta su memoria se esfumó y pasó a erigirse en un verdadero modelo, en el artífice de un lenguaje nuevo, de valor imperecedero.

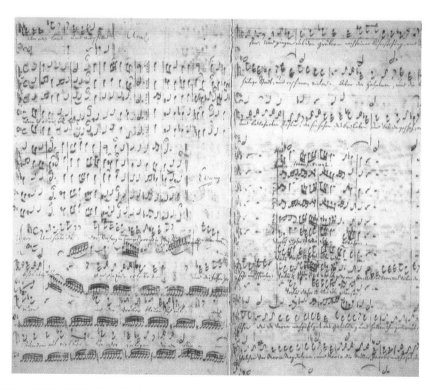

Georg Friedrich Haendel

La de Georg Friedrich Haendel (1685-1759) es una de las figuras más vitalistas e imaginativas del siglo XVIII musical. Espíritu activo, cultivó todos los géneros y todas las formas con notabilísima fortuna. Gran intérprete del teclado, fue así mismo un maestro en el arte de la improvisación. Además, gracias a su pertenencia a una cultura musical de fuerte tradición organística como la alemana, pronto adquirió una indiscutible autoridad en este terreno.

Un compositor ecléctico

Una de las razones de su sólida formación responde al magisterio de uno de los organistas y profesores más reputados de Alemania, Friedrich Wilhelm Zachow (1663-1712), con quien Haendel estudió durante el período en el que el maestro desempeñó el cargo de organista de la Liebfrauenkircher de Halle. En 1702 ingresó en la Universidad de dicha capital para cursar leyes, obligado por su progenitor, quien reprobaba que el joven Haendel dirigiera sus pasos hacia la música.

Pero ese mismo año accedió a la plaza de organista catedralicio en su ciudad natal y, uno más tarde, no sin luchas familiares, marchó a Hamburgo para ingresar como violinista en una de las orquestas más prestigiosas de Alemania, la de la Ópera, dirigida por Reinhard Keiser (1674-1739), maestro admirador de Steffani, Lully y Campra, cuya amplitud de miras y cuyo eclecticismo influyeron sin duda en la concepción compositiva de Haendel. Su música abarcará, ya desde los inicios, los más diversos estilos y procedimientos, con un tratamiento armónico de las obras tan amplio como riguroso, y una construcción melódica que sintetizará lo mejor de las tradiciones de Italia y Francia.

La pasión por la ópera

Comoquiera que en el siglo XVIII el género operístico era el único que reportaba ganancias considerables a los autores, Haendel pronto se decidió a cultivarlo, quizás también aconsejado por Keiser, creador a su vez de numerosas ópe-

Contemporáneo de Bach y alemán como él, Haendel fue el contrapunto exacto de este maestro: hombre público, cosmopolita, triunfó en los teatros de toda Europa gracias a un estilo brillante, alejado de la espiritualidad del Kantor de Leipzig. Aquí le vemos en un retrato de Philippe Mercier.

ras, entre ellas *Circe oder Des Ulisses erster Theil* (1702) y *La fedeltà coronata* (1706). Así, en 1705 Haendel presentó en Hamburgo *Almira*, su primera producción dramática, un espléndido punto de partida que al año siguiente lo condujo a Italia, donde dio a conocer ésta y otras óperas que no han llegado hasta nosotros, las cuales le procuraron una gran celebridad. Su fama aumentó con el oratorio *La Resurrezione*, estrenado en Roma en 1708. Pese a su juventud, Haendel era ya un compositor maduro, un artista que había asimilado el estilo italiano que por aquel entonces imperaba en Europa, por más que conocía también la más rigurosa escuela contrapuntística

alemana y la música de los clavecinistas franceses, quienes ampliaron, y de manera muy considerable, su horizonte armónico.

Maestro de capilla en Hannover

De este modo, en la primera década del siglo XVIII Haendel era ya un sólido creador, un artista de gran proyección, requerido por numerosas capillas musicales e instituciones operísticas. Entre los muchos cargos que se le ofrecieron estaba el de maestro de capilla del príncipe elector de Hannover, precisamente para suceder al gran Steffani. Su vinculación con este mandatario resultó decisiva en su trayectoria: el hecho de que el príncipe fuera el futuro Jorge I de Inglaterra, facilitó el asentamiento del compositor en este país, al que ya había viajado en 1711 por cuenta propia para representar *Rinaldo*.

En 1712, y sin autorización de su patrón el todavía príncipe elector, marchó de nuevo a Londres, donde, salvo algunos viajes esporádicos, residiría a lo largo de su vida. La reconciliación con el recién nombrado Jorge I, y su incomparable genio musical, propiciaron que Haendel se convirtiera en el compositor más influyente y estimado de Inglaterra.

A partir de 1712, Haendel estableció de manera definitiva su residencia en Londres, donde en poco tiempo se convirtió en el compositor de moda. Una de sus obras allí escritas fue la pastoral Acis y Galatea, *cuya portada se ofrece en la imagen de la derecha.*

F ue en el teatro donde Haendel cosechó algunos de sus mayores triunfos. Uno de ellos fue Rinaldo: *la excelente acogida dispensada por el público londinense a esta ópera, en 1711, fue una de las razones que le decidieron a instalarse en Inglaterra. Abajo,* Rinaldo y Armida.

Los oratorios ingleses

En Inglaterra, Haendel llevó a cabo una labor operística de gran importancia —*Giulio Cesare* (1724), *Tamerlano* (1724), *Riccardo Primo* (1727), *Orlando* (1733), *Alcina* (1735) y *Serse* (1738)—, sólo empañada por sus desafortunados lances como empresario, provocados por la dura competencia de los maestros italianos allí afincados, entre ellos Ariosti y Bononcini, quienes acabaron por hundir las finanzas de Haendel. Cada vez más alejado de la vida pública, y habiendo asimilado el estilo del mayor músico inglés, Henry Purcell, se dedicó a la creación de oratorios, ámbito en el que alcanzó cotas de extraordinario valor, como *Esther* (1737), *Saúl* (1739), *Samson* (1743) y *El Mesías* (1742), patrimonio universal de la música. Su maestría se extendió al arte instrumental, ya en el concertante —campo en el que favoreció tanto la madurez del *concerto grosso* como la del concierto solista—, ya en el camerístico, con trío-sonatas que resultan obras maestras en su género. Con todo, son dos suites las que han inmortalizado su producción orquestal: *Música acuática* (1717) y *Música para los reales fuegos de artificio* (1749).

El clave

El clave fue, junto con el violín, el instrumento barroco por excelencia. Tuvo un protagonismo intenso y abarcó un amplísimo campo, desde la intervención como ejecutante de la técnica del bajo continuo hasta su participación como elemento solista. Era imprescindible en toda actividad musical, y así lo vemos en muchos lienzos y grabados, ya en escenarios operísticos, ya entre pequeños grupos instrumentales, o bien formando parte de escenas domésticas, puesto que fue un excelente elemento para acompañar el canto.

Características del clave

El clave es un instrumento de tecla en el que el sonido se produce mediante unas púas que pulsan la cuerda. Su sencillo pero preciso mecanismo consiste en unos «martinetes» o laminillas de madera, situadas verticalmente y en paralelo al teclado, que ascienden al tocar la tecla. Cuando sube el martinete, que lleva incorporada la púa, ésta pulsa la cuerda. Su sonido es luminoso gracias a sus cuerdas metálicas, la mayoría de las veces de acero, aunque era costumbre encordar el clave con cuerdas de plata. Es de notar que cada tecla cuenta con dos cuerdas —a veces tres— a fin de aumentar el volumen sonoro. En español, el término específico es el de «clave», pero a finales del primer tercio del siglo XVIII comenzó a ser conocido como «clavecín» por influencia francesa. Esta denominación coexistió durante un cierto tiempo con las de «cémbalo» o «clavicémbalo», que a su vez procedían del italiano, con lo que el vocablo «clave» quedó algo relegado, cuando en realidad era el adecuado. El origen de su nombre está en el latín *clavis*, que significa llave, pero también tecla.

Los grandes constructores

Uno de los ejemplares más antiguos que se han conservado data de 1521 y es obra de Jerónimo da Bologna, un constructor que abrió el camino a maestros como Giovanni Antonio Baffo y Celestini. No obstante, los artesanos flamencos fueron quienes dieron mayor impulso a

*A*rriba, el clave según un grabado procedente del Diccionario de Johann Christoph Weigel. Hasta la consolidación del piano a finales del siglo XVIII, el clave fue uno de los instrumentos predilectos de compositores como Frescobaldi, Bach, Haendel o los franceses Couperin, Rameau y Chambonnières. A la derecha, frontispicio del primer libro de piezas para clave de este último, publicado en 1670.

este instrumento, y entre ellos los miembros de la familia Rückers en el siglo XVII, y Daniel Dulcken en el siguiente. Una de sus aportaciones fue la incorporación de un segundo teclado, lo cual facilitaba la ejecución de las obras y permitía introducir mecanismos para crear nuevas sonoridades. Estos claves eran, con respecto a los italianos, más elaborados y estaban dotados de una caja armónica de mayor tamaño. Así mismo, su aspecto exterior era más refinado, pues solían

La mejor escuela clavecinística y los más reputados constructores se hallaban en Francia. A la izquierda, clave realizado por Antoine Vaudry en París en 1681. Sus motivos decorativos de inspiración orientalista datan, empero, de la centuria posterior.

estar ornamentados con pinturas, muchas veces realizadas por pintores tan afamados como Rubens y Steen. Una herencia de esta prestigiosa escuela flamenca se refleja entre los constructores franceses que, siguiendo con el uso de dos teclados, lograron espléndidos ejemplares gracias a artesanos como Goujon, Denis, Vaudry, Blanchet y Taskin.

Un extenso repertorio

El clave tiene el honor de ser el destinatario de uno de los repertorios más amplios y valiosos jamás escritos para un instrumento. Obras tan importantes como las de Girolamo Frescobaldi y Pieterszoon Sweelinck, o las posteriores de la escuela francesa, con nombres tan ilustres como los de Jacques Champion de Chambonnières (1601 o 1602-1674), y sobre todo François Couperin (1668-1733) y Jean-Philippe Rameau, confirman la excelencia del catálogo clavecinístico. Así mismo, deben recordarse la ingente obra de Domenico Scarlatti (1685-1757) y las suites de Purcell y Haendel, que dieron al clave inglés del Barroco su mejor música. Sin embargo, una de las cumbres del repertorio corresponde a Johann Sebastian Bach, autor de *El clave bien temperado* (1722), al cual hay que añadir partituras como la *Fantasía cromática* (c. 1720), el

A la derecha, retrato apócrifo del joven Mozart ante el clave. En la música para teclado de este compositor, tanto en sus conciertos como en sus sonatas, se observa cómo progresivamente el clave, protagonista de sus primeras composiciones, cede su lugar al piano en las de madurez, aunque en éstas algunos detalles de escritura sigan rememorando usos y maneras clavecinísticos. De hecho, los músicos no serán conscientes de las diferencias entre uno y otro instrumento prácticamente hasta Beethoven.

Concierto italiano (1735), las series de *Suites inglesas* (c. 1715) y *Suites francesas* (sin fechar), y las *Variaciones Goldberg* (1742).

La aportación española

Aunque poco conocido, el repertorio español encierra algunas joyas de valor, como es el caso de la obra para tecla del renacentista Antonio de Cabezón. Con todo, el primer repertorio se nutrió de obras generales, es decir, no específicas para clave, como el *Libro de cifra nueva* (1557), de Luis Venegas de Henestrosa, o la recopilación de *Flores de musica pera o instrumento de tecla e harpa* (1620), de Manuel Rodrigues Coelho (c. 1555-c. 1635). No menos importante es el *Arte de tañer fantasía* (1565), de Tomás de Santa María. Pero la floración clavecinística española se produjo durante el declive del Barroco, época en la que aparecen nombres como el de Vicente Rodríguez (c. 1685-1760). El padre Antonio Soler (1729-1783), educado en el monasterio de Montserrat y discípulo de Scarlatti en Madrid, es quizás en este terreno la figura capital del siglo XVIII, cuya herencia se manifestó en autores como Rafael Anglés (1730-1816) y Manuel Blasco de Nebra (1750-1784).

Concierto y *concerto grosso*

La forma instrumental del concierto puede considerarse una aportación genuina del Barroco, una creación musical en la que se manifiestan los ideales estéticos de una época fascinada por el contraste y la tensión. El concierto es una especie de claroscuro musical, una estructura en la cual un elemento, en oposición al resto, busca destacar: con el concierto nace una tendencia hacia la narración, hacia el desarrollo de la melodía como reflejo de la expresión individual, toda vez que con su presencia se cumple un alejamiento de la música como lenguaje abstracto, que será propio de los siglos posteriores.

De hecho, una etimología de *concertare* equivale a «combatir», «pugnar», aunque también el sentido de esta forma musical está unido a *consertus*, de *conserere*, que significa «concertar», «aunarse», «ir juntos». Vemos, pues, que los significados etimológicos responden muy bien al propósito de unos compositores que, mediante la escritura concertante, propiciaron un extraordinario avance del lenguaje musical.

Arriba, dedicatoria al margrave de Brandenburgo de los seis conciertos «para numerosos instrumentos» de Bach, hoy conocidos como Conciertos de Brandenburgo.

Génesis y evolución del concierto

Durante la segunda mitad del siglo XVI, el término se empleaba para referir un conjunto de voces o instrumentos, pero cuando Adriano Banchieri publicó en 1599 sus *Concerti ecclesiastici*, ya anunciaba un tipo de composición en que las

A la izquierda, pintura que representa una reunión musical durante la primera mitad del siglo XVIII. En esta época, la música era sobre todo una actividad cortesana: cada corte, fuera de la realeza o de la aristocracia, tenía su grupo de músicos, su propia orquesta e, incluso, sus propios compositores, encargados de escribir la música adecuada para reuniones como la que aquí se ve. En la Inglaterra de Haendel fue donde poco a poco surgió el concepto de concierto público que aún sigue vigente.

voces alternaban, sobre un acompañamiento armónico, su protagonismo. Los avances de Banchieri fueron prontamente ampliados por Ludovico Grossi da Viadana (c. 1560-1627), a quien se atribuye la introducción del bajo continuo en los *Cento concerti ecclesiastici* (1602), colección en la que el acompañamiento a menudo asume los dibujos polifónicos y el mayor protagonismo se confía a una parte vocal. En el transcurso de los siglos XVII y XVIII, por más que la palabra concierto siguiera empleándose como sinónimo de «conjunto» —tal es el caso de las *Pièces de clavecin en concerts* (1741), de Jean-Philippe Rameau, una especie de suites para clave, flauta o violín y viola da gamba—, en el norte de Italia empezó a identificarse con una obra orquestal, en la que las secciones oponen, en determinados pasajes, sus motivos melódicos y armónicos. Por lo común escrita en tres movimientos —*Allegro, Adagio, Allegro*, con la estructura del primero marcada por la influencia del aria operística—, este tipo de composición fue pronto difundida como *concerto grosso*, llamado así en razón del crecido número de maestros que integraban la orquesta.

Comoquiera que dentro del conjunto algunos músicos poseían superior maestría, se les confiaba las partes *a solo*, o bien los pasajes de mayor elaboración armónica. Dichos ejecutantes formaban el llamado *concertino*, por lo general compuesto por dos violines y un violoncelo, mientras que el resto del grupo orquestal era denominado *ripieno*. Fue Alessandro Stradella quien publicó, hacia 1670, el primer *concerto grosso* bajo el título de *Sinfonia en re*, pero se debe al compositor y violinista Arcangelo Corelli (1653-1713) la fijación de esta forma y también sus mejores logros —sus doce *Concerti grossi Op. 6* (1714) obtuvieron un éxito extraordinario—, al menos en la etapa inicial, ya que con posterioridad músicos como Antonio Vivaldi y Georg Friedrich Haendel escribieron espléndidas colecciones.

El concierto solista

Precisamente Vivaldi, el ilustre miembro de la escuela veneciana junto a Tommaso Albinoni (1671-1751) y Benedetto Marcello (1686-1739), fue quien ayudó a perfilar, sobre la base del *concerto grosso*, el concierto solista, dando pro-

*E*l género del concierto tiene en el veneciano Antonio Vivaldi uno de sus más eximios exponentes. Arriba, frontispicio de la recopilación manuscrita de los Concerti con molti istrumenti *de este compositor, dedicados al príncipe Federico Cristian de Polonia con motivo de una estancia de éste en Venecia.*

tagonismo a una única línea melódica —casi siempre violinística— que fluye unas veces dentro del conjunto y otras, en oposición a éste. No obstante, en este ámbito Vivaldi fue deudor de Giuseppe Torelli (1658-1709) —nombre asociado también a la configuración del *concerto grosso*—, quien dibujó, con una entonces inusual claridad, la línea melódica sobre los planos armónicos, en el más puro estilo barroco, y que afirmará más tarde Giuseppe Tartini (1692-1770). Sobre las pautas de Corelli, Torelli y de los músicos de la escuela veneciana, transcurrió una buena parte del repertorio concertante del Barroco, alterado con la presencia de los *Conciertos de Brandenburgo*, de Johann Sebastian Bach, cuyo lenguaje novedoso llevó el concierto hacia una caracterización preclásica: en ellos el *ripieno* no actúa como tal, sino que describe pasajes independientes fuertemente vinculados a las otras secciones, que también poseen autonomía propia. El material melódico se fragmenta y distribuye entre dichas secciones, que a su vez huyen de una instrumentación puramente convencional, pues el clave abandona la mera función de bajo continuo y a la orquesta se añaden trompetas, flautas traveseras, flautas de pico y oboes.

A la izquierda, frontispicio de las Sinfonías y conciertos *de Tommaso Albinoni. Dedicadas, como era habitual en esta época, a un personaje noble, en este caso el duque de Mantua, las obras aquí recogidas conforman el Op. 2 de este brillante músico veneciano.*

Antonio Vivaldi

A ntonio Vivaldi, compositor y violinista italiano (1678-1741), fue el impulsor de la llamada Escuela veneciana y uno de los nombres más significativos de la música barroca instrumental. Aunque compartió la vocación musical con el sacerdocio, su vida estuvo más cerca de los escenarios que de los altares. En 1693 recibió la tonsura, y en 1703 la ordenación en San Giovanni in Oleo y San Geminiano, pero mantuvo constantes enfrentamientos con los mandatarios eclesiásticos, que le recriminaban sus licencias y la escasa dedicación al culto. El hecho de que renunciara a cantar misa en una fecha tan temprana como la de 1705, se debió sobre todo a una enfermedad bronquial, tal vez asma, tan frecuente en la húmeda Venecia.

■ Maestro del Ospedale della Pietà

El talento de Vivaldi correspondía al esplendor de una Venecia que a principios del siglo XVIII estaba subyugada por la música. Nombrado en 1703 «maestro de violino» del Pio Ospedale della Pietà, la vida y obra del maestro estuvieron estrechamente ligadas a esta entidad destinada a formar musicalmente a muchachas huérfanas. Allí elaboró Vivaldi una buena parte de su repertorio, dirigido a una orquesta femenina que tuvo el privilegio de ser la destinataria de tan ilustre música. Al poco de su estancia en la Pietà, la nombradía de la orquesta se expandió por toda Italia.

En 1705, cuando llevaba dos años en la Pietà, vieron la luz sus primeras obras, *Suonate da camera Op. 1*, y ya en 1712 los músicos europeos se disputaban las ediciones de los conciertos que constituyen el *Op. 3*, reunidos bajo el título de *L'estro armonico*, publicado en Amsterdam. Le llegaban encargos de las cortes más refinadas, y recibió la protección de los Ottoboni, de los Spinola Borghese y, sobre todo, de Luis XV y del emperador austríaco Carlos VI.

■ Un autor prolífico

Al margen de su desbordante actividad como autor concertístico —su catálogo lo forman alrededor de quinientos conciertos—, Vivaldi,

A rriba, retrato de Antonio Vivaldi. Compositor prolífico, violinista virtuoso, sacerdote de costumbres laxas, maestro del Pio Ospedale della Pietà, el creador de Las cuatro estaciones *imprimió una profunda huella en la vida musical de Venecia, ciudad desde la que su nombre se expandió por toda Europa. Su obra abarca todos los géneros, pero han sido los conciertos los que más han contribuido a la perdurabilidad de su fama, a pesar de comentarios como el de Igor Stravinski, quien dijo en cierta ocasión que Vivaldi nunca había escrito quinientos conciertos, sino «quinientas veces el mismo concierto».*

espoleado por el creciente éxito de la ópera, el único género que proporcionaba pingües ganancias, decidió dedicarse a la creación escénica y erigirse en empresario de sus producciones, entre ellas *Ottone in villa* (1713), *Orlando finto pazzo* (1714) y *Ercole su'l Termodonte* (1723). En el meridiano de su vida, hacia 1715, sus colecciones instrumentales como *L'estro armonico* habían alcanzado una enorme difusión, y estaban por llegar otras de igual o superior fortuna, como *Il cimento dell'armonia e dell'inventione Op. 8*, publicada en 1725, que contiene las famosas *Cuatro estaciones*, sin duda su título de mayor universalidad. Mas, a pesar de todo, Venecia comenzaba a dar la espalda a un músico cuyo estilo había saciado el gusto de unos conciudadanos ansiosos de novedades. Por esta razón decidió Vivaldi emprender una nueva andadura que le llevó a probar fortuna en Viena, adonde llegó el 28 de junio de 1741. Allí moriría en la más absoluta pobreza un mes después.

Éxitos y olvido

Algunos cronistas venecianos indican que el compositor había llegado a ganar anualmente una suma de 50 000 ducados, lo cual le permitía

frecuentar los restringidos círculos del Dogo, al igual que sus célebres amigos y también compositores Tommaso Albinoni y Benedetto Marcello, aunque éstos se relacionaban con la aristocracia por su condición de nobles.

Hay que añadir otra causa al infortunio que le tocó vivir a Vivaldi al final de sus días: pese al éxito que su música obtuvo en Europa, con numerosas ediciones de sus obras, todavía era mayor el número de copias manuscritas que circulaban por los cenáculos musicales, copias que, por supuesto, no proporcionaban beneficio alguno a su autor, quien poco antes de partir hacia Viena tuvo que malvender una buena cantidad de conciertos a los dirigentes del Ospedale della Pietà.

Caído en el olvido tras su muerte, el redescubrimiento de Vivaldi tuvo lugar siglos después, en torno a 1945, merced a la música de Bach, quien había transcrito doce conciertos vivaldianos a diferentes instrumentos. El interés por el músico alemán fue precisamente el que abrió el camino hacia el conocimiento de un artista habilidoso en extremo, prolífico como pocos y uno de los artífices de la evolución del concierto solista tal y como hoy lo conocemos. Venerado en Francia, indicó el camino a seguir a los maestros anteriores al clasicismo, que, siguiendo su ejemplo, concedieron más valor a la expresión que a la perfección formal.

El estilo barroco tardío y la música galante

Tras la eclosión musical del denominado período barroco central, protagonizado por los compositores que crearon sus obras durante las cinco primeras décadas del siglo XVIII, caracterizadas por la definición de los estilos y por haber agotado las formas, tanto instrumentales como vocales, vigentes durante casi un siglo, llegó un momento de crepúsculo en el que los caracteres barrocos se suavizaron: con un definitivo adiós a las texturas contrapuntísticas —Johann Sebastian Bach supuso el broche de oro, con *El arte de la fuga*— y un acercamiento al modelo melódico-cantable, las escuelas preclásicas comenzaron a asomar en el horizonte. Las nuevas generaciones musicales vieron en la música de sus antecesores un producto de la razón y el entendimiento, un fruto surgido a la sombra de la especulación matemática antes que un arte sentimental, «humano», «sencillo», capaz de conmover.

Cuadro de Philippe Mercier que retrata al príncipe de Gales con sus hermanas María, Luisa y Ana. Lejos de la apoteosis característica del período barroco, esta pintura insinúa ya una nueva época que inmediatamente nos conducirá al clasicismo: el rococó. Estilo de transición entre dos grandes etapas, su música se caracterizaba por una mayor simplicidad de escritura y por la búsqueda del sentimiento, de la emoción.

El estilo rococó

Pero el paso estilístico no se produjo de forma radical, sino que gradualmente la música adquirió distintos prismas antes de consolidarse dentro de los parámetros estéticos del clasicismo. En el ecuador del siglo XVIII se produjo una situación singular, pues convivieron, bien que incómodamente, los *concerti grossi* de Haendel y las óperas de Jean-Philippe Rameau, con las más «ágiles y sentimentales» partituras de Georg Benda (1722-1795), Pietro Nardini (1722-1793) y François André Philidor (1726-1795), por citar unos ejemplos. La primera etapa importante de dicho tránsito fue el estilo rococó, término derivado del francés *rocaille*, que significa trabajo labrado en forma de roca o de ostra, un motivo dilecto de las artes decorativas de la época, que ponían el acento en el diseño puramente ornamental, ligero, casual e irregular. En el aspecto musical, el rococó, conocido propiamente como *style galant*, fue un arte cortesano, intimista, propio del reinado de Luis XV, que convirtió Versalles en un mundo artificial, donde la naturaleza y los afectos se habían transformado en un lienzo afable, complaciente, como sucede en las telas de Watteau y Fragonard. El rechazo de la complejidad del lenguaje musical barroco llevó a concebir una música elegante y algo etérea, dominada por la melodía, rica en ornamentaciones, y sostenida por un sencillo acompañamiento armónico.

La búsqueda del sentimiento

Aunque las últimas composiciones de artistas como François Couperin y Georg Muffat (1653-1704) —e incluso Georg Philipp Telemann— presentan algunos rasgos del denominado *style galant*, fue en la siguiente generación cuando estos rasgos aparecieron con fuerza, sobre todo entre los compositores alemanes, quienes asimilaron el arte rococó para convertirlo en el estilo de la «sensibilidad», de mayor contenido espiritual y una más profunda sensibilidad expresiva que los maestros franceses. Los centros de este nuevo movimiento musical fueron las

cortes de Berlín y Mannheim, además de la ciudad de Viena, en la cual trabajaban compositores como Christoph Willibald Gluck, Leopold Gassman (1729-1774) y Carl Ditters von Dittersdorf (1739-1799).

Las escuelas de Berlín y Mannheim

Sin embargo, los artistas más destacados se hallaban en los referidos centros de Berlín y Mannheim. En el primero se distinguieron dos de los más brillantes hijos de Bach, Wilhelm Friedemann y Carl Philipp Emanuel Bach —su hermano Johann Christian vivía su triunfo en Londres—, además de Johann Joachim Quantz (1697-1773) y los hermanos Benda, el ya mencionado Georg y Franz (1709-1786), mientras que en Mannheim encontramos los nombres de Johann Stamitz (1717-1757) y su hijo Carl Stamitz (1745-1801), Christian Cannabich (1731-1798), Franz Xaver Richter (1709-1789) e Ignaz Holzbauer (1711-1783).

Todos estos maestros, que de un modo u otro facilitaron el camino a Joseph Haydn y Wolfgang Amadeus Mozart, elaboraron y maduraron las formas de la sinfonía y la sonata —con el primer movimiento en forma-sonata, consolidada durante el clasicismo—, además de ampliar el sentido tímbrico orquestal y de introducir una gama superior de dinámicas —al respecto, fue famoso el *crescendo* de la orquesta de Mannheim—, elementos que confirieron mayor expresión a la música, cosa consustancial a esa nueva corriente musical, melancólica e intimista, en la cual abundan las composiciones en tonalidad menor, un recurso armónico que otorga a la

*A*rriba, reunión musical en Viena, ciudad que se convirtió en la capital musical de Europa durante esta época, posición que no abandonaría hasta bien entrado el siglo XX.

música un tinte denso y dramático. Son reveladoras de un tiempo y de una forma de pensar —y de sentir— las palabras escritas por Carl Philipp Emanuel Bach en su *Ensayo sobre el verdadero arte de tocar el clave* (1753), en que aconseja, para interpretar alguna de sus partituras, «tocar lo más triste y lentamente posible».

*S*obre estas líneas, pintura que recrea una idealizada sesión de música. En la mesa puede verse un clave de tipo italiano, cuyo cometido era el de ejercer la función de bajo continuo. Durante todo el rococó y el clasicismo, la música constituyó una de las ocupaciones predilectas de los refinados salones aristocráticos, ocupación que en el siglo XIX heredará la burguesía.

Clasicismo
Ópera seria y ópera bufa

A mediados del XVIII, las cortes europeas más prestigiosas, a excepción de la francesa, disponían de su propia compañía de ópera italiana: ciudades como Londres, San Petersburgo o Viena contaban con músicos italianos o formados en Italia. La rigidez de la ópera seria alcanzó su máxima expresión con el nombramiento de Pietro Metastasio como poeta oficial de la corte del emperador Carlos VI de Austria, cargo que también ocupó bajo el mandato de María Teresa y José II. Sus libretos, libremente inspirados en la mitología clásica y defensores del inmovilismo social, fueron utiliza-

A la derecha, retrato de Pietro Metastasio, poeta de la corte de Viena desde 1730. Sus libretos, de carácter mitológico e histórico, gozaron de inmenso prestigio en su época, hasta el punto de que inspiraron más de ochocientas óperas del género serio, entre ellas algunas de Mozart.

dos por los más destacados compositores de la época. Las óperas metastasianas constaban de tres actos y estaban protagonizadas por seis personajes principales a lo sumo, cada uno de los cuales debía abordar sus arias correspondientes; salvo excepciones, no había coros y la acción dramática se desarrollaba en los recitativos.

La ópera seria

Entre los compositores metastasianos destacó Johann Adolph Hasse (1699-1783), *kapellmeister* del elector de Sajonia, que dotó a sus óperas de un aire impregnado de un puro estilo musical galante. Así mismo, Carl Heinrich Graun (1703 o 1704-1759), con su ópera *Moctezuma* (1755), empezó a otorgar mayor flexibilidad a la ópera seria con la sustitución de las arias *da capo*, propias del Barroco, por cavatinas, y la reducción de los recitativos secos, es decir, aquellos acompañados únicamente por el clavicémbalo. Se iniciaba así de forma tímida una reforma de la ópera dirigida a dar prioridad al naturalismo y la sencillez, detalles éstos que incluso arraigarían en la ciudad más representativa de la ópera seria: Nápoles. Compositores como el napolitano Niccolò Jomelli (1714-1774) y Tommaso Traetta

A la izquierda, escena de Arsaces, de Francesco Feo, representada en 1741 en Turín. Con sus héroes inaccesibles y la monotonía de sus arias, la ópera seria alcanzó su máximo esplendor a mediados del siglo XVIII, para perder desde entonces importancia en favor de la ópera bufa.

(1727-1779), aunque siguieron adaptando libretos de Metastasio y cultivando el aria *da capo*, empezaron al mismo tiempo a utilizar con mayor profusión el recitativo acompañado en detrimento del seco, además de otorgar una mayor importancia al coro.

Mientras, en Francia, la tragedia lírica, con sus ballets, sus coros y sus montajes espectaculares, alcanzaba con la figura de Jean-Philippe Rameau el máximo de su esplendor. Pronto, sin embargo, se fue abriendo paso una estética más acorde con el estilo galante del clasicismo, más afín con el pueblo, amante de la ópera cómica. Europa se veía entonces envuelta en una serie de guerras dinásticas, de crisis financieras y de cambios bruscos en los valores sociales. La ópera seria también se vio afectada por tales transformaciones y los aristócratas comenzaron a dirigir sus gustos hacia la naciente ópera bufa, reservando las óperas serias únicamente para las grandes solemnidades.

◼ Los inicios de un nuevo género

La *commedia dell'arte*, con sus personajes de carne y hueso, se sobrepone poco a poco a la que se centra en héroes mitológicos. Si los primeros ejemplos de la ópera bufa no fueron más que breves piezas que se representaban para distracción del público en los entreactos de las óperas serias —de ahí la denominación de *intermezzi*—, en poco tiempo ganaron identidad propia. De esta manera, ya a mediados de 1750 se empezaba a imponer este género sobre la ópera seria, que fue cediendo terreno gradualmente hasta su práctica desaparición a finales del siglo XVIII; al respecto, *La clemenza di Tito* (1791), de Mozart, fue una de las últimas manifestaciones de la ópera seria dentro del clasicismo.

Así mismo, la declarada preferencia hacia el género cómico de un público que —no se olvide— pagaba su entrada a los teatros, influyó decisivamente en el hecho de que empresarios y compositores se vieran empujados a la elaboración de óperas bufas. Giovanni Battista Pergolesi (1710-1736), con el *intermezzo La serva padrona* (1773), iniciaba un género en el que, ante todo, las arias y los dúos surgían con espontaneidad, sin el artificio propio de la ópera seria. Además, los finales de acto, en especial los del primero, presentaban brillantes números de conjunto que posteriormente, con las figuras de Mozart y Rossini, alcanzarían su cenit.

Europa pedía óperas bufas, pero en muchas ocasiones lo precipitado de su escritura, así co-

Frontispicio de la partitura de uno de los títulos clave del repertorio bufo, Il matrimonio segreto *de Domenico Cimarosa, ópera estrenada en Viena el 7 de febrero de 1792, y obra maestra de este prolífico autor. Tal éxito obtuvo que, según se dice, el emperador Leopoldo pidió a los intérpretes que la representaran de nuevo el mismo día.*

Bajo estas líneas, figurines para la ópera Armida *de Franz Joseph Haydn, estrenada en el teatro de Esterházy el 16 de febrero de 1784. Aunque la ópera no sea el terreno donde más destacó este gran músico, su producción no carece de interés. Es el caso de esta obra de barroco y mágico argumento, extraído de Torcuato Tasso, que también inspiró a Lully y Gluck sendos trabajos.*

mo la poca calidad de los libretos, dio lugar a centenares de títulos que han quedado del todo olvidados. Entre los libretistas destacó Carlo Goldoni, con unos argumentos llenos de viva comicidad. Entre los músicos sobresalieron Niccolò Piccini (1728-1800), Giovanni Paisiello (1740-1816) o Domenico Cimarosa (1749-1801) —el autor de la famosa *Il matrimonio segreto* (1792)—, quienes dieron realce a un género que con Mozart (*Las bodas de Fígaro*) y Rossini (*L'italiana in Algeri* o *El barbero de Sevilla*) llegaría a su máximo esplendor.

La reforma operística de Gluck

Pese al triunfo que obtuvo la ópera cómica, gran número de compositores siguieron mostrando sus preferencias hacia argumentos de corte serio para sus óperas, y la figura de Gluck revitalizó un género que ahora adoptaba una forma alejada de los postulados internos que regían las óperas metastasianas.

Nacido en 1714 en Erasbach, en el Alto Palatinado, Christoph Willibald Gluck recibió una sólida formación musical en Viena, ampliando posteriormente sus estudios en Milán, gracias al apoyo del príncipe Melzi. En la capital lombarda ofrecería en 1741 su primer título operístico, *Artaserse*, que ya denotaba una mayor sobriedad de lenguaje con respecto a otros autores del momento. Tras viajar a Inglaterra y Dinamarca, Gluck retornó

Sobre estas líneas, retrato de Christoph Willibald Gluck, realizado por el pintor Jean Baptiste Greuze. La estética de Gluck, uno de los grandes reformadores de la ópera, ejerció profunda influencia sobre músicos tan dispares como Richard Wagner y Luigi Cherubini, su más directo seguidor en Francia. A la izquierda, frontispicio de la versión francesa de Orfeo y Eurídice, la primera de sus óperas en que pudo llevar a la práctica sus ideas reformistas.

en 1750 a Viena, donde desposó a Maria Anna Bergin, joven de buena situación social, lo cual le permitió vivir sin dificultades económicas.

Hacia una reforma de la ópera

En la corte de Viena, el compositor se familiarizó con el estilo de la tragedia lírica francesa, iniciando sus primeros contactos con el libretista Raniero de Calzabigi, quien deseaba convertirse en el sucesor del libretista oficial, Pietro Metastasio. Con Calzabigi, y en ocasión de la onomástica del emperador Francisco de Austria, Gluck concibió la realización de una ópera en que, ante todo, primara la sobriedad, con la eliminación del recitativo seco en favor del recitativo acompañado por la orquesta y la introducción del coro en el desarrollo dramático, con lo que se acercó a los postulados del teatro griego: *Orfeo y Eurídice*. Corría el año 1762 y este autor, profundo conocedor de la tragedia lírica francesa, de la *opéra-comique*, de los oratorios de Haendel y de la vida musical italiana, iniciaba con esta obra una de las reformas operísticas más trascendentes de la historia, que daría nuevos frutos en su posterior obra maestra, *Alceste*, estrenada en 1767.

En estas partituras, y en las que siguieron, Gluck se apartó de la tradicional fórmula recitativo-aria para crear unas óperas en que los distintos números vocales se enlazaban sin que aparecieran interrupciones entre ellos, gracias a la continuidad que proporcionaba el ininterrumpido discurso de la orquesta. En *Iphigénie en Tauride* (1779), incluso enlaza la obertura con la acción.

La búsqueda de la naturalidad

Gluck apostó por la sobriedad en el tratamiento de las voces. Descartó todos los ornamentos que restaran naturalidad al canto y otor-

gó mayor flexibilidad a la música al prescindir de los *ritornelli* orquestales y del *da capo* en las arias. Por encima de todo, tales modificaciones buscaban extraer el máximo dramatismo del libreto. Éste desempeña un papel trascendental en las óperas de Gluck: el texto debe tener concisión y sentido teatral. En esta línea, la ornamentación vocal sólo tenía sentido dentro de una situación dramática concreta y las intervenciones del coro resultaban primordiales para otorgar majestuosidad. Profundo conocedor de los avances logrados por la Escuela de Mannheim en la evolución de la orquesta, Gluck optó por la utilización de las cuatro secciones de cuerda y por otorgar una especial relevancia a los instrumentos de viento, en especial el oboe, de forma manifiesta ya desde *Orfeo y Eurídice*.

Los años en París

Instalado en París desde 1773, en la capital francesa las óperas de Gluck suscitaron una gran polémica. Por un lado estaban los partidarios de

A la derecha, frontispicio y dramatis personae del drama de Metastasio La Semiramide riconosciuta, *que sirvió de base a Gluck para una de sus primeras óperas. Escrita en 1748 para ser representada en Viena, se adapta en todo momento a las convenciones propias de la ópera seria italiana. Hasta que descubrió la tragedia lírica francesa no empezó Gluck a cuestionarse esa tradición operística, más atenta a las exigencias canoras de los cantantes que a servir con eficacia al desarrollo dramático.*

la renovada tradición francesa, y por otro los defensores de la ópera italiana, que contaban con el apoyo de los enciclopedistas. La presencia en París del compositor napolitano Niccolò Piccini, autor de *La buona figliola* (1760), tan célebre en su época, originó serias disputas entre los dos bandos. Si antes en París habían surgido agrias controversias musicales en la denominada *Querelle des bouffons*, ahora se abría una nueva polémica entre gluckistas y piccinistas. Se encendió aún más la pasión cuando ambos autores debieron escribir una ópera sobre el mismo tema: *Iphigénie en Tauride*, que Gluck estrenó en 1779, con un éxito rotundo, y Piccini dos años después, una vez ya se había apagado la llama de la disputa.

Ese mismo año de 1779, Gluck abandona París para retornar a la corte de Viena, donde conoce a Mozart, y donde fallece el 15 de noviembre de 1787. La influencia de la reforma de Gluck resultó decisiva. Figuras como Mozart, Cherubini, Berlioz y, muy por encima de todos ellos, Richard Wagner, junto a los últimos románticos, siguieron las teorías sobre la ópera que el autor había dejado escritas en el prólogo de su *Alceste*.

A la izquierda, representación de una ópera en el teatro del palacio imperial de Schönbrunn, en Viena. Aunque nacido en Alemania, Gluck pasó gran parte de su vida en la capital austríaca, donde estrenó algunas de sus obras más valoradas, como Orfeo y Eurídice *y* Alceste, *ambas con libreto del poeta Raniero da Calzabigi. Si bien el público de su época no acabó de acogerlas bien, desconcertado sin duda ante su carácter deliberadamente austero, contrario a todo alarde de virtuosismo por parte de los cantantes, hoy ocupan un puesto de privilegio en la historia del género lírico.*

Los géneros operísticos autóctonos

Mientras el libreto de la ópera bufa italiana estaba todo él musicado, en otros géneros escénicos musicales propios de otros países de Europa, parte del texto se recitaba sin acompañamiento musical. Es el caso de la *opéra-comique* francesa, el *singspiel* alemán, la *tonadilla* española y la *ballad opera* inglesa, en que se alternan los pasajes con música y los hablados. En estos últimos es donde se lleva a cabo la acción dramática de la obra, en tanto que las arias y los números concertantes dan pie a las características reflexiones que realizan los personajes, de carácter más estático. Escritos en las lenguas autóctonas de cada país, estos géneros musicales convivieron con las óperas, y numerosos autores compusieron títulos para ambos géneros.

Sobre estas líneas, interior del Teatro an der Wien, construido entre 1798 y 1801 por Emanuel Schikaneder. Centro de la ópera alemana, en él se estrenaron obras como Fidelio de Beethoven.

La *opéra-comique* francesa

En 1752, la ópera bufa napolitana triunfa en París con la representación de *La serva padrona,* de Pergolesi, y figuras como Diderot, D'Alembert o Rousseau se apresuran a defender un género que se oponía, por su dinamismo y la espontaneidad de su inspiración, a la tradición de las tragedias líricas de Rameau. Se abría así una brecha respecto al estilo barroco, conociéndose la pugna entre ambas tendencias como la *Querelle des bouffons*: el naturalismo, la ópera del pue-

blo, en contraposición a los ideales versallescos. El pensador y escritor Jean-Jacques Rousseau fue el instigador de este nuevo impulso, e incluso compuso una pequeña ópera, *Le devin du village*, que se estrenó en París en 1752 y posteriormente fue representada en centenares de ocasiones. Autores como François André Philidor (1726-1795) —con su ópera *Tom Jones* (1765)— y André Grétry (1741-1813) —autor de *Richard Coeur-de-Lion* (1784), plasmación de un sentimiento sumamente representativo de la *opéra-comique*, pionero de la ópera romántica— engrandecen un género que se emparenta con la ópera bufa italiana. La *opéra-comique*, que toma su inspiración de la *commedia dell'arte*, pretende satirizar con sus argumentos la ópera seria. Cabe establecer un paralelismo diametralmente opuesto entre los personajes característicos de una y otra: los héroes divinizados de las óperas serias se transforman ahora en ridículos amos, mientras que los siervos adquieren el don de la inteligencia y la astucia.

El *singspiel* alemán

Mientras, en Austria y Alemania triunfa el *singspiel*. Una *ballad opera* de Charles Coffey (m. 1745), *The devil to pay* (1731), estrenada en

A la izquierda, portada de la colección de arias y dúos Les consolations des miseres de ma vie *de Jean-Jacques Rousseau, quien, además de filósofo, fue un apreciable compositor, autor de* Le devin du village, *encantadora ópera en la senda trazada por Pergolesi con* La serva padrona.

Abajo, grabado de Hogarth en el que se reproduce una representación de La ópera del mendigo *del dramaturgo John Gay y John Christoph Peppusch. Basada en diferentes tonadas populares inglesas adaptadas por este último, esta ballad opera obtuvo un éxito arrollador, hasta el punto de que eclipsó los estrenos del mismísimo Haendel.*

mediados del siglo XIX cuando el ideal nacionalista la hizo resurgir. Por su parte, la tonadilla española, precursora de la zarzuela, si bien tiene un desarrollo más limitado, acoge en su seno numerosos aspectos del folclor.

La tonadilla nació como un breve intermedio cómico que se interpretaba en los entreactos de las comedias y óperas serias, hasta que finalmente adquirió forma independiente gracias al trabajo de músicos como Luis Misón (m. 1766) a mediados del siglo XVIII, en los teatros de Madrid. El uso de instrumentos típicos y aires danzables como la seguidilla no impedirán que de todos modos se descubra cierta influencia italiana en su estilo. La figura de Blas de Laserna (1751-1816), altamente influido por Paisiello y Cimarosa, otorgará una nueva dimensión al género, con obras como *El majo y la italiana fingida* (1778).

A mediados del siglo XVIII llega también la *ballad opera* inglesa, que parecía ir en declive después de la *Beggar's Opera* (1728), de John Gay (1685-1732) y Johann Christoph Pepusch (1667-1752). Su recuperación entronca el género con la ópera bufa y la *opéra-comique* francesa. *Love in a village* (1762), de Thomas Arne (1710-1778), es la primera ópera inglesa cómica que se interpretará a lo largo de todo este período y que posteriormente se exportará a América y la India.

1752 en Leipzig con una traducción al alemán de C.F. Weisse y readaptada por Johann Adam Hiller (1728-1804) en 1766 con el *título Die verwandelten Weiber*, sentaría las bases de este género que iba a arraigar principalmente en el norte de Alemania, merced a la naturalidad de sus argumentos y a su música de carácter popular. No puede desvincularse el *singspiel* de los *lieder*, canciones que ahora adquirirán un nuevo protagonismo y que incluso reemplazarán a las arias dentro de estas obras. Poco a poco, empero, los *singspiel* abordarán temas más profundos: esta evolución es evidente en un autor como Mozart, autor del colorista y extrovertido *El rapto del serrallo* (1782), que al final de su vida volvería a este género en *La flauta mágica* (1791) para tratar el tema de la masonería.

■ Aportaciones española e inglesa

La zarzuela como género data de principios del siglo XVII, aunque en la centuria siguiente fue desplazada por la ópera. No sería sino hasta

Aunque la zarzuela vivirá su momento de mayor brillantez durante el siglo XIX, los orígenes del género cabe situarlos en pleno Siglo de Oro. A la izquierda, escenografía de La fiera, el rayo y la piedra, *zarzuela con libreto de Calderón de la Barca.*

El desarrollo de las grandes formas instrumentales

El desarrollo de las grandes páginas instrumentales del clasicismo está directamente emparentado con la denominada forma sonata, un esquema regido por la simetría y el equilibrio tan propios de la época, que ocupaba el primer movimiento en las composiciones.

Se trata de un esquema tripartito basado en una exposición —en la que aparecen dos temas musicales contrapuestos, el primero de carácter más rítmico—, a la que sigue una sección de desarrollo, basada en los temas anteriormente aparecidos y en la cual el compositor se aleja de la tonalidad preestablecida de la obra. Por último, surge la reexposición, un retorno a la tonalidad de inicio, donde aparecen los temas del primer episodio. La simetría de la partitura queda así resguardada, y concluye en una coda. Dicho esquema se aplicaba a la construcción interna del primer movimiento de las obras sinfónicas, concertantes, camerísticas o para un instrumento solo.

La génesis de la sinfonía

Desde el período barroco, el término sinfonía servía para denominar en numerosas ocasiones los pasajes instrumentales pertenecientes a óperas, oratorios o incluso piezas para un solo instrumento. Pero con el clasicismo este concepto adquirió un sentido nuevo: pasó a significar una tipología de obras orquestales integradas por cuatro movimientos, el primero de ellos re-

Sobre estas líneas, concierto celebrado en la corte del cardenal arzobispo de Lieja en 1753. Mientras esta escena hace referencia a un acto circunscrito al estrecho ámbito de una corte, muy poco tiempo después se darían los primeros conciertos públicos, en que los asistentes, al igual que en la ópera, pagaban su derecho de admisión mediante el abono del precio de entrada.

gido por los parámetros de la forma sonata, al que seguían un movimiento lento, un minueto y un postrer movimiento rápido, si bien algunas zonas de Italia, el norte de Alemania y Austria siguieron desarrollando el esquema de la sinfonía en tres movimientos, según se usaba en las oberturas de ópera del momento. A partir de 1740, la corte del elector de Mannheim, merced al mecenazgo del duque Carl Theodor, iba a erigirse en un centro musical de capital relevancia para el desarrollo de las nuevas formas orquestales. La orquesta de la corte se hizo famosa en toda Europa gracias a sus innovaciones en el terreno instrumental, como, por ejemplo, el efectismo de la realización de los *crescendi*. Compositores como Johann Stamitz o Franz Xaver

Richter se erigieron en los máximos protagonistas de un centro al que acudían compositores de toda Europa y que fue clave para la constitución definitiva de la sinfonía en cuatro movimientos. Por su influencia se abandonó el característico bajo continuo del Barroco: la gran formación orquestal hacía irrelevante la dirección desde el clavicémbalo, por lo que la figura del director de orquesta adquiría un nuevo protagonismo. Centros como Esterházy, en Hungría, tan relacionado a la carrera de Haydn, o París, contaron también con grandes orquestas. Poco a poco, la emotividad y la pasión características de la ópera empezaron a aplicarse a la sinfonía, dando lugar al movimiento conocido como *Sturm und Drang* («tormenta e ímpetu»).

El concierto clásico

El concierto clásico fue establecido por Mozart, siguiendo el estilo tan propio del período sentimental y galante que tenía en Johann Christian Bach, de quien el compositor salzburgués fue discípulo, su máximo representante. Los instrumentos concertantes más usuales eran el piano y el violín, que, acompañados por la orquesta, se convirtieron en los grandes protagonistas de las obras. El piano, como instrumento diferenciado del clavicémbalo, vivía entonces inmerso en un progreso técnico que será clave en las últimas composiciones para teclado del período clásico.

El concierto consta de tres movimientos: el primero rápido, en forma de sonata, el segundo lento, en forma de aria, y el tercero rápido, en forma de rondó o tema y variaciones. Como particularidad, podemos señalar que antes de concluir el primer y el último movimientos, el instrumento solista ofrecía la *cadenza*, un pasaje en el que realizaba en solitario una improvisación

*A**rriba, ejecución de una sonata escrita para dos violines, dos trompas, cuerdas y continuo, en la época de Carl Philipp Emanuel Bach. Este tipo de obras, cuya sección de desarrollo era aún muy sencilla, son el antecedente directo de formas más complejas como el allegro de sonata, principio rector de toda la música del clasicismo. Abajo, orquesta en un foso operístico.*

de carácter virtuoso, basada en los temas y motivos musicales surgidos en el movimiento que se terminaba.

La música de cámara

En el clasicismo, gracias sobre todo a la aportación de Haydn, se produce la diferenciación entre obras escritas para un gran grupo orquestal y las destinadas a un pequeño conjunto instrumental, que constituirán la llamada música de cámara, entre la que sobresale la destinada al cuarteto de cuerda. A caballo entre estas formas aparecen las casaciones, serenatas y divertimentos, piezas escritas para un reducido número de instrumentos cuyo carácter lúdico gozó de gran popularidad en la Austria del XVIII.

La música sacra en el clasicismo

A partir de mediados del siglo XVIII, la mayor parte de composiciones están dedicadas a la ópera y a los géneros instrumentales (música sinfónica, concertante y de cámara), cuya influencia se deja sentir en los autores que se acercan a la composición de carácter sacro, tanto en su estilo como en su estructura formal. En este sentido, el desarrollo de la música orquestal repercute en el hecho de que los instrumentos musicales entren en la iglesia y releguen a un segundo plano al órgano, que tanto protagonismo había tenido en etapas precedentes de este mismo tipo de repertorio.

Por otra parte, la música sacra padece durante el clasicismo un retroceso respecto a la época barroca. La Ilustración, el iluminismo laico, acota la relevancia del poder de la Iglesia y, consecuentemente, la proliferación de composiciones sacras. Tanto en los países en los que el poder de la Iglesia resulta más evidente —Italia o España— como en la Viena de José II —quien opta por una mayor sencillez en las celebraciones litúrgicas— o en la Francia republicana del último decenio del siglo, la música sacra vivirá un período de franco declive, debido también al esplendor que conocen tanto la ópera como la música sinfónica e instrumental. Se inaugura así una época en que la ciencia y la razón prevalecen sobre los conceptos dogmáticos.

◼ Los géneros sacros

Tras la muerte de Johann Sebastian Bach, el oratorio y la pasión decayeron en las preferencias de los compositores, quienes volvieron sus miras hacia la misa, seguramente la forma de la música sacra más cultivada durante el clasicismo.

La misa adopta elementos propios de los lenguajes sinfónico y operístico del período, lo cual provocará que, aunque autores como Michael Haydn (1737-1806), Franz Joseph Haydn, Mozart y Beethoven nos hayan dejado obras maestras dedicadas al género, en muchas ocasiones la belleza musical propiamente dicha se sobreponga en ellas al sentimiento religioso. Con el *Stabat Mater* (1736), de Pergolesi, se abría la puerta a la penetración de la estética galante en la música

sacra, siendo ésta la vía que continuaron muchos de los músicos de la época clásica, entre los que se cuentan Johann Adolf Hasse, Antonio Salieri, Peter Winter o Joseph Leopold Eybler.

La aportación de Haydn

Después de su gira por Inglaterra en 1790, Haydn escribió seis grandes misas, cuyo estilo se caracteriza por su unidad sinfónica, paradójicamente más apropiada para la sala de conciertos que para la iglesia. La *Missa in tempore belli* (1796), la profunda *Misa Nelson* (1798) o la luminosa *Theresienmesse* (1799) son algunos de los títulos que, junto a los oratorios *La Creación* (1798) —en el que se describe la creación de los elementos y la aparición de la vida y del hombre sobre la tierra, según se narra en el bíblico libro del Génesis—, y *Las estaciones* (1801) —una serie de cantatas en las que la profundidad del sentimiento religioso se amolda a un constante aire descriptivo—, integran el legado sacro haydiniano. La audición de los oratorios de Haendel en Londres marcó decisivamente la estructura y la música de estas dos extraordinarias partituras. Así mismo, su hermano Michael, afincado durante toda su vida en Salzburgo, nos legó una obra religiosa abundante, que, si bien contiene elementos de neta procedencia italianizante, conmueve por la pureza de su escritura.

Mozart y Beethoven

La música sacra de Mozart rebosa genialidad por los cuatro costados. Si bien buena parte de ella fue compuesta cuando el músico estaba al servicio del arzobispo Colloredo en Salzburgo, es decir, en su juventud, Mozart nos ha dejado un total de dieciocho misas, entre las que se cuenta el célebre *Réquiem*, escrito en el año de su muerte (1791) y concluido por su discípulo Franz Xaver Süssmayr (1766-1803), la página que, junto al motete *Ave Verum Corpus* (1791), nos muestra al Mozart más solemne, más sincero en la expresión. Misas como la de la *Coronación* (1779), la *Gran Misa en do menor* (1783) o las *Vesperae solennes de confessore* (1780) son otras páginas áureas de su producción sacra.

A la izquierda, interior de la abadía de Westminster durante la celebración del centenario del nacimiento de Haendel en 1785. La música oratorial de Haendel se mantuvo viva durante el clasicismo, y a su influencia responden las dos grandes incursiones de Haydn en este género: La Creación y Las estaciones.

A la derecha, frontispicio de Las siete últimas Palabras de Cristo en la Cruz de Haydn, en su versión como oratorio, publicada en 1801. De esta emocionante obra existen otras dos versiones que quizás han conocido una mayor difusión: una para cuarteto de cuerda y otra para orquesta.

A bajo, iglesia y plaza de San Pedro en Viena, junto a la cual vivió Beethoven, según un grabado de C. Schütz. Capital de un imperio de confesión católica, la música desempeñó un papel preponderante en los oficios religiosos de las parroquias vienesas.

Beethoven, además del oratorio *Cristo en el Monte de los Olivos*, nos legó dos misas: la *Misa en Do mayor* (1807) y la *Missa solemnis en re mayor* (1823), esta última de concepción monumental, escrita para los cuatro solistas vocales habituales (soprano, contralto, tenor y bajo), coro, gran orquesta y órgano. El *Credo* se erige como una de las páginas musicales más profundas e impresionantes de toda su carrera compositiva.

Franz Joseph Haydn

Nacido en Rohrau en 1732, Haydn vivió una apacible infancia junto a sus padres —artesanos de profesión—, que inculcaron al pequeño Joseph, así como a su hermano Michael, una atracción hacia todo aquello que respiraba música. Dotado de una bellísima voz blanca, Georg Reutter el Joven, maestro de capilla de la catedral de Viena, lo admitió en su coro de niños. Este hecho resultará decisivo en la carrera posterior de Haydn, ya que el futuro músico, hasta los dieciséis años, recibió una sólida formación musical, tanto en el aspecto compositivo como en el instrumental.

Años de formación

El cambio de voz obliga a Haydn a dejar su puesto en el coro y a iniciar su andadura en solitario. Por entonces conoce al compositor italiano Nicola Porpora (1686-1768), quien se convierte en su maestro. Ante su falta de recursos para pagarle sus lecciones, Haydn será su asistente personal.

Sus conocimientos musicales van así afianzándose, hasta el punto de que pronto se ve capaz de realizar sus primeras composiciones. En esta época crucial conoce al libretista Pietro Metastasio y a los compositores Gluck y Ditters von Dittersdorf, quienes le ofrecerán su respaldo.

Hacia 1757, Haydn compone sus primeros cuartetos de cuerda —un género del que será un maestro indiscutible y del cual se le puede considerar el padre— y lo dedica al barón Karl Joseph von Fürnburg, quien en su residencia próxima a Melk patrocinaba numerosas sesiones musicales. En agradecimiento a esta dedicatoria, Von Fürnburg recomendará al joven músico al conde Ferdinand Maximilien von Morzin, quien, en 1759, lo contrata para su capilla privada y le asigna un sueldo. En este período, Haydn escribirá numerosas sinfonías y divertimentos, dando muestra de un depurado estilo. En 1760, Haydn contrajo matrimonio con Anna Keller, una mujer que siempre mostró una actitud insensible hacia la música, de carácter difícil y con la que el compositor conviviría durante cuarenta años.

Maestro de capilla en Esterháza

En 1761, Haydn entra al servicio del príncipe húngaro Paul Anton Esterházy y, tras la muerte de éste —acaecida en 1762—, al de su hermano Nikolaus. En 1766, el compositor es nombrado maestro de capilla de la corte de Esterházy, cargo que ocupará durante los veinticinco años siguientes, escribiendo la música para las recepciones, los conciertos y las ceremonias que la principesca familia ofrecía en sus mansiones de Viena, Eisenstadt, y en el versallesco castillo de Esterháza, a orillas del lago Neusiedler.

Sobre estas líneas, retrato de Franz Joseph Haydn. Músico prolífico en el que la cantidad se aúna a la calidad, gozó del aprecio de sus contemporáneos, empezando por Mozart, en cuyas primeras obras instrumentales se aprecia la influencia del compositor austríaco.

A la izquierda, frontispicio de los Seis cuartetos de cuerda Op. 33 de Haydn. Junto a la sinfonía, el cuarteto de cuerda fue donde el arte de este músico dio lo mejor de sí, hasta el punto de que se le puede considerar el padre de ambos géneros.

A la izquierda, retrato de Nikolaus II Esterházy, príncipe húngaro amante de la música al servicio del cual se encontraba Haydn. Muchas de sus óperas, sinfonías y obras de cámara fueron escritas por éste con destino a la excelente orquesta que el príncipe había reunido en palacio.

Abajo, pintura romántica que representa a Haydn dirigiendo uno de sus cuartetos de cuerda. De las más de ochenta obras que el músico escribió para esta formación instrumental (comparada por Goethe con «una conversación entre cuatro personas inteligentes»), quizás la más famosa sea el Cuarteto op. 76 núm. 3 «Emperador».

cargo de maestro de capilla ni su retribución anual. A partir de este momento, el compositor instaló su residencia en Viena e inició una larga serie de viajes.

En Londres, adonde se desplazó invitado por el empresario Johann Peter Salomon, residió durante dos etapas: de 1791 a 1792, y de 1794 hasta 1795, siendo nombrado en 1791 doctor de la Universidad de Oxford. De esta etapa brillan con luz propia la serie de doce sinfonías londinenses. Sus viajes también le llevaron a Hamburgo, Berlín, Dresde, Frankfurt y Bonn, ciudad ésta en la que dio clases a Beethoven.

Tras el fallecimiento del príncipe Paul Anton, su hijo Nikolaus restableció la orquesta, y Haydn se hizo cargo de nuevo de su dirección musical. Durante este período, Haydn reduce en cierta medida su creación musical. Escribirá numerosas misas e, impregnado por los oratorios de Haendel que había tenido oportunidad de escuchar en Londres, escribirá *La Creación* (1798) y *Las estaciones* (1801).

Haydn dejó un legado musical abrumador: más de cien sinfonías, 47 sonatas para piano, 24 óperas, 83 cuartetos, decenas de páginas para voz... Este compositor, a quien se conoce como el padre de la sinfonía, representa, junto a Mozart y el primer Beethoven, el clasicismo musical en su estado más puro; fue un autor que marcó con su estilo la transición entre el clasicismo y el romanticismo musical.

Haydn contaba con una de las mejores orquestas que podían encontrarse en Europa, y escribió, para ser representadas en el teatro que había en el castillo de Esterháza, numerosas óperas, tales como *Lo speziale* (1768), *La pescatrici* (1770), *L'infedeltà delusa* (1773) o *Il mondo della luna* (1777), así como composiciones sacras, entre ellas un *Stabat Mater* (1767) y una *Misa de santa Cecilia* (1766). Escribió también numerosas sinfonías y cuartetos de cuerda, además de satisfacer un sinfín de encargos procedentes de los más diversos puntos de Europa, como uno de la catedral de Cádiz: *Las siete últimas Palabras de Cristo en la Cruz* (1787), para orquesta, obra de la cual posteriormente realizaría una versión para cuarteto de cuerda (1787) y otra como oratorio (1796).

■ Los últimos años

Cuando en 1790 falleció el príncipe Nikolaus Esterházy, su hijo y sucesor, Paul Anton, disolvió la orquesta, sin que por ello Haydn perdiera su

Wolfgang Amadeus Mozart

Hijo del compositor Leopold Mozart (1719-1787), la dura formación que recibió el pequeño Wolfgang Amadeus, junto a sus indudables dotes, supone referirnos al genio por antonomasia de la historia de la música.

Un niño prodigio

Nacido en 1756, a los tres años ya interpretaba melodías al clave, a los cuatro tocaba con facilidad el clave y el violín, y a los cinco era capaz de componer piezas breves para teclado. Su padre, Leopold, convirtió a Mozart en uno de los «espectáculos» preferidos de las cortes del momento.

Un sinfín de conciertos llevados a cabo en casas aristocráticas repercutió en el hecho de que a los doce años Mozart hubiera visitado ya una docena de países, además de haber escrito tres óperas (*Apollo et Hyacinthus*, *La finta semplice* y *Bastien und Bastienne*). Visitó Munich y Viena, donde actuó, en 1762, delante de María Teresa de Austria. Un año después, tras haber logrado un permiso del protector de la familia, el arzobispo de Salzburgo, Sigismund von Schrattenbach, la familia Mozart emprendió un viaje durante el cual el pequeño genio actuó en ciudades del sur de Alemania, y en otras como París, Londres, Gante, Amberes, La Haya, Amsterdam y Bruselas.

Durante estos viajes tuvo la oportunidad de familiarizarse con los secretos de la célebre orquesta de Mannheim, el estilo francés en París y el estilo galante de Johann Christian Bach en Londres. Tras una breve estancia en Salzburgo, en 1770 se desplazó junto a su padre a Milán, donde conoció a los influyentes músicos Giovanni Battista Sammartini (1700-1775) y al padre Giovanni Battista Martini (1706-1784). En Roma fue recibido con admiración al reproducir en partitura el *Miserere,* de Allegri, tras una sola audición, acaecida en la Capilla Sixtina.

Retrato de Wolfgang Amadeus Mozart, uno de los grandes mitos de la historia del arte de los sonidos. Niño prodigio, su música evolucionó desde un primer estilo en la línea de la tradición tardobarroca y galante hasta llegar a encarnar la plenitud del clasicismo e incluso, en sus postreras composiciones, anunciar ya la expresividad romántica. Todo ello en el curso de una vida que, lamentablemente, se vio truncada a edad temprana, a los treinta y cinco años, cuando aún le quedaba mucho que decir.

Tras estrenarse en Milán su ópera *Mitridate rè di Ponto* (1770), Mozart retornó a Salzburgo, ciudad cuyo nuevo arzobispo, Hieronymus Colloredo, se mostraba poco dispuesto a dejar viajar a sus servidores. Pese a ello, Mozart pudo desplazarse a Italia para dar a conocer otra ópera, *Lucio Silla* (1772).

Junto a la música religiosa que escribía para Colloredo, Mozart compuso cuartetos para cuerda, serenatas y sinfonías, obras todas ellas impregnadas de una sugestiva apariencia clásica. De esta época sobresalen sus cinco conciertos para violín y orquesta (1775), numerosas sonatas para piano y óperas como *Il rè pastore* y *La finta giardinera*, ambas estrenadas en 1775.

A la izquierda, en unas ilustraciones de la época, Constanze y Belmonte, y a la derecha, Pasha Selim, tres de los protagonistas de una de las más encantadoras óperas del genio mozartiano: El rapto del serrallo, un singspiel de inspiración turca que se estrenó en Viena el 16 de julio de 1782 con notable éxito.

El sendero hacia la madurez

En 1777, Mozart visitó París junto a su madre. A pesar de que su padre deseaba que el joven compositor permaneciera en la capital francesa, después del fallecimiento de su madre en 1778, Mozart retornó a Salzburgo. Bajo la influencia de la reforma de Gluck, escribió la ópera seria *Idomeneo, rè di Creta*, a raíz de cuyo exitoso estreno —que tuvo lugar en Munich en 1781— recibió infinidad de invitaciones y de encargos.

Ante la negativa de Colloredo a dejarle marchar de nuevo, Mozart tomó la decisión, arriesgada en su época, de romper definitivamente con el arzobispado e intentar ganarse la vida como músico libre, sin estar sometido a ningún patrón. Instalado en Viena, en 1782, año en que se casaría con Constanze Weber, recibió el encargo del emperador José II de componer un *singspiel: El rapto del serrallo*.

Abajo, edición de los extraordinarios Seis cuartetos que Mozart dedicó a Haydn, músico a quien siempre consideró un maestro y amigo, pese a la diferencia de edad entre ambos. En estos cuartetos, Mozart alcanzó su plenitud en este género.

La plenitud artística

En Viena, Mozart conoció al poeta Lorenzo da Ponte, quien se convertiría en el libretista de títulos tan significativos como *Las bodas de Fígaro* (1786), *Don Giovanni* (1787) y *Così fan tutte* (1790), tres óperas que marcan el devenir de la historia del género. Tras la muerte de Gluck, Mozart, que acumulaba ya por entonces numerosas deudas económicas con sus acreedores, pasó a ocupar el puesto de *Kammermusicus*, pero la fuerte reducción del salario asignado para dicho cargo no le permitió solventar su mermada situación económica. Nacerían en estos últimos años del decenio de 1780 algunas de las obras maestras más significativas de su producción: los últimos conciertos para piano y las tres últimas sinfonías, con la *núm. 40* (1788), una de las más célebres de todo el repertorio, y la *núm. 41* (1788), denominada «Júpiter», que, merced a su instrumentación, se adelanta en mucho a su tiempo. En el último año de su vida, Mozart compuso dos nuevos títulos líricos, la ópera seria *La clemenza di Tito*, escrita para la coronación de Leopoldo II en Praga, ciudad que siempre mostró una particular preferencia por la música del maestro de Salzburgo, quien estrenó en ella su *Don Giovanni* y a la cual dedicó una sinfonía, la *núm. 38*), y el *singspiel La flauta mágica*.

Wolfgang Amadeus Mozart falleció antes de acabar la composición de su célebre *Réquiem* —concluido por su discípulo Süssmayer—. Casi en el anonimato, su cuerpo sin vida fue arrojado a una fosa común de Viena.

A la izquierda, escenografía de Joseph y Peter Schaffer para el primer acto de La flauta mágica de Mozart, ópera mágica que, con la seria La clemenza di Tito, supondría su despedida de los escenarios. El compositor, de filiación masónica, hace en La flauta mágica un canto a la fraternidad entre los hombres.

Ludwig van Beethoven

De origen familiar holandés, Ludwig van Beethoven nació en Bonn en 1770. Desde temprana edad mostró unas poco comunes dotes musicales, que le permitieron participar en numerosos conciertos públicos, en los cuales evidenció un singular talento para la improvisación.

Hijo de un cantante al servicio del elector de Colonia en Bonn, Beethoven fue en buena parte un músico autodidacta, aunque no puede olvidarse el gran papel que tuvo en su formación Christian Gottlob Neefe, organista de la corte y uno de los primeros en apreciar las extraordinarias cualidades del pequeño Beethoven, quien entonces sólo contaba doce años. Dos años más tarde, en 1784, obtuvo el cargo de segundo organista de la corte, interpretando además la viola en la orquesta del elector.

El traslado a Viena

Corría el año 1787 cuando el elector envió a Beethoven a Viena, aunque hubo de regresar a Bonn a las pocas semanas debido a la enfermedad y el posterior fallecimiento de su madre.

Beethoven volvió en 1792 a Viena, donde recibió lecciones de Haydn, a quien había conocido en Bonn dos años antes, cuando el músico austríaco se encaminaba hacia Inglaterra. Insatisfecho, empero, con las clases del maestro, Beethoven siguió su aprendizaje junto a Johann Schenk (1753-1836), Johann Georg Albrechtsberger (1736-1809) y Antonio Salieri (1750-1825). En poco tiempo iba a ganarse el reconocimiento del público vienés, tanto como compositor como por sus actuaciones como pianista, hasta el punto de ser considerado el genio artístico más relevante del momento.

Los tres períodos creativos de Beethoven

El musicólogo Wilhelm von Lenz fue el primero, en 1852, en dividir la carrera musical de Beethoven en tres grandes etapas estilísticas, clasificación ésta que se ha impuesto entre los estudiosos posteriores.

Arriba, retrato de Ludwig van Beethoven a los treinta y cuatro años de edad, realizado por Willibrord Joseph Mähler. Alemán de nacimiento y austríaco de adopción, Beethoven es un titán de la música. Sus grandes sinfonías, cuartetos de cuerda, sonatas para piano, a partir del estilo clásico llevado a su máximo esplendor por Mozart y Haydn, se sitúan mucho más allá de sus modelos y abren una nueva época.

La primera de estas etapas se prolonga hasta 1800, se caracteriza por la continuación del espíritu clásico de Haydn y Mozart, y da como mejores frutos obras como los dos primeros conciertos para piano (1784 y 1795), los *Cuartetos de cuerda Op. 18* (1798-1800), las diez primeras sonatas para piano, entre ellas la celebérrima *núm. 8 «Patética»* (1798), y el *Septimino Op. 20* (1800). Al final de esta primera época aparecen los primeros síntomas de la sordera que tanto minaría su personalidad. En 1802, después de una cura de reposo en la localidad de Heiligenstadt, escribió un estremecedor testamento en el que desvela su lucha titánica para superar la depresión provocada por la enfermedad y seguir vivo y componiendo, con el consiguiente rechazo de la idea del suicidio.

Las obras de madurez

En estas difíciles circunstancias vitales se abre su segunda etapa creativa, que se extiende entre 1802 y 1814. En ella, Beethoven reformó la estructura clásica de la sinfonía, al sustituir el tradicional *minueto* por un *scherzo*, forma ésta que otorgaba mayor libertad creativa a los compositores. Surgirían así obras como la monumental *Sinfonía núm. 3 «Heroica»* (1805), la dramática *Sinfonía núm. 5* (1808) o la *Sinfonía núm. 6 «Pastoral»* (1809), de corte prerromántico en su concepción de la naturaleza. Así mismo, realizó páginas como su célebre *Concierto para violín* (1806), los tres *Cuartetos de cuerda «Rassumovsky»* (1805-1806) y la que supondría su única incursión en el género operístico, *Fidelio*. Basada en un drama de J. N. Bouilly titulado *Leonora o el amor conyugal*, la obra —bajo el título inicial de *Leonore*— fue estrenada con escaso éxito en Viena en 1805; sometida luego a diversas revisiones, en su versión definitiva se representó por primera vez en el Kärntnertor-Theater de la capital austríaca, en 1814.

Los últimos años

En 1815, la sordera de Beethoven era ya total. Ello, aunque le apartó de la práctica interpretativa, fuera como pianista o director de orquesta, no impidió que prosiguiera su labor compositiva, que dio como fruto obras tan monumentales como la *Sonata para piano Op. 106 «Hammerklavier»* (1817-1818) y los impresionantes últimos cuartetos para cuerda, incomprendi-

*S*obre estas líneas, frontispicio de la Sonata para piano Op. 106 «Hammerklavier», una de las más impresionantes realizaciones del genio de Bonn en este género. A la derecha, edición de la Sinfonía núm. 3 «Heroica», página de sobrecogedora grandeza, originalmente concebida como homenaje a Napoleón, aunque más tarde el músico, airado, eliminara esta dedicatoria.

dos en su tiempo por la modernidad de su lenguaje, como la *Gran fuga Op. 133* (1825-1826). También pertenece a este período la extraordinaria *Missa Solemnis* (1819-1823), dedicada al archiduque Rodolfo. Pero por encima de todas estas obras brilla con luz propia la *Sinfonía núm. 9 «Coral»* (1822-1824), cuyo último movimiento supone una de las primeras incursiones de la voz humana dentro de una sinfonía.

La salud de Beethoven empeoraba por momentos en estos años; el compositor falleció en Viena en 1827. Incomprendido en su tiempo, sus obras, sobre todo las últimas, marcarían decisivamente el devenir de las generaciones venideras y abrieron de par en par las puertas del romanticismo musical, cuyos principales representantes (Ernst Amadeus Hoffmann, Hector Berlioz, Richard Wagner, Johannes Brahms) iban a elevar al músico de Bonn a la categoría de mito.

A la izquierda, iglesia de Heiligenstadt, pequeña localidad famosa porque en ella Beethoven escribió el llamado «Testamento de Heiligenstadt», documento en que el músico expresaba su desesperación ante la sordera que le afectaba de forma cada vez más acusada hasta llegar a ser total. A pesar de ello, Beethoven proseguiría hasta la muerte su carrera como compositor, e incluso en sus últimos años creó sus obras más innovadoras, más audaces y sorprendentes, entre ellas su monumental Sinfonía núm. 9 «Coral».

Romanticismo
La Revolución Francesa y el papel de la burguesía

El paso del siglo XVIII al XIX viene marcado por un hecho puntual: la caída de la Bastilla, símbolo del Antiguo Régimen, el 14 de julio de 1789 en París. A partir de ahí, los acontecimientos se suceden con cierta rapidez, con lo que los principios estables de las monarquías se ven cuestionados y anulados con la decapitación, en Francia, de los miembros de la familia real y de gran parte de la aristocracia. Una nueva fuerza tomará el poder: la burguesía ilustrada.

▐ La Ilustración

A partir de la década de 1770, diversos intelectuales franceses declararon una guerra abierta ideológica que pondría en conflicto distintos estamentos sociales, políticos y religiosos. Se cuestionaba el absolutismo del poder real y eclesiástico y se tomaba conciencia de que el pueblo es quien debe ostentar el poder. Lo que en principio fueron ideologías enciclopédicas, coincidentes con un avance definitivo de las ciencias naturales, empezó a consolidarse en círculos políticos. Rousseau, D'Alembert, Diderot, Montesquieu, Beaumarchais y Voltaire fueron algunos de los artífices de la nueva ideología a través de sus escritos teóricos.

Se constataba, cada vez más, que había un alarmante desfase entre el gasto público y los ingresos del erario, mientras que la burguesía, integrada en su mayor parte por pequeños comerciantes, banqueros, fabricantes y artesanos,

Abajo, reunión de burgueses en una taberna de Viena. Aunque el ascenso de la burguesía como clase social fue un fenómeno generalizado en casi toda Europa, no en todos los países presentó el mismo grado de implantación. Escaso fue, por ejemplo, en Austria, donde la burguesía estaba representada por una exigua minoría, por lo que muchas reformas sociales fueron impulsadas desde la monarquía.

A la izquierda, acuarela que reproduce, al fondo, el Burgtheater de Viena.

adquiría conciencia de clase única. Nuevas ideologías filosoficorreligiosas, como la francmasonería, fueron forjadoras de gran parte de estos nuevos conceptos. Incluso algunos nobles y el bajo clero se mostraron partidarios de las reformas que se avecinaban inexorablemente.

El triunfo de la Revolución

Con la toma de la Bastilla, en 1789, y el guillotinamiento del rey Luis XVI, en 1793, el Antiguo Régimen quedaba definitivamente abolido, aunque la megalomanía de Napoleón al autocoronarse emperador en 1804 hiciera peligrar los principios de la Revolución. No obstante pequeños paréntesis absolutistas, incluso en la España gobernada por Fernando VII, la burguesía había triunfado. Las reformas a nivel institucional (como la Constitución francesa de 1791), administrativo, financiero y eclesiástico sentaron las bases para la Europa del siglo XIX.

También los triunfos en otros continentes pondrían las bases contra los poderes coloniales: la independencia de los Estados Unidos de América, reconocida definitivamente en 1787 con la Constitución promulgada por la Convención, reconocía por primera vez las libertades políticas e individuales.

Libertad, individualismo y subjetivismo, por tanto, serán las constantes de la era del Romanticismo, concepto no siempre bien entendido, y bajo cuyo dosel se han introducido ideas rancias y nada acordes con la inquietud revolucionaria que imperaría durante más de cien años en toda Europa.

Las revoluciones no serían tampoco exclusivas de Francia: España, Alemania e Italia, por citar tres ejemplos emblemáticos, tendrían en sus respectivas burguesías nuevos focos de inquietudes sociales, políticas e intelectuales. Y la música, como reflejo del mundo en que vivía, sería claro reflejo de ello.

Sobre estas líneas, sesión del Congreso de Viena, en el cual se concluyeron los tratados y se delimitaron las fronteras que habían de definir la Europa posterior a las guerras napoleónicas. De ideología reaccionaria, el Congreso supuso un freno, aunque sólo temporal, a la mayoría de las reivindicaciones de la burguesía.

Aportación esencial de la Revolución Francesa fue la Declaración de los derechos del hombre, texto fundamental de la ideología liberal de raíz enciclopedista, en el que se desarrollan las ideas del lema «Libertad, Igualdad, Fraternidad». Su influencia dejó profunda huella en creadores como Beethoven, quien en sus obras mayores (Fidelio, Sinfonía núm. 9 «Coral», Missa Solemnis) aspiró a expresar musicalmente esos ideales.

La burguesía: una nueva clase

Cabe decir que la burguesía se erigió como una nueva clase social, que incluso llegó a condicionar la vida musical y teatral de las ciudades europeas: buen ejemplo de ello sería el proyecto de edificación del Gran Teatro del Liceo en Barcelona, coliseo hecho por y para los burgueses, quienes, mediante un sistema de acciones, lograron poner en pie (1847) uno de los más importantes teatros líricos de Europa y del mundo. El local, emblemático de la Barcelona burguesa, carecía de palco real, a pesar de llevar el nombre de la reina Isabel II. Era un modo de demostrar que, a pesar de la inevitable estratificación por pisos y palcos, el coliseo era del pueblo y para el pueblo que lo había construido, salvando las lógicas distancias establecidas por la nueva clase burguesa, que en algunos casos llegó a comportarse aristocráticamente, incluso con la adquisición de rancios títulos nobiliarios.

En esta nueva situación, el músico iba a ser un personaje libre, al servicio de sí mismo y de la música. La ruptura, en 1781, entre Mozart y la

corte arzobispal de Salzburgo había puesto, inconscientemente, las bases de un nuevo estatus: el del artista libre. En este sentido, cabe decir que Beethoven abrió el Romanticismo en clave sociológica, por su trayectoria libre (aunque esa libertad hay que ponerla a menudo entre comillas) y sin estar al servicio de una casa aristocrática.

La nueva concepción de la música: lo sublime

Nacimiento de la estética y del concepto de *sublime*

Los filósofos alemanes del siglo XVIII elaboraron nuevas teorías acerca del problema de lo bello, lo cual provocó que la estética naciera como disciplina hija de la filosofía. Con ellos, la búsqueda de la belleza y sus definiciones entroncaban con las ramas del saber. Así las cosas, Baumgarten consideraba la experiencia estética como *cognitio sensitiva* (conocimiento sensible).

Enseguida, Kant vino a añadir una nueva característica estética a los conceptos de belleza y fealdad: la del gusto. Él fue quien introdujo la categoría de sublime. En su *Crítica del juicio* y en el opúsculo *Consideraciones acerca del sentimiento de lo bello y lo sublime*, Kant distinguía dos tipos de sublime: el dinámico y el matemático. La belleza y su representación se vinculan a la cualidad, mientras que la sublimidad se relaciona con la cantidad. En este sentido, el sublime dinámico es la expresión de un sentimiento humano al frente de una gran fuerza natural ante la cual no se puede hacer nada; en contraposición, el sublime matemático es el sentimiento de in-

*E*l Romanticismo recupera la fe en el hombre y en la fraternidad humana. La tolerancia religiosa derivará en un latente *teísmo* que acercará la divinidad a un plano meramente humano. Con el subjetivismo, el arte pierde su faceta utilitaria y puede así empezar a mirar hacia atrás. Sólo de este modo se explica que Felix Mendelssohn-Bartholdy pudiera dar en Berlín una nueva audición de la *Pasión según san Mateo,* de Johann Sebastian Bach, después de un siglo de olvido, con lo que esto suponía para la recuperación de la gran tradición coral alemana. El arte, en esta nueva era, será expresión de los sentimientos, de la necesidad comunicativa del artista, entendido como un *yo* individual y libre. Y Alemania encarna todos estos ideales, forjados durante la Revolución Francesa. Por encima de los principios ornamentales e incluso ociosos de la música dieciochesca, la música se erige ahora en discurso subjetivo, con frecuencia vinculado a la literatura.

*E*l cuadro de Caspar David Friedrich reproducido sobre estas líneas, **El árbol de los cuervos,** simboliza a la perfección la nueva estética romántica: sentimiento trágico, expresión del propio yo identificado con la naturaleza.

A la derecha, retrato de Johann Wolfgang von Goethe, realizado por J.K. Stieler. Sus textos poéticos ejercieron una poderosa influencia sobre los músicos románticos, como Schubert, quien musicó varios de ellos.

comprensión humana ante las grandezas de la naturaleza.

Pero hay más: al concepto de sublime como experiencia estética, Kant añade un nuevo protagonista al panorama artístico, el del genio. Según el ilustre filósofo, y siguiendo la línea de los grandes pensadores del siglo XVII, el genio lleva impresa la expresión de la teleología oculta de la naturaleza. Sublime, genio y naturaleza convergen en un subjetivismo propio del artista romántico. Y musicalmente todo ello se traducirá en gramáticas distintas pero bajo un mismo léxico.

▓ Breves apuntes para una estética musical

La estética del Romanticismo acepta el supuesto de que la música orquestal y la instrumental son abstractas, lo cual conduce a la asemanticidad del arte de los sonidos, razón por la cual la música será considerada como un arte muy por encima de cualquier otro arte comunicativo. La música capta la idea del mundo, su espíritu, su infinitud. Pero hay también nuevas preferencias: el canto, vinculado a la poesía o al teatro, que puede engendrar un nuevo *nacimiento de la tragedia* (Nietzsche).

Herder, por ejemplo, reconoce en la música el vértice de las posibilidades estéticas del hombre, ya que de ella surge la poesía lírica. Sus tesis, además, apuntan ya hacia la futura idea wagneriana de la ópera como *Gesamtkunstwerk* (obra de arte total).

En otro ámbito, Goethe definirá la música como un templo a través del cual el hombre se interna en el ámbito de lo divino, atraído hacia lo demoníaco y desligado de toda materialidad.

Wackenroder —para quien la música *nos libera de la obsesión del tiempo*— añadirá una nueva idea: la del rechazo de todo intento analítico y crítico de la música. Según Hegel, y tras admitir, bajo el concepto de la *ironía*, la *muerte del arte* como final de las tres etapas históricas en que se ha movido (antiguo, clásico y román-

tico-cristiano), la música consigue expresar, más que cualquier otro arte, la interioridad bajo la forma propia del sentimiento objetivo de una manera aún sensible: el sonido. De ahí que sea plenamente hegeliana la apreciación de E.T.A. Hoffmann acerca de Beethoven, al que sitúa al final de un largo proceso en el cual la música se erige como «la más romántica de todas las artes», ya que la música, según Hoffmann, es metatemporal por tener como meta lo infinito, que bien puede interpretarse como lo no tangible. Y en ese sentido, Beethoven (aunque se le pueda considerar como clásico) sería el máximo representante de la música pura, sin elementos mundanos, que nos evade de las penas y miserias del mundo.

Arriba, retrato de E.T.A. Hoffmann. Músico y escritor, consideraba a Mozart y Beethoven, éste en mayor medida aún, como los máximos exponentes del Romanticismo musical, autores de una obra que expresaba aquello que las palabras eran incapaces de manifestar. A la derecha, El sueño de Ossián, *cuadro de Ingres representativo del gusto de los románticos por lo fabuloso.*

El *lied*, un género romántico: Franz Schubert

Sin lugar a dudas, el *lied* es una de las formas que más caracterizan el Romanticismo musical, tanto por su propia estructura como por las circunstancias en las que tenían lugar las audiciones de este género. En efecto, a su libertad formal y expresiva se unen las veladas en casas particulares, en las que la música fluía por los canales de las ganas explícitas de escucharla. Y el *lied* (palabra alemana intraducible que podría entenderse como «canción») ocupaba un lugar privilegiado, ya que no solamente se escuchaban las interpretaciones desde el mero hecho ejecutivo, sino que se tenía en cuenta el texto, a menudo debido a autores coetáneos. No es raro, pues,

encontrar entre los principales *lieder* de este período poesías de Goethe, Heine, Schiller o Hölderlin, además de otros poetas hoy sólo conocidos precisamente por la música escrita a partir de sus textos.

▊ Origen y carácter del *lied*

Pero sería erróneo olvidar que el *lied* nace como género a mediados del siglo XVIII. Haydn, Mozart y el mismo Beethoven sentaron las bases del futuro *lied* del XIX, en el que Schubert tiene un papel destacadísimo por la gran cantidad de obras de este género que compuso a lo largo de su corta vida. Tampoco se pueden pasar por alto las obras liederísticas de autores como Schumann, Brahms, Wagner y, más tarde, Richard Strauss, Mahler y Hugo Wolf (1860-1903). Incluso Nietzsche, el filósofo vitalista, compuso algunos *lieder* sobre temas propios. Allende las fronteras germánicas, el *lied* tendrá una forma particular en la *chanson* francesa, hacia mediados del siglo XIX.

Importante es no limitar el *lied* a una composición para voz y acompañamiento de piano. Aunque a menudo es así, en algunos casos puede ser otro el instrumento acompañante, o incluso toda una orquesta. Sea cual sea, el instrumento no es sino un vehículo expresivo más, a la misma altura que la voz. Instrumento y voz tienen vida propia.

Sobre estas líneas, retrato de Franz Schubert. Prácticamente desconocida en su época, su obra —extensa pese a lo breve de la vida del compositor— denota un talento melódico sin igual en la historia de la música.

A la izquierda, dibujo de F.G. Waldmüller que representa una de las típicas «schubertiadas», reuniones musicales que Schubert ofrecía a sus amigos. Aquí vemos al anfitrión acompañando al piano a J.M. Vogl, uno de sus intérpretes predilectos de lied.

▊ Un maestro del género

La pureza y el cristalino melodismo de las composiciones del vienés Franz Schubert (1797-1828) no se contradicen con una personalidad fuerte, solamente oscurecida durante sus últimos años de vida, cuando la sífilis contraída a lo largo de sus múltiples correrías amorosas envolvió su carácter con una capa de melancolía nada disimulada.

A lo largo de su corta existencia, Schubert llegó a componer una ingente variedad de páginas de distinto carácter, desde sus nueve sinfonías hasta óperas, pasando por música de cámara e instrumental. Pero lo que sin duda lo sitúa como uno de los hitos de la historia de la música es su producción liederística. Ya en su tiempo, muchos de sus más de seiscientos *lieder* fueron escuchados en las conocidas «schubertiadas», veladas con los amigos. Entre éstos se contaron algunos de los intérpretes que marcaron una tradición interpretativa que perdura hoy día, como el barítono Johann Michael Vogl, amigo del compositor. En el siglo XX cabe destacar las voces de los barítonos alemanes Dietrich Fischer-Dieskau (autor así mismo de un ensayo sobre los *lieder* schubertianos) y Hermann Prey como continuadores de la tradición de Vogl. A ellos se añade la escuela pianística heredera del mismo Schubert, que tuvo en Gerald Moore uno de sus máximos exponentes en la segunda mitad del siglo XX.

▮ Los tres grandes ciclos

Algunos de los *lieder* se concentran en tres ciclos temáticos por ser obras con textos de un mismo poeta o con un tema similar: *Die schöne Müllerin* («La bella molinera») y *Winterreise* («Viaje de invierno»), ambos sobre textos de Wilhelm

A la izquierda, partitura del lied En el lago de Erlaf, *escrito por Schubert sobre un poema de su amigo J. Mayrhofer. Aunque el músico vienés cultivó prácticamente todos los géneros, dejándonos en ellos obras de gran valor, su nombre se asocia de manera indisoluble a estas canciones para voz y piano, forma que consiguió llevar a unas cotas de perfección absolutas. Su lección fue imitada y proseguida por compositores posteriores como Schumann, Brahms o Hugo Wolf.*

Müller (1823 y 1827, respectivamente), y *Schwanengesang* («El canto del cisne»), con textos de Heine, Seidl y Rellstab (1828).

En todas estas obras, Schubert muestra una comunicativa expresividad a través del indiscutible protagonismo melódico, a menudo de corte netamente clásico. Los *lieder* schubertianos son un claro ejemplo, además, de la unidad entre voz y piano, aunque la autonomía de este último permite comentarios claramente subjetivos, más allá del puro acompañamiento. A menudo, el piano es el que marca los cambios tonales en el interior de un mismo *lied* (como en el «Gute Nacht» que abre el *Winterreise*). Lirismo, épica, amor, muerte, destino e integración con la naturaleza a un tiempo distante y amiga —como en las pinturas de su coetáneo Caspar David Friedrich— son otras constantes de la producción liederística de ese pequeño gran hombre que fue Franz Schubert.

Prácticamente la mitad de sus *lieder* fueron escritos para barítono, si bien el propio compositor realizó transcripciones para soprano o tenor. De hecho, en la actualidad son obras que se interpretan indistintamente por todo tipo de voces humanas, aunque la tesitura de barítono, por su equilibrio y sobriedad, resulta especialmente adecuada para ellas.

Acuarela que, de manera idealizada, representa una «schubertiada», con el compositor sentado junto al piano. En este tipo de reuniones frecuentadas por amigos fue donde Schubert dio a conocer gran número de sus lieder.

El piano, instrumento romántico por excelencia

Si la música romántica es la banda sonora de las revoluciones que convulsionan el siglo XIX, bien puede decirse que el piano es el mediador sonoro de dicha banda acústica.

Después de los primeros intentos, a finales del siglo XVIII, por liberar el piano de su condición excesivamente ligada a los modos interpretativos del clave, el XIX consigue un mayor logro en materia de mecanismo percutido, con lo cual el origen de la palabra que designa al instrumento, *pianoforte*, adquiere su auténtico sentido. En efecto, el piano del siglo XIX proporciona un sonido que gana en expresividad al poder temperar los suaves y los *forte* propios de la interpretación romántica.

Ello se consigue, en parte, gracias a la labor de diversos constructores, cuya tradición perdura en nuestro siglo, los cuales idearon nuevos mecanismos mucho más cómodos para los intérpretes. Uno de ellos es el del desplazamiento de los pedales —anteriormente situados bajo el teclado y accionados con las rodillas—, que disponen a ras del suelo para que sean activados por los pies.

A la izquierda, grabado en el que podemos ver a Clara Wieck a la edad de quince años. Una de las mayores virtuosas pianistas de su tiempo, su arte y su personalidad suscitaron la admiración de músicos como Robert Schumann —con quien contrajo matrimonio a pesar de la oposición del padre de ella—, o el más joven Johannes Brahms.

Abajo, Una romanza, lienzo de S. Rusiñol representativo del papel que durante el siglo XIX desempeñó el piano como instrumento imprescindible de todo salón burgués.

Expresividad y virtuosismo

Estos dos conceptos pueden ser, igualmente, sinónimos de pianismo romántico. El compositor será un virtuoso del teclado y desarrollará una tarea estrechamente vinculada a la ejecución: Franz Liszt y Frédéric Chopin fueron, además de reconocidos compositores, extraordinarios pianistas. Pero hubo otros que han pasado también a la historia por sus interpretaciones magistrales. Entre ellos cabe mencionar, por ejemplo, a Muzio Clementi (1752-1832), Clara Wieck (1819-1896), Stephen Heller (1813-1888), Adolf Henselt (1814-1889), Charles Alkan (1813-1888), Sigismund Thalberg (1812-1871) o Hans von Bülow (1830-1894).

En la primera mitad del siglo XIX surgieron distintas escuelas pianísticas. La primera de ellas se debe a Johann Nepomuk Hummel (1778-1837), antiguo discípulo de Mozart, quien impuso una técnica basada en la claridad del tejido instrumental, acorde con una visión diáfana de la interpretación. Sería ésta una tendencia seguida, tanto en sus ejecuciones como en sus partituras, por Chopin. Al otro lado se encontraría una segunda escuela, basada en el dramatismo de la ejecución y una técnica próxima a hacer que el piano sonase como si de una orquesta se tratara. Ésta sería la escuela propia del último Beethoven, de Schumann y, sobre todo, de Franz Liszt. Una y

otra tendencia han encontrado en nuestro siglo sus propios herederos, y así, figuras como Fischer, Rubinstein, Arrau, Richter o Kempf han dejado testimonio de los últimos vestigios, en materia de técnica pianística, del Romanticismo.

Grandes compositores pianísticos

Las primeras muestras del pianismo romántico derivan de las últimas sonatas de Beethoven, en las que el discurso huye del formalismo del esquema sonata propio del siglo XVIII. Los temas, bien expuestos aunque confundidos y amalgamados con otros subtemas y desarrollos a veces muy cortos, marcan ya una nueva concepción de la forma sonata.

Lo mismo es extensible a la producción pianística de Franz Schubert, aunque su música esté mucho más ligada al espíritu del clasicismo. Dejando a un lado el estilo libre de su *Fantasía en fa menor* (la misma forma de fantasía ya es

A bajo, a la izquierda, caricatura que representa a Franz Liszt al piano. Su estilo expresivo, exaltado, vigoroso, brillante y, a la manera del violinista Niccolò Paganini, algo demoníaco, despertó la admiración y el asombro del público de su época. Bajo estas líneas, típica estampa familiar decimonónica: dentro de los cánones sociales de la burguesía, la práctica del piano se consideraba como una de las disciplinas que toda joven de buena familia debía dominar.

Robert Schumann fue un pianista frustrado a causa de una lesión que le afectó la mano derecha. Sus breves piezas pianísticas siguen de cerca el espíritu de la música programática, lo que puede observarse claramente en los títulos de algunas de sus obras, tales como *Papillons*, *Carnaval*, *Noveletten*, etc. A partir de 1842, es notoria la influencia de la obra de J.S. Bach, cuyo estudio recomendaba a diario a sus compañeros compositores. Chopin recurre al intimismo, con un claro afianzamiento en formas propias de su Polonia natal, como las mazurcas. De Chopin destaca, sobre todo, su magistral uso del pedal, lo cual influye en la expresividad, por ejemplo, de sus *Baladas*. Liszt es el virtuoso por excelencia. En su obra pianística destacan la imaginación poética y el atrevimiento armónico, como en su *Sonata en si menor*, con contrastados juegos rítmicos que hacen de ella una de las obras más difíciles del repertorio pianístico de todos los tiempos.

de por sí libre), obras como los seis *Moments musicaux D 789* o los ocho *Impromptus D 899 y 935* se acercan, melódicamente, al género del *lied* tan caro a este creador.

La obra pianística de Johannes Brahms (1833-1897) sigue una trayectoria basada en acordes de atrevidas armonías, aunque por encima de todo él sea un compositor estrechamente vinculado al clasicismo, aspecto que puede vislumbrarse fácilmente a través de su melodismo de corte simple. En sus *Variaciones sobre un tema de Paganini* y su *Sonata en fa menor*, es posible encontrar claros exponentes de su concepción estética.

La poética del piano de Frédéric Chopin

Aunque pueda parecer un contrasentido, la obra de Frédéric Chopin es una de las más desconocidas de su tiempo; y lo es, precisamente, por demasiado conocida.

El problema radica en que muchas de sus composiciones son pasto de estudiantes de piano en rancios conservatorios que, olvidando una personalidad que condiciona su obra a su vida, a menudo ignoran las circunstancias en que se desenvolvió ésta. En ese sentido, cabe decir que el compositor polaco puede ser mucho más conocido por el retrato que de él hizo Delacroix que por las tristes lecciones de conservatorio.

Pero, además, hay que reconocer que en torno de Chopin se ha hecho mucha seudoliteratura, injustamente basada en la aparente fragilidad y languidez de sus composiciones. Todo ello no hace sino desdibujar a uno de los artistas más interesantes del siglo XIX.

Sobre estas líneas, retratos de Frédéric Chopin, a la izquierda, y George Sand, a la derecha, ambos obra de·Delacroix. Pianista y escritora vivieron una apasionada historia de amor que, aunque acabó en ruptura, dejó profunda huella en el músico.

▐ Una vida intensa

Frédéric Chopin (1810-1849) nació cerca de Varsovia, hijo de un profesor francés emigrado y de una mujer procedente de una familia noble venida a menos. Pronto se descubrió el talento innato para la música del pequeño Frédéric, que a los doce años ingresó en el Conservatorio de Varsovia, donde compuso sus primeras obras, algunas ya de corte virtuosístico, como algunos de los *Estudios* que conforman el *Op. 10*, con claras influencias del gran violinista Niccolò Paganini (1782-1840), que por aquellas fechas (1829) había visitado la capital polaca.

Aquel mismo año, Chopin viajó como concertista a Viena, Dresde y París, donde en 1832 se consagró como virtuoso pianista. Su carácter retraído e intimista le hizo ya en vida un personaje casi mítico, poco amigo de entablar relaciones con la alta sociedad que llenaba los salones cada vez que el endeble músico polaco ofrecía uno de sus conciertos.

Afectado de tuberculosis, Chopin hubo de pasar largas temporadas en balnearios. Sufrió un fuerte golpe cuando su amor por la joven Maria Wodzinsky quedó frustrado por la oposición de la familia de la joven. En 1836 conoció a Aurore Dupin, la excéntrica novelista conocida como George Sand, con quien pronto entabló una tormentosa relación, a pesar de las iniciales reticencias que mostró el músico.

De hecho, Chopin se echó en brazos de una mujer dominante, con quien llegó a pasar un invierno en la cartuja de Valldemossa (Mallorca). Las circunstancias de su estancia allí fueron descritas por la misma Sand en *Un invierno en Mallorca*.

Desde esta isla mediterránea, Chopin y George Sand, junto a los hijos que ella había tenido en su antiguo matrimonio, embarcaron hacia París vía Barcelona y Marsella. En la capital francesa, Chopin impartió clases de piano, mientras que tanto su salud como la pasión por la Sand menguaban de modo alarmante; hasta que en 1847 se rompió definitivamente su relación. En los dos años siguientes, la salud de Chopin se fue deteriorando progresiva-

Arriba, frontispicio del Gran vals brillante, *obra de Chopin de inspiración salonística, destinada al lucimiento de los intérpretes.*

mente; falleció en la madrugada del 17 de octubre de 1849, en París. Su corazón fue enviado a Polonia, mientras el resto de su cuerpo era enterrado —al son del *Réquiem* mozartiano, interpretado durante sus exequias— en la capital gala donde tantos éxitos había cosechado.

◼ Una obra al servicio del piano

La modernidad del lenguaje de Chopin pasa por su vinculación al piano, instrumento clave para identificar el mundo musical de este compositor de una perfección total, casi enfermiza (como su cuerpo) y de rotunda musicalidad. Chopin piensa la música a través del piano, del cual llegó a descubrir nuevas posibilidades técnicas y estilísticas, sin las pretensiones de virtuosismo de un Liszt. El carácter un tanto apátrida del músico hizo que recibiera influencias del germanismo afincado en París, con lo que la mezcla de elementos procedentes de distintas nacionalidades (polaca, francesa y alemana) derivó en una personal e inconfundible obra de rasgos bien definidos.

En lo que atañe a la forma, Chopin rehúye cualquier intencionalidad descriptiva y programática. Los títulos de sus mismas obras para piano (*Nocturnos, Estudios* y, sobre todo, *Fantasías*) denotan una libertad estructural sin ataduras de índole literaria, contrariamente al espíritu romántico del momento, lo cual significa que Chopin se sitúa, en ese sentido, al margen del germanismo imperante.

Página manuscrita del segundo de los Scherzi *de Frédéric Chopin, obra excepcional por su dificultad técnica en el catálogo de un compositor que, antes que la brillantez explosiva que caracterizaba la escritura pianística de su contemporáneo y amigo Franz Liszt, prefería cultivar un estilo mucho más sutil y poético, que alcanza en su serie de* Nocturnos *su más acabada expresión. Aun así, la imaginación tímbrica que revela esta composición, la riqueza de ideas de que hace gala Chopin en ella y, sobre todo, su depurado virtuosismo la convierten en uno de los referentes de la literatura pianística romántica.*

Robert Schumann

El más músico de todos los románticos y el más romántico de todos los músicos. Así se ha llegado a definir la compleja personalidad de Robert Schumann (1810-1856), uno de los más perfectos hijos de su época. Su estética persigue la libertad expresiva en grado sumo, buscando nuevas sendas y apartándose de los viejos caminos trazados por el clasicismo. Fue un hombre de salud delicada, con perturbaciones mentales que dieron con él en el manicomio al final de su atormentada vida.

Schumann, crítico y compositor

Además de compositor, Schumann fue un teórico de la música más o menos destacado en su tiempo, lo cual le llevó a escribir en distintas publicaciones, en las que firmaba con tres seudónimos, bien representativos de su época: Florestán, Eusebius y Meister Raro. El primero es sinónimo de impetuosidad: basta con recordar que el protagonista masculino de la ópera beethoveniana *Fidelio* lleva ese nombre; el segundo designa un carácter introvertido y tímido, mientras que «Raro» es la unión de dos sílabas: la última de su esposa Clara y la primera del nombre de pila del propio Schumann. Ello indica hasta qué punto su mujer influyó sobre la vida del músico. De hecho, Clara Wieck (nombre de soltera de la esposa del compositor) fue un fiel sostén para el carácter desequilibrado de Schumann. Además, fue como su voz cantante, en el sentido de que el compositor sufrió una lesión en una mano que le impidió llegar a ser un virtuoso del piano, siendo ella la encargada de dar a conocer sus composiciones pianísticas. Gran y reconocida pianista, e incluso una buena compositora (como Fanny Mendelssohn, hermana de Felix), Clara habría podido llevar a cabo una brillante carrera si no hubiera vivido en una época que vetaba este tipo de actividades a las muje-

Sobre estas líneas, retrato de Robert Schumann, cuando contaba alrededor de treinta años. Pocos músicos han representado como él todas las contradicciones del Romanticismo: la expresividad a ultranza y el anhelo de libertad por un lado, y el deseo de plegarse a la forma clásica por otro.

res. La fascinación por Clara Wieck no fue sentida sólo por Schumann, sino también por Brahms, quien estuvo platónicamente enamorado de ella. Johannes Brahms, por cierto, fue un excelente amigo de Schumann, fiel hasta su muerte. Por su parte, Schumann amó también a sus contemporáneos, sin envidias ni falsas adulaciones: revalorizó a Schubert después de su muerte y descubrió a Chopin como compositor y pianista de innegable talento.

Un músico irregular

Las composiciones de Schumann están marcadas por lo irregular de su formación, ya que los estudios musicales del artista —iniciados en su Sajonia natal, concretamente en Zwickau,

A la derecha, el matrimonio Schumann. Imposibilitado Robert para la ejecución pianística por una lesión en un dedo, fue Clara, pianista extraordinaria y también apreciable compositora, quien se encargó de dar a conocer al teclado las obras de su marido por toda Europa.

A la izquierda, frontispicio de la Sonata para piano Op. 11 de Schumann, publicada en 1835 con una dedicatoria a Clara. Esta obra es una de las que muestra de forma más evidente el ideal schumanniano de conciliar una forma heredada de los clásicos como la sonata, con la subjetividad propia del Romanticismo.

de la mano del organista del lugar, que nunca confió demasiado en el talento del muchacho— estuvieron dominados por un absoluto desorden. Posteriormente, en Leipzig, estudió derecho, mientras acudía a conciertos en salones y charlas literarias en círculos privados de amigos suyos. Después de haber oído al virtuoso del violín Niccolò Paganini (1782-1840) en Frankfurt, en 1830, Schumann decidió dedicarse por entero a la música. A partir de entonces, estudiaría piano con Friedrich Wieck (padre de Clara), aunque su formación sería más bien autodidacta y vendría, sobre todo, del estudio de la obra de Bach, recién descubierto por aquel entonces gracias a la labor de Mendelssohn.

En la obra del compositor sajón se aprecia un diseño melódico nítido, aunque siempre con ataduras indudablemente poéticas, dada la pasión de Schumann por la literatura coetánea. Sus *Noveletten* (1838) para piano, por ejemplo, nos hablan de esta faceta del compositor. Para Schumann, la armonía es mucho más importante que la melodía, y por ello la concepción sinfónica de muchas de sus obras, aun tratándose de música pianística, es notable. Su *Concierto para piano* rehúye, además, todo esquematismo vinculado a la forma sonata, con un tejido orquestal denso, evidente a pesar de que posteriores

A la derecha, grabado que representa a los dos Schumann, en la época en que Clara hubo de retomar su carrera pianística a causa del precario estado de salud de Robert, en quien comenzaban a manifestarse ya los primeros síntomas de la locura que le afectó durante los últimos años de su existencia.

manos «retocaron» la orquestación de la obra con criterios estéticos más que dudosos. Aunque sólo compusiera cuatro sinfonías (dejando a un lado su «casi sinfonía» *Obertura, scherzo y final Op. 52*), su contribución al género demuestra una vez más un manejo libre de la forma sonata, además de ideas programáticas que se anuncian ya en los títulos de algunas de ellas: la primera y tercera sinfonías se apodan, respectivamente, «La primavera» y «Renana». Esta última es sin duda la que mejor caracteriza la estética schumanniana, una obra ciertamente larga cargada de emoción y de expresividad, que anticipa de modo claro las mejores páginas posrománticas de Richard Strauss o Mahler. A pesar de ser la tercera en su catálogo, fue la última que compuso, ya que su modo de trabajar desordenado implicaba que empezara obras que sólo se terminaban años después de su primera concepción.

*P*ortada de Davidsbündlertänz de Schumann, una de las obras —junto a otros cuadernos como Kreisleriana, Escenas de niños y Noveletten— en que mejor se aprecian el especial talento de este compositor para la pequeña forma y su inagotable inventiva cuando de escribir para el piano se trataba. El título alude a una sociedad, la de los «Hermanos de David», ideada por Schumann como símbolo de los ideales de fraternidad y comunión artística que animaban a los románticos.

Franz Liszt

A pesar de sus orígenes húngaros (de hecho su nombre de pila es la traducción del magiar Ferenc), Franz Liszt (1811-1886) fue un hombre de formación netamente germánica. De lo húngaro, el músico asimiló las melodías zíngaras, tratadas en obras como sus famosas *Rapsodias*. Estéticamente, su sinfonismo sigue de cerca los pasos de Berlioz en su concepción grandilocuente, mientras que su obra pianística adquiere un lenguaje propio, a menudo al servicio del mismo compositor, que por encima de todo fue un virtuoso del piano.

▍ Los dones diabólicos

Liszt vivió un momento privilegiado, lleno de cambios: nacido cuando los antiguos maestros del clasicismo aún ejercían una poderosa influencia sobre los compositores, llegó a vivir lo suficiente como para ver cómo se consolidaba el posromanticismo y se abrían los caminos que iba a seguir la nueva estética musical del siglo XX.

Niño prodigio nacido en Raiding (Hungría), a los nueve años recibió lecciones pianísticas y compositivas en Viena de la mano de Carl Czerny (1791-1857) y Antonio Salieri. En 1823, a los doce años de edad, recibió un beso en la frente de labios de alguien tan poco dado al elogio como Beethoven, quien escuchó embelesado al muchacho. En París, pese no haber sido admitido en el Conservatorio por ser extranjero, conoció a Berlioz y asistió, en 1831, a un concierto a cargo del virtuoso violinista Niccolò Paganini. Fue una revelación, que marcaría al joven como futuro virtuoso del piano.

La vida novelesca de Liszt pronto siguió otros derroteros: los de sus continuas aventuras amorosas con distintas damas de la aristocracia. Con una de ellas, la condesa Marie d'Agoult, tendría tres hijas, una de las cuales, Cosima, sería la segunda esposa de Wagner, gran amigo y admirador de Liszt.

A lo largo de su vida, Liszt realizó diversas giras por Europa para mostrar su talento como compositor e intérprete. Muchos admiraban su arte, y las comparaciones con Paganini no tar-

*S*obre estas líneas, retrato del húngaro Franz Liszt. Niño prodigio, conquistó Europa a temprana edad con su estilo explosivo y apasionado de afrontar la interpretación, que él mismo denominaría posteriormente «virtuosismo trascendental». Como compositor, su obra, junto a la de Wagner —con quien llegaría a emparentar— fue una de las más vanguardistas de su época, tanto en el aspecto armónico como en el formal, lo que le granjeó tantos adeptos como detractores.

daron en imponerse, como si se tratara de un nuevo músico de dones diabólicos. A lo largo de su gira por España, por ejemplo, periódicos de Madrid, Cádiz, Barcelona y Valencia reseñaron las interpretaciones de Liszt, y así leemos en el diario *El Fomento*, publicado en Barcelona el 10 de abril de 1845: *(...) Volvió luego Liszt, ejecutando una fantasía sobre motivos de* La sonámbula, *donde nos pareció que eran más de dos manos las que tocaban, pues era tal el modo de doblar y complicar los motivos, sin embargo de conservar una claridad y limpieza extremada, que no faltaba sino que imitase también con el piano los aplausos del público, para que éste quedase más admirado y acabase de creer en un milagro. Basta citar en prueba de ello un trino endiablado que hizo durar mucho tiempo y que ejecutó, a no equivocarnos, con el cuarto y quinto dedos de una mano, mientras que con los demás de la misma y los tres primeros de la otra tocaba dos motivos diferentes y hacía el acompañamiento con los otros dos que quedaban (...).*

Fiel al carácter contrastado de todo romántico, el libertino Liszt vistió los hábitos en 1865, recibiendo las órdenes menores. El «abate Liszt», como se le conocería a partir de entonces, moriría veintiún años después en Bayreuth, centro neurálgico de un wagnerismo que abría las puertas a un nuevo siglo. De hecho, Liszt puede ser considerado el último de los románticos.

Una producción fecunda y variada

La obra de Liszt es muy prolífica: trece poemas sinfónicos, dos sinfonías programáticas (*Fausto* y *Dante*), dos conciertos para piano y orquesta, diversas canciones y coros, y centenares de obras pianísticas, además de otras composiciones inclasificables para piano y orquesta y órgano, amén de una producción litúrgica interesante.

Lo que más destaca en Liszt es el carácter monumental de su concepción orquestal (*Los Preludios*) y su relación con la literatura (el carácter poemático de su *Sinfonía Fausto*) y su endiablado virtuosismo en las páginas pianísticas (*Allegro di bravura, Estudios de ejecución trascendental, Mazeppa, Vals* «Mefisto»...)

A pesar de lo espectacular de su producción, se adivina a veces un Liszt deseoso de *épater* al oyente, con una clara tendencia a la me

*A**rriba, portadas de dos obras representativas del último Liszt:* la Sinfonía Fausto *y una transcripción para piano a cuatro manos del oratorio sacro* La leyenda de santa Isabel.

galomanía al servicio de su propia persona (¿una influencia de Berlioz?).

No obstante, la inmensa figura de Franz Liszt marca una nueva concepción de la escuela pianística, difícilmente abordable hoy día por su casi inaccesibilidad en cuanto a técnica se refiere. Liszt, en definitiva, fue un músico que encarnó a la perfección uno de los parámetros más preciados de todos los artistas del Romanticismo: la genialidad.

*L**iszt osciló siempre entre el arrebato demoníaco y el éxtasis religioso, y no sólo en su obra o su manera de interpretar, sino también en su propia vida personal: a una juventud que puede calificarse de licenciosa, si bien transida de intensos momentos de recogimiento espiritual, siguió una madurez más apacible, en la que incluso llegó a tomar los hábitos. En la imagen, grabado de la época que representa al compositor al piano.*

La música de cámara

cuartetos —y especialmente la célebre *Gran fuga*, incluida en su *Cuarteto núm. 17 Op. 133*— señalan un punto de inflexión entre la música del clasicismo y los primeros indicios de crisis de la tonalidad.

La herencia clásica

La música de cámara del Romanticismo sigue las pautas propias de las formas del cuarteto y del quinteto, heredadas de Haydn y Mozart respectivamente, aunque también son frecuentes los cuartetos y quintetos con piano u otros instrumentos, por ejemplo, de viento.

En todas estas obras se pierde por completo el sentido programático propio de la música romántica. A menudo las composiciones van acompañadas de subtítulos, aunque ello obedece a referentes propios de las circunstancias en que se escribieron dichas obras, más que a una inspiración literaria.

Cinco grandes compositores

De algún modo, las producciones de Schubert, Mendelssohn, Schumann, Brahms y César Franck suponen un hito en la producción camerística del siglo XIX.

El quinteto con piano conocido con el sobrenombre de «La trucha» (1819) es una composición que Schubert escribió bajo la influencia de Mozart. Su *Andantino con variaciones* presenta el tema del *lied Die Forelle*, y de ahí el subtítulo. Sus *Cuartetos en re menor* (1824) y *Sol mayor* (1826) son obras de madurez que revelan la asimilación del estilo del último Haydn, por su tremenda carga elegíaca. Particularmente interesante es el primero de ellos, conocido con el sobrenombre de «La muerte y la doncella», ya que su segundo movimiento se basa en el *lied* homónimo del compositor.

Bajo la tradición clásica de la «Harmonienmusik» (música para conjunto de viento), Schubert compuso el *Octeto en Fa mayor* (1824) para clarinete, trompa, fagot y cuerdas (dos violines, viola, violoncelo y contrabajo). En otra obra posterior —el *Quinteto de cuerda en Do mayor*, es-

---

Las producciones camerísticas del Romanticismo representan un tremendo choque frente al imperante sinfonismo e, incluso, frente a la música pianística, que intenta plasmar en un solo instrumento —polifónico— el carácter sonoro propio de una orquesta.

Es curioso observar cómo los más relevantes compositores y las más destacadas obras de cámara del período romántico son las que se acercan de manera notable al espíritu del clasicismo. Schubert, Mendelssohn (también en sus primeras series de sinfonías para conjunto de cuerda) y Brahms serán, en este sentido, los autores que con más fuerza marquen la pauta de la producción camerística del siglo XIX. Un caso aparte sería el de Beethoven, cuyos últimos

Sobre estas líneas, una reunión musical, en una pintura de W.F. Bendz. Durante el siglo XIX, la música de cámara ocupó un lugar determinante en el culto a la camadería tan apreciado por los románticos. Ejemplo de ello es la familia de Franz Schubert, en la que el padre y los hermanos solían reunirse regularmente para interpretar cuartetos de cuerda, tanto suyos como de otros autores.

crito en el último año de su vida (1828)—, el compositor condensó el espíritu romántico de la música de cámara, demostrando un total dominio del contrapunto y una desbordante imaginación melódica.

La primera obra importante de cámara de Felix Mendelssohn (1809-1847) es su *Octeto* (1825) para cuerdas, de corte beethoveniano por su densidad tímbrica y un esquema basado en la forma sonata muy desarrollado. Además de sus cuartetos, destacan sobre todo sus tríos con piano, en particular el *Op. 49 en re menor* (1839), estéticamente a caballo aún entre el clasicismo y el Romanticismo, a pesar de lo tardío de su composición (la obra fue creada en 1839). Pero no hay

que olvidar que Mendelssohn siempre fue un compositor muy adentrado en la concepción clásica, en cuanto a forma y melodismo se refiere.

Las composiciones de Schumann en el terreno camerístico reflejan la influencia de Beethoven, sobre todo sus tres cuartetos de cuerda, de una total abstracción que olvida el ideario literario. Junto a ellos cabe destacar también un cuarteto y un quinteto para cuerdas y piano.

Brahms puede considerarse como el más directo heredero de Beethoven, tanto en el terreno sinfónico como en el camerístico. En una primera etapa escribió su *Quinteto con piano en fa menor* (1861-1864), una tonalidad ciertamente extraña para una obra que sigue en su primer movimiento el esquema propio de la forma so-

nata, para pasar después a una total libertad estilística. Después de una etapa intermedia en la que compuso dos excelentes tríos con piano, *Op. 87* (1880-1882) y *Op. 101* (1886), cabe reseñar por último su *Quinteto para clarinete en si menor* (1891), obra influida por el *Quinteto en La mayor* de Mozart para la misma formación instrumental, aunque en el aspecto melódico la inspiración sea en estas composiciones de corte netamente beethoveniano.

Cierra el quinteto de compositores el belga César Franck, autor de una soberbia *Sonata para violín y piano* (1886), de estructura clásica, aunque con una inteligente utilización de temas melódicos que se adentran en una imparable modernidad.

El sinfonismo romántico

Ya a principios del siglo XIX, y después de las aportaciones decisivas en el terreno sinfónico debidas a Mozart y sobre todo al Haydn de Londres (además de Beethoven), la orquesta quedó constituida tal como hoy la entendemos: cuerdas (violines primeros y segundos, violas, violoncelos y contrabajos), maderas (dos flautas, dos oboes, dos fagotes y dos clarinetes), metales (cuatro trompas, dos trompetas, dos trombones y tuba) y percusión. La convención, lógicamente, no está reñida con la excepción, por lo que a menudo se dan variantes de dicho esquema estructural.

El sinfonismo romántico, a veces ligado a un programa o a una idea literaria, viene condicionado principalmente por las aportaciones de los músicos germánicos. Entre ellos, y dejando a un

Abajo a la izquierda, retrato de Johannes Brahms, según L. Michalek. Como Mendelssohn, este compositor, nacido en Hamburgo pero residente en Viena, fue un clásico con alma de romántico, cuya música sólo en apariencia puede parecer conservadora. Abajo a la derecha, autógrafo de la partitura de una de sus páginas más célebres, la Sinfonía núm. 3, en una reducción a dos pianos. Debajo, uno de los muchos ejercicios de contrapunto que realizó Bruckner para su maestro Simon Sechter.

lado las obras de Beethoven, Schubert y Schumann, destacan tres figuras con personalidad y mentalidad propias: Felix Mendelssohn, Anton Bruckner (1824-1896) y Johannes Brahms.

■ El clasicismo romántico de Mendelssohn

De origen judío, Mendelssohn fue un hombre de sólida formación académica y cultural (recibió lecciones de estética de Hegel), incansable viajero y redescubridor de antiguos valores de la música alemana, como Haendel y Bach (de este último reestrenó en 1829 su *Pasión según san Mateo*). A su faceta compositiva cabe añadir su labor docente en el Conservatorio de Leipzig y su virtuosismo al piano, que compartió con su hermana

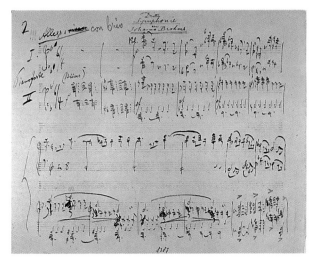

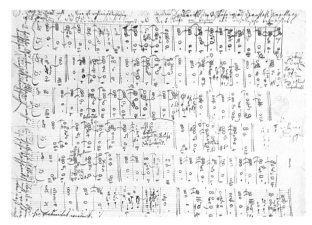

Fanny, también compositora. De su producción sinfónica, destacan sus cinco obras de madurez (otras trece, sólo para cuerdas, pertenecen al período de juventud). En ellas, Mendelssohn se muestra como un sólido adaptador de los moldes tradicionales de la forma a las nuevas tendencias, gracias, entre otras cosas, a la incorporación del *Scherzo* en sustitución del minueto clásico. Se adivina en estas obras un gusto por viejos recursos como el de la fuga, influencia directa de Bach.

A una cierta libertad formal se une un melodismo de corte netamente clásico, no exento de un irresistible optimismo. Ello es lo que se desprende, por ejemplo, de sus célebres *Sinfonías núms. 3* y *4*, conocidas, respectivamente, con los sobrenombres de «Escocesa» (1842) e «Italiana» (1833).

El maltratado Bruckner

La obra sinfónica de Bruckner fue mal considerada por determinados sectores de la crítica de su tiempo, que vieron en las páginas orquestales del compositor austríaco una excesiva dependencia de la música de Richard Wagner. También se quiso ver en Bruckner cierta propensión megalómana hacia lo trascendente, habida cuenta de la profunda religiosidad del compositor. Lo cierto es que las obras sinfónicas de Bruckner son monumentales en el terreno de lo instrumental y encarnan una nueva concepción de la estructura formal, lo cual fue justamente reconocido —e incluso alabado— por el mismo Wagner, siempre tan poco dado a los elogios. Y si su reconocimiento fue tardío, ello se debió sin duda al conservadurismo de un público que no aceptó unas composiciones escritas en un estilo demasiado personal.

En sus nueve sinfonías, Bruckner presenta algunos temas procedentes de danzas populares austríacas (*ländler*), frases enteras estructuradas siempre a partir del mismo número de compases (en general ocho) y movimientos construidos a partir de tres temas, a menudo con pretensiones de corte religioso (símbolo de la Trinidad divina), como en la *Sinfonía núm. 8* (1884-1887) o en la inacabada *Novena* (1891-1896), compuesta, según palabras de Bruckner, para «el buen Dios».

*R*etrato de Anton Bruckner, por F. Bératon. Con Brahms, su contemporáneo y convecino en la ciudad de Viena, Bruckner es el gran sinfonista de la segunda mitad del siglo XIX. Aunque se le ha calificado en ocasiones de «sinfonista wagneriano», su obra está lejos de ser la de un epígono.

A la derecha, página manuscrita de una de las sinfonías más populares de Felix Mendelssohn: la Sinfonía núm. 4 «Italiana». Esta obra, con sus ritmos vivaces y alegres y su colorista orquestación, fue fruto de una estancia del músico en Italia, país cuyos paisajes y gentes ejercieron una inmediata y fructífera, desde el punto de vista artístico, fascinación sobre él. Desde el día de su estreno en 1833, el éxito la ha acompañado siempre.

El tradicionalismo de Brahms

A pesar de lo complejo de su melodismo, las cuatro sinfonías de Brahms no rompen del todo con la estructura clásica. El compositor huyó siempre de la música entendida como concepto, como idea, en oposición a Wagner. Aunque vinculado a Viena, su origen hamburgués marca la fortaleza de un espíritu que supo estar al margen de la pasión, a pesar de su platónico amor por Clara Wieck, esposa de su amigo Schumann.

La orquestación de las obras sinfónicas del compositor alemán es austera y densa en su textura. Ello es visible, igualmente, en su extraordinario *Réquiem alemán* (1857-1868), una página sinfónico-coral con textos en torno del tema de la muerte, de inspiración luterana. Su extensa y célebre *Sinfonía núm. 4* (1884-1885) es una página extraordinaria, con unos tiempos primero y segundo de corte bucólico, un tercero alegre tendente al *scherzando* y un cuarto y último desbordante de fuerza, con un sabio uso del contrapunto que demuestra la maestría técnica de Brahms.

Hector Berlioz y la música programática

ya por el último Mozart o por el Beethoven de *Coriolano*, tendrán su radical afianzamiento en las composiciones de Berlioz, Mendelssohn y Liszt, entre otros.

Paralelamente, el Romanticismo sentaría las bases del llamado «poema sinfónico» y de la sinfonía programática, en las cuales toda la música se desarrolla a partir de un argumento o pretexto literario o extramusical, llamado «programa», que el compositor debía seguir. Música como idea, música como discurso, música como programa, será, pues, otra de las grandes aportaciones del Romanticismo al arte de los sonidos.

Hector Berlioz, el romántico francés

Hector Berlioz (1803-1869) es el músico romántico francés por excelencia. Cabe decir que por aquel entonces, la primera mitad del siglo XIX, Francia acogía a diversos compositores de todo el ámbito europeo que, de un modo u otro, se adaptaban a las formas impuestas por la esté-

L a música romántica tiene una componente literaria importante. Precisamente el carácter no corpóreo propio de la música, su abstracción y la no expresividad *per se* posibilitan que las creaciones sonoras sean un inigualable medio de transmisión de las ideas textuales contenidas en una obra literaria, ya sean éstas de índole religiosa, ética, heroica o filosófica.

Música y literatura

Por todo ello serán frecuentes las composiciones con un título temático vinculado a una novela, una obra teatral o un poema. De modo particular, los personajes transgresores serán los preferidos por los compositores, con Don Juan y Fausto a la cabeza. También las oberturas pasarán a tener un carácter propio, dejando de ser meros preludios a obras teatrales u óperas, para independizarse como piezas de concierto, capaces de contener y desarrollar un material temático suficiente para expresar una historia, unas ideas o unos sentimientos. Las bases, sentadas

*S*obre estas líneas, caricatura que representa a Hector Berlioz dirigiendo una de sus obras. Extraordinario orquestador, su pasión por los grandes efectivos instrumentales otorgó un sello inconfundible a sus partituras.

*P*ortada de la partitura de La condenación de Fausto. Como buen romántico, Berlioz se sintió atraído de manera irresistible por el tema de Fausto que había inmortalizado Goethe. La música que escribió da lugar a una de sus obras más interpretadas.

tica gala, con su *grandeur* teatral, muy en relación con el estilo *pompier*. Rossini (que moriría en París), Chopin, Liszt o Verdi, entre muchos más, son algunos de los músicos que pasaron por Francia y recibieron su influjo, mientras otros, como Cherubini, Reicha o Meyerbeer, se habían establecido allí definitivamente.

La obra de Berlioz es interesante por la extrema originalidad de su lenguaje orquestal, sin duda una de las claves de su gran éxito, no exento, por cierto, de ciertas pretensiones megalomaníacas, reflejadas en acontecimientos como el macroconcierto ofrecido en 1844 como parte del Grand Festival de l'Industrie, en el que, ante una orquesta de más de mil músicos, interpretó obras propias. La forma de orquestar de Berlioz persigue una pastosa paleta expresiva capaz de proporcionarle las más variadas gamas y colores instrumentales.

Junto a esta búsqueda, otra de las características de su música es la incorporación de un fondo musical narrativo, poemático, que anticipa claramente el poema sinfónico y también el *leitmotiv* wagneriano. En sus cartas y escritos teóricos, el músico francés habla de la «idée fixe» («idea fija») como el motivo conductor de sus partituras sinfónicas, entre las que sin duda destaca su célebre *Sinfonía fantástica*, una obra de juventud (data de 1830) subtitulada *Episodios de la vida de un artista* e integrada por cinco movimientos.

*Arriba, **Muerte de Sardanápalo,** lienzo de E. Delacroix. La pintura de este artista puede considerarse como el paralelo exacto a la música de Berlioz, autor así mismo de un **Sardanápalo,** cantata galardonada en 1830 con el **Premio de Roma.***

sinfonía dramática *Romeo y Julieta* (1839) pretende ser la traducción musical de la tragedia homónima shakesperiana, con un grandioso despliegue instrumental y vocal que incluye gran orquesta, dos coros, mezzosoprano, tenor y bajo.

Entre las cinco oberturas compuestas por Berlioz, cabe destacar la de *El rey Lear* (1831), una interesante composición que se inspira en el tormento del personaje protagonista de la obra de Shakespeare.

La pasión por el teatro

Junto a la música orquestal, la otra gran pasión de Berlioz fue la ópera. En sus incursiones en el género buscó su inspiración en los grandes temas de la literatura universal. Es el caso de *Los troyanos* (1856-1860), la última de sus tres óperas, basada en la *Eneida,* de Virgilio. De ella sólo se estrenó la segunda parte, *Los troyanos en Cartago*, en el Théâtre-Lyrique de París, en 1863. Se trata de una obra monumental que, contemplada a un siglo de su composición, se convierte en un monumento al preciosismo, interesante por la vena melódica de que hace gala su autor. Quizás por ello ha sido felizmente recuperada en los escenarios durante el siglo XX, y es que su audición vale la pena, sobre todo por su concepción del gran espectáculo. Mucho más conocida es su leyenda dramática *La condenación de Fausto* (1845-1846), sobre el inmortal drama de Goethe adaptado por el mismo compositor, aunque en este caso se trata más de una cantata profana que de una ópera propiamente dicha.

También *Harold en Italia* (1834), su segunda sinfonía, presenta las tribulaciones de un héroe de inspiración byroniana, representado en esta ocasión por la viola solista, enfrentado a la hostilidad de la naturaleza y de los hombres. La

*Sobre estas líneas, **El gran día de su cólera,** cuadro apocalíptico de J. Martin, autor a quien en ocasiones se ha comparado a Berlioz.*

La apoteosis del *bel canto*: Rossini, Donizetti y Bellini

Retrato de Gaetano Donizetti. Autor prolífico, como buen italiano dedicó sus mayores esfuerzos al género operístico, en el que cultivó con parigual acierto tanto la ópera de ambientación romántica como la entonces anticuada ópera bufa, a la cual supo insuflar nueva vida. A pesar de sus numerosos defectos, en buena parte motivados por la precipitación con que componía, sus obras ejercieron una influencia determinante sobre los autores que le siguieron, entre ellos Verdi, quien profundizó en la búsqueda por él iniciada de un mayor realismo.

El *bel canto*, más que una actitud, es una forma y un estilo que tiene sus antecedentes en la ópera tardo-barroca de Haendel y en algunas de las obras de Gluck y Mozart, en la segunda mitad del siglo XVIII. Ya en el XIX, con la evolución de las formas de canto, el *bel canto* se erige como una muestra típicamente italiana de entender la ópera no sólo centrada en las ornamentaciones y florituras vocales, sino también en los ataques, la respiración y la emisión vocal por parte de los cantantes.

A principios del siglo XIX, la ópera es esencial en cuanto a forma y en cuanto a símbolo de una sociedad. Italia, que nunca ha dejado de ser el catalizador de la música teatral desde el nacimiento del género a finales del siglo XVI, impone sus gustos y tendencias por toda Europa. Y serán tres autores de esta nacionalidad, Rossini, Donizetti y Bellini, quienes condicionen una estética que asimilará Verdi para su definitiva evolución y transformación en favor de la expresividad del drama; un camino que conducirá al verismo, expresión operística italiana propia de finales del siglo XIX.

Portada de la partitura para canto y piano de la primera edición francesa de Lucia di Lammermoor, obra maestra de Donizetti. Basada en un texto de Walter Scott, esta ópera contiene algunas de las páginas cimeras del repertorio belcantista, como la célebre aria de la locura del acto tercero, cuyas dificultades canoras muy pocas sopranos son capaces de afrontar con autoridad.

Rossini, entre el humor y el arcaísmo

A menudo se ha definido a Gioacchino Rossini (1792-1868) como el Mozart italiano, tanto por su aparente facilidad a la hora de componer como por su estilo próximo al siglo XVIII. Fue el novelista francés Stendhal, gran admirador de Rossini, quien estableció esta comparación. No iba del todo desencaminado. En efecto, el compositor de Pésaro fue siempre un hombre tremendamente atraído por la *opera buffa* de corte napolitano. Ello hace de sus óperas cómicas auténticas muestras de un humorismo sin igual, que a menudo recurre a la onomatopeya o a curiosos efectos sonoros, como los golpes de arco del violín en la obertura de *Il signor Bruschino* (1813). Pero hay más: la originalidad de sus temas, el recurso del *crescendo* en la orquesta o las acrobáticas agilidades destinadas a los cantantes, convierten sus producciones en unas originales maravillas teatrales y musicales. A pesar

siglo XX, la labor musicológica de directores (Richard Bonynge, Alberto Zedda) y cantantes (Maria Callas, Joan Sutherland, Montserrat Caballé) restituyó parte de su producción al repertorio. La excesiva prodigalidad del compositor bergamasco repercute en una orquestación a veces un tanto descuidada o efectista, a pesar de lo generalmente acertado del tratamiento vocal.

■ Bellini, el melodismo delicado

Nacido en Catania en 1801 y fallecido en Puteaux, cerca de París, en 1835, Vincenzo Bellini es un compositor que personifica como pocos la imagen del artista romántico. Sin embargo, la delicadeza y la elegancia que respira su obra en nada se corresponde con su personalidad interesada y egocéntrica, tendente a veces a lo vulgar. Obra y personaje, pues, entran en contradicción. Su producción operística se limita a diez títulos, en los que demuestra una elegancia melódica inigualable. Emotividad y melancolía serán las constantes de sus óperas, así como la construcción de unos personajes de gran solidez, como es el caso de la protagonista de *Norma* (1831), un emblemático papel para soprano dramática de extraordinario empaque expresivo. *La sonnambula* (1831) e *I puritani* (1835) son otros dos éxitos indiscutibles del compositor siciliano. A Bellini debemos no sólo la belleza de sus arias, sino también el acierto de las *cabalette,* de una expresividad que va más allá de la pura pirotecnia vocal.

de unos comienzos dubitativos, óperas como *L'italiana in Algeri* (1813), *Il turco in Italia* (1814), *El barbero de Sevilla* (1816) o *La Cenerentola* (1817) llegaron a propagarse con éxito por todos los teatros europeos e incluso americanos. Retirado prematuramente en París, Rossini aún llegó a componer una ópera de corte netamente romántico, *Guillermo Tell* (1829), para demostrar que también él era capaz de escribir una *grand-opéra,* aunque fuera en el género *buffo,* e incluso en el serio, como *Tancredi* (1813) o *Semiramide* (1823), donde se sentía más cómodo.

■ Donizetti, un trabajador nato

Las más de sesenta óperas de Gaetano Donizetti (1797-1848) le avalan como uno de los compositores líricos más prolíficos de todos los tiempos. Desde las producciones cómicas de innegable corte rossiniano —*L'elisir d'amore* (1832), *Il campanello* (1836), *Don Pasquale* (1843)—, hasta las óperas serias de ambientación británica —*Anna Bolena* (1830), *Maria Stuarda* (1835), *Roberto Devereux* (1837)—, pasando por uno de los títulos románticos por excelencia, *Lucia di Lammermoor* (1835), Donizetti se erige como un monstruo del teatro, que llegará a dominar la escena europea durante más de veinticinco años. Muchas de sus óperas cayeron en el olvido después de su muerte, hasta que en la década de los cincuenta del

La *opéra-comique* y la *grand-opéra* francesas

La ópera francesa del siglo XIX toma forma en dos estilos diferentes: la *opéra-comique* y la *grand-opéra*. La primera continúa los parámetros del *singspiel* y la futura opereta vienesa o la zarzuela española, es decir, una obra musical con extensas partes dialogadas. La segunda sigue el patrón de la pintura *pompier*, con argumentos extraídos de grandes temas literarios, a menudo con temática exótica ambientada en África, Asia y aun España, normalmente en cinco actos, con un ballet obligatorio en su tercer o cuarto actos, y un gran despliegue orquestal y coral. Son obras, estas últimas, para *épater* a una sociedad amante del ocio y de lo frívolo. Ello coincide con la proliferación de teatros en la capital por excelencia del momento, París, con dos grandes coliseos: la Opéra Comique y la Opéra. En ellos no solamente estrenaron sus óperas autores franceses, sino también italianos y alemanes: es el caso, por ejemplo, de Donizetti (*La fille du régiment, Les martyrs, Dom Sébastien*) y también de Verdi (*Les vêpres siciliennes* y *Don Carlos*). Óperas todas ellas originalmente escritas en francés, aunque la mayoría serían más tarde adaptadas al italiano.

■ Algunos autores

Giacomo Meyerbeer (1791-1864), de origen alemán judío, y francés de adopción, se considera el padre de la *grand-opéra*. Sus obras —hoy semiolvidadas, pero en aquel entonces de éxito

A la izquierda, recreación de una escena de Orphée aux enfers *de Jacques Offenbach, una de las obras cumbre de la opereta, con páginas tan conocidas como el desenfadado* Can-Can. *Aunque alemán de nacimiento, este autor desarrolló toda su carrera en Francia, donde se convirtió en el rey de este género teatral ligero.*

Interior de la Ópera de París durante la representación de Robert le diable *de Giacomo Meyerbeer, una de las obras paradigmáticas de la* grand-opéra *francesa, caracterizada por sus lujosas y aparatosas puestas en escena y la espectacularidad de los medios vocales y orquestales empleados. Aunque Meyerbeer, como Offenbach, procedía de Alemania, consiguió sus mayores éxitos en Francia, donde marcó la pauta de todo un estilo y una época musicales que no han resistido demasiado bien el paso del tiempo.*

internacional como *Robert le diable* (1831), *Les huguenots* (1836), *Le prophète* (1849) o *L'africaine* (1865)— se distinguen por sus efectismos ornamentales y la grandilocuencia de los temas que tratan.

Charles Gounod (1818-1893) sobresale por la elegancia de sus melodías y la construcción de unos personajes de bien dibujada psicología. Tal es el caso de *Romeo y Julieta* (1867) y, sobre todo, de *Fausto* (1859), obra maestra en su género, que contiene, en el personaje de Mefistófeles, uno de los más sólidos caracteres de la historia de la música.

De la producción lírica de Camille Saint-Saëns (1835-1921) hoy en día sólo se recuerda su *Samson et Dalila* (1877), endeble producto de incómoda clasificación por su carácter casi oratorial, a pesar de algunos momentos de exquisita sensualidad, como las partes destinadas al personaje de Dalila, la perversa esposa del Sansón

bíblico. Jules Massenet (1842-1912) es quizás el más emblemático compositor francés de su generación por su música cargada de elegancia y sensibilidad, cualidades evidentes en *Hérodiade* (1881) y *Manon* (1884). Entre sus títulos posteriores destacan *Werther* (1892), con un espléndido retrato musical de su protagonista, y el extraordinario *Don Quijote* (1910), injustamente poco representado hoy en día y que, a pesar de lo muy liberal del libreto en relación al original de Cervantes, retrata con singular acierto el carácter patético del personaje que da título a la obra.

Offenbach y Bizet, dos casos excepcionales

Dejando a un lado la producción netamente cómica de Jacques Offenbach (1819-1880), con operetas como *Orphée aux enfers* (1858) y *La belle Hélène* (1864) como títulos más destacados, su ópera *Los cuentos de Hoffmann* (1881) nos presenta en su protagonista el prototipo del artista maldito con ribetes próximos al espíritu fáustico. La música de Offenbach expone con todo deta-

*S*obre estas líneas, retrato de Georges Bizet, un autor que supo aportar ideas nuevas a la escena lírica francesa.

lle la frivolidad de la vida parisiense del Segundo Imperio, su despreocupación social y la relajación de sus costumbres.

En otro ámbito, Georges Bizet (1838-1875) representa el típico caso del autor incomprendido, arruinado moralmente por la decepción que supuso el fracaso de su obra maestra, que, paradójicamente, terminaría por ser no sólo su partitura más emblemática, sino también la de toda la ópera francesa. En efecto, su *Carmen* (1875) es una pieza excepcional, única en su género. La novela de Mérimée, símbolo precoz de la mujer fatal que conduce al hombre a su perdición, basa su argumento en la historia real de una cigarrera gitana de Sevilla. Bizet compuso una música netamente francesa y con un exquisito gusto por el colorido, que, aunque pretenda ser hispano, nada tiene de tal. Justamente ésta es la gracia de *Carmen*, ópera muy atractiva por contar, además, con el hado trágico que caracteriza musicalmente todos y cada uno de sus personajes. Aunque muchos de sus fragmentos se hayan frivolizado y popularizado de modo no siempre lícito, la última ópera de Bizet es una auténtica obra maestra.

*E*scenografía para el acto segundo de Carmen, según una representación ofrecida en París el mismo año de su estreno, 1875. Basada en un relato de Prosper Mérimée, esta ópera de Bizet es hoy la más universal del repertorio francés.

La ópera romántica alemana anterior a Wagner

Con *El rapto del serrallo* y *La flauta mágica*, Mozart sentó las bases de la futura ópera nacional alemana, un ideal perseguido desde finales del siglo XVIII.

Si Alemania pone la música al espíritu de la Revolución Francesa, es lógico pensar que el teatro, como escaparate de los ideales para una educación estética del hombre (Schiller), sea uno de los paradigmas del músico romántico. También la relación de la música con la literatura propicia obras concebidas como adaptaciones de novelas y obras de teatro. El problema estriba en el hecho de que Wagner oscureció, con su genio y su revolución estética, a los autores que

Bajo estas líneas, retrato de Carl Maria von Weber, cuyo singspiel El cazador furtivo señaló el nacimiento de la ópera nacional romántica alemana.

le precedieron. Sería injusto, por ello, olvidar la aportación de Beethoven con su *Fidelio*, única ópera de este autor, en la cual se concentra gran parte del programa del Romanticismo, con su búsqueda de la libertad individual y —siguiendo con uno de los máximos ideales mozartianos— con la figura femenina como presencia redentora para el hombre.

El genio de Weber

La personalidad de Carl Maria von Weber (1786-1826) fue la que forjó los principios en los que se asentó la ópera nacional alemana durante el Romanticismo. Para Weber, la música es ya de por sí un discurso, y por ello las oberturas de sus obras líricas están compuestas a partir de un material temático ligado muy estrechamente con los contenidos de la ópera que se representará después. A pesar de todo ello, reducir a Weber a compositor de ópera a secas sería injusto, dada la calidad de su producción pianística y concertística, que no rehúye algunos de los esquemas propios del clasicismo vienés.

Influido por el abate Vogler, la corta e intensa vida de Weber estuvo marcada por un alto sentido patriótico. Por ello, su ópera más célebre, *El cazador furtivo* (1821), contiene las esencias del nacionalismo alemán, además de un conseguido carácter fantástico que impregna todas las situaciones de la obra. El heroísmo de Max, el valiente protagonista de la ópera, su prometida Agathe (a medio camino entre la Pamina de *La flauta mágica* y la Leonora de *Fidelio*), la orquestación —con sus destacados pasajes para trompa, propios de un ambiente de caza— y los números corales hacen de esta ópera una clara precursora de algunas obras de Richard Wagner.

La unidad temática de *El cazador furtivo* no está tan bien conseguida en *Euryanthe* (1823), pieza poco teatral que se pierde en una pobre caracterización de los personajes, muy al revés de lo que ocurre en *Oberón* (1826). De esta otra obra maestra weberiana, inspirada en Shakespeare y Wieland, destaca su famosa obertura, célebre como página de concierto, aunque sus partes vocales tampoco desmerecen en absoluto. Lo

cierto es que el preludio de la ópera, infinitamente superior al de *El cazador furtivo*, contiene la esencia del drama, en lo que bien merece calificarse de emblemático ejemplo de música programática.

▌ Mosaico de autores

Antes de Wagner, distintos autores intentaron seguir las huellas de Weber, aunque sin su fortuna para la posteridad. Era una época en la que las páginas sinfónicas primaban por encima de las teatrales, a pesar de las músicas incidentales (por ejemplo, el célebre *Sueño de una noche de verano,* de Mendelssohn, escrito para la obra homónima de Shakespeare), compuestas para acompañar las representaciones dramáticas. Así, las aportaciones operísticas estrenadas entre la muerte de Weber y la aparición del Wagner maduro no acaban de lograr una convincente cohesión dramática. Las escasas producciones líricas de Schubert (*Los amigos de Salamanca, Fierabrás, La guerra doméstica, Alfonso y Estrella*) o Schumann (*Genoveva*) tampoco tuvieron gran relevancia. Aun así, cabe mencionar a autores como Flotow, Ni-

LE FREISCHÜTZ
par Ch. M. de Weber. Acte III. Scène IV.
VOICI LES FLEURS DU JEUNE HYMEN, POUR TOI NOUS LES AVONS TRESSÉES

Arriba, curiosa estampa referida a la escena cuarta del acto tercero de El cazador furtivo *de Weber. Su ambientación campesina, expresada en una música que recrea de forma natural ritmos y melodías populares, y su argumento fantástico, extraído de una leyenda tradicional, hicieron de esta obra el gran modelo a seguir por los compositores alemanes posteriores.*

colai, Lortzing y Cornelius. El primero de ellos, Friedrich von Flotow (1812-1883), fue un aristócrata aficionado a la música, cuyo nombre se mantiene vivo en el repertorio gracias a su *Martha* (1847), paradójicamente mucho más conocida en su versión italiana. El exceso de influencia itálica es precisamente lo que lastra buena parte de las producciones líricas de Otto Nicolai (1810-1849), a pesar del acierto que representan *Las alegres comadres de Windsor* (1849), partitura de una exquisita comicidad, basada en la obra homónima de Shakespeare.

Partiendo de Weber, pero con un tono más ligero y amable, encontramos la obra de Albert Lortzing (1801-1851), autor de *Zar y carpintero* (1837), *Hans Sachs* (1840), *Der Wildschütz* (1842) y *Undine* (1845). Peter Cornelius (1824-1874), por último, compuso, en una línea más cercana a la opereta, *El ladrón de Bagdad* (1858), la única producción célebre de este compositor, una obra desenfadada, que ironiza sobre el orientalismo de muchos argumentos de la *grand-opéra* francesa.

A la izquierda, cartel anunciador del estreno, el 12 de abril de 1826, de Oberón, *la última ópera escrita por Weber antes de su prematura muerte. Inspirada en uno de los mágicos personajes de* El sueño de una noche de verano, *de Shakespeare, es una de las obras más logradas de su autor. Pese a ello, del conjunto de la partitura sólo se suele interpretar la obertura, página magistral que recoge de manera inigualable todo el carácter fantástico de la ópera.*
A la derecha, cartel alusivo a Martha, *la ópera más popular de Friedrich von Flotow, más conocida en su versión italiana que en la alemana.*

El drama musical de Richard Wagner

Nacido en Leipzig en 1813, Richard Wagner recibió pronto un influjo claramente enfocado hacia el mundo de las artes, y al teatral en particular: su padre adoptivo era el actor y pintor Ludwig Geyer, y sus hermanas Rosalie y Klara fueron, respectivamente, actriz y cantante.

Fiel a una época muy influida por la literatura, Richard se interesó por las grandes novelas de su época y por la poesía alemana, y en particular por Goethe. Pero fue la música el arte que suscitó en el joven Wagner un interés particular. En 1822 recibió sus primeras lecciones de piano, y en 1828 se matriculó en armonía con el profesor C.G. Müller. Dos años después, estudió en la Thomasschule de Leipzig, e ingresó en la Universidad de su ciudad natal en 1831. Aunque en su autobiografía Wagner pretende pasar por autodidacta, lo cierto es que por su vida pasaron varios profesores.

■ Una vida azarosa

Sus primeras actividades profesionales como músico le sitúan en Würzburg a los veinte años. Allí dirige varios coros, y a partir de entonces co-

*Sobre estas líneas, retrato de Richard Wagner, correspondiente a la época en que el músico se encontraba inmerso en la composición de su proyecto más ambicioso: la tetralogía **El anillo del Nibelungo.***

mienza su peregrinaje por diversos teatros de segunda categoría. Admirador, al principio, de la *grand-opéra* al estilo de Meyerbeer —menospreciado después por Wagner a causa de su origen judío—, el joven compositor veía en París el lugar apropiado para sus pretensiones de poder crear óperas de gran espectáculo. En 1836 se casó con la actriz Minna Planner, con quien mantuvo una relación tempestuosa hasta la muerte de ella en 1866.

No es baladí esta referencia a la vida amorosa de Wagner, ya que ésta condicionó su producción musical, en particular su relación con Mathilde Wesendonck —esposa de un burgués suizo admirador de su música—, que le inspiraría sus *Wesendonck Lieder* y *Tristán e Isolda*. Posteriormente, su feliz matrimonio, en 1870, con Cosima Liszt, hija del célebre compositor y hasta entonces esposa del director de orquesta Hans von Bülow, aportaría la anhelada estabilidad emocional a Wagner.

Pero la estabilidad definitiva llegaría con el espaldarazo del monarca Luis II de Baviera, enfermizo admirador de Wagner, conocido como el «Rey Loco». Gracias a él, el músico consiguió el apoyo económico necesario para la construcción, en

Wagner fue un revolucionario, cuya música supuso un antes y un después no sólo en el terreno operístico, sino también en el instrumental y armónico. A la izquierda, imagen idealizada del autor de Tristán e Isolda, *quien sueña con la creación de un nuevo concepto de obra de arte: la Gesamtkunstwerk u «obra de arte total», en que la música, la poesía, la danza, la pintura y la filosofía se unían en un todo único e indisoluble.*

Bayreuth, de un teatro concebido en función de sus colosales obras, de imposible representación en los escenarios convencionales. Desde su inauguración en 1876, ese teatro se iba a convertir en la sede de un festival que atraería en peregrinación, cada verano, a wagnerianos de todo el mundo. Wagner expiró en Venecia en 1883.

■ Las aportaciones wagnerianas

El sonado estreno en París de *Tannhäuser* (1861) fue indicativo de un cambio de mentalidad en la concepción de la ópera. Ya en una obra anterior, *El holandés errante*, estrenada en 1843, Wagner se había propuesto romper con las formas cerradas que esclavizaban la ópera a una rígida sucesión de recitativos, arias y concertantes. El ideal de una melodía infinita por la que el discurso musical no se interrumpiera nunca, se impuso en sus producciones posteriores a los dos títulos citados. El concepto, aunque tenía sus orígenes en las reformas llevadas a cabo en el siglo anterior por Gluck, lo asumió como propio un Wagner erigido en reformador del teatro, convirtiéndose de esta manera en el padre de una revolucionaria concepción del drama musical. Obras posteriores, como *Tristán e Isolda* (1865) —en la que, por su acentuado cromatismo, se abren nuevos caminos armónicos que conducen directamente al siglo XX—, *Los maes-*

Arriba, pintura que representa el Festspielhaus de Bayreuth, el teatro que Wagner construyó, apoyado económicamente por el rey Luis II de Baviera, para poder representar sus dramas musicales sin los inconvenientes y las insuficiencias de los teatros convencionales.

tros cantores de Nuremberg (1868) y, sobre todo, su tetralogía, basada en antiguas leyendas nórdicas y germánicas, *El anillo del Nibelungo* —integrada por *El oro del Rin* (1851-1854), *La Walkiria* (1851-1856), *Siegfried* (1851-1869) y *El ocaso de los dioses* (1869-1874)—, se inscriben dentro de esa nueva concepción. Según ella, texto y música están íntimamente ligados, por lo que ésta debe contener material temático relacionado con la idea de la palabra. Es ahí donde surge el *leitmotiv* (motivo conductor), representación musical de personajes, situaciones, objetos o ideas inmateriales que aparecen a lo largo de la obra.

■ La obra de arte total

La reforma estética llevada a cabo por Wagner, así mismo, también impuso una nueva concepción del espectáculo: para que la *obra de arte* sea *total* (*Gesamtkunstwerk*), habrá que dedicar la máxima atención al escenario: las luces de la sala deberán mantenerse apagadas; la orquesta, invisible, oculta, se situará en un plano muy inferior al del escenario; tendrán que cuidarse especialmente aspectos relacionados con la escenografía, el vestuario... Aunque muchas de sus ideas están hoy superadas, Wagner continúa siendo aún el gran reformador del teatro musical de finales del siglo XIX.

El tenor Ludwig Schnorr von Carolsfeld y su esposa fueron los elegidos por Wagner para encarnar los papeles protagónicos de Tristán e Isolda, su más sublime obra dramática, en la que el músico de Leipzig vuelve sobre un tema recurrente en toda su producción: el de la redención por el amor.

Giuseppe Verdi

I o sono un paesano («Soy un campesino») fue una de las frases que sonaron más en boca de Verdi, quien nunca ocultó sus orígenes rústicos y modestos, pese a que llegara a ser, con los años, un hombre de extraordinaria popularidad, dentro y fuera de su país. Nacido en Le Roncole el 9 de octubre de 1813, el mismo año que Wagner, Giuseppe Verdi se inició muy pronto en el arte de la música, gracias al interés de su padre, quien le regaló una espineta. Protegido por el comerciante y mecenas de Busseto Antonio Barezzi, cumplidos los dieciocho años el joven músico marchó a Milán con la intención de ingresar en su Conservatorio. Sin embargo, y debido a su formación básicamente autodidacta, no fue admitido, por lo que hubo de contentarse con recibir lecciones privadas del compositor Vincenzo Lavigna.

Unos comienzos difíciles

En 1836, Verdi contrajo matrimonio con una de las hijas de su protector, Margherita, muerta cuatro años más tarde. El dolor por el fallecimiento de Margherita y sus primeros fracasos teatrales lo sumieron en un estado depresivo del que no salió hasta que le fue encargada la composición de la ópera *Nabucodonosor* para la Scala, en 1842. Su éxito no tuvo parangón, en parte por el famoso coro «Và, pensiero», convertido inmediatamente en un símbolo de resistencia nacional frente a los austríacos que aún dominaban Italia septentrional.

El mismo apellido del compositor se convertiría en un grito de guerra para la causa independentista de Italia, con el tan célebre «Viva V.E.R.D.I.» («Viva V[ittorio]. E[manuele]. R[e]. D' I[talia].»), que cubrió las paredes milanesas. Esta primera etapa de Verdi, de corte resurgimental, contiene el germen de su producción futura. Son los llamados «Años de prisión», así conocidos por el ingente trabajo que obligaba al músico a componer sin cesar.

Los triunfos significaron la estabilidad económica para el compositor. Además, su matrimonio con Giuseppina Strepponi le proporcionó la necesaria felicidad emocional.

Retrato de Giuseppe Verdi, el más grande de los operistas italianos del siglo XIX, además de todo un símbolo para sus compatriotas durante los difíciles años de lucha por la liberación y la unificación patrias.

Su etapa posterior, musicalmente hablando, incluye una serie de obras maestras como *Rigoletto* (1851), *Il trovatore*, *La Traviata* (ambas de 1853) y *Un ballo in maschera* (1859), obras que fueron acogidas triunfalmente en el extranjero, lo cual le valió encargos de teatros como los de París (*Vísperas sicilianas*, de 1855, y *Don Carlos*, de 1867), San Petersburgo (*La forza del destino*, 1861) o El Cairo (*Aida*, 1871).

Giuseppe Verdi moriría a los ochenta y siete años de edad, en enero de 1901.

RIGOLETTO
del Maestro Verdi.

Sobre estas líneas, portada de una edición de Rigoletto, ópera estrenada en 1851, que marca el inicio de la madurez de Verdi. A la izquierda, frontispicio de la partitura vocal de Luisa Miller, una de las más interesantes obras de la primera etapa del músico, basada en un drama de Schiller.

Efectivamente, el drama interno del bufón que ríe por fuera y llora por dentro (*Rigoletto*), o el de una felicidad condenada al fracaso por una sociedad hipócrita y frívola (*La Traviata*), se plasman en una música de gran precisión, que no descuida nunca la emotividad, siempre intensa (como en la hermosa aria de Felipe II «Elle ne m'aime pas», en *Don Carlos*), pero que sabe esquivar cualquier tipo de sentimentalismo. Incluso en su música sacra, particularmente en su *Misa de Réquiem* (1874), es evidente esa esencia trágica abierta al abismo, encarnada en el omnipresente tema del «Dies irae» o en el patetismo del «Libera me».

Este sentido de la teatralidad dominó a Verdi hasta el final de su vida, cuando, en 1893, a sus ochenta años, bajó el telón de su carrera operística con una risa sarcástica: *Falstaff*, una fenomenal broma que hace un guiño a la muerte, consciente de que la vida no es sino una burla. Y lo hace en una impresionante fuga final, que incluso llega a desafiar a las corrientes musicales más avanzadas que se avecinaban con el nuevo siglo. Ante el progreso, Verdi impone la tradición. No en vano, otra de sus frases célebres fue «Torniamo all'antico e sarà progresso». O lo que es lo mismo: volver a las esencias puras de la ópera, originada como un intento de recuperar la tragedia griega antigua. En ese sentido, Verdi fue el artífice de la tragedia musical moderna, precisamente por no haber perdido nunca de vista la tradición de sus predecesores.

▌ Una obra al servicio del teatro

En época de Verdi, el teatro romántico había puesto de moda argumentos medievales de carácter trágico, muy endebles en el aspecto dramatúrgico, pero idóneos para ser adaptados como libretos de ópera. En otro plano, meramente sonoro, la música de Verdi iba más allá del *bel canto* tradicional, por la concepción —expresiva y al servicio del drama— que él tenía del papel de la voz. Ello le procuró los medios necesarios para superar la mediocridad de algunos de los argumentos propuestos para sus óperas.

Grabado decimonónico en el que se representa el interior del Teatro de la Scala de Milán, donde Verdi estrenó su primera producción en el género operístico, Oberto, conte di San Bonifacio, *el 17 de noviembre de 1839.*

Nacionalismo
El surgimiento de las escuelas nacionales

Durante mucho tiempo, la música europea había presentado unas características comunes, un internacionalismo que hacía poco identificables las composiciones de uno u otro país, adscritas todas como estaban a una corriente imperante que prescindía de fronteras. Así, a etapas de predominio de la música francesa (o mejor, afrancesada), seguían otras dominadas por la música italiana o alemana, y viceversa. No es sino a partir del siglo XVIII que, más como curiosidad que como reivindicación estética, surgen el estudio y la recopilación de antiguas melodías populares, como la que efectuó John Parry en Inglaterra con el título de *Antient British Music* (1742). En cuanto a las composiciones de nueva factura, en esta época el referente nacional se usaba más como elemento exótico, pintoresco, que con la voluntad de enraizar la obra dentro de un verdadero sentimiento de patria. En este sentido, podemos recordar aquí la profusión de piezas *alla turca*, a la húngara, etcétera.

Pero el Romanticismo, desde el momento mismo de su consolidación, impulsó sentimientos de carácter nacionalista y liberal. Sin embargo, éstos tuvieron que esperar hasta los alrededores de 1850 para encontrar su traslación en el campo musical, no exenta, en este caso, de cierto compromiso político. Antes de esa fecha es extraño encontrar un músico que impregne su arte a partir de un deseo de identidad nacional. Será a partir de ella cuando en algunas comunidades se forjarán las llamadas «escuelas nacionales».

Un concepto conflictivo

El empleo del término «nacional» o «nacionalista», aplicado a algo tan abstracto como la música, conlleva no pocos peligros. Debemos tener presente que el método de composición que utilizaba tipos melódicos y rítmicos extraídos del folclor nacional no siempre evocaba con claridad su lugar de origen, puesto que la mayoría de las escuelas nacionales se limitaron a utilizar ritmos y temas de su folclor en composiciones escritas en el estilo imperante, mientras que, en otras ocasiones, obras no nacionalistas

El Romanticismo prestó suma atención a las especificidades de cada pueblo, que integró en sus obras, por más que en la mayoría de ocasiones tal inclusión obedecía sólo a la búsqueda del color local. A partir de la segunda mitad del siglo XIX será cuando pueda hablarse ya con propiedad de un nacionalismo musical.

tomaban prestados aires folclóricos ajenos a su país de origen. Además, el término olvida la existencia pretérita y continuada de características locales, regionales o nacionales en la música compuesta antes de la segunda mitad del siglo XIX, para ser aplicado en exclusiva a las composiciones posteriores a esta fecha relativa. No obstante, el vocablo es de uso común.

Evolución del nacionalismo

En lo que concierne al fenómeno en sí, su ubicación fue preferentemente europea y no supuso reacción favorable o adversa al idealismo romántico: surgió de la evolución del Romanticismo, fundado tan sólo en una toma de conciencia que abogaba por la identidad nacional, por el fomento de la propia cultura. El nacionalismo musical evolucionó separándose del dominio que la música romántica alemana en un principio, y la italiana después, habían ejercido sobre otros países europeos; reaccionó por vía natural, haciendo resaltar aquellas características que la invasión musical extranjera había relegado casi al olvido, y luchó con más ahínco allá donde la presión había resultado mayor. Los compositores de las escuelas nacionales buscaron diferenciarse del Romanticismo hegemónico con la utilización de procedimientos modales (los tomaron en especial del canto llano) y giros específicos del folclor local (melodías, ritmos, instrumentación, escalas...). La música de los campesinos fue valorada de nuevo, aunque será necesario esperar hasta el siglo XX para que el estudio del folclor adquiera carácter de ciencia.

Este ímpetu nacional tuvo en la ópera, y en la música vocal en general, uno de sus mejores aliados, ya que dichos géneros admitían la reivindicación de la identidad propia a través del uso del idioma del país, al tiempo que permitían

Retrato de Mijáil Glinka, músico al que, con composiciones como las óperas La vida por el zar y Ruslán y Ludmila, se puede considerar como el verdadero fundador de la escuela nacionalista rusa, sobre cuyos principios se fundó la estética del Grupo de los Cinco.

aludir a lugares geográfica (y espiritualmente) identificados con la nación de que se tratara.

Las escuelas nacionales

Hubo diversas escuelas nacionales, y aunque las más importantes fueron la rusa, la bohemia (o checa) y la española —de las que hablaremos a continuación, junto a la polaca, la británica, la escandinava y la húngara—, no debemos obviar tampoco la existencia de cierto nacionalismo musical en países como Rumania, donde brilla con luz propia George Enesco (1881-1955) —maestro del gran violinista Yehudi Menuhin—, Holanda o Suiza, país este que ha dado a la música del siglo XX a Ernest Bloch (1880-1959), que terminaría adoptando la nacionalidad estadounidense y a quien, en el fondo, se puede considerar más como un nacionalista judío (recordemos su sinfonía *Israel*) que suizo.

Bajo estas líneas, a la izquierda, portada de las Danzas nacionales de Moravia, de Leos Janacek, obra que escribió como fruto de su investigación sobre el folclor de esta región checa. A la derecha, baile popular noruego.

La escuela rusa

La escuela nacionalista rusa surgió con Mijáil Glinka (1804-1857), hombre culto, nacido en el seno de una familia noble, que se sintió atraído por la música desde su infancia. No gratuitamente, Glinka ha sido calificado como el «padre de la música rusa»: tras una etapa de dominio de la música extranjera (generalizable también a otros ámbitos, recordemos al respecto que el francés era el idioma de la corte y el ruso el de los siervos), Glinka despertó el interés de sus colegas más jóvenes por el canto popular autóctono. Entre sus seguidores más inmediatos encontramos a Alexander Dargomijsky (1813-1869), cuya obra sirvió de referente a la generación posterior.

*R*etrato de Modest Musorgski, el más valioso y original de los integrantes del Grupo de los Cinco. De formación autodidacta, pero dotado de un talento incuestionable, nadie como él ha cantado al pueblo ruso, verdadero protagonista de sus óperas **Boris Godunov** y **Jovanschina**.

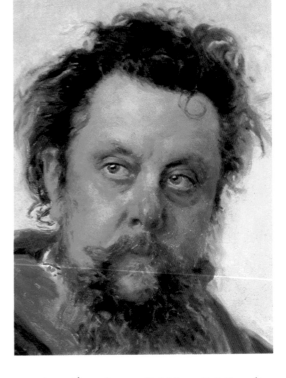

Los Cinco rusos

Sin lugar a dudas, el pilar básico sobre el que se asienta la escuela nacionalista rusa es el denominado Grupo de los Cinco, cuya actividad afloró a partir de 1862 con ímpetu, para irse desvaneciendo paulatinamente y de manera irregular en los años siguientes, a tenor de la personalidad y el talento creador de cada uno de sus

*P*ara su única ópera, **El príncipe Igor**, *Alexander Borodin buscó la inspiración en un antiguo cantar de gesta medieval ruso. Abajo, miniatura que representa a este héroe en su lucha contra los polovsianos.*

miembros. Éstos fueron: Balakirev, Cui, Borodin, Rimski-Korsakov y Musorgski.

Milij Balakirev (1837-1910) había conocido a Glinka en 1855. Fue el líder indiscutible del grupo, cuyos integrantes sometían sus obras a su supervisión, de modo que era él quien marcaba las pautas estéticas que había que seguir. Fundó además la Escuela Libre de Música, que contribuyó decisivamente a la propagación del nacionalismo. Autor de una recopilación de música folclórica del Cáucaso y Crimea, creía con firmeza en los poemas sinfónicos inspirados en cantos populares, como es el caso del que, compuesto por él, lleva el significativo título de *Rusia* (1890).

En cuanto a César Cui (1835-1918) —curiosamente un *nacionalista ruso* de padre francés y madre lituana—, es uno de los compositores menos destacados del grupo, aunque fue el redactor del manifiesto que enunciaba sus principios estéticos. Principios que, dicho sea de paso, aplicó poco en la práctica.

La inspiración de Alexander Borodin (1833-1887) bebía directamente de aires semiasiáticos, como se observa en su obra sinfónica *En las estepas del Asia Central* (1880). La voluptuosidad de sus melodías se evidencia en obras como las *Danzas polovsianas* de *El príncipe Igor* (1890), ópera basada en una leyenda medieval rusa. Al igual que sus otros compañeros de grupo, la dedicación a la música no constituía su principal ocupación: era médico y profesor de química.

Su catálogo completo de obras supera en muy poco la veintena de títulos.

El fantástico dominio de la orquesta es una de las características más señaladas de Nikolai Rimski-Korsakov (1844-1908), autor de un tratado de instrumentación que se considera clásico. Rimski-Korsakov impregna sus partituras de fantasía y magia, amén de una gran fuerza rítmica (faceta ésta en la que se le podría considerar precursor de Stravinski), excelentes ejemplos de lo cual son el *Capricho español* (1887), su popular suite sinfónica *Scherezade* (1888), inspirada en *Las mil y una noches*, o su última ópera *El gallo de oro* (1909), basada en una obra de Pushkin.

Citemos en último lugar a Modest Musorgski (1839-1881), el más típico de los componentes de este grupo homogéneo. Debilidades personales aparte (un importante desaliño, así como una desmesurada afición a la bebida), Musorgski fue un inspirado músico que creó obras tan brillantes y descriptivas como *Una noche en el Monte Pelado* (1867) o *Cuadros de una exposición* (1874), reflejo de un cierto realismo musical, y óperas hoy tan célebres como *Boris Godunov* (1869) o la póstuma *Jovanschina* (1886), ésta concluida por Rimski-Korsakov.

◼ Un músico cosmopolita

Seguidor de una nacionalismo más moderado que el de los miembros del Grupo de los Cinco fue Piotr Ilich Chaikovski (1840-1893), quien entró en contacto con Balakirev y Rimski-Korsakov en 1870, aunque sin mimetizar la práctica de éstos, que buscaban su fuente de inspiración en los temas folclóricos rusos y sus temas en la literatura rusa más arraigada. La música de Chaikovski fue conocida en Europa antes que la de los auténticos nacionalistas, quizás porque se asemejaba más que a la de éstos a la del Romanticismo entonces imperante. Caracterizan su arte una brillante paleta orquestal y pentagramas llenos de vívida emoción que traducían en música el temperamento extremadamente sensible del compositor. Aunque Chaikovski fue autor de seis sinfonías (entre las que brillan con luz propia las tres últimas), tres conciertos para piano y uno para violín, y varias óperas (*Eugene Oneguin*, es-

A la derecha, retrato correspondiente a Piotr Ilich Chaikovski, pintado el mismo año de su muerte, 1893, por N. Kuznetsov. Aunque en sus primeras obras este músico se sintió atraído por los postulados del Grupo de los Cinco, pronto optó por seguir una vía más cosmopolita: mientras aquéllos buscaban sus raíces en Oriente, Chaikovski prefirió mirar hacia Occidente, decisión que dio lugar a una música que, aun conservando ciertos elementos rusos, sobre todo en sus óperas, a nivel formal entroncaba con la gran tradición romántica. Carácter sensible y apasionado, creó unas obras en las que el componente autobiográfico tiene una destacada presencia.

trenada en 1879, es la más conocida), no cabe duda de que sus obras más populares son la obertura *Romeo y Julieta* (1869) y los ballets: *El lago de los cisnes* (1877), *La bella durmiente* (1890) y *Cascanueces* (1892).

Pintura de un artista anónimo que representa una danza de campesinos ucranianos. Escenas como esta inspiraron a varios compositores rusos algunas de sus obras más características; tal es el caso, por ejemplo, de Chaikovski y su Sinfonía núm. 2, subtitulada «Pequeña Rusia», imbuida toda ella de motivos de procedencia popular.

La escuela bohemia

Bohemia, territorio dependiente del Imperio austrohúngaro a principios del siglo XIX, había tenido una importante actividad musical que en pocas ocasiones había traspasado sus fronteras. Gracias al impulso que el Romanticismo dio a las escuelas nacionales, la música bohemia llegó a ser conocida en el resto de Europa. Su auge no estuvo exento de reivindicaciones políticas contra las imposiciones del dominio austríaco: censura, policía, impuestos y oficialidad del idioma alemán. Este clima propicio a toda expresión nacionalista fue el caldo de cultivo idóneo para que aparecieran dos figuras importantes: Smetana y Dvorak.

■ El padre del nacionalismo checo

Bedrich Smetana (1824-1884), que fue, además de compositor, director de orquesta, profesor y escritor, se erigió en la figura central del

*S*obre estas líneas, Anton Dvorak, el más universal representante, con Smetana, del nacionalismo bohemio. La fotografía fue tomada durante la breve etapa en que el compositor estuvo al frente del Conservatorio Nacional de Nueva York.

movimiento musical nacionalista bohemio. Hijo del administrador de una fábrica de cerveza, Smetana destacó desde niño como pianista y violinista. Incómodo con las autoridades austríacas que dominaban Praga, ciudad en la que completaba sus estudios de música, en 1856 marchó a Suecia, donde dirigió la Sociedad Filarmónica de Göteborg. De regreso a Praga en 1861, a partir de 1866, y hasta 1874, se hizo cargo de la dirección del recién fundado Teatro Nacional, en el que estrenó sus óperas. Smetana es, sin duda, el primer compositor importante de ópera cantada en checo, idioma poco adaptable a los ritmos clásicos. De su producción para el teatro lírico destaca claramente *La novia vendida* (1866), obra que ha conseguido hacerse un hueco en el

A la izquierda, portada de la partitura de los 13 duetos moravos Op. 32 de Dvorak. Escrita para soprano y contralto, con acompañamiento de piano, esta obra es fiel expresión del amor que el músico sentía hacia su tierra, cuya música popular supo recrear con singular acierto, aunque sin la voluntad científica que animaría posteriormente a un Janacek.

repertorio habitual de los grandes coliseos. Suerte ésta de la que no han disfrutado sus otras óperas, como *Dalibor* (1868), *El beso* (1876), *El secreto* (1878) y *Libuse* (1881), pese a que fueron estrenadas calurosamente en Praga, donde todavía gozan de cierta popularidad.

El sentimiento nacional de Smetana, su patriotismo musical, se expresa en toda su obra sin necesidad de recurrir a la búsqueda de ningún trasfondo de agitación política. Pintorescas escenas campesinas, polcas y profusión de melodías características de su pueblo abundan en sus composiciones. La cúspide de su nacionalismo la encontramos en la serie de seis poemas sinfónicos titulados *Ma Vlast* (*Mi patria*), compuestos entre 1874 y 1879, cada uno de los cuales narra una historia o leyenda del pueblo checo: *Vysehrad* (denominación de la ciudadela histórica de Praga), *Vltava* (nombre checo del río Moldava), *Sárka* (una heroína local), *De los prados y bosques de Bohemia*, *Tábor* (una ciudad relacionada con la secta de los husitas) y *Blaník* (el lugar donde están enterrados los héroes husitas).

El año 1874 marcó el inició de la decadencia física de Bedrich Smetana, fruto de una enfermedad que, latente durante mucho tiempo, se manifestó con crueldad al final de su vida, provocán-

A la izquierda, velada en un salón musical en la que se distingue a Bedrich Smetana en una interpretación al piano, según una pintura de autor anónimo. Con sus óperas y sus poemas sinfónicos, este compositor ocupa un puesto de privilegio en la historia musical de su país.

Figurines de Karel Svolinsky para una representación de La novia vendida, *la ópera más conocida e interpretada de Smetana, cuyo estreno tuvo lugar en Praga en 1866. Ambientada en una aldea, su éxito señaló la aparición de la escuela nacionalista checa en la escena operística.*

dole una contumaz sordera, así como una progresiva demencia que le hizo abandonar la vida pública y que más tarde le ocasionaría la muerte.

Un autor universal

El otro gran compositor del nacionalismo bohemio fue Anton Dvorak (1841-1904). Considerado por algunos como el sucesor de Smetana, ambos coincidieron en la orquesta del Teatro Nacional de Praga, Smetana como director y Dvorak como violinista. Más adelante, y afianzada su posición económica y laboral con un puesto de organista, sus obras empezaron a dejarse oír con profusión, para alcanzar una inesperada fama sus dos series de *Danzas eslavas* (1878 y 1887), originalmente para piano a cuatro manos y luego orquestadas. Tras conseguir una beca del gobierno austríaco destinada a jóvenes compositores, y el apoyo y el aprecio de uno de los miembros del jurado que le concedió dicha beca, Johannes Brahms, Dvorak se ganó el reconocimiento internacional, tanto por su labor creativa como por su excelente trabajo čomo director de orquesta, realizando giras que le llevaron a cosechar éxitos y honores de todo tipo.

Entre 1892 y 1895 fue director del Conservatorio Nacional de Nueva York y recibió la influencia de la música de Estados Unidos, aunque sin abusar de tópicos y lugares comunes. La *Sinfonía núm. 9 «Del Nuevo Mundo»* (1893) y el *Cuarteto americano* (1893) surgen con fuerza de esta experiencia transatlántica. Nueve fueron las sinfonías que Dvorak escribió, de las cuales sólo las cinco últimas representan la madurez compositiva del checo.

Diez óperas (de las que *Rusalka* es la más conocida), abundante música de cámara, obras corales mayores (entre las que destacan un *Stabat Mater* y un *Réquiem* —compuestos en 1877 y 1890, respectivamente— de sublime grandiosidad), y varios conciertos (uno para piano, otro para violín y un tercero, extraordinario, para violoncelo), oberturas y poemas sinfónicos, completan un catálogo que se caracteriza por el brillante modo de utilizar la orquesta, el extraordinario uso de la cuerda en la música de cámara y su característica armonía.

El nacionalismo en España

La música en la España del siglo XIX estaba dominada por Italia, de tal manera que cualquier intento de creación autóctono y nacional era considerado, cuando menos, una osadía. Falto el país de un teatro lírico patrio, se buscó refugio en un género menor de resonancias más propias: la tonadilla escénica, breve pieza cómica con acompañamiento instrumental, que había conseguido incorporar a la escena elementos de procedencia popular. Difundida por toda la Península y América del Sur durante casi medio siglo, contribuyó a la formación de un lenguaje lírico musical español que se desarrollaría en la zarzuela (género que tiene sus orígenes remotos en el Siglo de Oro) con toda su local magnificencia, en obras como *Jugar con fuego* (1851), *Pan y toros* (1864) y *El barberillo de Lavapiés* (1874), de Francisco Asenjo Barbieri (1823-1894), *El dúo de la africana* (1893), de Manuel Fernández Caballero (1835-1906), *La Gran Vía* (1886), de Federico Chueca (1846-1908), o las inmortales *La verbena de la Paloma* (1894), de Tomás Bretón (1850-1923), y *La revoltosa* (1897), de Ruperto Chapí (1851-1909). Pero hasta la aparición de Albéniz, Granados y Falla la música española no logrará de nuevo resonancia internacional, gracias al empleo de recursos de su propia tradición.

Albéniz, un músico inquieto

Isaac Albéniz (1860-1909) nació en la localidad catalana de Camprodón (Girona), aunque son legión quienes creen que su origen natal se localiza en Andalucía, quizás porque su obra bebe directamente de una realidad española más cercana al sur peninsular que al folclor catalán. Autor en extremo fecundo, tiene una numerosa obra pianística, por otra parte lo mejor de su producción, que empieza a tener un notable interés a partir de la *Suite española* (1886) y sus *12 piezas características* (1888-1889), para culminar con *Ibe-*

Sobre estas líneas, retrato de Isaac Albéniz, firmado por Ramón Casas en 1894. Aunque cultivó también la música orquestal y dramática, el autor dedicó sus mejores obras al piano.

ria (1905-1909), sin duda su obra más conocida, que consta de doce composiciones reunidas en cuatro cuadernos en los que el bullicio y las coplas cobran vida musical, aunque en algunos aspectos presente cierta influencia de Liszt, Chopin y Debussy.

Hombre de talante inquieto y aventurero, su asentamiento geográfico nunca fue del todo estable, ni siquiera en su juventud: Barcelona, París, Madrid, Buenos Aires, La Habana, Nueva York, Leipzig, Budapest... fueron algunas de las efímeras etapas de su periplo por la vida, bien como concertista de piano, bien como estudiante de música.

El nacionalismo refinado de Granados

Idéntico puntal para el edificio de la música nacionalista española supone la figura del también catalán —nacido en Lleida— Enric Granados (1867-1916). Sus referentes musicales no se sitúan en Andalucía, sino en el Madrid ochocentista de Goya. De uno de sus maestros, Felip Pedrell (1841-1922), adquirió el interés por el fol-

A la derecha, Enric Granados. Virtuoso del piano, escribió para este instrumento algunas de sus colecciones de piezas más celebradas, como las Danzas españolas o Goyescas. En ellas supo recrear la particular sonoridad y el melodismo de la música española a través de una escritura de gran refinamiento y transparencia. No menos importante fue su trayectoria como operista, aunque de los títulos que compuso sólo se escucha hoy Goyescas.

clor autóctono español que ya se muestra de manera ostensible en sus *Danzas españolas* para piano, concluidas en 1900, y una de sus composiciones más admiradas. Autor de páginas tan bellas como la *Rapsodia aragonesa*, tal vez su obra más característica sea *Goyescas* (1911): dos cuadernos de piezas para piano, inspiradas en las pinturas de Goya, que habían de servirle como base para la composición de una ópera de igual título que fue estrenada en Nueva York el 26 de enero de 1916, con gran éxito. Poco podía imaginar Granados que aquel feliz evento, que supuso una invitación formal de la Casa Blanca, iba a suponer su final: en el viaje de regreso a Europa, a bordo del *Sussex*, el barco fue hundido por un submarino alemán y el compositor pereció en el naufragio.

Falla y la plenitud nacionalista

En cuanto a Manuel de Falla (1876-1946), aunque su obra traspasa la barrera del cambio secular y se inscribe plenamente en el siglo XX, es de inclusión obligada, puesto que la inspiración nacionalista de sus obras no deja lugar a dudas. Discípulo directo de Pedrell, igual que Albéniz y Granados, su música se enraíza en las más genuinas manifestaciones del folclor español que su maestro le enseñó a apreciar. El es-

Arriba, retrato fotográfico de Manuel de Falla, el más universal de los creadores españoles. Su música es una síntesis perfecta de dos tradiciones: la popular andaluza y castellana, y la culta de los cancioneros de los siglos XVI y XVII. La obra de Falla dejó una huella indeleble en los compositores posteriores.

pañolismo es patente en *El amor brujo* (1915), un ballet nacido de un encargo de la bailaora gitana Pastora Imperio, pieza que sigue hoy dando la vuelta al mundo. Algunos de los títulos de sus obras son, por sí mismos, una clara manifestación de nacionalismo: *Noches en los jardines de España* (1911-1915), *Fantasía bética* (1919) o *Soneto a Córdoba* (1927). En otros, la influencia de la tradición musical hispana se deja sentir a lo largo de la partitura, como en el ballet *El sombrero de tres picos* (1919), la ópera *El retablo de Maese Pedro* (1923) o el gran homenaje a su maestro, la *Pedrelliana* (basada en temas de *La Celestina,* de Pedrell), compuesta entre 1924 y 1939, e integrada en la suite *Homenajes*. No es en absoluto despreciable tampoco la obra de Joaquín Turina (1882-1949), entre la que destacan *La procesión del Rocío* (1913), *Danzas fantásticas* (1920) y *Sinfonía sevillana* (1920).

Ya bien entrado el siglo XX, pero participando de la misma estética que sus predecesores, cabe mencionar la figura de Joaquín Rodrigo (1901), famoso sobre todo por su *Concierto de Aranjuez* (1939) para guitarra y orquesta, una de las páginas más universales de la música española. *Fantasía para un gentilhombre* (1954), también para guitarra y orquesta, y *Cuatro madrigales amatorios* (1948) son otras dos de sus composiciones más representativas.

A la izquierda, figurín para Goyescas de Granados, ópera costumbrista ambientada en la España del siglo XVIII. Estrenada en Nueva York en 1916, significó el último gran éxito de su autor. Junto a estas líneas, portada del poema épico catalán L'Atlàntida, de Jacint Verdaguer. La posibilidad de musicarlo fascinó desde un primer momento a Falla, quien dedicó a tal tarea los postreros veinte años de su vida, sin poder culminar su labor. La cantata fue completada por su discípulo Ernesto Halffter.

Otras escuelas nacionalistas

El auge de los nacionalismos en el siglo XIX motivó la aparición en la escena musical de algunos países que hasta ese momento no habían destacado por su creación en dicho campo.

Los músicos escandinavos

En los países escandinavos surgió con fuerza la figura de Edvard Grieg (1843-1907), con toda probabilidad el primer compositor que puede lucir con orgullo el apelativo de «escandinavo». Su música incidental para el *Peer Gynt* (1874-1875), de Ibsen, base en la cual se cimenta su popularidad, evoca en ocasiones temas del pueblo noruego, igual que el resto de sus obras, entre las que es obligatorio mencionar el *Concierto para piano en la menor* (1868). En Dinamarca destaca la figura de Carl Nielsen (1865-1931), autor de seis sinfonías y numerosa música de cámara, sin que sean desdeñables los ballets y las óperas de Johann Hartmann (1805-1900). En Suecia, Johan August Söderman (1832-1876) compuso obras corales que habrían merecido mayor difusión allende sus propias fronteras, como ocurre con su *Missa Solemnis* (1875). Lo mismo vale para Franz Berwald (1796-1868), de quien sólo ha trascendido su *Sinfonía núm. 1 en sol menor*

Arriba, dibujo inspirado en los estudios musicales de Zoltán Kodály. Abajo a la izquierda, frontispicio de la partitura de Háry János de Kodály, y, a la derecha, portada de la Rapsodia húngara núm. 2 de Liszt.

(1842). Por lo que respecta a Jean Sibelius (1865-1957), será siempre considerado el compositor finlandés por antonomasia; de las cerca de doscientas obras que tiene catalogadas, la más célebre es, sin duda, el *Vals triste* (1903). De inestimable importancia son sus siete sinfonías.

El nacionalismo polaco

Polonia tuvo también sus representantes dentro del nacionalismo: junto a Frédéric Chopin —en quien el ferviente amor hacia su Polonia natal tuvo su expresión musical en numerosas polonesas y mazurcas, casi siempre para piano, su instrumento y medio natural de expresión— encontramos a Stanislaw Moniuszko (1819-1872), otro de los grandes músicos del nacionalismo polaco, aunque probablemente sea el que menos incidencia ha tenido fuera de su patria. Director musical de la Ópera de Varsovia, cuenta en su haber con más de 270 obras de cámara, amén de algunas óperas, misas, canciones, etcétera. Su obra más conocida es la ópera *Halka* (1847), que, como sus otras obras del género, plenas de fuerza dramática, debe mucho a la música popular de su patria. Polaco fue también Ignacy Jan Paderewski (1860-1941), virtuoso del piano que tuvo como referente de su vida la li-

A la izquierda, retrato de sir Edward Elgar, el músico británico más relevante de la era victoriana. Pese a no buscar su inspiración, al menos directamente, en la tradición folclórica de su país, su música trasciende un inconfundible aroma inglés. Es el caso de obras tan conocidas como las marchas Pompa y circunstancia *o las* Variaciones «Enigma», *tal vez las dos páginas que más fama le han procurado a nivel internacional.*

1967) quienes recogieron música popular por todo el país y también por las áreas rurales contiguas rumanas y eslovacas.

En un ámbito diferente al estudio del folclor, aunque inevitablemente influido por las melodías y ritmos populares, se sitúa la música del romántico Ferenc Erkel (1810-1893), cuya ópera *Hunyadi László* (1844) inaugura el teatro musical húngaro. Erkel es así mismo el autor del himno nacional de su patria.

El caso británico

En cuanto al nacionalismo en Gran Bretaña, baste decir que apareció tardíamente, cuando sir Edward Elgar (1857-1934) estrenó su oratorio *The Dream of Gerontius* en el año 1900. Si hasta entonces la música foránea había eclipsado la creación autóctona, algunos compositores sacaron del ostracismo la música británica. Entre ellos podemos citar a Frederick Delius (1862-1934), influido por la música del noruego Grieg, así como por el posromanticismo alemán; Arthur Sullivan (1842-1900), popular aún hoy por sus operetas, escritas en colaboración con el libretista William Gilbert; y el prolífico Gustav Holst (1874-1934), a quien se asociará siempre a *Los planetas* (1918), una suite orquestal de celebridad inconmensurable.

Es destacable también la labor de Ralph Vaughan Williams (1872-1958), que desde la década de 1890 recopiló y estudió canciones del folclor inglés, aunque la influencia de éstas en sus propias composiciones se deje notar poco, excepto en su *Fantasía sobre el Greensleeves* (1934), para flauta, arpa y cuerdas.

bertad de su patria sojuzgada, causa por la que luchó enconadamente (también desde sus partituras), por lo que obtuvo la recompensa en 1919, cuando fue nombrado presidente del Consejo de Gobierno y ministro de Asuntos Exteriores de una Polonia ya libre y, más tarde (cuando su patria cayó bajo el dominio nazi), presidente del gobierno polaco en el exilio parisino. Como compositor destacaremos su *Sinfonía en si menor* (1903-1909) y su abundante música para piano (6 *humorescas, Danzas polacas...*).

La escuela húngara

Las tonadas húngaras fueron ya tenidas en cuenta por Johannes Brahms y Franz Liszt, el primero en sus cuatro libros de *Danzas húngaras* (1852-1869) y el segundo en sus *Rapsodias húngaras* (1846-1885). De tal modo, podríamos argumentar que el nacionalismo en Hungría tiene como padres ilustres y remotos a ambos compositores, aunque sólo el segundo de ellos naciera en territorio húngaro. Sin embargo, el que primero recopiló auténtica música húngara, en 1898, para nutrir sus propias composiciones fue el poco conocido Bela Vikár (1859-1945), cuya labor fue continuada pocos años más tarde por Bela Bartok (1881-1945) y Zoltán Kodály (1882-

B ajo estas líneas, dibujo que representa a Edvard Grieg en el campo. Aunque formado en la tradición alemana, la toma de contacto con el folclor de su país natal, Noruega, fue lo que otorgó su fisonomía definitiva al estilo de este compositor, a quien se deben obras tan bellas como la música de escena para Peer Gynt *o las breves* Piezas líricas *para piano.*

Posromanticismo
César Franck y la Schola Cantorum

Aunque nacido en Bélgica, César Franck (1822-1890) ha sido siempre considerado un integrante de la música francesa, sobre la cual, además, ejerció una notable influencia. Desde los veintiún años, edad en la que se estableció en París para estudiar música, y hasta su muerte, su vida y su labor como docente, compositor e intérprete se vinculan de modo directo a la capital del Sena. Virtuoso organista ante todo, sus improvisaciones distaban mucho de ser superficiales, y sus interpretaciones ante los tubos del órgano de Sainte-Clotilde (desde 1856) fueron populares entre quienes se preciaban de entender de tal instrumento.

Un extraordinario profesor

En 1872, nacionalizado ya francés, fue nombrado profesor de órgano del Conservatorio de París. Es esta su etapa más floreciente como compositor y como maestro. En la primera de las tareas destacan sus *3 corales* (1890), que figuran entre las obras de órgano más fascinantes jamás escritas, consideradas a menudo como su testamento musical. Su obra tardía (en líneas generales influida por Bach, Beethoven y Wagner) fue, sin embargo, poco comprendida en vida y sólo su *Cuarteto en Re mayor* (1889) fue aclamado antes de su muerte. Mención especial merecen también su *Sonata para violín y piano* (1886), las *Variaciones sinfónicas* para piano y orquesta (1886), la *Sinfonía en re menor* (1889) y los poemas sinfónicos *El cazador maldito* (1883), según la balada de Bürger, y *Les Djinns* (1885), basado en un poema de Victor Hugo.

Atraídos por su personal lenguaje, místico y romántico, varios compositores se inspiraron en sus doctrinas. Como maestro, Franck logró aglutinar a un grupo de fieles discípulos (quienes le llamaban *Pater seraphicus* o *angelicus*) en su clase de órgano, que rivalizaba con la de composición en el seno del Conservatorio parisiense. El

César Franck, en una fotografía de 1870. De origen belga, pero afincado en París, en esta ciudad trabajó como organista y profesor, y en ella dio a conocer la mayoría de sus obras, no siempre comprendidas por el público, desconcertado por su tono austero.

Caricatura que muestra a Franck rodeado de sus fieles alumnos del Conservatorio de París, entre los que se encontraba Vincent d'Indy. Excelente pedagogo, Franck formó a toda una pléyade de compositores de renombre.

primer grupo franckista estuvo formado por Henri Duparc (1848-1933), Arthur Coquard (1846-1910), Alexis de Castillon (1838-1873), Charles Bordes (1863-1909) y Vincent d'Indy (1851-1931). Bordes fue el fundador de Les chanteurs de Saint-Gervais, a los que se uniría el también organista y discípulo de Franck Felix Alexandre Guilmant (1837-1911) y, con posterioridad, el citado D'Indy. Los tres fueron más tarde (1894) los fundadores de la Schola Cantorum, donde todavía se dejaría sentir el influjo del maestro Franck y de la cual saldrían algunos de los nombres más importantes de la música francesa de finales del siglo XIX y principios del XX.

D'Indy y la Schola Cantorum

El *alma mater* de la Schola Cantorum fue, sin duda, Vincent d'Indy. Era un wagneriano

L'OUVREUSE DU CIRQUE D'ÉTÉ

ACCORDS perdus

H. SIMONIS EMPIS, ÉDITEUR

convencido desde que en 1876 asistiera a la representación de *El anillo del Nibelungo* en Bayreuth, adonde volvió en 1882 con motivo de la escenificación de *Parsifal*. Esta fascinación por la obra y la figura del alemán se dejan ver con claridad tanto en una primera fase de la obra compositiva de D'Indy como en los postulados principales que se inculcaban en la Schola Cantorum. Ésta, así como su director, era inicialmente contraria al simbolismo musical de Debussy, aunque D'Indy fuera uno de los pocos que defendió el *Pelléas et Mélisande* de aquél, quizás más por aprecio personal que por admiración profesional. En consonancia con las enseñanzas del maestro Franck, en la Schola se exaltaba el rigor frente a la sensualidad. D'Indy destacó también por su importante labor como organizador de conciertos, rescatando a Monteverdi, Rameau y otros compositores antiguos, y por su importante *Curso de composición musical*, basado en sus lecciones en la Schola. Quizás sus obras musicales más destacadas sean la trilogía sinfónica *Wallenstein* (1874-1884) y la *Sinfonía sobre un canto montañés* (1887).

Otros músicos franckistas

Charles Bordes fue organista de Saint-Gervais, y amén de su trabajo como compositor, se dedicó a la recopilación y edición de canciones populares vascas y música sagrada antigua. En cuanto a Felix Alexandre Guilmant, había estudiado con Nicolas Jacques Lemmens (1823-1881) en Bruselas, y se labró cierta fama como orga-

nista. Ello le condujo a ocupar dicho puesto, en 1871, ante los tubos del órgano de la Trinidad de París, donde permaneció durante treinta años. Su labor creativa fue menor que su tarea como maestro del citado instrumento, aunque podemos destacar de entre su producción sus ocho sonatas para órgano.

De la Schola surgieron algunos de los grandes compositores del siglo XX, como es el caso de Isaac Albéniz (1860-1909), Déodat de Séverac (1872-1921) o Joseph Canteloube (1879-1957), aunque ninguno de ellos fue discípulo directo del gran maestro Franck.

Las sinfonías de Gustav Mahler

Idealista, romántico y excéntrico, Gustav Mahler (1860-1911) fue un excelente director de orquesta, además de compositor. Sus creaciones generaron entusiasmo y hostilidad en un país, Austria, donde la influencia wagneriana y el deseo de abandonar las formas clásicas confluirían en el paulatino abandono del sistema tonal, del cual surgiría la senda hacia el expresionismo y la emancipación de la disonancia.

◼ Tradición y modernidad en Mahler

En la obra de Mahler hay una clara tendencia hacia el mantenimiento de las formas musicales heredadas de la tradición, faceta esta de su producción que se manifiesta en el cultivo de la sinfonía. Fueron diez las sinfonías que Mahler compuso, aunque la última quedó inconclusa. La interpretación de las mismas sufrió un duro revés con el advenimiento del nazismo —debido a la condición de judío y «moderno» del compositor— y sólo el fin de la Segunda Guerra Mundial propició su reinserción progresiva en el repertorio. Con ellas, Mahler se propuso crear un nuevo y personal universo sonoro, quizás heterogéneo y desconcertante en una primera audición. Él mismo diría que componer una sinfonía es «construir un mundo con todos los medios técnicos disponibles». El resultado son unas obras en las que breves apuntes de melodías populares coexisten con marchas y fanfarrias militares e instantes de apasionado lirismo; lo trivial con lo sublime.

◼ La pasión por la naturaleza

Sin duda alguna, la más popular de todas las sinfonías de Mahler es la *Sinfonía núm. 1 en Re mayor*, conocida con el sobrenombre de «Titán». Compuesta entre 1884 y 1888, pertenece a su período de juventud y fue revisada por el compositor en varias ocasiones después de su estreno en 1889. Concebida originalmente como un poema sinfónico en dos partes y cinco movimientos, en esta forma inicial fue en la que adoptó su sobrenombre y el consiguiente pro-

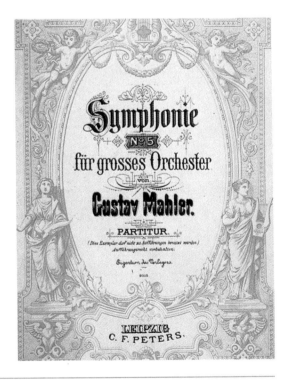

*S*obre estas líneas, Gustav Mahler, uno de los autores más influyentes del cambio de siglo, sin cuya aportación sería imposible entender en buena parte la revolución emprendida por la Segunda Escuela de Viena liderada por Schönberg. A la derecha, frontispicio de la primera edición de su Sinfonía núm. 5, estrenada bajo la batuta del mismo compositor, el 18 de octubre de 1904. Con obras como esta, Mahler dio una orientación nueva al género sinfónico.

grama, inspirado en una novela del poeta Jean Paul. En 1896, Mahler suprimió toda referencia programática y uno de sus movimientos —un *Andante* subtitulado «Blumine»—, con lo que la obra quedó reducida a los cuatro movimientos canónicos de la forma sinfónica.

La naturaleza como fuente de inspiración de su música fue una de las constantes de las sinfonías de Mahler. Si en la sinfonía «Titán» encontramos como movimientos —aun en su versión como poema sinfónico— títulos como «Primavera sin fin» y «Capítulo de las flores», en la *Sinfo-*

*A*bajo, autógrafo del quinto de los seis movimientos que integran La canción de la tierra, *una impresionante sinfonía vocal para tenor y barítono o contralto sobre poemas chinos. El último de ellos, «La despedida», constituye uno de los fragmentos más intensos escritos por Mahler.*

nía núm. 3 (1893-1896) se hallan movimientos tan significativos como «Lo que me cuentan las flores del campo», «Lo que me cuentan los animales del bosque» o «Lo que me cuentan las campanas de la mañana».

Las sinfonías *Wunderhorn*

En su *Sinfonía núm. 2* «Resurrección» (1888-1894), Mahler había iniciado la costumbre de introducir fragmentos vocales y citas de *lieder* extraídos de la colección de poesías populares alemanas *Des Knaben Wunderhorn* («El cuerno maravilloso del niño»), a doce de las cuales puso música en un ciclo de canciones para voz y orquesta con el mismo título, escrito entre los años 1892 y 1898.

También en la *Sinfonía núm. 3* existen dichas referencias, que aparecerán por última vez en el *lied* titulado *Das himmlische Leben* («La vida celeste»), último movimiento de la *Sinfonía núm. 4* en

Sol mayor, compuesta entre 1899 y 1900. Además, esta sinfonía será la última antes de entrar en un período negro de la vida personal de Mahler, marcado por sus problemas con la Ópera de Viena, la muerte de su hija y el diagnóstico de la afección cardíaca que lo llevaría a la tumba.

Un espíritu trágico

A partir de aquí, Mahler escribiría cinco nuevas sinfonías. La *Sinfonía núm. 5*, en cinco movimientos, se compuso entre 1901 y 1902, y es la primera en la cual el compositor prescinde de un programa. El pesimismo que se había apoderado de su ánimo se traduce de manera especialmente trágica en la *Sinfonía núm. 6* (1903-1904), así como en la *Sinfonía núm. 9* (1908-1909), cuyos cuatro movimientos están marcados por la presencia de la muerte. Lo mismo puede decirse de *La canción de la tierra* (1908-1909), una sinfonía para tenor y barítono o contralto, escrita sobre poemas chinos, que constituye una de sus obras cimeras. Sin embargo, antes de llegar a estas postreras partituras, Mahler aún tenía mucho que decir y ensayar, como demostró en su *Sinfonía núm. 7* (1904-1906), subtitulada «La canción de la noche», de la cual se ha dicho, por su avanzado lenguaje armónico, tímbrico y formal, que es el eslabón que une la tradición romántica con la música de la Segunda Escuela de Viena. La *Sinfonía núm. 8* (1906-1907) —también conocida como «Sinfonía de los Mil» por los colosales efectivos vocales e instrumentales que requiere— conoció un estreno apoteósico, el mayor éxito obtenido por Mahler en toda su carrera como compositor. Fue en 1910; un año después fallecía en Viena, dejando inacabada su *Sinfonía núm. 10*.

*C*aricaturas de O. Böbler que muestran a Mahler dirigiendo. *Su concepción apasionada, sin concesiones, de la dirección hizo de él una batuta solicitada en ambas orillas del Atlántico. Como creador, sin embargo, no gozó del mismo prestigio: sólo una de sus sinfonías, la* Octava, *conocida como «Sinfonía de los Mil», le procuró el éxito en vida.*

Las óperas y los poemas sinfónicos de Richard Strauss

El renombre de Richard Strauss (1864-1949) como compositor y director de orquesta le hace ocupar un lugar destacado en la historia de la música. Hijo de Franz Strauss, llamado «el Joachim de la trompa» por su virtuosismo con dicho instrumento, y de Josephine Pschorr, su primera inclinación a la música estuvo orientada por su padre, enemigo implacable del wagnerismo, corriente a la que oponía el formalismo de Mozart, Haydn y Mendelssohn. Influido por su progenitor, el joven Strauss, a sus dieciséis años, llegó a decir: «Dentro de diez años nadie sabrá quién es Wagner». Esta circunstancia, pura anécdota, no deja de ser curiosa si tenemos en cuenta el posterior devenir de los acontecimientos, con la evolución de la obra straussiana hacia el wagnerismo. De la misma, y aunque no son nada desdeñables sus obras de cámara y corales, despuntan por encima de todo lo demás los poemas sinfónicos y, por supuesto, las óperas.

Los poemas sinfónicos de Strauss

En los primeros, Strauss combinó una elevada inspiración poética con unas hábiles resoluciones técnicas, sobre todo en el terreno orquestal. El primero de sus grandes *Tondichtungen*

Como su contemporáneo Mahler, Richard Strauss fue un gran director de orquesta, aunque, a raíz de la excelente acogida dispensada a sus obras, dedicó sus mayores esfuerzos a la creación en detrimento de la interpretación. En la imagen, Strauss dirige Così fan tutte, *de Mozart.*

La primera etapa creativa de Strauss se significó por la composición de toda una serie de poemas sinfónicos en la línea de los de Liszt. De ellos, uno de los más famosos es el titulado Así habló Zaratustra. A la derecha, frontispicio de la primera edición de la partitura, libremente inspirada en la obra homónima de Friedrich Nietzsche.

(«Poemas sonoros») y su primera obra maestra verdadera, después de la fantasía sinfónica *Aus Italien* (1886), fue *Don Juan* (1888-1889), en el que se advierte la influencia de Wagner y Liszt. Incomprendido por la crítica fue el poema sinfónico que siguió, *Muerte y transfiguración* (1888-1889), calificado el día de su estreno como una «horrible batalla de disonancias», a pesar de su certera paleta orquestal y su compacta construcción. *Las divertidas travesuras de Till Eulenspiegel* (1894-1895) fue su siguiente obra programática, basada en las peripecias de un pícaro personaje de la Alemania del siglo XIV. Ésta daría paso, un año más tarde, a su inmortal y cinematográficamente célebre —Kubrick incluyó su conocidísi-

mo inicio en la banda sonora de su película *2001: una odisea en el espacio*— *Así habló Zaratustra* (1895-1896), libremente inspirado en la obra del mismo título del filósofo Friedrich Nietzsche. Sólo dos poemas sinfónicos más iba a componer Strauss: *Don Quijote* (1896-1897), para violoncelo y orquesta, según el esquema de un tema y variaciones, y *Una vida de héroe* (1897-1898), de índole autobiográfica, asombro-

so alarde de toda su ciencia orquestal. No podemos olvidar dos sinfonías de clara inspiración programática —por tanto, emparentadas con el poema sinfónico—, como son la *Sinfonía doméstica* (1902-1903) y la *Sinfonía alpina* (1911-1915).

■ Un prolífico operista

Inaugurado el siglo XX, Strauss iba a centrar sus mayores esfuerzos en la ópera, convirtiéndose en uno de los compositores que mayores aportaciones ha hecho al género lírico: entre 1894 y 1942 compuso quince óperas, que evolucionan desde el wagnerismo militante de las dos primeras —*Guntram* (1892-1893) y *Feuersnot* (1900-1901)— hasta un cierto agotamiento en las últimas, pasando por una etapa intermedia repleta de verdaderas obras maestras. Sería en 1905 cuando el compositor alemán daría su primera obra cumbre dentro del género lírico: *Salomé*. Tras algunos

Tras el mundo mítico, crispado y violento de Salomé *y* Elektra, *para su siguiente ópera Richard Strauss volvió la mirada hacia su admirado Mozart. El resultado fue* El caballero de la rosa, *recreación musical de la Viena galante del siglo XVIII. En la imagen, figurín para el personaje de la Mariscala, realizado por A. Roller para la producción del estreno.*

problemas para llevar a cabo el estreno, especialmente por parte de la censura y de los cantantes, éste se produjo y *Salomé* pasó a ser uno de los hitos fundamentales del repertorio operístico. Sin dejar en ningún momento que el nivel decayera, Strauss compuso *Elektra* (1906-1908), obra con que iniciaría la fructífera colaboración con el libretista Hugo von Hofmannsthal. Fruto de este binomio fue también *El caballero de la rosa*, estrenada en 1911 y radicalmente opuesta a su predecesora, puesto que a la agresividad de la primera se opone la frescura de la segunda, inspirada en el modelo mozartiano. Dejando a un lado la vía abierta por *Salomé* y *Elektra*, Richard Strauss compuso en 1912 la primera versión de la sutil *Ariadna auf Naxos*. La ruptura con su estilo «elektrificante» (como se calificaba la música de *Elektra* en caricaturas de la época) se ratifica con su ópera de atmósfera maravillosa *La mujer sin sombra* (1914-1918).

Aun sin ser desdeñables, son mucho menos relevantes las óperas compuestas por Strauss a partir de 1920: *Intermezzo* (1918-1923), *Elena de Egipto* (1923-1927), *La mujer callada* (1933-1934), *Día de paz* (1935-1936), *Dafne* (1936-1937) o *El amor de Dánae* (1938-1940) son los títulos menores de la producción lírica straussiana de los últimos años. Sólo *Arabella* (1929-1932) y *Capriccio* (1940-1941) son escenificadas esporádicamente en la actualidad. En la primera de ellas, la última con libreto de Hofmannsthal, Strauss regresa a la Viena de *El caballero de la rosa*; la segunda fue la postrera de las que compuso, ya octogenario. Se trata de una hermosa obra en la que se plantea el dilema, nunca resuelto, entre la supremacía de la palabra o la de la música dentro de la ópera.

Portada de la partitura para canto y piano de Elektra. *Primera colaboración con el poeta Hugo von Hofmannsthal —quien adaptó la tragedia homónima de Sófocles a la luz del psicoanálisis—, en esta ópera Strauss continuó la senda abierta en su anterior* Salomé *y exasperó el expresionismo y el clima de violencia, tanto del argumento como de la música, presentes en aquélla.*

La ópera italiana: el verismo y Giacomo Puccini

Tras el esplendor de la ópera con nombres como los de Rossini, Bellini, Donizetti y Verdi, la última década del siglo XIX vio surgir nuevos temas en el mundo lírico italiano, tomados ahora de la literatura realista de la época. Si el naturalismo literario de Émile Zola pretendía una plasmación del mundo con todas sus miserias, libre de la idealización del romanticismo, el verismo —traslación operística de dicho naturalismo— siguió por idénticos vericuetos, reflejados en argumentos cuya acción se nos presenta apasionada, conducida al límite, brutal en ocasiones. Los personajes no son ya acartonados antepasados o héroes legendarios, sino hombres y mujeres de carne y hueso (en ocasiones exageradamente humanos) cuyos sentimientos, puestos en solfa, buscan estremecer, golpear al público, más que asombrarle o provocar su admiración. La música del verismo italiano se nos antoja en ocasiones brusca e impactante, esmaltada quizás por tópicos y exageraciones de dudoso gusto, pero de un efecto sin duda arrebatador en sus mejores obras.

A la derecha, y de izquierda a derecha, Giacomo Puccini junto a los libretistas Luigi Illica y Giuseppe Giacosa, sus dos colaboradores habituales. Puccini sucedió a Verdi en el favor del público, gracias sobre todo a la riqueza melódica de sus partituras.

Abajo, última escena de Cavalleria rusticana, *la obra que, estrenada en el Teatro Costanzi de Roma en 1890, dio a conocer al joven Pietro Mascagni, al tiempo que inauguraba la corriente verista italiana.*

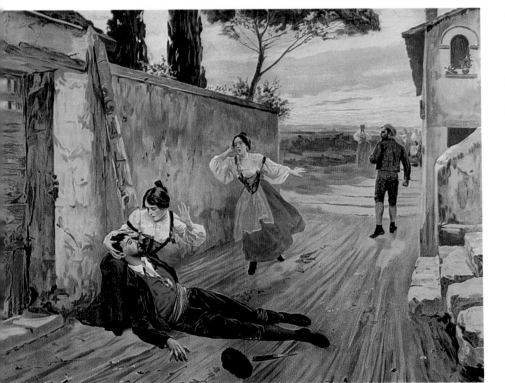

Primeros representantes del verismo

Precursor del verismo, en ciertos aspectos, puede considerarse a Alfredo Catalani (1854-1893), autor de *La Wally* (1892), ópera que ya denota una nueva manera, más realista, de concebir el drama musical. No obstante, la pieza que ha sido considerada desde su mismo estreno como el paradigma del verismo es *Cavalleria rusticana* (1890), de Pietro Mascagni (1863-1945). Ópera en un acto, presenta un violento drama rural cuyo eje son los celos. Verista incluso en el tratamiento musical, *Cavalleria rusticana* nos introduce en el ambiente a través de melodías sencillas de inspiración popular. Uno de sus momentos más logrados es el del asesinato de Turiddu, su protagonista. Obra concisa, de breve duración, suele representarse hermanada con otra de las grandes piezas veristas: *I pagliacci* (1892), de Ruggero Leoncavallo (1857-1919), basada en un hecho real. Ni Mascagni ni Leoncavallo lograron jamás un éxito igual al de

estas dos óperas citadas, aunque del primero podamos destacar todavía *L'amico Fritz* (1891) e *Iris* (1898) y del segundo, *La bohème* (1897), eclipsada por la obra homónima de Puccini, y *Zazà* (1900).

Puccini, el sucesor de Verdi

Hasta la aparición en escena de Giacomo Puccini (1858-1924) no alcanzó su madurez el verismo —o mejor, el melodrama realista—. Nacido en Lucca, en el seno de una familia de músicos, estudió en el Conservatorio de Milán. La primera ópera que estrenó fue *Le Villi* (1884), a partir de la cual se sucedieron diversas piezas en las que demostró siempre un gran sentido de la teatralidad, una facilidad melódica incuestionable y seductora, y una brillante paleta orquestal. La fluidez de la música pucciniana pudiera hacer pensar en una idéntica fluidez compositiva, casi espontánea, pero lo cierto es que todas las grandes óperas de Puccini fueron fruto de un trabajo lento y laborioso. En cuanto a los temas, es de

Bajo estas líneas, frontispicio de Manon Lescaut, *la primera ópera madura de Puccini, en la cual ya se insinúan todas las constantes que presidirán la carrera de este autor, entre ellas su innegable capacidad para caracterizar los personajes femeninos, siempre mucho más interesantes que los masculinos en el conjunto de su producción, y, en el plano musical, el inconfundible don melódico y el absoluto dominio de la orquestación y la armonía.*

dominio público la predilección que el compositor de Lucca sentía por las protagonistas femeninas —como se advierte en los mismos títulos de sus partituras—, así como el trágico destino al que casi siempre las conducía.

Suyas son óperas como *Manon Lescaut* (1893), *La bohème* (1896), *Tosca* (1900) y *Madama Butterfly* (1904), por citar sólo algunos de los monumentos que Puccini erigió al verismo, todos ellos vivos en el repertorio habitual de los grandes teatros. Quizás la que resulte más característica sea *La bohème*, presa toda ella de vívida emoción, de un lirismo que subraya con tremenda efectividad el patetismo de algunas escenas, como la de la muerte de Mimí en brazos de Rodolfo. *La bohème* fue estrenada el 1 de febrero de 1896 bajo la batuta del gran Arturo Toscanini; la aparente ligereza de esta pieza, frente al wagnerianismo todavía vigente, dejó perplejos tanto al público como a la crítica, pero *La bohème* sería, tras *Manon Lescaut* y antes de *Tosca*, uno de los sillares sobre los que se asentó la nueva concepción operística. En sus últimas

A la izquierda, cartel de Tosca. *Basada en una mediocre obra de Victorien Sardou, Puccini creó en esta ópera dos de los caracteres más perfectos y complejos de toda su carrera: el de la protagonista y, sobre todo, el del barón Scarpia, verdadera encarnación del mal.*

obras, empero —como en la póstuma *Turandot*, completada por Franco Alfano y estrenada en 1926—, Puccini iba a alejarse de esta tendencia.

También cultivó el verismo Umberto Giordano (1867-1948), quien en su ópera *Mala vita* (1892), ambientada en los bajos fondos de Nápoles y con el tema del adulterio como motor, alcanza el clímax de la crueldad del melodrama verista. Fue precisamente Giordano quien protagonizó la fase de renovación del movimiento, con obras de ambientación histórica como *Andrea Chénier* (1896) y *Fedora* (1898).

El impresionismo y simbolismo de Claude Debussy

El nombre de Claude Debussy (1862-1918) quedará por siempre ligado al liderazgo de la escuela musical impresionista y simbolista; calificativos que, si bien no se corresponden con total fidelidad a su contenido, surgen de la influencia que los poetas simbolistas Verlaine, Baudelaire y Mallarmé ejercieron sobre su música, así como de sus analogías con la obra pictórica de artistas impresionistas como Manet o Monet. El ascendiente de los primeros, a cuyo cenáculo intelectual perteneció el músico, es más claro y menos discutido que la presunta influencia de los segundos, aunque en 1887 su suite *Printemps*, compuesta en la Villa Médicis de Roma, fue mal acogida por la Academia por su «impresionismo vago». Sin embargo, el propio Debussy rechazaba ser calificado de impresionista.

Una música original y abstracta

La obra de Debussy no admite la inclusión en ningún «ismo» musical: de hecho, él jamás frecuentó los círculos musicales, pues prefería las tertulias artísticas y literarias. Sus partituras no pretenden reflejar ideas o sentimientos, sino describir ambientes, a través de una atmósfera musical evanescente y sutil, asociada a la imprecisión del trazo impresionista. La búsqueda de la espontaneidad en la expresión es lo que da razón de ser a su obra, transgrediendo las reglas hasta el momento establecidas: en Debussy no hay teoría, no existe el análisis, solamente el placer de la escucha.

El mismo Debussy dijo en una ocasión: «Procuremos obtener una música desnuda. Evitemos que la emoción se ahogue por el exceso de motivos y diseños superpuestos... Por regla general, siempre que se piensa en complicar una forma o un sentimiento, es que no se sabe lo que se quiere decir». Su evidente originalidad escapa a cualquier clasificación posible y por ello resulta com-

Retrato de Claude Debussy realizado por J.E. Blanche en 1903. Debussy fue el gran revolucionario del cambio de siglo, creador de una música innovadora que renegaba del tradicional concepto de desarrollo temático, para pasar a sugerir atmósferas y estados de ánimo a través de la pura armonía y de una depurada y cristalina escritura instrumental. Obras como el Preludio a la siesta de un fauno *o* Pelléas et Mélisande *señalan el nacimiento de la música del siglo XX.*

plejo resumir su estética, aunque algunas características se repiten a lo largo de su trayectoria musical.

Un nuevo mundo sonoro

El compositor ruso del grupo de los Cinco Modest Musorgski fue una de sus principales fuentes de inspiración, sin desdeñar en absoluto la decisiva influencia que sobre él tuvo la audición de obras de compositores barrocos franceses como Rameau y Couperin. El gamelán indonesio, que pudo escuchar en la Exposición de París de 1889, encendió la chispa que provocó buena parte de sus innovaciones estéticas: como otros compositores del momento, Debussy descubrió aquí timbres inauditos. Semejante mezcolanza da sus mejores frutos a partir de 1890: *Pelléas et Mélisande* (1892-1902), las *Trois chansons de Bilitis* (1897) o el *Preludio a la siesta de un fauno* (1892-1894) son algunos de ellos.

Esta última obra inaugura un nuevo mundo sonoro: de ella dijo Pierre Boulez que suponía el despertar de la música moderna. Un primer tema a cargo de la flauta, con el uso de una escala muy cromática, nos introduce ya en el mundo de ensueño, entre sensual y bucólico, de la pieza, cuyo estreno despertó opiniones encontradas entre el público (que con sus aplausos obligó a repetir la pieza) y la crítica (que no entendió algo que no necesitaba de entendimiento, sino de sentimiento).

Debussy rompe de un modo total con el desarrollo temático clásico en *Nocturnes* (1892-1899), y sigue quebrantando toda norma estética, estilística, formal y auditiva con *La mer* (1903-1905) y *Jeux* (1912), esta última eclipsada por el estreno —también a cargo de los Ballets Rusos de Diaghilev, con Nijinski como figura principal— de *La consagración de la primavera*, de Igor Stravinski, dos semanas más tarde, el día 29 de mayo de 1913. No obstante su aparente

La romana Villa Médicis, lugar donde se alojaban los becados del Premio de Roma. Entre ellos, en el centro, con chaqueta blanca, se encuentra Debussy.

discreción, *Jeux* es una obra de tal madurez, tan avanzada a su tiempo, que fue, de hecho, redescubierta y reivindicada en los años cincuenta del siglo XX por una nueva generación de compositores, entre ellos el ya citado Boulez.

Retorno a la tradición

Aquejado de cáncer desde 1909, los últimos años de Debussy estuvieron marcados por continuos viajes —Moscú, Amsterdam, Roma, Londres...— y por el sufrimiento por su salud y la situación de su país, sumido en la Primera Guerra Mundial, y a cuya defensa no podía contribuir sino con su música y sus palabras: en esta línea, sus sonatas escritas en homenaje a los músicos franceses del pasado llevaban bien visible la rúbrica «Claude Debussy, músico francés». A pesar de los inconvenientes, su actividad compositiva e interpretativa no cesó en absoluto.

Tras dos graves operaciones, Debussy murió en 1918, mientras el cañón alemán Gran Berta bombardeaba París. Su música, sin embargo, siguió viva, y a su particular lenguaje deben mucho compositores de estéticas tan diferentes

Abajo a la derecha, frontispicio de la edición original de La demoiselle élue, ciclo de poemas escrito por el simbolista británico Dante Gabriel Rossetti, cuya atmósfera vaga e intemporal inspiró a Debussy la composición de una de las primeras obras reveladoras de su genio original e innovador.

como Maurice Ravel, Arnold Schönberg y Olivier Messiaen, que tanto han supuesto, como ya se verá en las páginas siguientes, para el nuevo lenguaje musical del siglo XX.

A la izquierda, acuarela de V. Gross que representa a Ludmila Schollar, Vastlav Nijinski y Tamara Karsavina, los tres integrantes de los Ballets Rusos que estrenaron Jeux el 15 de mayo de 1913 en París. Tras esta avanzada partitura, Debussy, en sus últimos años, pasaría a cultivar un estilo más clásico.

La música moderna
Diversidad y crisis en el siglo XX

Dificultad extrema para el intérprete y el oyente, carencia de melodía, incomprensibilidad, modernismo y experimentación a ultranza, hermetismo, cacofonía, afán provocador... son sólo algunos de los tópicos que se han ido consolidando entre la mayoría de aficionados acerca de la música del siglo XX. Aun reconociendo que muchos de ellos puedan tener un fondo de verdad en el ejemplo de algunos autores o corrientes concretos, no deja de ser cierto tampoco que toda generalización a este respecto es peligrosa. Porque si algo hay que defina a la música contemporánea, es su diversidad: diversidad de tendencias, estilos y lenguajes, que hacen de ella una de las experiencias más apasionantes y enriquecedoras, en ocasiones también contradictorias y desconcertantes, que puedan imaginarse.

Progreso y tradición

Sin embargo, existe una inclinación, bastante extendida —alimentada por polémicas interesadas basadas en esa idea tan absurda, o cuando menos manipuladora, que es la del progreso en arte—, a considerar la música del siglo XX como necesariamente moderna, innovadora, rompedora con respecto a toda tradición anterior. El concepto —que hasta aquí hemos evitado cuidado-

A la derecha, retrato de Arnold Schönberg, compositor que, con Stravinski y Bartok, es uno de los nombres más influyentes de la vanguardia de la primera mitad del siglo XX. Tomando como punto de partida la tradición posromántica alemana, a la que pertenecen sus primeras obras, la crisis del sistema tonal le llevó a la sistematización de un nuevo método alternativo: el serialismo dodecafónico.

Bajo estas líneas, partitura autógrafa de La consagración de la primavera de Igor Stravinski. Tras su tumultuoso estreno en 1913, este ballet se ha convertido en una partitura paradigmática de la música contemporánea.

samente— de música «moderna» es claramente representativo de este enfoque, fuente de imágenes deformadoras e, incluso, de injusticias para más de un compositor valioso que, por poco «innovador» o, como también se ha dicho en ocasiones, poco «comprometido con su siglo» —como si ese compromiso estribara en usar un lenguaje radical, purgado de referentes del pasado—, se ha visto relegado a un inmerecido olvido. Éste es, precisamente, uno de los grandes problemas a los que ha de enfrentarse la música del siglo XX: el de la excesiva politización de conceptos como «modernidad» y «tradición», divinizados o demonizados por sus respectivos seguidores y detractores. Disputa maniquea y bizantina que olvida un punto de importancia primordial: lo relevante no es tanto la técnica usada —no más que un medio y nunca un fin— como la música en sí.

La crisis del lenguaje musical

Ciertamente, a la par que en otros fenómenos artísticos —por ejemplo la pintura, en que se renuncia a la figuración y se asiste a la emancipación del color o de las formas geométricas puras, o la literatura, con la desintegración de las leyes gramaticales—, en la música del siglo XX asistimos a la crisis, a la disolución de los parámetros que

habían presidido la práctica musical desde los tiempos de Johann Sebastian Bach, principalmente la tonalidad. Pero no hemos de colegir por lo dicho que toda la creación contemporánea tenga carácter vanguardista, ni mucho menos: siglo de la diversidad como señalábamos al principio, muchos de los compositores de esta centuria

continúan en su obra la tradición romántica anterior (Rachmaninov, Strauss, Pfitzner, Korngold), o bien se remontan más atrás en el tiempo, buscando su modelo en el clasicismo y el Barroco (Ravel, Poulenc, Hindemith, Martinu) o más atrás aún, hasta las culturas arcaicas y primitivas (Orff), mientras otros toman el folclor como punto de partida para sus composiciones (Janacek, Bartok, Kodály). Junto a ellos, otros compositores se adentran por caminos inexplorados hasta ese momento, investigan y ofrecen nuevas posibilidades armónicas, tímbricas o formales, en muchos casos fascinantes, y que en ocasiones han marcado de manera decisiva el rumbo de las corrientes más importantes del siglo.

Una música apasionante

Todo esto se traduce en una música no siempre fácil, que tropieza con la resistencia del público tradicional, en muchos casos alimentada por los prejuicios que mencionábamos al principio, pero que una vez superados introduce de

Arriba, a la izquierda, cubierta original de La mer *de Debussy, obra publicada en 1905. La ilustración, basada en una estampa del artista japonés Hokusai, revela el interés del músico francés por acercarse a otras culturas diferentes a la occidental, actitud que en pleno siglo XX continuarán compositores como Messiaen o Glass. A la derecha, una escena de la* Elektra *de Strauss, según un montaje, dirigido por Núria Espert, en el que la época de la acción pasaba de la Grecia micénica a la Italia fascista.*

lleno al oyente en un mundo de asombrosa riqueza, sobre todo en dos planos: el armónico, con la superación del sistema tonal y la aparición de alternativas a éste, y el tímbrico, reflejado en el gusto por las más insospechadas combinaciones instrumentales y la consideración del timbre como elemento tan válido, por sí mismo, como en la música anterior pudiera serlo la melodía (es significativo que Schönberg hablara en este sentido de la posibilidad de escribir obras a base de melodías de timbres, es decir, una misma nota o acorde interpretado por diferentes instrumentos sucesivamente). Los orígenes de la música contemporánea hay que buscarlos en Wagner: sea por continuación (Mahler) o reacción y búsqueda de una alternativa a los problemas que su obra plantea (Debussy), de aquél nace prácticamente toda la música del siglo XX. Tríada fundamental de ella son Igor Stravinski, Bela Bartok y Arnold Schönberg, nombres a los que podemos añadir los de los discípulos de este último, Alban Berg y Anton Webern, y los de Serguéi Prokofiev y Paul Hindemith.

París, capital de la música

A finales del siglo XIX y principios del XX, París fue la verdadera capital cultural de Europa, el punto de confluencia de los más variados artistas, procedentes de todo el continente y pertenecientes a las tendencias más diversas.

En las artes plásticas, los Manet, Monet, Van Gogh o Cézanne habían dejado su puesto al grupo de los *fauves* que encabezaban Matisse, Vlaminck y Derain, mientras se gestaba el movimiento cubista con Picasso y Braque; en literatura, el simbolismo refinado y ambiguo de Baudelaire, Mallarmé y Verlaine, y su opuesto, el naturalismo de Zola, dejaban paso a la desenfadada ironía de Jarry y Apollinaire, a la prosa inhumana y perfecta de André Gide.

En el campo musical, el clima de efervescencia creativa no era menos evidente: a compositores consagrados como Gabriel Fauré (1845-1924), Paul Dukas (1865-1935), Albert Roussel (1869-1937) y, sobre todo, Claude De-

A la derecha, el fundador de los Ballets Rusos Serge de Diaghilev, retratado por Picasso. El pintor malagueño creó algunas escenografías para esta compañía, entre ellas la de El sombrero de tres picos.

Cinco de los componentes del Grupo de los Seis, junto a su inspirador J. Cocteau. De izquierda a derecha: Poulenc, Tailleferre, Durey, Cocteau, Milhaud y Honegger. El sexto, Auric, aparece en la caricatura de la pared.

bussy, se unían los nombres de Ravel y del irreverente Satie y sus jóvenes seguidores del Grupo de los Seis. Al mismo tiempo, la posición de la capital gala como centro musical de primer orden se veía incrementada con la presencia de otros músicos que habían acudido de toda Europa, entre los cuales ocupaban un lugar destacado los procedentes de España, como Albéniz, Granados, Falla y Turina, a los que hay que sumar los checos como Bohuslav Martinu, rumanos como George Enesco y, sobre todo, rusos, muchos de ellos llegados a consecuencia de la revolución soviética. Stravinski y Prokofiev fueron los más representativos.

■ Los Ballets Rusos de Diaghilev

De Rusia precisamente llegó en la primera década del nuevo siglo una compañía que iba a ejercer una influencia revolucionaria sobre la vida musical parisiense: los Ballets Rusos. Su fundador, un empresario amante del arte moderno y con una singular habilidad para descubrir nuevos talentos, Serge de Diaghilev (1872-1929), iba a convertirla en el punto de reunión de los mejores artistas del momento: coreógrafos (Fokine, Massine, Balanchine), bailarines (Tamara Karsavina, Vastlav Nijinski, Bronislava Nijinska), escenógrafos (Léon Bakst, Henri Matisse, Pablo Picasso) y, por supuesto, músicos. Él fue, por ejemplo, el descubridor de Stravinski, a quien

lanzó a la fama internacional con el estreno en 1910 de *El pájaro de fuego*, al que siguieron *Petrouchka* (1911) y *La consagración de la primavera* (1913), páginas todas ellas señeras del siglo XX. El fruto de los Ballets Rusos fue una nueva concepción de la danza que, reconociendo la alianza entre las artes, otorgaba plena libertad a escenógrafos, coreógrafos y músicos. De esta manera, la música escapaba a la sumisión de los pasos de baile, para gozar de mayor libertad, libertad de la que disfrutaron ampliamente todos los compositores que trabajaron para la compañía, entre ellos algunos ya consagrados, como Debussy (*Jeux*), Strauss (*La leyenda de José*), Ravel (*Dafnis y Cloe*) y Falla (*El sombrero de tres picos*), y otros más jóvenes, como el mencionado Stravinski, Prokofiev (*El bufón*, *El paso de acero*, *El hijo pródigo*) o los integrantes del grupo de los Seis. Gracias a Diaghilev y sus artistas no sólo la danza se vio beneficiada con la consecución de un estilo más expresivo y libre, sino que la música moderna consiguió salir de los reducidos círculos intelectuales en los que hasta entonces había permanecido recluida, para ser difundida en escena ante un amplio público que, poco a poco y no sin oponer resistencia en algunos casos, iba asimilando todas las novedades que proponía.

Abajo a la izquierda, uno de los programas de la primera temporada de los Ballets Rusos en París, en 1909. El dibujo se debe al pintor Léon Bakst, uno de los escenógrafos de confianza de Diaghilev, autor de los decorados de **Dafnis y Cloe** *de Ravel. A la derecha, cartel anunciador del estreno de este mismo ballet y del resto de espectáculos que configuraban la séptima temporada de la compañía, inteligente combinación de títulos de autores modernos (Stravinski, Ravel, Debussy) y de otros románticos (Balakirev, Borodin, Rimski-Korsakov).*

Satie y los Seis

En 1917, los Ballets Rusos estrenaron, con un escándalo considerable, un espectáculo basado en un texto de Jean Cocteau que, con decorados de Picasso, explotaba la estética del circo y del *music-hall*: *Parade*. Su música corrió a cargo de un excéntrico personaje que llevaba varios años ejerciendo una decisiva influencia sobre el mundo musical parisiense, de la que no se libraron ni siquiera Debussy o Ravel: Erik Satie (1866-1925).

Bohemio impenitente, irónico y socarrón, la obra de Satie atrajo las simpatías de los jóvenes compositores franceses sobre todo por su antiacademicismo militante.

Especialmente significativo fue su influjo sobre un grupo de compositores conocido como los Seis, que, integrado por Louis Durey (1888-1979), Arthur Honegger (1892-1955), Darius Milhaud (1892-1974), Germaine Tailleferre (1892-1983), Francis Poulenc (1899-1963) y Georges Auric (1899-1983), y con el escritor Jean Cocteau como ideólogo, propugnaba una música vitalista, simple, opuesta a las brumas wagnerianas y debussystas. Activo desde 1918, el grupo se disolvió hacia 1924, y cada uno de sus miembros siguió su propio camino.

Maurice Ravel

Como a Debussy, muchas veces se le ha colocado a Maurice Ravel la etiqueta de músico impresionista. En su caso ha sido peor todavía, pues con demasiada facilidad se le ha considerado un simple discípulo del creador de *Pelléas et Mélisande*, quien, trece años mayor que él, parece haber merecido el título de maestro, cuando lo cierto es que la personalidad de ambos creadores era absolutamente diferente. Aunque la influencia de uno sobre otro existía (sería difícil encontrar un solo músico francés del momento libre de la fascinación debussysta), el tema central no deja de ser uno de los muchos tópicos de los que está poblada la historia: el estilo de Ravel, después de unas primeras obras en las que son harto evidentes sus referentes (Debussy, pero también Chabrier, Liszt, la escuela nacionalista rusa y los grandes autores barrocos franceses), es absolutamente personal, inconfundible.

Retrato de Maurice Ravel, músico a quien, por la suma precisión metronímica de sus composiciones y su cuidado del más nimio detalle de la instrumentación, Stravinski no dudaba en calificar de «el más perfecto relojero de todos los compositores». Tras esta perfección clásica aparentemente fría había un ser introvertido, contrario a hablar de sí mismo en su música, a pesar de lo cual ésta expresa mucho más de lo que parece.

Una de las obras más originales y sorprendentes de Ravel es Historias naturales, *ciclo de canciones para voz y acompañamiento de piano, en el que el músico recurrió a unos provocativos textos de Jules Renard. Protagonizados por animales, éstos en realidad caricaturizan algunos comportamientos del ser humano. Delicadamente irónicos, forman parte del Ravel menos conocido. En la imagen, boceto del pintor soviético M. Larionov para la indumentaria del pavo real.*

Nacido en 1875 en Ciboure, en el País Vasco francés, Ravel heredó de su padre, ingeniero suizo, el amor hacia la música y los artefactos mecánicos, personificados en su pasión por los relojes, y de su madre, de origen vasco, su atracción por España, fuente de inspiración de muchas de sus futuras obras. Alumno desde 1889 del Conservatorio de París, donde asistió a las clases, entre otros, de Gabriel Fauré, desde sus primeras composiciones —como la célebre *Pavana para una infanta difunta* (1899)—, Ravel dio muestras de una gran originalidad, que, sin duda, se convirtió en una de las causas por las que los conservadores miembros del jurado del Premio de Roma le negaron una y otra vez este preciado galardón. Aun así, sin este apoyo oficial, el músico pronto empezó a llamar la atención del público con su música, en la que destacaba sobre todo su capacidad única para tratar el color instrumental, el timbre.

Un orquestador nato

Es precisamente en su obra para orquesta donde esta faceta de su talento es más evidente: ahí está su *Rapsodia española* (1908), *La valse* (1920) o su *Bolero* (1928), una de las obras más famosas de todos los tiempos; un verdadero *tour de force* orquestal en el que todo el interés reside en la forma en que Ravel combina los diferentes instrumentos, desde el sutil *pianissimo* del inicio hasta el *fortissimo* final. Suya es tam-

bién la más interpretada de las orquestaciones de los *Cuadros de una exposición,* de Modest Musorgski, originalmente concebidos para piano: su transcripción, realizada en 1922, es un perfecto ejemplo de uso descriptivo de los instrumentos de la orquesta. No podemos olvidar tampoco sus trabajos para el teatro, las óperas *La hora española* (1911) y *El niño y los sortilegios* (1925), y los ballets *Ma mère l'oye* (1912) y *Dafnis y Cloe* (1912).

◼ Austeridad y brillantez

Pero no sólo la música orquestal o escénica de Ravel posee estas virtudes: su música vocal, de cámara y para piano participa igualmente de ellas. Con independencia del medio empleado, en toda su producción sorprende la habilidad del músico para descubrirnos sonoridades insospechadas, alejadas de aquellas vaporosas, «impresionistas», típicas de Debussy. Las de Ravel, por el contrario, buscan en todo momento la brillantez, el efecto, sin caer nunca en el efectismo. Un ejemplo lo ofrecen sus composiciones pianísticas, como *Gaspard de la nuit* (1908), de una dificultad técnica asombrosa, de un nivel virtuosístico inhumano, pero en las que nada es gratuito.

Hay que señalar, empero, que esta faceta, aun siendo la más difundida, no es la única de Ravel. Personaje complejo, en él convivían dos tendencias fuertemente contrapuestas, pero complementarias: el placer hedonista por el color, por la exuberancia sonora que ya hemos señalado y, a su lado, una marcada tendencia hacia la austeridad. Sus dos conciertos para piano y orquesta ejemplifican a la perfección este carácter dual: compuestos al mismo tiempo (1930), el primero de ellos, escrito para la mano izquierda, en re menor, es sombrío y pesimista, mientras que el segundo, en la luminosa tonalidad de Sol mayor, es brillante y extrovertido, de una ligereza que bien podríamos calificar de mozartiana. Ligado a esto, encontramos una preocupación casi obsesiva por la perfección formal y técnica de la composición, que hizo que Stravinski lo considerara como «el más perfecto relojero de todos los compositores», postura muy alejada de la libertad con que Debussy afrontaba sus composiciones. Clasicista o romántico que ocultaba sus verdaderos sentimientos bajo una máscara clásica, Ravel quiso con su música crear un precioso artificio, un recinto mágico y ficticio, alejado de la realidad y las preocupaciones cotidianas. Víctima de una enfermedad cerebral, falleció en 1937.

A la izquierda, portada de la primera edición de El niño y los sortilegios, *con un dibujo de A. Hellé. Ópera escrita sobre un libreto de la célebre Colette, es una de las expresiones más conseguidas, junto al ballet* Ma mère l'oye, *del amor que Ravel sentía por el universo de la infancia. Ingeniosa y ocurrente, de un lirismo sereno y acogedor, una vez más sorprende aquí la inagotable inventiva orquestal del compositor, con páginas tan maravillosas como el interludio nocturno que nos transporta del hogar del niño protagonista al jardín.*

Sobre estas líneas, acuarela de Léon Bakst para el primer acto de Dafnis y Cloe. *Con este ballet escrito para los Ballets Rusos de Diaghilev, Ravel y el coreógrafo Fokine, a partir del conocido relato homónimo de Longo, quisieron resucitar el espíritu de la Grecia clásica. El resultado fue una de las más vastas obras de este músico francés, tanto por su intención como por sus dimensiones. Se estrenó el 5 de junio de 1912 en París, con Nijinski y Karsavina como protagonistas.*

Igor Stravinski

L a noche del 25 de junio de 1910, los Ballets Rusos de Diaghilev estrenaron en la
Ópera de París el ballet *El pájaro de fuego.*
Su éxito fue tal que su autor, un joven y desconocido músico ruso llamado Igor Stravinski, se
hizo famoso de la noche a la mañana. Nacido en
1882, había sido discípulo de Rimski-Korsakov,
quien le transmitió toda su sabiduría orquestal,
muy pronto asimilada en obras como la miniatura *Fuegos de artificio* (1908). Precisamente a
raíz de la audición de esta partitura, Serge de
Diaghilev, cuyo gran olfato para descubrir nuevos talentos era legendario, decidió apostar fuerte por él y darle una oportunidad. A partir de
ese momento su carrera iba a ser fulgurante.

*L os inicios de la carrera
de Igor Stravinski estuvieron
indisolublemente vinculados
a los Ballets Rusos de
Diaghilev, compañía para
la que compuso numerosas
partituras, como El pájaro
de fuego, Petrouchka,
La consagración de la
primavera, Las bodas
o Pulcinella. En la fotografía
de la derecha, el compositor
con Vatslav Nijinski, éste
caracterizado como
Petrouchka. La discutida
coreografía de
La consagración de la
primavera se debió a este
extraordinario bailarín,
estrella de los Ballets Rusos.*

*E l triunfal estreno
de El pájaro de fuego en 1910
catapultó a Stravinski a la
fama. Obra basada en una
leyenda tradicional rusa,
la partitura aún debe mucho
a la música de su maestro
Rimski-Korsakov, sobre todo
en el terreno de la
orquestación, pero ello no
impide que estén ya presentes
algunos de los rasgos
característicos del Stravinski
posterior, como el innovador
empleo del ritmo. En la
imagen, Tamara Karsavina
en una representación del
ballet.*

◼ Un autor revolucionario

A *El pájaro de fuego* siguieron otros dos ballets, *Petrouchka* (1911) y *La consagración de la
primavera* (913), ambos escritos también para la
compañía de Diaghilev, que no hicieron sino incrementar la fama del compositor, a pesar del
sonado escándalo desatado la noche del estreno
del segundo, que, por la radical novedad de su
lenguaje, sobre todo a nivel rítmico, es hoy una
de las páginas paradigmáticas de toda la música
del siglo XX. Con esta espectacular partitura y las
que siguieron, Stravinski iba a convertirse, junto
a Schönberg y Bartok, en uno de los maestros
indiscutibles de la música contemporánea.

A grandes rasgos, la carrera del maestro
puede dividirse en tres períodos: ruso, neoclásico y serial o dodecafónico. El primero de ellos,
al cual pertenecen los tres ballets mencionados
y también obras tan importantes y originales como *La historia del soldado* (1918) y *Las bodas*
(1923), se caracteriza por la brillantez de su instrumentación, la dureza de sus armonías y el carácter incisivo de sus ritmos.

◼ Los años neoclásicos

A pesar del éxito conseguido —en ocasiones, como en el caso de *La consagración*, no
exento de polémica, pero éxito al fin y al cabo—,

Stravinski se distinguió siempre por su capacidad de sorprender y desconcertar incluso a sus propios seguidores. Tras la Primera Guerra Mundial, su música dio un giro tan radical como inesperado: en 1920, el estreno del ballet *Pulcinella*, con decorados de su amigo Picasso —como él, un artista difícilmente encasillable en una corriente concreta—, sorprendió a propios y extraños, pues en lugar de continuar el estilo que le había hecho famoso internacionalmente, Stravinski volvía aquí su mirada al pasado, en concreto a la música de Giovanni Battista Pergolesi, con una literalidad que casi lindaba en el pastiche. El escándalo fue monumental, pues desagradó tanto a sus partidarios, que vieron en el aparente conservadurismo de la obra una traición a sus anteriores postulados vanguardistas, como a los conservadores, quienes consideraron la obra una befa a la tradición. A pesar de su apariencia clásica, en ningún momento esta música dejó de ser inconfundiblemente moderna y stravinskiana, sobre todo en su característico sentido del ritmo.

A bajo a la izquierda, la Danza de las adolescentes, uno de los momentos culminantes de La consagración de la primavera, en una fotografía obtenida el mismo día de su tumultuoso estreno. Vatslav Nijinski, quien había encarnado el papel de Petrouchka en su primera representación, fue el encargado de coreografiar esta obra. A juicio del propio Stravinski, fue su desgraciado trabajo, más que el carácter innovador de la música, la verdadera razón de la escandalosa acogida que recibió el ballet. El éxito obtenido en posteriores representaciones como pieza de concierto parece confirmar esta opinión.

esta etapa, tras la cual Stravinski volvió a desconcertar, ahora con su conversión al sistema dodecafónico establecido por Schönberg.

La dodecafonía

La muerte de este maestro vienés (con quien, a pesar del respeto que mutuamente se profesaban, tuvo una relación que podría calificarse de conflictiva), el descubrimiento de la música del discípulo de aquél, Anton Webern, y el contacto con el joven director norteamericano Robert Craft, entusiasta de la técnica schönbergiana, fueron las causas que movieron a Stravinski a su tardía conversión al dodecafonismo, aunque su forma de aproximarse a él fuera siempre bastante personal. De este período son obras como *Canticum sacrum* (1956), el ballet

Obra que inaugura el período neoclásico, con *Pulcinella* Stravinski inició una larga serie de composiciones en las que rendía tributo a distintos maestros del pasado: Haendel en la ópera-oratorio *Edipo rey* (1927), Chaikovski en *El beso del hada* (1928), Haydn en la *Sinfonía en do* (1940), Bach en el *Concierto en Re mayor* (1947)... Al lado de éstas aparecen otras obras de calidad incuestionable, como la *Sinfonía de los salmos* (1930). *La carrera del libertino* (1951), concebida como un homenaje a la ópera del siglo XVIII y en especial a Mozart —recitativos *secchi* incluidos—, señala la cúspide y el final de

A la derecha, fotografía de Stravinski en sus últimos años. Como Picasso, a quien ha sido comparado en numerosas ocasiones, el ruso fue durante toda su vida un inconformista que nunca quiso plegarse a las directrices de un estilo o una moda concretos.

Agon (1957), *Threni* (1958) y *El diluvio* (1962), ninguna de las cuales ha conseguido nunca la popularidad de que gozan sus otras partituras, a pesar de los muchos méritos que atesoran.

A través de sus cambios de estilo y de lenguaje, de su inconformismo, Stravinski personifica como ningún otro autor la compleja y apasionante historia de la música en el siglo XX, su variedad de corrientes, estéticas y lenguajes. Lo más sorprendente de todo, empero, es que, pese a esta variedad, la música de Stravinski suena siempre a Stravinski. El compositor murió en Nueva York en 1971.

El neoclasicismo

En 1925 compuso Arnold Schönberg sus tres *Sátiras Op. 28* para coro, una de las cuales tituló significativamente *Los neoclásicos*. Sin lugar a dudas, sus dardos iban dirigidos a Igor Stravinski, principal adalid del neoclasicismo desde que en 1920 diera a conocer *Pulcinella*. Con su obra, el músico vienés quería denunciar lo que consideraba una traición del ruso, una claudicación de sus principios renovadores en favor de la resurrección de un pasado periclitado que ya no podía volver, salvo de manera forzada y artificial.

Mirar al pasado

Corriente musical predominante en Europa entre las décadas de 1930 y 1940, el neoclasicismo, al menos entre sus mejores representantes, no fue una simple reconstrucción de las formas, los modos de hacer y los estilos del pasado —algo que con facilidad podía degenerar en el simple pastiche—, sino que se trató de un fenómeno mucho más complejo. Fue, sobre todo, una forma de oposición al Romanticismo, el germánico en especial, y a todas las corrientes que de él surgieron —como el expresionismo—, caracterizadas por su expresividad exacerbada y casi morbosa. Frente a esa subjetividad romántica, el neoclasicismo alentaba una marcada tendencia hacia la objetividad, hacia el racionalismo, hacia una práctica musical pura y abstracta, libre de todo sentimiento individual y ajena a toda sugestión literaria o programática. Y, lo que quizás es más importante, frente al cromatismo poswagneriano, a la disolución de la tonalidad que éste suponía, el neoclasicismo reivindicaba el tradicional sistema tonal anterior a Wagner y los románticos. En este sentido, sus fuentes se situaban más allá del Romanticismo, en el clasicismo, el Barroco e, incluso, en épocas más remotas de la historia. Todo lo contrario, pues, que aquello

Paul Hindemith, en el centro, fotografiado junto al director de orquesta Ernest Ansermet (a la izquierda) y el también compositor Arthur Honegger. Tras una juventud en la que escandalizó con obras rabiosamente modernas, Hindemith pasó a cultivar un estilo más moderado, inspirado en el Barroco en sus formas y armonías.

A la derecha, escena del Quijote *cervantino que inspiró a Falla su ópera para marionetas* El retablo de maese Pedro. *En esta obra, el maestro gaditano recurrió a distintos temas musicales de cancioneros y autores españoles de los siglos XVI y XVII, detalle que le confiere a la partitura su deliberado aspecto arcaico. La ópera se estrenó en Sevilla el 23 de marzo de 1923.*

que representaban los músicos de la Segunda Escuela de Viena, para quienes la expresividad en música («componer con el corazón» era una de las máximas de Schönberg) y la superación de la tonalidad eran principios incuestionables. (Dicho sea entre paréntesis, resulta curioso observar cómo los miembros de esta tendencia también en cierto sentido fueron neoclásicos: pese a la novedad armónica de su lenguaje, en su música introdujeron estructuras formales que remitían directamente a tiempos anteriores al siglo XIX, como la suite.)

Durante casi treinta años, Stravinski encarnó la esencia del neoclasicismo en su música, pero no fue ni mucho menos el único representante de dicha corriente. Junto a él aparecieron distintos

compositores que otorgaron al movimiento su variada y multiforme fisonomía. Algunos de ellos se han citado ya en estas páginas, como tres de los integrantes del grupo de los Seis, Darius Milhaud, Arthur Honegger y Francis Poulenc. Este último, por ejemplo, compuso una serie de obras en las que reinterpretaba, en un estilo brillante y distendido, pero que deja traslucir cierto deje melancólico, la gran tradición barroca francesa de los Rameau y Couperin (*Concierto campestre para clave, Suite francesa*).

Algunos representantes

Uno de los más importantes neoclásicos, y también más personales, fue Paul Hindemith (1895-1963), considerado durante buena parte del siglo XX como uno de los pilares indiscutibles de la música contemporánea. Tras una juventud activa en los círculos más vanguardistas y provocadores, Hindemith derivó en su madurez hacia posiciones más conservadoras y cercanas a un ideal barroco del arte, fundado en valores, para él sagrados e inamovibles, como la tonalidad, la forma y el contrapunto, con Bach como gran modelo. Su serie de *Kammermusik* para distintas

Cubierta de la partitura de La armonía del mundo, *una ópera basada en la figura de Johannes Kepler que viene a culminar la trilogía dedicada por Hindemith al artista (tomado éste en el sentido más amplio del concepto) y su mundo.* Cardillac *y* Mathis der Maler *son los dos títulos que completan el tríptico.*

combinaciones instrumentales quería ser una especie de *Conciertos de Brandenburgo* del siglo XX. Junto a estas piezas cabe situar sus óperas, en especial *Mathis der Maler* (1937), de la cual extrajo una sinfonía del mismo nombre. El checo Bohuslav Martinu (1890-1959), autor de una rara facilidad, se sintió atraído durante la década de 1930 por formas barrocas como el *concerto grosso*. Fruto de ello fueron obras tales como el llamado *Concerto grosso* (1937), la *Sinfonía concertante para dos orquestas* (1932), los *Tre ricercari* (1938) o el *Doble concierto* (1938).

En Italia, el neoclasicismo gozó de amplio predicamento: músicos como Alfredo Casella (1883-1947), Ildebrando Pizzetti (1880-1968) o Gianfrancesco Malipiero (1882-1973) hicieron de él su bandera en su lucha por devolver a su país el esplendor musical de épocas pretéritas.

Por último, cabe mencionar a Manuel de Falla, quien tampoco escapó a la influencia de la corriente neoclásica: su maravillosa ópera *El retablo de maese Pedro* (1923) y el *Concierto para clave y cinco instrumentos* (1926) son buena prueba de ello.

A la derecha, el compositor y pianista italiano Alfredo Casella retratado por Giorgio De Chirico. Casella fue uno de los grandes animadores del panorama musical italiano, según la máxima de Verdi de renovar mirando al pasado. En este sentido se le debe, entre otros logros, la recuperación del legado de Vivaldi.

La Segunda Escuela de Viena

Una de las aventuras más apasionantes de la historia de la música tuvo como escenario Viena. Capital de un decadente y moribundo Imperio austrohúngaro al que la Primera Guerra Mundial daría la puntilla, la Viena del fin de siglo fue un punto de reunión, como París, de artistas e intelectuales de las más variadas tendencias. En música, mientras Franz Lehár suscitaba el entusiasmo con su opereta *La viuda alegre* (1905), la mayoría de compositores estaban inmersos en la corriente posromántica, de clara ascendencia wagneriana. Uno de ellos era Gustav Mahler, pero junto a él también podemos citar a Alexander von Zemlinsky (1871-1942) y Franz Schreker (1878-1934), o al más joven Erich Wolfgang Korngold (1897-1957), quien en los años treinta realizaría una brillante carrera como músico de cine en Hollywood. En este mismo clima musical, caracterizado por un subjetivismo exacerbado, creció Arnold Schönberg (1874-1951), uno de los creadores más influyentes del siglo XX. De formación autodidacta, sus primeras obras, como por ejemplo el sexteto *Noche transfigurada* (1899) o el poema sinfónico *Pelleas und Melisande* (1903), participaban de lleno de las características de la escuela posromántica.

A la derecha, retrato de Alban Berg, pintado por su maestro Arnold Schönberg. Integrante de la llamada Segunda Escuela de Viena junto a éste y su condiscípulo Anton Webern, Berg fue un autor cuya música entronca con la gran tradición romántica germánica, en especial con la de su admirado Mahler.

Bajo estas líneas, caricatura de Dolbin en la cual se representa a los miembros del Cuarteto Kolisch recibiendo las instrucciones de Arnold Schönberg, de pie a la derecha, sobre cómo deben interpretar una de sus obras. En el centro, sentado, Alban Berg.

La crisis tonal

Pronto, sin embargo, su propia evolución le condujo a la traumática conclusión de que el tradicional sistema armónico tonal se sustentaba, desde el *Tristán e Isolda* wagneriano, sobre una falacia: si, según las reglas, en este sistema las disonancias eran siempre una excepción, en Wagner, y más aún en sus seguidores, la disonancia había ido cobrando cada vez más importancia, hasta el punto de que la música estaba prácticamente hecha de excepciones a la regla. Se imponía, pues, hacer legal lo que ya era una realidad en la práctica: emancipar la disonancia, hacer que todas las notas tuvieran idéntico valor, sin estar sometidas a un centro tonal. La *Sinfonía de cámara núm. 1* (1907) y el *Cuarteto de cuerda núm. 2* (1908) inician el camino hacia la atonalidad, por la cual, si antes toda la composición quedaba subordinada a una nota central o tóni-

ca, a la que siempre se volvía, ahora ésta quedaba abolida. Conclusión: todas las notas podían combinarse libremente entre sí. Los monodramas *La espera* (1909) y *La mano feliz* (1913), las *Cinco piezas para orquesta* (1909) y el ciclo de canciones *Pierrot lunaire* (1912) son las obras más representativas de este período. Sin embargo, la nueva técnica pronto se reveló inadecuada para la creación de grandes estructuras musicales: sólo era apta en piezas breves o sustentadas por un texto. La necesidad de una norma que diera sentido y unidad a la creación, que ofreciera suficientes garantías de organización interna y, a la vez, de libertad creativa, es lo que llevó a Schönberg a buscar un nuevo sistema compositivo. Su búsqueda fructificó en el «método de composición con doce sonidos», cuya primera exposición data de 1922, en la quinta de las *Cinco piezas para piano Op. 23*. Aparentemente rígido («ninguna nota se puede repetir antes de que se hayan escuchado las otras once de la serie»), a partir de él creó el músico algunas de sus obras más imponentes, como las *Variaciones para orquesta* (1928) y la ópera *Moisés y Aarón* (1930-1932).

Berg y Webern

Schönberg no encontró la comprensión del público ni de la crítica, pero no estaba solo. Excelente pedagogo, a partir de 1904 empezó a rodearse de una serie de alumnos que integrarían lo que se ha dado en llamar Segunda Escuela de Viena. Los más importantes fueron Alban Berg (1885-1935) y Anton Webern (1883-1945). Ambos siguieron al maestro en todas sus etapas, aunque cada uno adaptó los hallazgos de Schönberg a su propio estilo.

La obra del primero se mueve entre dos extremos opuestos: la obsesión por la perfección formal por un lado, y un apasionado lirismo de raíz romántica por otro. Su peculiar genio dramático encontró en la ópera el género idóneo en el que desarrollarse: *Wozzeck* (1925) y *Lulu* (1937) son sus dos magistrales aportaciones a este campo, aunque no hemos de olvidar tampoco composiciones instrumentales como las *Tres piezas para orquesta* (1913-1914), la *Suite lírica* para cuarteto de cuerda (1927) y el *Concierto violín* «A la memoria de un ángel» (1936).

Si Berg mostró desde el principio especial predilección por la gran forma de origen romántico, su condiscípulo Anton Webern, por el contrario, se caracterizó por componer obras de una brevedad casi aforística. Siguiendo los pasos

Cartel de Moisés y Aarón, ópera bíblica que Schönberg dejó inconclusa. Compuesta a partir de una única serie dodecafónica, se estrenó el 6 de junio de 1957.

de su maestro, su música derivó desde el posromanticismo de sus primeras partituras (*Passacaglia para orquesta*, de 1908) al atonalismo (*Seis piezas para orquesta*, de 1909) y el dodecafonismo (*Sinfonía*, de 1928). Tras la Segunda Guerra Mundial, fue el gran referente de los jóvenes compositores vanguardistas (Stockhausen, Boulez, Maderna).

Berg sólo llegó a escribir dos óperas, pero ambas se cuentan entre las mejores que ha dado el siglo XX al repertorio lírico. En la imagen, escena de la segunda de ellas, Lulu, revisión moderna del mito de la femme fatale.

Bela Bartok

Con la llegada del nuevo siglo, el estudio del folclor experimentó un renovado auge. Fue el momento en el que etnomusicólogos y compositores dejaron de considerarlo un elemento más o menos pintoresco para pasar a estudiarlo seriamente, con un criterio científico. Uno de los primeros en seguir esta orientación fue el checo Leos Janacek (1854-1928), quien elaboró la gran mayoría de sus obras, especialmente las escénicas, a partir de melodías populares procedentes de su Moravia natal, en un afán de realismo muy alejado de la práctica romántica.

La trascendencia del folclor

El folclor iba a ser precisamente la principal característica de la obra del húngaro Bela Bartok, una de las figuras imprescindibles de la historia de la música del siglo XX, a la misma altura que Igor Stravinsky y Arnold Schönberg. Nacido en Nagyszentmiklós en 1881, en los inicios de su carrera pareció decantarse hacia la interpretación pianística, faceta ésta, por otro lado, que no iba a abandonar nunca. La atracción hacia la música popular de su país se manifestó en él a edad temprana; junto a su amigo y condiscípulo Zoltán Kodály, realizó frecuentes excursiones por el campo en las que, con ayuda de un rudimentario fonógrafo y papel pautado, grababa y anotaba los cantos que escuchaba de boca de los campesi-

Sobre estas líneas, sentados, Bela Bartok y Zoltán Kodály, fotografiados en 1910 junto a los componentes del Cuarteto Waldbauer-Kerpely. Ambos músicos, amigos y condiscípulos, compartieron el interés hacia el folclor, no sólo de su tierra natal húngara, sino también el de otras culturas limítrofes, como la rumana o la eslovaca, e incluso extraeuropeas. Sin el folclor es imposible entender la música de Bartok: en todas sus grandes obras, incluso las más abstractas, como sus cuartetos de cuerda o bien la música para cuerda, percusión y celesta, se percibe su influencia, en una escala que no es la de la simple cita sino que se extiende mucho más allá.

nos. Sería el folclor lo que había de proporcionar a Bartok los medios necesarios para desprenderse de la influencia romántica que dominaba en sus primeras creaciones, como el poema sinfónico *Kossuth* (1903). No sólo el folclor popular húngaro atrajo sus miras: así mismo lo hicieron el eslovaco, el rumano, el serbocroata, el turco o el árabe, entre otros, cada uno de los cuales dejó su impronta en sus composiciones, muy alejadas de la simple cita, la imitación o la recreación. Si en algunas obras —entre las que sobresalen títulos como los *Cuarenta y cuatro dúos para dos violines* (1931)— se conserva total o parcialmente la melodía original, y en otras —como en las *Seis danzas populares rumanas* (1909-1910)— la invención melódica y rítmica procede de la imitación de los originales folclóricos, en sus grandes páginas se asiste a la total absorción de los módulos expresivos populares y de sus estructuras lingüísticas (ritmos, tonalidades, formas), aunque sublimados de manera tal que, si bien no existen referencias directas, en todo momento se advier-

te su presencia. Ello es lo que le otorga a su música su color especial: para darse cuenta de ello basta con escuchar páginas tan abstractas como los tiempos rápidos de la *Música para cuerda, percusión y celesta* (1936), sus dos sonatas para

violín y piano (1921 y 1922) o sus impresionantes seis cuartetos de cuerda (1908, 1915-1917, 1927, 1928, 1934 y 1939), verdaderas cimas del género en el siglo XX.

Un estilo personal

Sin embargo, no es el folclor la única influencia que puede observarse en su música: decisiva, por ejemplo, fue la impresión causada en él por *La consagración de la primavera*, de Stravinski, perceptible en su ballet *El mandarín maravilloso* (1918-1919), cuyos ritmos frenéticos y dislocados y su ácida orquestación deben no poco a la obra maestra del ruso. Anterior en el tiempo es su única incursión en el terreno operístico, *El castillo de Barba Azul* (1911), hermosa ópera de inspiración simbolista, surgida del conocimiento de la música de Debussy, más concretamente de su *Pelléas et Mélisande*. Antes que restarle méritos, estas influencias hablan de un músico inquieto que sintió una especial vinculación hacia los movimientos más avanzados de su tiempo. Admirador de Schönberg, llegó a usar en determinadas partituras procedimientos atonales y las doce notas de la gama cromática, aunque sin adherirse nunca a los principios estrictos del dodecafonismo. Su pasión por el folclor evitó tanto que rompiera de manera definitiva con la tonalidad como que se adscribiera permanentemente a una corriente o un estilo ajenos a él mismo.

El exilio americano

Humanista convencido de vocación universal, como lo prueba su interés por todas las tradiciones musicales y su pasión por el aprendizaje de lenguas, la Segunda Guerra Mundial obligó a Bela Bartok a abandonar su patria y buscar refugio en Estados Unidos.

Allí su vida transcurrió en la más alarmante penuria económica, a pesar de los encargos de algunos músicos admiradores suyos, como el violinista Yehudi Menuhin o el director de orquesta Serge Koussevitzky, comandatarios, respectivamente, de la *Sonata para violín solo* (1944), una de las más complejas y fascinantes del repertorio, y el *Concierto para orquesta* (1944), tan mal comprendido por los vanguardistas de la década de 1950, cuando lo cierto es que se trata de una de las obras más hermosas, y también más desencantadas, del músico húngaro, en la que, a pesar de su factura clásica, no faltan las referencias a su folclor. Lejos de su patria, Bartok murió en Nueva York en 1945.

La música en la Alemania de entreguerras

La llegada de los nazis al poder en Alemania en 1933 y la posterior anexión de Austria en el Anschluss de 1938 truncaron trágicamente toda la efervescencia que había caracterizado la creación musical desde los inicios de siglo hasta la fecha en los países de habla alemana. Como consecuencia de la represiva política cultural y racial del nuevo Reich, muchos de los artistas integrados en movimientos de vanguardia, considerados desde ese momento «degenerados», debieron marchar al exilio, mientras la ejecución de sus obras era rigurosamente prohibida. Perseguidos también los de origen judío, aquellos que no pudieron escapar del país fue-

Bertolt Brecht concedía gran trascendencia a la música en sus dramas, por lo que siempre se rodeó de los compositores más adecuados a sus exigencias. El más famoso de ellos fue Kurt Weill, pero con él cabe citar a Hanns Eisler y Paul Dessau. En la fotografía de la derecha, este último al piano, con el dramaturgo, de pie.

ron internados en campos de concentración, donde hallarían la muerte. Fue, por ejemplo, el caso de los checos Viktor Ullmann y Erwin Schulhoff, dos autores cuya música se está redescubriendo a finales del siglo XX. Otros como Arnold Schönberg, Alexander von Zemlinsky, Ernst Krenek, Berthold Goldschmidt, Kurt Weill, Hanns Eisler y Erich Wolfgang Korngold consiguieron escapar y buscar asilo en Estados Unidos. Los pocos compositores de valía que quedaron en Alemania y Austria, como Alban Berg, que moriría en 1935, y Anton Webern, ambos de raza aria, vieron sus obras prohibidas y hubieron de refugiarse en un doloroso exilio interior.

▌ Krenek y Weill

De los mencionados, sin contar aquellos a los que ya nos hemos referido en páginas anteriores, dos ofrecen particular interés: Ernst Kre-

La más famosa de las colaboraciones entre Bertolt Brecht y Kurt Weill fue la Ópera de tres peniques, ácida sátira de la sociedad de su momento. En la fotografía, una de las escenas de la obra.

nek y Kurt Weill. El primero, Krenek (1900-1991), saltó a la fama en 1927 con su ópera *Johnny spielt auf* (que podríamos traducir como *Johnny, tócala otra vez*), protagonizada por un trompetista negro y salpicada de elementos jazzísticos. Tachada de indecente y pornográfica en los círculos más conservadores, obtuvo un éxito incuestionable. Posteriormente, y seducido por las teorías de Schönberg, aplicó el sistema dodecafónico en obras tan ambiciosas como la ópera histórica *Karl V* (1930-1933).

El segundo compositor, Kurt Weill (1900-1950), es hoy conocido, sobre todo, por sus colaboraciones con el dramaturgo Bertolt Brecht, otro de los intelectuales que debieron marchar al exilio, en este caso por su ideario político. Con texto de Brecht, Weill compuso la *Ópera de tres peniques* (1928) y *Ascensión y caída de la ciudad de Mahagonny* (1927-1929), ambas caracterizadas por su ácida crítica política y una música que no esconde su vinculación con el universo del cabaret y el jazz. Emigrado por su condición de judío a Estados Unidos, allí llevó a cabo una brillante carrera como compositor de musicales, aunque ninguno de ellos —*Johnny Johnson* (1936), *Lady in the Dark* (1941), *The Firebrand of Florence* (1944)— ha conseguido la perdurabilidad de las dos obras mencionadas.

El caso Hindemith

Sin contar al gran Richard Strauss, quien, pese a sus simpatías iniciales hacia el régimen, pronto supo distanciarse de él, otro de los que quedó en un primer momento en Alemania fue Paul Hindemith. El antaño *enfant térrible* de la música germánica había evolucionado entonces hacia un estilo que, como comentábamos en páginas anteriores, buscaba su modelo en la gran tradición barroca, de modo que no entraba en contradicción con los principios nazis. Sin embargo, también debió tomar el camino del exilio en 1934 debido a las dificultades que encontraba para trabajar en su país. Considerado un bolchevique cultural por sus provocadoras obras de juventud (como las óperas en un acto *Asesino, esperanza de las mujeres*, la blasfema *Santa Susana* y *Das Nusch-Nuschi*), la prohibición del estreno de su ópera *Mathis der Maler*, en la que se pro-

A bajo, frontispicio de la partitura de Carmina Burana, *de Carl Orff.*

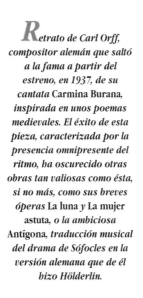

R etrato de Carl Orff, compositor alemán que saltó a la fama a partir del estreno, en 1937, de su cantata Carmina Burana, *inspirada en unos poemas medievales. El éxito de esta pieza, caracterizada por la presencia omnipresente del ritmo, ha oscurecido otras obras tan valiosas como ésta, si no más, como sus breves óperas* La luna *y* La mujer astuta, *o la ambiciosa* Antígona, *traducción musical del drama de Sófocles en la versión alemana que de él hizo Hölderlin.*

clamaba la libertad del artista respecto a su sociedad y la política, provocó la marcha del músico, primero a Ankara y luego a Estados Unidos.

Los músicos del régimen

Hans Pfitzner (1869-1949) y Carl Orff (1895-1982) fueron dos de los compositores, de entre los que permanecieron activos en Alemania, cuya obra conserva interés, más la del segundo que la del primero.

La producción de Pfitzner, firmemente entroncada en el romanticismo poswagneriano, es paradigmática de los ideales de los estetas nazis: su ópera *Palestrina* (1912-1915) es todo un manifiesto en favor de la tradición y contra las perversas corrientes modernas. La de Carl Orff, menos conformista, proponía la recuperación del espíritu renacentista y medieval, e incluso se remontaba más atrás en el tiempo, creando una música («escuela de neo-neanderthal» según una malévola definición de Stravinski) basada en la importancia esencial del ritmo como principio generador. Su cantata profana *Carmina Burana* (1937), en la que este ideario consigue su más brillante traslación, es una de las obras más populares e interpretadas del siglo.

El sinfonismo soviético

Lo que en Alemania se consideraba «degenerado», en la Unión Soviética recibió el apelativo de «formalista»: en ambos casos, el término se refería a una música en la que el carácter más abstracto de la composición privaba sobre su cualidad para transmitir contenidos programáticos de índole ideológica y propagandística. Si allí el modelo seguido era la gran tradición alemana, aquí sería la no menos grande tradición rusa (los Cinco) y las distintas tradiciones folclóricas de las diferentes repúblicas. Cualquier síntoma de vanguardismo era considerado como una muestra de degeneración burguesa, un «cosmopolitismo antipopular» digno de ser combatido. De esta forma, todo el debate cultural que había dominado en la vida rusa desde el triunfo de la Revolución de 1917 desapareció de manera traumática a partir de la década de 1930. En su lugar se instauró como principio rector el «realismo socialista», por el cual se recomendaban las composiciones que exaltaran la lucha revolucionaria y el socialismo y que estuvieran construidas a partir de un lenguaje «realista», in-

A la derecha, El camino de Octubre, cartel conmemorativo de la fracasada revolución de 1905. El triunfo en Rusia de la Revolución de Octubre de 1917 provocó cambios radicales a nivel artístico, con el florecimiento de toda una serie de movimientos de vanguardia de indiscutible interés. Sin embargo, esta situación de libertad y entusiasmo creativo a todos los niveles cambiaría drásticamente con la muerte de Lenin y la llegada al poder de Stalin.

teligible y basado en canciones populares, armonizadas con el máximo respeto.

A pesar del estricto control que el Estado ejercía sobre los compositores, la creación musical en la Unión Soviética vivió una singular época dorada durante el período estalinista. Autores como Nikolai Miaskovski (1881-1950), Visarion Shebalin (1902-1963), Aram Khachaturian (1903-1978), Gavriil Popov (1904-1972) o Dimitri Kabalevski (1904-1987), algunos de ellos poco conocidos en Occidente, tuvieron una especial trascendencia en esta brillante etapa de la música soviética. Pero, sin duda, los dos nombres más relevantes, por la calidad indiscutible de su aportación, fueron Serguéi Prokofiev (1891-1953) y Dimitri Shostakovisch (1906-1975).

Serguéi Prokofiev

Prokofiev había sido durante su juventud el *enfant térrible* de la música rusa, gracias a su reputación como pianista defensor de las nuevas corrientes y a su autoría de obras deliberadamente escandalosas, como la *Suite escita* (1914), calificada de «bárbara» en su día. Bien visto por los bolcheviques, Prokofiev optó, sin embargo, por exiliarse tras el triunfo de la Revolución; se estableció en Estados Unidos, donde el modernismo de sus obras no fue comprendido, y más

De izquierda a derecha, tres de los principales compositores soviéticos: Serguéi Prokofiev, Dimitri Shostakovisch y Aram Khachaturian. La relación de los tres músicos con el régimen stalinista fue, cuando menos, compleja.

tarde en Francia, donde estrenaría algunas de sus piezas más importantes. Finalmente, en 1933, decidió regresar a su país. Allí su estilo debió adaptarse a las directrices del Partido, orientándose hacia un cierto clasicismo. Como resultado de ello, su música perdió agresividad, pero ganó en calidad melódica, sin perder nunca una cierta tendencia hacia lo grotesco. Los ballets *Romeo y Julieta* (1938) y *La Cenicienta* (1945), su monumental *Sinfonía núm. 5* (1945) y la enigmática *núm. 6* (1947), el cuento *Pedro y el lobo* (1936) y la ópera *Guerra y paz* (1941-1952) son algunas de sus obras más importantes de esta última etapa.

Dimitri Shostakovisch

A pesar de que su relación personal no siempre fue cordial, Dimitri Shostakovisch admiraba en Prokofiev su inagotable vena melódica. Éste, por su parte, envidiaba de aquél su maestría en la orquestación. Durante mucho tiempo, Shostakovisch fue considerado en Occidente el compositor oficial soviético, aunque lo cierto es que su relación con el régimen distó mucho de ser plácida: a períodos en que se le consideraba

Sobre estas líneas, fotografía del Moscú de 1942, en plena Segunda Guerra Mundial. Puede verse en ella el cartel anunciador de una interpretación de la Sinfonía núm. 7 «Leningrado» de Shostakovisch, todo un símbolo de la lucha contra el invasor nazi.

el mejor representante de la música de su país, sucedían otros en los que sus composiciones eran reprobadas y prohibidas, bajo la sempiterna acusación de formalismo. Precisamente, una obra suya, la ópera *Lady Macbeth del distrito de Mtsensk* (1934), motivó, el 28 de enero de 1936, la publicación en *Pravda* del artículo «Caos en lugar de música», origen del «realismo socialista».

Shostakovisch había saltado a la fama en 1926, a la edad de veinte años, con su *Sinfonía núm. 1*, rápidamente difundida por todo el mundo. Gran promesa de la música soviética, sus posteriores obras no hicieron sino confirmar su talento. Es el caso de la ópera *La nariz* o de su ballet *La edad de oro*, una y otro estrenados en 1930 y caracterizados por su audacia armónica y su humor corrosivo. Su *Sinfonía núm. 5* (1937), compuesta según el criterio de inteligibilidad caro al régimen, y la *núm. 7*, «Leningrado» (1942), considerada modélica por su aliento patriótico y su realismo descriptivo, son dos de sus obras más populares. En sus últimos años, la risa de sus primeras composiciones fue dejando paso a la mueca, el sarcasmo y la desesperanza. Poco a poco, Shostakovisch fue encerrándose en sí mismo y su música adquirió un tono cada vez más sombrío, indeleblemente marcado por la presencia de la muerte. Tal sucede en su impresionante serie de cuartetos de cuerda o en las tres últimas de sus quince sinfonías.

A la izquierda, diseño de Dimitriev para la ópera de Shostakovisch Lady Macbeth del distrito de Mtsensk. *Estrenada con gran éxito en Leningrado el 22 de enero de 1934, fue retirada inmediatamente de cartel tras una representación a la que asistió Stalin, quien se escandalizó ante la novedad del lenguaje empleado por el músico. A raíz de ello se desencadenó toda una campaña en contra de Shostakovisch, al que se acusaba de practicar un cosmopolitismo enemigo del pueblo. La respuesta del compositor fue la Sinfonía núm. 5, de concepción clásica y tradicional.*

La revelación musical de Estados Unidos

En el terreno musical, Estados Unidos dependió durante largo tiempo de Europa: europeos eran la mayoría de los intérpretes y directores, y europeos eran las modas y los estilos que obtenían mayor aplauso, lo cual no era obstáculo para que, esporádicamente, se intercalasen algunos temas melódicos de procedencia americana. Esta influencia del Viejo Continente se vio incrementada con la presencia en América de destacados compositores, uno de los cuales fue el checo Anton Dvorak, profesor del Conservatorio Nacional de Nueva York entre 1892 y 1895.

La situación empezó a cambiar en el siglo XX: las dos guerras mundiales y la llegada de los nazis al poder en Alemania provocaron la salida de Europa de muchos músicos de primer orden, la mayoría de los cuales buscó refugio en Estados Unidos: fue el caso de nombres de la talla de Stravinski, Schönberg, Bartok, Hindemith, Korngold y Martinu, entre los compositores, y Bruno Walter u Otto Klemperer entre los intérpretes. El resultado de su labor allí, junto a la de otros ya instalados anteriormente, unido todo ello al espectacular crecimiento económico y político experimentado por el país en esos conflictivos años, se tradujo en la aparición de una nutrida serie de compositores e intérpretes autóctonos que desarrollaron un estilo y un lenguaje con especificidades propias, capaces de competir con las viejas tradiciones e instituciones europeas.

Uno de los compositores de formación más sólida y completa que ha dado Estados Unidos ha sido Aaron Copland, autor de algunas obras inspiradas en el folclor del Far West, como Rodeo *o* Primavera apalache. *Sobre estas líneas, fotografía del músico dirigiendo.*

Un pionero del lenguaje moderno

En el plano de la creación, uno de los primeros en producir una música inequívocamente americana fue Charles Ives (1874-1954), pionero así mismo de la música moderna, cuya importancia sólo tardíamente ha sido reconocida. Muchas de sus obras —entre ellas cuatro sinfonías, y las orquestales *Three places in New England* (1904) y *Central Park in the Dark* (1898-1907)— emplean como base himnos religiosos y melodías tradicionales de su país, pero deformados por el uso de recursos armónicos y rítmicos que anticipan técnicas como la politonalidad o el atonalismo. De entre su producción conviene citar también *La pregunta sin respuesta* (1908).

La influencia del jazz

Muy diferente es el carácter de la obra de George Gershwin (1898-1937), quizás el compositor americano más conocido fuera de las fronte-

A la derecha, cartel anunciador de la película —dirigida por Vincente Minnelli y protagonizada por Gene Kelly y Leslie Caron— Un americano en París, *basada en la célebre obra orquestal del mismo título escrita por George Gershwin, el primer músico estadounidense que se dio a conocer con éxito fuera de su país.*

ras de su patria. Surgido del mundo del musical y la canción ligera, su música combina hábilmente la tradición culta occidental con melodías, modos y fórmulas procedentes del jazz y el espiritual negro. Su ópera *Porgy and Bess* (1935), sensible retrato de la comunidad negra de Estados Unidos, es elocuente en este sentido. No menos interesantes son la celebérrima *Rhapsody in blue* (1924), el *Concierto para piano en fa* (1925) y *Un americano en París* (1928), amén de un buen número de melodías, como *I got rhythm*.

Como continuación de la senda abierta por Gershwin, cabe situar la música de Leonard Bernstein (1918-1990), quien, al igual que su antecesor, se movió indistintamente en los campos de la creación seria y la popular. A la primera faceta pertenecen, entre otras obras, sus tres sinfonías —algo irregulares y en exceso eclécticas—, *Serenata* (1954), *Divertimento* (1980) y su ópera *A quiet place* (1983). Pero debe su fama como compositor, sobre todo, a sus incursiones en el segundo campo, gracias a musicales tan aplaudidos como *On the Town* (1944), *Candide* (1956) y, muy especialmente, *West Side Story* (1957). Músico polifacético, Bernstein fue también buen pianista y aún mejor director de orquesta, el primero de origen estadounidense en conquistar una posición de privilegio en el panorama internacional, hasta entonces dominado exclusivamente por europeos.

Folclor y nacionalismo americano

En un plano diferente se encuentra Aaron Copland (1900-1990), uno de los músicos más sólidos e interesantes de su patria. Formado en París, sus primeras composiciones importantes se enmarcaron en una corriente nacionalista que buscaba sus motivos de inspiración en el folclor americano más característico. A este período pertenecen *Salón México* (1933-1936), *Lincoln Portrait* (1942) y los ballets *Billy el Niño* (1938), *Rodeo* (1942) y *Primavera apalache* (1944), sin duda las páginas de más éxito de su autor. Con posterioridad, el estilo de Copland fue haciéndose más austero, e integró técnicas más avanzadas, entre ellas el dodecafonismo, en obras co-

*A*bajo, en segundo plano, Edgard Varèse en el pabellón de Philips en la Exposición Universal de Bruselas de 1958. Francés nacionalizado estadounidense, Varèse fue uno de los pioneros de la música electrónica; su obra sigue hoy sorprendiendo por la absoluta novedad de su concepción.

mo el *Cuarteto con piano* (1950) y *Connotaciones* (1962) que, a pesar de su considerable interés y lo impecable de su factura, no encontraron el mismo eco entre el público.

Roger Sessions (1896-1985), Walter Piston (1894-1976), Elliott Carter (1908) y Samuel Barber (1910-1981) son otros de los nombres destacados de la música americana de este siglo. No podemos tampoco dejar de mencionar a Edgard Varèse (1883-1965), francés de origen pero estadounidense de adopción, autor de una obra que aún hoy sorprende por lo arriesgado de su lenguaje (*Amériques*, *Arcana*).

*F*otografía que muestra a Gershwin al piano durante el rodaje de Ritmo loco, *filme para el que había escrito tres canciones. Sentados a su lado, en primer término, Fred Astaire y Ginger Rogers.*

Olivier Messiaen

Dentro del panorama musical posterior a la Segunda Guerra Mundial, el nombre del francés Olivier Messiaen (1908-1992) ocupa un lugar de privilegio no sólo por su labor creativa, de indiscutible originalidad y belleza, sino también por su faceta como profesor, bajo cuyo magisterio se formaron músicos tan destacados de la vanguardia de la segunda mitad del siglo XX como Pierre Boulez (1925), Karlheinz Stockhausen (1928) o Iannis Xenaquis (1922). En este sentido, una obra como los *Cuatro estudios de ritmo* para piano (1949), especialmente el titulado *Modo de valores e intensidades*, tiene una profunda significación histórica al ser el verdadero origen del «serialismo integral» que había de convertirse en uno de los distintivos de la Escuela de Darmstadt, ciudad alemana en la que Messiaen impartió algunos cursos de verano. Tomando como punto de partida el serialismo dodecafónico establecido por Arnold Schönberg y llevado a su máximo nivel de ortodoxia por su discípulo Anton Webern, Messiaen dio con esta partitura las claves para serializar no sólo los doce tonos de la escala cromática, sino también cualquier otro parámetro musical, como la altura, el ritmo, el timbre o la dinámica.

Un estilo personal

A pesar de esto, no puede considerarse al músico francés un representante ni de la Escuela de Darmstadt ni de cualquier otro movimiento. Su estilo era demasiado personal y original como para poder reducirlo a los estrechos límites de una corriente o una moda cualquiera; inequívocamente moderno, pero, al mismo tiempo, independiente de todos los «ismos» vanguardistas de su época.

La melodía es el auténtico principio rector de su música, como el mismo Messiaen no dejaba de señalar, por ejemplo, cuando afirmaba: «La armonía verdadera deriva de la melodía, que es voluptuosamente bella. La melodía es el punto de partida. ¡Que siga siendo soberana! Y sea cual fuere la complejidad de nuestros ritmos y nuestras armonías, no la desplazarán de su función, sino que, al contrario, la obedecerán como fie-

Una profunda fe cristiana y la pasión por la ornitología, por el canto de los pájaros, son dos de las características más llamativas del arte de Olivier Messiaen. Ambas ocupan un puesto de privilegio en la única ópera escrita por este compositor francés: **Saint François d'Assise,** *monumental fresco sonoro sobre el santo que amaba a los animales. En la imagen, de la parte superior,* **San Francisco habla a los pájaros,** *fresco que Giotto pintó en la basílica de San Francisco de Asís.*

les servidores». Junto al impulso melódico y un no menor interés por el ritmo y el timbre instrumental —«más que la forma, más que los ritmos, hay que ver en mi obra los sonidos-colores»—, la música de Olivier Messiaen se compone de otros elementos característicos, heterogéneos y extramusicales si se quiere, pero no menos esenciales y constantes: su profunda y sincera fe católica, la fascinación por la filosofía hindú y, sobre todo, el amor a las aves —Messiaen fue un reconocido ornitólogo— y a la naturaleza. Éstas son las características que definen prácticamente todas sus composiciones, desde las primeras hasta las últimas, desde *Le banquet céleste* para órgano (1928) hasta la orquestal *Éclair sur l'audelà* (1992).

Una obra paradigmática

De todas las obras de Messiaen, la que mejor sintetiza todas sus preocupaciones musicales y vitales, filosóficas, es la *Sinfonía Turangalila* (1949). Esta monumental partitura en diez movimientos, escrita para una gran orquesta sinfónica con sección de percusión ampliada, piano y ondas Martenot —un instrumento electrónico que Messiaen, uno de sus principales impulsores, empleó en varias de sus creaciones—, es, sin duda, una de las composiciones más interpretadas y grabadas de entre las escritas por un músico contemporáneo. Su título, derivado del sánscrito, es ya toda una declaración de intenciones: «*Lila* significa literalmente "juego", pero el juego en el sentido de la acción divina sobre el cosmos, el juego de la creación, de la destrucción, de la reconstrucción, el juego de la vida y de la muerte. *Lila* es también el Amor. *Turanga* es el tiempo que corre, como un caballo al galope; es el tiempo que se escapa como la arena de un reloj. *Turanga* es el movimiento y el ritmo. *Turangalila* viene a decir todo esto a la vez: canto de amor, himno a la alegría, tiempo, movimiento, ritmo, vida y muerte».

Una producción abundante

Junto a la *Sinfonía Turangalila*, Messiaen nos ha dejado otras muchas obras importantes. Aunque cultivó todos los géneros, siempre mostró particular atracción hacia la música orquestal y la destinada al piano y al órgano, su instrumento predilecto, del que fue un extraordinario intérprete. De las orquestales, deben citarse la temprana *Les offrandes oubliées* (1930), *Chronochromie* (1960), *Et expecto resurrectionem mortuorum* (1964) y *Des canyons aux étoiles* (1970-1974) —que le valió que el estado estadounidense de Utah bautizara una montaña con el nombre de su autor—, mientras que de las pianísticas sobresale *20 regards sur l'enfant Jésus* (1944) y de las organísticas, la *Misa de Pentecostés* (1950) y el *Libro de órgano* (1951). Mención aparte merece su serie de obras dedicadas a su gran pasión, la ornitología, como *Réveil des oiseaux* (1953) y *Oiseaux exotiques* (1956), a las que hay que añadir también el ambicioso ciclo pianístico *Catalogue d'oiseaux* (1956-1958), aunque los ecos de estos seres alados están presentes en toda su música.

No podemos olvidar tampoco el impresionante *Quatuor pour la fin du temps* (1941), escrito y estrenado en el campo de concentración Stalag VII, donde el compositor estuvo recluido al comienzo de la Segunda Guerra Mundial; el oratorio *La transfiguración de Nuestro Señor Jesucristo* (1965-1969) y su única ópera, *Saint François d'Assise* (1975-1983), estas dos últimas composiciones fruto de la intensa fe católica de Olivier Messiaen.

*A*demás de compositor y pedagogo, Messiaen fue un extraordinario organista, el último representante de la gran tradición de organistas compositores franceses. En la fotografía, el músico ante el órgano, instrumento al que dedicó buena parte de su labor creadora.

A la izquierda, escena del ballet Oiseaux exotiques, representado en Stuttgart en 1967. Aunque la obra no fue compuesta como ballet, sino como pieza orquestal, la riqueza de la partitura propició esta versión coreográfica de John Cranko.

La ópera contemporánea

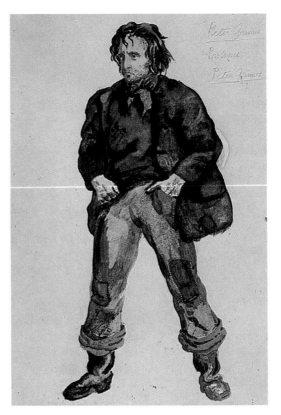

La idea de crisis que ha caracterizado buena parte de la creación musical durante el siglo XX ha tenido en la ópera uno de sus campos de batalla más representativos. Efectivamente, en pocos géneros como este han sido tantas y tan variadas las propuestas ofrecidas por los compositores, en especial tras la Segunda Guerra Mundial, como alternativas a la forma tradicional. A pesar del frecuente comentario —casi un tópico por su reiteración— de la muerte de la ópera, lo cierto es que el teatro lírico ha disfrutado de una salud envidiable durante todo el siglo, hasta el punto de que si hubiéramos de buscar una característica que definiera toda la idiosincrasia de la ópera contemporánea, ésta no sería otra que su multiforme e inabarcable riqueza, imposible de reducir a una sola categoría. Desde la continuación de la tradición decimonónica hasta el experimentalismo vanguardista, pasando por la recreación, cuando no invención directa, del pasado musical, la ópera contemporánea es un universo musical y teatral fascinante, tan sorprendente como exigente.

Entre los autores que más esfuerzos han dedicado al teatro lírico durante la segunda mitad del siglo, hay dos nombres que destacan de ma-

Sobre estas líneas, a la izquierda, Benjamin Britten, el compositor británico más destacado del siglo XX. Autor de una música de rara potencialidad dramática, suyas son algunas de las mejores óperas contemporáneas. A la derecha, figurín para Peter Grimes, protagonista de su ópera homónima, la primera de Britten y la que más fama le ha dado. Ecléctica en su estilo —son perceptibles en ella los ecos de autores como Verdi, Puccini y Berg—, la lucha del individuo contra la sociedad y la pérdida de la inocencia son sus grandes temas, posteriormente profundizados en otros trabajos.

nera particular: el británico Benjamin Britten (1913-1976) y el alemán Hans Werner Henze (1926), ambos especialmente dotados para la música escénica, cuyas obras, a pesar de su moderno lenguaje —sobre todo el del segundo—, en ningún momento se plantean la ruptura con la tradición que les ha antecedido: Purcell, Verdi, Puccini y Alban Berg en el caso de Britten; Monteverdi, Stravinski y también Berg en el caso de Henze.

■ Britten y la tragedia del individuo

Britten saltó a la fama en 1945 con el estreno de su primera ópera, *Peter Grimes*, cuyo incontestable éxito no hizo sino confirmar la potencialidad dramática de su música, presente en obras anteriores como la *Sinfonía de Réquiem* (1940) y la *Serenata para tenor, trompa y cuerdas* (1943). A *Peter Grimes* siguieron títulos como *La violación de Lucrecia* (1946), *Albert Herring* (1947), *Billy Budd* (1951), *Una vuelta de tuerca* (1954), *Sueño de una noche de verano* (1960) y *Muerte en Venecia* (1973), su última aportación a la escena. Centradas la mayoría en el tema de la pérdida de la inocencia y el trágico conflicto del

individuo con su sociedad, Britten realizaba en ellas una sorprendente síntesis entre las más rigurosas estructuras formales —en las que tenían lugar destacado aquellas de origen barroco como la *passacaglia*— y una expresividad de alta calidad lírica, a veces deliberadamente ambigua, casi morbosa. La escritura vocal, siempre *cantabile*, tiene aquí un papel esencial, ya que es ella la que revela el alma de sus personajes. A su lado, la orquesta no se limita a acompañar, sino que es la encargada de describir la acción interna del drama con una inaudita eficacia.

El eclecticismo de Henze

Hans Werner Henze comparte con este músico inglés un estilo que se puede calificar de ecléctico y que destaca, sobre todo, por su innegable capacidad comunicativa, sin duda el secreto de su gran éxito entre el público. Para Henze, cada obra es un problema nuevo que resolver, diferente del planteado por la anterior, lo cual explica la inusitada y sorprendente variedad de lenguajes que caracterizan su obra, desde el neoclasicismo stravinskiano de una ópera como *El joven Lord* (1965), hasta el barroquismo monteverdiano de *Venus y Adonis* (1997), pasando por el neorromanticismo de *El príncipe de Homburgo* (1960) o el antirromanticismo de *El mar traicionado* (1990). A pesar de esto, la unidad de su producción es incuestionable. *Bulevard Solitude* (1952) —la obra que lo dio a conocer—, *El rey ciervo* (1956), *Elegía para jóvenes amantes* (1961), *Los basáridas* (1966) y *El gato inglés* (1983) son otros de sus trabajos operísticos más conseguidos, al lado de los cuales hay que citar otras obras como el oratorio *La balsa de la Medusa* (1968), fruto de su período de mayor compromiso político, y su serie de nueve sinfonías, algunas de ellas, como la *Séptima* (1984), cimas del género en esta segunda mitad de siglo.

Otros autores

Junto a Britten y Henze es obligado citar la aportación del italoamericano Giancarlo Menotti (1911), cuyas partituras —*La médium* (1946) o *El cónsul* (1950)— se presentaban como continuadoras de la tradición pucciniana, y la del británico Michael Tippett (1905-1998), un inquieto músico que ha hallado en el género operístico el vehículo ideal de transmisión de sus concepciones filosóficas y sociales, a veces a través de un complejo simbolismo: *The Midsummer Marriage* (1955), *King Priam* (1962), *The Knot Garden*

Arriba, escena de la ópera de György Ligeti El gran Macabro, *uno de los trabajos más iconoclastas, provocativos y apasionantes que ha dado la segunda mitad del siglo XX a la escena operística.*

Michael Tippett, compatriota de Britten, se ha ganado un lugar en el mundo de la ópera con unas obras cargadas de simbolismo. En la foto, escena de The Ice Break, *estrenada en 1977.*

(1970) y *The Ice Break* (1977) son los principales títulos de su catálogo.

Pero la ópera contemporánea no se reduce a estos cuatro autores. Muchos son los que no han resistido la tentación de la escena. Vayan aquí, a modo de ejemplo, unos cuantos: Alberto Ginastera (1916-1983) —*Bomarzo* (1967)—; Bernd Alois Zimmermann (1918-1970) —*Los soldados* (1965)—; György Ligeti (1923) —*El gran Macabro* (1978)—; Luigi Nono (1924-1990) —*Intolleranza 1960* (1961)—; Karlheinz Stockhausen —*Licht*, ambicioso ciclo de siete óperas, una para cada día de la semana, iniciado en 1978 y aún en proceso—; Krzysztof Penderecki (1933) —*Los diablos de Loudun* (1969), *Ubú rey* (1991)—; Alfred Schnittke (1934-1998) —*Vida con un idiota* (1992)—; Aribert Reimann (1936) —*Lear* (1978)—; Philip Glass (1937) —*Einstein on the beach* (1976), *Satyagraha* (1980), *Akhnaton* (1984)—; o John Adams (1947) —*Nixon in China* (1987)—.

La Escuela de Darmstadt

La convulsión que supuso la Segunda Guerra Mundial transformó el proceso evolutivo del siglo XX, y no sólo en el plano ideológico, científico y técnico, sino también en el desarrollo de nuevos lenguajes artísticos. Hacia 1945, numerosos compositores, todavía con la mirada puesta en la dodecafonía de la Segunda Escuela de Viena, emprendieron una labor dirigida a explotar precisamente los postulados de Arnold Schönberg y los de sus discípulos Alban Berg y Anton Webern, sobre todo los de este último, el auténtico nexo musical entre la primera y la segunda mitad de siglo.

La ruptura con la tradición

Aunque parezca paradójico, los nuevos maestros no buscaron en sus creaciones un lenguaje comunicativo, una ilación de elementos para construir un discurso, sino que desestimaron todo criterio lógico y estructural y afirmaron la abstracción como medio compositivo. El rechazo de la estética tardorromántica alcanzó hacia los años cincuenta sus posiciones más extre-

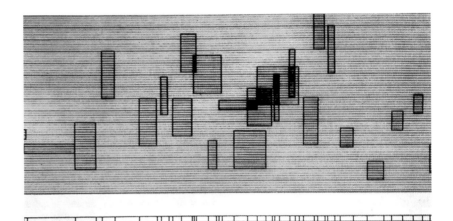

La revolución de la vanguardia no ha afectado sólo a parámetros musicales como la armonía, el ritmo o el timbre, sino que ha llegado también a la propia notación, a la forma de escribir las obras en el papel. Sobre estas líneas, página de la partitura del Estudio electrónico núm. 2 de Karlheinz Stockhausen.

La electrónica ha sido, prácticamente desde el inicio de su madurez como creador, el principal campo de experimentación de Stockhausen, tanto en composiciones para cinta magnética sola como en otras en que a ésta se unen instrumentos tradicionales. A la izquierda, el autor en un estudio de música electrónica en 1958.

mas: a partir de un evolucionado serialismo, los compositores se dieron a una escritura de partituras exentas de toda tensión dialéctica y temporal, y, antes que la expresión, pretendieron hacer del estudio del sonido una obra de arte, pero una obra de arte formalmente libre, sin espacio determinado, única, aislada, efímera, operación del intelecto. La auténtica pasión de los compositores de vanguardia, situados en el ecuador del siglo XX, consistió en experimentar, en acudir a fórmulas no empleadas desde Johann Sebastian Bach, como es la de adoptar un principio numérico tomado como fundamento de una creación musical.

Hay que destacar el hecho de que los compositores nacidos entre 1920 y 1950 tienen a sus espaldas unas tradiciones tan ricas como complejas, sea la procedente de la citada Escuela de Viena como la derivada de los maestros rusos; por lo demás, no pueden soslayarse las estelas de músicos tan conspicuos como Bela Bartok y Paul Hindemith. Precisamente a éste se debe, junto a Wolfgang Fortner (1907-1987), la creación, en 1946, del Instituto Kranichstein de Darmstadt, institución capital en la historia reciente de la música occidental. En dicho centro experimental se propagó la corriente posweberniana y se dio a conocer la música más avanzada del momento.

Darmstadt y la herencia posweberniana

Todo lo propuesto por Darmstadt se convirtió en un modelo, en una pauta a seguir. Así, un hito para dicho Instituto fue la presentación, en 1949, de *Modo de valores e intensidades,* de Olivier Messiaen. Esta obra significó en realidad el estímulo, el punto de partida de la experiencia

serial llevada a cabo en la llamada Escuela de Darmstadt, inaugurada en 1951 con la audición de obras de devoción científica y tan sustanciales para el devenir musical como *Polifonica, Monodia, Ritmica,* de Luigi Nono, *Kreuzspiel,* de Karlheinz Stockhausen, y *Polyphonie X,* de Pierre Boulez. Estas composiciones, su espíritu, hicieron volar por los aires muchos de los conceptos aceptados hasta entonces. Era, por decirlo de algún modo, como abandonar un edificio de Le Corbusier para entrar en un espacio de Norman Foster. Tanto Nono como Stockhausen y Boulez aplicaron, por primera vez y del modo más riguroso, el principio serial —basado en una sucesión preestablecida e invariable de sonidos, llamada *serie*— y abrieron unas vías por las que han transitado las generaciones más jóvenes.

La música electrónica

Esta mentalidad cientificista de los maestros de Darmstadt encontró en la música electrónica un excelente vehículo para la definición de sus propuestas: la fragmentación del sonido, su distorsión, la consecución de diversos planos sonoros logrados mediante aparatos electroacústicos, entraron a formar parte, en los años sesenta, de una nueva estética que, si bien discutida, señaló los caminos de la música ulterior.

Entre los músicos que formaron parte de la Escuela de Darmstadt, el italiano Luigi Nono representó el sector más comprometido políticamente con su sociedad. Militante del Partido Comunista de Italia, en su producción intentó expresar y denunciar la alienación a que se encuentra sometida la clase trabajadora. Y lo hizo con una música que, a partir del serialismo de la Escuela de Viena —Nono estuvo casado con la hija de Schönberg—, incorporaba las más avanzadas técnicas electrónicas.

Pierre Boulez (bajo estas líneas) se distinguió por una música de un gran rigor conceptual, en la que todos los parámetros de la composición están sometidos a los principios de la serie, aunque posteriormente moderó estos planteamientos con la introducción, controlada, de la aleatoriedad.

Junto a los músicos citados, que en 1951 abanderaron con sus composiciones la Escuela de Darmstadt, hay que mencionar también las figuras, desde luego capitales, de Bruno Maderna (1920-1973), autor de la interesante obra orquestal *Quadrivium* (1969), Henri Pousseur (1929), artífice de un espléndido y significativo *Quintette à la mémoire d'Anton Webern* (1955), y, quizás por encima de éstos, Luciano Berio (1925), que con los títulos *Sequenza I* (1958) y *Questo vuol dire che* (1969) animó el panorama musical europeo. En España fue Josep Maria Mestres-Quadreny (1929) quien abrazó con mayor fidelidad los preceptos surgidos de Darmstadt, y así lo demuestran sus *Tres cànons en homenatge a Galileu* (1968) y la música escénica *L'armari en el mar* (1978), con libreto de Joan Brossa. Menos extremo, pero no por ello inferior en lo musical, es Luis de Pablo (1930), un ejemplo del equilibrio entre el formalismo y la inspiración, a quien se debe la escritura de *Radial* (1960), *El sonido de la guerra* (1980) y *Kiú,* una ópera que data de 1983.

El fin del estructuralismo

Dentro de la propia Escuela de Darmstadt, y en una época tan temprana como 1955, Pierre Boulez cuestionó con *Le marteau sans maître* (1955) el rigor formalista y la oscuridad de las nuevas fórmulas compositivas. La crisis del estructuralismo se avecinaba: tensas polémicas en torno a cuestiones teóricas, manifiestos y partituras experimentales procedentes de los más diversos estilos y escuelas propiciaron un fuego cruzado, cuyos ecos llegaron, y con vigor, hasta los años ochenta. Procedimientos como la aleatoriedad, que incluía el azar en el desarrollo de la composición, supusieron el fin del estructuralismo serial.

El jazz

Como sucede con otros muchos conceptos, jazz es una palabra demasiado concreta, incapaz de reflejar toda la riqueza que su significado encierra, toda la variedad de corrientes y estilos que cabe en su interior. Lo más que podemos decir del jazz es que se trata de una forma de música que nació en Estados Unidos a finales del siglo XIX. A partir de aquí, toda generalización es peligrosa.

Origen del jazz

En 1865, cuando concluyó la Guerra de Secesión americana, en Nueva Orleans las marchas militares sudistas sonaban junto a la música antillana de los criollos y el *gospel* y los cantos espirituales de la población negra, originaria de África oriental. De esta mezcla surgiría a finales del siglo un nuevo estilo musical: el *ragtime,* una música de carácter sincopado, que se fue asentando poco a poco gracias a figuras como Scott Joplin (1868-1917). Hacia 1900, este sonido había evolucionado hasta llegar a constituir lo que hoy conocemos como jazz. Además, hay que añadir

*P*ara músicos como el desaparecido Tete Montoliu, el jazz es la música clásica del siglo XX. Sin entrar a valorar tal afirmación, lo cierto es que si una corriente ha otorgado un sello característico a dicha centuria, desde sus inicios hasta su final, ésa no es otra que el jazz. Sobre estas líneas, Johnny Dodds, Louis Armstrong, Johnny St. Cyr, Kid Ory y Lillian Hardin en una fotografía tomada en 1925, la época dorada del jazz clásico.

la gran influencia que tuvo el *blues,* género heredero de la tradición del *gospel* y de los cantos espirituales de los que también bebió el jazz. Tantas influencias iniciales han hecho de este estilo una música extraordinariamente abierta.

El *New Orleans style* pronto se interracializó, hasta el punto de que una formación de músicos blancos, la Original Dixieland Jazz Band, logró triunfar en Nueva York en 1917, año en el que grabaron *Indiana* y *Darktown Strutters? Ball,* considerada la primera grabación mundial de jazz. Rápidamente el estilo causó sensación en Estados Unidos, y la capitalidad de esta música, que hasta entonces ostentaba Nueva Orleans, se desplazó hacia Nueva York, y luego a Chicago, donde, en los años veinte, apareció un trompetista cuyas geniales improvisaciones cautivaron la ciudad: Louis Armstrong (1900-1971). Mientras, en Nueva York el saxofonista y clarinetista Sidney Bechet (1897-1959) y sus solos brillaban con luz propia. En la década de los años veinte empezaron a surgir también las *big bands,* que poco a poco fueron ocupando el lugar de las pequeñas formaciones iniciales.

La era del *swing*

Las *big bands* se caracterizaron por su sonido alegre, brillante y desenfadado, con el que llenaron las salas de baile de Estados Unidos, y al que se le llamó *swing*. Nombres como el del trombonista Glenn Miller (1904-1944) y su orquesta, o el clarinetista Benny Goodman (1909-1986), apodado el «rey del *swing*», pasaron a ser los protagonistas del panorama musical estadounidense, sin olvidar al celebérrimo Duke Ellington (1899-1974) y su orquesta «The Washingtonians», que en 1927 triunfaban en el Cotton Club, mítico local de jazz situado en el barrio neoyorquino de Harlem. Además, en la década de 1930 aparecieron grandes vocalistas de jazz, como Ella Fitzgerald (1918-1996), Billie Holiday (1915-1959) o Frank Sinatra (1915-1998).

El *bebop* y el *cool jazz*

Hacia la década de 1940, una serie de jóvenes músicos negros, cansados del formalismo del *swing* y las *big bands,* decidieron encaminarse hacia un estilo en el que primara la libertad rítmica y armónica: el *bebop*. Los pioneros de este estilo revolucionario serían el saxofonista Charlie «Bird» Parker (1920-1955), el trompetista «Dizzy» Gillespie (1917-1993) y el pianista Thelonius Monk (1917-1982).

No obstante, en los años cincuenta, de la imparable evolución del jazz surgió una reacción contra el estandarizado *bebop*, que recibió el nombre de *cool jazz*, un estilo más melódico, menos febril y, hasta cierto punto, más purista. Artistas como el trompetista Miles Davis (1926-1991) o el saxofonista Stan Getz (1927-1991) dieron forma plena a este modo de concebir el jazz.

El jazz hoy

Como reflejo del espíritu revolucionario que agitaba a las comunidades afroamericanas de los años sesenta, surgió el *free jazz,* un estilo en que la improvisación es la base de todo el desarrollo musical, al margen de cualquier esquema armónico preestablecido. El saxofonista Ornette Coleman (1930) se convirtió en uno de los máximos exponentes de esta corriente. Al *free jazz* por él cultivado siguieron, en la década de 1970, diversos estilos musicales que perseguían una renovación acústica inspirándose unos en otros: de ahí surgió la síntesis de estilos que ha recibido el nombre de *jazz fussion*. El rock fue uno de los principales géneros con los que se fusionó el

Bajo estas líneas, el célebre pianista y compositor Duke Ellington con su orquesta, en la película Canción de amor. *Músico de sólida formación, Ellington dio al jazz una dignidad y una altura hasta entonces desconocidas.*

jazz, sobre todo en la obra de un músico como Frank Zappa (1940-1993). En la última década del siglo XX, el jazz ha vivido un proceso paralelo al de la música clásica y se ha convertido en un género de culto que, por otra parte, ha sido precursor de las corrientes de música popular que pueden escucharse en la actualidad, que, asimilando las aportaciones que los estilos precedentes y contemporáneos, han podido generar gracias al carácter abierto que ha distinguido durante toda su historia a los *jazzmen*.

A la derecha, el trompetista Miles Davis, uno de los grandes revolucionarios del jazz de la segunda mitad del siglo XX. Inconformista e iconoclasta, fue el principal impulsor y representante del estilo conocido como cool jazz *y, pese a la oposición de los más ortodoxos, uno de los primeros en introducir en los arreglos instrumentos electrónicos.*

El desarrollo de la música popular

Tras una etapa, que se remontaría a finales del siglo XIX, en la que el consumo de música ligera se reducía a bailes y teatros de variedades, la popularización del disco cambió hábitos e internacionalizó estrellas, sobre todo, tras los felices veinte (reino indiscutible del charlestón y el foxtrot), con la complicidad del cine sonoro. Los años treinta nos legaron nombres como Bing Crosby, las hermanas Andrews o Ella Fitzgerald, todos ellos dotados de cuidados registros vocales bien diferenciados entre sí. Es también la época de propagación del *swing*, antes de reducido consumo, de manos de las orquestas de Benny Goodman, Glenn Miller o Count Basie.

Ya en los cuarenta, en Europa triunfa la *chanson* francesa: Yves Montand o Edith Piaf serían ejemplos notorios de bellas voces para profundas letras, característica básica de los galos. En la España de posguerra hacen furor —amén de las zarzuelas y los musicales autóctonos de Jacinto Guerrero, Francisco Alonso o de la tríada Antonio Quintero, Rafael de León y Manuel López Quiroga— las guarachas, las rumbas, los tangos y otros aires latinos en general. Son los años de Antonio Machín y de la orquesta de Xavier Cugat... A principios de los cincuenta se añade el mambo a la lista de éxitos; y a finales de esta década, se impondrá arrolladoramente un nuevo tipo de música: el *rock & roll*.

Desde que nació en la década de 1950, el rock ha estremecido la sociedad hasta convertirse en uno de los movimientos más particulares y seguidos del siglo XX. A la derecha, cartel de la película de Fred F. Sears Don't Knock the Rock, *que, tras el éxito obtenido por* Rock around the Clock, *reunía un nutrido plantel de estrellas del rock, entre ellas Bill Haley y Little Richard.*

Bajo estas líneas, el mítico Carlos Gardel en una de sus películas. Gardel fue el cantante de tango por antonomasia, cuyo estilo de interpretar, personal e inconfundible, suscitó admiraciones incondicionales a una y otra orilla del Atlántico.

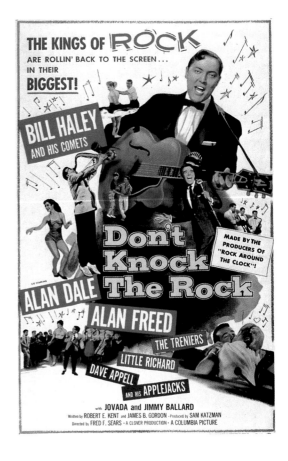

Nace el rock

Fue Alan Freed, un *disc-jockey*, quien etiquetó este nuevo estilo de música, que supuso el inicio de una verdadera revolución generacional, de un nuevo estilo de vida con clara vocación rebelde. El inicio oficial lo marcaron Bill Haley y sus Comets con *Rock around the clock* en 1954, pero sin duda fue Elvis Presley quien consagró el género, junto a Chuck Berry y Little Richard. El rock tuvo sucedáneos; pero también, y de un modo paralelo a éstos, surgió otro tipo de música: el folk como «canción protesta». A mediados de los sesenta, Joan Baez, Bob Dylan y Leonard Cohen lideran este tipo de música que tuvo sus derivaciones en la España franquista, entre las que destaca la Nova Cançó, movimiento musical catalán con cantautores como Joan Manuel Serrat o Raimon. Pero el terremoto definitivo que socavaría las entrañas de toda la jerarquía musical estaba a punto de producirse. Su epicentro: Liverpool. En 1962, los Beatles lanzaron al mercado su primer disco: llegaba así la era de la música *yeh-yeh* y el inicio del predo-

minio británico en la música pop: Rolling Stones, The Who, The Moody Blues... Estos últimos fueron los iniciadores del llamado rock sinfónico que, camino de los años setenta, cultivaron grupos como Emerson, Lake & Palmer, Genesis o Pink Floyd.

Entre la radicalidad y el *glamour*

También de finales de la década de los sesenta y principios de la de los setenta son el

Si un grupo hay que resuma toda la historia del pop, es sin duda alguna The Beatles. El éxito de sus canciones iba acompañado siempre de una incesante renovación del lenguaje, carácter poco usual en este estilo de música.

hard rock y el *heavy metal*: Led Zeppelin o Deep Purple —formados el año 1968— y AC/DC —que data de 1971— son sólo algunos de los exponentes de esta línea musical agresiva y electrizante. En el polo opuesto surge el *glamour rock*, cuyas características principales fueron más de parafernalia que de partitura. David Bowie fue su ambiguo abanderado, seguido por el grupo Roxy Music y, en la década siguiente, por otros de tendencia neorromántica y bailable, como Spandau Ballet o Duran Duran.

A mediados de los setenta, concretamente en 1975, el testigo de la agresividad lo toman los *punks*, modelo de irreverencia y espíritu iconoclasta que tiene su paradigma en los Sex Pistols y en su líder, Sid Vicious, muerto en 1979 de una sobredosis de heroína. Al unísono surgían grupos como Boney M, Bee Gees y Village People, apóstoles de una nueva ola de música bailable que iba a generar olas de entusiasmo en todo el mundo. En sus notas se percibía cada vez más el predominio de los instrumentos electrónicos: se acercaba el *techno* de los años ochenta. Aunque la falta de perspectiva histórica no nos permite

Una buena campaña de promoción es clave para que un disco tenga o no éxito en el mercado, hasta tal punto que en ocasiones vende más la imagen del cantante o el grupo en cuestión que su propia música. A la derecha, Michael Jackson, uno de los intérpretes de más éxito de las décadas de 1980 y 1990, que ha sabido explotar una imagen particular y a todas luces inconfundible, que no conoce fronteras.

todavía ver la evolución de los años noventa, sí cabe apuntar que existe una clara tendencia hacia la música cibernética, generada por ordenador y construida a golpe de *sampler* (buen ejemplo de ello es el *dance*), así como la creciente presencia del sempiterno producto destinado al consumo del público adolescente: Spice Girls o Alejandro Sanz, como ejemplos opuestos con un mismo destino.

Las estrellas internacionales

Totalmente impermeable a esta evolución del pop-rock, ha seguido la música de corte más melódico (ligera en sentido estricto) que el desaparecido Frank Sinatra o Julio Iglesias, por citar dos ejemplos internacionalísimos, representan a la perfección. Aunque con líneas evolutivas menos inflexibles que los anteriores, otros cantantes se han mantenido presuntamente alejados de modas pasajeras, creándose un aura de singularidad a su alrededor: es el caso de Michael Jackson, Madonna y Elton John, quienes han bebido, con mayor o menor fortuna según las épocas, de los estilos con los que han tenido que convivir y a los cuales han transmitido su propia personalidad.

El mundo del disco

La posibilidad de grabar y reproducir el sonido significó un acontecimiento de considerables proporciones en el mundo de la música, ya que supuso el nacimiento de una de las industrias más prósperas del siglo XX: la fonográfica. En la imagen, dibujo que representa una de las primeras demostraciones de las posibilidades del invento que Thomas Alva Edison había patentado en 1878, el fonógrafo, ante una multitud incrédula y maravillada.

Gracias al fonógrafo y el posterior y más sofisticado gramófono de Emile Berliner fue posible conservar en testimonios sonoros el talento de cantantes e instrumentistas que, de otro modo, estaba destinado a desaparecer con ellos. La grabación de discos nos permite así acceder a documentos históricos de los grandes intérpretes del pasado. En la foto, la eximia contralto Ernestine Schumann-Heink ante un gramófono.

Desde que en el siglo XVII algunos organistas adquirieran renombre, o en el XVIII cantantes como el gran Farinelli hiciesen las delicias de selectos públicos, se estaba fraguando un cierto culto al intérprete. No obstante, en muchos casos, su fama era efímera y duraba sólo mientras sobrevivía el recuerdo de quienes lo conocieron o en la letra muerta de los escritos. En cualquier caso, sus interpretaciones se perdían con su muerte. Hasta finales del siglo XIX no se encontrarán, por fin, los medios técnicos que permitan la pervivencia, más allá de la memoria, de la interpretación.

Un invento histórico

El 19 de febrero de 1878, Thomas Alva Edison (1847-1931) patentó el fonógrafo, un aparato que grababa y reproducía mecánicamente el sonido sobre un cilindro de estaño; un año antes, él mismo había entonado la canción infantil «Mary had a little lamb» sobre uno similar. Ante las deficiencias técnicas del aparato, en 1888 Edison sustituyó el cilindro de estaño por uno de cera dura alimentado por pilas, y al año siguiente inició la comercialización de las primeras grabaciones. Sin embargo, estos primitivos antecedentes del disco se fabricaban uno a uno; la fabricación en serie no comenzó hasta 1901. El uso de la aguja de diamante pulimentado llevó al cilindro de cera a conocer una etapa gloriosa que terminó pronto: la Columbia fabricó el último en 1912. El «culpable» de esta efímera existencia del cilindro como soporte fue el invento de Emile Berliner (1851-1929): el disco plano. Éste fue patentado en 1887 para un aparato llamado «gramófono». Su producción en serie, por medio de la galvanoplastia, conocería su época más fructífera a partir de 1909. La ebonita sería sustituida por la baquelita (una resina sintética inventada por el químico alemán Leo Hendrick Baekeland) como material de fabricación de estos primeros discos que tenían un diametro de 17 centímetros, duraban 2 minutos y giraban a 70 revoluciones por minuto. Las revoluciones no se uniformaron a 78 hasta que se adoptó el sistema de grabación eléctrica en 1925.

Las primeras estrellas del disco

Una de las primeras estrellas gramofónicas fue el legendario Enrico Caruso, que efectuó sus primeras grabaciones en 1902. Aunque en general fue la música sinfónica la que se impuso en los primeros años del disco, La Voz de Su Amo grabó completa, en una fecha tan temprana como 1903, la ópera de Giuseppe Verdi *Ernani...* ¡en cuarenta discos! Lo habitual, empero, era registrar selecciones de piezas. En el terreno sinfónico, las *Sinfonías números 5 y 6* de Ludwig van Beethoven fueron las primeras que se grabaron completas: en 1913, por el sello Odeón de Alemania.

Fue ya en los años treinta cuando la música ligera se introdujo de lleno en la discografía y de la mano de los compositores americanos más representativos del musical de Broadway: George Gershwin, Irving Berlin (1888-1989), Cole Porter (1891-1964) y Jerome Kern (1885-1945), entre otros. Pero el acicate principal para este auge de la música ligera enlatada fue la política de abaratamiento del producto final que, tras la Segunda Guerra Mundial, inició la casa discográfica británica Decca.

La búsqueda de la calidad de sonido

A todo esto se unió una sensible mejora de la calidad sonora: en 1931, la marca RCA-Victor fabricó los primeros discos de larga duración (LP) a la velocidad de 33 r.p.m., capaces de contener más de media hora de música en cada cara. En 1948, la Columbia comercializaba el primer LP microsurco de vinilo, un material mucho más ligero que la baquelita, a la cual acabaría

Sobre estas líneas, un sello histórico de la fonografía: La voz de su amo. Bajo la tutela de EMI, para él grabaron algunos de los artistas más prestigiosos de la música clásica del siglo XX, como Furtwängler o Barbirolli. A la derecha, una de las últimas aportaciones de la industria del disco, el Compact Disc, cuya comercialización se inició en 1982 y que ha acabado por arrinconar al antiguo disco de vinilo, gracias, sobre todo, a tres factores: su superior calidad sonora, su mayor duración y su pequeño y cómodo formato.

por desbancar y que será, hasta la aparición del Compact Disc, el paradigma del consumo casero de música grabada.

Los avances y la mejora en la captación del sonido no cesaban: en 1949, la RCA creó el microsurco de 45 r.p.m. El sonido estereofónico llegaba en 1958 a los hogares. Poco a poco, el mercado discográfico fue cayendo en manos de la música popular: si en los cuarenta fue la *chanson*, en los cincuenta sería el *rock & roll*, para pasar en los sesenta a la música *yeh-yeh* y en los setenta, a la música *disco*. El mercado se encuentra cada vez más diversificado y especializado y, aunque perviven algunas de las grandes editoras multinacionales de siempre, sellos independientes (los *indies*) salen adelante con propuestas alternativas más o menos interesantes. El mundo del disco sólo peligró a partir de 1962, año en que la casa Philips introdujo en el mercado la *cassette* de audio como soporte comercial de música. El cambio decisivo acontecería en 1979, cuando Philips y Sony desarrollaron el sistema de consumo casero que supondría la definitiva muerte del vinilo y un gigantesco paso adelante en el mundo de la grabación comercial de música: el Compact Disc (CD), lanzado al mercado el año 1982 y cuyo primer álbum comercial fue *52nd Street* del cantante americano Billy Joel. Más ligero y pequeño que el LP, con una mejor calidad sonora y una mayor perspectiva de vida, el CD se ha impuesto definitivamente en el mundo discográfico.

Los instrumentos y la voz humana

Dos grandes apartados dividen esta sección: el primero
de ellos está dedicado al universo de las familias
instrumentales, mientras que el segundo hace
referencia a las distintas tipologías de voces y sus
respectivas características. Como en la sección histórica,
un pictograma indica al lector el apartado
en el que se halla.

Los instrumentos

La voz humana

◄ *El oído*, obra de Pieter Paul Rubens y Jan Brueghel.

La historia de los instrumentos musicales está unida a la necesidad de alcanzar los medios técnicos capaces de satisfacer la expresión de la propia música. La ciencia que estudia el origen y la evolución de dichos instrumentos se denomina organología, y su sistematización data de la época renacentista, cuando Sebastian Virdung (*Musica getutscht*, 1511) y Juan Bermudo (*Libro de la declaración de instrumentos*, 1549), entre muchos otros, publicaron sus obras, aunque fue durante el siglo siguiente cuando apareció el tratado más importante en este terreno, *Syntagma musicum* (1618-1621), monumental aportación de Michael Praetorius (1571-1621), que fue también un célebre organista y compositor.

Clasificación de los instrumentos

Dada la muy distinta procedencia y naturaleza física de los instrumentos, éstos se clasifican según su principio emisor, según una distribución, ya clásica, que fue establecida en 1914 por Curt Sachs y Erich Moritz von Hornbostel («Systematik der Musikinstrumente: ein Versuch», en *Zeitschrift für Ethnologie*). Siguiendo el sistema de dichos musicólogos, entre los especímenes de percusión se encuentran los llamados instrumentos *autófonos* o *idiófonos* —del griego *ídios*,

ACADEMIA MUSICAL DE LOS INSTRUMENTOS, QUE EXPLICA PABLO MINGUET / ue Tratados, los quales enseñan el nuevo estilo de tañerlos. por musica, ycifra con perfecce

*S*obre estas líneas, frontispicio de uno de los manuales de Pablo Minguet y Yrol, editor especializado en obras en las que se explicaba al público aficionado la técnica elemental de una variada gama de instrumentos. El texto, publicado hacia 1752 en Madrid, conquistó una pronta celebridad.

A la izquierda, portada de Theatrum instrumentorum, *tratado escrito por el compositor y teórico Michael Praetorius y publicado alrededor de 1620. Ilustrado con profusión, resulta de inestimable ayuda para informarnos acerca de los usos y las características de los principales instrumentos músicos usados en su tiempo, especialmente el órgano.*

«propio»—, cuyo nombre alude a que se trata de ejemplares que producen el sonido gracias a su oscilación y a la irradiación tras su choque, como es el caso de campanas, címbalos o platillos, cascabeles, castañuelas, sonajeros y semejantes. También, y dentro de los de percusión, figuran los *membráfonos*, que para la producción del sonido precisan de una membrana tensada sobre un recipiente, el cual actúa a modo de caja de resonancia. La membrana se golpea con unos macillos o baquetas, como en el caso de tambores y timbales, o bien se frota por medio de una varilla que atraviesa el referido parche, tal como sucede con la zambomba, que es el antiguo *rommelpot* de Flandes, usado allí durante las festividades carnavalescas ya desde el siglo XIV. Estas dos amplias familias, las de idiófonos y membráfonos, son las más antiguas, dado que su procedimiento es el más arcaico: piedras entrechocadas, huesos con incisiones a modo de rascadores, troncos vaciados y golpeados con mazas, tienen una ascendencia milenaria. Más recientes son los tambores de membrana, que se expandieron, tomando las culturas mesopotámicas como punto de irradiación, hacia Occidente y Oriente hace unos cinco mil años.

La familia de las cuerdas

En los *cordófonos*, como su nombre indica, la consecución del sonido se obtiene a través de cuerdas tensadas, las cuales, necesariamente, de-

ben entrar en vibración, ya sea mediante la frotación de un arco —violín, viola da gamba, rabel—, ya sea por medio del punteo directo de los dedos, o de un plectro o púa. En este último caso, los instrumentos pueden disponer de mango y resonador —laúd, guitarra, mandolina—, o bien carecer de dicho mango y estar constituidos únicamente por la caja armónica o resonador, ejemplares a los que tradicionalmen-

Por la infinita gama de registros y posibilidades que ofrece al compositor, el «instrumento» más completo es la orquesta sinfónica. Su evolución, a partir del Romanticismo, fue rauda, imparable, gracias sobre todo al arte de algunos músicos que hicieron de ella su principal medio de expresión. En la imagen superior, caricatura alusiva a la música de Hector Berlioz.

A finales del siglo XIX, la llamada «música clásica» occidental empezó a abandonar su tradicional actitud etnocentrista y a interesarse por la armonía y el instrumentario de otras zonas geográficas del planeta. A la izquierda, miniatura que representa a una tañedora de vina, instrumento procedente de la tradición popular hindú.

te se ha dado el término genérico de cítaras; éstas pueden ser punteadas —salterios— o percutidas —dulcema, zimbalón—. Es de notar que a mediados de la Edad Media los descendientes de estos ejemplares recibieron la incorporación de un mecanismo de tecla. Así, como herencia directa de los salterios medievales deben considerarse el clave, la espineta y el virginal, puesto que sus cuerdas son atacadas por unas pequeñas púas, mientras que a la genealogía de la dulcema pertenecen el clavicordio, el fortepiano y el piano, cuyas cuerdas reciben el golpe de un martillito. Por otra parte, los cordófonos pulsados, compuestos por un largo y esbelto resonador y dos montantes, se clasifican como arpas.

Los instrumentos de viento

Otra gran familia de instrumentos queda definida con la denominación de *aerófonos*, referida a los especímenes de viento, cuya historia es, como en el caso de los de percusión, sumamente antigua, pues unos 25 000 años a.C. ya se conocía una especie de silbatillos de hueso que emitían un único sonido. Los aerófonos suenan gracias a la vibración de una columna de aire que discurre por el interior del cuerpo instrumental. Los hay de distinta naturaleza, y así, están la flauta —sea con embocadura de bisel, como la flauta de pico, también conocida como flauta dulce, o bien con embocadura lateral, caso de la flauta travesera— y el clarinete y el oboe, que conforman el origen de las dos grandes ramas de aerófonos de lengüeta, simple en el primero, doble en el segundo. Entre los aerófonos de metal se hallan los modelos dotados de boquilla en forma de copa y como cuerpo instrumental un tubo ensanchado hacia un pabellón —trompa, trompeta, trombón—. Existe una subdivisión de aerófonos provistos de un depósito de aire —gaitas—, mientras que los instrumentos de cañutería y teclado están integrados por el grupo de los órganos.

Por su distinta naturaleza, los instrumentos electrónicos deben englobarse en un sistema clasificatorio distinto: los que disponen de osciladores —trautonio, ondas Martenot—, los que incorporan generadores electromecánicos —órganos del tipo Hamond—, los de célula fotoeléctrica —photona, ritmicón— y los denominados semielectrónicos —guitarra eléctrica, piano eléctrico, neo-Bechstein—.

Los instrumentos de teclado

Barrera

Atril

Martillos o macillos

Teclado

Pedales

Lira

a historia de los instrumentos de tecla se remonta al monocordio utilizado durante la Edad Media, en la que fue empleado con una finalidad especulativa, tal como había hecho Pitágoras en la Antigüedad. El avance del estudio musical dio lugar a que el análisis de las relaciones interválicas y de las proporciones matemáticas del sonido fuera muy significativo. De hecho, el monocordio era un instrumento tonométrico, compuesto por una caja rectangular sobre la que había inscripciones numéricas que respondían a divisiones métricas. Por encima de la tabla, y montada sobre unos caballetes, transcurría una cuerda; entre los bastidores o caballetes se colocaba un puentecillo móvil que podía ser desplazado a lo largo de la tabla y así variar la medida real de la cuerda y, por lo tanto, la altura de su sonido.

El clavicordio

En el siglo XI, Guido d'Arezzo (c. 991-c. 1033) experimentó con este *monochordum*, que en el siglo XIV contaba ya con tres cuerdas. Es el instrumento que Johannes de Muris describe en su *Musica speculativa secundum Boetium* (c. 1323): se trata de un pequeño monocordio

Portada de A complet method, *manual publicado en Londres en 1717 en el que su autor, Gottfried Keller, explica cómo ha de ejecutarse correctamente el bajo cifrado en los instrumentos de teclado. Este tratado gozó de una amplia popularidad en los medios musicales ingleses durante buena parte del siglo XVIII, desplazando a un segundo término otro texto de idénticas características, el* Melothesia *de Matthew Locke, aparecido en 1673.*

provisto de teclado, que será el auténtico punto de partida de un instrumento llamado dulcema, el antecesor directo del clavicordio. Esta invención fue capital para el desarrollo de una rama instrumental que resultó decisiva para la música de Occidente, habida cuenta de que el principio emisor del clavicordio se basa en la percusión de un martillito o una pieza —la tangente— sobre la cuerda, es decir, el mismo sistema del piano. A ello se debe el que, hasta bien entrado el siglo XVI, los nombres de monocordio, manicordio y clavicordio fueran equivalentes; todavía en la Alemania de finales del siglo XVIII gozaba de mucha estima el clavicordio, pues era un instrumento de sonido íntimo que permitía realizar gradaciones dinámicas, cualidades una y otra muy apreciadas durante el período de la historia de la música dominado por la búsqueda de la «sensibilidad», que explican también el éxito, en la centuria posterior, del piano. Así, compositores finiseculares como Johann Gottfried Müthel (1728-1788) o Christian Gottlob Neefe (1748-1798), maestro de Beethoven, le dedicaron partituras, y es muy posible que incluso obras tan

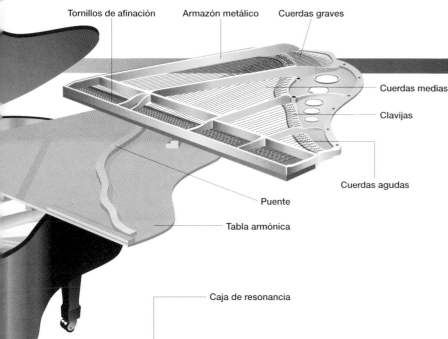

Tornillos de afinación · Armazón metálico · Cuerdas graves

Cuerdas medias

Clavijas

Cuerdas agudas

Puente

Tabla armónica

Caja de resonancia

importantes como las *Suites francesas* (1722) y las *Suites inglesas* (1722) de Bach hubieran sido escritas para este sucesor del monocordio.

El clave y el nacimiento del piano

Otro gran instrumento, muy en boga desde el siglo XV, fue el clave, que se diferenciaba del clavicordio por su mecanismo, pues en él las cuerdas no se golpean, sino que se pulsan. Además, contrariamente al formato rectangular del último, el clave es aliforme y de mayor tamaño. Una caja armónica más voluminosa le ofrecía, en consecuencia, una potencia sonora superior, lo que le valió una rápida integración en los grupos instrumentales y su participación en la música vocal y operística, a menudo como acompañante del bajo continuo. Es de notar que el fortepiano —llamado así a mediados del siglo XVIII, nombre que se trocó a finales del mismo siglo por la denominación de pianoforte, para adquirir más tarde, ya en el siglo XIX, la de piano— fue una conjunción entre el clavicordio y el clave, ya que en el primero se inspiró su mecanismo percutor y le dio, por ende, la posibilidad de realizar gradaciones dinámicas, mientras que el segundo le aportó el formato. De hecho, los primeros fortepianos, construidos hacia 1698 por el paduano Bartolomeo Cristofori —que menciona Scipione Maffei en el *Giornale dei letterati d'Italia* (1711) como «gravicembalo col piano, e forte»—, podían efectuar ciertas gradaciones de *crescendo* y *diminuendo*, facultad que fascinó a compositores e intérpretes, como Lodovico Giustini (1685-1743), a quien se atribuye la primera

El clave fue el gran instrumento del siglo XVIII. La importancia que tuvo se evidencia no sólo por la abundante literatura musical escrita para él, ya sea solo o en diversas combinaciones instrumentales, sino también por la abundante iconografía que nos ha legado la plástica de la época. Es el caso de este cuadro: La lección de música, *de Jean-Honoré Fragonard.*

colección para el instrumento: *Sonate da cimbalo di piano e forte detto volgarmente di martelletti* (1732). Se trataba del elemento que, en detrimento del clave, se impuso en la Europa musical gracias a la inspiración de los maestros del clasicismo, sobre todo Mozart, y que luego, ya durante el Romanticismo, acabó por erigirse en el rey de los instrumentos músicos.

La gran evolución del piano se dio durante los años que conforman el ciclo creativo entre Beethoven y Liszt, cuando adoptó la forma en que ha llegado hasta nosotros.

El órgano

Finalmente, aunque ajeno a la genealogía de los cordófonos, encontramos el órgano, instrumento de tecla-viento, de importancia fundamental en la historia musical de Occidente, que cuenta con un repertorio extraordinario, tanto en extensión como en calidad. Provisto de tubos alimentados por fuelles —hoy día por generadores de aire—, el órgano se desarrolló sobre todo a partir del siglo XI, para alcanzar siete centurias más tarde su esplendor en la música de Johann Sebastian Bach y en la construcción de Gottfried Silbermann.

Los instrumentos de cuerda

Excepción hecha de algunos instrumentos de teclado, como el piano, pertenecientes a la amplia familia de los cordófonos, podemos dividir los instrumentos de cuerda en dos grandes grupos: los de cuerda frotada y los de cuerda pulsada.

■ Instrumentos de cuerda frotada

Estos instrumentos son, por excelencia, los de arco. El primitivo uso de los arquillos se conoce desde el siglo VIII y suele ubicarse en la región de Uzbekistán, dentro de las civilizaciones asentadas en las proximidades del lago Aral. Ése fue su punto de expansión: hacia el este se adentró en las culturas musicales de la India y China, mientras que por la vía persa se expandió hacia el sur y el oeste, hasta alcanzar territorio islámico. En la zona balcánica se originó un cordófono de arco que llegó al continente europeo a través de Bizancio. También la península Ibérica supuso un importante puente de paso, pues ya en el siglo XI, y sobre todo en el siguiente, encontramos abundantes noticias e iconografía referentes a instrumentos de arco, sobre todo rabeles. Pero el ejemplar de arco más importante durante la Edad Media fue la viola, también llamada vihuela de arco y conocida organológicamente como *fídula*. En realidad, de dicho instrumento se originó, a finales del siglo XV, la viola da gamba, conocida así mismo en castellano como vihuela de pierna, vihuela de arco o violón, cuya familia instrumental fue una de las más importantes del Renacimiento y el Barroco. Dichas violas, de las que había distintos tamaños, a tenor de los diversos registros, se tocaban apoyadas sobre las rodillas —soprano— o entre las piernas —tenor y bajo—. Su diapasón estaba trasteado y, por tanto, eran de carácter polifónico. De espalda plana y tapa armónica poco abovedada, tenían de cinco a seis cuerdas afinadas por cuartas —siete cuerdas a finales del siglo XVII— y fueron destinatarias de un repertorio tan amplio como extraordinario, sobre todo por parte de la escuela francesa, en el que aparecen los nombres de Sainte-Colombe (m. entre 1691-1701), De Machy (fl. 1685-1692), Louis de Caix d'Hervelois (1670 o 1680-c. 1760), Antoine Forqueray (1671 o 1672-1745) y Marin Marais. También en la Inglaterra de los siglos XVI y XVII gozó de gran predicamento, y tuvo en las partituras de Tobias Hume, John Cooper, Orlan-

Caja de resonancia · Filetes · Cuerdas · Efe o abertura acústica · Cordal · Mentonera · Mango o mástil · Arco sup· · Arco central · Puente · Tapa armónica · Arco inferior · Arco · Tablilla

Grabado alemán del siglo XVI que muestra una mujer tañendo una viola da gamba, uno de los instrumentos más cultivados en la Europa renacentista.

do Gibbons, Christopher Tye, Matthew Locke, Henry Purcell y John Jenkins (1592-1678), entre otros, su mejor expresión.

Pero, ya avanzado el siglo XVII, las violas sufrieron el acoso de otra conspicua familia instrumental de arco, la de los violines —violín, viola, violoncelo y contrabajo—, cuyos miembros se convirtieron en protagonistas musicales ya desde su nacimiento. Con respecto a las violas da gamba, los violines tienen un cuerpo más estrangulado, espalda y tapa armónica de mayor abovedamiento, aros laterales más estrechos, puente más alto —y por tanto, mayor volumen y altura sonoros—, diapasón sin trastes, cuatro cuerdas afinadas por quintas y un arco más largo. Por último, entre los ejemplares de cuerda frotada se encuentra la llamada viola de rueda, herencia de un instrumento llamado *organis-*

generó modelos afines que respondían a las distintas extensiones, por lo común más graves que la propia del modelo normal, como son el oboe de amor, el oboe de caza, el corno inglés y, sobre todo, el fagot, considerado como un bajo del oboe.

◼ Los instrumentos de metal

El origen de los intrumentos de la familia del «metal» debe buscarse en los antiguos cuernos de animales que se utilizaban para la emisión de señales. La mayoría de civilizaciones del pasado recurrieron a este elemento para tal cometido, aunque en ocasiones se le daba también un uso litúrgico, tal como sucede con el *shofar* judío, un cuerno de carnero que se tañía en la sinagoga, y del cual hallamos testimonio ya en *Números* XXIX, 1. Sin embargo, el empleo del cuerno fue muy superior en los países nórdicos europeos, pues en ellos se perfeccionó y se fabricó de metal, como acaece con el *luur* escandinavo, una trompa de gran tamaño inspirada en el colmillo de un mamut. En la Edad del Bronce (1800-1000 a.C.) ya muchos pueblos fundían el metal para confeccionar grandes trompas, casi siempre destinadas a fines bélicos, aunque se mantenía su primigenia función de elemento de señales. Un ejemplo de ello es el *kárnyx* céltico. Herencia de estas antiguas trompas son los aerófonos de metal surgidos en la Edad Media —recordemos, sin embargo, el *olifante*, realizado con el colmillo de un elefante, por lo general ornamentado, que llegó a Europa a través de Bizancio y Sicilia—, con pabellón y tubo recto ligeramente cónico, como es el

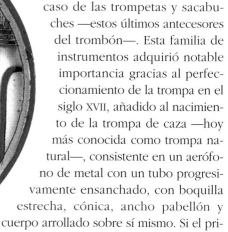

Arriba, porcelana de Sèvres que representa a un clarinetista. Instrumento de timbre cálido, el clarinete suscitó el entusiasmo de Mozart, quien con sus obras, y no sólo con aquellas que lo tienen como solista, contribuyó decisivamente a su integración en la orquesta moderna. Su ejemplo fue seguido por músicos como Carl Maria von Weber y Ludwig Spohr, autores de valiosas páginas concertantes destinadas a este instrumento.

A la izquierda, dibujo en el que se ven los instrumentos que integran la sección de metal de una orquesta sinfónica: de izquierda a derecha, tuba, trompeta y trompa; abajo, trombón. La segunda, además de contar con un repertorio bastante extenso dentro de la música clásica, es uno de los instrumentos con más rica tradición dentro del jazz: en la imagen de la derecha, el trompetista estadounidense Miles Davis, uno de los grandes renovadores de este estilo de interpretación.

caso de las trompetas y sacabuches —estos últimos antecesores del trombón—. Esta familia de instrumentos adquirió notable importancia gracias al perfeccionamiento de la trompa en el siglo XVII, añadido al nacimiento de la trompa de caza —hoy más conocida como trompa natural—, consistente en un aerófono de metal con un tubo progresivamente ensanchado, con boquilla estrecha, cónica, ancho pabellón y cuerpo arrollado sobre sí mismo. Si el primer cometido de estos instrumentos fue la música heráldica y militar, paulatinamente se fueron incorporando a la música culta, y así los vemos plenamente integrados en la orquesta del clasicismo, para, en el siglo siguiente, ser objeto de grandes cambios morfológicos —es de subrayar la incorporación de pistones— y adquirir una importancia determinante, tal como demuestra la música de Berlioz y Wagner, que requiere ejemplares creados durante el XIX, como tubas, fiscornos y oficleidos.

Los instrumentos de percusión

os instrumentos de percusión, en especial los idiófonos, son los más antiguos elementos del instrumentario y constituyen un patrimonio de todas las culturas. Gracias a la sencillez de su principio mecánico, fueron los que el hombre utilizó primero para la consecución de sonidos: entrechocar de palos, rascadores de hueso, golpeteo de piedras y otros recursos, siempre vinculados a secuencias rítmicas, conformaron el primer elenco instrumental, más tarde ampliado con las castañuelas, los sistros y otros especímenes análogos. Así, en Egipto se usaron una especie de tablillas que se tocaban

Sobre estas líneas, mosaico romano de Pompeya que evoca la actuación de unos músicos callejeros. Entre los instrumentos que tañen se aprecian, además de un aulós, unos crótalos y un tympanum (en Grecia, tympanon) o pandero. Esencialmente rítmicos, los instrumentos de percusión se hallan en el origen mismo de la música.

con una sola mano, cuya finalidad era rendir culto a Hathos, deidad de la música. En Grecia fue usual el *krótalon* o crótalo, un antecesor de la castañuela, que se extendió por el Mediterráneo y que en la latinidad recibió el nombre de *crotalum* o *crusma*, asociado a la danza y a las festividades báquicas. En cambio, el sistro egipcio, constituido por un marco de metal en forma de herradura, atravesado por una serie de varillas deslizables con una curvatura en los extremos, se destinaba a los ritos funerarios y al acompañamiento de las plegarias contra las plagas de langosta que diezmaban las cosechas. También los sonajeros tuvieron un amplio predicamento, y todavía hoy están muy extendidos, sobre todo en África y Latinoamérica, para acompañar el baile. Muchos idiófonos, especialmente los de metal, como campanas, címbalos y pequeños carillones, han encontrado un lugar en la música culta, ya que gracias a la moda de la «musica alla turchesca» fueron introducidos a partir del siglo XVII en la orquesta por los maestros franceses, entre ellos Jean-Baptiste Lully y Jean-Féry Rebel (1666-1747). Algunos idiófonos de creación relativamente reciente, como las campanas tubulares, han tenido notable aceptación en las orquestas contemporáneas.

Tambores y timbales

Junto a estos instrumentos, la percusión se ha visto enriquecida por los tambores y timbales, tan abundantes desde la Antigüedad, cuando eran empleados con finalidad bélica y de señales. Los griegos utilizaron un tambor a modo de pandero denominado *tympanon*, mientras que en Roma fue más popular un membráfono de caja honda, parecido al actual, llamado *symphonia*. Fueron famosos los tañedores de tambor que acompañaban el séquito de Cibeles, ya que eran numerosísimos y sus cajas estaban ricamente ornamentadas con dibujos simbólicos de carácter iniciático. El tambor, que durante la Edad Media y el Renacimiento tuvo un destino heráldico y de acompañamiento de danzas —cometido que ha seguido cumpliendo dentro de la música popular—, empezó a formar parte del arte culto a partir del siglo XVII. Una de las primeras noticias en este sentido proceden de Giovanni Domenico Freschi (c. 1630-1710), que incluyó tambores en su *Berenice vendicativa* de 1680. Más tarde, músicos como Christoph Willibald

Asociado originalmente a la música militar, el timbal —o también «atabal», término preferido por los clásicos literarios— es un membranófono consistente en un caldero de cobre recubierto por un parche cuya tensión se puede modificar y, por tanto, afinarse a una nota determinada. A la izquierda, timbalero según un grabado del Musikalisches Theatrum de Johann Christoph Weigel, publicado hacia 1704.

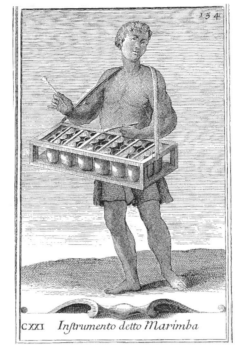

CXXI. *Inftrumento detto Marimba*

Gluck —*Le cadi dupé*, 1761— y Wolfgang Amadeus Mozart —*El rapto del serrallo*, 1782— le concedieron una presencia significativa, tradición que no se ha perdido, pues compositores como Gustav Mahler e Igor Stravinski le dieron relevancia en sus obras, e incluso John Cage (1912-1992) y Morton Feldman (1926-1987) han escrito partituras únicamente para tambores. Pese a ello, la incidencia del timbal en la música occidental ha sido muy superior. A diferencia del tambor, el timbal dispone de una caja semiesférica y tiene en cuenta la capacidad de emitir sonidos de alturas distintas, gracias a que su membrana se tensa con ayuda de unos tiradores, que hoy se accionan con un pedal.

Esta importantísima cualidad le posibilitó la pronta participación en los conjuntos instrumentales y en la actualidad constituye el instrumento de percusión más importante de la orquesta. Ya en 1650 Nikolaus Hasse (c. 1617-1672) empleó timbales en *Auffzuge für 2 Clarinde und Heerpaucken*, y el citado Lully lo hizo relevantemente en *Thésée* (1675), al igual que Henry Purcell en *The Fairy Queen* (1692). Johann Sebastian Bach y Georg Friedrich Haendel requirieron también su concurso y cabe a Francesco Barsanti (1690-1772) el haberlo introducido en un *Concerto grosso* (1743). Afianzados en la orquesta clásica de Franz Joseph Haydn, Mozart y Beethoven, los timbales adquirieron durante el Ro-

*T*odo instrumento de percusión tiene que ser golpeado para que produzca un sonido. En el caso de los membranófonos como el timbal o el tambor, éste se produce mediante el contacto con diferentes tipos de baquetas.

manticismo un papel decisivo en la sección de percusión —Hector Berlioz incluyó ocho parejas de ellos en su monumental *Réquiem* (1837)— y en nuestros días son una parte fundamental de ésta dentro de la orquesta, e incluso asumen el protagonismo de ciertos pasajes, como en los *glissandi* del *Adagio* de la *Música para cuerdas, percusión y celesta* (1936), del compositor húngaro Bela Bartok.

La orquesta

La palabra *orquesta* procede del griego *orchêisthai*, que significa «danzar», y estaba referida al espacio destinado a los bailarines en la tragedia y la comedia de la antigua Grecia. Sin embargo, en su acepción moderna esta voz no obtendrá su significado actual hasta el siglo XVII, cuando el término vino a designar un conjunto instrumental más o menos numeroso; pero ya a finales del Renacimiento la documentación conservada nos permite comprobar que este apelativo se aplicaba por igual a los pequeños grupos que incluían miembros de una misma familia, como los conjuntos de violas, e incluso a las agrupaciones formadas por voces e instrumentos.

■ Génesis de la orquesta

Con la evolución musical y el nacimiento de nuevas formas, la estructura instrumental fue adquiriendo una fisonomía propia, y fue durante el siglo XVII precisamente cuando se empezó a imprimir en los frontispicios de las partituras la relación de instrumentos que debían intervenir en

Bajo estas líneas, distribución convencional de una orquesta sinfónica moderna. Se aprecia la separación entre las diversas familias instrumentales, empezando por la sección de cuerda, tras la que se sitúan las familias de viento-madera y de viento-metal y la percusión.

la ejecución de la obra. Podemos imaginar la trascendencia que en este terreno adquirió la aparición del *concerto grosso*, pues dio a la orquesta una unidad sonora considerable y un equilibrio de timbres idóneo, difícil de conseguir en un conjunto sólo formado por arcos. Ello, sin duda, era fruto de una larga investigación, cuyos fundamentos parten de los maestros venecianos de la catedral de San Marcos, entre ellos los Gabrieli, Andrea y Giovanni, y Claudio Merulo, quienes, todavía en el siglo XVI, experimentaron

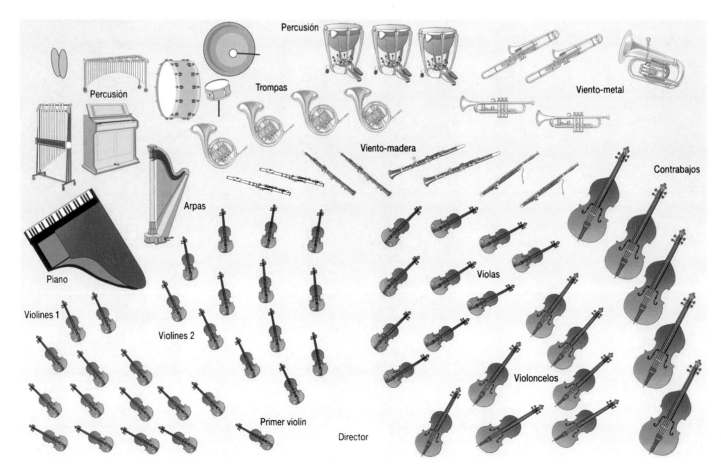

numerosas ubicaciones de los músicos; sus estudios les llevaron a distribuir grupos de instrumentistas en las diferentes capillas de la catedral con el propósito de obtener efectos de eco, contrastes sonoros y nuevos planos acústicos.

Tipos de orquesta

Aunque el término orquesta nos lleva habitualmente a pensar en un amplio grupo sinfónico, hay que distinguir entre gran orquesta y orquesta de cámara, pues una y otra corresponden a distintos repertorios y géneros. Ya dentro de la música barroca, las disposiciones orquestales fueron muy diversas, siendo una de las habituales situar el clave en el centro, para la ejecución del bajo continuo, con los músicos a su alrededor, que generalmente tocaban de pie. A la derecha del clavecinista se colocaban los músicos de viento, y a la izquierda, los de cuerda. No obstante, era frecuente también, y sobre todo en el ámbito escénico, encontrar distribuciones poco homogéneas, que a veces respondían a la propia acústica del local. Sabemos que en algunas de las representaciones del *Orfeo* (1607), de Claudio Monteverdi, la ubicación de los músicos variaba, ya que los instrumentos de arco, los dos órganos de cámara, los dos claves, las arpas, las tiorbas, las cornetas, los trombones y las trompetas cambiaban de lugar y se acomodaban a las características de los teatros. Durante el reinado de Luis XIV, con la inclusión de los instrumentos de lengüeta —oboes y fagotes—, las flautas traveseras y los timbales en la orquesta francesa, ésta adquirió una nueva estructura. De hecho, la fusión de la orquesta italiana y la francesa fue el cimiento de la agrupación orquestal que nos situará de lleno en el clasicismo: uno de los esquemas más comunes fue colocar, vista la or-

El repertorio orquestal es casi inabarcable: en él se incluyen no sólo las obras puramente sinfónicas, como las sinfonías, los poemas sinfónicos o todo el género concertante, sino también óperas, oratorios y demás composiciones corales y vocales. Y todo ello en un marco cronológico que se extiende, para las orquestas modernas, desde la segunda mitad del siglo XVII hasta el siglo XX, con todo lo que esto supone de opciones estilísticas, de modos de entender la composición o la distribución instrumental. En la imagen, la Filarmónica de Reno en un concierto sinfónico-coral.

Además de la gran orquesta sinfónica existe la orquesta de cámara, de reducidas proporciones, que fue la empleada durante el clasicismo. El esquema de la derecha reproduce la disposición de una orquesta de estas características, según las indicaciones del compositor clásico Johann Joachim Quantz, en la que se observa una diagonal marcada por la cuerda. En primera línea, para resaltar su cantabilidad, las flautas, mientras que el potente sonido de las trompas se sitúa en la diagonal opuesta.

questa de frente, los violines a derecha —primeros violines— e izquierda del escenario. En el centro, y algo desplazados a la izquierda, los violoncelos, y de forma simétrica, las violas. A la espalda de éstas, los oboes, y tras ellos, los fagotes. La flauta travesera queda en medio del grupo, y los clarinetes, detrás. A la izquierda de la flauta, las trompas, tras de las cuales se ubican los contrabajos. Los timbales, en caso de que los hubiera, solían ponerse tras los fagotes, si bien era común también verlos en el espacio que queda entre los contrabajos y los clarinetes.

La orquesta romántica

Por su parte, la orquesta romántica, base de la actual, que tendió a la separación de las secciones y a dar mayor cohesión a las propias familias, presentaba los violines a la izquierda, las violas en el centro y los violoncelos a la derecha, y tras éstos los contrabajos. Después de los violines, algo escorados, flautas y clarinetes, y un poco retrasadas las trompas, mientras que enfrente estaban los fagotes y los oboes. Luego, a

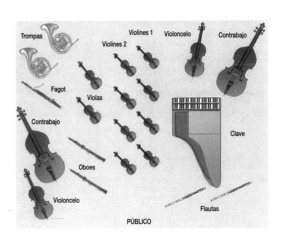

sus espaldas, las trompetas, y más atrás que éstas, tubas —izquierda— y trombones —derecha—. Los timbales y demás percusiones quedan emplazados entre las trompas y los trombones. Este sistema, el común de la orquesta sinfónica, es susceptible de mutación, ya que hay compositores que requieren otras ordenaciones debido a las peculiaridades acústicas de sus obras, como también algunos directores prefieren alterar dicho orden, como Leopold Stokowski (1882-1977), quien ocasionalmente situaba las maderas y los metales por delante de los arcos, toda vez que acercaba la percusión a los violoncelos.

El papel del director de orquesta

La disciplina de la dirección orquestal es una de las menos conocidas por el público, pese a la notoriedad de los grandes directores. Y lo es sobre todo desde el punto de vista técnico, ya que buena parte de los aficionados considera que la labor direccional consiste únicamente en marcar el ritmo, indicar las dinámicas y dar entrada a los distintos instrumentos y secciones.

■ La visión del director

Una composición, por ejemplo la *Sinfonía núm. 5* de Ludwig van Beethoven, ejecutada por una misma orquesta sinfónica, cambia sustancialmente según el director que se halle a su frente; podemos decir, sin temor a equivocarnos, que diez directores distintos ofrecerán diez versiones diferentes de la misma obra y con idéntico grupo instrumental. Ello es así porque cada

Antes del Romanticismo, el maestro concertador dirigía desde el clave. Luego, el progresivo aumento de efectivos de la orquesta hizo necesaria la figura del director, función que en principio desempeñaban los propios compositores. Hasta mediados del siglo XIX, y dentro de la ola de culto al intérprete propia del Romanticismo, no surgieron los directores profesionales. Uno de los más grandes fue Gustav Mahler, cuyo estilo exaltado se caricaturiza en la imagen inferior.

director transmite su visión, la cual se halla condicionada por múltiples factores: el del gusto personal, la adscripción a una escuela determinada, la preferencia por algunos estilos y hasta el puramente musicológico. Es indudable que una sinfonía de Mozart interpretada bajo los parámetros tardorrománticos «suena» de muy distinto modo que si esa misma obra es ejecutada con instrumentos de la época mozartiana y con las técnicas interpretativas de aquel momento. La interpretación filológica de una composición implica el estudio estilístico desde el punto de vista histórico, toda vez que se acerca a las fuentes originales, prescindiendo a menudo de las ediciones realizadas durante el siglo XIX, que a menudo desvirtúan el original, pues transforman el tipo de ornamentación, cadencian pasajes de enlace y agregan gamas de bajos, inexistentes en la partitura primigenia. Por decirlo de algún modo, la música de los siglos XVII y XVIII fue recons-

Kapellmeifter Kappelmann dirigirt feine Symphonie diabolica.

truida y «acomodada» en el XIX, e incluso, en las primeras décadas del siglo XX, a un gusto influido por el Romanticismo, que interpretó como vehementes muchos pasajes que eran de contención en Bach, Haydn, Mozart y otros ilustres ejemplos. Por otra parte, en las partituras de barrocos y clásicos la melodía quedaba integrada en una estructura general armónica y carecía del realce dado por la posterior visión del Romanticismo tardío, que ha visto en la melodía la expresión de una línea narrativa centrada en la concreción de un discurso, más que un elemento de abstracción dentro de la armonía. De ello ya se quejaba durante el siglo XIX un musicólogo tan conspicuo como Eduard Hanslick, amigo de Brahms, que criticaba los excesos de una moda

romántica que acabó por producir una gran afectación a la música y por crear arquetipos que han tenido vigencia hasta nuestros días.

Un arquetipo romántico

Uno de dichos arquetipos, en el plano interpretativo, es el del director orquestal, cuyo carácter es una herencia de la admiración hacia el virtuosismo que encumbró las figuras de Paganini en el campo violinístico y de Liszt en el pianístico. Hasta entonces, la figura del director orquestal no era contemplada como una actividad autónoma. Durante el Barroco, el concertino o el clavecinista eran los que marcaban el *tempo* y las entradas, y ejercían las funciones de guía, y todavía en tiempos de Mozart este procedimiento era muy común: no existía el director propiamente dicho, sino el entonces llamado *maestro concertatore*. Sin embargo, el auge de la música sinfónica y su creciente complejidad requirieron el concurso de un «coordinador» que unificara la masa orquestal; ello, unido a la aparición de la nueva figura del intérprete, dio pie al nacimiento del director de orquesta.

La visión de la obra

Por lo expuesto, es fácil deducir que detrás de cada director se esconde un acento personal, una visión particular, que lleva a interpretar las

obras de muy distinto modo, lo que cristaliza en diferentes concepciones de *tempo*, en el acometimiento más o menos pronunciado de crescendos y diminuendos, en el ataque más incisivo o suave, en el fraseo más o menos marcado, en el realce que se da a una sección instrumental en detrimento de otras, en el modo de equilibrar tímbricamente una secuencia, etcétera. Todo ello, que aparentemente puede antojarse como algo secundario, tiene una importancia esencial cuando se trata de ejecutar una obra. El arte de la dirección consiste precisamente en contemplar todos estos factores, en coordinar los elementos que integran una composición, y en traducir, del modo más fiel posible, el espíritu y la intención del compositor.

La voz humana. Las voces femeninas

El fenómeno de la voz humana ha sido estudiado mediante una serie de clasificaciones que son válidas en líneas generales. Aunque no existe unanimidad en la clasificación de los distintos tipos de voces, éstas suelen dividirse según su tesitura, ya sean más agudas o más graves. Dentro del apartado genérico de las voces femeninas encontramos tres grandes tipologías: soprano, mezzosoprano y contralto.

■ Voz de soprano

La de soprano (del italiano *sopra*, encima o por encima) es la voz femenina más aguda que existe. Esta categoría, en realidad muy variada, se ha ido desarrollando en los últimos ciento cincuenta años y ha dado lugar a especializaciones y técnicas muy distintas. En general, suelen reconocerse cinco tipos: ligera aguda, ligera, lírica, spinto y dramática.

Soprano ligera aguda: se caracteriza por su gran agilidad, o sea, la capacidad para emitir sonidos de alta frecuencia en sus vibraciones sonoras (notas agudas y las llamadas sobreagudas), que pueden y deben alcanzar cómodamente como límite máximo el mi_5 (a veces el fa_5 e incluso notas superiores, pero en tal caso ya se entra en el campo del fenómeno vocal). La agilidad (coloratura) es esencial en este tipo de voces, que deben ser capaces de emitir notas a distintas alturas sin llegar a ellas por grados con-

Dentro de la amplia variedad de géneros y formas que constituyen el repertorio vocal, aquel en que se brinda al intérprete la posibilidad de hacer gala de todas sus facultades canoras en su máximo esplendor es, sin duda, la ópera. En la imagen, escena de Tristán e Isolda, *de Richard Wagner, en una representación en el Gran Teatro del Liceo de Barcelona que protagonizó Montserrat Caballé, una de las grandes sopranos de la segunda mitad del siglo XX, cuyas asombrosas facultades le han permitido abordar un extenso repertorio.*

A la izquierda, la soprano Victoria de los Ángeles caracterizada como Cio-Cio-San, *la inolvidable protagonista de* Madama Butterfly *de Giacomo Puccini, durante una representación que tuvo lugar en el Metropolitan de Nueva York. La dulzura, el lirismo que desprende el arte de esta extraordinaria cantante, la ha hecho sobresalir también en el repertorio liederístico, al cual se ha dedicado preferentemente desde su retirada de los escenarios operísticos en el año 1969.*

juntos (notas picadas) y sostener la voz en una nota aguda sin vibrato, así como trasladar la voz sin interrupción de una nota a otra o decorar con repeticiones, trinos, apoyaturas, etcétera, la emisión vocal. Se trata de una voz apropiada para cantar pasajes operísticos de autores de los siglos XVII y XVIII —Monteverdi, Cavalli, Cimarosa, Mozart—, aunque también ha sido utilizada con frecuencia por autores del siglo XIX tardío —Delibes en *Lakmé*— y del XX —Richard Strauss en *Ariadne auf Naxos* y *Arabella*—.

Soprano ligera: tiene como característica esencial una gran agilidad, aunque sin sobreagudos. La voz debe alcanzar con comodidad el do_5. Es el tipo de voz femenina más utilizado en la ópera de los siglos XVII y XVIII y muy frecuente también en los grandes papeles de la primera mitad del siglo XIX (*Lucia di Lammermoor*, de Donizetti, *Rigoletto*, de Verdi).

Soprano lírica: es un tipo de voz femenina de emisión clara y limpia, cuyo límite agudo se sitúa en el do_5, sin rebasarlo, y cuya consistencia vocal le permite enfrentarse a una orquesta de densidad media. Esta voz aparece bien definida a partir de la ópera romántica; en compensación a la menor agilidad y disponibilidad para la región aguda, tiene una mayor consistencia en el registro bajo.

Soprano spinto: corresponde a una soprano capaz de cantar con cierta fuerza de emisión

surgido de la utilización de la orquesta sinfónica en la ópera a partir de Beethoven (*Fidelio*) y seguido por Wagner (*La Walkiria, Siegfried, El ocaso de los dioses, Parsifal*). También Verdi utilizó la soprano dramática, a la cual dotó de especial fuerza en sus primeras óperas (*Nabucco, Macbeth*), al tiempo que exigía una gran capacidad para la coloratura.

Voz de mezzosoprano

Esta clasificación surgió tardíamente e indica el tipo de voz de soprano con mayor potencia y menor dominio de la región aguda. Dentro de la voz de mezzosoprano existen dos clasificaciones que se usan habitualmente: mezzosoprano de coloratura y mezzosoprano dramática.

mezzosoprano de coloratura: corresponde a una voz femenina de grado medio, de timbre más bien oscuro y cuyos límites se suelen situar entre el la_2 y el si bemol$_4$. La agilidad en las ornamentaciones es precisamente el elemento más atractivo de este tipo de voz, del que encontramos magníficas muestras en las óperas de Haendel (*Giulio Cesare*), Mozart (*Las bodas de Fígaro*) y Rossini (*El barbero de Sevilla*). En contrapartida, su potencia es muy limitada. Casi extinguida en el siglo XIX, la voz de mezzosoprano de coloratura reapareció de modo espectacular con la mezzosoprano catalana Conchita Supervía (1895-1936) en los años 1920 y 1930.

mezzosoprano dramática: corresponde a una voz femenina de grado medio, de timbre oscuro y potencia muy superior al tipo precedente. La voz es potente y capaz de acercarse al do_5, de tal modo que algunas de estas intérpretes están próximas al tipo de la soprano dramática. En el papel de Azucena de *Il trovatore*, de Verdi, y en la Leonora de *La favorita*, de Donizetti, se halla este tipo de voz.

Voz de contralto

Es la voz femenina más grave en cuanto a tesitura, que puede alcanzar sólo hasta el sol_4, para descender en la zona grave hasta casi dos octavas más abajo; es poco frecuente, y dio justa fama en los primeros años de la década de 1950 a la malograda cantante inglesa Kathleen Ferrier (1912-1953). Muy poco apreciada en el mundo de la ópera por carecer de papeles realmente llamativos, la voz de contralto casi no se cultiva.

(*spinto* significa en italiano «con empuje»), que la faculta para hacerse oír por encima de una orquesta de dimensiones regulares. Aunque con dificultad, debe poder alcanzar el do_5. Un ejemplo típico lo encontramos en la protagonista de *La Gioconda*, de Ponchielli, o en la Nedda de *I pagliacci*, de Leoncavallo.

Soprano dramática: se da este nombre a la soprano que puede enfrentarse a una orquesta de gran densidad, sin dejar de ser capaz de alcanzar por lo menos el si_4. Es el tipo de soprano

Mientras la ópera alemana otorga especial importancia a la orquesta, la italiana destaca por el cultivo de la voz. Sobre estas líneas, escena de Un ballo in maschera, *de Giuseppe Verdi, con la mezzosoprano Fiorenza Cossotto.*

Las voces masculinas

Como las femeninas, las voces masculinas se dividen en tres grandes grupos (tenor, barítono y bajo), que a su vez se subdividen en otros con unas características bastante definidas. Al igual que sucede con las voces femeninas, es la tesitura más aguda, la del tenor, la más apreciada.

Voz de tenor

Es la más aguda de las masculinas. A partir del siglo XVIII fue adquiriendo el carácter de galán joven en las óperas amorosas, especialmente en el género bufo, de donde pasó a la ópera romántica. Al igual que en el caso de la voz femenina, con el paso de los siglos se han desarrollado cuatro tipos distintos de voz de tenor, que van desde el tenor ligero hasta el tenor dramático, pasando por los grados de tenor lírico y tenor *spinto* o *lírico-spinto*. Lo mismo que ocurre con la femenina, la extensión y el límite agudo de la voz son factores secundarios: lo esencial es su potencia y su capacidad para dominar una orquesta de dimensiones importantes. La influencia de la ópera bufa y la desaparición, con el Antiguo Régimen, de la práctica de la castración, dio un relieve creciente a la figura del tenor, pero hasta bien entrado el siglo XIX no fue posible asignarle el papel primordial en las óperas románticas.

Tenor ligero: tenor de voz ágil y ligera, aflautada, con un timbre poco consistente y potencia reducida, pero por ello mismo capaz de ejercitarse en la coloratura de los compositores del siglo XVIII. El límite agudo de este tipo de voz puede alcanzar, en casos excepcionales, el

Arriba, y de izquierda a derecha, Plácido Domingo, Josep Carreras y Luciano Pavarotti, quienes, bajo la sociedad «Los Tres Tenores», triunfan en todo el mundo con sus macroconciertos. Bajo estas líneas, el bajo-barítono italiano Ruggero Raimondi en el papel de Felipe II de la ópera Don Carlo, de Giuseppe Verdi. A su poderosa voz, este artista une un innegable talento escénico.

re4, aunque basta con que llegue al do4. Entra en este grupo el tenor apto para los papeles de muchas óperas de Mozart, que algunos han convertido en una especialidad.

Tenor lírico: el cambio estilístico impuesto por el triunfo gradual del Romanticismo indujo a los tenores a desarrollar una técnica de canto que les permitiera expresar sentimientos amorosos. Se suele citar a Gilbert Duprez (1806-1896) como el primero que, en 1835, adaptó el personaje de Edgardo, de *Lucia di Lammermoor,* de Donizetti, a este modo de cantar, al descubrir el efecto fascinante que causaba en el público alcanzar el do4 con la voz plena (el famoso «do de pecho») en vez de usar el falsete, como se había estilado hasta entonces. Algunos papeles verdianos de tenor corresponden a este tipo de voz. El verdadero tenor lírico, sin embargo, fue más bien una creación francesa, a través de las óperas *Fausto* y *Romeo y Julieta,* de Gounod, en los años del Romanticismo maduro.

Tenor *spinto*: tipo de voz aguda masculina de mayor potencia que la de tenor lírico. Su capacidad de imponerse en el contexto de una gran orquesta se valora de un modo especial. En general se tiene por suficiente que el tenor *spinto* alcance el si3, pero el do4 no debería serle vedado. Este tipo de voz no aparece hasta la segunda mitad del siglo XIX, en algunas de las grandes creaciones verdianas (*Il trovatore, Aida*).

Tenor dramático: la costumbre de los compositores alemanes de escribir las óperas utilizando orquestas sinfónicas de grandes proporciones, motivó que los cantantes se vieran obligados a desarrollar una potencia inusual en la representación de los papeles de óperas nuevas. Ya en el *Fidelio* beethoveniano el papel de Florestán, aunque breve, exige una potencia propia de tenor dramático (en alemán *Heldentenor*, «tenor heroico»). Richard Wagner dedicó a este tipo de voz los papeles heroicos de sus grandes óperas, singularmente en *Tannhäuser*, *Siegfried* y *Parsifal*. El tenor dramático tiene suficiente con alcanzar el si_3.

Arriba, escena de Boris Godunov de Modest Musorgski, ópera cuyo protagonista es un bajo, uno de los muchos detalles que hacen de este título del repertorio ruso una obra maestra poco convencional. Abajo, escena de conjunto de L'elisir d'amore de Gaetano Donizetti; en primer término, el charlatán Dulcamara, personaje encarnado por un bajo bufo.

▪ Voz de barítono

Es la voz intermedia entre la de tenor y la grave o de bajo. Primero se distinguía entre el *basso* (bajo) y el *basso cantante*, siendo este último el que daría paso, en los últimos años del siglo XVIII, a la figura del barítono.

Barítono lírico: es un barítono con la voz lo bastante flexible y ágil como para remedar el canto del tenor lírico. No debe tener el timbre demasiado oscuro y ha de alcanzar con seguridad y autoridad el sol_3. Un papel típico para este tipo de voz lo constituye el Giorgio Germont de *La Traviata*.

Barítono dramático: propio de los grandes papeles románticos surgidos hacia 1800, cuando las voces masculinas empiezan a adquirir protagonismo. El barítono dramático tiene más consistencia vocal que el lírico y puede cantar normalmente dentro de sus límites naturales (del sol_1 al sol_3).

Algunos barítonos entran ya dentro del terreno de los bajos con buenos agudos: de esta forma se da el llamado bajo-barítono, un tipo de voz para el que Mozart escribió algunos papeles (los de Leporello y Don Giovanni, en la ópera de este título; el del conde de Almaviva, en *Las bodas de Fígaro*).

▪ Voz de bajo

Es el grado más grave de voz masculina, por lo común tiene como límite inferior el mi_1 y en la zona superior el mi_3.

Bajo «normal»: es el que luce la gravedad de su voz, dentro de los límites antes indicados. La voz es fuerte, *pesante*, y se mueve con menos agilidad que la de barítono. Antaño no valorada, en la época romántica vino a representar la figura noble del padre o la del venerable anciano.

Bajo profundo: su origen se halla en la liturgia eslava antigua y su presencia influyó mucho en la ópera rusa. Hoy casi ha desaparecido, y en su lugar cantan bajos que tengan vigor y un timbre llamativo.

Bajo bufo: desarrollado en Italia a partir del siglo XVIII, en funciones de padre o de personaje anciano burlado por las intrigas de jóvenes amantes y criados, el bajo bufo, a pesar de tener una voz de bajo de tesitura similar a la del bajo «normal», paradójicamente tiene la capacidad para cantar coloratura, con agilidades impropias de una voz gruesa y profunda.

El coro y las escuelas de canto

Aunque existen numerosas escuelas de canto que han desarrollado la vida musical de muchos países en el terreno de la música vocal, pueden distinguirse esencialmente cuatro: la italiana, que surgió en el Renacimiento y muy pronto se encaminó hacia la monodia acompañada que dio lugar al nacimiento de la ópera; la francesa, creada en torno a la Académie Royale de Musique, base y fundamento de la Ópera de París; la alemana, que apareció a finales del siglo XVIII, aunque no se desarrolló hasta bien entrado el siguiente, y la rusa, surgida de la liturgia bizantina.

Las escuelas italiana y francesa

La escuela de canto italiana, cuya técnica se mantuvo en riguroso secreto durante varios siglos, supuso la fortuna para innumerables cantantes, maestros y directores musicales italianos que explotaron sus virtudes y exportaron la ópera (y secundariamente el oratorio) por toda Europa. Sólo los que se habían iniciado en Italia, en alguno de sus conservatorios de música, institución entonces sólo existente en este país, podían llegar a dominar los secretos del género, que durante mucho tiempo constituyó un producto selecto de exportación del que numerosísimos artistas italianos vivieron en toda Europa. Desde el punto de vista teatral, al menos, la escuela de canto italiana gozó de preeminencia en Europa hasta por lo menos el inicio del siglo XX.

La escuela de canto francesa, surgida por voluntad de Luis XIV (Académie Royale de Mu-

Aunque no es obligada su inclusión en todas las óperas (las venecianas del siglo XVII y las primeras bufas del XVIII, por ejemplo, prescinden casi por completo de él), el coro es uno de los elementos que en mayor medida contribuyen a la espectacularidad de las óperas. Es el caso de la escena que reproduce la imagen de la derecha, procedente de una representación de Turandot, de Giacomo Puccini.

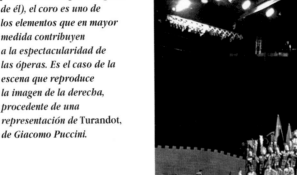

Bajo estas líneas, a la izquierda, grabado de W. Hogarth en el que aparecen reunidos tres de los cantantes operísticos más célebres del siglo XVIII: el castrato o sopranista Carlo Broschi, universalmente conocido como Farinelli; la soprano Francesca Cuzzoni Sandoni y el también castrato Francesco Bernardi, llamado el Senesino.

sique) en 1672, nunca llegó a tener entidad suficiente para competir con la ópera italiana, con la que no existía comparación posible a pesar de cierto grado de influencia mutua. El canto francés —muy poco apreciado por los viajeros que visitaron Francia en los siglos XVII y XVIII— mantuvo cierta independencia durante la época barroca, pero entró en decadencia a mediados del siglo XVIII con el auge de la ópera italiana en París, pese a los esfuerzos proteccionistas de un sector de la nobleza, que halló en el alemán

Gluck el máximo defensor de la escuela de canto gala. En el siglo XIX, la escuela de canto francesa apenas se diferenciaba de la italiana.

Alemania y Rusia

La escuela de canto alemana surgió en el siglo XIX y ha girado en torno a las obras de los compositores germanos, Mozart y Weber en un primer momento, y más adelante, sobre todo, Wagner y Richard Strauss, quien, curiosamente, representa en cierto modo un retorno a la italianizante vocalidad mozartiana del XVIII. Otra rama de la escuela alemana ha sido el *lied*, que más que una técnica vocal especializada requiere un gusto y un conocimiento del estilo genuinamente germánicos.

Por lo que respecta a la escuela de canto rusa, cuyo carácter litúrgico quedó un tanto truncado a raíz de la Revolución de 1917, ha dado especial relieve al cultivo de la voz de bajo, así como a la música coral, y con ello ha conferido su peculiar carácter a la producción operística e incluso al género de la canción de concierto. Generalizando, la escuela de canto rusa podría considerarse también como eslava, dado que incluye así mismo el universo operístico polaco y checo, aunque en estos dos casos la influencia germánica e italiana tiene un gran peso.

Uno de los momentos culminantes del Tannhäuser de Richard Wagner lo constituye su célebre coro de peregrinos, cuyo tema, presente a lo largo de toda la partitura, desde su misma obertura, simboliza el amor puro y verdadero, opuesto al carnal que representa Venus. Arriba, escena del acto tercero de esta ópera.

Durante los siglos XVII y XVIII, una de las figuras más relevantes de la vida musical en Alemania fue la del Kantor o, lo que es lo mismo, maestro de canto y director de coro de una parroquia o institución. En la página anterior, aguafuerte del año 1720 que representa un Kantor en el desempeño de sus funciones.

El coro

Surgido ya en la antigua Grecia como expresión musical y teatral colectiva, el coro siguió existiendo en Roma, donde consta su presencia en actos musicales del Circo Flavio, en la época del emperador Claudio. Ligado en la Edad Media a las funciones litúrgicas, el coro fue adquiriendo mayor importancia gracias a la polifonía en los dos siglos que precedieron al Renacimiento.

El nacimiento de la ópera, como voluntad de reconstrucción del teatro griego antiguo, en la Florencia de los siglos XVI y XVII, reservó al coro un lugar destacado. Sin embargo, cuando la ópera se extendió por Italia, la práctica operística veneciana, más atenta a los valores comerciales de las obras, pronto desterró el coro por considerarlo superfluo y en exceso oneroso.

La música italiana lo conservó, sin embargo, en los oratorios, en parte porque la feligresía que cantaba en el coro no suponía ningún dispendio; de ahí la importancia de los números corales en las cantatas alemanas, especialmente en las de Johann Sebastian Bach. En la década de 1760, Gluck, con su reforma operística, de neta raíz neoclásica, volvió a dar relevancia al coro, sobre todo en sus dos *Iphigénie* de París (1774 y 1779); los compositores italianos seguidores de Gluck (Cherubini y Spontini) lo utilizaron también, y ya Rossini, en 1815, era consciente de la necesidad de introducir números corales en las óperas, fueran serias o bufas, que salían de su pluma.

Disposición del coro

El coro está constituido por cuatro grupos de voces (sopranos, altos, tenores y bajos), que pueden doblarse, y también, excepcionalmente, faltar alguno; su presencia suele indicarse con las letras S (soprano) A (alto), T (tenor) y B (bajo). La técnica del canto coral se difundió en Europa desde Alemania, donde contaba con una gran tradición que se remontaba a los tiempos de la Reforma. En España, los coros de Josep Anselm Clavé (1824-1874) fueron los que consolidaron los primeros concursos de canto coral (1845) en Cataluña, y con el tiempo dieron lugar a importantes instituciones corales como el Orfeó Català (1891), labor que luego se difundió por Valencia y Baleares, para llegar con bastante fuerza a otras regiones. En el País Vasco, el Orfeón Donostiarra (1897) encabeza la lista de instituciones de este tipo.

El repertorio ideal

Las obras que aparecen en esta sección se ordenan según un criterio alfabético. Por su parte, en las voces que hacen referencia a una forma musical, como sinfonía, concierto, cuarteto o sonata, el orden viene marcado por el nombre del compositor: así por ejemplo, a la *Sinfonía núm. 9* de Beethoven sigue la *Sinfonía núm. 2* de Brahms.

En los apartados de ópera, zarzuela y opereta se indica el tipo de voz requerida en la partitura, de acuerdo con la siguiente correspondencia: soprano (s), mezzosoprano (mz), contralto (c), tenor (t), barítono (bar) y bajo (b).

Música escénica
Música orquestal
Música de cámara
Música instrumental
Música vocal y coral

◄ Escena de la ópera *La Gioconda*, de Amilcare Ponchielli.

Aida

Inicio del aria «Celeste Aida»

Ce - le - ste A - i - da, — for - ma - di - vi - na, — mís - ti - co - ser - to

Ópera en cuatro actos, con libreto de A. Ghislanzoni y música de G. Verdi, estrenada en El Cairo el 24 de diciembre de 1871.

Personajes: Amneris, hija del faraón (mz); Radamés, capitán egipcio (t); Aida, esclava etíope (s); Amonasro, rey de Etiopía, su padre (bar). Acción: antiguo Egipto.

Argumento: Radamés ama a la esclava Aida, quien le corresponde. Tras derrotar a los etíopes en la batalla, Radamés pide al faraón la libertad de los prisioneros. Levantados los etíopes de nuevo en armas, Amonasro obliga a su hija a que averigüe por boca del militar la ruta del ejército egipcio. Sin saber que le están escuchando, Radamés revela el lugar por donde transitarán las tropas. Sorprendido por Amneris, es arrestado y condenado a morir sepultado en una cripta por traidor. Allí se le une Aida para compartir su suerte.

La obra: Ópera de contrastes, *Aida* destaca por la belleza melódica y el intimismo de su música (el acto tercero completo, la escena final del cuarto), aunque seguramente sea la espectacularidad de sus escenas de conjunto (*Marcha triunfal* del acto segundo) la principal causa de su éxito entre el público.

El anillo del Nibelungo

Llamada de las Walkirias

Ho - jo - to - ho! — Ho - jo - to - ho! — hei - a - ha! — hei - a - ha!

Festival escénico en un prólogo (*El oro del Rin*) y tres jornadas (*La Walkiria, Siegfried, El ocaso de los dioses*), con libreto y música de R. Wagner, estrenado en Bayreuth los días 13, 14, 16 y 17 de agosto de 1876.

Personajes: Wotan, dios (bar); Fricka, su mujer (mz); Alberich, enano nibelungo (bar); Siegmund, héroe, hijo de Wotan (t); Sieglinde, su hermana (s); Brünhilde, walkiria (s); Siegfried, héroe, hijo de Siegmund y Sieglinde (t); Hagen, hijo de Alberich (b).

Argumento: Alberich ha robado el oro del Rin. Wotan consigue hurtárselo, pero el enano maldice a todo aquel que lo posea. Entregado el oro a los gigantes Fafner y Fasolt como pago por la construcción del Walhalla, la maldición provoca que el primero mate al segundo. El oro sólo podrá ser recuperado por un héroe que no conozca el miedo: Siegfried, quien dará muerte a Fafner, convertido en dragón. Él héroe, sin embargo, es muerto a traición por Hagen. La maldición finalmente se cumple y el Walhalla es destruido con todos los dioses dentro.

La obra: Desde los evanescentes acordes que abren *El oro del Rin*, son numerosísimas las páginas memorables que contiene esta monumental tetralogía, paradigma del drama musical wagneriano. Algunas de ellas han conquistado merecida fama como piezas de concierto (*La cabalgata de las walkirias, Murmullos del bosque, Amanecer y viaje de Siegfried por el Rin*).

El barbero de Sevilla

«Largo al factotum»

Lar - go al fac - to - tum della cit - tà: lar - go!

Ópera bufa en dos actos, con libreto de C. Sterbini y música de G. Rossini, estrenada en Roma el 20 de febrero de 1816.

A la izquierda, escena de la *Aida* de Verdi. En ella podemos ver el conflicto entre Amneris y Aida, los dos mejores caracteres de toda la partitura. Sobre estas líneas, boceto para la escena de la serenata del inicio de *El barbero de Sevilla*.

Personajes: El conde de Almaviva (t); Fígaro, barbero (bar); Rosina (mz); Bartolo, su tutor (b); Basilio, maestro de música (b). Acción: Sevilla.

Argumento: El conde de Almaviva ama a Rosina. Para conquistarla y librarla de su tutor, quien pretende casarse con ella, busca introducirse en casa de éste. Ayudado por su antiguo criado Fígaro, lo consigue después de varios y fallidos intentos. Cuando el conde, Rosina y Fígaro planean la fuga, llega a la casa el notario que Bartolo había enviado para su boda. Sin dudarlo dos veces, la pareja de enamorados decide aprovecharlo para su propio casamiento. Cuando Bartolo los descubre ya es demasiado tarde y ha de aceptar los hechos con filosofía.

La obra: Fracaso estrepitoso el día de su estreno, hoy *El barbero de Sevilla* es una de las composiciones más queridas por los aficionados, gracias al derroche de ingenio e inventiva que revela su partitura, con números tan inolvidables como «Largo al factotum», «La calunnia», «Una voce poco fa» o la famosa obertura.

Las bodas de Fígaro

Inicio del aria de la Condesa, «Dove sono i bei momenti»

Ópera bufa en cuatro actos, con texto de L. da Ponte y música de W. A. Mozart. Fue estrenada el 1 de mayo de 1786 en Viena.

Personajes: El conde (bar) y la condesa (s) de Almaviva; Fígaro, su criado (bar); Susana, su prometida (s); Cherubino, paje (mz); el doctor Bartolo (b). Acción: en el castillo de los condes, cerca de Sevilla.

Argumento: Fígaro y Susana preparan su boda, mas su señor, el conde de Almaviva, no está dispuesto a renunciar al tradicional derecho de pernada. Tras muchas situaciones de enredo, los planes del conde son descubiertos. Acusado por todos, la condesa le perdona y la boda de Fígaro y Susana puede realizarse en medio de la alegría general.

La obra: En esta ópera, las convenciones del género bufo son ampliamente superadas. Primera colaboración entre el libretista Lorenzo da Ponte y Mozart, antes que nada, *Las bodas de Fígaro* es un símbolo de vida, con momentos de extraordinaria belleza como la emotiva aria de la condesa «Dove sono».

La bohème

Comedia lírica en cuatro actos, con libreto de G. Giacosa y L. Illica, y música de G. Puccini, estrenada el 1 de febrero de 1896 en Turín.

Personajes: Rodolfo, poeta (t); Marcello, pintor (bar); Colline, filósofo (b); Mimì, modista (s); Musetta, coqueta (s). Acción: París, hacia 1830.

Argumento: Rodolfo y Marcello viven, junto a otros bohemios, en una buhardilla de París. En Nochebuena, el grupo decide ir a cenar fuera, gracias al dinero que uno de ellos ha conseguido milagrosamente. Llega Mimì, su vecina, para pedir lumbre y Rodolfo se enamora de ella, quien le corresponde, pero, enferma de tisis, morirá sin que el pobre poeta pueda hacer nada por ayudarla.

La obra: La riqueza melódica ha hecho de *La bohème* una de las óperas predilectas de público y cantantes. No en vano algunas de sus páginas son de las más cantadas tanto del repertorio de soprano como de tenor («Che gelida manina», «O soave fanciulla», «Addio, dolce svegliare»...), imprescindibles en cualquier antología del género.

Boris Godunov

Ópera en un prólogo y cuatro actos, con libreto y música de M. Musorgski. Se estrenó en San Petersburgo el 27 de enero de 1874.

odest Musorgski consideraba que sólo a partir del conocimiento de la música tradicional, tanto popular como litúrgica, podía crearse una música que expresara toda la idiosincrasia del carácter ruso. Él lo consiguió en su *Boris Godunov*, una ópera que rehúye todo convencionalismo y en la cual la masa del pueblo es la verdadera protagonista.

Personajes: El zar Boris (b); Grigori, más tarde el falso Dimitri (t); Pimen, monje (b); Marina, princesa polaca (s); Varlaam, monje vagabundo (b); el Idiota (t). Acción: Rusia y Polonia, entre 1598 y 1605.

Argumento: Tras la misteriosa muerte del zarevich Dimitri, Boris Godunov se convierte en el nuevo zar de Rusia. Grigori, un novicio, impresionado por el relato de la muerte de aquél a manos de éste, decide hacerse pasar por el zarevich y, de paso que le venga, conquistar la corona. Atormentado por los remordimientos y con el pueblo levantado en armas contra él, Boris muere, mientras Grigori es aclamado como nuevo zar.

La obra: El pueblo ruso, que está representado en el coro, es el verdadero protagonista de esta monumental partitura. Junto a sus intervenciones, cabe destacar los monólogos de Boris Godunov, de inusual potencia dramática.

El caballero de la rosa

Dúo entre Octavian y Sophie

Its ein Traum, kann nicht wirk-lich sein, dass wir zwei bei ei-nan-der sein,

Comedia musical, con libreto de Hugo von Hofmannsthal y música de Richard Strauss, estrenada en Dresde el 26 de enero de 1911.

Personajes: La Mariscala (s); barón Ochs von Lechernau, su primo (b); Octavian, joven noble, amante de la Mariscala (mz); Sophie, hija de Von Faninal (s); Von Faninal, burgués (bar). Acción: Viena, en la época de María Teresa.

Argumento: El barón Ochs va a casarse y pide a su prima la Mariscala que le proponga a alguien para cumplir con la tradición de la rosa de plata. Ésta piensa en su joven amante, Octavian, quien acepta. Nada más ver a la prometida, Sophie, cae enamorado de ella, y

ella de él. Llega Ochs, quien, con sus zafios modales, horroriza a la muchacha. Para librarse de él y conquistar a Sophie, Octavian, disfrazado de mujer, tiende una trampa a Ochs, fruto de la cual es la ruptura del compromiso matrimonial. Los dos jóvenes pueden unirse, mientras que la Mariscala comprende que su amante ya no volverá con ella.

La obra: Tras las agresivas *Salomé* y *Elektra*, Strauss volvió la vista hacia la época de Mozart para esta deliciosa comedia, en la que sobresalen páginas tan hermosas como el monólogo de la Mariscala en el primer acto, el dúo de los dos enamorados del segundo o el trío del tercero.

Carmen

Habanera de Carmen

L'a-mour est un oi-seau re - bel - le Que nul ne peut ap - pri - voi - ser.

Opéra-comique en cuatro actos, con libreto de H. Meilhac y L. Halévy, y música de G. Bizet. Fue estrenada el 3 de marzo de 1875 en París.

Personajes: Carmen, cigarrera gitana (mz); don José, brigadier (t); Escamillo, torero (bar); Micaela, campesina (s). Acción: Sevilla, hacia 1830.

Argumento: Don José está locamente enamorado de Carmen. Por seguirla, deserta del ejército en el que sirve para unirse a una partida de contrabandistas. Sin embargo, la atención de la gitana pronto se dirige hacia el torero Escamillo. Durante una corrida de toros en la que éste lidia, don José pide a Carmen que vuelva a su lado, a lo que ella se niega. Desesperado, la mata.

La obra: Seguramente *Carmen* es la ópera más popular del repertorio galo. Ello no es de extrañar habida cuenta de la calidad de sus melodías, como la *Habanera* de Carmen, la canción de Escamillo «Toréador» y la delicada romanza de don José «La fleur que tu m'avais

La idea de componer una ópera en el estilo clásico persiguió a Igor Stravinski desde finales de la década de 1930. Pero hasta la contemplación de unos óleos de William Hogarth, precisamente titulados *La carrera del libertino*, no encontró el tema adecuado a tal propósito. La imagen de la izquierda presenta una de las pinturas que inspiraron al músico, correspondiente a la que sería la última escena de la ópera, en la cual el protagonista, perdida la razón, muere en un manicomio.

Mozart puso la primera piedra con *La flauta mágica*, pero el verdadero creador de la ópera nacional alemana fue Carl Maria von Weber con *El cazador furtivo*. Su ambientación fantástica y la proliferación de números de inspiración popular, como las danzas del acto primero o el coro de cazadores del tercero, fueron tomados como modelo por compositores posteriores como Marschner o Lortzing. En la foto, imagen correspondiente a una representación de esta ópera.

jetée». A su lado conviene destacar la espectacularidad de los números corales y la brillantez de la orquestación.

La carrera del libertino

Ópera en tres actos y un epílogo, con texto de W. H. Auden y C. Kallman, y música de I. Stravinski, estrenada en Venecia el 11 de septiembre de 1951.

Personajes: Tom Rakewell (t); Anne Trulove, su prometida (s); Trulove, su padre (b); Nick Shadow (bar); Baba la Turca (mz). Acción: Inglaterra, a mediados del siglo XVIII.

Argumento: Tom ama a Anne, pero es pobre y parte a hacer fortuna. Acompañado del inquietante Nick Shadow, que no es otro que el diablo, se traslada a Londres, donde lleva una vida libertina. Casado con Baba, la mujer barbuda de un circo, y arruinado, llega la hora en que Nick le pide, como pago a sus servicios, su alma. Se la juegan a las cartas y Tom, iluminado por el recuerdo de Anne, gana, pero es condenado a perder la razón. Loco, muere en un manicomio no sin antes recibir la visita de su amada.

La obra: Stravinski sorprendió a todo el mundo musical con esta obra, en la que resucitaba la ópera clásica mozartiana. Incomprendida en su día, es una de las creaciones más originales y hermosas del autor ruso.

Cavalleria rusticana

Brindis de *Cavalleria rusticana*

Vi - va il vi no spu - meg - gian - te, nel bic - chie - re scin - til - lan - te

Ópera en un acto, texto de G. Menasci y G. Targioni-Tozzetti, y música de P. Mascagni, estrenada en Roma el 17 de mayo de 1890.

Personajes: Turiddu, joven soldado (t); Lucia, su madre (c); Santuzza, amante de Turiddu (s); Alfio, carretero (bar); Lola, su esposa (mz). Acción: una aldea siciliana hacia 1890.

Argumento: Turiddu corteja a Lola, la mujer de Alfio. Despechada, la antigua amante de aquél, Santuzza, no duda en explicarle a éste la íntima relación de su esposa con el soldado. Para reparar su honra, Alfio reta a Turiddu y lo mata.

La obra: Páginas como el brindis «Viva il vino spumeggiante» o la despedida de Turiddu «Mamma, quel vino è generoso», han hecho célebre esta breve y algo efectista ópera, la única de las de su autor que ha resistido el paso del tiempo.

El cazador furtivo

Singspiel en tres actos, con libreto de J. F. Kind y música de C. M. von Weber, estrenado el 18 de junio de 1821 en Berlín.

Personajes: Max, guardabosque (t); Agathe, su prometida (s); Kaspar, guardabosque (b); Eremita (b). Acción: Bohemia.

Argumento: Max ama a Agathe, pero sólo la conseguirá si vence en el concurso de tiro. Desgraciadamente, la puntería no es su fuerte. Uno de sus compañeros, Kaspar, le propone usar unas balas mágicas, a lo que Max, no sin cierta aprensión, accede. Lo que él no sabe es que Kaspar ha vendido su alma al diablo y que las balas son malditas. El día del concurso, Max dispara la última de sus balas mágicas, aquella con la que el diablo se cobrará su propia víctima. Kaspar cae muerto. La intervención de un sabio eremita pone las cosas en su sitio: Max ha pecado, pero es honesto y merece a Agathe.

La obra: Con esta ópera de Weber nace la ópera romántica nacional alemana. De inspiración popular, su espléndida obertura y números como el conjuro de las balas del segundo acto o el coro de cazadores del tercero gozan del unánime aprecio del público.

La Cenerentola

Ópera bufa en dos actos, con libreto de J. Ferretti y música de G. Rossini, estrenada el 25 de enero de 1817 en Roma.

Personajes: Don Ramiro, príncipe (t); Dandini, su criado (bar); Alidoro, consejero del príncipe (b); Don Magnífico (b); Clorinda (s) y Tisbe (mz), sus hijas; Angelina, la Cenicienta (c).

Argumento: Angelina vive explotada por sus hermanastras y su padrastro. A su casa llega Alidoro disfrazado de pordiosero. Angelina es la única que observa caridad hacia él, por lo que éste ve en ella la mujer ideal para su señor. Llegan el príncipe y su criado Dandini, con los papeles intercambiados, ya que el primero quiere ser amado por sí mismo y no por su rango. El amor entre él y Angelina nace instantáneamente. Gracias a Alidoro, Angelina puede asistir a la fiesta que celebra el príncipe, donde, disfrazada, entrega a éste una pulsera y se marcha. Ramiro partirá inmediatamente en su busca. Al descubrir que su amada es la Cenicienta, la desposa.

La obra: Escrita en sólo veinticuatro días, esta genial obra contiene algunos de los momentos más felices de la inspiración rossiniana, como todo el final del acto primero o el sexteto del segundo.

Così fan tutte

Ópera bufa en dos actos, con libreto de L. da Ponte y música de W. A. Mozart, estrenada el 26 de enero de 1790 en Viena.

Personajes: Ferrando (t); Guglielmo (bar); don Alfonso, viejo escéptico (b); Fiordiligi, prometida de Guglielmo (s); Dorabella, su hermana, prometida de Ferrando (mz); Despina, criada (s). Acción: Nápoles, en el siglo XVIII.

Argumento: Instigados por el viejo don Alfonso, quien considera que eso de la fidelidad femenina es un cuento, dos jóvenes enamorados ponen a prueba la constancia de sus amadas: disfrazados, cada uno ha de conquistar a la prometida del otro. Las muchachas no resisten la tentación y antes de que expire el plazo, caen en los brazos de sus nuevos galanteadores. Dado que «così fan tutte» (o lo que es lo mismo, «así hacen todas»), las parejas acaban reconciliándose.

La obra: La melodía es la indiscutible protagonista de esta maravillosa partitura de frívola apariencia. Aunque es difícil destacar un solo fragmento, quizás sea el melancólico terceto «Soave sia il vento» el más representativo de su auténtico carácter desencantado.

Dido y Eneas

Ópera en un prólogo y tres actos, con libreto de N. Tate y música de H. Purcell. Se estrenó en Londres en 1689.

Personajes: Dido, reina de Cartago (s); Belinda, su confidente (s); Eneas, héroe troyano (t); la hechicera (mz). Acción: Cartago.

Argumento: Dido y Eneas planean sus esponsales. Una hechicera y su séquito de brujas, enemigas de la reina, desean su desgracia: gracias a sus artes, Eneas se ve obligado a abandonar Cartago para ir a fundar Roma. El héroe marcha y Dido, abandonada, muere.

La obra: Sería difícil encontrar en el repertorio otra obra que, con tan pocos medios, consiguiera tan amplios resultados como *Dido y*

Così fan tutte fue la última colaboración entre Mozart y el libretista Lorenzo da Ponte, y también la peor comprendida, sin duda por su cinismo y su aparente frivolidad. En la imagen, escena final del acto primero.

Eneas. La despedida de la vida de Dido es una de las páginas más emocionantes y sinceras escritas nunca por un músico.

Don Giovanni

Dúo entre Don Giovanni y Zerlina, «Là ci darem la mano»

Ópera bufa en dos actos, con libreto de L. da Ponte y música de W. A. Mozart, estrenada en Praga el 29 de octubre de 1787.

Personajes: Don Giovanni, libertino (bar); Leporello, su criado (b); el Comendador (b); Donna Anna, su hija (s); Don Ottavio, su prometido (t); Donna Elvira, dama (s); Zerlina, campesina (s); Masetto, su prometido (bar). Acción: Sevilla, en el siglo XVII.

Argumento: Don Giovanni, tras haber intentado seducir a Donna Anna, mata al padre de ésta, el Comendador. El libertino y su criado se introducen en una boda campesina. Atraído por la belleza de la novia, Zerlina, Don Giovanni invita a todos a su casa, donde se presentan también Donna Anna, Don Ottavio y Donna Elvira, otra de las mujeres seducidas por él, con intención de vengarse. Don Giovanni, empero, consigue huir. En un cementerio descubre la estatua del Comendador y se burla de ella. Ésta le responde y aquél, desafiante, la invita a cenar. La estatua acepta y en el transcurso de esa cena arrastra consigo a Don Giovanni al infierno.

La obra: La universal figura de Don Juan Tenorio es la protagonista de esta magistral ópera, para muchos la mejor del repertorio lírico. Fragmentos como el dúo «Là ci darem la mano», el aria «Il mio tesoro» o todo el final del segundo acto, así lo confirman.

L'elisir d'amore

Aria de Nemorino, «Una furtiva lagrima»

Ópera bufa en dos actos, con libreto de F. Romani y música de G. Donizetti, estrenada el 12 de mayo de 1832 en Milán.

Personajes: Nemorino, joven aldeano (t); Adina, rica granjera (s); Dulcamara, charlatán (b); Belcore, sargento (bar). Acción: una pequeña aldea italiana, durante el siglo XIX.

Argumento: Nemorino ama a Adina, pero como él es pobre, ella le ignora. Para que la conquiste, Dulcamara le vende un presunto filtro amoroso. De pronto, Nemorino se da cuenta de que todas las muchachas del lugar se muestran particularmente cariñosas con él, lo cual atribuye al éxito de la pócima. La realidad es más prosaica: por el pueblo se ha difundido la noticia de que acaba de heredar una gran fortuna, de tal modo que incluso Adina acaba rindiéndose a él.

La obra: La melancólica aria «Una furtiva lagrima», una de las favoritas del repertorio de tenor, es la página más popular de esta simpática ópera del género bufo.

Sobre estas líneas, grabado extraído del frontispicio de la partitura para canto y piano del *Don Giovanni* de Mozart, en el que se representa la última escena de la obra, cuando la estatua del Comendador arrastra consigo al infierno al protagonista. La por muchos considerada mejor ópera de toda la historia del género es un «dramma giocoso» en el que, por vez primera en la escena lírica, aparece el *pathos* romántico en su expresión más terrible. Muy diferente es *L'elisir d'amore* de Gaetano Donizetti, ópera de la que vemos, a la derecha, una escena en un grabado de la época: perteneciente al género bufo, es una de las más sabrosas comedias que ha dado el repertorio italiano.

Falstaff

Ópera en tres actos con libreto de A. Boito y música de G. Verdi, estrenada en Milán el 9 de febrero de 1893.

Personajes: Sir John Falstaff (bar); Alice Ford (s); Ford, su marido (bar); Nanetta, su hija (s); Fenton, su prometido (t); Meg Page, amiga de Alice (mz); señora Quickly (c). Acción: Windsor, durante el reinado de Enrique IV.

Argumento: El viejo Falstaff está convencido de que conserva intactas sus dotes de seductor, pese a los años y los kilos de más. Su propósito es seducir a dos respetables damas, Alice Ford y Meg Page, quienes planean darle un escarmiento. Citado en casa de la primera, el pobre Falstaff acaba lanzado al río junto a la cesta de la ropa sucia. Una segunda cita en el parque de Windsor se convierte en un espectáculo dantesco en el que todos los personajes, disfrazados, dan al seductor una terrible paliza. Falstaff hace propósito de enmienda y todo acaba en un clima de alegría general.

La obra: Última de sus creaciones para el teatro, el gran Verdi contaba ochenta años cuando escribió esta «juvenil» ópera cómica, quizás su obra maestra, llena de vida y encanto, no exentos de cierta nostalgia.

Fausto

Ópera en cinco actos, con libreto de J. Barbier y M. Carré, y música de Ch. Gounod, estrenada en París el 19 de marzo de 1859.

Personajes: Fausto (t); Mefistófeles (b); Marguerite (s); Valentín, su hermano (bar); Wagner, estudiante (bar). Acción: Alemania, siglo XVI.

Argumento: El viejo doctor Fausto cierra un pacto con Mefistófeles por el cual, a cambio de placeres y juventud, le entregará a éste su alma. En su desenfreno, Fausto seduce a Marguerite y la abandona con un hijo, al que ella mata. Encerrada en prisión, Fausto, arrepentido, la visita para procurar su fuga, pero ella se niega y muere. Su alma sube al cielo mientras Fausto cae arrodillado y Mefistófeles huye aterrorizado ante la intervención divina.

La obra: Obra netamente francesa en su peculiar encanto melódico, el *Fausto* de Gounod contiene números tan apreciados como el dúo «Laissez moi contempler», el aria de Marguerite «Ah! Je ris de me voir» y, sobre todo, su ballet, popularizado como página de concierto.

La favola d'Orfeo

Ópera en un prólogo y cinco actos, con texto de A. Striggio y música de C. Monteverdi, estrenada en Mantua el 24 de febrero de 1607.

Personajes: La Música (s); Orfeo, poeta (t); Eurídice, su mujer (s); Caronte (b); Plutón (b); Proserpina (s); Apolo (t).

Argumento: Orfeo y Eurídice viven felices hasta que ella muere mordida por una serpiente. Loco de dolor, Orfeo desciende a los infiernos en su busca. Allí su desesperación conmueve a Proserpina, quien convence a su esposo Plutón para que deje regresar a Eurídice a la Tierra. Plutón sólo pone una condición: que en el camino de regreso, Orfeo no vuelva nunca la mirada hacia su esposa. Él acepta, pero no puede mantener su promesa y pierde a Eurídice para siempre. Su dolor provoca que su padre Apolo lo eleve consigo al Olimpo.

La obra: *Orfeo* es la primera obra maestra del género operístico. Fragmentos como el lamento del protagonista en el acto segundo, siguen conservando hoy intacta toda su capacidad emotiva.

■ Fidelio

Singspiel en dos actos, con libreto de J. Sonnleithner y G. F. Treitschke, y música de L. van Beethoven, estrenado en Viena el 23 de mayo de 1814 (versión definitiva).

Personajes: Florestán, noble (t); Leonora, su esposa (s); Don Fernando, ministro real (b); Don Pizarro, gobernador (bar); Rocco, carcelero (b); Marcelina, su hija (s). Acción: una fortaleza cerca de Sevilla en el siglo XVIII.

Argumento: Florestán ha sido encarcelado injustamente. Su mujer, Leonora, con indumento masculino y bajo el nombre de Fidelio, logra entrar en la prisión como ayudante del carcelero. Ante la llegada inminente del ministro don Fernando, Pizarro intenta eliminar a su prisionero, pero Fidelio se interpone. Liberado gracias al ministro, Florestán puede volver a unirse a su fiel esposa.

La obra: *Fidelio*, única ópera que compuso Beethoven, más conocido por su música instrumental, es, antes que nada, un apasionado canto a la libertad del hombre. Una de sus principales innovaciones fue la introducción de una orquesta sinfónica en el marco operístico.

La flauta mágica

Aria de entrada de Papageno

Singspiel en dos actos, con libreto de E. Schikaneder y música de W. A. Mozart, estrenado en Viena el 30 de septiembre de 1791.

Personajes: Tamino, príncipe (t); Papageno, pajarero (bar); la Reina de la Noche (s); Sarastro, sacerdote de Isis y Osiris (b); Pamina, su hija (s); Monostatos, moro, criado de Sarastro (t), Papagena (s). Acción: Egipto y en una época legendaria.

Argumento: Tamino es perseguido por una gigantesca serpiente, muerta por la intervención de tres damas de la Reina de la Noche. Armado de una flauta mágica y acompañado por Papageno, Tamino parte en busca de la hija de aquélla, Pamina, retenida por Sarastro. Es Papageno quien la encuentra primero, huyendo ambos de las garras de Monostatos. Mientras tanto, Tamino ha descubierto que Sarastro es en realidad el padre de Pamina y que si la guarda de su madre es por todo lo que ésta representa de maldad e ignorancia. Sólo si Tamino logra superar las pruebas del templo, podrá aspirar a la mano de Pamina. El príncipe lo consigue, provocando la consiguiente derrota del mal.

La obra: Última ópera de Mozart, *La flauta mágica* es un trabajo de una belleza imperecedera e irrepetible, fascinante a la vez que ingenua. La obertura, la música asociada a Papageno, el aria de Tamino «Dies Bildnis ist bezaubernd schön» o las dos de la Reina de la Noche, con sus arriesgadas coloraturas, son sólo algunas de las joyas que atesora esta partitura. Con ella el genio de Salzburgo abre el camino hacia la creación de la ópera nacional alemana que años más tarde confirmará Weber.

■ Giulio Cesare

Ópera en tres actos, con libreto de N. Haym y música de G. F. Haendel, estrenada en Londres el 20 de febrero de 1724.

En la página anterior, escenografía de Soler Rovirosa para una representación del *Falstaff* de Verdi en el Liceo de Barcelona en 1896. Último trabajo del maestro italiano, es también su obra más moderna y sorprendente.
En esta página, a la izquierda, figurín para el personaje de Papageno de *La flauta mágica* de Mozart, realizado por Oskar Kokoschka. Arriba, *Cleopatra desembarca en Tarso*, cuadro de Claudio de Lorena que coincide con una de las escenas del *Giulio Cesare* haendeliano.

Personajes: Giulio Cesare (c); Cornelia, viuda de Pompeyo (c); Sesto, su hijo (mz); Tolomeo, faraón de Egipto (c); Cleopatra, su hermana (s); Achilla, general egipcio (b). Acción: Egipto.

Argumento: Achilla ofrece a César la cabeza de Pompeyo. César, que no deseaba la muerte de su rival, se enfurece con los egipcios. Instalado en el palacio real, allí recibe la visita de Cleopatra, que consigue, gracias a sus encantos, que el romano la apoye en su lucha contra su hermano Tolomeo. La victoria sobre éste culmina con la coronación de Cleopatra como reina de Egipto.

La obra: Obra maestra del prolífico Haendel, los hallazgos melódicos de esta ópera son incontables, comenzando por la expresiva aria de Cleopatra «Piangerò la sorte mia» o la de César «Va tacito e nascosto», famosa por su solo de trompa obligado, páginas ambas de una considerable dificultad vocal.

Lucia di Lammermoor

Aria de la locura de Lucia

Ópera en tres actos, con libreto de S. Cammarano y música de G. Donizetti, estrenada en Nápoles el 26 de septiembre de 1835.

Personajes: Enrico de Lammermoor, noble (bar); Lucia, su hermana (s); Edgardo, joven noble enamorado de Lucia (t); Raimundo, capellán (b). Acción: Escocia, hacia 1700.

Argumento: Edgardo ama a Lucia, quien le corresponde. Al tener éste que abandonar el país, exige a su amada un juramento de fidelidad. Su enemigo Enrico aprovecha su ausencia para, tras engañar a su hermana, concertar el matrimonio entre ésta y un noble de su partido. El día de la firma del contrato matrimonial aparece Enrico, que acusa a Lucia de infidelidad. La noche de bodas, ella enloquece y mata a su esposo, para morir poco después. Enrico, desesperado, se suicida en un cementerio.

La obra: El aria de la locura del acto tercero es la página más célebre de esta ópera de atmósfera brumosa y romántica. Por su virtuosismo vocal, por su expresividad, es uno de los grandes caballos de batalla del repertorio de soprano.

Lulu

Ópera en tres actos, con libreto y música de A. Berg. Fue estrenada póstumamente en Zurich el 2 de junio de 1937 (versión en dos actos).

Personajes: Lulu (s); condesa Geschwitz (mz); doctor Schön (bar); Alwa, su hijo (t); el Pintor (t); Schigolch (b); Rodrigo, atleta (b).

Argumento: El doctor Schön, antiguo amante de Lulu, revela al esposo de ella, el Pintor, el oscuro pasado de su mujer. Éste no puede resistirlo y se suicida. Convertida en bailarina famosa, Lulu obliga a Schön a casarse con ella. En una discusión entre ambos, la mujer lo mata. Encarcelada, consigue escapar gracias a la condesa lesbiana Geschwitz. Instalada en Londres con ésta y Alwa, quien también la ama, vive de la prostitución en la más absoluta miseria. En la capital británica morirá a manos de Jack el Destripador.

La obra: Escrita según el sistema dodecafónico, *Lulu* es una de las partituras más fascinantes del repertorio contemporáneo. Violenta, incluso sórdida, no está exenta de cierta melancolía, expresada en el tema musical que acompaña cada aparición de la protagonista, mujer fatal y víctima a la vez.

Norma

Cavatina de Norma, «Casta diva»

Tragedia lírica en dos actos, con libreto de F. Romani y música de V. Bellini, estrenada el 26 de diciembre de 1831 en Milán.

Personajes: Norma, gran sacerdotisa druida (s); Oroveso, su padre (b); Adalgisa, virgen del templo (s); Pollione, procónsul romano (t). Acción: Galia, hacia el 50 a.C.

A la izquierda, escena de *Lulu* de Alban Berg. Recreación en clave contemporánea del mito de la mujer fatal, esta ópera quedó inconclusa a la muerte de su autor en 1935. Hasta 1979 no pudo presentarse la obra en su versión completa en tres actos, con la orquestación que Friedrich Cerha realizó de los fragmentos del acto tercero que el compositor había dejado únicamente esbozados.

Argumento: Cansado de Norma, con la que ha tenido dos hijos, Pollione ha puesto los ojos en una joven virgen del templo druida, Adalgisa. Ella misma revela a Norma las intenciones del romano. Dolida por su traición, la sacerdotisa llama a su pueblo a la sublevación contra el invasor. Pollione es apresado y se le condena a muerte. Tras confesar que sigue amándolo, Norma se lanza con él a la hoguera.

La obra: *Norma* es una de las páginas cimeras del *bel canto*, gracias sobre todo al aria «Casta diva» que entona la protagonista en el acto primero. Todo el asombroso don melódico de Bellini está condensado en esta hermosa y misteriosa pieza, favorita de las sopranos.

Orfeo y Eurídice

Lamento de Orfeo del acto tercero

Ópera en tres actos, con libreto de R. da Calzabigi y música de C. W. Gluck, estrenada el 5 de octubre de 1762 en Viena.

Personajes: Orfeo, poeta (c); Eurídice, su esposa (s); Amor (s).

Argumento: Orfeo pierde a su mujer Eurídice. Tras descender a los infiernos en su busca, los dioses permiten que ella regrese al mundo de los vivos, siempre que Orfeo evite mirarla en el camino de regreso. Ante los lamentos de ella, él no puede evitar volver el rostro, por lo que su alma regresa al infierno. Amor, compadecido ante su dolor, le devuelve a su esposa.

La obra: Con esta ópera, Gluck y su libretista dieron inicio a su ambiciosa reforma del género. El aria de Orfeo «Che farò senza Eurídice?» del acto tercero, de un lirismo algo sentimental, pero efectivo, es su página más conocida, que ha sido imitada por todos los autores posteriores.

Parsifal

Festival sacro en tres actos, con libreto y música de R. Wagner, estrenado el 26 de julio de 1882 en Bayreuth.

Personajes: Amfortas, guardián del Grial (bar); Titurel, su padre (b); Gurnemanz, caballero (b); Parsifal (t); Klingsor, mago (b); Kundry, hechicera (s). Acción: Monsalvat, en el siglo X.

Argumento: Amfortas yace herido. Sólo sanará cuando un caballero inocente y puro, a quien la piedad hará sabio, recupere la lanza que hirió a Cristo, robada por Klingsor, y toque con ella la herida. Ese «perfecto imbécil» es Parsifal. Éste escapa a la tentación de Kundry y las doncellas-flor y recobra la lanza sagrada. Tras tocar con ella a Amfortas, éste sana. Parsifal pasa de esta manera a ser el rey de los caballeros del Grial.

La obra: Lo que más llama la atención en esta excepcional obra es su acentuado carácter místico. El tema de la redención, tan caro a Wagner, alcanza aquí una intensidad verdaderamente sublime, evidente en fragmentos como «Los encantamientos del Viernes Santo».

Pelléas et Mélisande

Drama lírico en cinco actos, con libreto y música de C. Debussy, estrenado el 30 de abril de 1902 en París.

Personajes: Arkel, rey de Allemonde (b); Pelléas (t) y Golaud (bar), sus nietos; Geneviève, su madre (c); Yniold, hijo de Golaud (s); Mélisande (s).

Argumento: Perdido durante una cacería, Golaud descubre a Mélisande en un bosque. Sin saber quién es, la conduce a su castillo y la desposa. Pero su hermanastro Pelléas se enamora de ella y ella le corresponde. Descubiertos por Golaud, éste da muerte a Pelléas. Tiempo después, Mélisande morirá al dar a luz una niña.

Para su último drama musical, *Parsifal*, Richard Wagner volvió su mirada hacia una de las tradiciones más sugestivas y llenas de misterio del mundo medieval: la leyenda del Santo Grial. En la imagen, escena de la ópera.

La obra: *Pelléas et Mélisande* es la única ópera que llegó a acabar Debussy. Se trata de una obra caracterizada por el estatismo de su acción, en la que la orquesta, por encima del canto, es la gran protagonista, la encargada de expresar todo el misterio de un drama en el que lo insinuado domina sobre lo dicho.

Peter Grimes

Ópera en un prólogo, tres actos y un epílogo, con texto de M. Slater y música de B. Britten, estrenada en Londres el 7 de junio de 1945.

Personajes: Peter Grimes, pescador (t); Ellen Orford, maestra (s); Balstrode, marino (bar); Ned Keene, boticario (bar); Auntie, tabernera (c); Boles, pescador metodista (t). Acción: Un pueblo de pescadores inglés, hacia 1830.

Argumento: Peter Grimes es acusado de la muerte de su aprendiz en alta mar. Absuelto, el pueblo está convencido de su culpabilidad. Sólo la maestra Ellen cree en su inocencia. El pescador toma a su cargo a otro aprendiz, que muere en un desgraciado accidente. La gente acude a linchar a Grimes, pero éste, enajenado, se hace a la mar y desaparece.

La obra: El trágico conflicto del individuo con su sociedad es el gran tema de esta ópera. Sus interludios orquestales fueron reunidos por el compositor en una suite de concierto que ha conquistado un puesto de privilegio en el repertorio.

Porgy and Bess

«Summertime»

Ópera en tres actos, con libreto de D. Heyward e I. Gershwin y música de G. Gershwin, estrenada el 30 de septiembre de 1935 en Boston.

Personajes: Porgy, un inválido (bar); Bess, amante de Crown (s); Crown, estibador (bar); Serena, mujer de Robbins (s); Robbins (t); Jake, pescador (bar); Clara, su mujer (s); Sporting Life, traficante de drogas (t). Acción: Charleston, hacia 1930.

Argumento: Durante una partida de dados, Crown mata a Robbins y acto seguido huye. Bess, su amante, queda sola y busca refugio al lado del inválido Porgy. El amor entre ellos dos no tarda en aparecer. Crown regresa para llevarse a Bess, pero Porgy le da muerte. Llevado a la cárcel, Sporting Life aprovecha esa ocasión para insinuarse a la muchacha, quien, a cambio de droga, accede a seguirle a Nueva York. Cuando Porgy regresa de la cárcel y se entera de su marcha, parte a buscarla.

La obra: Retrato de la comunidad negra americana, con *Porgy and Bess* Gershwin introdujo el jazz y el espiritual negro en el lenguaje operístico. Números como «Summertime», «Oh, I got plenty o' nuttin» o «Bess, you is my woman now» son antológicos.

El retablo de maese Pedro

Ópera para marionetas en un acto, con libreto y música de M. de Falla, estrenada en Sevilla el 23 de marzo de 1923.

Personajes: Don Quijote (bar); maese Pedro (t); el Trujamán (s). Acción: una venta manchega durante el siglo XVI.

Argumento: Don Quijote y Sancho Panza asisten a una representación de marionetas en la que se cuenta la historia de Melisendra y don Gaiferos. En el transcurso de la misma, el caballero confunde la ficción con la realidad y, en su intento de socorrer a los protagonistas, arremete contra el teatrillo para desesperación de maese Pedro.

La obra: Seguramente sea *El retablo* la mejor ópera española escrita nunca. Fruto del neoclasicismo de su autor, Falla se inspiró para componerla en la tradición renacentista y barroca hispana. Su orquestación camerística, que incluye un clave, le confiere un color muy especial, deliberadamente arcaico.

Rigoletto

Canción del duque, «La donna è mobile»

Ópera en tres actos, con libreto de F. M. Piave y música de G. Verdi, estrenada el 11 de marzo de 1851 en Venecia.

Personajes: El duque de Mantua (t); Rigoletto, su bufón (bar); Gilda, su hija (s); el conde Monterone (bar); Sparafucile, un asesino (b); Maddalena, su hermana (c). Acción: Mantua en el siglo XVI.

A la izquierda, Jean Perrier, caracterizado como Pelléas, papel protagónico del *Pelléas et Mélisande* de Debussy, que aquél encarnó la noche del estreno. Obra de ambientación simbolista, se distingue por su exquisita escritura vocal e instrumental. Muy diferente, aunque se estrenara sólo tres años más tarde, es la *Salomé* de Richard Strauss, de la que vemos, a la derecha, una imagen. Su crispado lenguaje armónico y tímbrico anuncia el nacimiento de una nueva época, marcada por la crisis de los valores estéticos y morales tradicionales.

Argumento: Ante sus sarcasmos, Monterone, cuya hija acaba de ser deshonrada por el duque, maldice a Rigoletto. Éste, que también tiene una hija, Gilda, teme que el duque pueda seducirla, por lo que la esconde de todos. Inútilmente, porque el noble ya le ha puesto los ojos encima. Raptada por unos cortesanos, el duque la deshonra y el bufón jura venganza. A tal propósito, contrata a un asesino, Sparafucile. Pero Gilda descubre los planes de su padre y se sacrifica en lugar del noble, a quien aún ama. A la hora convenida, Sparafucile entrega a Rigoletto un cuerpo en un saco: horrorizado, el bufón descubre en él a su hija. La maldición de Monterone se ha cumplido.

La obra: Además de la romanza de tenor «La donna è mobile», otros números merecen ser recordados de esta gran ópera, como el aria de Rigoletto «Cortigiani, vil razza dannata» o el cuarteto «Bella figlia d'amore».

Salomé

Drama musical en un acto, con texto de O. Wilde, vertido al alemán por H. Lachmann, y música de R. Strauss. Fue estrenado el 9 de diciembre de 1905 en Dresde.

Personajes: Herodes, tetrarca de Judea (t); Herodías, su mujer (mz); Salomé, hija de ésta (s); Jokanaan, profeta (bar); Narraboth, capitán de la guardia (t). Acción: Judea, hacia el 30 d.C.

Argumento: Salomé se siente atraída por el profeta Jokanaan, pero éste rechaza asqueado sus caricias. Ello no hace más que incrementar la pasión de ella, quien, ante el ofrecimiento de Herodes de concederle todo lo que desee a cambio de que baile para él, reclama la cabeza del profeta. Al final, el tetrarca se ve obligado a cumplir su palabra. Ante el perverso espectáculo de la princesa besando la cabe-za cortada, Herodes, horrorizado, ordena a su guardia que la mate.

La obra: Perversión, lujuria, violencia... *Salomé* es una obra única en su género, tan hermosa como acusadamente sensual. La exótica «Danza de los siete velos» es su página más famosa.

Tannhäuser

Ópera en tres actos, con libreto y música de R. Wagner, estrenada el 19 de octubre de 1845 en Dresde.

Personajes: Tannhäuser, trovador (t); Hermann, landgrave de Turingia (b); Wolfram, trovador (bar); Elisabeth (s); Venus (mz). Acción: Alemania, a principios del siglo XIII.

Argumento: Hastiado de los placeres que recibe de Venus, Tannhäuser decide volver al mundo de los humanos, donde le espera Elisabeth, su antigua amada. En el castillo de Wartburg, los trovadores organizan una competición acerca del amor y Tannhäuser, ante el espanto general, hace una exaltación del amor carnal. Despreciado por todos, ha de marchar a Roma a implorar el perdón papal, que le es negado. De regreso a Wartburg, descubre que Elisabeth ha muerto: abrazado a su féretro, muere recibiendo el perdón divino.

La obra: La redención por el amor es el gran tema de toda la producción wagneriana, incluida esta obra. Su conocida obertura resume toda su acción: la lucha entre el amor puro e idealizado y el carnal.

Tosca

Ópera en tres actos, con libreto de G. Giacosa y L. Illica, y música de G. Puccini, estrenada en Roma el 14 de enero de 1900.

Personajes: Tosca, actriz (s); Mario Cavaradossi, pintor (t); barón Scarpia, jefe de la policía (bar). Acción: Roma, en 1800.

Argumento: El barón Scarpia detiene a Cavaradossi como sospechoso de haber ayudado a un preso político. Detrás de esta detención está el deseo de Scarpia de obtener los favores de Tosca, la amante de Cavaradossi, a la que desea ardientemente. A cambio de la libertad de su amado, ella accede a sus proposiciones, pero en cuanto él ha firmado el salvoconducto, lo mata. Según el trato, ha de simularse la ejecución del pintor, pero ésta resulta cierta. Viendo a su amado muerto, Tosca se precipita al vacío.

La obra: Además de ser una obra de una rara eficacia dramática, *Tosca* cuenta con algunas memorables melodías. Una de ellas, la célebre «E lucevan le stelle» de Cavaradossi, figura entre las favoritas del repertorio de tenor.

◼ La Traviata

Brindis de *La Traviata*

Li - bia - mó, li - bia - mo ne' lie - ti ca - li - ci,

Ópera en tres actos, con libreto de F. M. Piave y música de G. Verdi, estrenada en Venecia el 6 de marzo de 1853.

Personajes: Alfredo (t); Germont, su padre (bar); Violetta, una cortesana (s); Flora, su amiga (mz). Acción: París, hacia 1850.

Argumento: Durante una fiesta, Alfredo conoce a Violetta y se enamora de ella. Ambos viven juntos en una casa de campo, felices. Aprovechando la ausencia del primero, se presenta su padre para separar a la pareja. La mala reputación de ella, dice, impide que la hermana de Alfredo pueda casarse dignamente. Violetta acepta abandonarlo y volver a su antigua vida, pero su amante, ignorando las verdaderas razones que la han empujado a ello, piensa que le ha traicionado. Cuando Alfredo las averigua ya es tarde: Violetta, enferma de tisis, morirá en sus brazos.

La obra: *La Traviata* contiene una de las páginas más populares de todo el repertorio lírico, conocida incluso por los no aficionados a la ópera: el brindis «Libiamo» del acto primero. No es, sin embargo, el único fragmento digno de ser recordado: la muerte de la protagonista, por ejemplo, forma parte del mejor Verdi.

◼ Tristán e Isolda

Drama musical en tres actos, con libreto y música de R. Wagner, estrenado en Munich el 10 de junio de 1865.

Personajes: Marke, rey de Cornualles (b); Tristán, su sobrino (t); Isolda, princesa (s); Brangäne, su aya (s); Melot, caballero (t).

La concepción del drama musical de Wagner alcanzó su culminación en *Tristán e Isolda*. Intimista a pesar de sus monumentales proporciones, su tema, la redención por el amor, constituye el motivo que unifica toda la producción wagneriana. A la izquierda, escena del acto primero de la ópera, con Montserrat Caballé en el papel protagonista.

A la derecha, escena de *Turandot*, la última ópera escrita por Giacomo Puccini y la más sorprendente y moderna de su producción, alejada de los argumentos veristas que habían caracterizado sus trabajos anteriores. Inacabada a la muerte del maestro, Franco Alfano se encargó de darle fin.

Argumento: Tristán marcha a Irlanda a recoger a Isolda, prometida de su tío Marke. Durante el viaje de regreso, la doncella de la princesa les suministra a ambos un filtro amoroso. Inmediatamente caen uno en brazos del otro. Ya en Cornualles, en el transcurso de una cacería, los dos amantes se encuentran, y son descubiertos por Marke y su séquito. Uno de los caballeros del rey, Melot, hiere de muerte a Tristán. Trasladado a Bretaña, allí agoniza con el único deseo de volver a ver a Isolda. Cuando ésta llega, él muere en sus brazos y ella muere de amor junto a él.

La obra: *Tristán e Isolda* es la obra más fascinante e íntima de Wagner. El dúo de los dos enamorados en el acto segundo y la muerte de amor de Isolda, con la que se cierra la obra, son de una belleza sublime.

Il trovatore

Cabaletta de Manrico, «Di quella pira»

Ópera en cuatro actos, con libreto de S. Cammarano y música de G. Verdi, estrenada el 19 de enero de 1853 en Roma.

Personajes: Manrico, trovador (t); Leonora, dama (s); el conde de Luna (bar); Azucena, gitana (mz). Acción: Aragón, durante el siglo XV.

Argumento: Manrico, hijo de la gitana Azucena, ama a Leonora, a su vez amada por el conde de Luna. Para librarse de su enemigo, el noble hace prisionera a la gitana. Cuando Manrico intenta liberarla, es también apresado. Leonora propone entonces al conde que si deja libre al trovador, se casará con él. El conde de Luna así lo hace, pero entonces ella se envenena. Furioso, el conde ordena matar a Manrico. En ese momento, Azucena le revela que acaba de dar muerte a su propio hermano...

La obra: Esta ópera de ambiente romántico y nocturno, y revesado argumento, próximo al absurdo, requiere un cuarteto de cantantes excepcional, capaz de sortear todas las dificultades de sus respectivos papeles. La *cabaletta* de tenor «Di quella pira» es uno de sus números más espectaculares y conocidos.

Turandot

Ópera en tres actos, con libreto de G. Adami y R. Simoni, y música de G. Puccini, estrenada póstumamente el 25 de abril de 1926 en la ciudad de Milán.

Personajes: Turandot, princesa china (s); Timur, rey tártaro destronado (b); Calaf, su hijo (t); Liù, esclava (s); Ping (bar), Pang y Pong (t), ministros. Acción: China, en una época legendaria.

Argumento: Turandot sólo aceptará como esposo a quien acierte los tres enigmas que ella le plantee. En caso de que no lo haga, el pretendiente morirá. Hechizado por su belleza, Calaf decide afrontar las pruebas, pese a la oposición de su padre Timur y la esclava Liù. Calaf las supera, pero Turandot le rechaza. Él le propone entonces liberarla de su compromiso si acierta su nombre antes del amanecer. La princesa tortura a Liù para averiguarlo, pero ésta muere sin decirlo. Tras reprocharle su crueldad, el príncipe la besa y ella se transfigura, vencida por el amor.

La obra: El aria de Calaf «Nessun dorma» es la página más célebre de esta ópera, última de las de Puccini. Las dos arias finales de Liù son otros momentos de arrebatadora belleza.

Werther

Aria de Werther, «O nature»

Ópera en cuatro actos, con libreto de E. Blau, P. Milliet y G. Hartmann, y música de J. Massenet, estrenada el 16 de febrero de 1892 en Viena.

Personajes: Werther, poeta (t); Albert, prometido de Charlotte (bar); el magistrado (b); Charlotte, su hija (mz); Sophie, su hermana (s). Acción: Frankfurt, hacia 1780.

Argumento: Werther ama a Charlotte, pero ésta está prometida a Albert, con el que se casa. A pesar del matrimonio de su amada, no por ello cede el amor de Werther. Ella acaba correspondiéndole, pero le ruega al poeta que no vuelvan a verse. Él acepta y pide unas pistolas a Albert. Charlotte, que intuye su intención de suicidarse, se precipita hacia su casa, pero cuando llega ya es tarde: Werther muere en sus brazos.

La obra: La melodía, algo sentimental en ocasiones, es la gran protagonista de esta ópera. El aria del protagonista «Ô nature pleine de grâce» y la de Charlotte «Va! Laisse couler mes larmes», son dos cimas de la inspiración melódica de Massenet.

El barberillo de Lavapiés

Zarzuela en tres actos, con libreto de L. M. de Larra y música de F. A. Barbieri, estrenada en Madrid el 19 de diciembre de 1874.

Personajes: Lamparilla, barbero (t); Paloma, su prometida (mz); la Marquesa (s); Don Luis, noble (t); Don Juan de Peralta (b). Acción: Madrid, a finales del siglo XVIII.

Argumento: Don Juan y la Marquesa participan en una conspiración para provocar la caída del ministro Grimaldi, lo que despierta los celos de don Luis, prometido de ella y partidario de éste. Ante la persecución de los guardias, Paloma consigue que Lamparilla esconda a la noble dama, lo cual provocará el encarcelamiento del barbero. Pero como éste ignora la trama, es liberado. Enterado de todo por Paloma, de nuevo las pesquisas policiales le obligan a ocultar a la Marquesa. Cuando van a ser detenidos todos, llega la noticia de la caída del ministro.

La obra: Barbieri fue el gran impulsor de la zarzuela en el siglo XIX. Una de sus más conseguidas creaciones es esta pintoresca obra, llena de páginas inolvidables como la «Canción de Paloma», inevitable en todas las antologías del género.

Doña Francisquita

Zarzuela en tres actos, con libreto de F. Romero y G. Fernández Shaw, y música de A. Vives, estrenada en Madrid el 17 de octubre de 1923.

Personajes: Fernando (t); Cardona, su amigo (t); Doña Francisquita (s); Aurora la Beltrana (mz); Don Matías, padre de Fernando (b). Acción: Madrid, a finales del siglo XIX.

Argumento: Fernando está enamorado de Aurora la Beltrana, que le rechaza. A su vez, doña Francisquita está enamorada del joven. Cardona, amigo de Fernando, terciará por ella. Cortejada por don Matías, Francisquita acepta casarse con él para provocar los celos del hijo, cosa que consigue. Tras varios enredos, Fernando, finalmente, será conquistado por la muchacha.

La obra: Pocas veces el ambiente castizo de Madrid ha sido retratado tan magistralmente como en esta zarzuela. La romanza de tenor «Por el humo se sabe dónde está el fuego» es quizás su página más famosa, pero junto a ella no hay que dejar de mencionar la «Canción del ruiseñor» o las distintas escenas de conjunto.

El murciélago

Introducción

Opereta en tres actos, con libreto de Haffner y Genée, y música de J. Strauss II, estrenada en Viena el 5 de abril de 1874.

Personajes: Gabriel von Eisenstein (t); Rosalinde, su esposa (s); Adele, su doncella (s); Frank, director de la prisión (bar); el príncipe Orlofsky (mz); Alfred, cantante italiano (t); Falke, amigo de Gabriel (bar). Acción: cerca de Viena, hacia 1870.

Argumento: La noche en que Gabriel ha de ingresar en prisión, su mujer, Rosalinde, concierta una cita con su amante Alfred. Frank, el director de la prisión, toma a éste por Gabriel y se lo lleva. Esa misma noche, el príncipe Orlofsky celebra una fiesta a la que asisten

Gabriel, disfrazado, y su esposa, que se hace pasar por húngara. Sin reconocerla, Gabriel intenta seducirla. Cuando acaba la fiesta, él se dirige a la prisión, donde encuentra a Alfred encerrado en su lugar. Llega Rosalinde, que le acusa de haber coqueteado con otra. Al final aparece Falke, quien declara que todo el embrollo lo había urdido él para vengarse de una jugarreta que Gabriel le había hecho durante el pasado carnaval, disfrazándolo de murciélago.

La obra: Es difícil destacar un solo fragmento de esta magistral opereta: desde la obertura hasta el final, la partitura rebosa inventiva a raudales. Además, en la gala del segundo acto, es tradición invitar a diferentes artistas para que interpreten algunos números.

La verbena de la Paloma

Zarzuela en un acto, con libreto de R. de la Vega y música de T. Bretón, estrenada en Madrid el 17 de febrero de 1894.

Personajes: Don Hilarión, boticario (t); Don Sebastián, su amigo (t); Julián, cajista de imprenta (bar); señá Rita, tabernera (mz); Susana (s); Casta, su hermana (s); la tía Antonia (c). Acción: Madrid, una noche de 14 de agosto, a finales del siglo XIX.

Argumento: La noche en la que se celebra la castiza verbena de la Virgen de la Paloma, el maduro boticario don Hilarión se pasea con dos jovencitas, Casta y Susana. Julián, enamorado de esta última y espoleado por los celos, agrede al boticario. Separados, la señá Rita se lleva consigo al cajista. Pero Julián consigue zafarse. Tras una nueva pelea, Susana y Julián se reconcilian.

La obra: «Me parece que me voy a poner en ridículo», susurró Bretón el día del estreno de esta zarzuela. Evidentemente se equivoca-

ba, dado su espectacular e imperecedero éxito. Números como las coplas de don Hilarión o el coro «Por ser la Virgen de la Paloma» pertenecen ya al acervo popular.

La viuda alegre

«Canción de Vilja»

Vil - ja, O Vil - ja, du Wald - mäg - de - lein, fass' mich und lass' mich

Opereta en tres actos, con libreto de V. Léon y L. Stein, y música de F. Lehár, estrenada el 30 de diciembre de 1905 en Viena.

Personajes: Barón Mirko Zeta (bar); Valencienne, su mujer (s); el conde Danilo (bar); Hanna Glawari, rica viuda (s); Camille de Rosillon (t). Acción: París, a principios del siglo XX.

Argumento: Hanna, rica viuda del único banquero del principado balcánico de Pontevedro, se ve asediada por los pretendientes. Uno de ellos es Danilo, enviado por el gobierno para conquistar a la joven viuda y evitar así que su fortuna caiga en manos extranjeras, lo cual supondría la bancarrota del país. Hanna y Danilo se amaron anteriormente, y si ella se casó con el banquero fue sólo por despecho. Ahora, sin embargo, es Danilo quien, sintiéndose traicionado, la rechaza. Finalmente y tras algunos enredos, la pareja acaba uniéndose para felicidad propia y la de sus compatriotas.

La obra: La canción «Maxims» del conde Danilo, la de «Vilja» de Hanna Glawari o el celebérrimo vals son solamente tres páginas de las muchas que podrían destacarse de una partitura ingeniosa y extrovertida como pocas.

A la izquierda, escena de la más popular de todas las zarzuelas escritas por Francisco Asenjo Barbieri, *El barberillo de Lavapiés*. A pesar de algunos elementos italianizantes, es una de las joyas del casticismo musical español.

Arriba y a la derecha, dos escenas de la zarzuela *Doña Francisquita* del español Amadeo Vives. En la de la derecha aparece un intérprete de excepción, el tenor Alfredo Kraus, acompañado para la ocasión por la soprano Enedina Lloris.

My fair lady

Musical en dos actos, con letra y libreto de A. J. Lerner, y música de F. Loewe, estrenado en Nueva York el 15 de marzo de 1956.

Personajes: Profesor Henry Higgins; Eliza Doolittle; Alfred P. Doolittle; Pickering; Freddy Eynsford-Hill; la señora Pearce. Acción: Londres, a comienzos del siglo XX.

Argumento: Basado en una obra clásica de G. B. Shaw, *Pigmalión*, en este musical se narra cómo un profesor consigue convertir a una florista londinense de modales bastante ordinarios en una distinguida señorita, de quien acaba enamorándose.

La obra: Quizás el mejor musical de todos los tiempos, en opinión de algunos expertos, y sin duda alguna, la obra maestra de Frederick Loewe. Números como «The rain in Spain», «I could have danced all night», «Get me to the church on time» o «Without you» atestiguan la inmarchitable inspiración de esta joya del género.

Oklahoma!

A la izquierda, carátula del disco que recoge los números musicales de *Oklahoma!*, el musical de Richard Rodgers y Oscar Hammerstein II. Abajo, imagen de la adaptación cinematográfica del mismo, rodada por Fred Zinnemann con Gordon MacRae y Gloria Grahame como protagonistas.

Musical en dos actos, con libreto y letras de O. Hammerstein II, y música de R. Rodgers, estrenado el 31 de marzo de 1943 en Nueva York.

Personajes: Curly McLain, cowboy; Laurey Williams, granjera; Ado Annie Carnes; Jud Fry, peón; Will Parker; Ali Hakim, vendedor. Acción: Oklahoma, en 1907.

Argumento: Curly y Laurey se aman, pero temen confesarse sus sentimientos respectivos. Curly la invita a ir a una fiesta, mas ella, insegura de las intenciones de él, prefiere ir con Jud, a pesar del mal carácter de éste. El día de la fiesta, ambos jóvenes se revelan su amor. Despechado, Jud jura vengarse. El día de la boda de los dos enamorados se celebra también la entrada de Oklahoma en la Unión. Jud intenta besar a la novia, lo que provoca la ira de Curly. En la refriega, Jud muere. Absuelto Curly por haber actuado en defensa propia, la pareja puede disfrutar de su luna de miel.

La obra: *Oklahoma!* fue uno de los éxitos más sonados de la, por otro lado, exitosa carrera de Rodgers y su colaborador Hammerstein. La canción de presentación de Curly «Oh, what a beatiful mornin'» es una de sus páginas más representativas.

Show Boat

Musical en dos actos, con libreto y letras de O. Hammerstein II, y música de J. Kern, estrenado el 27 de diciembre de 1927 en Nueva York.

Personajes: Magnolia Hawks; Gaylord Ravenal; Julie La Verne; Joe; Queenie; el capitán Andy Hawks; Frank Schultz. Acción: Natchez, Mississipi, y Chicago, entre 1880 y 1927.

Argumento: El musical narra la historia del barco-teatro *Cotton Blossom* a través de Magnolia, una joven que sueña con ser actriz, y Ravenal. Enamorados el uno del otro, triunfan en la escena y se casan. Pero la felicidad queda truncada cuando aparecen dificultades y él ha de abandonarla. Magnolia se ve obligada a volver al teatro, pero todo acaba felizmente con el regreso de Ravenal y la nueva unión de la pareja.

La obra: *Show Boat* es uno de los grandes hitos del género del musical, del que se han realizado hasta tres versiones cinematográficas, cuyo gran acierto es el retrato que hace de las gentes del sur de Estados Unidos. Canciones como «Ol' Man River», que inmortalizara Paul Robeson, no han perdido hoy un ápice de su magia.

South Pacific

Musical con libreto de O. Hammerstein II y J. Logan, letras de O. Hammerstein II y música de R. Rodgers, estrenado en Nueva York el 7 de abril de 1949.

Personajes: Nellie Forbush, enfermera; Émile de Becque, plantador francés; Luther Billis; Ngana y Jerome, hijos de De Becque; el teniente Joe Cable; Bloody Mary. Acción: una isla del Pacífico durante la Segunda Guerra Mundial.

Argumento: Una joven enfermera, Nellie, se enamora de un maduro francés, Émile, quien le pide que se case con él. Ella accede a pensarlo, pero queda horrorizada cuando descubre que los dos hijos de Émile son fruto de su unión con una polinesia ya fallecida. Sus prejuicios sobre los indígenas le hacen rechazar la proposición del francés, quien acepta entonces acompañar a Cable en una peligrosa misión secreta. Cuando en la base pierden el contacto con ellos, Nellie, arrepentida, va a casa de él para ocuparse de sus hijos. Cuando Émile llega, ambos unen sus voces en el hermoso canto de amor que cierra la obra.

La obra: «Bali Ha'i» y «Some enchanted evening» son dos de las canciones más exitosas de Rodgers, un autor caracterizado por su inagotable capacidad para imaginar bellas melodías.

West Side Story

Musical con letras de S. Sondheim, libreto de A. Laurents y música de L. Bernstein, estrenado en Nueva York el 26 de septiembre de 1957.

Personajes: Tony; Maria; Bernardo, su hermano; Doc; Riff. Acción: Nueva York, hacia 1950.

Argumento: La trama reproduce la trágica historia de Romeo y Julieta, adaptada a las rivalidades entre bandas callejeras de Nueva York. Tony, del grupo de los Jets, y Maria, hermana del líder de una banda de portorriqueños, se enamoran. En un altercado, Tony mata accidentalmente al hermano de ella. Más tarde, él morirá a manos de un portorriqueño.

La obra: El cine ha contribuido decisivamente a popularizar este brillante musical de Bernstein, dos de cuyos números, el coral «America» y la canción de Tony «Maria», han conquistado una amplia resonancia entre el público.

Músico polifacético donde los haya, Leonard Bernstein no sólo fue un competente pianista y un extraordinario director de orquesta, sino que, siguiendo en cierto modo el ejemplo de George Gershwin, también abordó la composición, tanto la considerada «seria» —con extensas y complejas sinfonías y una ópera— como la «ligera», representada por sus comedias musicales. En este último terreno brilla con luz propia *West Side Story*, obra de la cual aparece bajo estas líneas una escena.

El amor brujo

Danza ritual del fuego

Escrito para Pastora Imperio, este ballet con música de Manuel de Falla se estrenó en Madrid en 1915. La acción, ambientada en una cueva, recoge temas de magia y superstición del folclor gitano andaluz. Está protagonizada por la gitana Candelas, quien ve cómo el espíritu de su antiguo amante, ya muerto, se interpone entre ella y Carmelo. Del conjunto de la partitura, dos piezas han conquistado una amplia popularidad: la *Danza ritual del fuego* y la *Canción del fuego fatuo*, que requiere la intervención de una *cantaora*.

La bella durmiente

Segundo de los grandes ballets de Piotr Ilich Chaikovski, *La bella durmiente*, estrenado en San Petersburgo el 15 de enero de 1890, fue uno de los primeros ejemplos del género compuestos según la norma de unir la creación musical y la coreográfica: en este sentido, Chaikovski compuso la partitura según las indicaciones de Marius Petipa. Así, la obra nació como una unidad, en la que la música se adapta admirablemente a la acción dramática. Destacan el vals del primer acto y las danzas del tercero, éstas protagonizadas por diferentes personajes de los cuentos de hadas.

El buey sobre el tejado

Basándose en un argumento de Jean Cocteau —en realidad, una sucesión de escenas esperpénticas sin un claro hilo conductor—, Darius Milhaud compuso en 1919 este ballet. En él son perceptibles los ecos de la música brasileña —una de las pasiones del compositor—, sobre todo en la melodía principal, de origen popular, que se va repitiendo, hasta un total de quince veces, a lo largo de toda la obra. Estrenado en 1920 en París, provocó tanto el entusiasmo como el desconcierto entre el público.

Cascanueces

Danza china

Este ballet en dos actos, con música de Chaikovski, fue estrenado en San Petersburgo el 18 de diciembre de 1892. La historia, basada en un relato de E. T. A. Hoffmann, prescindió de la vertiente oscura, psicológica, del original para convertirse en un mágico cuento de Navidad. A pesar de que fue el ballet menos apreciado por el propio compositor, es el que más fama ha alcanzado, gracias sobre todo al *divertissement* que marca su punto culminante: seis danzas características (*Trepak, Danza árabe, Danza española, Danza china...*) y el *Vals de las flores*.

Manuel de Falla compuso su gitanería *El amor brujo* para Pastora Imperio. Tras ella, otras ilustres bailaoras han ofrecido sus respectivas versiones de esta partitura. Es el caso de La Argentinita y, más recientemente, Cristina Hoyos, protagonista, con Antonio Gades, de la adaptación cinematográfica de la obra. A la izquierda, escena de esta película.

A la derecha, junto a estas líneas, *Cascanueces*, una de las obras más populares de Chaikovski, por más que su propio autor nunca estuvo demasiado satisfecho de ella. La tradición establecida por este compositor en el ámbito del ballet ha sido continuada en el siglo XX por Prokofiev, creador de *La Cenicienta*, una de cuyas escenas vemos, en la segunda ilustración, en un innovador montaje.

sobre la escena hasta el 19 de agosto de 1952. Las danzas de este ballet se caracterizan, sobre todo el *Malambo* final, por el ímpetu rítmico y la expresividad de sus melodías, libremente inspiradas en el folclor gauchesco.

La fille mal gardée

Estrenado el 17 de noviembre de 1828 en París, este ballet cómico con música de Louis Ferdinand Hérold, gracias a la frescura de sus escenas cómicas, se ha convertido en uno de los más representados por las grandes compañías. Narra la historia de amor entre Lisette, hija de una campesina rica, y Colin, un sencillo labrador. La música prescinde de toda pieza de «relleno», con lo que las escenas se suceden sin pausa, lo cual confiere a la obra una apreciable sensación de agilidad, acorde con su carácter cómico.

Giselle

Esta obra de Adolphe Adam, estrenada en París el 28 de junio de 1841, es el paradigma del ballet romántico francés. En su primer acto, Giselle, una campesina, es seducida por Albrecht, un conde disfrazado de pueblerino. Cuando Giselle descubre la verdadera identidad de su amado, enloquece y muere. En el segundo acto nos encontramos en un cementerio donde aparecen las *willis*, espíritus de doncellas muertas. Entre ellas está Giselle, que deberá bailar con Albrecht hasta que éste perezca.

El lago de los cisnes

Introducción de *El lago de los cisnes*

Se dice que con esta partitura de Chaikovski acaba el ballet del siglo XIX, ya que en ella se introduce un nuevo concepto de danza: la bailarina pierde su papel de diva para convertirse en un elemento más de la obra. El estreno de esta historia de amor y magia en torno a una princesa convertida en cisne tuvo lugar en 1877 con escaso éxito. Pese a ello, hoy día es una de las páginas cimeras del repertorio, con números tan célebres como el *Vals* del acto primero, la *Introducción* del segundo o las danzas características del tercero.

El mandarín maravilloso

Sobre un libreto de M. Lengyel, Bela Bartok compuso en 1919 este ballet-pantomima que, a causa de su escabroso argumento, hubo de esperar hasta 1926 para ser estrenado. La música, de marcado carácter expresionista, describe el ambiente de una ciudad moderna, dominada por la violencia, donde unos criminales usan a una muchacha como cebo para atraer a diversos clientes y desvalijarles. Uno de ellos es un misterioso mandarín que no se dejará matar hasta haber conseguido a la chica. Aunque la influencia de Stravinski resulta evidente, no por ello la partitura es menos original.

A la izquierda, escena de *Estancia*, ballet de Alberto Ginastera en cuya música son perceptibles los ecos del folclor argentino, combinados con la influencia stravinskiana. Sobre estas líneas, uno de los grandes ballets románticos, *Giselle*, de Adolphe Adam, coreografiado aquí por Mats Ek. A la derecha, momento de una representación del ballet por antonomasia, *El lago de los cisnes* de Chaikovski, a cargo de la compañía del Teatro Kirov.

El pájaro de fuego

Berceuse

Este ballet, estrenado en París en 1910, proporcionó el salto a la fama a Igor Stravinski. Para su composición, el músico recogió una leyenda tradicional rusa que cuenta cómo un príncipe, Ivan Zarevich, logra, con la ayuda del pájaro de fuego, rescatar a una princesa de las garras de un temible semidiós, Kastchei el Inmortal. La música reproduce la atmósfera mágica del argumento a través de la introducción de algunas melodías del folclor ruso y una evanescente orquestación. En la vitalidad rítmica de páginas como la *Danza infernal de Kastchei* se anuncian algunas de las innovaciones que introdujo *La consagración de la primavera*.

El paso de acero

Los Ballets Rusos fueron los encargados de estrenar, el 7 de junio de 1927, este ballet de Serguéi Prokofiev. Ambientado en una fundición de acero, su música, dentro de una estética constructivista, se caracteriza por la agresividad de su escritura, que en algunos instantes nos recuerda efectivamente el sonido de una fábrica. Mal acogido en su día, uno de sus mayores críticos fue Stravinski, quien llegó a decir que Prokofiev mentía en cada una de sus notas.

Petrouchka

Segundo gran ballet de Stravinski, *Petrouchka* fue estrenado en París el 13 de junio de 1911 por los Ballets Rusos de Diaghilev, con Nijinski y Karsavina en los papeles principales. El argumento recoge la tradicional imagen de la marioneta con corazón: Petrouchka es un muñeco de trapo enamorado de la Bailarina, que prefiere en su lugar al Moro. Todo acabará con la muerte del primero. La partitura, en la que el piano tiene un protagonismo destacado, casi concertante, se distingue por su carácter grotesco y a la vez tierno.

Raymonda

Alexandr Glazunov compuso este ballet en 1897 por encargo del coreógrafo Marius Petipa para el Teatro Imperial de San Petersburgo; fue estrenado con gran éxito el 19 de enero de 1898. La historia transcurre en la Provenza en el tiempo de las Cruzadas, donde Raymonda, atacada por un sarraceno, es salvada por el caballero Jean de Brienne. Glazunov retomó en este ballet la tradición musical de Chaikovski, pero enriqueciéndola con las aportaciones de Wagner y su maestro Rimski-Korsakov.

■ Rodeo

Ballet en dos escenas con música de Aaron Copland y argumento y coreografía de Agnes de Mille, *Rodeo* ha sido una de las páginas preferidas del género en Estados Unidos, como lo demuestran sus continuas reposiciones. Su éxito radica en el uso del material folclórico norteamericano, en un momento en el que la atmósfera bélica que precedió a la Segunda Guerra Mundial había potenciado al máximo los sentimientos nacionalistas. Fue estrenado el 16 de octubre de 1942 en el Metropolitan Opera House de Nueva York, por los Ballets Rusos de Montecarlo.

■ Romeo y Julieta

Primer gran ballet escrito por Prokofiev a su regreso a la Unión Soviética, *Romeo y Julieta* se estrenó en la localidad checa de Brno el 30 de diciembre de 1938. La historia seguía con la máxima fidelidad el drama original de Shakespeare, contra la voluntad del compositor, que deseaba un final feliz para su obra. Prokofiev creó una partitura sumamente descriptiva, abundante en melodías sencillas pero efectivas. El fragmento más conocido es la danza de *Montescos y Capuletos*, de carácter arrogante, al que podemos añadir la dramática y violenta *Muerte de Tibaldo* y *El entierro de Julieta*, página ésta de un sentido lirismo.

■ Las sílfides

Ballet en un acto con música de Chopin, orquestada por Glazunov. La primera versión, a cargo de Fokine, fue presentada el 21 de marzo de 1908 con el título de *Chopiniana*. La versión definitiva, estrenada el 2 de junio de 1909 con Pavlova, Karsavina y Nijinski, carecía de trama y se basaba en la figura romántica de las sílfides, espíritus alados de doncellas muertas. La música, compuesta de ocho piezas cortas de carácter melancólico, ofrece el marco idóneo para estas figuras etéreas.

■ El sombrero de tres picos

Danza del herrero

Este ballet cómico con música de Manuel de Falla, coreografía de Leonid Massine y decorados y figurines de Pablo Picasso, fue estrenado en Londres el 22 de julio de 1919 por los Ballets Rusos de Diaghilev. La acción nos sitúa en una villa castellana del siglo XVIII, en la que la joven esposa del molinero es acosada por el viejo corregidor local, quien se toca con un tricornio como símbolo de poder. Para la música, Falla empleó material folclórico de diversas regiones de España, y consiguió así el carácter popular que buscaba.

Igor Stravinski ha sido uno de los compositores que, inspirado por la labor de los Ballets Rusos de Diaghilev, mayores esfuerzos han dedicado con su música a la renovación de la danza. En la página contigua, de izquierda a derecha, figurín de Leon Bakst para *El pájaro de fuego* y acuarela de Georges Lepape alusiva a *Petrouchka*, la desgraciada marioneta del folclor ruso, encarnada aquí por el mítico Vatslav Nijinski.

Pocos años después de su regreso a la Unión Soviética, acontecido en 1933, Prokofiev se inspiró en la trágica historia de Romeo y Julieta para dar vida a una de sus obras más hermosas y clásicas. A la derecha, una escena de este ballet.

El Álamo

Esta banda sonora, compuesta en 1960 para el *western* de John Wayne, le valió a su autor, Dimitri Tiomkin, dos nominaciones a los *oscars*. Para su composición, el músico ruso empleó melodías propias del folclor de la región fronteriza entre Estados Unidos y México. Sin embargo, no pudo prescindir de su herencia eslava y el resultado fue la utilización de motivos americanos filtrados por la esencia de la música rusa, más romántica. Del conjunto de la partitura destaca el obsesivo tema de la trompeta *Degüello* y, sobre todo, la canción *The Green Leaves of Summer*, con letra de Paul Francis Webster, que gozó de gran popularidad.

Alexander Nevski

La música de esta película supuso la primera colaboración entre Serguéi Prokofiev y el director de cine Serge Eisenstein. La partitura, escrita en 1938, refleja el interés del músico por las técnicas de composición musical aplicada al cine, técnicas que había tenido oportunidad de aprender en 1936 cuando visitó los estudios cinematográficos de Hollywood. De aliento épico, esta parábola política antialemana significó la realización práctica de la teoría del montaje vertical de Eisenstein, por la cual imagen y música se fundían en un todo único e indisoluble. Poco después del estreno del filme, Prokofiev adaptó la partitura a la forma de cantata.

La arlesiana

Obertura de *La arlesiana*

Georges Bizet compuso en 1872 la música para este melodrama de Alphonse Daudet, cuya primera representación tuvo lugar el 1 de octubre del citado año. A pesar de que la obra no obtuvo gran éxito, la música sí que fue apreciada, lo cual movió al propio compositor a reunir algunos de los números de la partitura en una suite orquestal, a la que más tarde, muerto ya Bizet, seguiría una segunda realizada por Ernest Guiraud. El folclor provenzal, que impregna toda la partitura, le confiere su peculiar aspecto.

Las aventuras de Robín de los Bosques

La música para esta mítica película de aventuras, protagonizada por Errol Flynn y dirigida por Michael Curtiz y William Keighley, fue compuesta por Erich Wolfgang Korngold en 1938. Con su partitura,

A la izquierda, John Wayne, protagonista y director de *El Álamo*, una película de corte épico para la que Dimitri Tiomkin realizó uno de sus *score*s más reputados, imitado hasta la saciedad por otros compositores posteriores. Con páginas como esta, Tiomkin, a pesar de su origen ruso, consiguió dotar al *western* de un sonido musical propio y característico.

este músico austríaco exiliado sentó precedente en el mundo de la banda sonora hollywoodiense: concibió la música no como un mero acompañamiento, sino como parte integrante del efecto visual. Korngold no trató de realizar una reconstrucción de la música medieval, sino que compuso una partitura en la más pura tradición romántica. Su labor en este filme se vio recompensada con un *oscar*.

Bailando con lobos

Dirigido y protagonizado por Kevin Costner, este sensible *western* fue el gran triunfador de 1990. Una de las claves de su éxito fue la banda sonora compuesta por John Barry, quien creó una partitura muy homogénea en la cual se alternan piezas de distinto carácter. Siguiendo su propia línea estilística, en ella este compositor desarrolla una música cargada de lirismo en la cual las cuerdas desempeñan un papel principal, que contrasta con los momentos de corte más épico.

Los comediantes

Esta música de escena fue compuesta por Dimitri Kabalevski en 1940 para una obra del dramaturgo soviético M. Daniel: *El inventor y el comediante*. Consta de diez números muy breves para pequeña orquesta, de los cuales destacan *Vals*, *Galop* y *Pantomima*, todos ellos caracterizados por su humor ligero y por la inventiva de su instrumentación. Esta partitura le valió a Kabalevski, en 1941, la medalla de honor otorgada por el régimen soviético.

Egmont

Ludwig van Beethoven compuso la música incidental para esta obra homónima de Goethe con motivo de su reposición en Viena en 1810. De la totalidad de las piezas que la integran destaca, por su expresividad y por la grandeza de su concepción, la *Obertura*. En ella, el músico consigue plasmar todo el trasfondo psicológico de la obra y el carácter del protagonista, Egmont, héroe de la lucha de los Países Bajos por recuperar su independencia respecto a España. Junto a los números instrumentales, la partitura contiene también dos canciones para soprano.

Enrique V

Esta banda sonora fue compuesta por William Walton entre 1943 y 1944 para la adaptación cinematográfica que Laurence Olivier realizó del drama de Shakespeare. La voluntad de reconstruir la música isabelina le llevó a basarse en cancioneros medievales y renacentistas para componerla. El resultado es una partitura que revela una gran capaci-

S obre estas líneas, *Bailando con lobos*, uno de los mayores éxitos de John Barry, un compositor especializado en el medio cinematográfico. Al contrario que éste, **William Walton se acercó al cine en contadas ocasiones, casi siempre de la mano de Laurence Olivier. A la derecha, escena de *Enrique V*, una de las mejores colaboraciones de ambos.**

dad para recrear la atmósfera apropiada, para captar el trasfondo de la obra y, sobre todo, para realzar las imágenes y hacerlas más vívidas, lo que hizo de él uno de los compositores cinematográficos más apreciados de su época. Siguieron a este trabajo otras dos colaboraciones con Olivier sobre temas shakesperianos: *Hamlet* y *Ricardo III*.

Érase una vez en América

El hilo argumental de esta película de Sergio Leone (la vida de David Aaronson entre 1923 y 1968) proporcionó al compositor Ennio Morricone la excusa perfecta para crear una banda sonora en la que se aprecian influencias de épocas y estilos muy dispares. Así, incluye piezas de un lirismo romántico y sentido, como *Deborah's Theme*, junto a otras que recogen el estilo musical de los años treinta, como *Speakeasy*, que recuerda la estética y los ritmos del charlestón.

El gatopardo

El director de esta ambiciosa película, Luchino Visconti, quería para su obra una partitura que reflejase el cambio histórico que trata: la sustitución del mundo aristocrático por el burgués. Fue entonces cuando el compositor Nino Rota le ofreció su inacabada *Sinfonía sobre una canción de amor*, obra evocadora del estilo decimonónico que constituyó la base sobre la cual el músico compuso la banda sonora del filme. De los números que la integran destaca la serie de danzas compuestas para la magistral escena del baile final, una de las cuales, un vals, es de Giuseppe Verdi.

La guerra de las galaxias

John Williams se encargó de escribir la música para esta trilogía de George Lucas, mítica dentro del cine de ciencia-ficción, compuesta por *La guerra de las galaxias* (1977), *El Imperio contraataca* (1980) y *El retorno del Jedi* (1981). Williams creó el acompañamiento ideal para el revolucionario despliegue de efectos especiales que suponían estas tres películas: su banda sonora —escrita para una gran orquesta, según el modelo que para el cine de aventuras estableció Erich Wolfgang Korngold— alternaba la espectacularidad del tema de los títulos de crédito con otros momentos más líricos (tema de Leia). Uno de los números más impresionantes es el que representa a las fuerzas del Imperio: una ominosa marcha militar que apareció por vez primera en la segunda parte de la trilogía.

Hamlet

Dimitri Shostakovisch inició su carrera en el mundo de la música como pianista en un cine, medio al que iba a quedar vinculado para siempre, y para el cual escribió las partituras de títulos como *La nueva Babilonia*, *Cinco días, cinco noches* o *El rey Lear*. A tono con el espíritu de polémica y contradicción que caracteriza gran parte de su obra, en su musicación para el *Hamlet* de Grigori Kózintsev alternó números de carácter grotesco y casi vulgar (cercanos a la estética del musical americano y del vodevil) con otros de sobrecogedora potencia dramática, tan descarnada como violenta, próxima al universo opresivo de sus últimas sinfonías y cuartetos.

A la izquierda, *Ofelia*, cuadro de John Everett Millais. El teatro de Shakespeare ha atraído, desde los tiempos de Purcell, la atención de un amplio número de músicos, entre ellos Dimitri Shostakovisch, autor de la banda sonora de la versión soviética de *Hamlet*.

Con su compatriota Erich Wolfgang Korngold, Max Steiner fue uno de los artífices del lenguaje musical de Hollywood. Autor prolífico, entre sus mejores trabajos figura el *score* que realizó para *Lo que el viento se llevó*. A la derecha, escena de esta película.

Julio César

Para esta adaptación cinematográfica del drama homónimo de Sha-kespeare, rodada en 1953 por Joseph L. Mankiewicz, Miklós Rósza optó por crear una partitura fiel a la concepción original de la obra, que no se centra en los hechos históricos en sí, sino en el trágico conflicto de los personajes. Así, más que la recreación de un sonido «romano» —tal como había hecho en su anterior *Quo vadis?*—, la música de Rósza busca definir el desarrollo interior de los protago-nistas del drama, otorgando a cada uno de ellos un *leitmotiv* que re-fleja su ética y su comportamiento.

Kuolema

Vals triste

De las siete piezas escritas por Jean Sibelius para acompañar este drama simbolista de su cuñado Arvid Järnefeld, destaca por encima de todas el *Vals triste*, correspondiente a la escena en la que la Muerte baila con una viuda a quien ha hecho creer que es su marido. Ha sido tal el éxito de este vals —cuyo carácter lánguido y melancó-lico ha llevado a muchos a acusar a su autor, sin razón, de «senti-mentalismo barato»—, que suele interpretarse independientemente de la obra a la que pertenece, estrenada el 2 de diciembre de 1903 en Helsinki.

Lo que el viento se llevó

Max Steiner compuso la música para esta mítica película de Victor Fleming en tan sólo doce semanas, entre septiembre y diciembre de 1939. En las casi tres horas que dura la banda sonora, el músico de-sarrolló un *leitmotiv* para cada personaje importante, una melodía que cambia de registro a medida que varían su situación o sus senti-mientos. El más conocido, no sólo del filme, sino seguramente de to-da la historia de la música en el cine, es el tema de Tara. Además, Steiner, a fin de mantener la fidelidad histórica requerida para un te-ma bien conocido por el público estadounidense, recreó himnos y melodías de la época en que se desarrolla la acción, la guerra de Se-cesión americana, con el resultado de una composición de gran ri-queza y variedad, épica y a la vez intensamente lírica.

Manfred

Robert Schumann se sintió atraído durante toda su vida por la figura de Manfred, prototipo del héroe romántico, obsesionado por las ideas de la locura y la muerte, y dispuesto a sacrificar su vida con tal de conseguir el perdón de su amada. Inmortalizado este personaje por Lord Byron, Schumann compuso, entre 1848 y 1849, diez piezas de música incidental para el poema dramático del poeta inglés, de las que sólo la magnífica obertura se sigue interpretando hoy día. En ella se sintetizan todos los temas presentes en el poema, y Schumann consigue crear una atmósfera oscura y angustiada, reflejo a la vez de su propio interior.

El martirio de san Sebastián

Este misterio dramático de Gabriele D'Annunzio, medievalizante y refinado, inspiró a Claude Debussy una de sus partituras más misteriosas, compuesta en 1911 y estrenada ese mismo año en París. En razón de las dificultades que plantea escenificar la obra, la música ha quedado relegada al repertorio de concierto. De ella destacan las piezas vocales *Chant de la Vierge Erigone* y la *Déploration des Femmes de Byblos*, aunque las páginas orquestales son las más interpretadas. La partitura refleja el mágico mundo religioso de D'Annunzio y Debussy, sensual y extático, con inclusión de una mezcla de elementos paganos y cristianos que le valió el rechazo de la Iglesia.

Los miserables

Arthur Honegger compuso en 1934 la música para esta película basada en la novela de Victor Hugo, y logró una de las obras maestras indiscutibles del género. En ella, el músico suizo pudo experimentar y plasmar su concepto de la banda sonora, según el cual la música de cine había de superar la limitación que supone la simple sugestión de imágenes o impresiones diferentes, para pasar a implicar directamente al espectador. La gran riqueza de matices expresivos y dramáticos de este monumental fresco sonoro y su unidad se vieron,

sin embargo, especialmente afectados por la reducción que del filme hizo su propio director, Raymond Bernard, quien convirtió las tres partes de que constaba originalmente en una sola.

Peer Gynt

La mañana

Entre 1874 y 1875 compuso el noruego Edvard Grieg la música escénica para esta obra teatral de Henrik Ibsen, estrenada el 24 de febrero de 1876. Aunque el músico llegó a aborrecer este trabajo, hoy es, junto al *Concierto para piano y orquesta*, el que más fama le ha proporcionado. Grieg escribió para el drama veintitrés piezas, algunas de ellas vocales, de las cuales posteriormente seleccionó ocho para constituir dos suites orquestales. La pieza que abre la primera suite, titulada *La mañana*, es la más conocida: se trata de una delicada y melancólica melodía que anuncia los primeros rayos de sol. El dinámico *En el palacio del rey de la montaña* es otro de sus números más celebrados.

Pelléas et Mélisande

El drama de Maurice Maeterlinck no sólo inspiró a Debussy una de sus obras más reveladoras, sino que también sirvió de base a otros muchos compositores, entre ellos Gabriel Fauré, quien compuso la música incidental para acompañar una representación inglesa de la obra el 21 de junio de 1898, con la que obtuvo un gran éxito. Más tarde, Fauré retomó la partitura para componer a partir de ella una suite sinfónica. Amplió la orquestación —la original se debía a su alumno Charles Koechlin—, dotando a la música de un espíritu simbolista muy cercano al de Maeterlinck. Destacan de esta suite la delicada y hermosa *Siciliana*, que de hecho pertenece a un trabajo anterior del músico, y el *Molto adagio* de la muerte de Mélisande.

Rosamunda

Franz Schubert compuso la música escénica para este drama romántico de Helmina von Chézy en 1823. Estrenado el 20 de diciembre de ese mismo año en Viena, la mediocridad del texto provocó que sólo se mantuviera dos noches en cartel, a pesar de la excelente acogida que se dispensó a la música. En las interpretaciones en concierto, a los diez números que componían originalmente la partitura, cuatro de ellos cantados, se les añade habitualmente la obertura escrita para *El arpa encantada*. La música se distingue por una melodía clara y ligera, y su rica instrumentación.

A la izquierda, ilustración para una edición del *Peer Gynt* de Henrik Ibsen. Edvard Grieg, encargado de componer la música que acompañara esta obra teatral, realizó la que había de ser una de sus partituras más célebres. A la derecha, fotografía que muestra al capitán Robert Scott y su equipo. Su expedición a la Antártida constituyó el tema de una película para la que Ralph Vaughan Williams escribió una banda sonora de impresionante belleza, luego convertida en sinfonía.

■ Scott of the Antarctic

Esta banda sonora fue compuesta por Ralph Vaughan Williams en 1948 y constituye su obra maestra en este campo. El argumento de la película narra la expedición de Robert Scott a la Antártida, lo cual inspiró al músico británico para escribir una música que expresara la gelidez del desierto blanco, su carácter inhumano y, al mismo tiempo, la calidez de los valores humanos de los expedicionarios. Vaughan Williams ensayó aquí nuevos sonidos, sonidos «antárticos», a partir de novedosas combinaciones del metal, la percusión y el órgano. Demuestra el aprecio que el músico sentía hacia esta partitura el hecho de que la tomó como base para la composición de su impresionante *Sinfonía núm. 7, «Antártica»*.

Sueño de una noche de verano

Marcha nupcial

La música incidental para esta comedia de Shakespeare fue escrita por Felix Mendelssohn en dos períodos diferentes de su vida: la obertura fue compuesta en 1826, mientras que el resto de la partitura data de 1842, año en que Mendelssohn recibió el encargo del rey de Prusia de componerla. La obra original consta de trece números que incluyen piezas para dos sopranos y coro, en los cuales se expresa a la perfección toda la ligereza y la magia de la pieza teatral. Del conjunto de la obra destacan la mencionada *Obertura*, el *Scher-*zo, el maravilloso *Nocturno*, la onomatopéyica *Danza de los groseros* y, a ojos del público, sobre todo la *Marcha nupcial*, apreciada por su brillantez y su carácter solemne.

■ Vértigo

La música compuesta para esta inquietante película de Alfred Hitchcock por Bernard Herrmann tiene dos posibles lecturas: por un lado, sí, es música incidental que acompaña a la imagen, pero también, en una lectura más profunda, Herrmann recoge las ideas que subyacen en el relato, la continua tensión entre los conceptos amor-muerte y la angustiosa sensación que produce el deseo convertido en obsesión. La música se convierte así en el medio para mostrar la subjetividad del protagonista (James Stewart), para teñir la realidad de la obsesión por la muerte y el amor. El *score* fue escrito en 1958.

■ La vida futura

El escritor H. G. Wells, el director cinematográfico William Cameron Menzies y el compositor Arthur Bliss trabajaron estrechamente en la adaptación a la pantalla de un relato del primero; el resultado fue esta película de ambientación futurista. Una de sus particularidades, en lo que a la parte musical se refiere, consiste en que, contrariamente a la práctica usual en el cine, muchas de sus escenas fueron concebidas y montadas a partir de la música ya compuesta por Bliss y no a la inversa. De la partitura, punto de referencia importante en la historia de la música para cine, destaca la marcha, que se ha convertido ya en un clásico del género.

Adagio para cuerdas (S. Barber)

Sin ningún género de dudas, la obra más popular del compositor norteamericano Samuel Barber. Aunque originalmente constituía el movimiento lento del *Cuarteto de cuerda núm. 1* (1936), su inmediato éxito motivó que su autor realizara una transcripción para orquesta de cuerdas que, bajo la batuta de Arturo Toscanini, se estrenó en 1938. La belleza de su tema inicial, de una rara intensidad expresiva, explica el favor de que la obra goza entre el público.

Un americano en París (G. Gershwin)

Introducción de *Un americano en París*

Estrenada el 13 de diciembre de 1928 en Nueva York, en esta partitura colorista y brillante, su autor, George Gershwin, intentó describir las impresiones de un turista estadounidense mientras pasea por la capital gala. Y lo hizo con un envidiable sentido del humor, evidente en algunos originales recursos instrumentales, como el sorprendente uso de bocinas de automóvil o la cita de melodías de variopinta procedencia. El cine, de la mano del director Vincente Minnelli y el actor y bailarín Gene Kelly, ha contribuido a la celebridad de la pieza.

Amériques (E. Varèse)

Edgard Varèse fue un músico revolucionario. Dotado de una prodigiosa imaginación orquestal, *Amériques* es una de sus obras más impactantes, cuya ejecución requiere una gran orquesta sinfónica, reforzada por nueve percusionistas que manipulan una variada gama de instrumentos, entre ellos una sirena. De una violencia sin par, pero también con momentos de un gran refinamiento tímbrico, de raíz debussysta, explora una de las grandes obsesiones de su autor: la relación entre el ruido y el sonido. Fue estrenada en 1926 en Filadelfia, bajo la batuta de Leopold Stokowski.

El aprendiz de brujo (P. Dukas)

Primer tema de *El aprendiz de brujo*

Uno de los episodios más conseguidos de la película de dibujos animados de Walt Disney *Fantasía* es aquel en el que el ratón Mickey intenta, a través de la magia, que una escoba realice su trabajo de volcar cubos llenos de agua para limpiar el laboratorio de su maestro y cómo todo se le complica inesperadamente al no saber cómo deshacer el encantamiento. La música en la que se basa esta escena fue escrita en 1897 por un músico francés, Paul Dukas, quien a su vez buscó inspiración en una balada del poeta alemán Goethe. El resultado es de un atractivo incuestionable.

Así habló Zaratustra (R. Strauss)

Introducción de *Así habló Zaratustra*

Otra película, *2001, una odisea del espacio,* de Stanley Kubrick, ha contribuido decisivamente a convertir la majestuosa y sobrecogedora introducción de esta monumental partitura de Richard Strauss

Paul Dukas se basó en una balada de Goethe para crear una de sus obras más aplaudidas, *El aprendiz de brujo.* Gran parte de la fama de esta obra se debe, no obstante, a razones extramusicales: fue una de las piezas incluidas en la película de dibujos animados de Disney *Fantasía.* La brillante batuta de Leopold Stokovski, responsable musical del filme, contribuyó aún más a su éxito. A la derecha, retrato de Friedrich Nietzsche, realizado por Edvard Munch. Richard Strauss se basó en el *Así habló Zaratustra* del filósofo alemán para componer su más célebre poema sinfónico.

en un fragmento ampliamente conocido. Aunque se inspira en la obra homónima del filósofo Friedrich Nietzsche, en ningún momento pretende ser una música filosófica, de una gran profundidad conceptual: el texto no es más que una excusa para crear un vasto fresco sonoro, hedonista y espectacular. *Así habló Zaratustra* se estrenó en 1896 bajo la dirección de su autor.

El bello Danubio azul (J. Strauss II)

Inicio de *El bello Danubio azul*

«La apoteosis del vals», así podríamos calificar esta pieza maestra de Johann Strauss hijo. Punto culminante de todos los conciertos de Año Nuevo que se celebran en la Sala Dorada del Musikverein de Viena, siempre entre el primer bis y la *Marcha Radetzky* escrita por su padre, *El bello Danubio azul* pudo escucharse por primera vez en 1867, pero no tal como hoy lo conocemos, sino en una versión coral. La orquestal, desde el mismo momento de su estreno (1890), tuvo una acogida triunfal que no ha remitido con el tiempo.

Bolero (M. Ravel)

Tema del *Bolero*

La obra más popular de Maurice Ravel es también una de las más asombrosas y originales: un gigantesco *crescendo* a partir de dos melodías de danza que se repiten una y otra vez, hasta un total de die-

ciocho veces, sobre el mismo y obsesivo fondo rítmico, sin otra variación que la entrada escalonada de los diferentes instrumentos de la orquesta. Visto esto, no es extraño que una mujer exclamara el día de su estreno (22 de noviembre de 1928) que su autor estaba loco. «Al menos ella ha comprendido», contestó él.

Capricho español (N. Rimski-Korsakov)

España ha sido, desde Glinka hasta Shostakovisch, una fuente inagotable de inspiración para los músicos rusos. Uno de ellos, Nikolai Rimski-Korsakov, escribió en 1887 esta sugestiva obra basada en motivos populares españoles, verdadero alarde de genio orquestal. Dividida en cinco secciones, la cuarta —*Escena y canto gitano*— es universalmente conocida.

Central Park in the dark (Ch. Ives)

Una de las partituras más misteriosas y extraordinarias del estadounidense Charles Ives es ésta. De carácter descriptivo, en ella, sobre la atmósfera nocturna evocada por el inmutable fondo de las cuerdas, se superponen, aparecen y desaparecen, a veces sólo aludidos, melodías populares americanas, ragtimes, sones de marcha... Tras un poderoso clímax, el silencio de la noche vuelve a adueñarse de la composición. Aunque escrita en fecha tan temprana como 1906, la obra hubo de esperar, por la absoluta novedad de su lenguaje, casi cincuenta años a ser estrenada (1954).

Bajo estas líneas, *El bolero*, de José Camarón y Boronat. Baile español derivado de las seguidillas, Ravel lo inmortalizó en la que sin duda es más original y sorprendente de sus partituras.

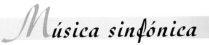
■ Cinco piezas para orquesta (A. Schönberg)

En más de una ocasión se han comparado estas cinco miniaturas orquestales de Arnold Schönberg con la pintura contemporánea de su amigo Vasili Kandinski. La analogía no es gratuita: mientras éste rompía con la figuración, realizando las primeras obras abstractas, Schönberg rompía con la armonía tonal tradicional. En uno y otro es el color, pictórico o instrumental, lo verdaderamente importante, hasta el punto de que la tercera de estas piezas lleva por título *Colores*. El estreno tuvo lugar en 1912.

■ Concierto de Brandenburgo núm. 3 (J. S. Bach)

Primer movimiento del *Concierto de Brandenburgo núm. 3*

De las seis composiciones que forman la serie de *Conciertos de Brandenburgo* que J. S. Bach dedicó, en 1721, al margrave Christian Ludwig de Brandenburgo, tal vez sea ésta la más conocida. Escrita para cuerdas y bajo continuo, impresiona por su inigualable riqueza polifónica. En tres movimientos, el segundo consta de dos únicos acordes que debían servir de punto de partida y llegada de una improvisación a cargo del primer violín o el clave.

■ Concierto de Brandenburgo núm. 5 (J. S. Bach)

Siendo como son todos los conciertos de esta serie diferentes en cuanto a instrumentación, aquí, y por primera vez en una obra de estas características, el clave abandona su función de acompañamiento

para convertirse en el auténtico protagonista de la composición, luciéndose en una larga cadencia de carácter virtuosístico al final del primer movimiento. Junto a él, tienen también un papel destacado la flauta y el violín.

■ Concierto para orquesta (B. Bartok)

Encargada por el director Serge Koussevitzky, quien la estrenaría en 1944, esta obra es una de las páginas maestras de Bela Bartok. De sus cinco movimientos, el más original quizás sea el segundo, titulado *Giuoco delle coppie* (Juego de las parejas), así llamado por las diferentes intervenciones de los instrumentos de viento, siempre de dos en dos. Como no podía ser menos en Bartok, las reminiscencias del folclor, sobre todo en el último tiempo, son inevitables.

■ Concierto para orquesta (W. Lutoslawski)

El polaco Witold Lutoslawski es uno de los nombres clave de la creación musical de la segunda mitad del siglo XX. La presente (estrenada en 1954) es una de sus obras más interpretadas, habitual en los programas de las mejores orquestas. Dividida en tres movimientos, el más complejo e interesante es el tercero, *Passacaglia, toccata, coral y finale*, de una destacable dificultad técnica para los intérpretes, pero de una riqueza inagotable para el oyente.

■ Danza macabra (C. Saint-Saëns)

Primer tema de la *Danza macabra*

Johann Sebastian Bach compuso su serie de seis *Conciertos de Brandenburgo* con destino a la corte del margrave Christian Ludwig. En la ilustración de la izquierda, velada musical en la corte del cardenal-arzobispo de Lieja.

A la derecha, frontispicio de la partitura de la *Danza macabra* de Camille Saint-Saëns. Aunque la obra no agradó en un primer momento, pronto adquirió una gran popularidad. Al lado, reunión musical zíngara. La influencia de esta comunidad fue decisiva en el estilo de Zoltán Kodály.

«Zig y Zig y Zag, la cadencia de la Muerte, golpeando una tumba con sus talones...». Así se inicia el curioso poema que dio pie a Camille Saint-Saëns para crear esta sorprendente miniatura protagonizada por una Muerte que toca el violín. Uno de sus hallazgos más originales y divertidos es el empleo del xilófono, cuyo sonido característico recrea el entrechocar de los huesos... Grotesca e irreverente, constituyó un soberano fracaso el día de su estreno (24 de enero de 1875).

Danzas de Galanta (Z. Kodály)

En esta brillante partitura, estrenada en 1933, Zoltán Kodály se inspiró en sus recuerdos de infancia, cuando vivía en el pueblo de Galanta y se pasaba las horas escuchando las danzas que, al violín, interpretaban los músicos zíngaros. Algunos de los temas melódicos usados por éstos constituyen precisamente la materia prima que da vida a la obra, de una fuerza rítmica inusitada.

Danzas fantásticas (J. Turina)

Escrita originalmente para piano y luego orquestada por el mismo autor en 1926, es ésta una de las obras que más han contribuido a cimentar la fama de Joaquín Turina, sobre todo gracias a su colorista y vigoroso tercer y último movimiento, *Orgía*. «Fantásticas» por su carácter evocador e irreal, estas tres danzas parten del folclor español para reinventarlo y crear algo diferente, nuevo, muy alejado del tópico pintoresco.

Danzas sinfónicas (S. Rachmaninov)

Última obra de Serguéi Rachmaninov (1940), la primera de las danzas que componen este tríptico se distingue por su vigor rítmico, mientras que la segunda es un delicado vals, nostálgico a la vez que

desasosegador. La tercera es la más desconcertante: una especie de danza macabra, grotesca y sarcástica, en la que resuenan los acordes, primero deformados y casi irreconocibles, triunfales hacia el final, del *Dies irae* de la Misa de difuntos gregoriana, tema constante en toda la producción del músico ruso.

Don Juan (R. Strauss)

Con esta obra, un Richard Strauss de tan sólo veinticuatro años se consagró como compositor. Magistral por su concisión y pujanza dramática, reveladora de un talento para la orquestación poco común, él mismo dirigió su estreno en Weimar en 1889. Su éxito fue tal que diez años más tarde, en otro de sus poemas sinfónicos, el autobiográfico *Vida de héroe*, su forma de expresar la victoria de su protagonista contra los críticos no fue otra que la de citar el tema principal de su *Don Juan*.

En las estepas del Asia central (A. Borodin)

Debida a Alexander Borodin, esta miniatura orquestal, de justa fama, ilustra cómo el paso de una caravana rompe momentáneamente el silencio de la estepa, y cómo la calma retorna a ella cuando aquélla desaparece en la inmensidad del horizonte. Típica de la estética del grupo de los Cinco, en esta obra Borodin busca en Oriente la esencia del nacionalismo ruso. Fue estrenada por Rimski-Korsakov en 1880.

España (E. Chabrier)

Primer tema de *España*

La España más pintoresca, la de «olé y pandereta», tiene su reflejo musical en esta festiva y colorista rapsodia orquestal. Desbordante de gracia y buen humor, es una de las obras maestras de ese genio de lo ligero e intrascendente que fue Enmanuel Chabrier, y, sin duda, la más irresistible de las «españoladas» que se escribieron en el París decimonónico. Su estreno tuvo lugar en la capital gala en 1883.

Fantasía sobre un tema de Thomas Tallis
(R. Vaughan Williams)

Tema de la *Fantasía*

El estudio que Ralph Vaughan Williams realizó de la música antigua británica dio como fruto esta hermosa e intensa obra, escrita para orquesta de cuerdas en 1910. Su emocionante lirismo y lo extraordinario de su escritura instrumental son algunos de los elementos que han contribuido a la celebridad de que goza esta obra. Gonzalo Suárez la utilizó como banda sonora para su película *Remando al viento*.

Finlandia (J. Sibelius)

Tercer tema de *Finlandia*

En un país dominado entonces por el imperio ruso, el estreno, en 1899, de esta obra de Jean Sibelius se convirtió en todo un acontecimiento nacional, en una reivindicación de la independencia del pueblo finés. Exaltado canto patriótico, son sus temas la belleza de sus bosques y lagos, el orgullo de sus gentes y su ansia de libertad. Su rápido éxito, seguido poco tiempo después por el de su *Sinfonía núm. 2*, colgó a su autor una etiqueta de la que le costaría desprenderse: la de músico nacionalista.

▣ Frescos de Piero della Francesca (B. Martinu)

Los frescos pintados por este pintor renacentista sobre el tema de la Santa Cruz, en la iglesia de San Francisco de Arezzo, inspiraron al checo Bohuslav Martinu la composición de este tríptico orquestal. No hemos de ver en él, empero, una voluntad descriptiva, sobre todo en la tercera pieza, *Poco allegro*, sino la evocación de los sentimientos que la contemplación de las imágenes dejó en el compositor. Serenidad, nobleza y color caracterizan esta obra, estrenada por Rafael Kubelik, su dedicatario, el 28 de agosto de 1956. La maestría como orquestador de Martinu alcanza aquí una de sus cotas más altas.

Sobre estas líneas, el monumento *Finlandia* que la ciudad de Helsinki dedicó a Jean Sibelius, el compositor por antonomasia de este país nórdico, autor de una música en la que los ecos de su patria, el folclor, los paisajes, las leyendas, están presentes en cada nota. A la derecha, acuarela de Vinzenz Morstadt que muestra una vista del castillo de Praga desde el Belvedere. Si Sibelius fue el gran cantor de Finlandia, Bedrich Smetana fue el de Bohemia, cuyas leyendas inmortalizó en su ciclo de poemas sinfónicos *Mi patria*. Seis composiciones lo integran, de las cuales las dos más conocidas son *Vysehrad* (descripción de la antigua fortaleza que domina Praga) y *El Moldava* (evocación musical del río bohemio desde sus fuentes hasta su desembocadura). Con la interpretación de este ciclo se inaugura cada año el festival de Primavera de Praga.

Guía de orquesta para jóvenes (B. Britten)

Con esta obra de clara voluntad pedagógica, Benjamin Britten se propuso iniciar a los más pequeños en el fascinante mundo de la orquesta sinfónica. Para ello tomó un tema del autor barroco Henry Purcell y lo sometió a distintas variaciones, cada una de ellas protagonizada por una familia diferente de la orquesta, uniéndose todas en la brillante fuga que cierra la partitura. Agradable y nada pedante, cumple plenamente su propósito educativo. Se estrenó en 1946.

Harold en Italia (H. Berlioz)

El Childe Harold de Lord Byron es el héroe de esta sinfonía programática de Hector Berlioz, estrenada en 1834. Aunque una viola solista es el instrumento encargado de simbolizar al personaje, la orquesta es la gran protagonista de la partitura: en este sentido, el último de sus cuatro movimientos, titulado *Orgía de bandidos*, es un alarde de inventiva en el que el genio desbordante del músico francés —como siempre, entre el arrebato sublime y el desenfreno más pedestre— parece no conocer límites.

La mer (C. Debussy)

Segundo movimiento *Juegos de olas*

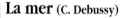

Claude Debussy fue durante toda su vida un enamorado del mar y esa pasión fue la que le llevó, en 1905, a componer esta partitura, tres bocetos sinfónicos (*Del alba al mediodía sobre el mar, Juegos de olas* y *Diálogo del viento y del mar*) que ocupan un puesto de privilegio en el repertorio. Lejos del vago impresionismo al que comúnmente se asocia su nombre, *La mer* supuso toda una revolución para el público de su época, e incluso para los propios debussystas, desconcertados por su fascinante originalidad.

Metamorfosis sinfónicas sobre temas de Weber (P. Hindemith)

Que Paul Hindemith era un consumado orquestador lo demostró sobradamente en esta brillante partitura de 1943 que toma como pretexto la música del romántico Carl Maria von Weber. Llena de humor, a veces lindante en la parodia, de sus cuatro movimientos los más interesantes son los dos primeros: un incisivo y marcial *Allegro* introductorio y un encantador y exótico *Scherzo* que explota el virtuosismo de todos los miembros de la orquesta, incluida la sección de percusión, y la pericia del director para sortear sus trampas.

Mi patria (B. Smetana)

El Moldava, tema principal

El nacionalismo checo en el campo instrumental alcanza su cima en este ciclo de seis poemas sinfónicos, basados en leyendas y episodios históricos bohemios, escrito por un Bedrich Smetana gravemente afectado ya por la sordera. De ellos, el más conocido es el segundo, *El Moldava*, cuyo característico tema principal ha dado la vuelta al mundo. Los otros títulos son *Vysehrad, Sarka, En los prados y bosques de Bohemia, Tabor* y *Blanik*. El ciclo fue compuesto entre 1874 y 1879.

Música acuática (G. F. Haendel)

Cuenta la historia que la audición por parte del monarca británico Jorge I de esta música fue la causa de su reconciliación con Georg Friedrich Haendel, su antiguo maestro de capilla en Hannover, que había abandonado su servicio para probar fortuna en Londres. Escritas para acompañar un trayecto del rey por el Támesis en 1717, las tres suites que componen la *Música acuática* destacan por su resplandeciente y preciosista instrumentación, de un color muy particular que le otorga la abundancia de instrumentos de viento.

Música para cuerda, percusión y celesta (B. Bartok)

Esta partitura de Bela Bartok es pura abstracción. Su mismo título sólo habla de «música», algo por definición abstracto y absoluto. Aun así, las constantes del estilo del músico húngaro están presentes, entre ellas el folclor. También lo que se ha dado en llamar «música nocturna», evidente en el tercer movimiento, un *Adagio* maravilloso, magistral, irrepetible. En cuanto a la instrumentación, nadie había escrito hasta ese momento (1936) con tanta sensibilidad para los instrumentos de percusión. Una obra cumbre.

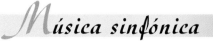
■ Música para los reales fuegos de artificio
(G. F. Haendel)

Georg Friedrich Haendel compuso esta apoteosis sonora y festiva para celebrar la firma de la paz de Aquisgrán en 1749. Pese a las circunstancias climáticas adversas del día de su estreno (hemos de recordar aquí que se trataba de una página destinada a ser interpretada al aire libre), su éxito fue inmediato y concluyente.

■ Pequeña serenata nocturna (W. A. Mozart)

Inicio de la *Pequeña serenata nocturna*

Pocos fragmentos de la música clásica son tan conocidos como los primeros compases de esta pequeña joya mozartiana, escrita en 1787. Aunque su popularidad ha hecho que muchos melómanos puristas la hayan despreciado, lo cierto es que sus cuatro movimientos son un dechado de melodismo encantador, difícilmente igualable.

■ Los planetas (G. Holst)

Marte, el portador de la guerra

La obra que ha inmortalizado el nombre de Gustav Holst se abre con los violentos y apocalípticos acordes de *Marte, el portador de la gue-*rra, movimiento en forma de marcha que, en el momento del estreno (1918), fue considerado una alusión a la Primera Guerra Mundial. Otros seis más, dedicados a otros tantos planetas (*Venus, Mercurio, Júpiter, Saturno, Urano* y *Neptuno*) completan esta suite en la que su autor expresó su pasión astrológica.

■ Poema del éxtasis (A. Scriabin)

Las preocupaciones teosóficas y ocultistas de Alexandr Scriabin tienen en esta magna y sensual partitura, estrenada en 1908, una de sus más reveladoras plasmaciones: en ella su autor intentó expresar la identificación trascendente, a través del éxtasis, del Uno (hombre) con el Todo (Dios). Obra audaz por su armonía, en algún momento al borde de la atonalidad, requiere una gigantesca orquesta, en la que destaca el empleo casi concertante de la trompeta.

■ Preludio a la siesta de un fauno (C. Debussy)

Introducción

Para algunos críticos modernos, de esta breve obra de Claude Debussy —libremente inspirada en un poema de Stéphane Mallarmé— nace la música del siglo XX. Todo en ella es voluptuoso, embriagador, gracias a una cristalina e imprecisa orquestación, de un refinamiento extremo, en la que la flauta solista ocupa un lugar destacado. Estrenada en 1894, es la que más ha contribuido al equívoco de considerar «impresionista» la música de este autor francés.

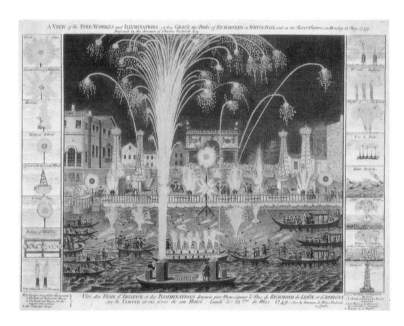

Sobre estas líneas, fuegos artificiales sobre el Támesis en 1749. Para esta ocasión compuso Haendel una de sus obras más célebres, la suite para orquesta *Música para los reales fuegos de artificio*. A la derecha, los planetas del sistema solar: a cada uno de ellos dedicó Gustav Holst los movimientos de su suite *Los planetas*. En la página siguiente, *Los funerales de Julieta*, cuadro de Vannutelli que tiene como tema una de las últimas escenas del drama shakesperiano que inspiró también a Piotr Ilich Chaikovski una de sus partituras más emocionantes.

Los Preludios (F. Liszt)

Seguramente el más célebre de los poemas sinfónicos de Franz Liszt, y también el más abstracto. Concebido primero como una obertura para una obra coral nunca realizada, sólo con posterioridad a su creación pensó Liszt en anteponerle un pasaje de Lamartine como programa, referido a la vida como preludio de ese canto que es la muerte. Estrenado en Weimar en 1854, impresiona por la majestuosidad y grandeza de su inspiración.

Rapsodia española (M. Ravel)

España ocupó siempre un lugar especial en la vida de Maurice Ravel. Prueba de ello es esta temprana obra, en la que el carácter danzable de muchos de sus temas y el brillante colorido orquestal tienen un protagonismo absoluto. Interpretada por primera vez en 1908, su movimiento más conocido es el tercero, una *Habanera* —escrita originalmente para dos pianos años antes, en 1895— que contrasta por su carácter lánguido e indolente con la vitalidad frenética de *Feria*, el movimiento conclusivo.

Rapsodias rumanas (G. Enesco)

La música rumana tiene en George Enesco a su representante más destacado. Músico total (violinista, pianista, director de orquesta y pedagogo, además de compositor), debe gran parte de su fama a estas dos juveniles *Rapsodias*. Escritas en París en 1901, todas sus notas beben de la rica tradición popular de su tierra natal. De carácter fuertemente contrastado, la primera destaca por su irresistible empuje rítmico, por su brillantez temática y orquestal, mientras que la segunda es más íntima y lírica, con una hermosa sección a cargo de la viola solista.

Romeo y Julieta (P. I. Chaikovski)

La historia de los dos amantes de Verona inmortalizada por Shakespeare ha seducido a numerosos compositores, entre ellos a Piotr Ilich Chaikovski, quien la tomó como punto de partida para crear esta «obertura fantasía», una de sus obras más divulgadas entre el gran público. De una expresividad poco corriente, rehúye todo pintoresquismo para centrarse en el trágico destino de la pareja protagonista. La partitura tuvo una larga gestación ya que, a causa de los juicios críticos de Milij Balakirev, existen tres versiones, la más interpretada de las cuales es la tercera, fechada en 1880.

Scherezade (N. Rimski-Korsakov)

La historia del príncipe Kalender

La atracción por Oriente propia del grupo de los Cinco halla en esta suite sinfónica de Nikolai Rimski-Korsakov, compuesta en 1888, su más acabado exponente. Inspirada en *Las mil y una noches*, en ella su autor hace gala de su gran talento para la orquestación, sobre todo en el último de sus cuatro movimientos: *Fiesta en Bagdad; naufragio de un barco sobre las rocas*, que por su espectacularidad contrasta con el lirismo exótico del anterior, *El joven príncipe y la princesa*.

■ Seis piezas para orquesta (A. Webern)

Lo que más llama la atención en esta obra es el contraste entre una orquesta de colosales proporciones y la brevedad aforística de la música de Anton Webern, con piezas que en la mayoría de los casos superan en muy poco el minuto. Los instrumentos de la orquesta, además, nunca tocan todos al mismo tiempo: en busca del sutil color instrumental, Webern prefiere las combinaciones camerísticas a los efectos de masa. La más sorprendente es la cuarta pieza, un dramático *crescendo* de *pianissimo* a *fortissimo*. Compuestas en 1909, suponen la ruptura de su autor con la tonalidad.

■ Sensemayá (S. Revueltas)

A pesar de su absoluta brevedad, ésta es la obra más conocida del mexicano Silvestre Revueltas, cuyo título hace referencia a una serpiente tropical. Todos los rasgos del estilo del músico están presentes en ella, empezando por la absoluta primacía del ritmo como generador de la composición, influencia directa del Stravinski de *La consagración de la primavera*. Su concisión contribuye a hacerla aún más efectiva. Fue escrita en 1938.

■ Sinfonía Asrael (J. Suk)

El nombre al que hace referencia esta impresionante partitura no es otro que el del ángel hebreo de la muerte. Su autor, el checo Josef Suk, la escribió en memoria de su maestro y suegro Anton Dvorak, muerto en 1904, pérdida a la que siguió, antes de que pudiera finalizar la composición, la de su propia esposa. Ello explica el carácter oscuro y terrible, y a la vez el intenso y sincero lirismo, que distingue esta música. Se estrenó en 1907.

■ Sinfonía de cámara núm. 1 (A. Schönberg)

Schönberg escribió esta obra para quince instrumentos en 1906, como reacción al colosalismo de las composiciones de su época, entre las que se contaban sus propios *Gurrelieder*, entonces en proceso de orquestación. Es una de sus últimas partituras que especifican la clave tonal, en este caso Mi mayor. Su estreno supuso un fracaso estrepitoso, e incluso hubo de intervenir Mahler ante el público para defender la obra, pese a no entenderla él mismo. Tras ella, Schönberg inició su exploración de la atonalidad.

■ Sinfonía de Réquiem (B. Britten)

Si algo caracteriza el estilo de Benjamin Britten, es la potencialidad dramática de su música, potencialidad que la hacía idónea para la ópera. Sin embargo, antes que en este género, esta cualidad se manifestó en sus composiciones instrumentales, muy especialmente en esta partitura de 1940. Su intenso y sincero lirismo y su originalidad formal hacen de ella una de las páginas clave de su catálogo, cuyo éxito motivó precisamente el encargo de su primera gran ópera: *Peter Grimes*.

■ Sinfonía en re menor (C. Franck)

Primer tema del segundo movimiento

Obra maestra de César Franck, suscitó las más vivas polémicas el día de su estreno en París (17 de febrero de 1889), a causa de la absoluta modernidad de su concepción y su inhabitual austeridad instrumental. Compuesta según el principio «cíclico» franckiano —por el cual toda la composición se genera a partir de un motivo o tema que aparece a lo largo de la totalidad de la partitura, unificándola—, su movimiento intermedio (*Allegretto*) es una de las cimas melódicas del sinfonismo romántico.

■ Sinfonía en tres movimientos (I. Stravinski)

Esta extraordinaria obra ocupa una posición de bisagra en la producción de Igor Stravinski, entre su período neoclásico y el dodecafónico. Escrita durante la Segunda Guerra Mundial, entre 1942 y 1945, sus dos tiempos extremos son de una violencia desconocida en el ruso desde los tiempos de *La consagración de la primavera*. El intermedio, en cambio, es un hermoso y cálido *Andante*. Dos instrumentos, el piano y el arpa, tienen en ella un papel casi concertante.

A la izquierda, *Blanco II* de Vasili Kandinsky. La trayectoria de este pintor siguió un camino paralelo a la de Arnold Schönberg, a quien le unió una sincera amistad. Mientras el primero rompió con la figuración en pintura y preconizó un arte de sensaciones y colores, el segundo llevó a cabo una ruptura similar en el campo de la armonía musical. Ruptura ésta que empieza a intuirse en su *Sinfonía de cámara núm. 1*. En la página siguiente, de izquierda a derecha, grabado de Jean-Paul Laurens sobre Fausto y un óleo de Gaetano Previati que lleva por título *Heroica*.

Sinfonía fantástica (H. Berlioz)

Dies irae

El amor no correspondido de una actriz inglesa —que posteriormente se convertiría en su esposa— inspiró a Berlioz la composición, en 1830, de esta mítica página orquestal. Autobiográfica, apasionada, desbordante, entre el arrebato sublime y el descenso satánico, todo es extremado en ella. Sus cinco movimientos están imbuidos de un mismo tema o *idée fixe*, símbolo de la mujer amada, que unifica toda la composición. El segundo —*El baile*, un vals de carácter casi onírico— y el quinto —*Sueño de una noche de sabbat*, diabólica orgía en la que resuenan los ecos del *Dies irae* gregoriano— son los más impactantes. Posteriormente, en 1832, el mismo Berlioz compuso una segunda parte, titulada *Lélio o el retorno a la vida*, destinada a ser el contrapunto optimista de la *Sinfonía fantástica*, aunque sin alcanzar la calidad de ésta.

Sinfonía Fausto (F. Liszt)

El mito de Fausto inspiró a Franz Liszt una de sus más exaltadas y ambiciosas composiciones. Dividida en tres movimientos, cada uno de ellos es un retrato musical de uno de sus protagonistas: Fausto, Margarita y Mefistófeles. Majestuoso, lleno de luces y sombras el primero, el segundo es un tierno *Andante*. Pero el más sorprendente es el tercero, en el que el carácter demoníaco del personaje se consigue mediante la deformación grotesca de los temas de Fausto. Este último tiempo acaba con la intervención de un tenor solista y un coro masculino sobre versos de Goethe. La obra se estrenó en 1857, en Weimar.

Sinfonía núm. 3, «Heroica» (L. van Beethoven)

Imbuido del espíritu de la Revolución Francesa y sus ansias de libertad, Ludwig van Beethoven concibió en 1803 esta magna sinfonía como un homenaje a Napoleón, aunque la coronación de éste como emperador le hizo rechazar airadamente la dedicatoria inicial. Así, el apelativo «Heroica» se conservó, pero más como recuerdo de un ideal no alcanzado que como una glorificación hacia un héroe concreto. De ahí que su tiempo lento sea una imponente *Marcha fúnebre*. Su estreno tuvo lugar en 1805.

Sinfonía núm. 5 (L. van Beethoven)

Introducción

Los poderosos acordes que abren esta sinfonía de Beethoven son los más conocidos del género: como los definió su autor, son los golpes del destino que «llama a la puerta». Vigorosa, radical, llena de innovaciones que germinarían en la generación posterior, los románticos vieron en esta partitura la manifestación práctica de su concepto de música: el arte que, por su naturaleza abstracta, consigue expresar aquello que las palabras no pueden reflejar, lo infinito, lo trascendente. Se estrenó en 1808, en Viena.

Sinfonía núm. 6, «Pastoral» (L. van Beethoven)

Estrenada en el mismo concierto que la *Quinta*, esta nueva obra de Beethoven refleja una concepción si no opuesta, sí muy diferente: en lugar del *pathos* dionisíaco, romántico, de aquélla, en ésta el músico de

Bonn evocó, de manera amable y algo sentimental, la vida en el campo, y de ahí su sobrenombre. El lirismo es dominante en ella, aunque en el cuarto movimiento (la sinfonía consta de cinco), titulado *Truenos, tempestad*, se manifieste toda la fuerza del genio beethoveniano.

Sinfonía núm. 7 (L. van Beethoven)

Richard Wagner definió esta sinfonía como la «apoteosis de la danza», frase que ha hecho fortuna, quizás por el ímpetu rítmico, por ese carácter dionisíaco que informa toda la partitura. Estrenada en 1813, Beethoven sustituyó en ella el tradicional *Adagio* por un *Allegretto* que se cuenta entre las páginas más populares de su autor, por la indiscutible belleza de su motivo melódico.

Sinfonía núm. 9, «Coral» (L. van Beethoven)

Himno a la alegría

Freu - de schö - ner   Göt - ter - fun - ken,   Toch - ter aus   E - ly - si - um

El tema principal del *Himno a la alegría* que corona esta magistral partitura de Beethoven es uno de los más conocidos de toda la música clásica. Aunque su autor no fue estrictamente el primero en culminar una sinfonía instrumental con una página coral, sí fue él quien estableció el modelo que seguirían otros compositores posteriores. La fama de este tiempo no debe hacernos olvidar lo extraordinario de los tres que lo anteceden: un majestuoso *Allegro*, un *Scherzo* incisivo e innovador y un *Adagio* de sublime belleza. Se estrenó en 1824.

Sinfonía núm. 2 (J. Brahms)

Johannes Brahms tardó en acercarse al género sinfónico, quizás por el respeto que el precedente beethoveniano ejercía sobre él y muchos de sus contemporáneos. La *Primera sinfonía* fue culminada en 1876, tras veinte años de trabajo. De las cuatro sinfonías que llegó a componer, la más sencilla, que no menos importante, es esta *Segunda*, de 1877. Llena de vida, es también la de factura más clásica, casi mozartiana.

Sinfonía núm. 3 (J. Brahms)

Primer tema del tercer movimiento

Esta tercera incursión sinfónica de Brahms es conocida, sobre todo, por su tercer movimiento, *Poco allegretto*, de un lánguido y sentimental melodismo, de nostálgica belleza. No menos notables son el resto de tiempos, en los que, como advertía Dvorak, «existe un sentimiento que no suele encontrarse en la obra de Brahms». Estrenada en 1883, se ha visto acompañada por el éxito desde el primer día.

Sinfonía núm. 4 (J. Brahms)

Introducción

Al componer su *Sinfonía núm. 4* «Romántica», Anton Bruckner se propuso hacer un canto a su país natal, a sus paisajes y leyendas, dentro de la corriente medievalizante que el Romanticismo había cultivado. En la imagen de la derecha, *Paisaje con figuras junto a la lumbre*, de Frank, cuadro en el que se capta todo el misterio de la penumbra en un bosque. Un efecto similar al que aquí puede apreciarse es lo que intentó expresar Bruckner en su obra con el lenguaje abstracto de la música.

Testamento sinfónico de Johannes Brahms, habitualmente se ha considerado esta *Cuarta* como su más importante contribución al género. Su movimiento más original y difícil es el cuarto, en forma de chacona sobre un tema procedente del coro final de la *Cantata núm. 150,* de Johann Sebastian Bach. El resultado es un verdadero alarde de ciencia musical en el arte de la variación. La sinfonía, estrenada en 1885, fue acogida con cierta perplejidad, pronto superada en favor de la admiración.

Sinfonía núm. 4, «Romántica» (A. Bruckner)

Introducción

Esta sinfonía es la primera en la que el estilo de Anton Bruckner empezó a definirse en toda su riqueza de matices. El subtítulo con que se conoce es debido al programa, hoy completamente olvidado, que el compositor pergeñó y en el cual se insistía especialmente en una serie de imágenes medievalizantes, románticas. Estrenada, tras varias revisiones, en 1881, es célebre por su *Scherzo,* en el que las llamadas de las trompas remiten a los sones de los cazadores.

Sinfonía núm. 7 (A. Bruckner)

Primer tema del *Adagio*

Junto a Beethoven, Wagner fue uno de los grandes mitos musicales de Bruckner. Su muerte en 1883 fue lo que motivó la composición de la página más célebre de esta obra: su emocionante y maravilloso *Adagio.* Único gran éxito de este compositor austríaco en vida, la *Séptima* es la más representativa y también más interpretada de las nueve sinfonías que compuso. Todas las constantes de su estilo (el sincero sentimiento cristiano, el amor a la naturaleza) encuentran en ella una inolvidable traducción.

Sinfonía núm. 6, «Patética» (P. I. Chaikovski)

Habitualmente se ha querido ver en esta sinfonía una especie de premonición de la propia muerte de su autor, Piotr Ilich Chaikovski, quien efectivamente falleció poco después de su estreno en 1893. Sea o no así, lo innegable es el carácter autobiográfico, subjetivo, de la partitura. Sobre todo sus dos movimientos extremos expresan todo el dolor, la amargura, de un músico sobremanera sensible, trágicamente escindido.

Sinfonía núm. 2, «India» (C. Chávez)

Carlos Chávez inició su período de madurez con esta obra, en la que el nacionalismo característico de sus primeras partituras convive con elementos y técnicas procedentes de la vanguardia europea, ocupando un lugar destacado Stravinski, cuyo agudo sentido del ritmo y del color orquestal marca el carácter de toda la composición. Escrita en 1935, fue estrenada un año más tarde en una emisión radiofónica que se dio en Nueva York.

A la izquierda, *La balsa de la Medusa* de Théodore Géricault. El poder expresivo de este cuadro, de un inusitado realismo en la forma, pero no por ello menos romántico en cuanto a su contenido, tiene un paralelo en la *Sinfonía núm. 6, «Patética»* del ruso Piotr Ilich Chaikovski, obra que, a pesar de las libertades y los amaneramientos de pésimo gusto con que la han afrontado algunos directores de orquesta, sigue conservando intacta toda su trágica grandeza.

◼ Sinfonía núm. 7 (A. Dvorak)

Anton Dvorak se propuso en esta sinfonía (1885) crear una obra abstracta, alejada del impulso nacionalista que había determinado sus anteriores trabajos y que, de hecho, iba también a caracterizar el resto. Tomando como modelo a su admirado Brahms, compuso una de sus partituras más maduras y convincentes, de rara fuerza dramática, especialmente evidente en su último movimiento. A pesar de su cuidado, los acentos checos se dejan sentir en el hermoso *Scherzo*.

◼ Sinfonía núm. 9, «Del Nuevo Mundo» (A. Dvorak)

Primer tema del *Adagio*

La obra que más ha contribuido a la fama de Dvorak, nació durante la estancia del músico en Nueva York, en 1893. Aunque se ha exagerado acerca de la importancia de temas de posible procedencia americana, lo cierto es que éstos existen, pero combinados con otros de origen checo. Es su combinación lo que otorga su especial atractivo a esta música. Memorable toda ella, quizás sea el *Largo*, con su melancólica melodía a cargo del corno inglés, su momento más hermoso.

◼ Sinfonía núm. 94, «Sorpresa» (F. J. Haydn)

Primer tema del segundo movimiento

El sobrenombre de esta popular sinfonía de Franz Joseph Haydn tiene su historia: habiendo advertido que un personaje del público se dormía siempre durante la interpretación de sus obras, Haydn imaginó un tiempo lento en el que el delicioso tema, expuesto en *piano,* es bruscamente interrumpido por un inesperado acorde en *fortissimo,* capaz de sobresaltar a cualquiera. Sea verdadera o no la anécdota, ahí tenemos la música, de una gracia y un encanto inigualables. Se estrenó en 1792, en Londres.

◼ Sinfonía núm. 104, «Londres» (F. J. Haydn)

Con esta extraordinaria obra puso Haydn un broche de oro en 1795 a su producción sinfónica, género que le había ocupado durante cerca de cuarenta años y al cual había contribuido decisivamente a dar forma definitiva. Escrita, como las once anteriores, para ser interpretada en la capital británica por encargo del empresario Johann Peter Salomon, con ella se abría la puerta a una nueva época que iba a tener en Beethoven su principal protagonista.

◼ Sinfonía núm. 7 (H. W. Henze)

Definida por su autor, el alemán Hans Werner Henze, como «una sinfonía alemana que habla de cosas alemanas», esta colosal partitura fue escrita en 1984 por encargo de la Filarmónica de Berlín para celebrar el centenario de su creación. Estructurada en los cuatro movimientos tradicionales y lejos del experimentalismo de otras obras de este autor —lo cual no significa que sea menos «moderna»—, sus dos imponentes tiempos lentos remiten, por su expresividad desnuda, al romanticismo otoñal de un Mahler o un Berg.

Sinfonía núm. 3, «Litúrgica» (A. Honegger)

La más hermosa y enigmática de las cinco sinfonías de Arthur Honegger es esta *Tercera*, subtitulada «Litúrgica» por tomar su inspiración de algunos versículos de la *Misa de Réquiem*. Lejos del desenfado de sus años juveniles, cuando pertenecía al grupo de los Seis, aquí Honegger se muestra grave, profundamente lírico, en su denuncia de la alienación del hombre moderno. Partitura de rara y atrayente belleza, se estrenó en 1946.

Sinfonía núm. 3 (W. Lutoslawski)

Esta extraordinaria partitura de Witold Lutoslawski, estrenada por Georg Solti en Chicago en 1983, se abre con cuatro bruscos acordes en *fortissimo*, que se irán repitiendo a lo largo de toda ella y que inevitablemente nos traen a la memoria el inicio de la *Quinta*, de Beethoven. Dramática de principio a fin, de una riqueza inagotable de ideas, de combinaciones sonoras y rítmicas, es una obra tan difícil como fascinante, digna de ocupar un puesto de privilegio en el repertorio contemporáneo.

Sinfonía núm. 1, «Titán» (G. Mahler)

Primer tema del tercer movimiento

Una novela del romántico Jean Paul, titulada *Titán* —con cuyo idealista héroe se sentía identificado el músico—, fue la que inspiró esta juvenil composición de Gustav Mahler, estrenada en su primera versión, como poema sinfónico, en 1889. En ella son perceptibles muchas de las características de sus obras maduras, como el amor a la naturaleza o, en el aspecto estrictamente musical, el gusto por las danzas campesinas austríacas y la ironía. Ésta se manifiesta aquí en su tercer movimiento, una grotesca marcha fúnebre escrita sobre la popular melodía infantil *Frère Jacques*.

Sinfonía núm. 4 (G. Mahler)

Estrenada en 1901, esta sinfonía —la más lírica y clásica de Mahler— contiene uno de los *Adagios* más emocionantes escritos por el músico bohemio. La idea de la muerte, omnipresente en él, está presente en el *Scherzo*, una especie de danza macabra, pero serena y amable, como si de un cuento infantil se tratara. La infancia, precisamente, es el gran tema de la obra. La canción que la cierra, *Das himmlische Leben* (La vida celeste), a cargo de la soprano, es una joya de musicalidad exquisita e ingenua.

Sinfonía núm. 6, «Fantasías sinfónicas» (B. Martinu)

Última de las sinfonías de Bohuslav Martinu, es también la más sorprendente y original de las suyas. De orquestación luminosa, reveladora de la maestría del músico checo en este campo, es así mismo una obra inquietante, enigmática, sensación que sus extensos arrebatos líricos —de una rara belleza a la que no es ajena la nostalgia de su tierra natal— no pueden mitigar. Dividida en tres movimientos, se estrenó en Boston en 1955.

A la izquierda, vista de Londres según un grabado del siglo XVIII. En esta ciudad dio a conocer Franz Joseph Haydn sus postreras doce sinfonías, la última de las cuales, precisamente, lleva el sobrenombre de «Londres». A la derecha, una coreografía moderna efectuada sobre la música de la *Sinfonía núm. 1, «Titán»* de Gustav Mahler, obra que por su cualidad dramática, sobre todo en su último movimiento, se presta a este tipo de adaptaciones.

■ Sinfonía núm. 3, «Escocesa» (F. Mendelssohn)

Como buen romántico, Felix Mendelssohn sintió una especial atracción por el mundo brumoso y oscuro de la legendaria Escocia. Tras visitarla en 1829, concibió la idea de componer una obra que reflejara todo el misterio y la poesía de sus historias y paisajes, pero ésta hubo de esperar hasta 1842 para plasmarse en una realidad concreta. Estrenada por el autor ese mismo año, desde entonces se ha mantenido en el repertorio como una de las favoritas del público.

■ Sinfonía núm. 4, «Italiana» (F. Mendelssohn)

Primer tema de la sinfonía

Italia ejerció particular fascinación sobre los músicos del siglo XIX, a la que no fue ajeno Mendelssohn. Anterior en el tiempo a la *Sinfonía núm. 3, «Escocesa»* —a pesar de que sus respectivas numeraciones puedan dar a entender lo contrario—, la «Italiana» —estrenada en 1833— es una página de una vitalidad desbordante, llena de color y alegría. Sus luminosas melodías y sus vivaces ritmos configuran una obra única en su género, de irresistible encanto.

■ Sinfonía núm. 38, «Praga» (W. A. Mozart)

Wolfgang Amadeus Mozart conoció algunos de sus grandes éxitos en Praga, una ciudad cuyos habitantes siempre le dispensaron la mayor consideración. Como reconocimiento a la triunfal acogida que dieron

a sus *Bodas de Fígaro*, el músico dedicó esta sinfonía a la capital bohemia, en la cual fue interpretada el 19 de enero de 1787. En tres movimientos —sin el habitual *Minueto* y sin que sepamos la razón de su falta—, constituye una de las grandes creaciones de madurez del genio de Salzburgo, contemporánea de obras tan importantes como el *Concierto para piano núm. 25* y la ópera *Don Giovanni*, también estrenada en Praga.

■ Sinfonía núm. 40 (W. A. Mozart)

Inicio de la sinfonía

El movimiento inicial de esta sinfonía mozartiana, y toda ella en general, es uno de los más conocidos del repertorio por su especial melodismo, melancólico, casi angustioso, expresión de una tensa lucha interior. Y es que Mozart, en esta obra escrita en 1788, avanza algunos de los rasgos que, pocos años más tarde, definirán el sinfonismo romántico. De ahí que no sea extraña la admiración que los músicos del siglo XIX profesaron a esta música y a su creador.

■ Sinfonía núm. 41, «Júpiter» (W. A. Mozart)

Última aportación de Mozart al género sinfónico, ésta, como sus exactas contemporáneas las *núms. 39* y *40*, no fue escuchada nunca por su autor, quien murió antes de poder estrenarla. De concepción monumental, es un magistral compendio de todas las técnicas compositivas de su tiempo, auténtico precedente del gran Beethoven. No

Italia en general y Roma en particular ejercieron una profunda impresión en Mendelssohn, fruto de la cual fue su *Sinfonía núm. 4*. A la izquierda, *Tarantella en Margellina* de Filippo Falciatore.

es extraño, pues, el sobrenombre con que se la conoce, «Júpiter», acuñado *a posteriori* por un empresario inglés que quiso así resaltar su carácter excelso.

■ Sinfonía núm. 5 (C. Nielsen)

El horror de la Primera Guerra Mundial está latente en la gestación de esta sobrecogedora sinfonía del danés Carl Nielsen, escrita entre 1920 y 1922. Dividida en dos partes de extensas proporciones, el ritmo, implacable, furioso, atroz, es su gran protagonista, el que le confiere ese aspecto amenazante, turbio, sin lugar a la esperanza, que define toda la partitura. La validez de la forma sinfónica tradicional queda aquí cuestionada.

■ Sinfonía núm. 1, «Clásica» (S. Prokofiev)

Tercer movimiento, *Gavota*

«Enfant térrible» de la música rusa de las primeras dos décadas del siglo XX, Serguéi Prokofiev quiso en esta breve y simpática sinfonía —escrita en 1917— demostrar que él también podía escribir una obra «a la manera clásica». Para ello tomó como modelo a su admirado Haydn, con cuyo estilo se había familiarizado desde su niñez. Respetuosa, pero imbuida al mismo tiempo del humor característico del músico, más amable aquí de lo habitual, es una de sus obras más apreciadas hoy en día. Tras ella, Prokofiev empezó a cultivar un estilo mucho más moderno y disonante (*Sinfonía núm. 2*).

■ Sinfonía núm. 5 (S. Prokofiev)

Compuesta durante la Segunda Guerra Mundial, concretamente en 1944, la *Quinta* es una de las composiciones más impactantes y profundas de Prokofiev. Su concepción épica resulta innegable, pero no por ello tiene menos importancia su alta calidad lírica, presente en el majestuoso *Andante* que la abre o en el *Adagio*, de belleza sublime, que constituye su tercer movimiento. A su lado, los dos tiempos pares contrastan por su humor ácido, sarcástico, irónicamente triunfalista.

■ Sinfonía núm. 2 (S. Rachmaninov)

De las tres contribuciones al género sinfónico de Serguéi Rachmaninov, la más imponente es esta *Segunda*, escrita en Dresde, en 1907. Frente al pesimismo algo mórbido que impregna las dos que la flanquean, ésta opone una visión más optimista de la existencia. En este sentido, la alegría y la vitalidad de su segundo movimiento, por ejemplo, suponen algo excepcional, por su rareza, en el conjunto de la producción del músico ruso. En el extenso *Adagio* encontramos la esencia melódica del Rachmaninov más conocido.

■ Sinfonía núm. 3 (A. Roussel)

Primer movimiento

A Albert Roussel se le deben cuatro sinfonías, de las cuales esta *Tercera* es la más atractiva, sobre todo por la audacia armónica y el ímpetu

Sobre estas líneas, la ciudad de Praga vista desde el río Moldava. La capital bohemia siempre dispensó una calurosa acogida a las obras de Mozart, motivo por el cual el músico le dedicó una de sus mejores sinfonías, la *núm. 38*. A la derecha, grabado de Chodowiecki titulado *El concierto*. La recreación, algo jovial, de la música del siglo XVIII es lo que llevó a Serguéi Prokofiev a escribir su *Sinfonía núm. 1, «Clásica»*, obra que en cierto sentido puede considerarse un precedente de la corriente neoclásica que dominará la música durante las décadas de 1920 y 1930, y que tuvo en Igor Stravinski su representante más cualificado.

rítmico que distinguen sus dos movimientos extremos, en especial el primero, de un vigor y una fogosidad que han hecho recordar a más de uno el ejemplo de Beethoven. Es una buena muestra del espíritu inquieto y abierto a toda novedad de su autor, quien la escribió entre 1929 y 1930 por encargo de la Orquesta Sinfónica de Boston para el quincuagésimo aniversario de su fundación.

■ Sinfonía núm. 3, «Órgano» (C. Saint-Saëns)

Estrenada en 1886, ésta es la única de las cinco sinfonías de Camille Saint-Saëns que se interpreta con cierta frecuencia en los programas de las orquestas actuales. De estructura clásica, en ella destacan dos instrumentos que, aunque no tienen un protagonismo concertante, sí impregnan con sus particulares sonoridades el conjunto de la partitura: el piano y el órgano, presencia la de este último que ha acabado por darle nombre.

■ Sinfonía núm. 8, «Inacabada» (F. Schubert)

A pesar de que contenga sólo dos movimientos, la *Octava* de Franz Schubert es una de las páginas más célebres, e impresionantes, del repertorio sinfónico romántico. De una belleza desnuda y esencial, dolorosa, se ignoran las causas por las que su autor no la completó, aunque tampoco ello es tan importante: tal como está, la obra no necesita de nada más para ser perfecta. Escrita hacia 1822, su estreno, póstumo, tuvo lugar en 1865.

Sinfonía núm. 9, «Grande» (F. Schubert)

Primer tema del segundo movimiento

Junto a la *Novena* de Beethoven, esta otra *Novena* de Franz Schubert es el gran monumento sinfónico de la primera mitad del siglo XIX. Escrita en 1828 y estrenada póstumamente por Mendelssohn en Leipzig el 21 de marzo de 1839, impresiona y conmueve desde la primera hasta la última nota. Su segundo movimiento, *Andante con moto*, es una de las cimas supremas del lirismo schubertiano: la melodía a cargo del oboe es de una belleza indescriptible. En sus «divinas larguras», como las definió Robert Schumann, resuenan ya los ecos de Anton Bruckner, el único gran heredero del arte del creador de *La bella molinera*.

■ Sinfonía núm. 3, «Renana» (R. Schumann)

Aunque siempre se ha considerado que lo mejor de Robert Schumann está en sus pequeñas piezas para piano, no por ello es menos importante su contribución orquestal. Es el caso de esta sinfonía en la que el músico se propuso cantar al Rin y, por derivación, a la vieja Alemania, la romántica, la de las heroicas leyendas medievales, casi en lo que podría considerarse un programa prenacionalista, musicalmente hablando. Estrenada en 1851, sigue gozando de una amplia y merecida popularidad.

■ Sinfonía núm. 5 (D. Shostakovisch)

«Respuesta de un músico a unas críticas justificadas.» Así definió Dimitri Shostakovisch esta extraordinaria sinfonía, fruto de sus problemas con el régimen estalinista que le acusaba de formalista, de practicar un «cosmopolitismo enemigo del pueblo». De concepción clásica, el compositor optó por seguir en ella los principios del realismo socialista..., pero sólo aparentemente. La ambigüedad domina muchas de sus páginas y así, su vigoroso final, en apariencia triunfal, puede ser también interpretado como todo lo contrario: como una derrota del individuo

Partitura autógrafa de la *Sinfonía núm. 8*, «Inacabada», una de las obras de Franz Schubert que ha hecho correr más tinta, sobre todo a causa de su carácter inconcluso. Escrita en la tonalidad de si menor, esta composición, tal como atestigua el manuscrito, fue comenzada el 30 de octubre de 1822, aunque permaneció inédita hasta 1865, en que el director Johann Herbeck la dio a conocer. El gran interrogante que plantea es el de por qué su autor no la culminó: ¿falta de confianza en sus propias fuerzas o en el valor de la partitura?

frente al totalitarismo. Su primera audición se dio, con gran éxito, en Leningrado el 21 de noviembre de 1937.

Sinfonía núm. 7, «Leningrado»
(D. Shostakovisch)

Tema de la invasión del primer movimiento

Shostakovisch compuso esta partitura durante el asedio a que los nazis sometieron a la ciudad que la identifica. Estrenada el 1 de marzo de 1942 en Kibichev y poco después dirigida por Toscanini en Estados Unidos, inmediatamente se convirtió en un símbolo de la lucha de los aliados contra Hitler. Esta *Séptima* es la sinfonía más conocida de su autor, apreciable sobre todo por su aliento épico, aunque su final, considerado en su día como una apoteosis triunfal, permita lecturas mucho más abiertas y ambiguas. Es quizás también aquella en la que la influencia de su admirado Mahler es mayor y más evidente. Junto a las posteriores *Octava* y *Novena*, conforma lo que ha dado en llamarse trilogía de «Sinfonías de guerra» de este autor soviético.

Sinfonía núm. 10 (D. Shostakovisch)

Escrita en 1953, el segundo movimiento (*Allegro*) de esta sinfonía traza un despiadado retrato del entonces recientemente fallecido Stalin. Es así mismo un reflejo de la amargura que dominó los últimos años de vida de Shostakovisch. Profundamente autobiográfica, en ella el compositor hizo aparecer un motivo compuesto a partir de la transcripción musical de sus iniciales: DSCH que en la notación alemana equivale a re, mi bemol, do y si. Su aparición en el descarnado *Andante-Allegro* final es desasosegadora, una cruel risotada sarcástica, acrecentada por la aparente frivolidad —casi parece música de circo— del movimiento.

Sinfonía núm. 5 (J. Sibelius)

Introducción al segundo movimiento

La sinfonía más famosa de Jean Sibelius no tuvo una gestación fácil: estrenada en Helsinki en 1915, el día en el que el compositor celebraba su quincuagésimo aniversario, éste la retiró inmediatamente para proceder a una exhaustiva revisión, tras la cual la obra quedó reducida de cuatro a tres movimientos. Aunque la primera impresión pueda ser la de una obra abstracta y fría como el país en el que nació, una escucha atenta evidencia su inagotable y cálido lirismo.

En la parte superior de la página, paisaje renano. El Rin sirvió de inspiración a Schumann para crear su *Sinfonía núm. 3*, obra en la que el río se convertía en el símbolo nacional de una Alemania entonces dividida en numerosos pequeños estados independientes. A la derecha, detalle del cuadro de Pavel Filonov *Guerra con Alemania*, pintado en 1915. El conflicto bélico con este mismo país, pero durante la Segunda Guerra Mundial, inspiró a Dimitri Shostakovisch la composición de su extensa y épica *Sinfonía núm. 7*, «Leningrado».

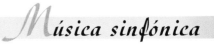
■ Sinfonía Turangalila (O. Messiaen)

Esta colosal partitura resume como ninguna otra el personal universo sonoro de Olivier Messiaen. En sus diez movimientos encontramos todas aquellas características que le han hecho célebre: una profunda fe cristiana, la fascinación por el hinduismo, la primacía del color instrumental y del ritmo, y, sobre todo, el canto de los pájaros. En palabras del propio autor, su título, derivado del sánscrito, significa «canto de amor, himno a la alegría, tiempo, movimiento, ritmo, vida y muerte». Su estreno tuvo lugar en 1949.

■ Sinfonietta (E. Halffter)

Discípulo predilecto de Falla, Ernesto Halffter escribió en su juventud, concretamente en 1931, esta brillante obra en la que el neoclasicismo de su estructura convive con algunos elementos melódicos y rítmicos de inconfundible aire hispano. Brillantemente orquestada, con ella su autor llamó la atención del mundo musical, para convertirse en una de las más firmes promesas de la música española.

■ Sinfonietta (L. Janacek)

Inicio del cuarto movimiento

Leos Janacek fue un compositor especial: al contrario que otros muchos de sus colegas, cuanto más envejecía, más moderno era el lenguaje que usaba en sus obras. Es el caso de esta *Sinfonietta*, compuesta en 1926, en plena madurez creativa. En ella, el músico mostró su tajante oposición al neoclasicismo dominante en su época. Agresiva en sus timbres (como en la introducción confiada a las fanfarrias del metal) e innovadora en su transformación del folclor checo, es una obra tan sorprendente como juvenil y llena de vida.

■ Suite para orquesta núm. 2 (J. S. Bach)

Badinerie, último movimiento de la suite

No tan conocidas como los *Conciertos de Brandenburgo*, las cuatro suites para orquesta de Johann Sebastian Bach no son menos importantes. Compuestas por una obertura y un número variable de movimientos sobre ritmos de danzas, la más conocida es la segunda, escrita para flauta, cuerdas y bajo continuo. Su movimiento más célebre es el último, una *Badinerie* vivaz y extrovertida, pero que implica una nada despreciable dificultad para el flautista. Esta partitura data de finales de la década de 1730.

■ Las travesuras de Till Eulenspiegel (R. Strauss)

Basado en un pícaro personaje de la tradición alemana, este poema sinfónico es uno de los más asombrosos de Richard Strauss. Todo en él es pintoresco, irreverente, desvergonzado. Uno de los grandes aciertos de su autor es la sabiduría con que sabe recrear la atmósfera entre rústica y popular en que acontece toda la historia que narra. Esto y su maestría orquestal —cada instrumento es aquí casi un personaje— convierten la escucha de *Till Eulenspiegel* en una gozosa experiencia. Fue estrenado en Colonia el 5 de noviembre de 1895.

■ Tres piezas para orquesta (A. Berg)

Preludio, *Ronda* y *Marcha* son los títulos de estas tres piezas de Alban Berg, escritas entre 1914 y 1915, pero no estrenadas de forma conjunta hasta 1930. De un dramatismo exacerbado, expresionista —acorde con la atmósfera bélica que se respiraba en Europa en el momento de su composición—, la huella de Mahler está presente en ellas. Inagotables desde el punto de vista tímbrico, la última de las tres no es sólo la más larga, sino también la más compleja en el aspecto estructural.

A la izquierda, *Sonata del ángel*, *Allegro*, de Mikolajus Ciurlonis, pintor y compositor cuya obra pictórica muestra una influencia evidente de la música, junto con cierta tendencia mística parangonable a la que domina la obra de Olivier Messiaen, especialmente el sexto movimiento —Jardin du sommeil d'amour— de su *Sinfonía Turangalila*.

Una noche en el Monte Pelado (M. Musorgski)

Existen dos versiones de esta popular obra de Modest Musorgski, compuesta en 1867. De ellas, la que se interpreta con más frecuencia es la debida a Rimski-Korsakov, quien revisó y orquestó la partitura original de su amigo a la muerte de éste, y la estrenó en 1886. Un fantasmagórico conciliábulo de brujas durante la noche de San Juan es su tema, descrito con inusual realismo por la música tétrica y demoníaca de Musorgski. Tras el desenfreno diabólico, el amanecer vuelve a traer la calma y la armonía.

La valse (M. Ravel)

Esta obra la tuvo en mente Maurice Ravel largo tiempo. Sin embargo, lo que había de ser un homenaje al gran Johann Strauss II, acabó convirtiéndose en algo mucho más complejo, más perturbador, donde el incesante y obsesivo ritmo del vals se transforma en una especie de danza macabra, símbolo de un mundo condenado a desaparecer con la Primera Guerra Mundial. Sensación ésta que la orquestación, tan brillante como incisiva, no hace sino acrecentar. Se estrenó en 1920.

Variaciones «Enigma» (E. Elgar)

Tema de la obra

Gran parte del éxito de Edward Elgar se debe a esta partitura estrenada en 1899 y, sobre todo, al «misterio» que encierra. Su título obedece, sencillamente, a que se ignora de dónde procede el tema que da origen a las catorce variaciones. Y aún hay más: Elgar dedicó cada una de éstas a uno de sus amigos, identificados por sus iniciales o por un apodo. ¿Quiénes? Este «enigma» era más fácil de resolver, y así se ha hecho; de esta manera sabemos, por ejemplo, que la última variación se la dedicó a sí mismo.

Variaciones sobre un tema de Haydn (J. Brahms)

Tema de la obra

Primera gran obra orquestal de Brahms, esta partitura ocupa un lugar señalado dentro de su producción no sólo por esto, sino también por ser una de las más conseguidas expresiones de una forma compositiva que le era especialmente grata y de la cual llegó a ser un inigualable maestro: el tema y las variaciones, que en este caso son ocho. (Acotemos entre paréntesis que el ingenuo tema adjudicado a Haydn, el *Coral de San Antonio*, es apócrifo.) Se estrenó en 1873.

Abajo, Johann Strauss y su orquesta interpretan un vals: la Viena refinada de la segunda mitad del siglo XIX inspiró a Ravel la composición de *La valse*, pieza en la que el carácter amable de este baile adquiere unos tintes sombríos.

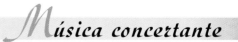
◼ Concierto de Aranjuez (J. Rodrigo)

Compuesto por el saguntino Joaquín Rodrigo entre 1938 y 1939, al regreso de su estadía en Francia, donde fue discípulo de Paul Dukas en la prestigiosa Schola Cantorum, este célebre concierto para guitarra y orquesta de cámara se divide en tres movimientos, el segundo de los cuales (*Adagio*) es una de las páginas más populares del repertorio, gracias a su sutil y nostálgico melodismo. Estrenado por el guitarrista Regino Sáinz de la Maza el 9 de noviembre de 1940, constituye una buena muestra del nacionalismo musical de Rodrigo.

◼ Concierto para clarinete y orquesta
(W. A. Mozart)

Segundo movimiento

Wolfgang Amadeus Mozart compuso esta partitura en los últimos momentos de su vida. Dedicado al clarinetista Anton Stadler, miembro al igual que Mozart de la masonería, este concierto es un monumento musical a la fraternidad, manifestada en la ternura con que es tratado el instrumento músico, de cuyo peculiar y cálido timbre obtiene el compositor el máximo partido.

◼ Concierto para flauta y arpa (W. A. Mozart)

Compuesto en la tonalidad de Do mayor, este concierto de Mozart es una obra de encargo: el duque de Guisnes, aficionado a la música y correcto intérprete de flauta, pidió a Mozart (recién llegado a París en 1778) que escribiese una obra concertante para él y otra para su hija, arpista aficionada. Dado que ninguno de los dos instrumentos era del agrado del genial músico, éste decidió componer un único concierto para ambos. Consta de tres movimientos: *Allegro, Andantino* y *Rondo allegro*.

◼ Concierto para oboe Op. 9 núm. 2 (T. Albinoni)

El *Opus* 9 de Tommaso Albinoni contiene doce conciertos, compuestos hacia 1722 y publicados en Amsterdam en dos ediciones. Cuatro de ellos son para violín, cuatro para oboe solo y los cuatro restantes para dos oboes. El *Concierto para oboe Op. 9 núm. 2* es una de las partituras más excelsas jamás escritas para este instrumento, con una melodía extraordinaria como pocas, que se puede escuchar en el *Allegro non presto* inicial.

A unque no puede considerarse una obra descriptiva, el *Concierto de Aranjuez* de Joaquín Rodrigo quiere recrear en sus sonoridades la época galante de la segunda mitad del siglo XVIII. Abajo, *Glorieta al atardecer,* cuadro de Santiago Rusiñol pintado en los jardines de Aranjuez.

El órgano fue el gran instrumento del período barroco, tanto a solo como en concierto. En esta última forma, ocupa un lugar de privilegio en el repertorio la aportación de Georg Friedrich Haendel. En la ilustración, *Ángeles músicos,* cuadro de Peter van Eyck.

■ Concierto para órgano, «El cuco y el ruiseñor»
(G. F. Haendel)

La gran mayoría de los conciertos de Georg Friedrich Haendel tenían como objetivo aligerar la espera de los entreactos de sus obras vocales. Este concierto, que ostenta el número 13 y que era el primero de la colección de conciertos de órgano aparecida en 1740, fue estrenado a tal efecto con el oratorio *Israel en Egipto* el 4 de abril de 1739 y es, en la actualidad, el más interpretado de cuantos compuso.

■ Concierto para órgano (F. Poulenc)

Algo de barroco tiene este concierto de Francis Poulenc, encargado en 1937 por la princesa Edmond de Polignac y estrenado el 21 de junio de 1939 en la Sala Gaveau de París. El mismo Poulenc, tras su retorno al catolicismo a los treinta y siete años, decía de él que, si bien no es un concierto religioso, el hecho de «limitar la orquesta a la cuerda y los tres timbales posibilita su ejecución en la iglesia». Obtuvo un notable éxito en Estados Unidos.

■ Concierto para piano núm. 3 (B. Bartok)

Dedicada a su esposa, la pianista Ditta Pasztori, esta obra de escasa dificultad técnica, compuesta por Bela Bartok en 1945, quedó inconclusa a su muerte. Proyectada en origen como un concierto para dos pianos, hubo de terminarla quien fuera el mejor discípulo de Bartok, Tibor Serly. Se estrenó en Filadelfia en 1946, con Eugene Ormandy a la batuta. Como curiosidad cabe mencionar que el movimiento lento (*Adagio religioso*) presenta pasajes imitativos del vuelo de los insectos, una de las grandes aficiones de Bartok.

■ Concierto para piano núm. 4 (L. van Beethoven)

Segundo tema del primer movimiento

Larga fue la trayectoria compositiva de esta obra de Ludwig van Beethoven, cuyos primeros apuntes datan de 1802, mientras que su finalización no llega hasta comienzos de 1807. El estreno tuvo lugar en Viena en marzo del año siguiente. El entonces alumno de Beethoven, Rodolfo, archiduque de Austria, fue el destinatario de su dedicatoria. De la partitura destaca su movimiento central, una especie de combate entre las cuerdas al unísono y el solista, de rara intensidad expresiva.

■ Concierto para piano núm. 5, «Emperador»
(L. van Beethoven)

Escrito en la tonalidad de Mi bemol mayor, fue el último concierto de piano compuesto por Beethoven. Iniciado en 1809, durante el sitio de Viena por el ejército napoleónico, fue interpretado por primera vez en la capital austríaca el 28 de noviembre de 1811. El sobrenombre de «Emperador» le fue dado a despecho de los deseos de Beethoven, quien sólo autorizó a sus editores a que lo llamasen «Gran Concierto». Su carácter monumental permite cualquiera de las dos denominaciones.

■ Concierto para piano núm. 2 (J. Brahms)

Empezado en 1878 y terminado tras tres años de intensa labor, este concierto de Johannes Brahms conoció un éxito inmediato tras su estreno el 9 de noviembre de 1881 en Budapest, con el compositor al piano. Está escrito en la tonalidad de Si bemol mayor y, excepcionalmente, consta de cuatro movimientos, con un *Allegro appasionato* que cumple las funciones de un *Scherzo*.

■ Concierto para piano núm. 1 (P. I. Chaikovski)

Primer tema del primer movimiento

Primero de los tres conciertos para piano y orquesta compuestos por Piotr Ilich Chaikovski, éste, inseguro de sus valores, lo sometió al juicio de Nikolai Rubinstein, quien arremetió contra la obra por considerarla ininteligible. Más tarde, sin embargo, el mismo Rubinstein se

L a generación romántica hizo de Beethoven un mito, el creador de una música de una profundidad conceptual y un dramatismo desconocidos hasta entonces. En este sentido, y para un autor como E. T. A. Hoffmann, el músico de Bonn representaba el paradigma del genio romántico. A la derecha, imagen idealizada de Beethoven, según una ilustración anónima de la época.

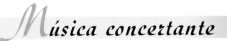
convertiría en uno de los mejores intérpretes de esta polémica y virtuosística pieza, que algunos consideran demasiado enfática, pero que cuenta con momentos absolutamente inolvidables, como su conocida y brillante introducción. Su estreno tuvo lugar en Boston el 25 de octubre de 1875, con Hans von Bülow al piano.

Concierto para piano núm. 2 (F. Chopin)

Primer tema del tercer movimiento

Anterior en el tiempo, a pesar de que su numeración sugiera otra cosa, al *Concierto núm. 1*, esta partitura de Frédéric Chopin es una de las joyas de la literatura concertante para teclado del Romanticismo. Y lo es, básicamente, por su riqueza melódica, la elegancia de sus temas y la imaginación de que el autor hace gala en la escritura solística, detalles estos que hacen olvidar otros no tan logrados, como cierta pobreza en la instrumentación. Pobreza relativa, en todo caso, pues basta recordar que el solo de trompa que antecede a la *stretta* final resulta temible, por su dificultad, para todos los intérpretes de este instrumento. El concierto fue estrenado en Varsovia el 17 de marzo de 1830, con Chopin al piano.

Concierto para piano (E. Grieg)

Introducción del primer movimiento

Junto a las dos suites de *Peer Gynt*, ésta es la obra que ha proporcionado la inmortalidad al compositor noruego Edvard Grieg. En la tonalidad de la menor, fue compuesto en 1868, finalizada la etapa de formación del músico en Leipzig y tras haber regresado a su tierra natal. El folclor noruego está ya presente en esta obra, en la cual se observan ciertos pasajes de un virtuosismo cercano a Liszt y un lirismo próximo a Schumann. Su éxito fue inmediato.

Concierto para piano núm. 1 (F. Liszt)

Aunque no exento de cierta dosis de exhibicionismo, este concierto de Franz Liszt es interpretado en ocasiones con un *tempo* demasiado acelerado en pro de un virtuosismo vacío y falso, alejado de las intenciones originales del autor. Fue compuesto durante la primera etapa de Liszt en Weimar, en 1848, aunque lo había empezado en Roma diez años atrás y aún lo revisaría en 1853 y 1856. El propio compositor lo estrenó en 1855 en el castillo de Weimar, bajo la dirección de otro genial virtuoso, éste de la orquesta: Hector Berlioz. Sus innovaciones formales (consta de cuatro movimientos que se interpretan sin solución de continuidad) desconcertaron en la época, aunque ello no impidió que conquistara una pronta popularidad.

Concierto para piano núm. 20 (W. A. Mozart)

Compuesto por Wolfgang Amadeus Mozart en la dramática tonalidad de re menor (la misma que usará para la obertura de *Don Giovanni*), este concierto se concluyó el 10 de febrero de 1785, en plena etapa de gloria del compositor salzburgués. Su primer movimiento posee una fuerza expresiva, un aliento trágico, que anuncia todo el *pathos*

A lo largo de su carrera como compositor, Serguéi Prokofiev escribió cinco conciertos para piano, de los cuales el tercero es el más interpretado habitualmente, y también el más grabado. El tono mágico, un tanto infantil, del tema sobre el que se construye la serie de variaciones que dan lugar al segundo movimiento, guarda cierto paralelismo con la pintura contemporánea de un Joan Miró, como la que se ve a la derecha, perteneciente a su serie *Constelaciones*.

romántico. Como contraste, el segundo tiempo es una maravillosa *Romanza*, de un lirismo delicado y sutil. Todas las brumas del primer movimiento acaban de disiparse en el último, un *Rondó* alegre y sólo aparentemente despreocupado.

Concierto para piano núm. 21 (W. A. Mozart)

Segundo movimiento

La partitura de esta obra de Mozart ostenta la fecha de 9 de marzo de 1785 y es, por tanto, casi inmediatamente posterior al *Concierto núm. 20* ya comentado. Escrito en la tonalidad de Do mayor, presenta un cierto aire «galante» que destila frescura y desgrana, movimiento tras movimiento, temas joviales. Su tiempo más conocido es el segundo, un *Andante* de cálido melodismo y ambientación nocturna que ha conocido multitud de arreglos y adaptaciones en algún caso de dudoso gusto.

Concierto para piano núm. 3 (S. Prokofiev)

Larga y dificultosa factura la de esta obra concertante de Serguéi Prokofiev, cuyos primeros esbozos se remontan a 1913 —tema del *Andantino con variazioni*—, mientras que los temas del *Finale* (*Allegro non troppo*) proceden de un inconcluso cuarteto de 1918. La versión definitiva fue terminada durante una estancia en Bretaña en 1921 y se estrenó el 16 de diciembre de ese mismo año en Chicago, con el propio compositor al teclado. Sin duda, se trata del concierto para

piano más popular de los cinco que escribiera Prokofiev y también del más sobrio y de estructura más clásica.

Concierto para piano núm. 2 (S. Rachmaninov)

Segundo tema del primer movimiento

Tras el fracaso de su *Primera Sinfonía* en 1897, Serguéi Rachmaninov cayó en una profunda depresión que le bloqueó toda capacidad para componer. Gracias al tratamiento del doctor Niels Dahl, pudo superar este estado, y el primer gran fruto de su recuperación fue este memorable y celebérrimo concierto, dedicado en agradecimiento a Dahl, que fue además quien le incitó a componerlo. Estrenado el 9 de noviembre de 1901 en Moscú, con el mismo compositor al piano, hoy ocupa un puesto de privilegio dentro del repertorio de todo gran solista. Su extraordinario don melódico, al que no es ajeno el influjo de Chaikovski, constituye su principal mérito.

Concierto para piano en Sol mayor (M. Ravel)

Este concierto de Maurice Ravel, apto sólo para grandes virtuosos del piano, fue terminado en otoño de 1931, aunque su autor llevaba dos años trabajando en él. El estreno tuvo lugar en la Sala Pleyel el 14 de enero de 1932, bajo la batuta del propio Ravel, quien inició con él una exitosa gira junto a la pianista Marguerite Long. Contemporáneo exacto del *Concierto para la mano izquierda*, no cabe imaginar dos obras más radicalmente distintas: todo lo que en este último es oscuridad, pesimismo, dolor, en el *Concierto en Sol mayor* es luz, entusiasmo, vitalidad, transparencia, clasicismo. En este sentido, la comparación con las obras maestras para teclado de Mozart no es exagerada.

Concierto para piano para la mano izquierda
(M. Ravel)

Esta inclasificable y desconcertante obra de Ravel fue compuesta para el pianista Paul Wittgenstein, quien había perdido el brazo derecho en la Primera Guerra Mundial. Él fue quien lo estrenó el 27 de noviembre de 1931 en Viena. Dividido en tres secciones que se interpretan sin solución de continuidad, se caracteriza por su atmósfera sombría, que algunas pinceladas jazzísticas no pueden mitigar.

Serguéi Rachmaninov no sólo fue uno de los compositores más destacados de su tiempo, sino también un extraordinario pianista. Aunque su verdadera vocación era la composición, a la que se dedicó preferentemente en su Rusia natal, en sus largos años de exilio, desde la Revolución Rusa de 1917 hasta su muerte, y más por necesidad que por convencimiento, hubo de dar prioridad a su faceta como concertista. Como es lógico, en su repertorio ocupaban lugar prioritario sus propias obras, sobre todo sus conciertos, uno de los cuales, el *núm. 2*, lo convirtió en una celebridad internacional desde el mismo momento de su estreno en 1901. En la imagen, el compositor al piano, retratado por Boris Chaliapin.

Concierto para piano en la menor (R. Schumann)

Aunque dedicado al pianista Ferdinand Hiller, correspondió a Clara Schumann estrenar este concierto el 1 de enero de 1846 en la Gewandhaus de Leipzig. El primer movimiento de esta célebre composición de Robert Schumann era, en origen, una *Fantasía para piano y orquesta en la menor* que el compositor había escrito en 1841 para su esposa, fantasía a la cual añadiría cuatro años más tarde un movimiento lento y un enérgico final, con lo que quedó configurada la obra tal como hoy la conocemos. La inspiración schumanniana alcanza en estas páginas sus cotas más altas.

Concierto para piano y trompeta y orquesta de cuerdas (D. Shostakovisch)

De los seis conciertos compuestos por Dimitri Shostakovisch (dos para piano, dos para violoncelo y dos para violín), éste es uno de los más sorprendentes y originales, y también el más tempranero. A pesar de su nombre, el papel adjudicado a la trompeta es episódico. Como nota de humor, una de las particularidades de esta obra es que en ella Shostakovisch cita composiciones de otros autores como Haydn o Beethoven, hábilmente deformadas. Sin embargo, no todo es juego en él: su segundo movimiento, *Lento*, contrasta con el resto por su lirismo interiorizado y sincero. El concierto fue estrenado el 15 de octubre de 1933.

Concierto para tres claves BWV 1063 (J. S. Bach)

Los catorce conciertos para clave (uno o varios) compuestos por Johann Sebastian Bach en Leipzig, hacia 1730, son en realidad transcripciones de otras obras, propias o ajenas, práctica ésta bastante usual durante el período barroco. Éste para tres claves supone un mar de incógnitas: se desconoce la formación instrumental del concierto original en el que Bach se basó para componerlo, así como si este original se debía a su propia autoría.

Concierto para tres trompetas (G. Ph. Telemann)

La obra concertante del prolífico Georg Philipp Telemann no es abundante si la comparamos con su producción vocal: apenas alcanza el centenar de composiciones. Él mismo había manifestado que no era demasiado amante de este género, aunque su observación se refería a aquellas obras en las que había un predominio del virtuosismo sobre otros valores. No obstante, sus piezas concertantes poseen una brillantez característica e inconfundible, tal como atestigua este *Concierto para tres trompetas*.

Concierto para trompeta (F. J. Haydn)

Compuesto en la tonalidad de Mi bemol mayor en el año 1796, este celebérrimo concierto de Franz Joseph Haydn pertenece a su última

En muchas composiciones de Bach, y en general en las de su época, no está muy definida la separación entre la música de cámara y la orquestal, dada la práctica de ejecutar las obras según el número de instrumentistas de que se dispusiera. A la izquierda, *Velada musical*, cuadro de Michel-Ange Houasse.

A pesar de la aplicación en su música del sistema dodecafónico y de las formas clásicas, el estilo de Alban Berg nunca pudo desligarse de su vinculación con la tradición romántica. Ello es especialmente evidente en el hermoso y otoñal *Concierto para violín* «A la memoria de un ángel», su última obra acabada. A la derecha, *Ángel con aureola*, de Louis Welden Hawkins.

etapa creativa, marcada por la composición de sus grandes oratorios. En el *Concierto para trompeta*, Haydn aprovecha todos los recursos técnicos que las innovaciones realizadas en el instrumento le permiten, y crea una obra de tal originalidad y brillantez que sorprendió ya en su tiempo. El tema principal de su último movimiento es uno de los más conocidos del compositor.

Concierto para violín BWV 1041 (J. S. Bach)

Este concierto fue compuesto por Johann Sebastian Bach en Köthen hacia 1720, seguramente para que lo interpretara Joseph Spiess, primer violín de la orquesta de esa ciudad. En tres movimientos en los que se aprecia cierta influencia de Vivaldi, es uno de los pocos conciertos de Bach para este instrumento que ha llegado en su forma original hasta nuestros días.

Concierto para violín (S. Barber)

Aunque sin duda la obra más conocida del compositor estadounidense Samuel Barber es su *Adagio para cuerda*, este *Concierto para violín* proporciona una excelente oportunidad para acercarse a su obra. La partitura, compuesta en 1940 y estrenada el 7 de febrero del año siguiente, se distingue por su alto y concentrado lirismo, de raigambre romántica, especialmente evidente sobre todo en su movimiento lento.

Concierto para violín núm. 2 (B. Bartok)

Segundo tema del primer movimiento

Obra de virtuosística escritura, fue compuesta por Bela Bartok entre 1937 y 1938 a petición del concertista y amigo del compositor Zoltán Székely, quien la estrenó en Amsterdam el 23 de marzo de 1939. La agresividad rítmica y sonora que había caracterizado la mayoría de sus partituras anteriores cede aquí el puesto a cierto lirismo ensoñador que alcanza su culminación en el segundo movimiento (un *Andante tranquillo* de atmósfera nocturna y misteriosa). Este concierto tiene el número dos a raíz de que en 1960 se descubriera un primer concierto, escrito en su juventud.

Concierto para violín (L. van Beethoven)

Segundo tema del primer movimiento

Fue el único concierto para este instrumento compuesto por Ludwig van Beethoven a lo largo de su carrera, aunque no su única página orquestal en que lo usa como solista. Dedicado a su amigo de la infancia Stephan von Breuning, el violín del Theater an der Wien, fue en el mismo teatro donde el virtuoso Franz Clement lo estrenó el 23 de diciembre de 1806, poco después del fracaso de la ópera *Fidelio*. Partitura vigorosa, magníficamente construida desde el punto de vista formal (su *Allegro ma non troppo* inicial alcanza proporciones monumentales), se convirtió en el gran modelo de concierto violinístico para toda la generación romántica posterior.

Concierto para violín, «A la memoria de un ángel» (A. Berg)

Este concierto fue compuesto por Alban Berg en 1935. La partitura fue un encargo del violinista estadounidense Louis Krasner, quien la estrenó en el Palau de la Música de Barcelona el 19 de abril de 1936, fallecido ya el compositor. Escrita según el sistema dodecafónico, Berg se permite introducir en su estructura una melodía procedente de la región de Carintia y una cita de un coral de Bach, lo que, junto al dramático lirismo característico de este músico, da lugar a una obra de profunda belleza, sinceramente emotiva. El «ángel» a que alude su título es la hija de Alma Mahler y el arquitecto Walter Gropius, Manon, fallecida a la edad de dieciocho años.

Concierto para violín (J. Brahms)

Segundo movimiento

Johannes Brahms compuso este concierto pensando en su amigo el virtuoso Joseph Joachim, quien lo estrenó el 1 de enero de 1879 en Leipzig, no sin antes haber pedido al compositor algunos retoques en la parte solista, que Brahms accedió a efectuar a regañadientes.

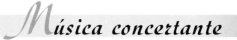
Obra de gran dificultad técnica, su tiempo más célebre es el segundo, un cálido y emotivo *Adagio* que incluye una de las más hermosas melodías de su autor, curiosamente presentada no por el violín, sino por el oboe.

Concierto para violín núm. 1 (M. Bruch)

La popularidad de Max Bruch se cimenta en este concierto. El músico lo escribió tomando como modelo el de Felix Mendelssohn, lo cual explica su carácter lírico y apasionado. De los tres conciertos para violín que escribió Bruch, éste es el más popular, sobre todo por su bellísimo movimiento lento: compuesto en 1866, fue dedicado a Joseph Joachim y está estructurado en los tres movimientos clásicos *vivo-lento-vivo*.

Concierto para violín (P. I. Chaikovski)

El dedicatario de esta obra de Piotr Ilich Chaikovski fue Adolf Brodsky, quien la estrenó el 4 de diciembre de 1881, aunque en principio estaba previsto que el solista fuera el gran Leopold Auer. Sin embargo, éste rechazó tocar la partitura tras considerarla inejecutable, y sólo la incluyó en su repertorio luego de la muerte del compositor y no sin antes modificar algunos de sus pasajes más complejos. La escritura del *Allegro vivacissimo* final rememora sones zíngaros.

Concierto para violín (R. Halffter)

Iniciado por Rodolfo Halffter en París en 1939, tras huir de España al final de la guerra civil, este concierto no fue terminado hasta que estuvo instalado en su exilio mexicano. Su origen está en un encargo que le hizo el violinista Samuel Dushkin. Se estrenó en México el 26 de junio de 1942, y hoy día es la única obra de este compositor que se interpreta con cierta regularidad.

Concierto para violín (A. Khachaturian)

Estrenado el 16 de noviembre de 1940, en Moscú, por el gran David Oistrakh, este concierto de Aram Khachaturian es uno de los tres (los otros dos son para piano y violoncelo) compuestos por este músico soviético de origen armenio entre 1936 y 1946, y, junto a la *Danza del sable*, su obra más popular y difundida. En ella, sobre todo en sus movimientos extremos, son evidentes los ecos de las danzas y melodías de su tierra natal.

Concierto para violín (F. Mendelssohn)

Primer tema del primer movimiento

Aunque Felix Mendelssohn ya había manifestado su intención de escribir un concierto para violín en el verano de 1838, hasta 1844 no llevó a cabo su proyecto, lo cual dio lugar a una de sus obras maestras más recordadas —merced, sobre todo, a su poético melodismo—, que, a la postre, sería su última composición orquestal. El estreno aconteció en Leipzig el 13 de marzo de 1845, con el dedicatario de la partitura, Ferdinand David, como solista y Mendelssohn al frente de la orquesta de la Gewardhaus.

■ Concierto para violín núm. 2, «La campanella»
(N. Paganini)

Niccolò Paganini fue, ante todo, un virtuoso del violín de mítico renombre. De los seis conciertos que compuso para su instrumento, sólo dos gozan de cierta popularidad. El segundo de ellos, escrito en 1826, constituye una clara muestra del virtuosismo de su autor. El último movimiento, conocido como «de la campanilla», sirvió de punto de partida a Franz Liszt para su estudio pianístico, de virtuosismo no menor que el del original, *La campanella*.

■ Concierto para violín (J. Sibelius)

Ilustre fue el director que se encargó de empuñar la batuta durante el estreno, en 1905, de este concierto de Jean Sibelius: Richard Strauss. La ciudad en que tal hecho sucedía era Berlín. Escrito en 1903 en Järvenpää, la residencia del compositor rodeada de bosques donde Sibelius encontraba la paz necesaria para componer, había sido dado a conocer en una primera versión el 8 de febrero de 1904 en Helsinki. Insatisfecho con ella, el músico la revisó hasta darle la forma definitiva, estrenada en la ocasión mencionada, el 19 de octubre de 1905, con el violinista Karl Halir como solista. Está escrito en la tonalidad de Re mayor.

■ Concierto para violoncelo (A. Dvorak)

Primer tema del tercer movimiento

Última obra americana del checo Anton Dvorak, este concierto, en contra de lo que se ha afirmado en ocasiones, no presenta ninguna influencia de la música del Nuevo Mundo: su lirismo es inequívocamente eslavo. Compuesto en 1895 y estrenado por Leo Stern el 19 de marzo de 1896, bajo la batuta del propio compositor, en este concierto el instrumento solista recibe un tratamiento próximo a la parte vocal de una ópera, en su relación con la orquesta. Desde el primer momento fue incorporado a su repertorio por los más grandes violoncelistas, como Casals, Navarra, Fournier o Rostropovich.

■ Concierto para violoncelo (E. Elgar)

El reconocimiento a la obra de Edward Elgar fue tardío, pero sólido. Compuesto en 1919, cuando el compositor contaba ya cincuenta y dos años de edad, este concierto fue estrenado en Londres el 26 de octubre del mismo año, con Felix Salmond al violoncelo y el compositor al frente de la orquesta. De él se ha dicho, en ocasiones, que presenta un estilo «ocaso del imperio» por el tono marcadamente nostálgico de su movimiento lento.

■ Concierto para violoncelo núm. 1 (A. Ginastera)

Una de las obras más destacadas del argentino Alberto Ginastera es este concierto, escrito en 1968 para su segunda esposa, la violoncelista Aurora Natola. En él, el compositor obliga al virtuoso a someter a su instrumento a auténticas pruebas de resistencia técnica, explorando nuevas e insólitas sonoridades. Junto al solista, la orquesta es la gran protagonista de la partitura: una orquesta deslumbrante, de un refinamiento sorprendente.

L a fama de virtuoso del violín de Niccolò Paganini adquirió pronto cierto aire fáustico, demoníaco, inconfundiblemente romántico, que subyugó a músicos como Hector Berlioz y Franz Liszt. A la izquierda, fantasía pictórica moderna sobre el genial violinista.

J unto con su *Sinfonía núm. 9*, «Del Nuevo Mundo», obra con la que tiene un claro parentesco, el *Concierto para violoncelo* es una de las partituras más populares de Anton Dvorak. A la derecha, interpretación moderna de esta pieza a cargo del violoncelista ruso Mstislav Rostropovich.

■ Concierto para violoncelo núm. 1 (A. Schnittke)

La sombra de Mahler, Berg y Shostakovisch está detrás de este magnífico concierto del compositor ruso contemporáneo Alfred Schnittke. Más que en el aspecto formal, su influencia es apreciable en el carácter profundamente expresivo de la música. Dejando de lado el poliestilismo de otras de sus composiciones, Schnittke crea aquí una obra personal, de gran dramatismo, expresión intensa y emocionada de su propia experiencia vital. Fue estrenado el 7 de mayo de 1986.

■ Concierto para violoncelo núm. 1
(D. Shostakovisch)

El dedicatario e intérprete del estreno de este concierto de Dimitri Shostakovisch fue el mítico violoncelista Mstislav Rostropovich. La fecha, el 4 de octubre de 1959, y el lugar, Leningrado. Precisamente,

S obre estas líneas, *Les secrets des secrets*, miniatura de finales del siglo XV en la cual se representa el ciclo de las cuatro estaciones. El mismo tema fue abordado tres siglos más tarde por el veneciano Antonio Vivaldi en cuatro conciertos para violín y orquesta que constituyen su obra más celebrada.

la intervención de Rostropovich en el proyecto fue el acicate que el compositor necesitaba para enfrentarse a la creación de una partitura para un instrumento que para él era nuevo. En este concierto, el gusto por el humor aparentemente ligero, característico de Shostakovisch, tiene un lugar destacado, sobre todo en los movimientos extremos. Entre ellos encontramos un *Moderato* de gran belleza.

■ Las cuatro estaciones (A. Vivaldi)

Joya celebérrima de la música barroca, estos cuatro conciertos para violín de Antonio Vivaldi pertenecen a una serie de doce conciertos agrupados bajo el título genérico de *Il cimento dell'armonia e dell'invenzione Op. 8*, publicada en 1725. Éstos, en concreto, están dedicados a cada una de las estaciones del año. Su música tiene mucho de descriptivo, y cada uno de los conciertos toma un soneto como punto de partida. Sin lugar a dudas, es la pieza más universal del *prete rosso* y, por extensión, de la música barroca en general.

▌Don Quijote (R. Strauss)

Tema de la obra

Resuelta en la forma de un tema y diez variaciones, esta obra conoció un polémico y controvertido estreno en París en 1900, si bien la acogida en el estreno absoluto —8 de marzo de 1898, en Colonia— había sido más bien favorable. Concluida la composición a finales de 1897, la idea de la obra se le había ocurrido a Strauss durante una estancia en Florencia el año anterior. Sin duda, se trata de una de sus creaciones más originales: en ella el violoncelo solista encarna al Caballero de la Triste Figura, mientras que la viola representa a su escudero Sancho Panza. La deslumbrante orquesta, por su parte, recrea en sus ricas sonoridades las distintas aventuras que a ambos les suceden. Una de las más conocidas y perfectas desde el punto de vista musical es la séptima variación, que representa el episodio del caballo de madera volador Clavileño.

■ Fantasía para un gentilhombre (J. Rodrigo)

Dedicado al guitarrista español Andrés Segovia, responsable de su estreno, e inspirado en el guitarrista y compositor renacentista Gaspar Sanz (el «gentilhombre» del título), Joaquín Rodrigo compuso en 1954 este concierto para guitarra y orquesta (en la que predominan los instrumentos de viento); fue estrenado por el dedicatario en 1958. En su atmósfera arcaica y castiza tienen mucho que ver algunas piezas recogidas por el compositor de la *Instrucción de música sobre guitarra española* del mencionado Sanz. Aunque no ha conocido la difusión del *Concierto de Aranjuez*, esta *Fantasía* no le va a la zaga en cuanto a encanto y poder evocador.

■ Noches en los jardines de España (M. de Falla)

Manuel de Falla compuso esta partitura para piano y orquesta en París entre 1909 y 1915, la finalizó en Barcelona y la dio a conocer en Madrid, en el Teatro Real, el 9 de abril de 1916. José Cubiles se sentó en aquella ocasión al piano, mientras Enrique Fernández Arbós dirigía la orquesta. En tres movimientos —titulados *En el Generalife, Danza lejana* y *En los jardines de la Sierra de Córdoba*—, la obra sobresale por su capacidad para describir las esencias del paisaje andaluz a través de una música de un exquisito refinamiento, que casi podríamos calificar de impresionista.

■ Rapsodia sobre un tema de Paganini
(S. Rachmaninov)

Fue el propio autor, Serguéi Rachmaninov, el encargado de estrenar esta singular partitura el 7 de noviembre de 1934. Última de sus obras orquestales, es una serie de veinticuatro variaciones sobre el famoso tema del *Capricho núm. 24 para violín solo,* de Niccolò Paganini —tratado también por músicos tan dispares como Brahms o Lutoslawski—, en la que el músico dio lo mejor de sí mismo. Imaginativa y brillante desde el punto de vista instrumental y melódico, uno de sus momentos más sobrecogedores lo constituye la aparición del ominoso tema del *Dies irae* de la misa de difuntos gregoriana, una de las obsesiones de Rachmaninov en todos sus grandes títulos. Sin embargo, el fragmento más conocido es la decimoctava variación, que da lugar a una melodía arrebatadora y un tanto amanerada, melodía que, descontextualizada, se hizo rápidamente popular.

■ Rhapsody in blue (G. Gershwin)
Primer tema de la obra

En esta página de jazz sinfónico se cimentó el reconocimiento internacional hacia su autor, George Gershwin. Compuesta en 1924, se estrenó el 12 de febrero de ese mismo año en Nueva York, con el propio Gershwin al piano y el acompañamiento de la Jazz Band de Paul Whiteman, comandatario de la partitura. El temido —por su dificultad— *glissando* introductorio del clarinete no es sino una de las muchas peculiaridades de esta partitura, fascinante como pocas e inequívocamente norteamericana. Es de señalar que la versión que habitualmente se ejecuta para piano y orquesta sinfónica no se debe a Gershwin, por entonces poco seguro de su técnica en la instrumentación, sino a Ferde Grofé.

■ Sinfonía española (E. Lalo)
Segundo tema del primer movimiento

Pablo Sarasate estrenó esta pintoresca y vistosa obra de Édouard Lalo el 7 de febrero de 1875. Compuesta un año antes, obtuvo un éxito inmediato y arrollador, e inauguró el gusto por la música seudoespañola tan de moda entre los compositores franceses de finales del siglo XIX. A pesar del apelativo «sinfonía» que ostenta en el título, no es sino un concierto —o, mejor, una suite— para violín y orquesta en cinco movimientos, emparentado, hasta cierto punto, con la españolada literaria, que tiene en *Carmen* de Georges Bizet su obra más representativa. Brillantemente orquestado, suscita el entusiasmo del público allá donde se interpreta.

A la izquierda, *Restaurante automático* de Edward Hopper. La atmósfera urbana de la *Rhapsody in blue* de George Gershwin se recrea con especial sensibilidad en esta pintura.

Adagio (T. Albinoni)

El veneciano Tommaso Albinoni, junto a Antonio Vivaldi y Benedetto Marcello, es uno de los compositores más importantes de la Venecia del siglo XVIII, gracias sobre todo a su extensa producción instrumental. Sin duda, su obra más popular es este *Adagio* para cuerdas y bajo continuo, aunque, paradójicamente, hay que señalar que no es en realidad suya: tal como la conocemos hoy día, la pieza se debe al musicólogo Remo Giazotto, quien, ya en el siglo XX, tomó como base un bajo cifrado y una melodía de violín originales del veneciano para crearla.

El arte de la fuga (J. S. Bach)

Veintidós fugas sin indicación de instrumentos, por lo que pueden ser interpretadas por un cuarteto de cuerdas o por un conjunto instrumental, integran esta obra de Johann Sebastian Bach, compuesta en el último año de su vida. Se creyó en principio que era una mera obra teórica, por la extrema dificultad que entraña la interpretación de alguna de las piezas. Su voluntad didáctica es innegable, pero ello no impide que nos encontremos ante una de las obras más impresionantes salidas de la pluma del *Kantor* de Leipzig.

Canon y giga (J. Pachelbel)

El *Canon,* de Johann Pachelbel, es la obra más popular de este compositor alemán, que vivió en las postrimerías del siglo XVII y es considerado por algunos como uno de los predecesores más importantes de Johann Sebastian Bach. Virtuoso del órgano, escribió pequeñas

obras tanto para órgano como para clavicémbalo, amén de música de cámara como la presente, para pequeño conjunto de cuerdas y bajo continuo. Esta breve y lírica pieza, basada en un *ostinato* del continuo, se acompaña de una animada *Giga*, aunque ésta no siempre se interpreta.

El carnaval de los animales (C. Saint-Saëns)

El cisne

Compuesta en 1886, esta popular pieza de Camille Saint-Saëns no es sino una singular humorada en la que este compositor parodia estilos y personajes relacionados con el mundo de la música, incluido él mismo en un fragmento titulado *Fósiles*, en el que cita el tema principal de su *Danza macabra*. Su estreno privado tuvo lugar el 9 de marzo del mismo año 1886, aunque nunca se interpretó en público por expreso deseo del compositor. Las primeras audiciones públicas de la obra tuvieron lugar en 1922, a título póstumo. Uno de los episodios que más celebridad ha obtenido es el titulado *El cisne*, inmortalizado como ballet por la mítica Anna Pavlova.

Cinco movimientos para cuarteto de cuerdas (A. Webern)

El propio compositor, Anton Webern, llamaría «primer cuarteto» a esta obra, compuesta en 1909, y en la que prescindía ya del dominio de la tonalidad. Cada uno de los movimientos, como es habitual en

este músico vienés, es de una brevedad inaudita, aforística. La partitura completa se estrenó en Viena el 8 de febrero de 1910. Años más tarde, entre 1928 y 1929, el mismo Webern realizaría una transcripción para orquesta de cuerdas.

Concerto grosso Op. 6 núm. 8, «Per la notte di Natale» (A. Corelli)

El *Op. 6* de Arcangelo Corelli se editó en 1714, aunque alguno de los doce conciertos que integran la colección puede ser más de veinte años anterior a esa fecha de edición. Este *concerto grosso* se compone de seis movimientos, el último de los cuales, una hermosa *Pastoral*, es el que alude a la Natividad de Jesús y da nombre a la obra.

Cuarteto de cuerda en Fa mayor (M. Ravel)

Dedicada a Gabriel Fauré, esta obra supuso el debut oficial de Maurice Ravel en la música de cámara. Compuesta entre 1902 y 1903, el Cuarteto Heyman la estrenó en París el 5 de marzo de 1904. Aun siendo una obra temprana, que presenta todavía fórmulas algo conservadoras, anuncia ya nuevas formas de entender la música y la instrumentación, que se harán manifiestas en las obras de la madurez escritas a partir de la Primera Guerra Mundial.

Cuarteto de cuerda en sol menor (C. Debussy)

Compuesto en 1893, es el único cuarteto de cuerda que escribió Debussy a lo largo de su carrera. En él, el músico francés sintetiza distintas tradiciones musicales, entre ellas la germana del siglo XIX. El cuarteto nos permite observar cómo Debussy utiliza una forma tan ajena a su estilo, opuesto a todo desarrollo motívico, como la forma-sonata. Estrenado el 29 de diciembre de 1893, por el Cuarteto Ysaye, en la Société Nationale de París, desconcertó a público y crítica, pues, a pesar de las evidentes influencias, el arte innovador del músico está ya presente en estos pentagramas. Como curiosidad, podemos añadir que es la única obra de Debussy que tiene número de *opus* (Op. 10).

Cuarteto núm. 3 (B. Bartok)

De los seis cuartetos compuestos por Bela Bartok, éste es el más breve. Estrenado en Londres en 1929, había sido compuesto dos años antes y dedicado a la Musical Fund Society de Filadelfia, después de que ésta le hubiera concedido un primer premio de música de cámara en 1928. De concepción tonal, aunque escrito bajo la impresión causada por la audición de la Suite lírica de Alban Berg, los motivos melódicos en que se basa son también muy breves; de lenguaje complejo, exige un concienzudo estudio por parte de los intérpretes que afrontan su interpretación, debido a la diversidad de formas de ataque que presenta. Se divide en dos partes: *Moderato* y *Allegro*.

Cuarteto núm. 17, «Gran Fuga» (L. van Beethoven)

La génesis de esta partitura de Ludwig van Beethoven hay que buscarla en el *Cuarteto núm. 13*, puesto que esta *«Gran Fuga»* fue concebida originalmente como *Finale* para dicha obra. Por su austeridad y carácter innovador, fue acogido con frialdad, si no desconcierto, por los asistentes a su estreno el 21 de marzo de 1826, lo cual dio lugar a que el editor Artaria luchara por convencer a Beethoven de que

Seguidor de los principios clásicos, Camille Saint-Saëns supo forjarse en vida una sólida reputación de compositor serio. Tal vez por ello ocultó celosamente *El carnaval de los animales*, obra en la que mostraba un sentido del humor muy poco académico. En la imagen de la izquierda, *La entrada de los animales en el arca*, de Brueghel el Viejo.

De inspiración navideña, el *Concerto grosso Op. 6 núm. 8* es la obra más popular de Arcangelo Corelli. A la derecha, *La adoración de los Magos*, pintura de Andrea Mantegna.

separase este movimiento de la obra original y diera a ésta un final más convencional y acorde con los gustos del público. El músico así lo hizo, y esta *«Gran Fuga»* se publicó como una obra independiente. Partitura de concepción grandiosa, monumental, todavía hoy impresiona por la indiscutible modernidad de su escritura.

■ Cuarteto núm. 2 (A. Borodin)

Estrenada el 9 de marzo de 1882 en la Sociedad Imperial de Música Rusa de San Petersburgo, a lo que parece esta obra fue concebida como un obsequio del compositor, Alexander Borodin, a su esposa Ekaterina en el vigésimo aniversario de su matrimonio. Su movimiento más célebre es el tercero, un *Nocturno* de maravillosa capacidad de sugestión, que ha sido objeto de innumerables arreglos y adaptaciones.

■ Cuarteto núm. 12, «Americano» (A. Dvorak)

Anton Dvorak compuso esta obra de cámara durante una estancia en Spilville, en el estado norteamericano de Iowa. Allí el compositor checo entró en contacto con una comunidad de inmigrantes de su país. Más que citar o recrear motivos rítmicos o melódicos estadounidenses —aunque algo de ello hay, ya que son discernibles ciertas influencias de la música negra y la imitación del canto de un pájaro propio del lugar, el *tanager* rojo—, en esta pieza Dvorak volvió su mirada nostálgica hacia su patria.

M ozart imitó las características sonoridades de las trompas durante una cacería en el jovial tema inicial de su *Cuarteto núm. 17*, subtitulado en razón de ello *«La caza»*. Sobre estas líneas, el *Hallalí*, pintura de Vittorio Amedeo Cignaroli.

■ Cuarteto núm. 2, «Cartas íntimas» (L. Janacek)

«He comenzado a escribir algo hermoso que contendrá nuestra vida (...). Allí estaré solo contigo. Nadie más habrá con nosotros.» Con estas palabras dirigidas a Kamila Stösslová daba cuenta Leos Janacek de la composición de este cuarteto, entre el 29 de enero y el 17 de febrero de 1928. La correspondencia mantenida con esta joven durante la redacción de la partitura nos permite seguir, paso a paso, la evolución de la misma, y así podremos entrever la pasión que el septuagenario compositor sentía hacia ella, traducida en la intención inicial de usar la *viola d'amore* en lugar de la habitual viola.

■ Cuarteto núm. 17, «La caza» (W. A. Mozart)

Es éste uno de los seis cuartetos que Wolfgang Amadeus Mozart dedicó a Franz Joseph Haydn, y quizás uno de los estilísticamente más próximos a dicho compositor. Se trata de uno de los más ligeros, pero no por ello hemos de pensar que estamos ante una obra inexpresiva o un simple divertimento: su belleza, su inventiva, se encuentran entre lo mejor que ha dado el genio mozartiano. Debe su sobrenombre al tema inicial, una fanfarria que recuerda el toque de una cacería.

■ Cuarteto núm. 2 (A. Schönberg)

Dentro del repertorio de cuarteto, esta obra de Arnold Schönberg es atípica por requerir la intervención de una soprano en los dos últimos de sus cuatro movimientos. Estrenado en Viena el 21 de diciembre de 1908, su originalidad provocó no pocas protestas entre un público poco habituado a las audacias que en aquella época suponían las obras del padre del dodecafonismo. Y es que en ésta el músico inicia el camino que le llevaría al definitivo cuestionamiento de la tonalidad. Los dos poemas cantados —*Letanía* y *Éxtasis*— fueron extraídos de un libro del poeta simbolista Stefan George. La belleza de la música, en especial la del último tiempo, es excepcional.

■ Cuarteto núm. 13, «Rosamunda» (F. Schubert)

En el segundo movimiento de esta pieza, el *Andante*, su autor, Franz Schubert, utilizó un tema extraído de su música para el drama *Rosamunda*, y a ello debe el sobrenombre la obra. Se estrenó en el Musikverein de Viena el 14 de marzo de 1824, a poco de concluida su composición, que se había iniciado en febrero. El cuarteto, dedicado al instrumentista Ignaz Schuppanzigh, contiene también, en el *Allegretto*, el tema de un *lied* compuesto por el propio Schubert en 1819 según un texto de Schiller: *Los dioses griegos*. Fue el único de sus cuartetos que se publicó en vida del autor.

■ Cuarteto núm. 14, «La muerte y la doncella» (F. Schubert)

Tema de las variaciones del segundo movimiento

De factura contemporánea al núm. 13, este cuarteto de Schubert, quizás el más célebre de los escritos por él, tardó algo más en ser estrenado: 1 de febrero de 1826. El segundo movimiento es un conjunto de variaciones sobre el tema de su propio *lied Der Tod und das Mädchen* («La muerte y la doncella»), compuesto en 1817 según un poema de Mathias Claudius. El tono general de la obra es más bien pesimista no sólo por la temática inherente al *lied*, sino también porque refleja el bajo estado de ánimo del compositor en aquella etapa de su vida, aquejado ya de la enfermedad que lo llevaría a la tumba. Ello explica la potencia dramática de su música y su intensidad expresiva, que hacen de su audición una experiencia inolvidable.

Cuarteto núm. 8 (D. Shostakovisch)

El prestigioso Cuarteto Beethoven dio la primera audición de esta impactante y sobrecogedora partitura de Dimitri Shostakovisch, el 2 de octubre de 1960, en la Sala Glinka de Leningrado. La obra había sido compuesta durante el verano de ese mismo año, y el motivo de inspiración del compositor fue una visita que realizó a la ciudad de Dresde, destruida durante la Segunda Guerra Mundial. En este cuarteto, de fuerte contenido autobiográfico, Shostakovisch cita su ópera *Lady Macbeth* y sus *Sinfonías núms. 1* y *5*, así como melodías judías ya usadas en su *Trío núm. 2*, el *Dies irae* y un motivo melódico derivado de la transcripción musical de las iniciales de su nombre.

Todo ello contribuye a hacer aún más evidente la atmósfera de opresión, a veces teñida de un violento sarcasmo, que define esta música.

Cuarteto núm. 1, «De mi vida» (B. Smetana)

Estrenada el 29 de marzo de 1879, en esta pieza Bedrich Smetana pretendía traducir musicalmente su singladura vital, tal como expresó en una carta fechada en abril de 1878. Compuesto entre octubre y diciembre de 1876, nace en la mente de un compositor que ha perdido totalmente la capacidad de oír, situación que le sumió en un período de profundo abatimiento durante el cual dejó de trabajar. Su reencuentro con el pentagrama no puede ser, en el fondo, más nostálgico y doloroso. La exploración de su propia persona, pero en un tono aún más desencantado, la proseguiría Smetana en 1882 con su *Cuarteto núm. 2*.

Cuarteto Op. 76 núm. 3, «Emperador» (F. J. Haydn)

Tema del himno austríaco

El subtítulo de esta partitura de Franz Joseph Haydn obedece al hecho de que el tema que presenta el segundo movimiento (*Poco adagio cantabile*) es el antiguo himno nacional austríaco *Gott erhalte Franz den Kaiser*, compuesto por el mismo Haydn, tratado aquí bajo la forma de un tema con variaciones. Los seis cuartetos que conforman el *Op. 76* fueron compuestos en 1797, al regresar Haydn de su segundo viaje a Inglaterra. Constituyen uno de los más acabados ejemplos de madurez compositiva en la aplicación de esta forma.

A la izquierda, *La muerte y la doncella*, pintura de Hans Baldung. La fascinación por la muerte fue una constante de los románticos, como Schubert, autor de un *lied* y un cuarteto sobre este tema. En su *Cuarteto Op. 76 núm. 3*, Haydn se sirvió de la melodía del himno imperial. Arriba, el emperador de Austria José II.

Cuarteto para el fin de los tiempos (O. Messiaen)

Inspirado directamente —tal como manifestaba el compositor— en una cita del *Apocalipsis de San Juan*, este cuarteto fue compuesto en un campo de concentración nazi, en Görlitz, donde Messiaen coincidió con tres instrumentistas y donde creó la que había de ser una de sus obras maestras más difundidas, escrita para violín, violoncelo, clarinete y piano. La primera audición se dio en el mismo campo, el 15 de enero de 1941, ante cinco mil prisioneros de guerra, con el propio Messiaen al piano. Las preocupaciones religiosas del compositor están presentes en esta obra, de la que como peculiaridad podemos señalar que en la mayoría de sus ocho movimientos no intervienen todos los instrumentos del cuarteto. El último de ellos, por ejemplo, está escrito sólo para violín y piano.

Noche transfigurada (A. Schönberg)

Tema inicial de la obra

Compuesto por Arnold Schönberg a partir de un poema de Richard Dehmel, este sexteto de cuerda se estrenó en Viena el 18 de marzo de 1902, aunque la partitura había sido finalizada en diciembre de 1899. A pesar de su atmósfera exacerbadamente romántica y expresiva, en la cual son manifiestas las influencias de músicos tan opuestos como Wagner o Brahms, la obra constituyó un soberano fracaso, en el momento de su estreno, algo que iba a ser una constante a lo largo de toda la carrera del compositor vienés.

Octeto (F. Mendelssohn)

Con una plantilla instrumental integrada por cuatro violines, dos violas y dos violoncelos, esta obra fue concluida por Felix Mendelssohn el 15 de octubre de 1825 y quizás estrenada poco después por Eduard Rietz, el violinista a quien dedicó la partitura. Ligado todavía a la música de Mozart (Mendelssohn contaba a la sazón sólo dieciséis años y era todavía muy permeable), su primera interpretación en público tuvo lugar el 17 de marzo de 1832 en el Conservatorio de París. Su animado *Scherzo* preanuncia la atmósfera mágica y evanescente de su obra maestra de este período: la obertura de *El sueño de una noche de verano*.

Piezas de clave en concierto (J-Ph. Rameau)

Agrupadas en cinco suites, estas diecinueve piezas para violín o flauta, viola y clave suponen la única incursión de Jean-Philippe Rameau en la música de cámara. Se editaron en 1741, y en ellas el clave se libera de la servidumbre de épocas anteriores, siempre ligado al bajo continuo, para convertirse en un instrumento solista. Según una costumbre muy extendida en el barroco francés, todas las piezas tienen un subtítulo que homenajea, describe o evoca: *La Lapoplinière*, *La Forqueray*, *La Pantomime*, *La Marais... La Timide*, perteneciente al *Tercer concierto*, es una de las páginas más bellas de la colección.

Quinteto con clarinete (M. A. Mozart)

Tema del cuarto movimiento

Es una de las tres obras que Mozart dedicó al clarinete como instrumento principal. Su destinatario fue el clarinetista virtuoso y hermano masón de Mozart Anton Stadler, quien estrenaría la pieza el 22 de diciembre de 1789. Estructurado el quinteto en cuatro movimientos, el segundo, *Larghetto*, y el *Allegretto* final (tema con variaciones) tienen un incontestable encanto.

Quinteto con guitarra núm. 4, «Fandango»
(L. Boccherini)

La estancia de Luigi Boccherini en España dio como fruto toda una serie de quintetos para guitarra y cuerdas, muchos de los cuales fue-

El libro sagrado del Apocalipsis inspiró a Arnold Böcklin la pintura de la ilustración que aparece en la página anterior, titulada *La guerra*. La misma fuente, pero interpretada de modo muy distinto, más contemplativo y espiritual, se encuentra en el origen del *Cuarteto para el fin de los tiempos* de Olivier Messiaen, compuesto y estrenado en un campo de concentración nazi a comienzos de la Segunda Guerra Mundial. Escrito para una formación integrada por clarinete, violín, violoncelo y piano, la profunda fe cristiana de este creador francés se evidencia en cada uno de sus ocho movimientos.

Lo mismo que Domenico Scarlatti antes que él, Luigi Boccherini se sintió profundamente atraído por la música popular hispánica, por sus giros y sus esquemas melódicos y rítmicos, que incorporó en algunas de las composiciones que escribió durante su estancia en la corte española. Es el caso del quinteto conocido como «La ritirata notturna di Madrid» y del *Quinteto con guitarra núm. 4*, «Fandango», dos obras maestras de inagotable inventiva musical. A la izquierda, estampa que representa la España más pintoresca y típica.

ron en realidad transcripciones de otros quintetos para dos violines, viola y dos violoncelos. De ellos, éste es el más célebre, sobre todo por su cuarto y último movimiento, un vivaz fandango de inconfundible aire hispano. Fue compuesto en 1798.

Quinteto con piano (J. Brahms)

Compuesta en la tonalidad de fa menor y catalogada con el *Op. 34*, esta obra de Johannes Brahms no conoció su versión definitiva hasta 1865, tras una compleja singladura en cuyo transcurso la partitura sufrió diversas transformaciones, incluida la destrucción del manuscrito por parte del compositor tras unas duras críticas. Concebida primero como un quinteto para cuerdas y posteriormente como una sonata para dos pianos, la versión final se estrenó en París el 24 de marzo de 1868.

Quinteto con piano núm. 2 (A. Dvorak)

Primer tema del segundo movimiento, *Dumka*

En tonalidad de La mayor y con el *Op. 81*, el origen de esta partitura debe verse en la voluntad de Anton Dvorak de mejorar un quinteto con piano que había compuesto en su juventud (1872) en la misma tonalidad y del que no quedó satisfecho. El hallazgo en 1887 de una copia de dicha obra le impulsó, primero, a revisarla y, a continuación, a abordar una nueva composición con las mismas características. El resultado fue una obra maestra de escritura impecable, teñida toda ella de los ritmos y las sonoridades de la música popular de su patria. En este sentido, especialmente atractivo resulta el segundo movimiento, una lírica y melancólica *dumka*.

Quinteto con piano, «La trucha» (F. Schubert)

Tema *La trucha* de las variaciones del cuarto movimiento

Una estancia estival en Steyr, en 1819, sirvió a Schubert de marco para la composición de esta celebérrima obra. Encargada por Sylvester Paumgartner, violoncelista aficionado, ni se estrenó en público ni se editó en vida del autor. Debe su nombre a que en el cuarto de sus cinco movimientos incluye una serie de variaciones sobre el *lied* homónimo por él compuesto. Está escrito para la inusual combinación de violín, viola, violoncelo, contrabajo y piano.

Quinteto con piano (R. Schumann)

Esta obra de Robert Schumann tuvo un ilustre intérprete al piano en su primera audición, el 6 de diciembre de 1842: Felix Mendelssohn. Compuesto aquel mismo año en Leipzig, al regreso de unas vacaciones en Bohemia, el quinteto se estrenó en público el 8 de enero del año siguiente. Admirado por Richard Wagner, ignorado por Hector Berlioz y motivo de pullas y disputas con Franz Liszt, hoy es reconocido como una de las obras esenciales de la música de cámara del Romanticismo.

Quinteto para cuerdas (F. Schubert)

El manuscrito original de esta obra de Schubert se ha perdido, por lo que la fecha de su composición resulta imprecisa, si bien hay evidencias que permiten datarla en 1828. Escrito para dos violines, viola y dos violoncelos (el primero de ellos con un papel destacado), el quinteto, de concepción casi orquestal, está magistralmente construido desde el punto de vista de la forma. A pesar de ello, tendrían que pasar veintidós años tras la muerte del compositor para que se estrenase, en el Musikverein de Viena, en 1850.

Quinteto para instrumentos de viento y piano (W. A. Mozart)

Terminado por Wolfgang Amadeus Mozart el 30 de marzo de 1784, los instrumentos de viento que intervienen en él son: oboe, clarinete, trompa y fagot. Junto a ellos, el piano adquiere una importancia casi concertante. Compuesto en la tonalidad de Mi bemol mayor, consta de tres movimientos de gran refinamiento, en los que la maestría y delicadeza características de la escritura de Mozart para las maderas alcanza una de sus cotas más altas.

Septimino (L. van Beethoven)

Tema del tercer movimiento

Compuesta para instrumentos de viento (clarinete, fagot y trompa) y cuerda (violín, viola, violoncelo y contrabajo), y dedicada a la emperatriz María Teresa de Austria, esta pieza fue concluida en 1800. El carácter amable y distendido, como de divertimento, de sus seis movimientos, hace que éstos estén más próximos al clasicismo que al Romanticismo. Se estrenó junto a la *Sinfonía núm. 1* en Viena, obteniendo un éxito fulgurante que todavía perdura en la actualidad. Su *Tempo di minueto* quizás sea su página más famosa.

Serenata para cuerdas (P. I. Chaikovski)

Obra de Piotr Ilich Chaikovski que se encuentra a medio camino de la música de cámara y la sinfónica, debido al deseo del compositor de que los efectivos orquestales fueran ampliados tanto como fuese posible. Compuesta en 1880 en la luminosa tonalidad de Do mayor, recoge la tradición de las serenatas mozartianas del siglo XVIII, aunque pasadas por el tamiz expresivo propio del estilo de este músico ruso. Uno de sus pasajes más conocidos es el segundo movimiento: *Vals*.

Serenata para cuerdas (A. Dvorak)

Anton Dvorak compuso en 1875 esta famosa serenata, y fue publicada primero en una reducción para piano en Praga, dos años más tarde, y en su versión completa en Berlín en 1879. Obra que se inicia con una sutileza indescriptible, delicada como pocas, avanza hacia un *Finale (Allegro vivace)* de carácter casi épico. Es una de las páginas de mayor lirismo de su autor.

Sexteto de cuerda núm. 1 (J. Brahms)

La composición de esta obra de Johannes Brahms concluyó en septiembre de 1860, de modo que es anterior a sus cuartetos y quintetos de cuerda. El marco de la composición fue una población cercana a Hamburgo, Hamm. En razón de la frescura que revela su música, en ocasiones ha sido calificado como *Sexteto de primavera*. Ya desde su estreno en Hannover el 20 de octubre de 1860, el éxito ha acompañado a esta hermosa partitura, que contó, entre quienes se sintieron cautivados por ella, con Clara Schumann, el gran amor platónico del compositor.

Sonata núm. 12, «La follia» (A. Corelli)

Tema de *La follia*

La *follia* era un popular tema bailable, de probable origen portugués, que se conocía ya en el siglo XIV y se introdujo en la música instrumental doscientos años más tarde. Entre los muchos compositores (Marais, Vivaldi, Rachmaninov) que recurrieron a él para escribir variaciones sobresale Arcangelo Corelli, quien lo adoptó en esta sonata para violín y bajo continuo, y compuso una serie de veintitrés variaciones que en todo momento evitan caer en la rutina, a base de diversificar los acompañamientos. La sonata fue publicada, con el resto de las que conforman el *Op. 5*, en 1700.

Sonata para clave y violín núm. 1 BWV 1014 (J. S. Bach)

Seis fueron las sonatas que, con esta plantilla instrumental, concibió J. S. Bach, quien con toda probabilidad las compuso entre 1718 y 1722 en Köthen. En ellas ambos instrumentos dialogan, sin que exista supeditación de uno a otro. Ésta en concreto, como todas excepto la sexta, está estructurada a la manera de las sonatas *da chiesa* de Corelli y alterna cuatro movimientos: *lento-vivo-lento-vivo*.

Sonata para dos pianos y percusión (B. Bartok)

La composición de esta innovadora y magistral partitura de Bela Bartok se remonta al verano de 1937 en Budapest, aunque la obra está íntimamente ligada a la ciudad de Basilea, cuya Sociedad Internacional para la Nueva Música formuló el encargo y fue el lugar de su estreno, el 16 de enero de 1938. En esta obra, el músico explota toda la capacidad percusiva de los dos pianos y consigue efectos tímbricos tan novedosos como fascinantes, sobre todo en el segundo movimiento de la composición, un *Lento ma non troppo* de misteriosa atmósfera. Más adelante, en 1940, el mismo Bartok procedería a la orquestación de la obra para convertirla en un *Concierto para dos pianos*.

El violín fue uno de los instrumentos predilectos del Barroco, como lo atestiguan las dos pinturas que vemos reproducidas en esta página. A él dedicó Bach algunas de sus obras más originales.

Danza de procedencia portuguesa, en origen frenética y de gran libertad rítmica, la *follia* —o, como se conocía en la época barroca, «la folía de España»— inspiró a numerosos compositores de toda la geografía europea, entre ellos Arcangelo Corelli, autor de unas variaciones que se convertirían en modelo para compositores posteriores como Antonio Vivaldi y Marin Marais. Incluso Serguéi Rachmaninov, ya en el siglo XX, cedió a su atractivo en sus *Variaciones sobre un tema de Corelli* para piano. A la izquierda, *Bacanal*, lienzo de Michel-Ange Houasse.

■ Sonata para flauta, arpa y viola (C. Debussy)

Esta segunda sonata de Debussy —posterior a una para violoncelo y piano y anterior a otra para violín y piano— fue compuesta en 1915 y se estrenó en París, en una ejecución privada, el 10 de diciembre de 1916. Muchos la consideran la más hermosa de las tres sonatas del músico, sobre todo por su refinada instrumentación. Es, sin duda, la más melancólica de todas sus obras: «No sé si hay que reír o llorar con ella. ¿Quizás ambas cosas a la vez?», diría el propio compositor.

■ Sonata para flauta y piano (S. Prokofiev)

Aunque existe también una versión transcrita para violín por el mismo compositor (*Sonata para violín y piano núm. 2*), ésta es la partitura original. Compuesta por Serguéi Prokofiev en 1942 mientras trabajaba en la banda sonora de *Iván el Terrible*, la obra se estrenó en Moscú el 7 de diciembre de 1943 con gran éxito. Se trata de una de las partituras más distendidas y clásicas de este compositor ruso.

■ Sonata para violín y piano núm. 9, «Kreutzer» (L. van Beethoven)

Si bien esta obra de Ludwig van Beethoven es una especie de rompecabezas creado con movimientos de obras anteriores y otros de nueva factura, ello no desmerece en absoluto el resultado final: sin duda se trata de una de las más bellas sonatas del músico de Bonn y de la más conocida de las que dedicó al violín. Concluida con cierta premura de tiempo, pues estaba pactado su estreno en mayo de 1803, el compositor la dedicó al virtuoso violinista francés Rodolphe Kreutzer, de quien toma el sobrenombre, aunque éste la considerara siempre impracticable.

■ Sonata para violín y piano (C. Franck)

Compuesta en la tonalidad de La mayor, César Franck la escribió en el verano de 1886. Ese mismo año, el violinista Eugène Ysaye la estrenó en Bruselas, la incluyó en su repertorio y la difundió por todo el mundo. Extraordinariamente construida desde el punto de vista formal, es, al mismo tiempo, una de las páginas más intensas y emotivas del maestro belga.

■ Sonata para violoncelo y piano núm. 3 (L. van Beethoven)

Con la peculiar ausencia de un auténtico movimiento lento, esta sonata es una de las grandes obras de madurez de Beethoven. Compuesta entre 1807 y 1808 en la tonalidad de La mayor, fue publicada en Leipzig en 1809 y dedicada al barón Ignatz von Gleichenstein. Por

atmósfera y carácter, esta sonata nos remite directamente al universo melódico de la *Sinfonía núm. 6, «Pastoral»*.

Suite lírica (A. Berg)

El éxito acompañó a esta obra para cuarteto de cuerda de Alban Berg desde el momento de su estreno, el 8 de enero de 1927. Compuesta entre septiembre de 1925 y octubre de 1926, supone un neto avance en el sistema dodecafónico. La integran seis movimientos, con la particularidad de que los impares son cada vez más rápidos y los pares cada vez más lentos. Dedicada a Alexander von Zemlinsky, el lirismo característico de Berg tiene aquí una de sus cimas expresivas.

Trío con piano (P. I. Chaikovski)

Esta obra de Piotr Ilich Chaikovski lleva como subtítulo «A la memoria de un gran artista», que no es otro que Nikolai Rubinstein, gran amigo suyo, fallecido en 1881. El autor inició la escritura de este trío en Roma, y concluyó su composición en enero de 1882. Se estrenó en el Conservatorio de Moscú el 2 de marzo de 1882, aniversario de la muerte de Rubinstein, quien había fundado dicha institución en 1866. El tono elegíaco que domina toda la partitura alcanza en su primer movimiento (*Pezzo elegiaco. Moderato assai-Allegro giusto*) instantes de profunda y sincera emotividad.

Trío con piano núm. 7, «Archiduque»
(L. van Beethoven)

Compuesto en la tonalidad de Si bemol mayor y catalogado con el *Op. 97* en el conjunto de la obra de Beethoven, esta pieza es un trío extraordinariamente desarrollado desde el punto de vista formal, a todas luces destinado a la sala de conciertos. La partitura fue dedicada en 1811 al archiduque Rodolfo, protector y discípulo del compositor.

Trío con piano núm. 4, «Dumky» (A. Dvorak)

Este trío con piano de Anton Dvorak fue compuesto entre 1890 y 1891. El sobrenombre con el que es conocido responde a la *dumka*, un canto popular de origen ucraniano. Su plural, aplicado a este trío, nos indica ante qué tipo de obra estamos, o cuando menos, cuál es su inspiración. De carácter melancólico y ensoñador, en este trío los movimientos lentos se alternan con otros más vivos de danza, lo cual es típico de esta forma de folclor tradicional.

Trío con piano núm. 1 (F. Schubert)

La primera audición de este trío de Schubert tuvo lugar el 28 de enero de 1828 en el domicilio de Joseph von Spaun, amigo del compositor, sin que se tenga clara la fecha concreta de composición de la obra. Schubert jamás la vio estrenada en público, pues falleció antes, incluso, de su publicación en 1836. De la obra dijo Schumann: «No hay más que echarle un vistazo y toda la miseria de la existencia desaparece, reapareciendo el mundo engalanado con todo su frescor». Imposible encontrar mejor comentario al carácter a un tiempo luminoso y sublime de esta música, clásica en su forma y romántica en su contenido.

Trío con piano núm. 2 (D. Shostakovisch)

Dimitri Shostakovisch compuso este trío en la localidad de Ivanovo en 1944, en plena Segunda Guerra Mundial, y lo dedicó a la memoria de Iván Sollertinski, uno de sus amigos íntimos. De Chaikovski y Rachmaninov toma el autor la atmósfera de elegía que predomina en toda la obra. Su tercer y último movimiento, *Allegretto*, es una verdadera danza macabra, frenética, sarcástica, que nos remite al mundo desolado de los últimos cuartetos de cuerda y sinfonías del propio compositor.

E l refinamiento melódico y la imaginación tímbrica que caracterizan la música de Claude Debussy alcanzan una de sus cotas más altas en la *Sonata para flauta, arpa y viola*. Su misma instrumentación, tan inusual como atractiva, revela la originalidad de pensamiento del compositor, quien en esta obra abandonó las texturas impresionistas de su juventud para decantarse hacia una estructura formal de raigambre más clásica. A la izquierda, *La Grande Jatte* del pintor posimpresionista Georges Seurat.

S i algo distingue la música de cámara de Anton Dvorak es su inagotable vena melódica, evidente, más que en sus composiciones para orquesta, en su música de cámara, género en el cual el checo fue un consumado maestro. En este sentido, una de sus páginas paradigmáticas es el *Trío con piano núm. 4, «Dumky»*. A la derecha, caricatura de tres grandes virtuosos que hicieron de esta obra uno de sus grandes logros personales: el violinista Jascha Heifetz, el pianista Arthur Rubinstein y el violoncelista Gregor Piatigorsky.

Años de peregrinaje (F. Liszt)

Tres libros de piezas para piano de Franz Liszt son los que se encuadran bajo este título genérico: *Première année: Suisse* (1852), *Seconde année: Italie* (1848) y *Troisième année* (1890), este último póstumo. Cada una de sus piezas es un claro ejemplo de la estética programática que cultivaba el compositor húngaro, quien, según el prólogo literario a la obra, pretendió reflejar en ella las sensaciones que en su interior habían dejado algunos paisajes mediante el lenguaje de la música.

Capricho para violín solo núm. 24 (N. Paganini)

Tema del *Capricho*

Pieza sólo apta para virtuosos del arco, como casi todos los *Caprichos* del italiano Niccolò Paganini, esta música representa una auténtica lucha entre las limitaciones técnicas del violín, las limitaciones humanas del instrumentista y la voluntad creativa del compositor, voluntad que podríamos calificar de «demoníaca». Brahms, Rachmaninov y Lutoslawski son sólo algunos de los compositores que, atraídos por el tema de este capricho, han escrito variaciones sobre él. La obra se publicó en 1805.

Carnaval Op. 9 (R. Schumann)

Compuesta entre 1833 y 1835, Robert Schumann subtituló esta obra pianística «Pequeñas escenas sobre cuatro notas». Dichas notas no son sino la, mi bemol, do y si: A S C H en la notación germánica. Según el mismo compositor manifestaba en una carta a su amigo Moscheles, *Asch* era el nombre de una pequeña ciudad bohemia donde él había tenido una amiga artista, además del hecho de que esas letras eran las únicas del alfabeto musical que figuraban también en su propio apellido. Los títulos explicativos que el compositor añadió a los movimientos, y en los que aparecen también personajes de la *Commedia dell'arte*, acercan esta obra a la música programática.

Catálogo de pájaros (O. Messiaen)

Dos años, de 1956 a 1958, estuvo Olivier Messiaen ocupado en la composición de esta monumental obra pianística. Fue dedicada «A mis modelos alados, y a la pianista Yvonne Loriod» y es la culminación de la afición del compositor por la ornitología. Su excesiva duración, más de tres horas, y su innegable dificultad técnica hacen que sean muy pocos los instrumentistas que se atrevan con ella, y menos siguiendo las recomendaciones del autor, quien deseaba que se interpretara de una sola vez y sin descanso.

El clave bien temperado (J. S. Bach)

Johann Sebastian Bach compuso el *Libro I* de *El clave bien temperado* durante su estancia en Köthen. El manuscrito de esta obra, de gran valor didáctico, está fechado en 1722 (curiosamente, el mismo año en que Jean-Philippe Rameau finalizó su *Tratado de armonía*), y contiene veinticuatro preludios y fugas, agrupados de dos en dos en las doce tonalidades posibles, y con alternancia de modos mayor y menor. Existe un segundo libro de esta obra, con la misma cantidad

Bajo estas líneas, paisaje suizo pintado por George Clarkson Stanfield. Esta tierra fue la que inspiró a Franz Liszt el primer libro del ciclo pianístico *Años de peregrinaje.*

de piezas, terminado en 1742. Ninguno de los dos fue publicado en vida del autor, sino en los inicios del siglo XIX.

Cuadros de una exposición (M. Musorgski)

Promenade

Compuesta en 1874, el motivo inspirador de esta obra de Modest Musorgski fue la visita a una exposición del amigo del compositor, Víctor Hartmann, arquitecto que había fallecido recientemente. La partitura, con números tan extraordinarios como *Il vecchio castello, Baile de los polluelos en sus cascarones, Baba-Yaga* o *La gran puerta de Kiev,* fue concebida en su origen como una *suite* para piano; sin embargo, dotada de un gran potencial descriptivo que hacía atractiva su posible instrumentación, Maurice Ravel acometió dicha tarea en 1922; hoy, la versión orquestal es más conocida que la pianística.

Estudios para piano Op. 25 (F. Chopin)

Dos son las colecciones de estudios publicadas por Frédéric Chopin. La segunda, el *Op. 25,* está dedicada a la condesa Marie d'Agoult, una de las mujeres de la vida de Franz Liszt y madre de Cosima, la esposa de Richard Wagner. Estos doce estudios, de sutil y al mismo tiempo compleja escritura, fueron compuestos entre 1831 y 1836.

Fandango para clave (A. Soler)

La obra del catalán Antoni Soler, dedicada al clave, está notablemente influida por Domenico Scarlatti. Aunque el grueso de la producción para dicho instrumento lo configuran las sonatas, el *Fandango*

(el único compuesto por este compositor del siglo XVIII) merece un lugar destacado en el repertorio de música instrumental. De sorprendente sonoridad, es una apasionante muestra del talento de Soler, quien, partiendo de los ritmos particulares de este tipo de danza, supo crear una obra nueva, inequívocamente hispana. De ella existe una transcripción para orquesta debida a Claudio Prieto.

Fantasía bética (M. de Falla)

Ésta fue la última composición de Manuel de Falla escrita en Madrid, antes de trasladar su residencia de manera definitiva a Granada. Fue compuesta en 1919 por encargo del virtuoso pianista polaco Arthur Rubinstein. Obra con aires muy andaluces, derivados directamente del cante jondo, fue paradójicamente rechazada durante bastante tiempo por el público y repudiada por los intérpretes españoles. Rubinstein la estrenó en Nueva York en 1920.

Fantasía «El caminante» (F. Schubert)

Aunque el grueso de la obra pianística de Franz Schubert lo constituyen sus sonatas, merecen ser destacadas algunas piezas singulares. Es el caso de esta hermosa fantasía, compuesta en 1822 en la tonalidad de Do mayor, que presenta, en el *adagio,* el tema de la canción *Der Wanderer* («El caminante») al que debe su nombre. El romanticismo musical alcanza en estos pentagramas uno de sus momentos más inolvidables.

A la izquierda, *Concierto de aves,* cuadro de Frans Snyders. Los pájaros fueron la gran pasión de Olivier Messiaen, quien recreó sus cantos en su música. Arriba, *El viajero sobre el mar de niebla,* lienzo de Friedrich cuyo tema, el del caminante, inspiró a Schubert una soberbia fantasía.

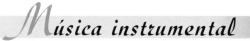

■ Gaspard de la nuit (M. Ravel)

El título de este tríptico para piano de Maurice Ravel se fundamenta en el libro homónimo de Aloysius Bertrand, uno de los poetas malditos de la literatura francesa. Las tres piezas que integran la partitura (*Ondine*, *Le Gibet* y *Scarbo*) fueron compuestas en 1908. De carácter contrastante, la tercera es una de las más difíciles de todo el repertorio para este instrumento, un *scherzo* de inspiración diabólica. El pianista catalán Ricard Viñes fue el encargado de estrenar *Gaspard de la nuit* al año siguiente, en concreto el 9 de enero, en París.

■ Goyescas (E. Granados)

Compuesta en 1911, *Goyescas* es una suite de piezas para piano que Enric Granados compuso inspirándose en las obras del pintor Francisco de Goya. Las piezas que integran sus dos cuadernos ostentan títulos alusivos a temas goyescos, como *El fandango del candil*, *La maja y el ruiseñor* o *El pelele*. Y no sólo sus títulos: el carácter elegante y refinado de su música, en la que a veces se citan de manera estilizada temas de procedencia popular, otorga también al conjunto de la obra ese aire galante y castizo propio de las pinturas y de su época, la España de finales del siglo XVIII. Se estrenó el 9 de marzo de 1911 en el Palau de la Música de Barcelona. Su éxito motivó algo insólito: su transformación en la ópera *Goyescas*, estrenada en Nueva York en 1916.

■ Gymnopédies (E. Satie)

Estas tres piezas para piano de Erik Satie —debemos señalar aquí la obsesión de este músico por crear obras siempre en tres partes o movimientos— fueron compuestas en 1888 y, según parece, estuvieron inspiradas por la ornamentación de una vasija griega que condujo al autor a querer reflejar en ellas la serenidad del mundo clásico. De las tres, la primera es la más famosa. Todas están escritas en compás de tres por cuatro y presentan un cierto aire melancólico y triste en todo su desarrollo. Su simplicidad es proporcional a su gran belleza.

■ El herrero armonioso (G. F. Haendel)

Durante su estancia en Cannons en 1720, parece que Georg Friedrich Haendel se dedicó a la enseñanza de la música para teclado. Sus lecciones empezaron a circular en copias manuscritas, por lo que decidió editar su *Suite de piezas para clave*, entre las que se encuentran un tema y cinco variaciones que en el siglo XIX se llamaron *The Harmonious Blacksmith* («El herrero armonioso»). Se cuenta que Beethoven realizó una fuga basada en esta pieza, como examen para lograr el puesto de segundo organista en la corte, a los trece años.

■ Iberia (I. Albéniz)

Corpus Christi en Sevilla

Estas doce piezas para piano, agrupadas en cuatro cuadernos, constituyen la obra maestra absoluta de Isaac Albéniz y uno de los corpus pianísticos imprescindibles del repertorio de todo gran intérprete. Fueron compuestas entre 1905 y 1909, y son una curiosa síntesis de varias inquietudes musicales de su autor: el flamenco y la música andaluza en general, la música de Debussy (presente en *Evocación*, del

primer cuaderno) y la factura virtuosística y trascendental propia de Franz Liszt. El resultado es una composición en la que se abordan todos los aspectos técnicos y sonoros del piano, en la que Albéniz consigue hacer realidad su anhelado sueño de crear una música española de valor universal.

Impromptus (F. Schubert)

Impromptus D 899 núm. 1

Las dos series de *Impromptus D 899* y *D 935* fueron compuestas por Franz Schubert en 1827. Cada una de ellas consta de cuatro piezas que, a pesar del nombre (que alude a cierto carácter improvisativo), son una muestra del buen hacer y la maestría de Schubert en las formas breves. La brillantez con que está tratado el piano es uno de sus rasgos distintivos, aunque, como no podía ser menos tratándose de este compositor, la inconfundible vena melódica schubertiana está también aquí presente.

Invitación al vals (C. M. von Weber)

Fechada en 1819, esta brillante y virtuosística pieza para piano de Carl Maria von Weber ostenta en su encabezamiento original el título de *Aufforderung zum Tanz* (literalmente, «Invitación a la danza»). Fue compuesta durante una larga convalecencia, tras una enfermedad del autor. Más tarde sería orquestada por Hector Berlioz y objeto de una coreografía que, con el nombre de *El espectro de la rosa*, figura todavía en el repertorio de muchas compañas de ballet.

Kreisleriana (R. Schumann)

Compuesta en abril de 1838, en un lapso de tiempo brevísimo, esta obra pianística de Robert Schumann pertenece a una etapa dominada por el pesimismo: incomprendida su obra por el público, Schumann se considera un artista marginado y se aísla más en sí mismo. Estas características las compartía con el músico Johannes Kreisler, personaje de ficción de una novela de E. T. A. Hoffmann, cuyo carácter demoníaco le impresionó vivamente y al cual dedicó la obra, configurada por ocho piezas que presentan, de modo alterno, ritmos rápidos y lentos.

Música callada (F. Mompou)

Cuatro cuadernos ocupan estas piezas de piano escritas por el compositor catalán Frederic Mompou entre 1959 y 1967. Las íntimas motivaciones que le condujeron a realizar esta obra se hallan en la impresión causada por la lectura de unos poemas de Verlaine, así como de los textos de San Juan de la Cruz, de uno de cuyos versos, perteneciente al *Cántico espiritual*, toma el título esta obra, en la que lo dicho a media voz, el silencio, tiene un papel importantísimo.

Nocturnos (F. Chopin)

Nocturno Op. 9 núm. 2 en Mi bemol mayor

Aunque inventada por John Field, la forma del nocturno ha quedado indisolublemente unida al nombre de Frédéric Chopin. Prácticamen-

En *Goyescas*, Enric Granados resucitó el espíritu de la España del siglo XVIII, tomando como punto de partida los cartones de Goya y las tonadillas de la época. Obtuvo tal éxito que el músico convirtió su obra en ópera, una de cuyas escenas, «El pelele», vemos a la izquierda.

A la derecha, pintura de Julius Schmid que presenta a Schubert mientras interpreta al piano una de sus composiciones en un salón vienés. En salones como este fue donde el músico dio a conocer la mayoría de sus obras.

te veinte años estuvo ocupado el músico polaco en la composición de estos veintiún nocturnos para piano: entre 1827 y 1846. En ellos destaca la presencia del *rubato*, auténtico caballo de batalla en cualquier ejecución de la obra. El aliento poético, sutil y refinado, característico de Chopin, alcanza su culminación en estos pentagramas.

■ Nocturnos (G. Fauré)

De manera expresa, Gabriel Fauré partió del modelo establecido por Chopin para crear sus composiciones pianísticas no sólo para estos *Nocturnos*, sino también para sus *Barcarolas, Impromptus* y *Caprichos*. Compuestos a lo largo de toda su carrera de compositor y publicados en distintas colecciones, entre 1883 y 1922, la sensibilidad exquisita que expresan estos trece nocturnos, su alto refinamiento expresivo, los convierten en una de las joyas de la música francesa para piano.

■ Partitas para violín solo (J. S. Bach)

Chacona de la *Partita núm. 2*

Salvando el obstáculo que pueda representar la edición de las «partitas» como «sonatas», las *Partitas para violín solo*, de J. S. Bach, son tres, en las cuales destaca la presencia de danzas como la *allemande*, la *courante*, la *giga*... La *Partita núm. 2* contiene una chacona que constituye todo un reto para los virtuosos del violín no sólo por su dificultad técnica, sino también por su carácter fuertemente expresivo. Esta chacona ha sido arreglada por compositores como Mendelssohn, Schumann o Brahms, quien realizó una transcripción para

piano para ser interpretada con la mano izquierda. Para violín solo, Bach compuso también tres *Sonatas* de inestimable valor. Todas estas obras datan de la estancia del músico en Köthen, hacia 1720.

■ Piezas líricas (E. Grieg)

Diez cuadernos reúnen un total de sesenta y nueve piezas líricas escritas para piano por el noruego Edvard Grieg, todas ellas muy breves e impregnadas de la música popular noruega y danesa. El primer libro data de 1867 y el último, de 1901. Entre estas piezas hay páginas tan célebres y líricas como *Día de boda en Troldhaugen*, sexta pieza del Libro VIII.

■ Piezas para clave (F. Couperin)

Le carillon de Cythère

Cuatro fueron los libros en los que François Couperin publicó sus cerca de doscientas treinta piezas de música para clave. El tercero data de 1722, mientras que los anteriores son, respectivamente, de 1713 y 1716 y el cuarto de 1730. En éste la música de Couperin presenta un cambio que, sin constituir una nueva vía de exploración, sí representa un cambio de actitud del autor, cuya escritura se hace menos grave y más graciosa, recordando la obra de Domenico Scarlatti. Los títulos de algunas de las piezas, no exentos de humor, revelan esta mutación: *Carillon, Tic-Toc-Choc, La Majestueuse, Le Carillon de Cythère, Les barricades mystérieuses, La galante, La soeur Monique...* son algunas de las piezas debidas a este ilustre compositor.

A la izquierda, *Musa del orto*, del simbolista Alphonse Osbert. El crepúsculo y la noche fueron dos de los motivos más caros para los músicos románticos, quienes hicieron del nocturno para piano una de sus formas predilectas.

Granada y su Alhambra ejercieron una profunda fascinación sobre los artistas románticos y nacionalistas, hasta el extremo de que se dio una moda «alhambrista» a la cual sucumbieron músicos como Chapí y Bretón y a la que también pertenece *Recuerdos de la Alhambra* de Francisco Tárrega.

■ Piezas para clave (J-Ph. Rameau)

Jean-Philippe Rameau fue un virtuoso clavecinista que publicó tres libros con piezas para su instrumento. De 1706 data su *Primer libro de piezas para clavicémbalo*; de 1724 el segundo, en el que incluiría un método que había de cambiar el uso de la digitación, y de 1728 el tercero. En todos ellos podemos encontrar algunas de las mejores muestras del genio de este gran músico barroco francés. Es el caso de piezas como las tituladas *Le rappel des oiseaux, Les soupirs, La joyeuse, La poule, Les sauvages...*

■ Polonesas (F. Chopin)

La primera de sus quince *Polonesas* para piano solo la compuso Chopin a los siete años, en 1817. La última, en 1846. Inspiradas todas ellas en un ritmo de danza de obvio origen polaco, representan, junto a las mazurcas, la expresión más genuina del nacionalismo de este compositor. De todas las *Polonesas* destacan la *Op. 40 núm. 1* (1838) y la *Op. 53* (1842). No podemos dejar de señalar la *Gran Polonesa Op. 22*, que data de 1830 y está escrita para piano y orquesta.

■ Preludios (C. Debussy)

Dos fueron los libros de *Preludios para piano* publicados por Claude Debussy. El primero de ellos fue compuesto rápidamente (de diciembre de 1909 a febrero de 1910), mas el segundo —iniciado inmediatamente después— le llevó tres años de trabajo, y no lo concluyó hasta 1913. Estos veinticuatro preludios, doce para cada cuaderno, llevan títulos descriptivos que sugieren un cierto programa, más evocador de atmósferas que de situaciones concretas. Del total destacan

páginas tan sugestivas como *La sérénade interrompue, La cathédrale engloutie, Feuilles mortes* o *La puerta del Vino.*

■ Preludios y fugas (D. Shostakovisch)

Varios habían sido los preludios para piano que Dimitri Shostakovisch llevaba escritos desde años antes, cuando decidió afrontar la composición, entre 1950 y 1951, de lo que sería su *Op. 87*: los *24 Preludios y fugas para piano*, inspirados por los actos conmemorativos del bicentenario de la muerte de Johann Sebastian Bach, a los que el músico asistió en Leipzig. Desnudos y esenciales, representan, junto a la *Sonata núm. 2*, la obra cumbre que para teclado escribió este compositor soviético.

■ Rapsodias húngaras (F. Liszt)

Escritas para piano, estas rapsodias de Franz Liszt fueron compuestas en distintos períodos: las quince primeras pueden ubicarse entre los años 1846 y 1853, mientras que las cuatro últimas se concluyeron entre 1882 y 1886, año de la muerte del compositor. La celebridad que alcanzaron algunas llegó a eclipsar durante algún tiempo otras obras de mayor envergadura del famoso abate. A pesar de su calificativo de «húngaras», estas rapsodias recrean en realidad el folclor cíngaro, cuya música siempre contó con la admiración de Liszt, y no el magiar.

■ Recuerdos de la Alhambra (F. Tárrega)

Nacido a mediados del siglo XIX, Francisco Tárrega se considera el fundador de la moderna escuela de guitarra española. Docente, intérprete virtuoso y compositor, fue autor de diversas piezas originales

para este instrumento, entre las que se cuenta *Recuerdos de la Alhambra*, también conocida con el subtítulo de *Estudio en trémolo*, por la técnica utilizada en su ejecución. Compuesta hacia 1885, su delicada belleza, incrementada por sus tenues acentos orientalizantes y pintorescos, le ha granjeado una merecida popularidad.

▧ Romanzas sin palabras (F. Mendelssohn)

Estas breves piezas para piano de Felix Mendelssohn presentan, en ocasiones, títulos descriptivos, aunque la intención de su autor en ellas es una captación anímica, atmosférica, más que el desarrollo de una idea extramusical. Ocho libros, compuestos entre 1830 y 1845, agrupan cuarenta y ocho romanzas, de las que quizás las más célebres son *Romanza de la primavera Op. 62 núm. 6* e *Hilandera Op. 67 núm. 4*.

▌ Sonata para piano en si menor (F. Liszt)

Primer tema

La datación de esta obra de Franz Liszt se circunscribe al período que va de 1851 a 1853. Hacía seis años que Liszt había dejado su carrera como concertista para dedicarse plenamente a la composición, y es-

ta pieza, muy osada en su época, causó no poco asombro entre quienes tuvieron la oportunidad de escucharla, e incluso fue marginada por la mayoría a causa de sus novedades formales (está escrita en un solo movimiento, dividido en diversas secciones) y la osadía de su lenguaje armónico, repleto de cromatismos. Se da la curiosa circunstancia de que fue dedicada a Robert Schumann, puesto que éste había dedicado a Liszt su *Fantasía en Do mayor* en 1838.

▌ Sonata para piano núm. 14 Op. 27 núm. 2, «Claro de luna» (L. van Beethoven)

Primer movimiento

Por su descriptivo título pudiera parecer que estamos ante una obra programática; sin embargo, hay que anotar que lo de «Claro de luna» es una invención del poeta Ludwig Rellstab. La sonata fue compuesta por Ludwig van Beethoven en 1801 y publicada en 1802. Consta de tres tiempos, de los cuales el primero es el más famoso: por su belleza delicada, su ensoñadora poesía, pudo haber inspirado perfectamente el subtítulo con que se conoce la composición.

▧ Sonata para piano núm. 23 Op. 57, «Appasionata» (L. van Beethoven)

Tres años transcurrieron entre el inicio de esta partitura y su edición en 1807, en Viena. El sobrenombre de «Appasionata» se debe al carácter arrebatador de su música y, al contrario de lo sucedido con la *Sonata* «Claro de luna», se dice que Beethoven aceptó de buen grado el apelativo con el que se bautizó a su obra en una edición posterior a la original. El romanticismo más apasionado y subjetivo se anuncia ya de manera concluyente en estos soberbios pentagramas.

▌ Sonata para piano núm. 11 (W. A. Mozart)

Primer tema del tercer movimiento, *Alla turca*

Wolfgang Amadeus Mozart compuso esta sonata en 1777. En tres movimientos, se inicia con un *Andante* construido según un tema y variaciones, de marcado carácter pastoral, al que sigue un refinado minueto, para finalizar con un rondó *Alla turca*, que no es otro que la famosa *Marcha turca*. De brillante colorido oriental, fruto de la moda que imperaba entonces en Viena y de la que también es resultado la ópera *El rapto del serrallo*, este breve tiempo se ha convertido en uno de los más populares del genio de Salzburgo.

A la izquierda, lienzo de Joseph Wright que representa un claro de luna semejante al que indujo al poeta Ludwig Rellstab a bautizar la *Sonata para piano Op. 27 núm. 2* de Beethoven con el sobrenombre («Claro de luna») que la ha hecho universalmente famosa, a pesar de la oposición del músico a tal apelativo.

■ Sonata para piano núm. 15 (W. A. Mozart)

Esta sonata de Mozart es una obra de apariencia sencilla y diáfana, muy ejecutada por los pianistas principiantes. Compuesta en la tonalidad de Fa mayor en 1788, originalmente contaba con dos únicos movimientos. El tercero y último que le otorga el aspecto con que hoy la conocemos es en realidad una pieza anterior, catalogada como *KV 494*, que el mismo Mozart añadió en el momento de publicar la partitura.

■ Sonata para piano núm. 7 (S. Prokofiev)

Tercer movimiento, *Precipitato*

Obra concisa, fue compuesta por Serguéi Prokofiev entre 1939 y 1942 en la tonalidad de Si bemol mayor, y ostenta el número 83 del catálogo de obras de su autor. Esta segunda «sonata de guerra» la estrenó Sviatoslav Richter el 18 de febrero de 1943, y representa la cima, junto a la *Sexta* y la monumental *Octava*, de su producción para piano. De sus tres movimientos destacan el segundo, uno de los tiempos lentos más profundos y misteriosos escritos por el músico ruso, *Andante caloroso*, y el tercero, un *Precipitato* de carácter obsesivo, verdadera prueba de fuego para todo intérprete que se atreva a afrontarlo.

■ Sonata para piano núm. 21 D 960 (F. Schubert)

El año 1828, el postrero de su vida, compuso Franz Schubert sus tres últimas grandes sonatas para piano, de las cuales ésta, compuesta en la tonalidad de Si bemol mayor, tiene anotada la fecha de su puño y letra: Viena, 26 de septiembre. Música de un profundo misterio, de una desnudez aterradora, alcanza en su segundo movimiento, *Andante sostenuto*, su clímax expresivo. La belleza de este tiempo desafía toda descripción.

■ Sonata para viola sola núm. 2 (P. Hindemith)

Entre los muchos instrumentos que tocaba Paul Hindemith, la viola ocupaba un lugar de privilegio: con ella fue precisamente con la que se dio a conocer como virtuoso hacia 1921, lo cual explica, en parte, la composición de esta obra, datada en 1922. Su música es expresión del estilo violento y provocador característico del músico en aquella época, como lo prueban indicaciones como la del cuarto movimiento: *Tempo rabioso-Salvaje-La belleza del sonido es accesoria*. Como contraste, el quinto y último tiempo es un desolado *Lamento*.

■ Sonata para violín solo (B. Bartok)

Gran pedagogo, amén de excelente compositor, Bartok compuso esta sonata en 1944, en su exilio norteamericano, para el virtuoso

Arriba, Mozart sentado al piano durante un recital en el palacio vienés de Schönbrunn. Gran virtuoso de este instrumento músico, fue uno de los primeros compositores en explorar las nuevas posibilidades que ofrecía. A la derecha, óleo de Paul Klee, pintor contemporáneo de Bartok y Hindemith y también buen violinista.

Yehudi Menuhin. Con casi media hora de duración, constituye una muestra espléndida de virtuosismo para violín solista, desconocido desde la época de Johann Sebastian Bach. Los cambios súbitos de *tempo* y tesitura son numerosos y confieren un atractivo especial a la obra. De sus cuatro movimientos, destaca con luz propia el segundo, una complejísima *Fuga* que se sitúa, precisamente, como un homenaje a Bach. El último, *Presto*, rememora los aires populares húngaros tan caros al compositor.

■ Sonata para violoncelo solo (Z. Kodály)

Al igual que su *Capriccio para violoncelo*, esta obra fue compuesta por Zoltán Kodály en 1915, poco antes de su consagración internacional, acaecida en los años veinte. Todos los recursos técnicos del instrumento son explorados con inusitada eficacia en esta partitura, tan fascinante como compleja desde el punto de vista de la escritura. En ella, sobre todo en su tercer movimiento, *Allegro molto vivace*, son perceptibles los ecos de la inevitable música tradicional húngara.

■ Sonatas para clave (D. Scarlatti)

Domenico Scarlatti, tras afincarse en España, se vio cautivado por la música popular autóctona, factor éste que queda reflejado en mu-chas de sus *Sonatas*. Quinientas cincuenta y cinco son las que han llegado hasta nosotros, casi todas en un movimiento y muy breves. Las primeras treinta fueron editadas bajo el título de *Essercizi per gravicembalo* en 1738, colección ésta que fue seguida por otras, aunque la edición completa de sus obras tuvo que esperar a los años setenta del siglo XX para hacerse realidad. Elegantes y distendidas, revelan un don melódico y una inventiva rítmica inagotables.

■ Suites para violoncelo solo (J. S. Bach)

Compuestas por Johann Sebastian Bach con toda probabilidad durante su estancia en Köthen, al servicio del príncipe Leopold, estas seis suites —auténticas joyas de la música para violoncelo— sólo fueron apreciadas tardíamente, y no se editaron hasta 1825. El violoncelista Pau Casals fue uno de los principales responsables de su recuperación, ya en el siglo XX. Su brillante virtuosismo no va nunca en detrimento de su honda expresividad.

▌ Toccata y fuga en re menor (J. S. Bach)

Tema de la *Toccata*

A la izquierda, acuarela de Carmontelle que representa a una dama sentada al clave. Para este instrumento compuso Domenico Scarlatti más de quinientas sonatas, destinadas al solaz de la infanta y posterior reina de España María Bárbara, a cuyo servicio estaba el músico.

Aunque su datación es incierta, como ocurre con buena parte de la obra de Johann Sebastian Bach, se ha aventurado el año 1708 como fecha posible de composición de esta pieza para órgano. Célebre hasta el hastío, no se le pueden negar virtudes que la hacen imprescindible en cualquier antología de la música organística de Bach. Épica y solemne al tiempo, ha conocido diversas transcripciones orquestales, la más conocida de las cuales es la debida al director de orquesta Leopold Stokowski, quien incluyó su versión en la película de Disney *Fantasía*.

Variaciones Diabelli (L. van Beethoven)

Tema de las variaciones

En 1819, el editor de música Anton Diabelli propuso a Beethoven y toda una serie de músicos contemporáneos que compusieran una serie de variaciones sobre un vals de su autoría. Beethoven respondió al encargo con estas treinta y tres variaciones para piano, que toman como referente, no el tema, el cual parece que no mereció demasiado su atención, sino sus distintos elementos estructurales. El resultado es una cima de la literatura pianística universal, difícilmente igualable.

A la izquierda, retrato de Brahms, quien hizo gala de un virtuosismo excelso en sus *Variaciones sobre un tema de Paganini*. Bajo estas líneas, frontispicio del *Clavierübung* de Bach; entre las piezas en él recogidas figuran las *Variaciones Goldberg*.

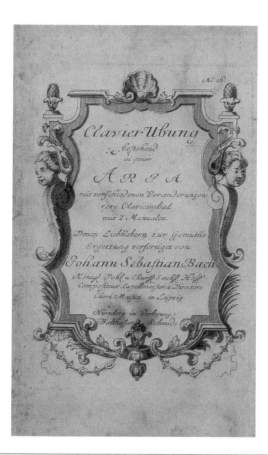

Variaciones Goldberg (J. S. Bach)

Tema de las variaciones

Este monumento de la música para teclado tuvo una génesis curiosa: nació de un encargo del conde de Keiserling, embajador de Rusia en Dresde. Como este gran melómano padecía de insomnio pertinaz, tuvo la feliz idea de encargar al maestro Bach unas piezas que le ayudaran a soportar las largas veladas sin dormir. El intérprete de las mismas debería ser Johann Gottlieb Goldberg, discípulo de Bach y clavicembalista titular del conde. El músico de Eisenach compuso treinta variaciones sobre una *Zarabanda* del segundo cuaderno de Ana Magdalena Wülken, su segunda esposa. La actualidad e inagotable riqueza de estos pentagramas siguen sorprendiéndonos hoy en día. Están datadas en 1742.

Variaciones sobre un tema de Corelli
(S. Rachmaninov)

Estas variaciones sobre la *Sonata núm. 12* de Corelli —aunque en realidad cabría decir que son variaciones sobre el tema de *La follia*— representan la última obra para piano compuesta por Serguéi Rachmaninov. Escritas en 1931, en ellas se demuestra, una vez más, tanto la capacidad inventiva del autor como su enorme dominio de la técnica de su instrumento.

Variaciones sobre un tema de «La flauta mágica» (F. Sors)

Catalogadas como *Op. 9*, estas variaciones para guitarra de Fernando Sors sobre el aria de Papageno «Das klinget so herrlich» de la ópera mozartiana están dedicadas a Carlos Sors, hermano del compositor. Fueron editadas en Londres en 1821, tres años más tarde de la primera gran representación de *La flauta mágica* en la ciudad del Támesis. Constan de una introducción, la exposición del tema, cinco variaciones y coda.

Variaciones sobre un tema de Paganini
(J. Brahms)

Compuestas entre 1862 y 1863, estas veintiocho variaciones sobre el *Capricho núm. 24* de Niccolò Paganini, escritas por Johannes Brahms, son algunas de las muchas variaciones sobre temas ajenos del compositor alemán, quien en ellas explotó al máximo las posibilidades técnicas del piano, para crear una obra extrovertida, de extrema brillantez, idónea para el lucimiento de cualquier virtuoso.

Visiones fugitivas (S. Prokofiev)

Serguéi Prokofiev compuso estas veinte piezas pianísticas entre 1915 y 1917, es decir, entre su primera aparición en público fuera de Rusia y el estallido de la Revolución de Octubre. De brevedad aforística, revelan el dominio técnico del compositor, consumado pianista, ante su instrumento, y un nada despreciable lirismo que en posteriores obras iría desapareciendo en favor de la ironía y el sarcasmo.

A la amada lejana (L. van Beethoven)

Lied núm. 1

Auf dem Hü - gel sitz' ich, spä - hend in das blau - e Ne - bel - land

De entre los más de ochenta *lieder* para voz y piano que Ludwig van Beethoven compuso a lo largo de su vida, los seis que integran *A la amada lejana* tienen particular importancia: primero, por ser el primer ciclo, con una temática homogénea, propiamente dicho de *lieder*, segundo, por su valor como precursor del Romanticismo de autores como Schubert, Schumann, Brahms o Wolf, y, tercero, por la calidad de la música en sí, de un melodismo tan contenido como intenso. El ciclo fue compuesto entre 1815 y 1816.

Amor de poeta (R. Schumann)

Compuestos el mismo año que los de la serie *Amor y vida de una mujer* —1840—, los dieciséis *lieder* que integran *Amor de poeta* constituyen una de las cimas de la producción vocal de Robert Schumann. Basados en poemas de Heinrich Heine, el compositor supo traducir en música toda la gama de sentimientos y estados de ánimo que definen los versos, desde la descripción grotesca de la realidad hasta la melancolía más sutil.

Amor y vida de una mujer (R. Schumann)

Si en el ciclo *Amor de poeta* fue Heinrich Heine quien proporcionó a Schumann la base de los textos para sus *lieder*, en este caso fue otro poeta romántico alemán, Adalbert von Chamisso, quien se los facilitó. Sólo dos días necesitó el músico para componer estas ocho canciones que tienen como base la historia sentimental de una joven enamorada e inocente. La música carece de la variedad de matices de *Amor de poeta*, pero, en compensación, contiene páginas de un lirismo aún más acentuado.

La Atlántida (M. de Falla)

Manuel de Falla sintió durante toda su vida una particular atracción hacia la epopeya *L'Atlàntida*, del poeta catalán Jacint Verdaguer, y trabajó en la composición de esta cantata escénica de vastas dimensiones para solistas, coro y orquesta, durante los últimos veinte años de su vida. Inacabada a su muerte en 1946, su discípulo Ernesto Halffter se encargó de completarla y orquestarla. Aunque irregular, algunas de sus páginas —el *Prólogo*, el *Aria y muerte de Pirene*, el *Sueño de Isabel*— contienen lo mejor del genio falliano.

Ave verum (W. A. Mozart)

A pesar de su brevedad aforística, este motete es considerado por muchos la obra suprema de Wolfgang Amadeus Mozart. Revela la facilidad de este genio incomparable para crear una música cristalina,

A la izquierda, *Otoño pastoral*, pintura de Boucher cuyo tema, en el que los elementos clásicos conviven con la sensibilidad romántica, la acerca al tono de los poemas de *Amor y vida de una mujer*. Bajo estas líneas, *Molinos de agua*, lienzo de Ruisdael que refleja el ambiente en que se desarrolla *La bella molinera* de Franz Schubert.

límpida, de una aplastante sencillez, por lo menos aparente, como si el acto de escribir no le supusiera ningún trabajo, ni siquiera para crear piezas de esta expresividad y poder de fascinación. Escrita para coro a cuatro voces, cuerdas y órgano, data de 1791.

Bachiana brasileira núm. 5 (H. Villa-Lobos)

Vocalise

Esta obra, la más popular de Heitor Villa-Lobos, se caracteriza por su inhabitual formación instrumental, confiada a un conjunto de ocho violoncelos al que se añade la voz de una soprano. En dos movimientos, el primero es especialmente célebre en el aspecto musical por sus inconfundibles vocalizaciones. Fue escrita entre 1938 y 1945.

La bella Magelone (J. Brahms)

Único ciclo verdadero de *lieder* compuesto por Johannes Brahms, *La bella Magelone* sigue la estela iniciada en este género por autores como Schubert y Schumann. Las quince canciones, basadas en poemas del romántico Ludwig Tieck, se caracterizan por un lirismo que intenta, y consigue, recrear el mundo legendario, arcaico y noble, de la Edad Media en que se desarrolla la historia narrada en los textos.

La bella molinera (F. Schubert)

Lied final del ciclo, Des Baches Wiegenlied

El *lied* tiene en el vienés Franz Schubert su más conspicuo representante. Dentro de su aportación a este género —más de seiscientas

piezas—, ocupan un lugar central sus tres grandes ciclos: *La bella molinera*, *Viaje de invierno* y *El canto del cisne*, éste publicado póstumamente. El primero, de 1824, es el que aquí comentamos. Compuesto sobre textos de Wilhelm Müller, consta de veinte números que exploran una amplia gama de sentimientos, desde la alegría de los iniciales, en los cuales son perceptibles acentos de la música popular, hasta la acusada melancolía de los postreros.

La canción de la tierra (G. Mahler)

Último movimiento, La despedida

Esta obra —en realidad una sinfonía vocal para tenor y contralto sobre poemas chinos— la realizó Gustav Mahler bajo la impresión de la pérdida de su hija de cuatro años y el diagnóstico de la afección cardíaca que le produciría la muerte. Sin embargo, su atmósfera, más que trágica, es serena, sobre todo en el último movimiento —casi treinta minutos de música—, confiado a la contralto. Significativamente titulado *La despedida*, es uno de los fragmentos más emocionantes y sublimes de toda la producción mahleriana. El estreno, póstumo, de la partitura completa tuvo lugar en 1911.

Canciones de la lírica judía (D. Shostakovisch)

A causa de su temática hebrea, estas encantadoras canciones de Dimitri Shostakovisch hubieron de esperar a la muerte de Stalin para

Bajo estas líneas, *Día I*, cuadro que Ferdinand Holler pintó entre 1899 y 1900 y que constituye una representativa muestra de la estética finisecular a la cual también pertenece la música de Gustav Mahler, en especial *La canción de la tierra*.

poder ser interpretadas por primera vez. Su estreno, con el mismo compositor al piano, tuvo lugar en 1955. Escritas para soprano, mezzosoprano y tenor, bajo su apariencia sencilla y alegre esconden un fondo trágico y desesperado, una no disimulada amargura. Existe una versión orquestal de 1964 que es la que habitualmente se interpreta.

Canciones y danzas de la muerte (M. Musorgski)

Este ciclo de Modest Musorgski es uno de los más crudos de este compositor; una danza macabra de una concisión dolorosa, a veces sarcástica. El músico compuso las cuatro canciones para voz y piano que lo integran entre 1875 y 1877. De una gran modernidad, hay aquí mucho del futuro Shostakovich, quien expresó su admiración por esta música orquestándola.

Cantata de América mágica (A. Ginastera)

Alberto Ginastera dio con esta obra una de las más sorprendentes muestras de su genio. Escrita para la inusual combinación de soprano dramática y conjunto de percusión, el músico argentino buscó su inspiración en algunos textos apócrifos precolombinos, que él mismo seleccionó y adaptó. Estrenada con gran éxito en Washington en 1961, es una partitura que hace honor a su título: mágica.

Cantata del café BWV 211 (J. S. Bach)

Johann Sebastian Bach compuso, entre 1734 y 1735, esta cantata por encargo de un comerciante que quería promocionar el producto, entonces novedoso, con el que trataba: el café. El resultado fue una especie de anuncio publicitario musical de indudable encanto, que sirve para que rompamos un poco con la imagen austera y devota con que siempre se asocia a este compositor.

Cantata «Herz und Mund und Tat und Leben» BWV 147 (J. S. Bach)

Coral *Jesus bleibet meine Freude*

Je - sus blei - bet mei - ne Freu - de   Mei - nes Her - zens Tros - und — Saft

Estrenada en 1729 o 1730, esta cantata de Johann Sebastian Bach es una de las más populares de entre todas las que compuso. Y lo es, sobre todo, por el coral «Jesus bleibet meine Freude», que concluye las dos partes de que consta la obra. De un melodismo tan sencillo como efectivo, sereno, su fama es tal que ha sido transcrito a las más variadas combinaciones instrumentales, desde el órgano hasta la orquesta sinfónica.

Cantata núm. 2 (A. Webern)

Con texto de Hildegard Jone, esta segunda cantata es la última obra que compuso Anton Webern antes de su absurda muerte, acontecida en 1945. A pesar de su absoluta brevedad —no llega al cuarto de hora y está dividida en seis secciones—, a su autor le costó tres años culminarla. Escrita para soprano, bajo y coro mixto, según la técnica dodecafónica, Webern la comparaba a una misa. Y eso es lo que es: una *Missa brevis* de carácter panteísta.

■ Cantata profana (B. Bartok)

Escrita en 1930 para tenor, barítono, coro mixto y orquesta, esta cantata de Bela Bartok es una de las más conseguidas expresiones del humanismo filosófico del compositor. La obra, basada en leyendas húngaras, trata la historia de un cazador cuyos hijos se convierten en ciervos. A través de ella, Bartok realizó un alegato en favor de la vuelta del hombre a la naturaleza. Aunque definida como profana, denota en realidad una profunda religiosidad de tipo panteísta.

■ Cantigas de Santa María (Alfonso X)

La lírica trovadoresca medieval tiene en estas cantigas de Alfonso X el Sabio —algunas escritas por él, otras compiladas o compuestas a su indicación— uno de sus tesoros más destacados. De carácter diverso, piadosas, líricas, caballerescas..., la audición de estas piezas exquisitas e ingenuas nos hace revivir la atmósfera cortesana de la segunda mitad del siglo XIII. *Quena festa e o dia* o *Tantas nos mostra a Virgen* son algunas de ellas.

■ El canto de los pájaros (C. Janequin)

Tema de *El canto de los pájaros*

Re - veil - lez - vous coeurs   en - dor - mis   Le—   dieu d'a - mour vous son - ne,

Aunque autor de misas y motetes polifónicos, el campo en el que Clément Janequin sobresalió por encima de todos sus contemporáneos fue en el de la composición de breves piezas vocales de carácter descriptivo. Tal es el caso de esta obra, una verdadera filigrana en la que el virtuosismo técnico de la escritura se pone al servicio de una música que, sobre todo, pretende divertir, sorprender con su inventiva y originalidad. Una de las grandes maravillas vocales de la primera mitad del siglo XVI.

■ Carmina Burana (C. Orff)

Sin duda, una de las obras paradigmáticas del siglo XX es esta composición sinfónico-coral de Carl Orff, cuyo fragmento inicial —*O Fortuna*— ha conseguido una inusitada popularidad gracias al cine y la televisión. Estrenada en 1937, en la Alemania nazi, fue un éxito desde el primer momento. Una serie de poemas medievales, goliardescos, de carácter satírico y licencioso, constituyen la base sobre la que se edifica una música en la que el ritmo tiene un papel primordial.

■ A Ceremony of Carols (B. Britten)

Basándose en una serie de textos medievales ingleses, Benjamin Britten creó una de sus obras corales más famosas e interpretadas, escrita para voces infantiles y arpa. Con la inocencia —tema tan caro al compositor, presente en la mayoría de sus composiciones importantes— como motivo conductor, la pieza sorprende por su carácter distendido, casi ingenuo, y su fisonomía deliberadamente arcaizante. Se estrenó en 1942.

■ Chants d'Auvergne (J. Canteloube)

Las cinco series, para voz y acompañamiento de piano u orquesta, que integran esta obra son las únicas de entre las partituras que compuso Joseph Canteloube que gozan hoy de una inmarchitable popularidad, tanto entre las sopranos como entre los aficionados a la música. Su autor se basó para su composición —que le ocupó entre 1923 y 1954— en cantos tradicionales de la región de Auvernia, que trató con el máximo respeto.

E n la página anterior, a la izquierda, detalle del *Tríptico Malvagna* de Mabuse. Bach manifestó un sincero sentimiento religioso en su música sacra, y en especial en sus cantatas, con sus corales destinadas a la participación activa de la comunidad de creyentes. Junto a esta imagen, miniatura procedente del manuscrito que contiene las *Cantigas de Santa María* atribuidas a Alfonso X el Sabio y que hoy se conserva en la biblioteca de El Escorial en Madrid. A la derecha, otra miniatura, esta perteneciente a las *Très riches heures du duc de Berry*, cuyo preciosismo evoca la música de Janequin.

Ch'io mi scordi di te? Non temer, amato bene
(W. A. Mozart)

Tema del aria

Non te-mer a-ma-to be-ne per-te sem-pre

Sin ser la parte más conocida de la producción de Wolfgang Amadeus Mozart, sus arias de concierto constituyen una extraordinaria síntesis de toda su evolución creativa. De entre la cincuentena que escribió, brilla con luz propia la que aquí comentamos: una escena y un rondó para soprano y orquesta, que incluye un obligado de piano. Si en el recitativo introductorio domina el dramatismo, en el rondó reina la melodía. Íntima y cálida, de un refinamiento exquisito, es una página de una riqueza inigualable.

■ Cinco canciones negras (X. Montsalvatge)

En la mente de muchos aficionados, Xavier Montsalvatge es, sobre todo, el creador de canciones para soprano y orquesta. Ello no sorprende en absoluto, dado el encanto inmediato de estas breves piezas sobre textos de Alberti, Luján, Guillén y Valdés. Pertenecientes al llamado período antillano del compositor, la joya del ciclo es la cuarta pieza, *Canción de cuna para dormir a un negrito*, tan sencilla como ingenua, dotada de un especial encanto.

■ Cinco poemas de Baudelaire (C. Debussy)

El poeta maldito por antonomasia de la lírica francesa proporcionó al entonces joven Claude Debussy —corría el año 1887 cuando éste inició su composición— los textos para este breve ramillete de canciones.

Sobre estas líneas, frontispicio para *Europa*, una de las muestras culminantes del genio de William Blake, pintor y poeta inglés fascinado ante la magnificencia y el misterio de la Creación divina. Publicada la obra en 1794, sólo cuatro años más tarde dio Haydn su personal plasmación de esa misma idea en su magno oratorio *La Creación*.

A la derecha, *Mujer con guirnalda*, cuadro de otro poeta-pintor, Dante Gabriel Rossetti. La sensibilidad de Brahms hacia el universo femenino estuvo cerca de la que expresa este lienzo prerrafaelista.

En ellas, aunque la influencia de Wagner es apreciable, se anuncia ya el Debussy del magistral *Pelléas et Mélisande* en el clima voluptuoso, exótico, simbolista, que baña cada una de las piezas.

Il combattimento di Tancredi e Clorinda
(C. Monteverdi)

La vanguardia no es patrimonio exclusivo de la música del siglo XX: basta con escuchar esta composición de Claudio Monteverdi —incluida dentro de la serie de *Madrigali guerrieri et amorosi*, publicados en 1638— para darse cuenta de ello. ¿Madrigal, escena dramática, ópera en miniatura? La clasificación es casi lo de menos, dada la sorprendente originalidad de la música, basada en los inmortales versos de Torquato Tasso. Su profético dramatismo será recogido por las generaciones posteriores.

La Creación (F. J. Haydn)

La tradición oratorial de Haendel fue recogida a finales del siglo XVIII por Franz Joseph Haydn. De sus dos grandes aportaciones al género, éste es el más imponente. Escrito en 1798, sus tres partes siguen la historia de la Creación del mundo según la describen el *Génesis* y John Milton en su *Paraíso perdido*. Su fragmento inicial, confiado a la orquesta, es antológico: en él se describe cómo, a partir del caos primigenio, va tomando forma la materia.

Cristo (F. Liszt)

Sólo alguien como Franz Liszt, cuya vida fue un continuo discurrir entre el arrebato sensual y el éxtasis místico, podía crear una obra de un sentimiento religioso tan sincero como el que expresa este oratorio, escrito entre 1862 y 1867. De proporciones monumentales, contiene páginas que, al decir de Nietzsche, poseen una espiritualidad cercana a la del Nirvana hindú. Estructurado en tres partes, narra la Vida, Pasión y Muerte de Cristo.

Cuatro cantos serios (J. Brahms)

Tema del primero de los cantos

Denn— es— ge - het dem Men - schen— wie dem Vieh,

Johannes Brahms compuso estos cantos para voz grave y piano en 1896, al final de su vida. Con textos extraídos de la Biblia, en ellos el músico expresa sus reflexiones sobre la muerte y el poder redentor del amor, dos temas que ya habían constituido el contenido de su *Réquiem alemán*, pero que ahora se tiñen de un innegable pesimismo, más desencantado que amargo.

Cuatro piezas sacras (G. Verdi)

Compuestas en distintas etapas de su vida, estas cuatro piezas de Giuseppe Verdi fueron reunidas por Arrigo Boito, con el permiso correspondiente del compositor, para una concierto que tuvo lugar en París en 1898. *Ave Maria* (1889), *Stabat Mater* (1897), *Laudi alla Vergine Santa* (1886) y *Te Deum* (1895) son sus títulos. Las más interesantes son también las más tardías, las pares, de expresividad y sentido dramático más acusados.

Cuatro últimos lieder (R. Strauss)

Testamento musical de Richard Strauss, estos *Cuatro últimos lieder*, estrenados póstumamente en 1950, no sólo marcan el fin de una época, sino también el de toda una concepción de la vida, del arte, de la música: el Romanticismo. Con poemas de Hermann Hesse los tres primeros y uno de Joseph von Eichendorff, el cuarto, en pocas ocasiones las palabras se revelan tan insuficientes como en este caso para describir toda la belleza de esta música, verdaderamente única.

Des Knaben Wunderhorn (G. Mahler)

Tema del *lied San Antonio de Padua predica a los peces*

An - to - nius zur Pre - digt die Kir - che— findt— le - dig!

Éste es el título —que podríamos traducir como *El cuerno maravilloso del niño*— de una colección de poesía popular alemana, cuyos

temas fantásticos, caballerescos, humorísticos e, incluso, macabros, acompañaron a Gustav Mahler durante toda su vida. Sin embargo, fue en su juventud (entre 1892 y 1901) cuando compuso esta obra, que conservaba el título de la original: doce *lieder* para voz y orquesta de resonancias folclóricas, que abarcan un amplio espectro de emociones, desde la fantasmagoría en el inquietante *Wo die Schönen Trompeten blasen*, hasta el ingenuo y delicioso humor de *Lob des hohen Verstandes*.

Don Quijote a Dulcinea (M. Ravel)

La producción orquestal de Maurice Ravel ha dejado en un segundo plano esta otra faceta del compositor: la de melodista. Las tres canciones que forman el ciclo que aquí presentamos fueron su última obra. Escritas en 1933 para voz y piano —aunque también existe una versión orquestal— para el gran bajo ruso Feodor Chaliapin, protagonista del film *Don Quijote* de Pabst, una amable ironía domina en la primera y en la última, mientras los acentos de la segunda son más emocionantes.

L a historia del héroe mesopotámico Gilgamesh es quizás la más antigua epopeya que ha llegado hasta nosotros. Su carácter arcaico, pero al mismo tiempo sorprendentemente moderno, fascinó al checo Bohuslav Martinu y lo indujo a ponerle música. En la imagen inferior, Gilgamesh entre dos animales mitológicos, según un relieve de Tell Halaf (siglo IX a.C.).

Elías (F. Mendelssohn)

En este oratorio, Felix Mendelssohn intentó sintetizar el pasado y el presente, el estilo monumental de los oratorios de Haendel y la austeridad de las pasiones de Bach, con las nuevas posibilidades de expresión instrumental y armónica del Romanticismo. Y lo consiguió. Su éxito fue tal que, tras su estreno en Inglaterra en 1846, su autor fue elevado a la categoría de profeta del nuevo arte.

Las estaciones (F. J. Haydn)

Posterior en dos años a *La Creación*, este oratorio de Haydn contrasta con aquél por su atmósfera pastoril, ingenua, vitalista. Aunque la unidad es menor aquí, la música no es por ello menos valiosa, sobre todo en el aspecto melódico, de un encanto acrecentado por las reminiscencias de motivos populares campesinos. La gran fuga final de *El invierno* es una de las páginas más bellas de su autor.

Gilgamesh (B. Martinu)

Una de las más antiguas epopeyas de la Humanidad, el poema babilónico que narra la historia del héroe Gilgamesh, inspiró a Bohuslav Martinu la composición de este oratorio, estrenado en 1955. Un narrador, soprano, tenor, barítono y bajo, coro y orquesta son los efectivos requeridos por el compositor checo en esta partitura, una de las más modernas y ambiciosas de su carrera. De las tres partes en que se divide, la más sugestiva es la segunda, de un colorido y misterio nada desdeñables.

■ Gloria (F. Poulenc)

Al lado de obras abiertamente provocativas y disparatadas —como la ópera sobre texto de Apollinaire *Les mamelles de Tirésias*—, Francis Poulenc se distinguió por crear algunas de las partituras religiosas más sinceras del siglo XX, sobre todo a partir de su retorno al catolicismo en 1936. Este *Gloria* para soprano, coro y orquesta es, junto al *Stabat Mater* y *Diálogos de carmelitas*, una de sus páginas más representativas en este sentido, caracterizada por su religiosidad exaltada y majestuosa. Data de 1959.

■ Gloria RV 589 (A. Vivaldi)

Entre las composiciones religiosas de Antonio Vivaldi ocupa un lugar preponderante este *Gloria*, escrito hacia 1717 para dos sopranos, contralto, coro y orquesta. De las once secciones en que se divide, es especialmente conocida la inicial, *Gloria in excelsis*, de un ímpetu rítmico poco común. Existe otro *Gloria*, catalogado como RV 588 y en la misma tonalidad de Re mayor, pero mucho menos conocido.

Gurrelieder (A. Schönberg)

«Canción de la paloma del bosque»

El colosalismo posromántico tiene en esta cantata para solistas, coro y orquesta de Arnold Schönberg una de sus manifestaciones paradigmáticas. Sin embargo, a pesar de la desmesura de los medios requeridos, el músico no explota nunca los grandes efectos de masa, sino que su interés se dirige primordialmente hacia la búsqueda de nuevos matices tímbricos y expresivos. Entre sus números cabe destacar, por su singular belleza, la *Canción de la paloma del bosque*, aunque no hay que olvidar tampoco la introducción y la primera intervención de Waldemar o la orquestal *La caza salvaje del viento de verano*. Su estreno en 1913 constituyó el único triunfo en vida que conoció su autor.

■ La infancia de Cristo (H. Berlioz)

Aunque Hector Berlioz no fue nunca persona de fuertes convicciones religiosas, el tema religioso está presente en muchas de sus partituras. Una de ellas es este oratorio, en el que, frente a la grandilocuencia de otras de sus composiciones, escritas para enormes masas corales e instrumentales, el músico francés opta por unos dispositivos más modestos, en favor de la búsqueda de un perfume deliberadamente arcaico, acorde con el espíritu algo ingenuo de su tema. El resultado es sencillo a la par que emocionante. Su estreno tuvo lugar en 1854.

E ntre los distintos textos de carácter sacro, uno de los que con más profusión han tratado los compositores ha sido el del Gloria. Dos de los más representativos son los de Vivaldi y Poulenc, distanciados entre sí por más de dos siglos. A la izquierda, *Ángeles músicos* de Hans Memling; bajo estas líneas, el *Triunfo de la Divina Providencia*, fresco de Pietro da Cortona.

■ Israel en Egipto (G. F. Haendel)

Tras triunfar en la escena operística con títulos como *Giulio Cesare*, Georg Friedrich Haendel dirigió todos sus esfuerzos creativos al oratorio, y escribió algunas partituras imprescindibles para comprender el éxito del género en Gran Bretaña. Uno de los más importantes es *Israel en Egipto*, estrenado en Londres en 1739. El coro, símbolo del pueblo judío, es su gran protagonista, por encima de las intervenciones solistas. De carácter monumental, destaca por su acusado sentido épico.

■ Juana de Arco en la hoguera (A. Honegger)

Con texto de Paul Claudel, este oratorio dramático de Arthur Honegger es un monumental fresco histórico en el que la simplicidad medieval coexiste con técnicas y efectos instrumentales modernos. Expresión de la fe cristiana de sus autores, *Juana de Arco en la hoguera* destaca por su lirismo profundo, espiritual al mismo tiempo que realista. Una particularidad de la obra es la de que el papel principal, encomendado a una actriz, es declamado en lugar de cantado. Escrito en 1935, se estrenó tres años más tarde. Junto a *El rey David,* es la obra sinfónico-coral más interpretada de Honegger.

■ Judas Macabeo (G. F. Haendel)

Haendel escribió este oratorio en 1746, para celebrar una victoria militar de los ingleses sobre los insurgentes escoceses. Por ello, aunque su argumento es bíblico, el público inglés podía fácilmente identificar su propia lucha con aquella que en la obra sostienen los judíos contra los egipcios. Esta componente patriótica ha influido considerablemente en el éxito alcanzado por la partitura desde el mismo momento de su estreno, aunque no por ello hay que desmerecer su música, de un valor imperecedero.

■ Juditha triumphans (A. Vivaldi)

Este oratorio sacro es una de las más sorprendentes muestras del genio de Antonio Vivaldi. Y lo es, sobre todo, por la novedad de su escritura vocal, de un elevado virtuosismo en las numerosas partes solistas, y por la brillantez y el exotismo de su instrumentación. Su argumento, extraído de la Biblia, narra la lucha del pueblo judío contra Holofernes y la muerte de éste a manos de Judith. Fue estrenado en Venecia en 1716. El mismo tema, muy popular durante el período barroco, fue musicado con anterioridad por Alessandro Scarlatti en dos ocasiones (1693 y 1700), bajo el título de *La Giuditta*.

Sobre estas líneas, *La huida a Egipto* de Giotto, tema que abordó Hector Berlioz en su oratorio *La infancia de Cristo*.

Kullervo (J. Sibelius)

El estreno de esta sinfonía para soprano, barítono y coro masculino, en 1892, convirtió a Jean Sibelius en el líder de la escuela musical finesa. Basada en la historia de un trágico héroe del *Kalevala* —con más de un vínculo con el personaje de Edipo—, su música posee una innegable fuerza dramática. Los movimientos tercero —casi una escena operística— y quinto introducen las voces.

Lágrimas de san Pedro (O. di Lasso)

Estos veinte madrigales sacros en italiano, coronados por un motete latino a siete voces, conforman el último ciclo escrito por Orlando di Lasso, publicado en 1595, un año después de la muerte del compositor. De escritura austera, pero al mismo tiempo refinada, es una de las composiciones más sinceras y emocionantes de este autor.

Libro de canciones italianas (H. Wolf)

Hugo Wolf continuó en su obra la gran tradición del *lied* alemán. Autor de grandes ciclos, los cuarenta y seis *lieder* del *Libro de canciones italianas* bastan para garantizarle un puesto en la historia de la música. Compuesta su primera parte entre 1890 y 1891, y la segunda en 1896, en contradicción con lo que indica su título, no se espere encontrar en estas canciones nada que evoque a Italia. De gran simplicidad y concisión, el amor es el gran tema que las inspira.

Lux aeterna (G. Ligeti)

Compuesta en 1966 como apéndice a su *Réquiem* (1963-1965), esta composición para coro *a cappella* a dieciséis voces, *Lux aeterna*, es una de las que más ha contribuido a la fama de György Ligeti, gracias sobre todo a su inclusión en la película de Stanley Kubrick *2001, una odisea del espacio*. Página difícil por su carácter abstracto, hace mella en el oyente por su atmósfera misteriosa y sobrenatural.

Madrigales, libro IV (G. Gesualdo)

Carlo Gesualdo, príncipe de Venosa, vivió una existencia atormentada y novelesca, que marcó profundamente el carácter de su música. Músico que no dependía de la Iglesia ni de los mecenas para componer, su arte se caracterizó siempre por su profundo individualismo. Ello es evidente en esta colección de madrigales a cinco voces, publica-

dos en 1596. Su lenguaje armónico, de una gran modernidad, no fue comprendido en su tiempo. *Luci serene i chiare* y *Talor sano desio* son dos de las piezas más representativas de esta colección.

Magnificat (J. S. Bach)

Johann Sebastian Bach compuso entre 1728 y 1731 su *Magnificat* para ser cantado en las vísperas de las grandes festividades como las de Navidad o Pascua. Obra escrita para solistas, coro y orquesta, es una de las más luminosas, más impresionantes, del *Kantor* de Leipzig, a la misma altura que sus Pasiones o la *Misa en si menor*, expresión de una sincera y apasionada devoción religiosa.

Le marteau sans maître (P. Boulez)

Pierre Boulez compuso entre 1953 y 1955 este ciclo de canciones sobre textos de René Char bajo la influencia directa del *Pierrot lunaire*, de Arnold Schönberg. Escrito para una contralto solista y un conjunto instrumental integrado por flauta, viola, vibráfono, guitarra y percusión, es una de las obras más asequibles y atractivas de este músico contemporáneo francés, sobre todo a causa de su particular fisonomía tímbrica, repleta de sonoridades exóticas y deslumbrantes.

A la izquierda, cartel que representa a Juana de Arco, una de las figuras míticas de la nación francesa, protagonista del oratorio que, con texto del poeta Paul Claudel, compuso Arthur Honegger en 1935. A la derecha, partitura autógrafa de *Kullervo*, sinfonía dramática basada en uno de los personajes míticos del *Kalevala*. Con esta obra, Sibelius se convirtió en el líder de la naciente escuela musical finesa, posición que más adelante reafirmó con *Finlandia* y la *Sinfonía núm. 2*. Pese al éxito obtenido, a poco de su estreno, el compositor, descontento con la obra, prohibió su interpretación. Sólo después de su muerte *Kullervo* ha vuelto al repertorio.

El Mesías (G. F. Haendel)

Coro del *Aleluya*

Hal - le - lu - jah!   Hal - le - lu - jah!   Hal - le - lu - jah!   Hal - le - lu - jah!

Pocas páginas son tan conocidas del gran público como el *Aleluya* de este oratorio de Haendel, estrenado en 1742 con un éxito apoteósico. De entre los cincuenta y dos números de que consta, hay otros que merecen también destacarse, como *Glory to God in the Highest*, *The trumpet shall sound* o el *Amen* final. Como curiosidad podemos añadir que existe una versión reorquestada por Mozart, más adaptada a los gustos del clasicismo.

Misa «Ave regina caelorum» (G. Dufay)

Probablemente compuesta hacia 1470, esta última misa de Guillaume Dufay, escrita para cuatro voces, sintetiza de manera admirable los estilos polifónicos francés e italiano. De gran nobleza de expresión, basa su material temático en una antífona, *Ave regina caelorum*, que el músico había compuesto con el propósito de que fuera interpretada en su lecho de muerte.

Misa de la Coronación (W. A. Mozart)

Catalogada como *KV 317* y datada en 1779, esta misa es una de las páginas más fascinantes de la producción sacra de Mozart, en la que ya se apuntan algunos de los rasgos que definirán sus posteriores obras maestras del período de madurez. De entre sus partes, las propias del ordinario de la misa latina, destacan con luz propia el *Credo*, intenso y afirmativo, y, sobre todo, el *Agnus Dei*, la página más hermosa de toda la composición.

Misa de Notre-Dame (G. de Machaut)

Fragmento del *Kyrie* inicial de la misa

Ky - ri - - - e - - - - e - - - - -

La importancia histórica de esta imponente misa es incuestionable: fue la primera misa polifónica en la que todas sus partes fueron obra de un mismo compositor, del que además sabemos su filiación: el francés Guillaume de Machaut. Esto no sería más que un dato para los eruditos si no fuera por la calidad de su música, por su belleza y su majestuosidad incomparables. Compuesta hacia 1350, en pleno auge del movimiento conocido como *Ars nova*, hoy sigue pareciéndonos moderna, actual.

Misa de Réquiem (G. Verdi)

Con esta obra para solistas, coro y orquesta, Giuseppe Verdi se propuso honrar la memoria del gran poeta italiano Alessandro Manzoni,

La polifonía alcanzó su más alto grado de desarrollo en la música religiosa. Sobre estas líneas, la Anunciación según una miniatura del *Gradual de Santa María de los Ángeles* (finales del siglo XIV). A la derecha, celebración de la misa de difuntos procedente de un libro de horas de la segunda mitad del siglo XV.

muerto en 1873. Compuesta sobre el texto litúrgico latino del oficio de difuntos, se trata de una de las partituras más sorprendentes del genio del Verdi maduro, de la que en ocasiones se ha criticado su carácter «teatral», «operístico», presuntamente inadecuado para un trabajo de naturaleza religiosa. Polémica absurda, dadas la sincera emoción y nobleza que desprende su música.

Misa del Papa Marcelo (G. P. da Palestrina)

Fragmento del *Benedictus*

Dice la leyenda que, gracias a esta misa, su autor, Giovanni Pierluigi da Palestrina, salvó a la música polifónica de la amenaza de prohibición que pesaba sobre ella por parte de la Iglesia católica, molesta de que la complejidad del tejido polifónico imposibilitara la comprensión de los textos sacros. Sea o no cierta la historia, lo indudable es que se trata de una de las muestras más perfectas del genio de su autor, de una belleza interiorizada y sincera. Fue escrita hacia 1555.

Misa en si menor (J. S. Bach)

Aunque de confesión protestante, Johann Sebastian Bach compuso esta imponente misa latina entre 1747 y 1749, algunas de cuyas partes son, sin embargo, anteriores en el tiempo. Escrita para solistas, coro y orquesta, su potencia expresiva da lugar a que sobrepase con mucho su adscripción cristiana para convertirse en una obra portadora de un mensaje universal.

Misa glagolítica (L. Janacek)

Compuesta en 1926, esta obra es una de las más destacadas y sorprendentes de la última etapa creativa de Leos Janacek. En ella, el compositor se sirve de los textos de la antigua liturgia eslava, y el resultado no sólo constituye una confirmación de la propia fe, sino también un alegato en favor de la unión de los pueblos eslavos y una glorificación de la vida y la naturaleza. Las partes correspondientes al *Credo* y al *Agnus Dei* son quizás las más destacadas, distinguiéndose el conjunto por una orquestación agresiva, casi salvaje.

Missa «L'homme armé» (J. Desprez)

Josquin Desprez compuso dos misas a partir del tema popular medieval de *L'homme armé*, conocidas como *Missa «sexti toni»* y *Missa «super voces musicales»*. Esta última gozó de gran celebridad en su época, y fue interpretada durante los cincuenta años posteriores a la muerte del maestro. No es de extrañar, dada la maestría técnica de que Josquin hace gala en ella, sin que ello vaya en desmedro de las cualidades melódicas y expresivas.

E l fallecimiento de Rossini en 1868 despertó en Verdi la idea de componer, en colaboración con otros doce músicos, una misa de réquiem en memoria del gran maestro. El proyecto, aunque realizado, no llegó a estrenarse. Años más tarde, y con motivo del óbito de Manzoni, la idea de escribir un réquiem volvió a tentar al creador de *Aida*. En la imagen, una interpretación moderna de esta hermosa partitura.

Missa Solemnis (L. van Beethoven)

Inicio de la sección del *Credo*

Cre - do, cre - do, in u - num, u - num— De - um—

Una de las composiciones mayores de la última etapa creativa de Ludwig van Beethoven. Sus considerables dimensiones, su carácter sinfónico y lo poco ortodoxo de su concepción religiosa hacen de ella una obra adelantada a su tiempo, una prefiguración de muchos de los hallazgos de la posterior generación romántica. Encargada para celebrar la entronización del archiduque Rodolfo como arzobispo de Olomouc, Beethoven no logró acabarla hasta 1823, tres años más tarde del evento en cuestión.

Música para el funeral de la reina Mary (H. Purcell)

La carrera de Purcell estuvo vinculada a la vida de la corte inglesa, para la que compuso numerosas piezas instrumentales y vocales. Una de ellas es este *anthem, Thou know'st, Lord, the secrets of our hearts*, escrito en 1695 dentro de los actos destinados a acompañar los funerales de la reina Mary. Página de una gran severidad, despojada de todo elemento accesorio, supone una de las cimas de su autor, quien fallecería ese mismo año.

Les nuits d'été (H. Berlioz)

Villanelle, primer número de la partitura

Quand vien - dra   la sai - son nou - vel - le,   Quand au - ront dis - pa - ru

Unos poemas de Théophile Gautier inspiraron a Hector Berlioz la composición de este ciclo lírico, del que existen dos versiones: una para piano, datada entre 1840 y 1841, y otra para orquesta, de 1856, ambas con una soprano como solista. De las seis canciones que lo conforman, destaca la primera, *Villanelle*, una deliciosa composición, de un refinamiento y encanto supremos.

Oedipus rex (I. Stravinski)

De un deliberado carácter arcaico —no sólo en su técnica, sino también en el idioma en que está cantada, que no es otro que el latín—, a medio camino entre la ópera y el oratorio, estática y monumental, esta obra de Igor Stravinski fue escrita entre 1925 y 1927. Perteneciente a su período neoclásico, se presenta como una especie de homenaje a Haendel. El aria de Yocasta del segundo acto es su momento culminante.

Oficio de difuntos (T. L. de Victoria)

La muerte, en 1603, de la emperatriz María, hermana de Felipe II de España y viuda de Maximiliano I de Austria, motivó la composición de este réquiem por parte de Tomás Luis de Victoria. Réquiem de toda una época, el Siglo de Oro español, en él el estilo severo y grandioso de este compositor abulense alcanza su más sublime y depurada expresión. Escrita para coro *a cappella* a seis voces, fue la última gran obra publicada por Victoria y su verdadero canto del cisne.

Oratorio de Navidad (J. S. Bach)

Introducción de la obra: «Jauchzet, frohlocket»

Jauchzet, froh - lock - et!   Auf, prei - set—die—Ta - ge!   Jauch-zet!

Seis cantatas integran esta extraordinaria composición de Johann Sebastian Bach. Seis cantatas en las que lo espiritual y lo profano conviven, se entremezclan, con la mayor naturalidad. Expresión del júbilo que acompaña a tan señaladas fechas, cada una de las partes de que consta fue interpretada en los días solemnes entre el de Navidad y el de Reyes, de 1734 y 1735.

La Pasión según san Lucas (K. Penderecki)

Aunque el referente de Krzysztof Penderecki para la composición de esta partitura hayan sido las Pasiones bachianas, lo cierto es que su música sólo comparte con su modelo barroco su espiritualidad religiosa. Obra referencial de la vanguardia posterior a la Segunda Guerra Mundial, su autor nos sorprende con una escritura coral de una gran ductilidad, innovadora, en la que el canto propiamente dicho convive con recursos como el grito, el susurro o la declamación. La escritura orquestal no es menos novedosa: antimelódica, evoluciona a partir de grandes bloques sonoros. Su estreno tuvo lugar en Münster el 30 de marzo de 1966.

La Pasión según san Mateo (J. S. Bach)

Fragmento del número 48 de la partitura

Er bar - - me— dich,— er - bar - me dich, mein Gott.

Uno de los monumentos más impresionantes de toda la historia de la música es esta Pasión escrita por Johann Sebastian Bach; impresionante no sólo por sus numerosos efectivos (solistas vocales, doble coro, orquesta y bajo continuo) y su larga duración, sino, sobre todo, por la profundidad y potencia emocional de su música, paradójica-

mente íntima. Su primera audición tuvo lugar el Viernes Santo del 11 de abril de 1727, en la iglesia de Santo Tomás de Leipzig, dirigida por el mismo compositor.

Pequeña misa solemne (G. Rossini)

Universalmente conocido por su producción operística, Gioacchino Rossini también nos ha dejado algunas valiosas piezas en otros géneros. Una de ellas es esta, escrita en 1863, casi treinta y cinco años después de que el músico hubiera sorprendido a todo el mundo abandonando prácticamente la composición, justo en el apogeo de su fama. Escrita para coro con acompañamiento de dos pianos y armonio, fue orquestada en 1867. Amable y serena, sin estridencias de ningún tipo, ha conseguido hacerse un puesto en el repertorio de numerosas formaciones vocales.

Pierrot lunaire (A. Schönberg)

La música del siglo XX tiene uno de sus paradigmas en este ciclo de veintiuna canciones sobre poemas de Albert Giraud. Compuesto por Arnold Schönberg en 1912, por iniciativa de la actriz Albertine Zehme, su estreno suscitó la violenta reacción del público, desconcertado ante la radical novedad de la propuesta. Perteneciente a la etapa expresionista o «atonal» del músico vienés, la obra —escrita para una voz que se expresa en *sprechgesang* y cinco instrumentistas que han de tocar piano, violín (y viola), violoncelo, flauta (y piccolo) y clarinete (y clarinete bajo)— descubre todo el clima perverso, a veces lírico y refinado, de los poemas en que se basa. Su influencia ha sido considerable en el devenir de la música contemporánea, y se ha dejado sentir incluso sobre autores como Stravinski y Ravel, en principio muy alejados de la estética que la partitura representa.

A medio camino entre la ópera seria y el oratorio, *Oedipus rex* es una de las partituras más extrañas, y al propio tiempo más representativas, del estilo neoclásico de Igor Stravinski. A la izquierda, una escena de la obra.

Aunque no puede considerarse una composición unitaria, al menos no del mismo modo que sus Pasiones, el *Oratorio de Navidad* se ha convertido en una de las composiciones más interpretadas de Bach. A la derecha, *Adoración de los pastores* de fray Juan Bautista Maíno.

■ Poema del amor y del mar (E. Chausson)

La composición de este hermoso ciclo de canciones para voz y orquesta ocupó a Ernest Chausson durante diez años, de 1882 a 1892. En él, a pesar de la influencia wagneriana, se deja ver un estilo muy personal, caracterizado por su desbordante lirismo y por un sentido de la melodía innato, de un refinamiento y una transparencia inconfundiblemente francesas. Mucho del arte sonoro de Debussy queda anunciado en estos ensoñadores y sugestivos pentagramas.

■ Réquiem (A. Dvorak)

Sin duda, la obra más profunda de Anton Dvorak. Su sección inicial es igualmente una de las más bellas de este autor, de un efecto sublime, lleno de misterio, con las voces y la orquesta emergiendo gradualmente desde el silencio. Contundentes, fieros, aterradores, se presentan el *Dies irae* y el *Tuba mirum*, mientras que el *Recordare*, a cargo de los cuatro solistas vocales, o el *Lacrimosa*, devuelven a la partitura su extática belleza. Estrenado en 1891, conoció un éxito sin precedentes.

Réquiem (G. Fauré)

In Paradisum

Contrariamente a otras piezas de este género, en el *Réquiem* de Gabriel Fauré no hay sitio ni para la desesperanza ni para la desesperación: la muerte no se presenta aquí como algo terrorífico (es elocuente en este sentido que el músico no haya puesto música al habitual *Dies irae*), sino como una liberación. Su última sección, *In Paradisum*, en su lirismo supremo, sereno, de una sencillez casi sublime, así nos lo demuestra. Escrito para soprano, barítono, coro y orquesta, se estrenó en 1888.

Réquiem (W. A. Mozart)

Lacrimosa

El Romanticismo convirtió a Wolfgang Amadeus Mozart en un mito a través de esta sobrecogedora obra: según la leyenda, el músico la compuso con la idea de que se trataba de su propio *Réquiem*, encargado por un mensajero de la muerte. Aunque la realidad parece ser menos poética, ello no resta un ápice a la potencia expresiva ni a la belleza de la partitura, con algunas secciones que se cuentan entre las cimas no sólo de la producción de Mozart, sino de la música universal: el *Introitus*, el *Kyrie*, el *Dies irae*, el *Lacrimosa*... Inacabado a su muerte, su alumno Franz Xaver Süssmayr se encargó de completarlo en 1791.

E l misterio de la vida y de la muerte, y la esperanza de una vida futura, constituyen el fondo de muchos réquiem, entre ellos los de Anton Dvorak y Gabriel Fauré. A la izquierda, «El Paraíso», detalle de *La creación del mundo* de El Bosco.

Serenata para tenor, trompa y cuerdas

Un Réquiem alemán (J. Brahms)

Inicio de la segunda sección de la partitura, *Denn alles Fleisch*

El estreno en 1868 de esta obra contribuyó decisivamente a cimentar la fama de Johannes Brahms. El título obedece a que el músico prescindió en ella del texto latino de la misa de difuntos para incluir una selección de salmos y textos bíblicos en la traducción alemana de Lutero. Consta de siete movimientos escritos en la más pura tradición musical protestante, heredera del arte de los Schütz y Bach, con el coro como principal protagonista. De carácter sereno, en él la muerte no se presenta como un final definitivo, sino como el paso previo a la vida eterna.

Réquiem de guerra (B. Britten)

Benjamin Britten compuso en 1962 su colosal *Réquiem de guerra* para solistas, coro y orquesta, como un acto de denuncia de los dos grandes conflictos bélicos del siglo XX y como un canto a la reconciliación de los pueblos. En este sentido, cobra una especial relevancia que el músico británico, junto a los textos latinos del ordinario de la misa de difuntos, alternara unos poemas de Wilfred Owen, un poeta muerto en el frente durante la Primera Guerra Mundial.

Réquiem para un joven poeta (B. A. Zimmermann)

Escrito entre 1969 y 1970, este *Réquiem* de Bernd Alois Zimmermann requiere unos efectivos considerables: dos narradores, soprano, barítono, tres coros, sonidos electrónicos, conjunto de jazz, órgano y una monumental orquesta. Especialmente importante es la parte electrónica, que introduce diversas yuxtaposiciones de textos y ruidos. Éstos, mezclados con los sombríos y opacos acordes de una orquesta difusa y el expresionismo de la escritura vocal, contribuyen a sugerir una atmósfera en verdad angustiosa. El título, más que hacer referencia a un poeta concreto, alude a la tragedia de toda una época.

Salmos de David (H. Schütz)

Publicados en Dresde en 1619, estos salmos constituyen la primera colección de música sacra de Heinrich Schütz. Aunque denotan aún cierta influencia de su maestro Giovanni Gabrieli, sobre todo en la forma de combinar las voces con los instrumentos, en ellos encontramos ya las primeras muestras del estilo que iba a hacer de este compositor el maestro indiscutible de la música alemana anterior a Bach. La brillantez de su escritura vocal e instrumental, la imaginación sonora que el maestro revela en la recreación de los distintos textos, hacen de esta colección una de las mejores formas de introducirse en la música de Schütz.

Serenata para tenor, trompa y cuerdas (B. Britten)

Britten siempre prestó un interés especial al cultivo de la voz humana. Al lado de sus óperas, los ciclos de canciones ocupan un lugar de privilegio dentro del repertorio de muchos intérpretes. Uno de los más fascinantes es esta *Serenata*, escrita en 1942 y caracterizada por su atmósfera nocturna, ambigua y misteriosa. De sus ocho números, el cuarto, *Elegía* —sobre un poema de William Blake—, anuncia en su tono siniestro muchas de las constantes del estilo de este músico inglés. Peter Pears fue el responsable del estreno de la partitura.

A la izquierda, *La muerte del poeta Thomas Chatterton* de Henry Wallis. Sin referirse a nadie concreto, Zimmermann tomó la figura del Poeta como un símbolo de toda una generación de jóvenes, desarraigados por conflictos como la Segunda Guerra Mundial o la guerra del Vietnam.

Siete canciones españolas (M. de Falla)

Primera de las canciones de la colección, *El paño moruno*

Estrenadas en 1915, estas canciones para voz y piano de Manuel de Falla ocupan un puesto de privilegio en el repertorio vocal español. De un carácter español inconfundible, al mismo tiempo que alejado de todos los tópicos, su autor se basó en algunas melodías de origen tradicional, que transformó en algo nuevo e irrepetible. De entre ellas, *El paño moruno* tiene un especial encanto.

Siete *lieder* de juventud (A. Berg)

De los cerca de ochenta *lieder* que escribió durante su juventud, antes de que empezara a recibir lecciones de Arnold Schönberg, Alban Berg consideró oportuno rescatar, revisar y orquestar en 1928 siete de ellos. Su atmósfera finisecular y romántica queda realzada por una instrumentación de amplio poder de sugestión. Basta con escuchar el primero de estos *lieder*, *Nacht*, para hacerse cargo de la indescriptible belleza del conjunto.

Los siete pecados capitales (K. Weill)

Obligado a abandonar Alemania por su condición de judío y su simpatía hacia el ideario comunista, Kurt Weill buscó un primer refugio en París, donde en 1933 compuso este «ballet cantado» sobre un texto de Bertolt Brecht. Estrenado en la capital francesa ese mismo año, en las voces de Lotte Lenya y Tilly Losch, se trata de una obra irónica en la que el músico sintetiza, como en *La ópera de tres peniques* y *Mahagonny*, la música popular ligera, el cabaret y la tradición clásica.

Sinfonía de los salmos (I. Stravinski)

Introducción de la obra

Compuesta a la gloria de Dios, esta obra maestra de Igor Stravinski fue el fruto de su vuelta a la fe. Escrita en tres movimientos, cada uno de ellos más largo que el precedente, utiliza una orquesta en la que dominan los instrumentos de viento (no hay violines ni violas) y un coro mixto. Su último tiempo, *Laudate Dominum*, es de una expresividad infrecuente en este músico ruso. Fue compuesta en 1930.

Sinfonía lírica (A. von Zemlinsky)

Esta obra es la que más ha contribuido a la fama de Alexander von Zemlinsky. Escrita para soprano, barítono y orquesta, sobre textos de Rabindranath Tagore, la partitura sigue el modelo formal de la *Sinfonía núm. 8* de Mahler y los *Gurrelieder* de Schönberg, a los que añade una expresividad propia, de un acusado y otoñal romanticismo. Fue estrenada en Praga en 1924.

Sinfonía núm. 3 (H. Górecki)

El nombre del polaco Henryk Górecki adquirió nombradía internacional en 1991 gracias a esta sinfonía de 1976, subtitulada «Sinfonía de las canciones tristes», que se convirtió en el disco revelación del año, y ocupó durante semanas el número uno en las listas de ventas de todo el mundo. Escrita para soprano solista y orquesta, se distingue por su carácter contemplativo, como ajeno al mundo, con unos tiempos que sorprenden por su extremada lentitud.

Sinfonía núm. 8 (G. Mahler)

Conocida con el sobrenombre de «Sinfonía de los Mil» por el enorme aparato orquestal y vocal (ocho solistas vocales, un doble coro y un coro de niños) que requiere, Gustav Mahler estrenó esta obra en 1910 con un extraordinario éxito, prácticamente el único que iba a

El dolor es el gran tema de los tres movimientos de que consta la *Sinfonía núm. 3* del compositor polaco contemporáneo Henryk Górecki. Contemplativa, extática, se trata de una música que huye de la realidad cotidiana para buscar consuelo en una esfera superior. No se trata de un hecho aislado: músicos como John Taverner o Arvo Pärt han creado obras en esa misma dirección. A la izquierda, *El dolor*, cuadro de Carlos Schwabe pintado en 1893.

obtener en vida. Dividida en dos extensas partes, íntegramente cantadas, los textos en los que una y otra se basan son, respectivamente, el himno latino *Veni Creator* y la parte final del *Fausto* de Goethe. Colosal, que no colosalista, su audición es toda una experiencia.

Sinfonía núm. 14 (D. Shostakovisch)

Poemas de García Lorca, Apollinaire, Küchelbecker y Rilke, todos ellos con un mismo tema, la muerte, conforman la base de esta sombría y terrible partitura de Dimitri Shostakovisch, estrenada en 1969. Escrita para soprano, barítono y una orquesta reducida a las secciones de la cuerda y la percusión, expresa de manera radical la desolación y la amargura, teñidas de cruel sarcasmo, que acompañaron los últimos años de vida del compositor. Aun así, la belleza de la composición es impresionante.

Stabat Mater (G. B. Pergolesi)

Vidit suum dulcem natum morientem

Este poema a la Virgen que es el texto del *Stabat Mater* ha inspirado a multitud de compositores algunas de sus obras más hermosas y sinceras. Es el caso de Giovanni Battista Pergolesi, quien escribió esta partitura en 1735, ya enfermo de muerte. A pesar de la juventud del compositor —sólo contaba veintiséis años cuando murió—, la partitura revela una madurez sorprendente, con fragmentos como la introducción o el *Vidit suum dulcem natum morientem*, de una imaginación melódica digna de un genio.

Stabat Mater (K. Szymanowski)

Escrito entre 1925 y 1926, el *Stabat Mater* del polaco Karol Szymanowski es una obra sorprendente, que causó honda impresión en su estreno en 1929, en razón del melodismo orientalizante y las sonoridades exóticas y evanescentes, no exentas de cierta ambigüedad, que caracterizan su música, alejada por tanto de los tonos austeros y contenidos de otras plasmaciones de este poema religioso. Poco interpretada hoy día, es una partitura digna de conocer y de apreciar. Soprano, contralto, barítono, coro y orquesta son los medios requeridos por el compositor.

El sueño de Geroncio (E. Elgar)

Desde los tiempos de Haendel, el oratorio es el género por antonomasia de la música británica. Uno de sus máximos representantes en el siglo XX es Edward Elgar. De los escritos por él, *El sueño de Geroncio*, estrenado en 1900, es su obra maestra. De inspiración religiosa, sobresale por lo avanzado de su lenguaje, al que no es ajena cierta influencia wagneriana.

Te Deum (A. Bruckner)

«Para voces angelicales, buscadores de Dios, corazones torturados y almas purificadas en el fuego.» Con estas palabras definía Gustav Mahler la esencia de esta composición de su admirado Anton Bruckner, la más famosa de las que compuso inspirado por su fe religiosa, una obra tan majestuosa como impresionante y sincera, cuyo estreno en 1886 constituyó uno de los escasos éxitos que este autor pudo disfrutar en vida.

Atribuido al monje franciscano Jacopone da Todi a finales del siglo XIII, el texto latino del *Stabat Mater*, sobre todo desde que fuera adoptado por el rito católico en 1727, ha suscitado el interés de compositores tan diferentes entre sí y tan alejados geográfica y temporalmente como Pergolesi y Szymanowski, pasando por Palestrina, Dvorak o Poulenc. En la imagen de la izquierda, *Piedad* atribuida a Enguerrand Quarton.

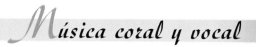

Te Deum (M-A. Charpentier)

La televisión ha contribuido decisivamente a hacer de este cántico de acción de gracias de Marc-Antoine Charpentier una página en extremo popular: no en vano su solemne introducción es la música que preside las retransmisiones de Eurovisión. Esto aparte, se trata de una obra valiosa, de majestuosa y brillante concepción, atrevida en el uso de la armonía y el contrapunto. Data de alrededor de 1690.

Tonadillas (E. Granados)

Enric Granados escribió en su madurez una serie de pequeñas piezas vocales con acompañamiento de piano, que querían recrear el espíritu de la antigua tonadilla, tan popular en la España de principios del siglo XIX. Con letras en ocasiones del mismo músico, aunque pulidas y revisadas por Fernando Periquet —el libretista de la ópera *Goyescas*—, estas canciones sobresalen por su expresividad castiza y despreocupada. *La maja de Goya* y *Las currutacas modestas* son dos de las más representativas.

La transfiguración de Nuestro Señor Jesucristo (O. Messiaen)

Este extenso y ambicioso oratorio de Olivier Messiaen requiere siete solistas vocales, un coro de cien personas y una orquesta de 109 ins-

trumentistas. Compuesto entre 1965 y 1969, el músico vertió en él todas sus preocupaciones religiosas, usando con profusión el canto llano, cuyo carácter arcaico contrasta vivamente con la novedad del lenguaje general de la obra. Su modelo formal no es otro que el de las grandes Pasiones de Bach.

Tres melodías Op. 23 (G. Fauré)

Gabriel Fauré fue un maestro de la melodía: toda su obra, sea sinfónica o camerística, está impregnada de ella. Así, no es extraño que nos dejara en el terreno de la canción algunas de las muestras más depuradas y perfectas de su genio. Con poemas de Sully-Proudhomme y Silvestre, estas tres melodías de 1879 son de un refinamiento exquisito.

Tres poemas de Mallarmé (M. Ravel)

Ser de carácter contradictorio, el estilo de Ravel oscilaba entre el placer por el hedonismo sonoro y una inevitable tendencia hacia la austeridad. Estos tres poemas representan el caso extremo de este segundo aspecto: en ellos la música se despoja de cuanto no sea puramente esencial. Voz solista, un cuarteto de cuerda, dos flautas, dos clarinetes y piano son los efectivos utilizados por Ravel, influido por el *Pierrot lunaire* de Schönberg. A pesar de su carácter desnudo, de su frialdad, tienen una enigmática belleza. Datan de 1913.

Tres poemas de Miguel Ángel (H. Wolf)

El universo atormentado de la poesía de Miguel Ángel indujo a más de un compositor a poner música a sus versos. Uno de ellos fue Hugo Wolf, quien a partir de la poética del genio toscano creó una de sus obras más avanzadas, terribles y concisas. Poemas sinfónicos en miniatura, son una muestra incomparable de la maestría de Wolf en el terreno vocal. El piano, más que acompañante, se transforma aquí en coprotagonista del drama. Fueron compuestos en 1897.

Viaje de invierno (F. Schubert)

Gute Nacht, lied inicial del ciclo

Fremd bin ich ein-ge-zo-gen, fremd zieh ich wie-der——aus

El mismo poeta que inspiró *La bella molinera*, Wilhelm Müller, proporcionó a Franz Schubert los textos para el segundo de sus extraordinarios ciclos de *lieder*: *Viaje de invierno*. El tema del viajero solitario, tan frecuente en el Romanticismo alemán, domina los veinticuatro números de que consta la composición, cuyo carácter sombrío, doloroso, desesperado, ilustra la situación personal del músico vienés en aquel año de 1827, uno antes de su prematura muerte.

Aunque no pueden considerarse propiamente una obra religiosa —en ellos importa más la idea de lo femenino que la divinidad—, los poemas de Rilke sobre María inspiraron a Hindemith uno de sus ciclos de *lieder* más emotivos. A la izquierda, *La Anunciación*, óleo de Dante Gabriel Rossetti. En la página siguiente, tapiz del Apocalipsis (siglo XIV), reflejo de la Europa gótica que vio nacer la polifonía.

La vida de María (P. Hindemith)

Este ciclo de *lieder*, compuesto en 1923, señala un punto de inflexión en la carrera de Paul Hindemith: si hasta este momento su música se había caracterizado por su afán provocador (sólo dos años anterior es la blasfema ópera *Santa Susana*), a partir de *La vida de María* el músico iba a derivar hacia posiciones más clásicas, cuando no resueltamente conservadoras. Escrita para voz y piano sobre poemas de Rainer Maria Rilke, no puede considerarse una obra de inspiración religiosa, sino que más bien entronca con cierta imaginería *naïf*.

Viderunt omnes (Pérotin)

Uno de los tesoros de la incipiente polifonía medieval es este *organum* a cuatro voces de Pérotin, uno de los maestros de la escuela de Notre Dame. Su carácter abstracto, la pureza de sus líneas melódicas, la variedad de sus registros vocales, la majestuosidad de su inspiración y la sorprendente modernidad de su concepción hacen de su música algo completamente actual, pese a los siete siglos transcurridos desde su composición.

Vísperas de la Beata Virgen (C. Monteverdi)

Claudio Monteverdi dio a conocer estas fastuosas *Vísperas* en la basílica de Santa Bárbara de Mantua en 1610, en una época en la que el músico se hallaba al servicio de los duques de esta ciudad italiana. Obra de una gran modernidad, se trata de una colección de salmos, antífonas y conciertos sagrados, en la que su autor logra una síntesis perfecta entre los recursos y estilos más novedosos entonces (originales combinaciones vocales e instrumentales, uso del bajo continuo) y otros más tradicionales y arcaicos (canto llano, polifonía *a cappella*). Ricamente instrumentada, la partitura se inicia con un tema que remite directamente a la *toccata* introductoria de la ópera *Orfeo* del mismo Monteverdi, algo indicativo del carácter «operístico», dramático, que define todo el trabajo.

Wesendonck-Lieder (R. Wagner)

Der Engel, lied inicial del ciclo

Estos *lieder* fueron fruto de la pasión que Richard Wagner sintió por Mathilde Wesendonck, esposa de un rico comerciante suizo admirador del músico. Las cinco canciones, notables por su refinado melodismo, de una pureza y sensualidad que más tarde encontraremos en *Tristán e Isolda*, fueron escritas entre 1857 y 1858 originalmente para voz y piano, aunque existen algunas versiones orquestales, de las cuales las más interpretadas son las debidas al director y asistente de Wagner Felix Mottl, y la más reciente, al compositor Hans Werner Henze.

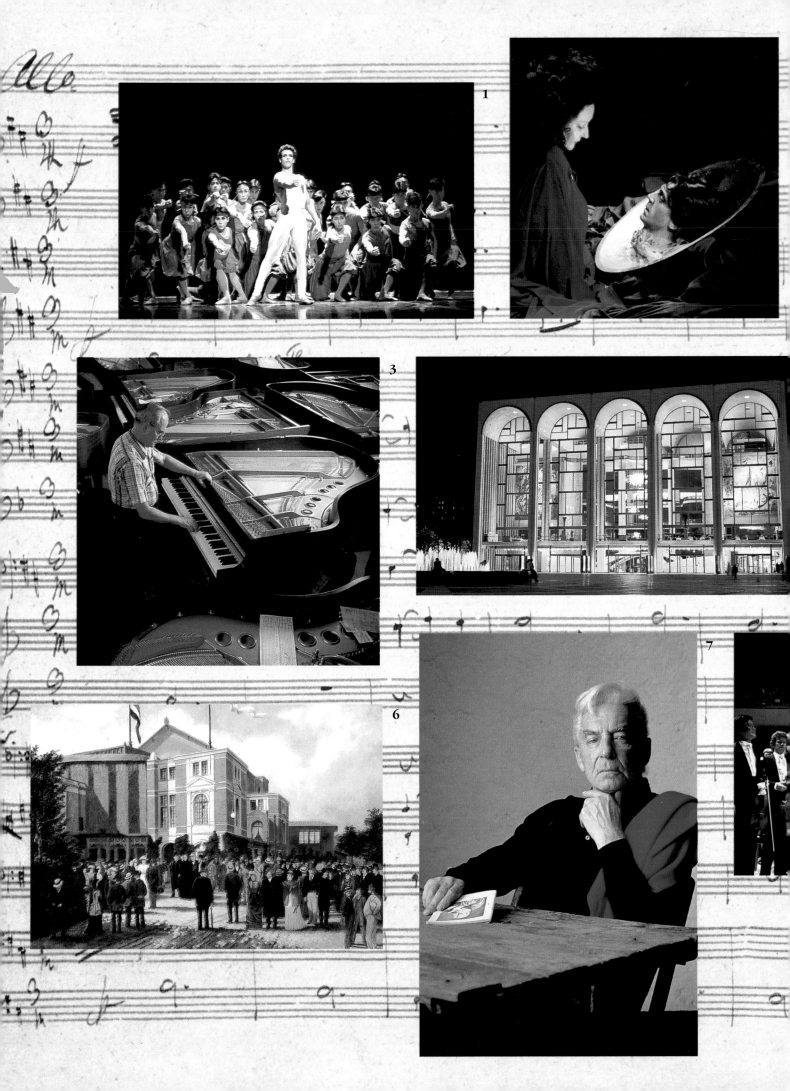

La música de la A a la Z

El presente diccionario consta de 1000 entradas
relativas a diversos aspectos de la actividad musical.
En él se recogen desde términos pertenecientes
al vocabulario de carácter más técnico, explicados
de forma didáctica e instructiva, hasta biografías de
compositores e intérpretes que, con su aportación,
han marcado de manera decisiva el devenir
de la historia de la música.

1 Representación del ballet *La leyenda de los 47 samurais.*
2 *Salomé,* de Richard Strauss.
3 Afinación de un piano.
4 Metropolitan Opera House de Nueva York.
5 Figurines para *Scherezade,* de Nikolai Rimski-Korsakov.
6 Bayreuth durante el festival de 1892.
7 El director de orquesta Herbert von Karajan.
8 Lorin Maazel saludando al público.

A

a cappella Expresión italiana que sirve para indicar que una composición vocal a una o varias partes estaba destinada a ser cantada por las voces sin acompañamiento instrumental.

Abbado, Claudio Director de orquesta italiano (Milán, 1933). La victoria en 1963 en el Concurso Mitropoulos de dirección de orquesta, en Nueva York, le dio a conocer en todo el mundo. En 1968 fue nombrado director del Teatro de la Scala de su ciudad natal, donde permaneció hasta 1986. En 1989 sucedió a Karajan al frente de la mítica Filarmónica de Berlín. El repertorio de Abbado abarca todo tipo de obras, desde los compositores clásicos hasta la música contemporánea, de la cual es un convencido defensor.

accelerando Término italiano mediante el cual se indica que deberá aumentarse de forma creciente el *tempo* de la pieza que se está interpretando.

acompañamiento En una partitura, partes subordinadas a la melodía o parte principal de una composición, para darle una base armónica o precisar su encuadre rítmico. El acompañamiento tiene como objeto tanto sostener la parte melódica como también poner de relieve su contenido armónico.

acorde Emisión simultánea de varios sonidos. Si sigue las reglas de la armonía, el acorde se considera consonante o armónico; si no las cumple, recibe el nombre de disonante.

acordeón Instrumento de viento accionado por un fuelle y sostenido con las manos cuyo sonido lo producen lengüetas libres. Consiste en realidad en dos órganos de lengüeta, cada una con su propio teclado, unidos por medio de un fuelle rectangular. En su modalidad más perfecta, uno de los teclados es parecido al del piano y el otro está constituido por una serie de botones que permiten formar el acompañamiento armónico.

acústica Nombre que designa el estudio de la percepción sonora y de sus causas físicas. Sus reglas se aplican a la construcción de locales idóneos para la correcta audición de la voz humana o de la música.

ad libitum Voz latina que significa «a voluntad». Término empleado para indicar el carácter libre que se da a un pasaje musical, de modo que el músico pueda escoger el *tempo* que considere conveniente, o usar o no un instrumento determinado en su interpretación.

Sobre estas líneas, tarjeta de visita de Haydn con las notas iniciales de un *adagio*.

adagio Indicación del tiempo musical en italiano que significa «lento» o «con comodidad». El *adagio* ha de ser más lento que un *andante*, pero no tanto como un *largo*.

Adam, Adolphe Compositor francés (París, 1803-1856). Su ballet *Giselle* obtuvo un éxito mundial y se mantiene en el repertorio clásico. También escribió óperas, como *Si j'étais roi*.

Adams, John Compositor y director de orquesta estadounidense (Worcester, Massachusetts, 1947). Junto a Philip Glass, es uno de los líderes del movimiento minimalista. De entre sus obras destacan: *Shaker Loops* para cuerdas y dos óperas, *Nixon in China* y *The Death of Klinghoffer*.

afinación Acción encaminada a alcanzar el número exacto de vibraciones establecidas por un sonido determinado (afinación absoluta), y que tiene como premisa las proporciones recíprocas de altura dentro de una serie de sonidos (afinación relativa). El temperamento o afinación se propone evitar las inexactitudes entre los intervalos resultantes entre las notas.

agógico Se dice de aquellos aspectos relacionados con la variación de la duración, y por extensión, del *tempo*, por parte del intérprete durante la ejecución de la pieza, en busca de darle a ésta una mayor vida.

Aguirre, Julián Compositor y pianista argentino (Buenos Aires, 1868-1924). De entre sus obras destacan la *Rapsodia argentina* para violín y piano, y canciones como *Caminito* y *El nido ausente*. Escribió numerosas obras para piano: *La danza de Belkis*, *Mazurca española*, *Gato*, *Huella* y cuatro volúmenes de *Aires nacionales*.

aire En música, nombre que se daba antiguamente a la melodía. De esta misma significación procede la palabra italiana «aria».

A la derecha, el creador de la suite *Iberia*, Isaac Albéniz, retratado por Ramon Casas.

Albéniz, Isaac Compositor y pianista español (Camprodón, 1860-Francia: Cambô-les-Bains, 1909). Niño prodigio, fue uno de los grandes virtuosos de su tiempo. Entre sus obras destacan por encima de todas las escritas para piano, su instrumento, como la *Suite española* y, sobre todo, la suite *Iberia*. Su máxima aspiración fue la de crear una música que, siendo inequívocamente española, fuera al mismo tiempo universal.

Albinoni, Tommaso Compositor italiano (Venecia, 1671-1751). Durante las dos primeras décadas del siglo XVIII, sus óperas, cantatas y conciertos gozaron de gran celebridad, y fue uno de los principales precursores de la forma concierto. El gran público lo conoce hoy, sobre todo, como el autor de un célebre *Adagio* para cuerdas y órgano, en realidad un arreglo del musicólogo Remo Giazotto sobre un motivo original del compositor.

aleatoria, música Música compuesta mediante procedimientos basados en el azar o la indeterminación. Aunque la música aleatoria, sobre todo en sus formas más

extremas, es principalmente un fenómeno de la segunda mitad del siglo XX, existen precedentes a lo largo de toda la historia musical occidental. En el siglo XVIII, por ejemplo, hubo un juego que permitía componer piezas combinando frases musicales preescritas. Ya en el siglo XX, uno de sus principales exponentes es John Cage, cuya *Music of Changes* (1951) fue la primera composición determinada en buena parte por procedimientos fortuitos. Las ideas de Cage tuvieron gran impacto sobre una serie de jóvenes compositores europeos, entre los que destacaban Boulez y Stockhausen.

alla breve Expresión que habitualmente significa que las notas del pasaje musical afectado tienen la mitad de su valor real y, por lo tanto, deben ser tocadas a doble velocidad. De esta forma, en el compás 4/2 indica que debe tomarse la blanca como unidad en sustitución de la negra.

allegro Término italiano que significa «alegre», «rápido». Se utiliza como indicación de tiempo equivalente a rápido o moderadamente rápido. A menudo va seguido de un adjetivo que facilita mayor precisión sobre el tiempo requerido.

allemande Danza alemana campesina de ritmo binario que se integró en la suite clásica.

alteración Modificación de la altura de una nota, para elevarla o disminuirla respecto a su estado «natural», mediante la colocación de un signo de sostenido, doble sostenido, bemol o doble bemol.

altura Uno de los tres elementos, junto a la intensidad y el timbre, del sonido musical. Designa la frecuencia de sus vibraciones: cuanto mayor es el número de las frecuencias, más agudo es el sonido, y viceversa. La unidad de medida de la frecuencia es el hercio (herz).

Ancerl, Karel Director de orquesta checo (Tucapy, 1908-Toronto, Canadá, 1973). Desde 1950 ocupó el podio de la Orquesta Filarmónica Checa, a la que convirtió en una de las mejores formaciones del continente. En 1968, tras el aplastamiento de la Primavera de Praga por los carros de combate soviéticos, emigró a Canadá, donde dirigió la Sinfónica de Toronto hasta su muerte. Stravinski fue una de sus grandes especialidades, amén de la música checa.

andante Término italiano que significa «moderadamente lento», un *tempo* situado entre el *adagio* y el *allegro*.

Dentro del panorama lírico español, una de las voces que han conquistado una mayor proyección internacional ha sido la del tenor catalán Jaume Aragall. Especializado en el gran repertorio italiano y francés de la segunda mitad del siglo XIX, en la fotografía de la derecha lo vemos durante una actuación.

anthem Motete de la Iglesia anglicana. Composición coral con un texto de contenido religioso, en inglés, interpretado en un contexto litúrgico. Equivale a la antífona católica.

antífona El término latino «antiphona» se tomó directamente del griego, idioma en el que significa «voz que responde». En el siglo I d.C., la «antiphona» se utilizaba en Oriente para describir el canto de dos coros en alternancia, uno de hombres y otro de mujeres. En el siglo IV, cuando el vocablo se empleó por primera vez en Occidente, «antiphona» pasó a designar una melodía que acompañaba el canto de un salmo.

apoyatura Esta palabra, que deriva del italiano («appoggiatura»), sugiere un ornamento musical muy similar al de la «acciaccatura». Se trata de una nota añadida a la melodía, que por lo general se coloca a la distancia de un intervalo de segunda superior o inferior. Mientras en la «acciaccatura» no cambia la duración de la nota real, en la apoyatura se le sustrae una parte de su valor.

Aragall, Jaume Tenor español (Barcelona, 1939). Comenzó su carrera internacional en 1963 cuando, tras ganar el concurso Voci Verdiane de Busseto, fue contratado por el Teatro la Scala de Milán. Su voz lírica y cálida ha brillado especialmente en papeles como el Rodolfo de *La bohème* y el Cavaradossi de *Tosca*, ambas óperas de Puccini.

arco Varilla de madera dura y elástica, en cuyas extremidades está tensada una mecha de crin de caballo (aunque hoy se usan otros materiales), que puede ser regulada por un tornillo situado en la empuñadura y se emplea para hacer vibrar las cuerdas de los instrumentos denominados «de cuerdas frotadas».

Argenta, Ataúlfo Director de orquesta y pianista español (Castro Urdiales, Santander, 1913-Madrid, 1958). Dirigió la Orquesta Nacional de España como titular desde 1947 hasta su muerte. Especializado en la música española (sus grabaciones de zarzuela y de autores como Falla o Guridi siguen siendo referenciales), fue una de las primeras batutas internacionales españolas.

aria Término italiano que indica una composición para voz solista con acompañamiento instrumental y que puede encontrarse en el contexto de una forma más amplia, como son la ópera, el oratorio o la cantata. El vocablo apareció por primera vez a finales del siglo XIV para identificar un estilo de canto. A lo largo del tiempo, el aria de ópera y de oratorio ha experimentado

En el aria, por interpretarse en solitario, es donde mejor puede apreciarse la calidad de un cantante.

Louis Armstrong es una de las figuras indiscutibles del jazz, a cuya difusión por todo el mundo contribuyó con su labor como trompetista y cantante.

cambios estructurales: en el siglo XVIII, por ejemplo, predominó la llamada *aria da capo* en tres partes, la última de ellas repetición ornamentada de la primera.

arioso Término que indica un fragmento que se sitúa entre el recitativo y el aria: conserva del primero la libertad formal no vinculada a la regularidad de las estrofas y de la segunda, la concentración melódica.

armadura Conjunto de alteraciones constitutivas de la tonalidad de la composición que se hallan colocadas al principio del pentagrama, entre la clave y las indicaciones métricas. No se usa en aquellas obras que prescinden del sistema tonal.

armonía Sistema musical que estudia la relación entre las notas considerada cuando suenan simultáneamente, y el modo en que estas relaciones se organizan en el tiempo. Basada en el efecto acústico de tales combinaciones, y de modo empírico, se establecieron unas reglas de la armonía sobre las que se ha basado la música tradicional.

armonización Acción y resultado de disponer las distintas voces o partes de una composición musical para que se atenga a las reglas de la armonía y produzca un efecto agradable al oído. También se aplica a la técnica de añadir, a una melodía previa, un soporte armónico.

Armstrong, Louis Cantante y trompetista de jazz estadounidense (Nueva Orleans, 1901-Nueva York, 1971). Se dio a conocer en su ciudad natal en 1918. Hacia 1927 empezó a llamar la atención mundial por su inventiva melódica a la trompeta y su voz ronca y especial, y llegó a convertirse en el músico de jazz más carismático. Grabó muchos temas (*Potato head blues, Stardust, Hello Dolly* o *It's a Wonderful World* son sólo algunos de sus éxitos) e intervino en numerosos filmes, como *High Society* y *Hello Dolly*.

arpa Denominación genérica con que se designa una familia o grupo de instrumentos de cuerdas pulsadas, cuyo origen se remonta a los inicios de la civilización. Existen diferentes tipos de arpa, en su mayoría en desuso, aunque tuvieron una notable significación histórica. El arpa moderna se debe al francés Sébastien Érard, quien en 1811 creó un modelo que aún sigue vigente. Diatónica y afinada en do bemol, tiene una extensión de seis octavas y media.

arpegio Término musical que proviene del italiano, y cuyo significado original es «a la manera del arpa». Sirve para indicar que las notas de un acorde no deben ser ejecutadas simultáneamente sino de forma sucesiva, por lo general de la más grave a la más aguda.

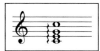

Arrau, Claudio Pianista chileno, nacionalizado estadounidense (Chillán,1903-Austria: Mürzzuschlag, 1991). Fue uno de los pianistas más grandes del siglo XX y uno de los últimos representantes de una corriente interpretativa que hunde sus raíces en el Romanticismo y considera el virtuosismo musical más como un medio de servir a la música que como una exhibición del intérprete. Su repertorio incluía desde obras de Bach hasta las de los autores contemporáneos. Hasta 1988, cuando contaba ochenta y cinco años de edad, dio numerosos conciertos por todo el mundo.

Arriaga, Juan Crisóstomo Compositor español (Rigoita, Bilbao, 1806-París, 1826). Niño prodigio, a los trece años compuso su primera ópera, *Los esclavos felices*. Afincado en París, en esta ciudad falleció pocos días antes de cumplir los veinte años. De su producción destacan tres cuartetos de cuerda y una *Sinfonía* para orquesta, todas ellas obras de factura clásica.

Ars antiqua Nombre con que se conoce la escuela polifónica de París de los siglos XII y XIII, en contraposición al *Ars nova*, centrada en la composición de *organum, discantus*, motetes y *conductus*. Léonin y Pérotin (Leoninus y Perotinus) son los dos nombres más relevantes de esta escuela.

Ars nova Denominación que surgió a mediados del siglo XIV y fue Philippe de Vitry quien primero la utilizó, al comparar su arte musical con el del siglo anterior. El *Ars nova* introdujo distintas innovaciones formales, como el motete a tres y cuatro voces, y ritmos y contrapuntos más elaborados. El nombre de *Ars nova* también se aplica al arte de los músicos florentinos de la época.

Ashkenazy, Vladimir Pianista y director de orquesta ruso, nacionalizado islandés (Gorki, 1937). Después de abandonar su país en 1963, pronto empezó a ganarse fama a nivel internacional, sobre todo después de grabar para la BBC de Londres la integral de las sonatas de Beethoven. Poseedor de una técnica depurada y una musicalidad exquisita, su repertorio —tanto en su faceta como solista al piano como

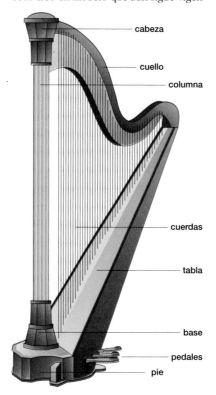

cabeza

cuello

columna

cuerdas

tabla

base

pedales

pie

Dentro de la amplia familia de instrumentos de cuerdas pulsadas, el arpa se ha distinguido siempre por su carácter poético evocador.

en la de director de orquesta— es extenso, e incluye obras de Mozart, Beethoven, Chopin, Rachmaninov, Sibelius y Scriabin, aunque siempre ha evitado la ópera.

atonalismo Principio armónico o melódico que rehúye las relaciones entre los grados de la escala diatónica y en el cual no quedan definidas las funciones de la tonalidad. Se anulan las cadencias, el principio de tónica y la relación entre consonancia y disonancia. Si bien procede de los cromatismos realizados por Richard Wagner, Franz Liszt o Max Reger, su máxima expresión llegó con el movimiento expresionista surgido en Austria y Alemania, encabezado por la figura de Arnold Schönberg y seguido por sus discípulos Alban Berg y Anton Webern.

Auric, Georges Compositor francés (Lodève, 1899-París, 1983). Fue el más joven y el más radical de los miembros del Grupo de los Seis. Centró buena parte de su labor compositiva el ballet, con títulos como *Les Fâcheux* (1924), *Les Matelots* (1925) o *Phèdre* (1949), así como también la música para el cine: *À nous la liberté* (1932) y *Moulin Rouge* (1952).

Aznavour, Charles Cantante y compositor de música ligera francés de origen armenio (París, 1924). Estuvo un tiempo asociado con Edith Piaf y con Juliette Gréco, quienes hicieron famosas algunas de sus canciones, todas ellas caracterizadas por su tono melancólico y triste. Famoso dentro y fuera de su país, ha participado también en algunas películas, como *Un taxi para Tobruk* (1960), entre otras.

B

Bach, Carl Philipp Emanuel Compositor alemán (Weimar, 1714-Hamburgo, 1788). Segundo de los hijos de Johann Sebastian Bach, se distinguió en varios campos, especialmente en la música instrumental y para tecla. Fue clavecinista y flautista en la corte de Federico II de Prusia y más tarde director de la música eclesiástica de Hamburgo.

Bach, Johann Christian Compositor alemán (Leipzig, 1735-Londres, 1782), último de los hijos de Johann Sebastian Bach. Se educó con su hermano Carl Philipp Emanuel en Berlín y luego trabajó en Milán, donde escribió óperas (fue el único de su familia en hacerlo) y se convirtió al catolicismo. Más tarde pasó a Londres, ciudad en la que fue un exponente destacado de la

A la izquierda, retrato de Johann Christian Bach, hijo menor del gran Johann Sebastian y uno de los mejores representantes de la música galante.

música galante. Dejó una importante producción sinfónica y concertante.

Bach, Johann Sebastian Compositor alemán (Eisenach, 1685-Leipzig, 1750). Su obra, fundamentada en el arte del contrapunto, se alza como uno de los monumentos insoslayables de la historia de la música. Hijo y padre de músicos, trabajó en diversas ciudades y cortes hasta recalar finalmente en Leipzig, donde fue *Kantor* de la iglesia de Santo Tomás hasta su muerte. De su producción, que abarca todos los géneros excepto la ópera, destacan títulos como la *Pasión según san Mateo*, la *Misa en si menor*, el *Magnificat*, los *Conciertos de Brandenburgo* y sus numerosas cantatas y piezas para órgano y otros instrumentos solistas (*Variaciones Goldberg*, *El clave bien temperado...*).

bajo Voz masculina más grave.

bajo continuo Nombre con que se designa el acompañamiento o base armónica de la melodía en la música monódica de la época barroca, por lo general mediante el

empleo de un instrumento grave (violoncelo) y otro de tecla (clave u órgano). Su aparición, a finales del siglo XVI, anunció la nueva era de la monodia. La creciente complejidad de la música instrumental motivó su desaparición gradual a partir de 1770.

Baker, dame Janet Mezzosoprano británica (Hatfield, Yorkshire, 1933). Se distinguió en los campos del oratorio y el *lied*; sólo esporádicamente cantó ópera, aunque obtuvo éxitos importantes como intérprete mozartiana (Dorabella en *Così fan tutte*) y haendeliana (papel titular de *Giulio Cesare*). Se retiró en 1982.

Balakirev, Milij Alekseievich Compositor ruso (Nizhnii Novgorod, 1837-San Petersburgo, 1910). Discípulo de Glinka, lideró el llamado Grupo de los Cinco. Su poema sinfónico *Tamara* y su pieza para piano *Islamey* figuran entre sus obras más recordadas.

Balanchine, Georges Bailarín y coreógrafo ruso nacionalizado estadounidense (San Petersburgo, 1904-Nueva York, 1983). Saltó a la fama como bailarín con los Ballets Rusos de Diaghilev, a finales de la década de 1920. Más tarde se convirtió en coreógrafo, faceta en la que trabajó en Estados Unidos al frente del New York City Ballet.

ballet Denominación que se da al arte de la danza clásica, surgida en la corte de Francia en el siglo XVI. Hasta el siglo XVIII no era más que un divertimento sobre una base argumental casi inexistente y de carácter alegórico. Del ballet surgieron grandes ballets de argumento, como *Giselle* de Adam, *Copelia* de Delibes y *El lago de los cisnes*, *La bella durmiente* y *Cascanueces* de Chaikovski.

Escena de *El lago de los cisnes* de Chaikovski, página paradigmática del género balletístico.

Ballets Rusos Compañía de ballet fundada en 1909 por Serge de Diaghilev. Contó con los mejores bailarines y coreógrafos de su tiempo, como Fokine, Nijinski y Massine, y con compositores tan revolucionarios como Stravinski y Prokofiev. Su labor fue primordial en la renovación del ballet de comienzos del siglo XX.

Banchieri, Adriano Compositor italiano (Bolonia, 1568- 1634). Orientó buena parte de su producción hacia el campo de la llamada entonces *commedia armonica*, piezas teatrales acompañadas de una música basada, no en el canto individual de los personajes, sino en el colectivo. *La pazzia senile* o *La barca da Venezia per Padova* son dos ejemplos de esta música polifónica.

banda Formación instrumental integrada esencialmente por instrumentos de viento y percusión.

banda sonora Grabación acústica que acompaña a las imágenes en una película. Por extensión se da este nombre a la música compuesta para un filme. Algunos compositores (Steiner, Herrmann, Tiomkin, Barry, Williams) se han especializado en este tipo de música.

bandoneón Variante del acordeón, muy popular en Argentina, donde suele acompañar las canciones populares y los tangos.

Barber, Samuel Compositor estadounidense (West Chester, Pennsylvania, 1910-Nueva York, 1981). Es apreciado, sobre todo, por su *Adagio para cuerdas*, una página compuesta en 1936. Aunque mucho menos conocidas, no menor interés tienen sus óperas *Vanessa* y *Antonio y Cleopatra*, ésta basada en la tragedia homónima de Shakespeare, y su romántico *Concierto para violín y orquesta*.

Sir John Barbirolli, uno de los mejores directores de orquesta que ha dado la música británica.

Barbieri, Francisco Asenjo Compositor y musicólogo español (Madrid, 1823-1894). Con Gaztambide, Oudrid y Arrieta, fue uno de los grandes renovadores de la zarzuela, a la que dio algunas de sus mejores páginas, como *Jugar con fuego*, *Los diamantes de la corona*, *Pan y toros* y *El barberillo de Lavapiés*, su obra maestra. Como musicólogo, uno de sus principales méritos es el de haber publicado el *Cancionero musical de Palacio*, una de las joyas del repertorio hispano de los siglos XV y XVI.

Barbirolli, sir John Director de orquesta británico de origen italiano (Londres, 1899-1970). Su estilo expresivo le hizo sobresalir en el repertorio romántico, el que más se adecuaba a su carácter. Así mismo ferviente partidario de la música británica de

su tiempo, dirigió y estrenó obras de compositores como Vaughan Williams o Britten. Sus interpretaciones en este campo le valieron el título de sir en 1949.

Barenboim, Daniel Director de orquesta y pianista argentino de origen hebreo (Buenos Aires, 1942). Niño prodigio, debutó como pianista en 1950. Era el inicio de una carrera fulgurante que lo llevaría a actuar en las mejores salas, tanto en su faceta de solista de piano como en la de director de orquesta. La Filarmónica de Berlín, la de Viena, la Orquesta de París y la Sinfónica de Chicago son algunas de las formaciones que ha dirigido (en las dos últimas ostentó la titularidad). Bayreuth es otro de los escenarios donde ha actuado con más frecuencia. De repertorio vastísimo, sobresale en autores como Mozart y Bruckner. La música contemporánea ocupa un lugar destacado en sus actuaciones.

barítono Nombre que designa la voz masculina de grado intermedio entre la más aguda (tenor) y la más profunda (bajo). Se suelen distinguir algunas especialidades, como la de barítono lírico y la de barítono dramático, más poderoso en la emisión. Antiguamente denominada *basso cantante*, la voz de barítono no apareció hasta finales del siglo XVIII; antes se la asimilaba a la voz de bajo.

Barrios Mangoré, Agustín Compositor y guitarrista paraguayo (San Juan Bautista de las Misiones, 1855-San Salvador, 1944). Discípulo de Gustavo Sosa Escalada, a partir de 1910 estudió con Antonio Giménez Manjón. Con la ayuda del mecenas Tomás Salomini, inició una carrera como concertista que le llevó a actuar en numerosos países americanos y europeos, entre ellos España. Desde 1933 hasta su muerte fue profesor en el Conservatorio de San Salvador. Fue el primer artista que interpretó una suite de Bach transcrita para guitarra y también uno de los primeros que aprovechó las posibilidades del disco. Entre sus obras merece citarse *La catedral*.

Barroco Estilo artístico que se fraguó a partir de la segunda mitad del siglo XVII y la primera del XVIII, caracterizado por su rica ornamentación. Durante este período se crearon y desarrollaron formas como la suite, el *concerto grosso*, los grandes oratorios, el coral figurado y variado, dentro de un lenguaje en que predomina el gusto por la música imitativa, contrastes, bajos cifrados, obstinados rítmicos y por la riqueza y el

La música alcanzó durante el período barroco una de sus etapas más esplendorosas, en la que florecieron nombres como los de Bach, Haendel y Vivaldi.

recargamiento de las decoraciones instrumentales y de los melismas vocales en óperas y oratorios. El órgano y el clave fueron los instrumentos más representativos de la época. Johann Sebastian Bach y Georg Friedrich Haendel se erigieron en las figuras más destacadas de este estilo.

Barry, John Compositor británico (Yorkshire, 1933). Aunque se inició en un grupo de rock, en el cine y la televisión ha sido donde ha dejado lo mejor de su carrera musical. La mayoría de los célebres temas musicales de la serie de películas sobre James Bond, el agente 007, son de su autoría. *El león en invierno*, *La gran ruta hacia la China*, *Cotton Club*, *Nacida libre*, *Memorias de África* y *Bailando con lobos* son algunas de sus bandas sonoras más celebradas, gracias sobre todo a su emotivo melodismo. Su labor ha sido premiada con algunos Óscars de la Academia de Hollywood.

Bartok, Bela Compositor húngaro (Nagyszentmiklós, 1881-Nueva York, 1945). La audición de *Así habló Zaratustra* de Richard Strauss orientó la carrera de este maestro hacia la composición. El descubrimiento del folclor de su tierra natal le permitió liberarse pronto de esta influencia: junto a su condiscípulo Zoltán Kodály, desde los primeros años del siglo XX se dedicó al estudio de la música popular, cuyos giros melódicos y rítmicos otorgaron un sesgo original e inconfundible a su producción madura, por otro lado caracterizada por su rigor formal y avanzada armonía. En 1940, la situación política de su país le obligó a buscar refugio en Estados Unidos, donde vivió prácticamente ignorado. De su catálogo pueden destacarse la ópera *El castillo de Barba Azul*, el ballet *El mandarín maravilloso*, tres conciertos para piano y orquesta, seis cuartetos de cuerda, la *Música para cuerda, percusión y celesta* y el *Concierto para orquesta*.

Basie, Count Pianista, arreglista y compositor de jazz estadounidense (Red Bank, Nueva Jersey, 1898-Hollywood, 1984). Tras un período en el que acompañó a grandes cantantes de *blues*, en 1936 fundó en Chicago su propia orquesta. Amante del *swing*, obtuvo idénticos éxitos como pianista y en la dirección orquestal, terreno éste en el que impuso su particular fuerza rítmica. En 1950 decidió alternar la dirección de grandes bandas con actuaciones en grupos más reducidos, como octetos.

Bastilla, Ópera de la Construida conforme los últimos avances tecnológicos, con doce escenarios móviles y una sala con capacidad para dos mil espectadores, la Ópera de la Bastilla se inauguró en 1989 con motivo del bicentenario de la Revolución Francesa. Su puesta en marcha definitiva estuvo jalonada de polémicas que incluyeron también la renuncia de Daniel Barenboim como director.

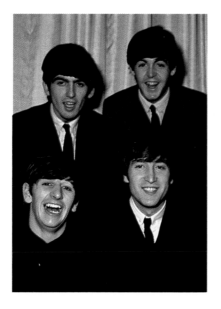

batería Conjunto de instrumentos de percusión en orquestas y conjuntos instrumentales.

batuta Del italiano *battuta* (compás). Bastón por lo general de madera y de punta afinada, con que el director conduce a la orquesta en una composición musical.

Bayreuth, Teatro de Sala teatral construida en las afueras de la ciudad de Bayreuth (Baviera septentrional) según las indicaciones de Richard Wagner, para acoger las creaciones operísticas de este compositor. Se inauguró en 1876 con el estreno absoluto de las cuatro partes de *El anillo del Nibelungo*. Financiado por el rey Luis II de Baviera, se convirtió en un centro de peregrinaje musical que sigue manteniendo intacto todo su prestigio.

Beatles, The Conjunto de pop británico fundado en Liverpool en 1960 e integrado, desde 1962, por John Lennon (1940-1980), guitarra rítmica; Paul McCartney (1942), guitarra baja; George Harrison (1943), guitarra solista, y Ringo Starr (1940), batería. Sus inolvidables melodías lo convirtieron en el grupo más destacado de su época, cuya influencia ha persistido incluso décadas después de su disolución en 1970. Sus discos batieron todos los récords de ventas. Entre sus álbumes más sobresalientes deben mencionarse *Help!*, *Rubber Soul*, *Revolver* y *Sergeant Pepper's Lonely Hearts Club Band*.

bebop Estilo surgido en el jazz cultivado en Nueva York hacia el año 1942, llamado también *bop*. Supuso cierto grado de ruptura en la continuidad rítmica y la prolongación de la base armónica de las composiciones. Hacia 1950 derivó en el *cool*.

Beecham, sir Thomas Director de orquesta británico (St. Helens, 1879-Londres,1961). Fue una de las figuras más carismáticas de la dirección de orquesta. Famoso por sus excentricidades y sus juicios mordaces, su vida estuvo jalonada de anécdotas, que se recogen en numerosos libros. Defensor a ultranza de la música británica, apoyó a diversos compositores, Frederik Delius entre ellos. Invirtió buena parte de su fortuna personal en la fundación de algunas de las orquestas más importantes de su país, como la Orquesta Filarmónica de Londres en 1932 y la Royal Philharmonic, en 1946. Fue nombrado sir en 1916.

Beethoven, Ludwig van Compositor alemán (Bonn, 1770-Viena, 1827). Verdadero titán de la música, fue iniciado en este arte desde muy joven por su padre. Afincado en Viena desde 1792, figuraron entre sus profesores Haydn y Salieri. En la capital austríaca se daría pronto a conocer con una serie de obras que, a partir del clasicismo de Mozart y Haydn, se distinguían por su absoluta novedad, su rigor técnico y una expresividad precursora del Romanticismo. Quizás su producción sinfónica sea su faceta más divulgada, con partituras tan célebres como las *Sinfonías núms. 3* «Heroica», *5, 6* «Pastoral», *7* y *9* «Coral». No por ello hay que

Beethoven retratado por Joseph Karl Stieler, en una de las imágenes más difundidas del músico de Bonn.

olvidar otras obras no menos importantes como *Fidelio* (su única ópera), la *Missa Solemnis*, sus conciertos (cinco para piano y uno para violín), sus 16 cuartetos de cuerda o sus 32 sonatas para piano. Tras su muerte fue elevado a la condición de mito por la posterior generación romántica.

Béjart, Maurice Coreógrafo francés (Marsella, 1928). Debutó como bailarín en 1945. En 1954 participó en la fundación de los Ballets de l'Étoile en París, más tarde conocidos como Ballet Théâtre Maurice Béjart. Director del Ballet de la Ópera de Bruselas y el Ballet du XX Siècle en 1960, se convirtió, a partir de su estilo ecléctico e inconformista, en uno de los principales renovadores de la danza. En sus actuaciones, aclamadas en todo el mundo, ha presentado coreografías con música de Berlioz, Ravel, Beethoven y Verdi, así como obras de autores contemporáneos, desde Stravinski a Pierre Henry.

bel canto Modalidad de canto en la que se busca la perfección y la belleza en la emisión vocal, por encima de cualquier otra consideración expresiva. Cultivado ya en los primeros tiempos de la ópera, es una de las características principales de la gran escuela italiana, encarnada en autores como Rossini, Bellini y Donizetti.

Bellini, Vincenzo Compositor italiano (Catania, 1801-Puteaux, Francia, 1835). Su carrera se desarrolló exclusivamente en el campo de la ópera y fue tan breve como brillante. Títulos como *Il pirata*, *Capuletti e Montecchi*, *La sonambula* y, sobre todo, *Norma* e *I puritani*, forman parte del repertorio habitual de todo teatro lírico que se precie. Su estilo se caracteriza por su exquisita sensibilidad, por un lirismo refinado y poético que alcanza en arias como «Casta diva» de *Norma* su más conseguida expresión.

bemol Nombre del signo con que se indica que un sonido musical se halla a una altura medio tono inferior a la que representa. En las partituras se indica con una b estilizada. En ocasiones se usa un doble bemol para indicar un sonido un tono entero por debajo del que aparece en la partitura.

Benedetti-Michelangeli, Arturo Pianista italiano (Brescia, 1920-Lugano, Suiza, 1995). Intérprete de técnica impecable, Benedetti-Michelangeli fue un artista genial y desconcertante, famoso por su facilidad para anular conciertos, lo que convertía cada uno de sus recitales en una experiencia

A la izquierda, retrato de la mezzosoprano Teresa Berganza, excelente intérprete rossiniana.

realmente única. Su repertorio abarcaba desde los antiguos compositores italianos (Galuppi, Rossini) hasta Rachmaninov y autores contemporáneos; destacó especialmente en Debussy.

Benguerel, Xavier Compositor español (Barcelona, 1931). Formado en Chile, donde sus padres se exiliaron tras la guerra civil de 1936-1939, y posteriormente en Barcelona con Cristòfol Taltabull, el descubrimiento de las corrientes más avanzadas de la vanguardia europea fue lo que decidió la orientación estética de Xavier Benguerel. En sus últimas obras, en las que ha recuperado algunos elementos de la tradición romántica y clásica, ha conseguido una música de mayor poder comunicativo. Entre sus obras destacan la ópera de cámara *Spleen*, su reinterpretación del medieval *Llibre vermell de Montserrat* y un *Réquiem*.

Berg, Alban Compositor austríaco (Viena, 1885-1935). Con Webern, fue uno de los discípulos más relevantes de Arnold

Schönberg, a quien siguió en su camino hacia la superación del sistema tonal, aunque siempre dentro de un estilo personal, caracterizado por sintetizar una expresividad de origen romántico y un absoluto, casi obsesivo, rigor formal. Se le deben dos extraordinarias óperas, *Wozzeck* y *Lulu*, esta última compuesta según el método dodecafónico e inacabada a su muerte. Merecen también mencionarse obras de la trascendencia de la *Suite lírica* para cuarteto de cuerdas y el *Concierto para violín* «A la memoria de un ángel».

Berganza Vargas, Teresa Mezzosoprano española (Madrid, 1935). Desde su debut en 1957 en Aquisgrán, se ha convertido en una de las artistas más apreciadas en su cuerda. Su repertorio abarca las principales óperas de Mozart, Rossini, Bellini y Massenet, aunque ha interpretado también papeles en obras de Monteverdi, Cesti, Purcell y Gluck. Así mismo, sobresale en la zarzuela y la canción española, faceta en la que algunas veces ha cantado acompañada por su primer marido, el pianista Félix Lavilla.

Bergonzi, Carlo Tenor italiano (Cremona, 1924). Después de finalizar sus estudios en el Conservatorio Arrigo Boito de Parma, debutó en 1948 como barítono cantando el papel de Fígaro de *El barbero de Sevilla* de Rossini, para, tres años más tarde, hacerlo en Bari como tenor, en *Andrea Chénier* de Giordano. Su repertorio está integrado por más de sesenta óperas, fundamentalmente de autores italianos: Rossini, Donizetti, Bellini, Verdi y Puccini.

Berio, Luciano Compositor y director de orquesta italiano (Oneglia, 1925). Ha sido uno de los pioneros en la experimentación

El compositor italiano Luciano Berio, uno de los nombres más representativos de la vanguardia musical italiana, gracias a obras como *Sinfonía*.

de la música electrónica juntamente con Maderna, Nono y Stockhausen; en esta línea cabe situar la fundación, en 1955, y gracias al mecenazgo de la Radio de Milán, del Estudio de Fonología. Sus composiciones se caracterizan por un tratamiento personalizado de la voz y el timbre, como ocurre en su célebre *Sinfonía*, una singular partitura en la que Berio utiliza el *collage* musical de manera tan original como fascinante. Este autor ha destacado también en el género operístico, con títulos como *Opera* y *Un rè in ascolto*.

Berlin, Irving Compositor de canciones y musicales ruso nacionalizado estadounidense (Moguilev, Rusia, 1888-Nueva York, 1989). Aunque no sabía escribir música, compuso más de mil quinientas canciones, muchas de las cuales conocieron un rotundo éxito en su época. Melodías como *Cheek to cheek, When I lost You, Remember, God Bless America* o *White Christmas* se han convertido en elementos inconfundibles de la cultura de Estados Unidos.

Berlioz, Hector Compositor francés (La Côte-Saint-André, 1803-París, 1869). Es el más acabado exponente del romanticismo musical en Francia. Temperamento exaltado, en 1830 compuso su obra más célebre, la *Sinfonía fantástica*, llevado de su pasión por una actriz británica. Orquestador extraordinario, fue uno de los pioneros de la música sinfónica programática, tanto con la obra ya citada como en las posteriores *Harold en Italia* y *Romeo y Julieta*. Su inclinación por lo grandioso y espectacular le llevó a componer aparatosas partituras como el *Réquiem*, el *Te Deum* o la inmensa ópera *Los troyanos*, de indudable efecto.

Bernaola, Carmelo Alonso Compositor español (Ochandiano, Vizcaya, 1929). Tras obtener el Premio de Roma en 1959, amplió su formación en dicha ciudad con Goffredo Petrassi y en Darmstadt con Bruno Maderna. En 1962 le fue concedido el Premio Nacional de Música. Además de haber creado música incidental y para bandas sonoras, entre su producción para las salas de concierto destacan obras como *Superficies I, Mixturas, Impulsos* y *Las negaciones de Pedro*. En 1998 estrenó el ballet *La Celestina*, basado en la obra homónima de Fernando de Rojas.

Bernstein, Leonard Compositor, director de orquesta y pianista estadounidense (Lawrence, Massachusetts, 1918-Nueva York, 1990). Músico polifacético, fue uno de los primeros directores de orquesta de su país en conseguir fama internacional. Titular de la Filarmónica de Nueva York desde 1958 hasta 1969, cultivó un extenso repertorio en el que la música contempo-

Leonard Bernstein dirigiendo un concierto en 1962.

ránea norteamericana ocupaba un lugar destacado, aunque también brilló en la interpretación de compositores tan diversos como Haydn, Mahler o Shostakovich. Como compositor es recordado, sobre todo, por *West Side Story*, uno de los pilares del género del musical. Autor así mismo de tres sinfonías, canciones y una ópera: *A quiet place*.

Berry, Chuck Guitarrista, cantante y compositor estadounidense de rock (San José, California, 1926). Saltó a la fama en 1955 con el tema *Maybelline*, una de las primeras canciones de rock que alcanzaron el éxito, a la que siguieron al año *Roll over y Beethoven* y dos años más tarde, *Johnny B. Goode*. Influyó en grupos como los Beatles y los Rollings Stones.

Biber, Heinrich Ignaz Franz von Compositor e intérprete de violín bohemio (Wartenberg, Bohemia, 1644-Salzburgo, 1704). Fue uno de los grandes violinistas de su tiempo, lo cual propició que dedicara gran parte de su obra compositiva a su instrumento músico; en este aspecto destaca su ciclo de *16 sonatas sobre los 15 misterios del Rosario* y la *Harmonia artificiosa-ariosa*. Entre su producción vocal figura un *Réquiem*.

big band Denominación que se da a las orquestas de música ligera, con numerosos instrumentos de metal y de percusión.

Binchois, Gilles Compositor franco-flamenco (Mons, Francia, c. 1400-Soignies, 1460). Aunque también escribió música religiosa (salmos, himnos y magnificats), Binchois es especialmente apreciado por su música secular, de la que forman parte algunas de las más hermosas *chansons* de su época. Su música anuncia el paso de la Edad Media al Renacimiento.

Bizet, Georges Compositor francés (París, 1838-Bougival, 1875). La consecución del

Premio de Roma en 1857 marcó el inicio de la carrera compositiva de este autor, quien, a pesar de cultivar distintos géneros, pronto se vio especialmente atraído por la ópera, en la que daría las mejores muestras de su talento. De las que escribió, sólo una ha superado con éxito la criba del tiempo: *Carmen*, sin duda su obra maestra, aunque junto a ella merecen citarse también *Los pescadores de perlas* y *La jolie fille de Perth*, una y otra páginas de calidad melódica nada despreciable. Se le debe también una juvenil *Sinfonía en Do mayor* que ha obtenido cierta difusión en las salas de concierto.

Björling, Jussi Tenor sueco (Stora Tuna, 1911-Siarö, 1960). Debutó como cantante el 21 de julio de 1930 en la Real Ópera de Suecia, con un pequeño papel en *Manon Lescaut*. Fue el inicio de una carrera que se iba a desarrollar en los mejores escenarios operísticos del mundo. Dotado de una voz lírica en extremo y con un incuestionable sentido del estilo, sobresalió en el gran repertorio francés e italiano. El Rodolfo de *La bohème* de Puccini fue una de sus grandes encarnaciones.

blanca Nota cuyo valor temporal equivale al de dos notas negras o a la mitad de una redonda.

blues Tipo de canción característica del folclor afroamericano. De carácter lento, puede interpretarse también instrumentalmente.

Boccherini, Luigi Compositor y violoncelista italiano (Lucca, 1743-Madrid, España, 1805). En 1769 estableció su residencia en Madrid tras concedérsele el cargo de compositor y violoncelista de la Corte del Infante don Luis. Su abundante producción

Georges Bizet, el inolvidable autor de *Carmen*, retratado por Camillo Miola.

Sobre estas líneas, Alexander Borodin, uno de los más conspicuos representantes del nacionalismo musical ruso.

incluye más de 125 quintetos y cerca de cien cuartetos para cuerda, amén de más de 50 tríos; once conciertos para violoncelo y 26 sinfonías. En sus últimos años escribió piezas de cámara con guitarra para el público madrileño. De su producción vocal conviene destacar un *Stabat Mater* para soprano y cuerdas.

Böhm, Karl Director de orquesta austríaco (Graz, 1894-Salzburgo, 1981). Ha sido uno de los más grandes intérpretes de Mozart y Richard Strauss, compositor éste a quien trató personalmente, e incluso dirigió el estreno de dos de sus óperas (*La mujer silenciosa* y *Daphne*). Otros músicos de los cuales nos ha dejado inestimables documentos sonoros son Beethoven, Schubert, Wagner, Bruckner y Alban Berg. Su estilo de afrontar la interpretación, de gran elegancia y expresividad, pero sin caer en

extremismos, entronca directamente con la gran tradición germánica de la dirección de orquesta, de la que puede considerarse uno de los últimos representantes.

Bolshoi, Teatro Nombre del teatro oficial de ópera de Moscú. Fundado en 1825, sufrió un incendio en 1853 y fue reabierto, totalmente renovado, en 1856. Goza de considerable prestigio en el campo de la ópera rusa, y en su escenario se ha formado un número notable de cantantes de prestigio internacional.

Borodin, Alexander Compositor ruso (San Petersburgo, 1833-1887). Químico de profesión, sólo pudo dedicarse esporádicamente a la composición, lo cual explica tanto lo reducido de su producción como la larga gestación de sus obras. Miembro del Grupo de los Cinco que preconizaba el cultivo de una música nacional, basada en elementos del folclor y la literatura rusas, su principal obra es la epopeya *El príncipe Igor*, en la cual trabajó desde 1869 hasta su fallecimiento, y que concluyeron Rimski-Korsakov y Glazunov. Tres sinfonías, el poema sinfónico *En las estepas del Asia central* y dos cuartetos de cuerda son otras de sus piezas más populares.

Bouffons, Querelle des Importante polémica surgida en París hacia 1752, cuando, a raíz de la representación de *La serva padrona* de Pergolesi a cargo de una compañía italiana, algunos sectores de la intelectualidad francesa, como los enciclopedistas, se cuestionaron la validez de las fórmulas operísticas francesas, estancadas en una serie de normas convencionales y académicas. Jean-Jacques Rousseau fue uno de los partidarios de la ópera italiana, que imitó en su *opéra-comique Le devin du village*.

Boulanger, Nadia Pedagoga, directora de orquesta y compositora francesa (París, 1887-1979). Alumna de Fauré y Widor, sobresalió precisamente en el campo de la enseñanza. Entre sus alumnos, procedentes de un amplio abanico de países, se cuentan nombres tan relevantes de la música contemporánea como los de A. Copland, E. Carter, R. Harris, J. Françaix, I. Markevich y W. Piston. Fue también una de las primeras mujeres en acceder al podio de algunas de las mejores orquestas, además de lo cual llevó a cabo una importante labor de recuperación de obras y músicos del pasado olvidados, como Monteverdi y Schütz. Su hermana Lili (1893-1918) fue así mismo una prometedora compositora, cuya carrera se vio truncada por su prematura muerte.

A la derecha, una divertida silueta que representa a Johannes Brahms, un músico al que siempre se ha asociado a una imagen más académica.

Boulez, Pierre Compositor y director de orquesta francés (Montbrison, 1925). Su música, de carácter racionalista y experimental, aparece marcada por la formación como matemático de este autor. Alumno de Messiaen, fue uno de los principales integrantes, junto a Maderna y Stockhausen, de la Escuela de Darmstadt. Obras como *Polyphonie X* o *Le marteau sans maître* son claros ejemplos de los presupuestos seriales de esta escuela. Como director se ha distinguido por su encendida labor de divulgación de la música de vanguardia, sobre todo a través del Ensemble Inter-Contemporain, aunque también ha sobresalido en la interpretación de autores como Debussy y Wagner, cuya *Tetralogía* dirigió en Bayreuth entre 1976 y 1980, en la histórica —y polémica— producción de Patrice Cherau.

Boult, sir Adrian Director de orquesta británico (Chester, 1889-Londres, 1983). Entre los directores que ha dado el Reino Unido, Adrian Boult ocupa un puesto de privilegio. Su forma honesta y respetuosa de abordar la música le valió el aplauso y el respeto de crítica y público. Dirigió las mejores orquestas de su país —como la Filarmónica de Londres, de la que ostentó la titularidad entre 1950 y 1957— y de Estados Unidos, lugares donde se desarrolló lo más importante de su carrera. Las obras de Richard Strauss y la música británica, en especial la de Vaughan Williams, formaban el núcleo de su repertorio. Le fue otorgado el título de sir en 1937.

Braga, António Francisco Compositor brasileño (Rio de Janeiro, 1868-1945). Tras completar sus estudios en el Conservatorio de Rio de Janeiro, Braga prosiguió su aprendizaje en el Conservatorio de París,

A la derecha, el pianista austríaco Alfred Brendel, uno de los intérpretes más interesantes que ha proporcionado la segunda mitad del siglo XX. Especializado en el repertorio clásico y romántico, sus lecturas de Beethoven y Schubert destacan por su claridad estructural y la elegancia de su fraseo.

donde, entre 1890 y 1894, asistió a las clases de Jules Massenet, autor que ejerció una influencia determinante sobre su música, como se evidencia en su ópera *Jupira*. Tras regresar a Rio de Janeiro en 1900, desempeñó un destacado papel en el desarrollo musical de su país, sobre todo a través de instituciones como la Rio Sociedade de Concertos Sinfónicos, fundada en 1912, que dirigió durante cerca de veinte años.

Brahms, Johannes Compositor alemán (Hamburgo, 1833-Viena, 1897). Los comienzos de su carrera estuvieron marcados por el conocimiento de Robert Schumann y su esposa Clara y su admiración por ambos. En sus primeros años escribió, sobre todo, obras para piano —instrumento del cual fue un consumado y reconocido intérprete— y música de cámara. Instalado de modo permanente en Viena desde 1869, allí compondría muchas de sus obras más relevantes. La filiación clásica de su música lo convirtió en el estandarte de todo un sector de la crítica y del público opuesto al wagnerismo por entonces vigente en la capital austríaca. Su juvenil *Réquiem alemán* le dio un gran prestigio, lo mismo que sus cuatro sinfonías. Aunque tardó en cultivar el género sinfónico, sus aportaciones al mismo han merecido por parte de sus exégetas el calificativo de «Cuatro Evangelios», referido a sus cuatro obras en este campo. Entre sus obras tardías figura el *Quinteto para clarinete y cuerda Op. 115*, de inequívoca gracia mozartiana. Despreciado por las vanguardias del siglo XX por su aparente conservadurismo, su música fue reivindicada por Arnold Schönberg.

Brel, Jacques Cantautor y actor francés de origen belga (Bruselas, 1929-Bobigny, Francia, 1978). Fue uno de los líderes de la canción de autor francesa de la década de 1950 y principios de la siguiente. Sus canciones, inspiradas en temas sociales, son fiel reflejo de las inquietudes de aquella conflictiva época. Entre sus temas más célebres cabe citar: *Ne me quitte pas, Les bourgeois, Le plat pays, Les vieux, Le moribond* o *Quand on n'a que l'amour*. Intervino también como actor en algunas películas como *Mon oncle Benjamin* o *L'emmerdeur*.

Brendel, Alfred Pianista austríaco (Wiesenberg, 1931). La música para piano de los grandes clásicos vieneses es la especialidad de este artista, poseedor de una técnica límpida y precisa, pero también de una musicalidad de primer orden. Haydn y Mozart, Beethoven y Schubert son sus autores predilectos, cuyas obras, para piano solo o con acompañamiento de orquesta, ha interpretado en los grandes auditorios del mundo. A ellos hay que agregar al húngaro Franz Liszt o a otro vienés, este contemporáneo, Arnold Schönberg, cuyo complejo *Concierto para piano* ha llevado al disco en dos ocasiones.

Bretón, Tomás Compositor y director de orquesta español (Salamanca, 1850-Madrid, 1923). Por una de esas ironías del destino, Bretón, que en vida dedicó los mayores esfuerzos a la creación de una ópera nacional española que acabara con el predominio de la italiana en los teatros patrios, es hoy universalmente conocido por un breve sainete lírico que él consideraba marginal dentro de su producción: *La verbena de la Paloma*. Obra maestra absoluta del casticismo musical, ha eclipsado otras partituras más ambiciosas del propio autor, como las óperas *Los amantes de Teruel* y *La Dolores*. Esta última contiene una *Jota aragonesa* que goza de apreciable popularidad.

Britten, lord Benjamin Compositor británico (Lowestoft, Suffolk, 1913-Aldeburgh, 1976). La música de Britten, incluidas sus obras instrumentales —caso de la temprana *Sinfonía de Réquiem* o del tardío *Cuarteto de cuerda núm. 3*— se distingue por un raro sentido dramático que ha dado sus mayores frutos en el terreno operístico: *Peter Grimes*, la obra que le consagró internacionalmente desde su estreno en Londres en 1945; *La violación de Lucrecia; Billy Budd; Una vuelta de tuerca; El sueño de una noche de verano* y *Muerte en Venecia* son algunos de los títulos que han hecho de este autor uno de los más grandes operistas del siglo XX. Merecen también mencionarse otras partituras no menos importantes, como la célebre *Guía de orquesta para jóvenes* y el monumental *Réquiem de guerra*.

Brouwer, Leo Compositor, director de orquesta y guitarrista cubano (La Habana, 1939). Formado en Estados Unidos, en 1969 fundó el Grupo de Experimentaciones Sonoras de La Habana, desde el cual llevó a cabo una importante labor en el desarrollo de nuevos medios de expresión. En sus primeras composiciones incorporó música nativa, para ir evolucionando poco a poco hasta llegar a la utilización de la aleatoriedad y los sonidos electrónicos, aunque sin romper nunca con la tradición de su país. De entre sus piezas destacan *Sonograma I, La tradición se rompe... pero cuesta trabajo, La espiral eterna, El gran zoo* y *El Decamerón negro*, una de las obras más sugerentes y atractivas escritas para guitarra durante la segunda mitad del siglo XX. En los últimos años la dirección orquestal ha ocupado buena parte de su tiempo; ha dirigido, entre otras formaciones, la Orquesta de Córdoba, en España, cuya titularidad ha ostentado.

Bruch, Max Compositor alemán (Colonia, 1838-Friedenau, 1920). Aunque cultivó todos los géneros, su fama descansa hoy sobre una única obra: el romántico y mendelssohniano *Concierto para violín y*

Retrato del compositor alemán Max Bruch.

291

orquesta núm. 1, página preferida de todos los intérpretes de este instrumento. Compuesto en 1867, su autor intentó infructuosamente repetir el éxito de esta partitura durante todo el resto de su carrera. Sin llegar a su altura, disfruta de cierta celebridad otra obra violinística concertante: la *Fantasía escocesa*.

Bruckner, Anton Compositor austríaco (Ansfelden, 1824-Viena, 1896). Con Johannes Brahms, con quien coincidió en Viena, es el gran sinfonista de la segunda mitad del siglo XIX. Es autor de nueve sinfonías, a las cuales hay que añadir otras dos, consideradas por el propio compositor como meros ensayos escolares. Aunque tardó en introducirse en esta forma (su *Sinfonía núm. 1* data de 1866), sus sinfonías se distinguen por la absoluta novedad de su concepción; son obras extensas que tienen como modelos a Schubert y Wagner, pero también a la gran tradición contrapuntística germánica. Estáticas y majestuosas, son la fiel expresión de la profunda y sincera fe católica de este gran compositor, incomprendido en su tiempo. Fue el maestro espiritual de Gustav Mahler y Hugo Wolf.

Bülow, Hans von Director de orquesta y pianista alemán (Dresde, 1830-El Cairo, Egipto, 1894). Casado con la hija de Franz Liszt, Cosima, la primera etapa de la carrera de este músico se distinguió por su defensa entusiasta de la causa wagneriana, hasta que el romance de su ídolo con su esposa —que acabaría con su divorcio y el posterior matrimonio de Cosima y Wag-

Hans von Bülow, según un retrato de Franz von Lenbach.

ner— provocó su acercamiento a la facción rival, de filiación más clásica, que lideraba Brahms. Extraordinario pianista, Von Bülow fue también uno de los primeros directores de orquesta profesionales en conquistar fama internacional. Entre los estrenos que dirigió, dos destacan por encima del resto: *Tristán e Isolda* y *Los maestros cantores de Nuremberg*.

Busoni, Ferruccio Compositor y pianista italiano (Empoli, 1866-Berlín, 1924). Hijo de músicos, fue un niño prodigio que comenzó a interpretar en público el piano —con el tiempo llegaría a ser uno de los más grandes virtuosos de su época— y a componer piezas desde muy temprana

edad. Bach, una de sus grandes pasiones, influyó de manera decisiva en la formación de su estilo compositivo. Fue un músico inquieto y abierto, cuya máxima aspiración consistía en resucitar el espíritu y el ideal clásicos, si bien dentro de las nuevas formas de expresión instauradas por la música moderna, y de ahí su interés también por Schönberg y Varèse. Su propia obra creativa se inscribe en estos parámetros. De ella sobresalen las óperas *Arlecchino*, *Turandot* y *Doktor Faustus*, su obra maestra, que dejó inconclusa. Es autor así mismo de un importante, extenso y complejísimo *Concierto para piano, coro masculino y orquesta*.

Buxtehude, Dietrich Compositor y organista alemán de origen danés (Helsingborg, Dinamarca, c. 1637-Lübeck, 1707). Desde su puesto de organista en la iglesia de Santa María en Lübeck, cargo que desempeñaría hasta su muerte, ejerció una poderosa influencia sobre los compositores de su época. Se dice, por ejemplo, que en 1705 un joven J. S. Bach recorrió trescientos kilómetros sólo para escucharle. Este maestro compuso muchas páginas de música para la iglesia luterana (cantatas, oratorios), así como abundantes piezas para su instrumento, el órgano.

Byrd, William Compositor británico (Lincoln, 1543-Stondon Massey, 1623). Considerado como el más destacado representante del renacimiento musical inglés, en 1570 fue elegido miembro de la Capilla Real de Londres y organista de la misma junto a Thomas Tallis. Las actividades de este músico en la capital británica incluían, además de la composición de obras, la enseñanza y la publicación de música escrita. En 1593 se trasladó a Stondon Massey, Essex, donde prosiguió con la composición y la publicación de obras. Sus aportaciones más valoradas son las destinadas al teclado, sobre todo al virginal, además de sus motetes y misas polifónicas.

C

Caba, Eduardo Compositor boliviano (Potosí, 1890-La Paz, 1953). En Buenos Aires estudió contrapunto con Felipe Boero, y en España fue discípulo del compositor Joaquín Turina y del director de orquesta Pérez Casas. En su producción destacan el ballet *Kollana*, la pantomima *Potosí*, diversas canciones, páginas pianísticas y la obra para flauta y orquesta titulada *Quena*.

cabaletta Segunda parte del aria en las óperas bufas y románticas: tras el aria propiamente dicha, el cantante emprende una *cabaletta* de carácter rítmico y contrastan-

Montserrat Caballé, una de las pocas sopranos que ha sido capaz de triunfar en repertorios tan contrastados como el italiano y el alemán.

te, por lo general con un *tempo* más rápido. Con el tiempo, la *cabaletta* se fue separando del aria, a partir de la inclusión de pasajes a cargo del coro o cantantes secundarios entre ellas, hasta terminar en un pasaje de bravura.

Caballé, Montserrat Soprano española (Barcelona, 1933). Debutó como profesional en 1956 en la Ópera de Basilea, cantando el papel de Mimí de *La bohème* de Puccini. El éxito conseguido la llevó muy pronto a actuar en las mejores escenas internacionales, y se consagró definitivamente en 1965 tras cantar en el Carnegie Hall de Nueva York *Anna Bolena* de Donizetti. Especializada en el repertorio belcantista, este compositor habría de ser precisamente uno de los pilares de su repertorio. La belleza de su voz y su amplitud de registro le han permitido también abordar los más exigentes papeles verdianos y las óperas de Richard Strauss, uno de sus autores predilectos.

Cabezón, Antonio de Organista y compositor español (Castrillo de Matajudíos, Burgos, 1510-Madrid, 1566). Aunque ciego desde su infancia, recibió una estricta formación organística, gracias a lo cual fue nombrado organista de la corte del emperador Carlos V, primero, y, más tarde, de la de su hijo Felipe II, lo que le permitió viajar por toda Europa. Como compositor sobresalió en el cultivo de la variación (que él denominaba «diferencia») sobre temas diversos (*Diferencias sobre el canto del cavallero*, *Diferencias sobre la gallarda milanesa*). Dejó también tientos, glosas y otras piezas instrumentales de gran calidad musical, publicadas por su hijo Hernando en 1578.

caccia Forma musical imitativa surgida hacia el siglo XIV, consistente en hacer cantar a tres o más voces una melodía separando cada voz por un intervalo de tiempo, hasta que esas voces dan la impresión de que se van persiguiendo por el espacio (*caccia* o «caza»).

cacofonía Son desagradable que se produce cuando dos o más sonidos suenan conjuntamente sin que exista una correcta relación armónica entre ambos por defecto de la emisión de uno de ellos al menos.

cadencia Pasaje decorativo para una voz o un instrumento que modula una tonalidad alcanzada previamente, hasta «caer» en la tonalidad de origen o en aquella en que se ha situado la orquesta o el acompañamiento. Dícese por extensión del pasaje en el que un instrumento o una voz ejecuta numerosas excursiones tonales hasta que acaba por caer en la original.

Cage, John Compositor y pensador estadounidense (Los Ángeles, 1912-Nueva York, 1992). Músico innovador e iconoclasta, su actitud hacia el propio concepto de música ha ejercido un influjo decisivo sobre algunos autores de la segunda mitad del siglo XX. Influido por el zen, uno de sus objetivos fue otorgar la máxima libertad a la expresión musical. En esta línea, empezó a utilizar técnicas aleatorias en sus creaciones, y también la electrónica a partir de 1952. Años antes, en 1938, inventó el llamado «piano preparado», con el que obtuvo sonidos especiales mediante la inserción de diversos objetos sobre el cordaje del instrumento.

caja Instrumento membranófono de doble membrana, de forma cilíndrica y tamaño variable. La variedad mayor se denomina gran caja, popularmente llamada bombo. Otras variedades reciben el nombre de tambor. Se hace sonar mediante un palo que remata en una bola de madera forrada de fieltro.

calderón Signo musical formado por un semicírculo y un punto que indica que en ese lugar se suspende el tiempo mesurado y se puede prolongar el sonido o el silencio cuanto sea preciso.

Callas, Maria Soprano estadounidense de origen griego (Nueva York, 1923-París, 1977). De verdadero nombre Maria Kalogeropoulos, debutó profesionalmente en la Ópera de Atenas cantando un pequeño papel en *Boccaccio* de Suppé, en 1939. Tras la Segunda Guerra Mundial llegó su consagración internacional. Sus actuaciones hicieron de ella una soprano mítica, a quien se reconocía sobre todo su manera verista, sensual, dramática, de afrontar la

interpretación en la escena. Obtuvo sus mayores éxitos en el repertorio italiano del siglo XIX, desde Bellini hasta Puccini, especialmente en papeles como los de Norma, Medea, Violetta o Tosca.

cámara, música de Música instrumental destinada a un número reducido de instrumentos, por lo general de cuerda, aunque puede haberlos también de viento y, excepcionalmente, de percusión. En su origen, toda la música instrumental era de cámara, nombre que deriva del hecho de que se tocara en las estancias particulares de los mecenas de la música («cámaras»).

Camerata Fiorentina Cenáculo intelectual que, hacia 1580, se reunió en torno al conde Jacopo Bardi, en Florencia. Entre sus integrantes se encontraban los músicos Jacopo Peri, Giulio Caccini y Vincenzo Galilei, y el poeta Ottavio Rinnuccini. Sus deliberaciones acerca de la naturaleza del teatro griego antiguo fructificaron en una obra experimental en la que reunieron música y literatura: *Dafne*, estrenada en 1597, a la que siguió en 1600 *Euridice*. Estas obras dieron pie a la aparición de un nuevo género: la ópera.

campana 1. Instrumento musical de percusión fabricado de metal y en forma de cono truncado, en cuyo interior pende un badajo, que golpea la pared metálica y arranca el sonido. 2. Instrumento consistente en una barra metálica que se percute con un martillo, y cuyo sonido recuerda el de una campana. Cuando se colocan varias campanas de distinta longitud y densidad, el instrumento se denomina campanólogo. Se destina sobre todo a la ejecución orquestal.

Maria Callas en el descanso de una representación de *La Traviata* de Giuseppe Verdi.

canción Pieza para ser cantada, por lo común a una sola voz, aunque puede ser también a varias, y con un acompañamiento instrumental variable. Puede tener estructura estrófica regular o irregular.

cancionero Colección de canciones o piezas musicales y poéticas, que nos ilustran acerca del repertorio musical de un momento histórico concreto. Así, en Castilla se conserva el *Cancionero Musical de Palacio*, del siglo XV, con villancicos y otras piezas vocales, y en Valencia, del siglo XVI, el *Cancionero del duque de Calabria*.

canon Forma de escritura musical a varias voces, dispuestas de manera que su entrada se produce escalonadamente, superponiéndose una sobre otra de modo regular hasta que la última de ellas termina el tema que han cantado las anteriores.

cantabile Término italiano que indica que determinado fragmento de una partitura debe interpretarse según el sentido melódico propio de una pieza cantada.

cantata Pieza a una o varias voces basada en un texto breve (en general una escena o una reflexión profana o religiosa) para ser cantada, casi siempre con acompañamiento instrumental de importancia varia-

ble. Entre los principales autores de cantatas figuran A. Scarlatti y J. S. Bach.

cantiga Poema lírico, de temática amorosa o sacra, propio de la tradición trovadoresca galaicoportuguesa medieval. Las cantigas más importantes fueron compuestas en el siglo XIII por orden de Alfonso X el Sabio, en honor de la Virgen María: *Cantigas de Santa María*.

canto llano Nombre que se da al canto gregoriano, a una sola voz y sobre textos latinos propios de la liturgia cristiana.

Sobre estas líneas, una de las miniaturas que iluminan las *Cantigas de Santa María*, colección de cantos marianos auspiciada por Alfonso X el Sabio.

cantor 1. Persona que tiene por oficio cantar. 2. Miembro de un coro o de una entidad coral. 3. En Alemania, en la época barroca, maestro de capilla de una iglesia (*Kantor*) responsable de la formación musical de los muchachos del coro.

cantus En latín, canto. Se usa en la expresión *cantus firmus*: canto a una sola voz que puede servir de base a una composición polifónica.

canzona 1. Canción polifónica renacentista. 2. Pieza para instrumento de tecla originada por la adaptación de un canto polifónico.

capricho Pieza instrumental sin forma precisa, en la que se valora el aspecto original y aparentemente improvisado de la melodía o del ritmo. Los *24 caprichos* para violín solo de Paganini forman una colección típica del capricho instrumental romántico.

carillón Conjunto de campanas dispuesto de modo que puedan dar las notas principales de la escala, percutidas por medios mecánicos, accionados con las manos y/o los pies. Antiguamente eran bastante frecuentes en las torres de algunas iglesias, especialmente en Europa septentrional.

Carissimi, Giacomo Compositor italiano (Marino, 1605-Roma, 1674). En 1628 fue nombrado maestro de capilla de la catedral de San Apolinar de Roma, cargo que desempeñó hasta su muerte. Destacó en la composición de oratorios, cantatas y otras piezas religiosas, que denotan un estilo original e innovador, alejado de la tradición de la polifonía sacra establecida por Palestrina. De entre sus oratorios destacan los titulados *Jephte*, *Jonas* y *Judicium Salomonis*.

Carnegie Hall Sala de conciertos fundada en Nueva York en 1891 por el magnate norteamericano Dale Carnegie. Su importancia en la vida musical de Estados Unidos ha sido singular, con óperas en versión de concierto y recitales a cargo de los más importantes intérpretes internacionales. En 1965, por ejemplo, fue escenario del triunfo que catapultó a Montserrat Caballé a la fama internacional.

Carreras, José Tenor español (Barcelona, 1946). Desde niño su máxima ambición era cantar: en 1958 encarnó el papel infantil del Trujamán en *El retablo de maese Pedro* en el Gran Teatro del Liceo de su ciudad natal. Profesionalmente debutó en el mismo coliseo en 1970

El tenor José Carreras durante una actuación en el Gran Teatro del Liceo de Barcelona.

en *Nabucco* de Verdi, y un año más tarde consiguió el preciado Concurso Verdi de Busseto, gracias al cual empezó a darse a conocer a nivel internacional. En 1986, su carrera se vio bruscamente interrumpida a consecuencia de una leucemia de la que logró recuperarse, aunque desde entonces el ritmo de sus apariciones en escena ha decrecido considerablemente. Junto a Plácido Domingo y Luciano Pavarotti, ha participado en numerosos macroconciertos bajo el epígrafe de «Los tres tenores».

Carrillo, Julián Compositor y teórico musical mexicano (Ahualulco, San Luis Potosí, 1875-México, 1965). Uno de los pioneros en el estudio de la microtonalidad, las fracciones de tono y los micro-intervalos, desde el año de 1900 hasta su muerte se dedicó a promover su teoría del sonido —conocida como *Sonido 13*—, que aplicó en sus composiciones, e incluso construyó instrumentos musicales adecuados para interpretarlas. Entre sus obras podemos citar el *Preludio a Cristóbal Colón*, la ópera *Zultil* y tres sinfonías.

El violoncelista catalán Pablo Casals en su poco conocida faceta de director de orquesta.

Carter, Elliot Compositor estadounidense (Nueva York, 1908). Alumno de Nadia Boulanger en París, se ha distinguido siempre por la absoluta originalidad de su lenguaje, al margen de cualquier moda o escuela: temperamento ecléctico, ha sabido absorber de cada movimiento aquello más apropiado para su propia obra, sea del serialismo, sea del neoclasicismo. Sus composiciones se han visto recompensadas con algunos de los premios más prestigiosos del mundo de la música, como el Pulitzer, otorgado a su *Cuarteto de cuerda núm. 2*. Otras de sus obras son *Concierto para orquesta*, *Sinfonía para tres orquestas* y *Concierto para piano*.

Caruso, Enrico Tenor italiano (Nápoles, 1873-1921). Debutó como profesional en Nápoles el 16 de noviembre de 1894 con *L'amico Francesco*, ópera compuesta por otro debutante, Mario Morelli. El éxito conseguido le permitió seguir cantando en Nápoles y darse a conocer en otros teatros de Italia. Tras participar en 1898 en el estreno de *Fedora* de Giordano empezó su proyección internacional, con actuaciones en San Petersburgo, Moscú, Buenos Aires, Londres y, sobre todo, Nueva York, donde se convirtió en la gran estrella del Metropolitan Opera desde su debut en 1903 hasta su muerte. Fue también uno de los primeros tenores en prestar su voz al entonces reciente fonógrafo, alcanzando sus discos cifras de ventas prodigiosas.

Casals, Pablo o **Pau** Violoncelista, director de orquesta y compositor español (El Vendrell, 1876-San Juan, Puerto Rico, 1973). Ha sido el gran violoncelista del siglo XX. Gracias a él, el violoncelo ocupa hoy día un lugar de privilegio dentro del repertorio instrumental, a una altura similar a la del violín. Músico completo, formó con el pianista Alfred Cortot y el violinista Jacques Thibaud un trío histórico. Tras la victoria de Franco en la guerra civil española, Casals marchó al exilio y se convirtió en un

emblema de la libertad y de la democracia. A su faceta como compositor se deben el oratorio *El pessebre* y el *Himno de las Naciones Unidas*, amén de algunas piezas para su instrumento músico, una de las cuales, basada en una melodía popular catalana, *El cant dels ocells* («El canto de los pájaros»), goza de amplia popularidad.

Cassadó, Gaspar Violoncelista y compositor español (Barcelona, 1897-Madrid, 1966). Hijo del compositor Joaquim Cassadó Valls, fue discípulo de Pablo Casals antes de iniciar, a partir de 1918, una brillante carrera como solista de violoncelo, durante la cual en ocasiones actuó junto a figuras como Rubinstein o Menuhin. Como compositor, su labor se dirigió, sobre todo, a ampliar el repertorio de su instrumento musical. Se le deben, en este sentido, un concierto y una sonata para violoncelo, además de un puñado de piezas breves de carácter virtuosista y arreglos de obras de otros músicos, entre ellos Frescobaldi, Albéniz y Couperin.

Castelnuovo-Tedesco, Mario Compositor ítalo-americano (Florencia, 1895-Los Ángeles, 1968). Autor prolífico, su producción abarca todos los géneros, incluido el de la música para el cine. De entre sus obras pueden destacarse la ópera *La mandragola*, que en 1925 obtuvo el Premio Nacional de la Lírica, el concierto para violín sobre temas judíos *Los Profetas* y numerosas piezas para guitarra, piano... En 1939 se trasladó a Estados Unidos, donde se desarrolló el resto de su carrera.

castrato Cantante masculino que, habiendo sido sometido a castración en su infancia, conservaba la agilidad y la facultad de alcanzar sobreagudos espectaculares propios de una voz blanca, con el añadido de una capacidad torácica adulta. Utilizados desde la Edad Media, gracias a sus singulares condiciones se convirtieron en los más valorados intérpretes de la ópera barroca.

La dirección orquestal del siglo XX tuvo en el rumano Sergiu Celibidache a uno de sus representantes más excepcionales. Exigente y colérico, sus interpretaciones destacaban por una intensidad expresiva poco común.

Castro, Juan José Compositor y director de orquesta argentino (Avellaneda, 1895-Buenos Aires, 1968). Figura clave de la dirección orquestal en Latinoamérica, ha ocupado el podio de algunas de las mejores orquestas del Nuevo Continente, como la del Teatro Colón o la Orquesta Sinfónica Nacional, ambas de Buenos Aires, desde las cuales estrenó un importante número de obras contemporáneas. Su composición más conocida es la ópera *Proserpina y el extranjero*, por la que ganó el premio del concurso operístico organizado por la Scala de Milán en 1951.

Cavalli, Pier Francesco Compositor italiano (Crema, 1602-Venecia, 1676). Fue el gran sucesor de Claudio Monteverdi en la escena operística veneciana, con títulos como *Le nozze di Teti e di Peleo*, *Giasone*, *Egisto* y *La Calisto*. Su fama motivó que en 1660 el cardenal Mazarino le invitara a París para componer una ópera con motivo del matrimonio de Luis XIV con María Teresa. Para este evento, Cavalli revisó *Serse*, y escribió en la capital gala un nuevo trabajo, *Ercole amante*, representado en 1662. De regreso en Venecia fue nombrado maestro de capilla de la catedral de San Marcos, cargo que ejerció hasta su muerte.

cavatina En la ópera barroca italiana, aria breve cuya melodía a veces había sido tomada («cavato», en italiano) de otra pieza de la misma ópera. Con el tiempo se convirtió en norma que la primera aria de un personaje fuera una *cavatina*. En el siglo XIX adoptó la forma del aria y la *cabaletta*, pero siguió siendo la pieza de entrada de un personaje.

celesta Instrumento de percusión formado por una serie de láminas metálicas percutidas por medio de un teclado similar al del piano. Chaikovski fue el primer composi-

tor que utilizó este instrumento, concretamente en su ballet *Cascanueces*.

Celibidache, Sergiu Director de orquesta y compositor rumano (Iasi 1912-Munich 1996). Desde 1945 a 1947 fue director de la Filarmónica de Berlín, formación cuya dirección compartió con Wilhelm Furtwängler entre 1948 y 1951. Tras pasar por diversas orquestas, en 1979 recaló en la Filarmónica de Munich, a la que convirtió en una de las mejores de Alemania. Era mítico su mal carácter, lo mismo que su alto nivel de exigencia para sus músicos. Destacó especialmente en el gran repertorio sinfónico romántico, con Bruckner como compositor predilecto. Siempre se negó a grabar sus interpretaciones en discos.

Cesti, Antonio Compositor y cantante italiano (Arezzo, 1623-Florencia, 1669). Su primera ópera, *Orontea*, fue representada en 1649 en Venecia con un grandioso éxito que marcaría para siempre la carrera de su autor, quien desde entonces iba a dedicarse a cultivar este género, pese a su condición de monje franciscano. Dos años más tarde compuso *Il Cesare amante*. Nombra-

do en 1652 maestro de capilla del archiduque Fernando Carlos en Innsbruck, ocupó este cargo hasta 1665, año en que se trasladó a Viena, ciudad en la que culminó su carrera con la representación de su última ópera: *Il pomo d'oro*.

Chabrier, Emmanuel Compositor francés (Ambert, 1841-París, 1894). Hijo de un abogado, recibió formación musical desde muy pequeño. Su primera *opéra-comique*, *L'étoile*, se estrenó en París en 1877 y le dio cierta fama. En 1882, un viaje a España le inspiró la composición de su obra más conocida, la rapsodia *España*, originalmente escrita para piano y luego orquestada, forma en la que fue estrenada en 1884, con gran éxito. El estilo pintoresco y despreocupado de sus composiciones más representativas (entre las cuales podemos citar también las *10 piezas pintorescas*), ejerció poderosa influencia en autores tan ajenos a su estética como Erik Satie, Claude Debussy y Maurice Ravel.

chacona Danza antigua, posiblemente originada en España, cuya característica más notable era estar construida sobre un bajo obstinado, en compás ternario. Durante el Barroco fue uno de los movimientos habituales de la suite. Se llegó a confundir con otra danza muy parecida, la *passacaglia*, de origen italiano.

Chaikovski, Piotr Ilich Compositor ruso (Votkinski, 1840-San Petersburgo, 1893). Muy vinculado a su madre, de quien heredó la sensibilidad artística y el gusto por la música, fue formado por su familia para entrar en la burocracia zarista, a pesar de lo cual sintió desde temprano la atracción por la música. Tras unas obras bastante convencionales, entre las que se cuenta su *Sinfonía núm. 1*, en 1868, tras la composición de *Fatum*, empezó a manifestarse su estilo en toda su madurez. A partir de entonces empezaron a surgir sus primeras obras maestras: *Romeo y Julieta*, los ballets *El lago de los cisnes*, *La bella durmiente* y *Cascanueces*, las óperas *Eugen Onegin* y *La dama de picas*, así como su *Concierto para piano núm. 1*, su *Concierto para violín* y las tres últimas de sus seis sinfonías. Todas ellas, por su tono subjetivo, son testimonio de la atormentada personalidad de su creador.

Chailly, Riccardo Director de orquesta italiano (Milán, 1953). Estudió composición con su padre, el compositor Luciano Chailly. Debutó como director en su ciudad natal en 1970. En 1974 se presentó en Estados Unidos en la Lyric Opera de Chicago, lo cual supuso el inicio de su trayectoria internacional. En 1982 fue nombrado director de la Orquesta Sinfónica de la Radio de Berlín, cargo que abandonaría en 1989 para hacerse cargo del Concertge-

Piotr Ilich Chaikovski retratado a los cuarenta años de edad, en la plenitud de su carrera.

Aunque nacido en Italia, la mayor parte de la carrera de Luigi Cherubini se desarrolló en Francia, donde lideró el movimiento clasicista surgido a la estela de Gluck. En la imagen podemos verlo retratado por Ingres.

Sinfonía india y el *Concierto para violín* son algunas de sus composiciones.

Cherubini, Luigi Compositor italiano (Florencia, 1760-París, 1842). Se formó con su padre en su ciudad natal. Tras una estancia en Londres, en 1786 se instaló en París, donde obtuvo sus mayores éxitos en el campo de la ópera, con títulos como *Lodoiska* y, sobre todo, *Médée*, su obra maestra, en la cual adaptaba el modelo severo establecido por Gluck. En los últimos años de su existencia escribió misas de considerable envergadura, destinadas a las solemnidades oficiales del Estado francés.

chirimía Instrumento de viento de origen popular, parecido al oboe, con lengüeta doble y un tubo ligeramente cónico con ocho o nueve orificios.

Chopin, Frédéric Compositor y pianista polaco (Zelazowa Wola, Varsovia, 1810-París, 1849). Fue uno de los más grandes virtuosos del piano de la época romántica. Estudió en Varsovia, donde pronto se dio a conocer como intérprete y compositor. En 1831, a raíz de la represión rusa contra los patriotas polacos, huyó a París, donde llamó la atención sobre su patria mártir con una música en la que aludía a ella. Su obra creativa, de un lirismo poético delicado y sutil, está casi en su totalidad destinada al piano: dejó numerosos valses, mazurcas, estudios, baladas, polonesas, nocturnos, impromptus, rondós, scherzos y fantasías.

Christoff, Boris Bajo búlgaro (Plovdiv, 1914-Roma, 1993). Estudió derecho en Sofia, pero una beca del rey Boris le permitió estudiar canto en Roma. Debutó en ésta ciudad en *La bohème* en 1946. Fue el gran sucesor de Chaliapin en el repertorio eslavo de bajo: sus personificaciones de *Boris Godunov* de Musorgski y de *El príncipe Igor* de Borodin son en este sentido antológicas.

bouw de Amsterdam. El repertorio de la segunda mitad del siglo XIX y la música contemporánea son dos de sus especialidades, sin olvidar a Rossini.

Chaliapin, Feodor Ivanovich Bajo ruso (Kazan, 1873-París, 1938). Hijo de campesinos, inició su carrera musical en el coro de una compañía itinerante de ópera, en la cual conoció al escritor Máximo Gorki. Sus extraordinarias cualidades vocales pronto le hicieron destacar, e inició una carrera que poco a poco acabó por encumbrarle entre los mejores intérpretes de su época. Su personificación de los grandes papeles de bajo de las óperas rusas, como *Boris Godunov*, todavía hoy es referencial. En 1922 abandonó la Rusia soviética para afincarse en París, donde comenzó el declive de su carrera.

Chapí, Ruperto Compositor español (Villena, 1851-Madrid, 1909). Hijo de un barbero, estudió en el Conservatorio de Madrid, donde ganó un primer premio de composición que le permitió proseguir sus estudios en Roma en 1874. Allí compuso óperas como *La hija de Jefté*. De regreso a Madrid, se dedicó totalmente a la composición de zarzuelas y sainetes, algunos de los cuales le proporcionaron gran fama: *La bruja*, *El puñao de rosas*, *El rey que rabió*, *El tambor de granaderos* y, sobre todo, *La revoltosa*. Fue el fundador de la Sociedad de Autores, Compositores y Editores de Música de España.

Charpentier, Marc-Antoine Compositor francés (París, c. 1645/1650-1704). Charpentier fue, desde 1672, el colaborador musical de Molière, para quien escribió la música de comedias como *El enfermo ima-*

ginario o *El misántropo*. Rival de Lully, ocupó diversos cargos en la corte francesa. Las óperas *Actéon*, *Les arts florissants* y *Médée* son otras de las obras que se le deben. Su catálogo incluye así mismo un gran número de composiciones religiosas, entre ellas un famoso *Te Deum*.

Chausson, Ernest Compositor francés (París, 1855-Limay, 1899). Alumno de Franck y D'Indy, la música de Wagner ejerció una poderosa influencia en su formación como compositor. Su carrera se vio truncada prematuramente por su desgraciada muerte a causa de un trágico accidente de bicicleta. Su producción, ciertamente escasa, comprende la ópera *El rey Arturo*, una *Sinfonía en Si bemol mayor*, un *Concierto para piano, violín y cuarteto de cuerda* y el ciclo de canciones para voz y orquesta *Poema del amor y el mar*, quizás su obra más interpretada, junto a un *Poema* para violín y orquesta. En todas estas obras demuestra un innato sentido melódico y un gran refinamiento de escritura.

Chávez, Carlos Compositor y director de orquesta mexicano (México D.F., 1899-1978). Se formó dentro de la corriente nacionalista, a la que pertenecen obras como el ballet *El fuego nuevo*, basado en temas aztecas. En 1922 se trasladó a Europa, donde visitó Berlín, Viena y París y se familiarizó con las nuevas tendencias musicales, en especial la liderada por Stravinski. Como director de orquesta se le debe en 1928 la fundación de la Orquesta Sinfónica de México, más tarde rebautizada como Orquesta Sinfónica Nacional, al frente de la cual llevó a cabo una impagable labor en la difusión de la música contemporánea. La ópera *Panfilo y Lauretta*, la

El músico polaco Frédéric Chopin.

Chueca, Federico Compositor español (Madrid, 1846-1908). Aunque estudió medicina en Madrid, su vocación fue la música, hacia la que acabó orientándose pese a la poca solidez de sus conocimientos, motivo por el cual recurrió habitualmente al compositor Joaquín Valverde para que le instrumentara sus obras. Aparte de algunos valses y piezas de piano, reinó de manera indiscutible en el género chico, con obras como *La Gran Vía*, *El año pasado por agua* y *Agua, azucarillos y aguardiente*, esta última escrita sin la colaboración de Valverde. De gran ingenio melódico, su música se distingue por una elegancia poco común.

Cimarosa, Domenico Compositor italiano (Aversa, 1749-Venecia, 1801). Huérfano de padre desde temprana edad, estudió en el monasterio de los franciscanos de Nápoles, donde recibió sus primeras lecciones de música del organista de la comunidad. Allí dio muestras de su enorme talento musical. Tras estudiar en el Conservatorio de Santa María de Loreto, en 1772 estrenó *Le stravaganze del conte*, la ópera inicial de una larga serie que lo convertiría en el favorito del público de toda Europa. Entre ellas se cuentan óperas serias como *Gli Orazi ed i Curiazi*, y bufas como *Il matrimonio segreto*, su obra maestra.

Cinco, Grupo de los Quinteto de compositores rusos integrado por Modest Musorgski, Alexander Borodin, Nikolai Rimski-Korsakov, Milij Balakirev y César

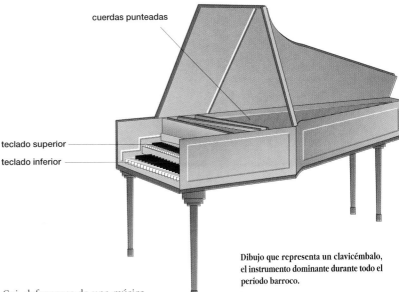

cuerdas punteadas

teclado superior
teclado inferior

Dibujo que representa un clavicémbalo, el instrumento dominante durante todo el período barroco.

Cui, defensores de una música nacional basada en elementos del folclor y las leyendas rusas, según el modelo establecido por su predecesor Mijáil Glinka en sus óperas.

cítara Instrumento cordófono similar a la lira, de forma trapezoidal y con una caja de resonancia de madera. Sus orígenes se remontan a la Grecia clásica.

clarinete Instrumento de viento madera inventado a comienzos del siglo XVIII por Johann Christoph Denner, que consta de un tubo cilíndrico y una lengüeta sencilla. Entre los autores más significados que han escrito para este instrumento figuran Wolfgang Amadeus Mozart, Carl Maria von Weber y Ludwig Spohr.

clasicismo Nombre que se da al período musical comprendido entre el último tercio del siglo XVIII y los primeros años del XIX, referido en especial a los compositores activos en Viena en esa época, principalmente Haydn, Mozart y Beethoven, caracterizados todos ellos por el cultivo de la forma sonata.

clave 1. Nombre con el que se conoce también el clavicémbalo o clavecín. 2. Indicación, al principio de una partitura, que facilita la situación de las notas en ella. Actualmente se usan la clave de sol para registros agudos, la clave de fa para los graves y clave de do para los intermedios (como la viola).

clavicémbalo Instrumento cuyas cuerdas se pulsan mediante unas plumas o púas accionadas por un teclado. Debido al carácter inamovible de su mecanismo, tiene un sonido metálico característico y dinámicamente invariable. El clavicémbalo suele constituir la base del bajo continuo propio de la música barroca, junto con algún otro instrumento de registro grave (violoncelo

o fagot). A partir de 1770 fue desplazado por el pianoforte o piano.

clavicordio Instrumento de cuerdas percutidas (a diferencia del clavicémbalo, que es de cuerdas pulsadas) por medio de unas pequeñas laminillas metálicas (tangentes) accionadas por un teclado. Por su escasa sonoridad, muy inferior a la del clavicémbalo, sólo se utilizaba en la práctica doméstica de la música o el aprendizaje.

Clementi, Muzio Compositor, editor de música y pianista (Roma, 1752-Evesham, Gran Bretaña, 1832). Fue uno de los mayores virtuosos del piano de su época, y en este terreno llegó a competir públicamente con Mozart en Viena. Establecido en Londres, allí dio a conocer numerosas sinfonías. Abandonó la carrera de pianista hacia 1790 para dedicarse a la enseñanza y ocuparse de su negocio editorial. Compuso más de cien sonatas para piano, solo con acompañamiento de algún instrumento. Se le deben también dos importantes tratados teóricos sobre didáctica del piano.

cluster Término de origen inglés que significa «racimo» y designa a un grupo de notas próximas que suenan simultáneamente e interesan más por la sonoridad resultante que por su posible función o necesidad armónica.

coda Término musical italiano («cola») que designa el episodio final de una pieza o de un movimiento de una composición musical.

Colón, Teatro Ubicado en Buenos Aires, fue inaugurado en 1857. Tras su demolición en 1888, fue sustituido por el edificio actual —capaz para 2.500 espectadores sentados y 900 de pie—, inaugurado el 25 de mayo de 1908 con *Aida* de Verdi. Cuenta con orquesta y coro propios, a los que se aña-

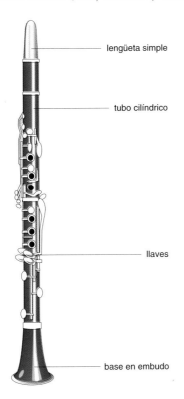

lengüeta simple

tubo cilíndrico

llaves

base en embudo

Dentro de la familia de instrumentos de viento madera, el clarinete destaca por su cálida sonoridad.

dió en 1925 el cuerpo de ballet. Ópera, ballet y conciertos conforman las temporadas del Colón, en las que participan las más destacadas figuras de la lírica internacional.

coloratura Vocablo de origen italiano alusivo a la capacidad de determinados cantantes para emitir la voz con una agilidad especial, apropiada para trinos, escalas rápidas y todo tipo de notas decorativas. Se valora especialmente en las sopranos, los tenores y las mezzosopranos, aunque también forma parte de los atributos de los bajos bufos.

Coltrane, John Compositor y saxofonista tenor de jazz estadounidense (Hamlet, Carolina del Norte, 1926-Huntington, Long Island, 1967). Figura del jazz de vanguardia, en la década de 1950 formó parte de los quintetos y sextetos de Miles Davis y del cuarteto de Thelonious Monk, aunque colaboró también con otros artistas como Johnny Hodges o Dizzy Gillespie. En 1960 inició su carrera en solitario y creó su propio cuarteto, integrado por él mismo, McCoy Tyner, Elvin Jones y Jimmy Garrison.

compás Unidad de medida del tiempo de una composición musical. Desde el siglo XVI se indica de manera gráfica en la partitura mediante el uso de barras verticales.

composición Nombre que se da al conjunto de notas que el compositor dispone en una partitura con carácter unitario. Arte de la creación musical.

concertante 1. Pasaje musical en el que intervienen varias partes vocales o instrumentales que se combinan para formar un pasaje conjunto. 2. Episodio vocal para varias voces, con estructura semejante a la del aria, propia de las óperas y los oratorios del siglo XVIII y, sobre todo, del XIX. 3. Dícese del tipo de polifonía combinada con música instrumental característica de la música religiosa de finales del siglo XVII y de los siglos XVIII y XIX. 4. Dícese de la sinfonía en la que destacan uno o más instrumentos solistas, pero sin llegar al grado de autonomía del concierto.

Concertgebouw Sala de conciertos de Amsterdam, con una capacidad para casi 2000 espectadores, construida en 1888, y sede de la orquesta del mismo nombre. Es la institución musical más importante de Holanda.

concertino 1. Dícese del grupo de instrumentos solistas dentro del *concerto grosso*. 2. Nombre que se da al primer violín de una orquesta.

concerto grosso Composición musical en que la orquesta se subdivide en un grupo

Concertante de *Il matrimonio segreto*, ópera bufa de Domenico Cimarosa.

más ágil y de sonoridad más aguda (*concertino*) y otro de instrumentos más graves (*tutti* o *ripieno*). Arcangelo Corelli fue uno de los compositores que más contribuyeron a consolidar esta forma.

concierto Composición musical en la que, siguiendo la pauta del *concerto grosso*, se contrapone la sonoridad de un instrumento solista a la del grupo instrumental u orquesta. Esta forma conoció su auge en los primeros años del siglo XVIII, gracias a las obras de T. Albinoni y A. Vivaldi, quie-

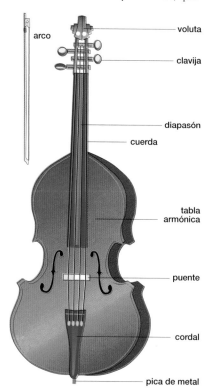

nes consolidaron el concierto en tres movimientos (rápido-lento-rápido).

concreta, música Dícese de la música creada por Pierre Schaeffer y Pierre Henry en un estudio de la radio estatal francesa en 1948, a través de la manipulación, mediante aparatos electrónicos, de ruidos y sonidos grabados previamente. Desbordada por los progresos en el campo de la música electrónica, hoy sólo es recordada por su carácter pionero en la búsqueda de nuevos lenguajes musicales al margen de los tradicionales.

conductus Composición polifónica primitiva (siglos XII-XIII) sobre un texto religioso, con un tenor o voz principal, que casi siempre es original y no tomado de un canto litúrgico anterior.

consort Conjunto instrumental británico surgido en el siglo XVI y especialmente difundido en la centuria siguiente, que consta de dos a ocho intérpretes que por lo general tañían violas de distintos tipos y uno o más laúdes.

contrabajo El mayor de los instrumentos de la familia de cuerda y arco, y también el de afinación más grave. Suele ocuparse del bajo de las composiciones musicales y sólo muy ocasionalmente participa en la parte melódica.

contradanza Baile popular, posiblemente de origen inglés («country dance»). En compás binario, gozó de amplia difusión en la Europa de los siglos XVII y XVIII.

Dibujo de un contrabajo, el más grave de los instrumentos de cuerda y arco.

contrafagot Instrumento de la familia del fagot, de dimensiones mucho mayores y sonoridad más grave (una octava más baja que el fagot). Su uso no se difundió hasta que creció la sonoridad orquestal en el siglo XIX.

contralto Denominación del tipo más grave y profundo de voz femenina.

contrapunto Técnica de la composición musical que consiste en sobreponer a una melodía o un tema dados una o más melodías (voces) independientes entre sí hasta formar una composición en la que cada voz conserva su independencia pero al mismo tiempo está vinculada al conjunto de manera armónica. El nombre procede de la escritura de una nota, antiguamente «punctum», contra otra: *punctum contra punctum.*

contratenor 1. Voz que en la música polifónica medieval se sitúa en una tesitura similar a la del tenor, con la cual frecuentemente se cruza. 2. Cantante masculino que usa una técnica basada en el falsete.

Copland, Aaron Compositor y director de orquesta estadounidense (Brooklyn, 1900-North Tarrytown, 1990). Alumno de N. Boulanger, sus primeras obras denotan la influencia de su admirado I. Stravinski. Considerado un músico difícil en la década de 1920, le dieron gran fama sus ballets sobre temas del folclor y la mitología de Estados Unidos: *Billy the Kid, Rodeo* y *Primavera apalache.* En los años cincuenta y sesenta se sintió atraído por el serialismo.

coral 1. Propio del coro. 2. Composición vocal religiosa para ser cantada a coro. Fue especialmente utilizada por la liturgia luterana. El propio Lutero escribió un número considerable de corales y Bach adaptó una buena parte de ellos en sus cantatas y composiciones religiosas.

corchea Nombre que se da en la notación musical a una nota negra con una cola y un corchete. Su duración en tiempo equivale a la mitad de una negra, por lo que caben ocho corcheas en un compás de 4 por 4.

cordófono Instrumento musical en el que el sonido se produce a partir de la vibración de unas cuerdas, ya sean éstas frotadas (violín), pulsadas (guitarra) o percutidas (piano).

Corelli, Arcangelo Compositor y violinista italiano (Fusignano, 1653-Roma, 1713). Estudió violín desde su infancia con G. Benvenuti en Bolonia, y en 1680 se trasladó a Roma, donde residió hasta su muerte.

El compositor y violinista italiano Arcangelo Corelli, según un retrato de Jan Frans van Douven.

Su figura tiene especial relevancia en lo referente a la evolución técnica de su instrumento músico. Dedicado íntegramente a la música instrumental, escribió numerosas obras dedicadas al violín, fuera como solista o integrado en un grupo de cámara. Son especialmente conocidos sus doce *Concerti grossi Op. 6,* publicados póstumamente en Amsterdam y esenciales en el establecimiento de esta forma musical.

Corelli, Franco Tenor italiano (Ancona, 1921). Después de cursar estudios de ingeniería naval en Bolonia, en 1947 ingresó en el Conservatorio de Pésaro. Debutó en Spoleto en 1952 cantando el papel de don José en la *Carmen* de Bizet. Su presentación en la Scala de Milán tuvo lugar en 1954, con María Callas como *partenaire* en *La vestale* de Spontini. De timbre lírico-spinto, sobresalió en la ópera italiana, aunque fue también muy apreciado como intérprete de papeles del repertorio francés.

coreografía Arte de disponer los pasos y movimientos que deben ejecutar los bailarines en una pieza o un paso de ballet. En el siglo XVIII, el coreógrafo Jean-Georges Noverre (1727-1810) fue el verdadero creador del ballet narrativo moderno que dio un enorme prestigio a la danza francesa, cuya tradición pasó luego a Dinamarca y Rusia.

cornamusa Nombre popular con que se conoce en algunos países la gaita, instrumento de viento típico de los pueblos célticos, en especial Irlanda, Galicia, Escocia, la Bretaña francesa y las islas del canal de la Mancha.

corneta Familia de instrumentos de metal que se caracteriza por estar constituida por un tubo metálico enrollado, de sección cónica, acabado en un pabellón en forma de campana.

coro Grupo de personas que cantan conjuntamente. El uso del coro para el canto religioso ha sido casi general en el mundo, y su evolución en la Iglesia Católica (canto gregoriano) derivó en el canto coral de varias partes (polifonía coral). Con el nacimiento de la ópera, el coro recuperó la personalidad teatral que había tenido antiguamente desde la Grecia clásica y se constituyó en elemento esencial del género del oratorio.

Cortot, Alfred Pianista y director de orquesta suizo (Nyon, 1877-Lausanne, 1962). Este virtuoso pianista se formó con Decambes y Diémer en el Conservatorio de París y debutó como solista en 1896 después de ganar un primer premio de interpretación. Wagneriano convencido, como director se le debe el estreno francés de *El ocaso de los dioses* en 1903. En 1905, con

Fachada de la Royal Opera House, Covent Garden, de Londres, según un grabado del siglo XIX.

el violoncelista P. Casals y el violinista J. Thibaud, formó un trío de prestigio universal, que funcionó a la perfección hasta 1933, y que finalmente se disolvió en vísperas de la Segunda Guerra Mundial. Las interpretaciones que Cortot realizó de Chopin gozan de gran aprecio.

Couperin, François Compositor, organista y clavecinista francés (París, 1668-1733). Nacido en una familia de músicos, recibió su formación musical de su padre, y a la muerte de éste la amplió con el organista real J. Thomelin. Organista del rey desde 1701, se hizo célebre por sus conciertos en los salones privados de la nobleza, así como por sus obras religiosas. De su producción musical sobresalen las *Leçons de ténèbres*, los *Concerts royaux*, escritos para Luis XIV, *Les nations* y numerosas piezas para clave reunidas en cuatro volúmenes. Su obra didáctica *L'art de toucher le clavecin* ejerció una profunda influencia en J. S. Bach.

Covent Garden Nombre oficioso de la Royal Opera House fundada en Londres en 1732, junto al jardín de un antiguo convento, más tarde convertido en mercado. Haendel estrenó en este teatro algunas de sus últimas creaciones, como *Alcina* y *Berenice* (1737). Destruido a raíz de dos incendios en 1808 y 1856, el actual edificio fue inaugurado en 1858 con *Les huguenots* de Meyerbeer. Es un centro lírico de primer orden, con notable incidencia en el mundo discográfico y en la consagración de todo intérprete.

crescendo Término italiano que significa «creciendo». Efecto de incremento gradual de la sonoridad durante la interpretación de un determinado pasaje, cada vez más fuerte. Se atribuye la invención del *crescendo* a Johann Stamitz y a los músicos de la orquesta de Mannheim. Su efecto contrario recibe el nombre de *diminuendo*.

cromatismo Denominación que, usando un símil visual, se da a un pasaje en el cual se utilizan notas que no pertenecen a la tonalidad original del mismo, dentro de una composición musical.

Crosby, Bing Cantante y actor estadounidense (Tacoma, Estado de Washington, 1904-Madrid, 1977). Conocido por el sobrenombre de «Bing», a causa de sus grandes orejas, que recordaban las de un popular personaje de cómic llamado Bingo, fue, junto a Frank Sinatra, el gran cantante de su época. Debutó en 1925 y toda su carrera se desarrolló en Estados Unidos. *White Christmas*, *Blue Skies* o *Love in Bloom* son algunos de sus muchos éxitos, que le valieron ventas de discos millonarias. Su amabilidad y su gentileza tuvieron su correspondencia con los papeles que interpretó

Sobre estas líneas retrato anónimo de François Couperin, llamado por sus contemporáneos «el Grande».

en el cine, uno de los cuales, el de *Siguiendo mi camino*, le valió el Óscar en 1944.

crótalo Instrumento de percusión que se acciona con las manos y se parece a la castañuela, con la cual a veces llega a confundirse.

cuadrada Figura de la notación musical tradicional que tiene forma cuadrada. Su duración equivale a la de dos redondas, o sea, a ocho negras. Actualmente está en desuso, pues no cabe en los compases normales de música, debido a su enorme duración.

cuarta Nombre del intervalo que separa la nota tónica del cuarto grado ascendiendo de su escala. En la escala de do, la cuarta corresponde al fa (intervalo de cuarta justa). Si la distancia es de medio tono menos, se tiene un intervalo de cuarta disminuida (do-fa bemol); si el intervalo aumenta en medio tono (do-fa sostenido) tenemos un

intervalo de cuarta aumentada (llamada tritono, porque incluye tres tonos enteros).

cuarteto 1. Composición escrita para cuatro instrumentos de distinto tipo. El cuarteto de cuerda es la formación más común en este tipo de composiciones: dos violines, una viola y un violoncelo. Otra variedad de cuarteto muy difundida es la que introduce el piano en lugar de uno de los violines. 2. Pasaje musical escrito para cuatro voces humanas.

Cui, César Compositor ruso (Vilna, Rusia, actual Lituania, 1835-San Petersburgo, 1918). Militar de formación —especialista en fortificaciones—, además de músico, formó parte del Grupo de los Cinco. Es autor de una obra extensa que abarca todos los géneros, en especial el dramático, aunque sus obras están lejos de gozar del favor de las de sus compañeros de grupo. Aun así, podemos citar de entre ellas las veinticuatro piezas que forman *Caleidoscopio* y las seis *Bagatelas*. Llevó a cabo una importante labor teórica, recogida en textos como *La música en Rusia*.

cuplé 1. Término procedente del francés (*couplet*) que designa un tipo de canción estrófica que se va repitiendo con una parecida estructura rítmica. 2. Canción alusiva y un tanto licenciosa que se cantaba en los cabarets a principios del siglo XX.

czarda Danza popular de marcado carácter rítmico, surgida en Hungría y todavía viva actualmente en el acervo folclórico de ese país. En algunas operetas vienesas ocupa un lugar destacado, como en *El murciélago* de Johann Strauss II y *La princesa de las czardas* de Emmerich Kálmán.

El cantante Bing Crosby (derecha) junto a Danny Kaye.

D

Da Ponte, Lorenzo Libretista italiano (Ceneda, Véneto, 1749-Nueva York, 1838). De verdadero nombre Emanuele Conegliano, fue un aventurero italiano de origen judío que adoptó el nombre de Lorenzo da Ponte al convertirse al catolicismo. En 1782 se trasladó a Viena, donde, como poeta oficial del Teatro Imperial, escribió libretos operísticos para los compositores más famosos del momento, entre ellos los de tres de las óperas más destacadas de Mozart (*Las bodas de Fígaro, Don Giovanni* y *Così fan tutte*) y los de obras de Antonio Salieri y Vicente Martín y Soler. Tras pasar por Londres, en el año 1805 se afincó definitivamente en Nueva York, donde publicó su biografía además de impulsar la ópera italiana en Estados Unidos.

Dallapiccola, Luigi Compositor italiano. (Pisino, 1904-Florencia, 1975). La influencia de Arnold Schönberg llevó a este músico, a partir de 1939, a adoptar el sistema dodecafónico del que fue introductor en Italia. Autor de una copiosa obra de carácter marcadamente dramático, escribió las óperas *Volo di notte, Il prigioniero,* la más representada, y *Ulisse,* su composición más ambiciosa. De su producción vocal merecen citarse sus *Canti di prigionia* y *Canti di liberazione.*

danza Movimiento físico del cuerpo humano siguiendo las inflexiones y el ritmo de la música. Desde tiempos remotos ha sido un recurso ritual vinculado a las creencias religiosas, aunque gradualmente ha ido adquiriendo un carácter más profano, relacionado con el mundo festivo de los banquetes y las ceremonias civiles. El fenómeno de la danza es universal y ha dado pie a una variedad extensísima de ritmos,

Luigi Dallapiccola, el introductor del dodecafonismo en Italia con obras como *Il prigionero.*

pasos y músicas, cuya catalogación es virtualmente imposible de realizar.

Davis, sir Colin Director de orquesta británico (Weybridge, 1927). Formado en el Royal College of Music de Londres, en 1952 fue nombrado director de ballet en el Royal Festival Hall de Londres, y de 1957 a 1959 fue director asistente de la BBC Scottish Orquestra. Tras una gran actividad al frente de la Orquesta Sinfónica de Londres y la Orquesta Sinfónica de la BBC entre 1967 y 1971, desempeñó la dirección musical del Covent Garden de 1971 a 1986. Desde 1983 a 1992 ocupó el cargo de director principal de la Orquesta Sinfónica de la Radiodifusión Bávara. En 1995 asumió la dirección de la Orquesta Sinfónica de Londres. Se ha distinguido como un perfecto mozartiano y un gran defensor de la música de Hector Berlioz y Benjamin Britten.

De los Ángeles, Victoria Soprano española (Barcelona, 1923). Estudió en el Conservatorio del Gran Teatro del Liceo de Barcelona. En 1946 debutó en el mismo Liceo como la condesa de *Las bodas de Fígaro.* En 1948 ganó el Concurso Internacional de canto de Ginebra, lo que le abrió las puertas de la fama. Después de cantar papeles como Marguerite (*Fausto*), Mimì (*La bohème*) o Mélisande, a finales de la década de 1960 se retiró de los escenarios operísticos para dedicarse a dar recitales.

Debussy, Claude Compositor francés (Saint-Germain-en-Laye, 1862-París, 1918). Formado como pianista y compositor en el Conservatorio de París, en 1884 ganó el Grand Prix de Rome de esta institución. A pesar del reconocimiento oficial que esto suponía, la carrera de Debussy siguió siempre un camino personal. Sus obras intentan ser la alternativa musical del impresionismo y el simbolismo, lo cual resulta evidente, sobre todo, en su *Preludio a la siesta de un fauno,* la obra que le lanzó a la fama en 1894. A ella seguirían la ópera *Pelléas et Mélisande* y las orquestales *La mer* e *Images.* En opinión de músicos como Pierre Boulez, el cuestionamiento que Debussy hace del desarrollo temático tradicional, su originalidad formal y su redescubrimiento del timbre lo convierten en uno de los padres de la música del siglo XX.

declamación Arte de recitar un texto de modo dramático y con una finalidad artística. Se consideraba esencial en las enseñanzas de los conservatorios de los siglos XVIII y XIX.

Del Monaco, Mario Tenor italiano (Florencia, 1915-Mestre, Venecia, 1982). Debutó muy joven, pero hasta su debut en la Scala como Pinkerton (*Madama Butterfly*), en enero de 1941, no empezó a abrirse camino. La Segunda Guerra Mundial frenó su carrera, pero a la finalización del conflicto actuó en el Covent Garden como Cavaradossi (*Tosca,* 1946). Desde 1950 actuó con frecuencia en San Francisco y Nueva York. Su gran especialidad fue el *Otello* de Verdi.

Delibes, Léo Compositor francés (Saint-Germain-du-Val, Sarthe, 1836-París, 1891). Estudió en el Conservatorio de París. Destacó en el género teatral, con títulos tan célebres hoy como los ballets *Sylvia* y *Copelia,* y la ópera *Lakmé,* que constituye un magnífico ejemplo de la moda por lo exótico que invadió la música francesa del último tercio del siglo XIX.

La belleza de su voz ha hecho de Victoria de los Ángeles una de las sopranos más apreciadas de su generación, sobre todo en el repertorio lírico francés.

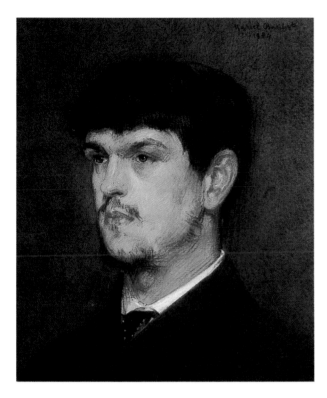

Claude Debussy fue un músico revolucionario, esencial en el nacimiento de la música contemporánea. En la ilustración lo vemos en un retrato de Marcel Baschet, realizado en 1884 durante la estancia del compositor en Roma.

Delius, Frederick Compositor británico de origen alemán (Bradford, 1862-Grez-sur-Loing, Francia, 1934). Formado en su país natal, trabajó en Estados Unidos, en Florida, para establecerse posteriormente en Leipzig, donde en 1889 presentó su suite *Florida*. Residió en Francia, cerca de Fontainebleau. De su música, un tanto incomprendida en su momento, destacan cinco poemas sinfónicos, obras corales como *Appalachia*, *Eine Mesee des Lebens* y la ópera *A Village Romeo and Juliet*. Más que en la construcción formal o el desarrollo temático, el interés de su música radica en su capacidad única para recrear atmósferas vagas, de exquisito refinamiento.

Deller, sir Alfred Contratenor británico (Margate, 1912-Bolonia, 1979). Después de cantar en coros infantiles, comenzó a investigar el repertorio inglés de música antigua. En 1940 se incorporó a los coros de la Catedral de Canterbury y en 1947 dirigió los coros de San Pablo de Londres. En 1948 fundó el Deller Consort, formación vocal destinada a la búsqueda e interpretación del antiguo repertorio renacentista y barroco, inglés y europeo. En 1960 encarnó el papel de Oberón en la ópera de Benjamin Britten *El sueño de una noche de verano*.

desarrollo La más perfecta de las cuatro maneras de elaborar una composición musical, después de la repetición, la imitación y la variación. Surgido en el siglo XVIII, la técnica del desarrollo permitió dar variedad al contenido temático de una composición instrumental y constituyó la esencia de la llamada «forma sonata»: el desarrollo parte de uno de los temas (a veces de ambos) aparecidos en la exposición, lo hace modular a otras tonalidades, e introduce ideas rítmicas y melódicas distintas hasta la «reexposición» del tema inicial.

Desprez, Josquin Compositor franco-flamenco (Hainault, Borgoña, *c.* 1440-Condé-sur-Escaut, 1521). Discípulo de Ockeghem, se convirtió en uno de los contrapuntistas más destacados de la escuela flamenca. De 1486 a 1494 estuvo al servicio de la corte vaticana como cantor, y su influencia fue notoria en el estilo italiano, siendo precursor de la escuela vocal que culminaría con Palestrina. Estuvo al servicio de Luis XII de Francia y de Maximiliano I. Canónigo de Condé, legó numerosas misas, motetes y canciones seculares, una de las cuales, *Mille regretz*, era la preferida del emperador Carlos V.

Dessau, Paul Compositor alemán (Hamburgo, 1894-Berlín Este, 1979). Fue el colaborador predilecto de Bertolt Brecht, con quien trabajó estrechamente a partir de 1938. Se le debe la música de escena de *Madre Coraje y sus hijos*, *Las buenas gentes de Sezuan*, *El señor Puntila* y *El círculo de tiza caucasiano*, además de la ópera *El juicio de Lúculo*. Amén de estas obras, escribió dos sinfonías y numerosas composiciones corales.

Diaghilev, Serge de Empresario de ballet ruso (Gruzino, Novgorod, 1872-Venecia, 1929). Fue el fundador de los Ballets Rusos, compañía que revolucionó la danza clásica durante las dos primeras décadas del siglo XX. Diaghilev consiguió reunir en ella a los más importantes coreógrafos (Fokine, Massine, Balanchine), bailarines (Nijinski, Karsavina), diseñadores (Bakst, Matisse, Picasso) y compositores (Stravinski, Ravel, Prokofiev, Falla) del momento.

diapasón Instrumento afinado para dar una única nota que sirve de referencia auditiva para precisar la afinación de una voz o un instrumento. Una convención internacional de 1953 fijó la altura del diapasón en 440 vibraciones por segundo, pero hoy día se tiende a aumentar este número y son raras las formaciones instrumentales que no tocan al menos a 442.

diatónica Nombre que se da a la escala en la que entran sólo las notas fundamentales, «naturales», sin las notas cromáticas, es decir, aquella compuesta por los cinco tonos y dos semitonos

diferencias Nombre usado en la música española del siglo XVI y XVII para designar el arte de la variación, procedimiento de composición que entonces estuvo en

Escena de *El círculo de tiza caucasiano* de Bertolt Brecht y Paul Dessau.

auge. Antonio de Cabezón fue uno de los más ilustres cultivadores de esta forma, por ejemplo en su pieza titulada *Diferencias sobre el canto del caballero*.

dinámica Nombre que se aplica, en lo tocante a la práctica musical, a todo lo que se refiere a las posibilidades de emitir el sonido con mayor o menor intensidad sonora.

director Título que se da al músico que se encarga de obtener de los integrantes de una orquesta o formación instrumental la debida cohesión, marcando el compás y cuándo deben entrar en acción para lograr que se interprete la obra de acuerdo con lo que, a su modo de ver, es el propósito del compositor. Antiguamente llamado «maestro concertador», desde finales del siglo XVIII adoptó la costumbre de dirigir con un pequeño bastón alargado, la batuta.

discanto Término que en la primitiva polifonía medieval indicaba la separación de una voz melódica de la principal. De esta manera se abandonaba el paralelismo propio del *organum*, para crear un efecto polifónico todavía muy elemental, pero destinado a crecer rápidamente.

disonancia Efecto que causa la conjunción de dos o más sonidos que se apartan de las reglas de la armonía, sin que exista consonancia entre ellos. Aunque en principio las reglas de la armonía excluían tales conjunciones, se juzgan esenciales para atraer la atención del oyente, con la condición de que el «conflicto» auditivo se resuelva en una solución armónica.

divertimento Composición integrada por varios movimientos propia del siglo XVIII. Sin una forma predeterminada o fija, en algunos casos se aproxima a la sinfonía primitiva, mientras que en otros puede tener un carácter similar al de la serenata o la casación. Fue muy popular en Austria en la época de Haydn y Mozart, quienes escribieron varios *divertimenti* de altísima calidad.

divisi Indicación de que en un determinado pasaje los instrumentos de una misma sección, como por ejemplo los violines primeros, deben dividirse en diversos grupos. Se indica con la abreviatura «div.».

dixieland Modalidad de jazz que surgió en Louisiana en la primera mitad del siglo XX y fue practicada por músicos blancos en contraposición al estilo de la música negra de Orleans en la que se inspiró. Este «estilo tierra de Dixie» se basa en una música de carácter improvisado, de gran expresividad melódica y riqueza polifónica, interpretada por conjuntos instrumentales de viento de reducidas dimensiones.

Versátil y extrovertido, Plácido Domingo se ha ganado el aprecio del público de todo el mundo. En la imagen, podemos ver al tenor junto a la soprano Renata Scotto en *Fedora*, de Umberto Giordano.

do Primera nota de la escala musical temperada. Su nombre original era *ut*, denominación que todavía se utiliza en la lengua francesa.

dodecafonismo Sistema musical creado por Arnold Schönberg en la década de 1920, como alternativa al sistema tonal tradicional. Con él, este músico quiso romper la supeditación de las notas a la tónica: la escala no incluiría ya tonos y semitonos, sino una escala de doce tonos iguales —de ahí su nombre— dispuestos en una serie. Según sus principios más ortodoxos, ninguna nota de esta serie podía repetirse hasta que no se hubieran escuchado las otras once. Alban Berg y Anton Webern siguieron a Schönberg por este camino que ha tenido muchos seguidores en el campo de la música contemporánea.

Dohnányi, Ernö von Compositor, director de orquesta y pianista húngaro (Bratislava, 1877- Nueva York, 1960). Fue uno de los virtuosos del piano más aclamados en su tiempo. Su carrera como concertista no le impidió, empero, dedicarse a otras

facetas de la música, como la dirección (fue director de la Orquesta Filarmónica de Budapest desde 1919 hasta 1944) y, sobre todo, la composición. Entre sus obras, influidas por el modelo brahmsiano, destacan las *Variaciones sobre una canción infantil* para piano y orquesta y sus dos conciertos para violín.

dominante Nombre que se da al quinto grado de la escala diatónica.

Domingo, Plácido Tenor español formado en México (Madrid, 1941). Hizo su debut como barítono en la zarzuela *Gigantes y cabezudos*, en México, pero pronto emprendió una brillante carrera como tenor. Su extenso repertorio abarca los grandes papeles de esta cuerda, y durante los últimos años se ha distinguido en la interpretación de los dramas musicales wagnerianos, como *Parsifal*, así como en obras poco frecuentes como *L'africaine* de Meyerbeer. Cada vez con más frecuencia gusta de actuar como director de orquesta. Junto a José Carreras y Luciano Pavarotti, es uno de los impulsores de las actuaciones populares de la sociedad artística de «Los tres tenores».

Donizetti, Gaetano Compositor italiano (Bérgamo, 1797-1848). Alumno de J. S. Mayr, conquistó su primer gran éxito teatral con la ópera *Zoraide di Granata*, estrenada en Roma en 1822. Apremiado por los empresarios, componía con gran rapidez, como resultado de lo cual muchas de sus obras adolecen de graves defectos. Aun así, se le deben algunas de las mejores óperas del romanticismo italiano anterior a Verdi, como *Anna Bolena*, *L'elisir d'amore*, *Lucrezia Borgia*, *Maria Stuarda* y, sobre todo, *Lucia di Lammermoor* y *Don Pasquale*. La sífilis lo llevó a la tumba tras un penoso proceso degenerativo.

Retrato de Donizetti realizado al final de su vida.

Dorati, Antal Director de orquesta y compositor húngaro nacionalizado estadounidense (Budapest, 1906-Gerzensee, Berna, 1988). Alumno de Bela Bartok y Zoltán Kodály en su ciudad natal, en 1937 debutó en América, donde se estableció a partir de 1940. Después de la Segunda Guerra Mundial dirigió numerosas orquestas, emprendiendo el ambicioso proyecto de grabar la integral de las sinfonías y óperas de Haydn. Sus composiciones, de gran envergadura, no le dieron el prestigio que le granjearon sus actuaciones como director.

Dowland, John Compositor y lautista británico (Londres, 1563-1626). Su música fue muy apreciada en la corte londinense por su elegancia y su tono triste y melancólico (en este sentido es significativo su lema «Dowland semper dolens»). Sus obras incluyen las *Lachrimae, or Seven Teares*, para consort de violas y laúd, y un gran número de pavanas, gallardas y otras danzas para laúd solo, así como canciones.

drama musical Nombre que Wagner aplicó a sus composiciones teatrales, caracterizadas por su estructura sinfónica, para diferenciarlas de la ópera tradicional de números cerrados.

Du Pré, Jacqueline Violoncelista británica (Oxford, 1945-Londres, 1987). Estudió con Paul Tortelier, Pau Casals y Mstislav Rostropovich. Debutó en la Wigmore Hall de Londres en 1961 y en Nueva York con la Filarmónica de esa ciudad en 1965, e inició así una carrera internacional tan exitosa como breve, interrumpida de modo dramático por una esclerosis múltiple que la condujo prematuramente a la muerte. Estuvo casada con el pianista y director de orquesta Daniel Barenboim.

Dufay, Guillaume Compositor francés (Hainaut, c. 1400-Cambrai, 1474). Vinculado a la catedral de Cambrai, viajó mucho por Italia y se afirmó como uno de los compositores más importantes y solicitados de su tiempo. Dejó canciones profanas y polifónicas, misas —entre ellas las que llevan los títulos «Ave Regina caelorum» y «L'homme armé»—, numerosos motetes y otras piezas religiosas varias. A su muerte, diversos compositores escribieron lamentaciones musicales en su memoria.

Dukas, Paul Compositor francés (París, 1865-1935). Se formó en el Conservatorio de París, del que llegaría a ser profesor de orquestación y composición. Autor de valiosas obras, como la ópera *Ariane et Barbe-Bleue*, el ballet *La Péri* y una *Sinfonía en Do mayor*, su nombre es universalmente famoso por el *scherzo* sinfónico *El aprendiz de brujo*, divulgado mundialmente por la película *Fantasía* de Walt Dis-

Sobre estas líneas, fotografía de Paul Dukas, el autor de *El aprendiz de brujo*.

ney. Poco antes de su muerte destruyó parte de sus obras.

dumka Balada tradicional eslava en la que se combinan partes de tono melancólico o elegíaco con otras de alegría espontánea y extrema vivacidad. Muy utilizada por los compositores checos, especialmente Dvorak (*Trío con piano núm. 4, «Dumky»*).

Duncan, Isadora Bailarina estadounidense (San Francisco, 1878-Niza, Francia, 1927). Su principal propósito fue el de recobrar la espiritualidad del arte griego, su culto a la armonía corporal, en la danza, por lo que rompió con las anquilosa-

das normas del ballet tradicional. En su brillante trayectoria, recorrió Alemania, Francia, Italia y Rusia, y además legó un gran número de obras didácticas. Fue una de las primeras en realizar coreografías sobre partituras de concierto, no destinadas en origen a ballet. Personaje emblemático, de fuerte carisma, su vida se truncó abruptamente a raíz de un accidente tan trágico como estúpido. Biografiada en numerosas ocasiones, su legendaria vida ha sido llevada a la pantalla cinematográfica.

dúo Nombre que se da a la pieza instrumental o vocal en la que intervienen dos instrumentos o voces que tocan o cantan conjuntamente.

Durey, Louis Compositor francés (París, 1888-Saint-Tropez, 1979). Formó parte del Grupo de los Seis, aunque su vinculación con él fue breve. Afiliado al Partido Comunista Francés, ocupó diversos cargos políticos y escribió una música derivada de los cantos tradicionales franceses. De su escasa producción destacan *La longue marche*, dedicada a Mao, la *Cantate de la rose et de l'amour* y los *Trois poèmes de Paul Éluard*.

Dutilleux, Henri Compositor francés (Angers, 1916). Durante la Segunda Guerra Mundial trabajó en la Ópera de París y entre 1943 y 1963 fue director de las producciones musicales de Radio France. Tras la guerra, su estilo adquirió un tono sobrio, con un especial gusto por la variación y una indudable influencia de Ravel, Debussy y Roussel en el refinamiento tímbrico. *Métaboles, Timbres, espace, mouvement, Tout un monde lointain*, para violoncelo y orquesta, y dos sinfonías son algunas de las obras de su catálogo.

La carrera de la violoncelista Jacqueline Du Pré quedó truncada prematuramente por una dolorosa y larga enfermedad. Aun así, sus interpretaciones, preservadas por el disco, nos la presentan como una de las más notables virtuosas de su instrumento.

Dvorak, Anton Compositor checo (Nelahozeves, 1841-Praga, 1904). De origen campesino, fue, junto a Smetana, el gran representante de la música nacionalista bohemia. En 1892 marchó a Estados Unidos, donde dirigió el Conservatorio Nacional de Nueva York; fruto de esta estancia fue su obra más conocida, la *Sinfonía núm. 9 «Del Nuevo Mundo»*. Añorando su tierra, regresó a ella en 1895. La música de este autor refleja la influencia de la música popular de su país y de la gran tradición sinfónica germana, en especial Brahms, con quien le unió una gran amistad. Otras de sus obras son la ópera *Rusalka,* las *Danzas eslavas* y el *Concierto para violoncelo*.

Dylan, Bob Cantautor de folk y rock estadounidense (Duluth, 1941). Se dio a conocer en 1961 con canciones protesta. En 1963, su canción «Blowin' in the wind» se convirtió en un himno de la lucha por los derechos civiles. En 1965 introdujo instrumentos electrónicos en sus actuaciones, lo que le valió las críticas de ciertos sectores del folk. En 1979, su conversión a un fundamentalismo cristiano marcó su carrera posterior, en la que ha grabado canciones religiosas.

E

Eisler, Hans Compositor alemán (Leipzig, 1898-Berlín Este, 1962). Entre 1919 y 1923 fue alumno de Arnold Schönberg, por cuya influencia adoptó la técnica dodecafónica. De ideología comunista, la llegada de los nazis al poder provocó su marcha a Estados Unidos, donde trabajó en Hollywood. En 1949 trasladó su residencia a Berlín Este, donde desarrolló el resto de su carrera. Allí profundizó su colaboración con Bertolt Brecht, iniciada en la década de 1930, con títulos como *Galileo Galilei*. Es autor de una ambiciosa ópera, *Johannes Faustus,* y de obras corales como *Deutsche Symphonie* y *Lenin,* acabada expresión de su ideología política. En Estados Unidos escribió en colaboración con el filósofo Theodor Adorno un valioso ensayo sobre la composición en el cine.

electroacústica, música Música compuesta por medio de sonidos originados por procedimientos electrónicos. Es una rama de la música contemporánea especialmente apta para la investigación y la experimentación sonora en el campo del timbre.

Elgar, Edward Compositor británico (Broadheath, Worcester, 1857-Worcester, 1934). De formación autodidacta, ganó fama con obras como las *Variaciones «Enigma»* y el monumental oratorio *El sueño de Gerontio,*

El compositor bohemio Anton Dvorak en una fotografía tomada en 1882.

y se consagró a nivel popular con la serie de marchas tituladas *Pompa y circunstancia*. Éstas y sus otras grandes obras, como sus conciertos para violín y violoncelo, denotan un profundo conocimiento del romanticismo de Brahms y Wagner.

Ellington, Duke Director de orquesta de jazz, pianista y compositor estadounidense (Washington, 1899-Nueva York, 1974). Gran pianista, colaboró con los más prestigiosos solistas de su época (Hawkins, Coltrane, Mingus, Gillespie...), al tiempo que al frente de su orquesta estrenaba ambiciosas obras de gran formato, como *Black, brown and beige, The Far East Suite* o *AfroBassa,* reveladoras de su sólida formación musical. Fue el principal introductor de las grandes orquestas de jazz en sustitución de los pequeños combos integrados por cuatro o cinco músicos.

enarmónico Dícese de la relación entre notas pertenecientes a tonalidades distintas y que llevan un nombre diferente, aunque su sonido coincide; así, por ejemplo, el do bemol y el si natural.

Enesco, George Compositor, director de orquesta, violinista y pedagogo rumano (Liveni-Virnav, 1881-París, 1955). Niño prodigio, empezó a tocar el violín a los cuatro años de edad y a componer a los cinco. Afincado en París, desarrolló una brillante carrera internacional como concertista y compositor. Entre sus obras figuran dos *Rapsodias rumanas,* cinco sinfonías y una ópera, *Edipo*. Como violinista se hizo célebre con sus interpretaciones de Bach. Gran pedagogo, entre sus discípulos se cuenta Yehudi Menuhin.

ensalada Nombre que se dio durante el siglo XVI a unas composiciones polifónicas de carácter descriptivo, profano y religioso, con intercalación de canciones y otras piezas de ritmos y melodías distintos, en diferentes idiomas. El catalán Mateo Flecha el Viejo, de mediados del siglo XVI, es quizás su más célebre cultivador.

entonación Capacidad para cantar emitiendo la voz en el tono adecuado, afinadamente.

escala Serie de notas de diversa altura que forman una unidad sonora comprendida entre dos notas iguales. En el sistema musical occidental, la escala está formada por siete notas: si tomamos como escala el do, incluirá las notas do, re, mi, fa, sol, la y si, y concluirá con la octava nota, el do de la escala siguiente.

espineta Instrumento de teclado de la familia del clave, consistente en una serie de cuerdas tensadas en una pequeña arpa dispuesta de modo horizontal y accionada por unas púas conectadas con un teclado. Precursora del clavicémbalo, la espineta se colocaba sobre una mesa para la práctica musical privada. En Inglaterra recibió el nombre de virginal, porque se consideraba adecuada para el aprendizaje musical de las muchachas casaderas.

Estrada, Carlos Compositor y director de orquesta uruguayo (Montevideo, 1909-1970). Formado en Europa, fue uno de los grandes animadores de la escena musical de su país: fundó la Orquesta de Cámara de Montevideo y la Orquesta Sinfónica Municipal de Montevideo, que así mismo

George Enesco, la máxima figura del nacionalismo musical rumano.

dirigió. Como compositor se le deben un oratorio, dos sinfonías y numerosas piezas de cámara y para piano.

étnica, música Dícese de la rama musical que estudia la música propia de las distintas etnias mundiales, así como las influencias y corrientes que la han configurado.

exposición En la música instrumental de la época clásica, pasaje en el cual se presentan los dos temas fundamentales de la composición. Normalmente se repetían (doble exposición) para que el oyente los pudiera asimilar y así apreciar la capacidad del compositor para realizar el desarrollo, basado en dichos temas. El retorno de los temas iniciales recibía el nombre de reexposición. Este esquema constituye la característica principal de la llamada «forma sonata».

expresionismo Término que, por analogía con el movimiento pictórico contemporáneo, se aplicó a una corriente musical de las dos primeras décadas del siglo XX que, partiendo de un subjetivismo exacerbado, buscaba los elementos expresivos por encima de toda otra consideración de belleza, equilibrio o armonía. Richard Strauss inició su carrera operística dentro de los cánones del expresionismo, con *Salomé* y *Elektra*, pero después lo abandonó. Schönberg, que como pintor fue también expresionista, y sus discípulos fueron los principales representantes de esta corriente en música.

F

fa Cuarta nota de la escala musical de do.

fagot Instrumento de viento de la familia de las maderas, con doble lengüeta. De sonoridad grave, está considerado un bajo del oboe.

Falla, Manuel de Compositor español (Cádiz, 1876-Alta Gracia, Argentina, 1946). Bajo la dirección de Felip Pedrell, Falla orientó sus preocupaciones musicales hacia el nacionalismo y la gran tradición española de los siglos XVI y XVII, que, junto al descubrimiento de la música de Debussy en París, adonde se trasladó en 1907, serían factores que influirían decisivamente sobre su propia obra. Tras la guerra civil española marchó a Argentina, donde falleció sin haber podido dar cima a la gran

página que le ocupó los últimos veinte años de vida: *La Atlántida,* basada en el poema homónimo catalán de J. Verdaguer. Otras de sus obras son los ballets *El amor brujo* y *El sombrero de tres picos,* las óperas *La vida breve* y *El retablo de maese Pedro,* el *Concierto para clave* y *Noches en los jardines de España.*

falsete Emisión artificiosa propia de la voz masculina con el propósito de alcanzar sonidos agudos. Es la base del canto de los actuales contratenores.

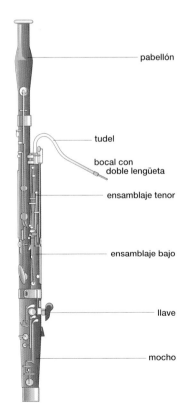

pabellón

tudel

bocal con doble lengüeta

ensamblaje tenor

ensamblaje bajo

llave

mocho

Dibujo de un fagot, el más grave de los instrumentos de viento madera.

fandango Danza española de compás ternario y ritmo animado. Durante el siglo XVIII se difundió por Europa. Algunos compositores, como Gluck y Mozart, utilizaron el fandango en sus obras de ambientación española. En España, el padre A. Soler lo utilizó en sus sonatas para clave, y el compositor italiano L. Boccherini lo incluyó en uno de sus quintetos con guitarra.

fanfarria Episodio o fragmento musical solemne y generalmente de tono festivo, destinado a los instrumentos de viento de metal.

fantasía Pieza musical de forma libre, que sugiere una creación de carácter espontáneo y sin sujeción a las normas fijas de composición. Fue muy utilizada en los siglos XVII y XVIII, y persistió, aunque de modo distinto, en el XIX. Bach, Mozart, Chopin, Schubert, Schumann y Brahms escribieron fantasías. Liszt y otros pianistas usaron este término para sugerir la cuasi-improvisación de sus creaciones para piano, a veces sobre temas de ópera u otras obras musicales.

Farinelli Contratenor italiano (Andria, 1705-Bolonia, 1783). De verdadero nombre Carlo Broschi, fue por excelencia el cantante castrado de su época; triunfó especialmente en Londres. Isabel Farnesio, reina de España, requirió sus servicios para que aliviara con su canto la nostalgia de Felipe V, por lo que se desplazó a Madrid. Permaneció al servicio del heredero del monarca, Fernando VI, como director de la ópera de la corte, pero, despedido por Carlos III cuando heredó el trono en 1759, regresó a Italia.

Fauré, Gabriel Compositor francés (Pàmies, 1845-París, 1924). Fue alumno de

Camille Saint-Saëns, y desde su puesto de profesor en el Conservatorio de París formó a una pléyade de compositores, entre los que se cuentan Maurice Ravel, George Enesco y Nadia Boulanger. Como creador, su primera obra importante fue el *Cantique de Jean Racine*. Aunque produjo obras orquestales y dramáticas, hoy es recordado, sobre todo, por su música de cámara, sus melodías y sus piezas para piano, además de por un emocionante *Réquiem*.

Fenice, La Teatro de ópera veneciano, inaugurado en 1792 con *I giochi d'Agrigento* de G. Paisiello. El cierre progresivo de los restantes teatros de ópera de Venecia convirtió a La Fenice en símbolo de la vida lírica de la ciudad. Rossini, Bellini, Donizetti y Verdi estrenaron varias de sus óperas en este teatro, que durante el siglo XX fue sede también de numerosos estrenos, entre otros el de *La carrera del libertino* de Igor Stravinski. Destruido prácticamente por entero por un incendio en el año 1996, poco después se inició el proceso de reconstrucción.

Ferencsik, János Director de orquesta húngaro (Budapest, 1907-1984). Estudió en el Conservatorio de Budapest. En 1930 y 1931 fue director asistente en Bayreuth, aunque toda su carrera iba a transcurrir en su propio país, en el que ostentó la titularidad de las mejores orquestas e instituciones, como la Orquesta Sinfónica del Estado Húngaro, que dirigió de 1952 a 1984. Su especialidad fue el repertorio operístico germano y las obras de sus compatriotas Bartok y Kodály.

Fernandes, Gaspar Compositor y organista portugués (c. 1570-Puebla, México, c. 1629). Después de trabajar en calidad de cantante y organista en la catedral de Évora y de Guatemala, en 1606 llegó a Puebla, donde fue nombrado maestro de capilla de la catedral. En dicha ciudad mexicana compuso la mayor parte de la música que ha llegado hasta nuestros días: misas, villancicos y chanzonetas. Su *Elegit eum Dominus* es su obra vocal más conocida, compuesta en 1612 para celebrar la llegada de un nuevo virrey español.

Fernández, Óscar Lorenzo Compositor y pedagogo brasileño de origen español (Río de Janeiro, 1897-1948). Legó una abundante producción, en la que destacan el *Concierto para piano*, música para ballet —*Amayá*—, dos sinfonías, obras camerísticas, concertísticas y la ópera en tres actos *Malazarte*, en la que adopta aspectos del folclor, al igual que en el *Trío Brasileiro* o en su *Cuarteto núm. 2*, escrito en 1946. Enseñó en el Instituto Nacional de Música a partir de 1925 y codirigió dicho centro desde 1936.

El gran barítono alemán Dietrich Fischer-Dieskau.

Ferrier, Kathleen Contralto británica (Higher Walton, 1912-Londres, 1953). Dotada de una voz profunda de una belleza singular, fue el ídolo de la posguerra inglesa. Debutó en Glyndebourne en 1946 en el estreno absoluto de la ópera *La violación de Lucrecia* de Benjamin Britten. En 1948 obtuvo un gran éxito con *La canción de la tierra* de Gustav Mahler, bajo la batuta del director de orquesta alemán Bruno Walter. Un cáncer acabó con su vida prematuramente.

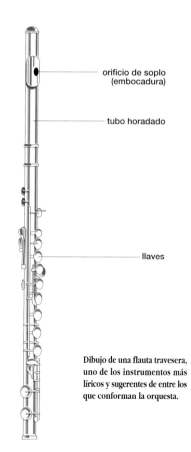

orificio de soplo (embocadura)

tubo horadado

llaves

Dibujo de una flauta travesera, uno de los instrumentos más líricos y sugerentes de entre los que conforman la orquesta.

Fischer-Dieskau, Dietrich Barítono alemán (Berlín, 1925). Prisionero de guerra en Italia, cantó con frecuencia en privado hasta su debut en 1948 como solista del *Réquiem alemán* de Brahms. Desde entonces ha actuado en todos los grandes escenarios del mundo, lo mismo cantando ópera como *lied*, su gran especialidad. Interesado por la música contemporánea, ha estrenado obras de Henze, Reimann, Britten y Lutoslawski. En 1993 se retiró como cantante, e inició la carrera de director de orquesta.

Fitzgerald, Ella Cantante de jazz estadounidense (Newport News, 1918). Se dio a conocer hacia 1935, y a partir de 1942 inició colaboraciones con los más grandes intérpretes de su época, entre ellos Louis Armstrong. Dotada de un talento indiscutible para la improvisación, ha practicado siempre un *swing* alegre y abierto y también *bebop*.

Flagstad, Kirsten Soprano noruega (Hamar, 1895-Oslo, 1962). Hizo su debut en Christiania en 1913, y cantó luego en diversos teatros alemanes y escandinavos. Su gran oportunidad le llegó en 1934, cuando encarnó en Bayreuth el papel de Sieglinde en *La Walkiria*. Considerada desde entonces como la mayor soprano wagneriana de su generación, fue solicitada en todos los grandes teatros líricos. Isolda, Brünhilde, Elisabeth o Kundry son otras de sus grandes personificaciones wagnerianas. Se retiró en 1954.

flauta Instrumento de viento, considerado dentro del grupo de la madera, material que se usa todavía para la llamada flauta dulce, aunque desde el siglo XVIII ésta fue perdiendo importancia en favor de la flauta travesera, que pronto empezó a construirse de metal. El sonido se produce por el soplo del intérprete a través de un bisel. Instrumento de notable agilidad pero sonoridad reducida, a su misma familia pertenecen el flautín o *piccolo*, que suena una octava más alto, y la llamada flauta baja, muy poco usada.

Fleta, Miguel Tenor español (Albalate, Huesca, 1893-La Coruña, 1938). Estudió en el Conservatorio de Barcelona y en Milán. Debutó en 1919 con *Francesca de Rimini* de Riccardo Zandonai. Después de cantar el papel de Don José de *Carmen* en Madrid en 1922, inició una carrera que le deparó grandes éxitos en América, desde el Teatro Colón de Buenos Aires al Metropolitan Opera House de Nueva York. Sus interpretaciones de Puccini —formó parte del elenco con el que se estrenó *Turandot* en la Scala de Milán en 1926— fueron aclamadas en toda Europa. Se presentó en la Ópera de París como Cavaradossi (*Tosca*) en 1928.

El folclor fue la base del nacionalismo musical. En la ilustración, tipos y costumbres cubanos.

Flotow, Friedrich von Compositor alemán (Teutendorf, 1813-Darmstadt, 1883). De familia aristocrática, mostró pronto aptitudes musicales que le permitieron trasladarse a París para estudiar con A. Reicha. Regresó a esta ciudad tras la revolución de 1830 para estrenar con éxito sus primeras óperas, entre ellas *L'eau merveilleuse* y *Le naufrage de La Méduse*. También escribió ballets, pero hoy es conocido sólo por su ópera *Martha*, de carácter romántico ligero, estrenada en Viena en alemán y divulgada luego en italiano por todo el mundo.

Fokine, Michel Coreógrafo y bailarín ruso nacionalizado estadounidense (San Petersburgo, 1880-Nueva York, 1942). En 1898 fue primer bailarín del Teatro Mariinski de San Petersburgo. Luego, entre 1909 y 1914, ocupó el cargo de coreógrafo en los Ballets Rusos de Diaghilev, para los que realizó una serie de coreografías en las que pudo plasmar sus ideales de renovación de la danza: *Las sílfides*, *El pájaro de fuego*, *Petrouchka* y *Dafnis y Cloe*, cuyo libreto escribió él mismo. A partir de 1918 se afincó en Estados Unidos, donde desarrolló una carrera de coreógrafo y profesor.

folclor Palabra que designa la música tradicional popular. El estudio del folclor no tuvo importancia hasta que en el siglo XIX se empezó a dar especial trascendencia a la música de origen popular y se llevó a cabo una ingente tarea de recopilación de ritmos y canciones que de otro modo se habrían perdido.

folía Danza antigua, probablemente de origen portugués, que adquirió gran popularidad en el período barroco, en el que fue usada por muchos compositores, entre ellos Arcangelo Corelli, Antonio Vivaldi y Marin Marais.

Fonteyn, dame Margot Bailarina británica (Reigate, 1919-Ciudad de Panamá, 1991).

Debutó en 1934 con el Vic-Wells Ballet de Londres. Primera bailarina de esta compañía y del Royal Ballet desde 1959, su carrera estuvo indisolublemente unida a la de Frederick Ashton, el coreógrafo de sus mejores creaciones, como *Dafnis y Cloe* de Ravel u *Ondine* de Henze. Otro artista esencial en su trayectoria fue el bailarín ruso Rudolf Nureiev, su *partenaire* en espectáculos como *El lago de los cisnes* y *El corsario*. Fue nombrada presidenta de la Royal Academy of Dancing en 1954.

forlana Danza de origen veneciano, moderadamente rápida y en compás ternario.

forma Nombre que se da a la estructura a la cual deben sujetarse los distintos parámetros que constituyen la idea musical, para dar lugar a un todo definido y coherente. Existen múltiples «formas», y cada época ha tenido las suyas predilectas: la suite en el barroco, la sonata en el clasicismo...

forte Expresión que en una partitura indica que un determinado pasaje, acorde o nota se ha de tocar con fuerza superior a la habitual. Se suele indicar con una *f* estilizada en la partitura. El uso de dos *ff* significa un aumento aún mayor de la fuerza, o *fortissimo*, mientras que tres *fff* suelen marcar el límite dinámico.

fortepiano Nombre convencional que se da actualmente a los pianos de época primitiva (siglo XVIII), indicativo de la capacidad de graduar la intensidad dinámica que tienen estos instrumentos, recupeados a partir de la década de 1970 para la interpretación de música antigua. El nombre deriva del *gravicembalo col piano e forte*, que fue inventado a principios del siglo XVIII por el constructor de instrumentos Bartolomeo Cristofori.

foxtrot Baile que apareció en las décadas de 1910 y 1920 en Estados Unidos, cuyo nombre alude al «trote del zorro» para indicar su carácter más bien rápido y alegre.

Franck, César Compositor, pedagogo y organista belga (Lieja, 1822-París, 1890). Profesor de órgano del Conservatorio de

La danza clásica británica tuvo en la figura de Margot Fonteyn a su representante más destacada. En la imagen, la bailarina junto a Rudolf Nureiev en *El corsario*.

Sobre estas líneas, fuga procedente de *El clave bien temperado* de Johann Sebastian Bach.

París, pronto se rodeó de un grupo de discípulos (Duparc, Lekeu, D'Indy, Chausson y más tarde Dukas, Ropartz y Pierné) que le dieron una gran celebridad. Sus oratorios *Les Béatitudes* y *Rédemption* precedieron a sus famosos poemas sinfónicos (*El cazador maldito* y *Les Djinns*), a sus *Variaciones sinfónicas* para piano y orquesta, a su célebre *Sonata para violín y piano* y a su *Sinfonía en re menor*, además de sus corales y piezas para órgano de los últimos años.

fraseo Elemento de la interpretación musical cuya finalidad consiste en evitar los cortes excesivos dentro de los motivos melódicos o armónicos y así resaltar sus matices expresivos. Su representación en la escritura puede consistir en una coma que indica la respiración tras la presentación de una melodía o en una amplia ligadura que, colocada sobre una extensión de notas, indica la duración justa de una frase.

Freni, Mirella Soprano italiana (Módena, 1935). Estudió con su tío, Dante Arcelli. En el año 1955 debutó en Módena en la ópera *Carmen* de Bizet y emprendió una carrera que la llevó a interpretar papeles muy variados, desde el de Zerlina de *Don Giovanni* hasta el de Nannetta de *Falstaff*; destacó en el de Mimì de *La bohème*. De timbre bellísimo y homogéneo, ha grabado docenas de óperas y recitales.

Frescobaldi, Girolamo Organista y compositor italiano (Ferrara, 1583-Roma, 1643). Organista de San Pedro de Roma desde 1608 hasta su muerte, con un breve paréntesis entre 1628 y 1634, cuando ocupó el mismo puesto en la corte de Florencia, Frescobaldi ejerció una profunda influencia en el estilo de escritura para teclado. Sus *Fiori musicali*, por ejemplo, constituyeron un modelo obligado para varias generaciones de organistas.

fuga Forma musical contrapuntística que tiene como precedentes la *caccia*, el canon y el *ricercare*. Su motivo aparece imitado a distintas voces. Estructurada en exposición —donde aparecen los temas y las respuestas—, episodio, contraexposición y *stretta* final, a manera de cadencia, la fuga empezó a fraguarse a nivel teórico en el siglo XIV, pero en el período del Barroco, y con la figura de Johann Sebastian Bach, fue cuando alcanzó su máxima plenitud, tanto en el aspecto instrumental como en el vocal; al respecto, son sumamente representativas dos obras del mencionado compositor: *El arte de la fuga* y *El clave bien temperado*.

Furtwängler, Wilhelm Director de orquesta y compositor alemán (Berlín, 1886-Baden Baden, 1954). Nombre mítico de la dirección orquestal del siglo XX. Durante el Tercer Reich tuvo problemas porque siguió contando con músicos judíos y programó obras contemporáneas, como la *Sinfonía Mathis der Maler* de Hindemith. Desde 1922 hasta su muerte estuvo al frente de la Filarmónica de Berlín, con un breve paréntesis después de la Segunda Guerra Mundial, en el que fue sometido a un proceso de desnazificación. Sus interpretaciones de música romántica aún no han sido superadas. Su obra compositiva, pese a su interés, no ha obtenido una gran divulgación.

fusa Figura musical que equivale a la duración sonora resultante de dividir la redonda en treinta y dos partes iguales.

G

Galindo Dimas, Blas Compositor mexicano (San Gabriel, Jalisco, 1910-1993). Fue alumno de Chávez, Rolón y Huízar en el Conservatorio Nacional de México. Amplió sus estudios en Estados Unidos y a su regreso en 1935 formó el Grupo de los Cuatro, con Ayala, Contreras y Moncayo, con la intención de presentar obras contemporáneas. Se distinguió en la música de ballet, con obras como la *Danza de las fuerzas nuevas*. Compuso también tres sinfonías. Su música puede enmarcarse dentro de la corriente nacionalista, aunque en sus últimas composiciones llegó a interesarse por la música electrónica.

gallarda Danza parecida a la pavana, pero de compás ternario, con pasos rápidos y complejos. De origen italiano, tenía un carácter más bien alegre. Aunque arraigó también en Francia en el siglo XVI, fue mucho más popular en la Inglaterra de los períodos isabelino y jacobino. Las gallardas y pavanas de John Dowland figuran entre las obras cumbres del género.

galop Danza de salón rápida, en compás binario. Surgida en Alemania a mediados del siglo XIX, pronto se hizo famosa en todo el mundo.

García, Manuel Tenor, compositor y pedagogo español (Sevilla, 1775-París, 1832). Famoso por su timbre de tenor ligero, fue el primer Almaviva de *El barbero de Sevilla* de Rossini. Excelente profesor, tuvo dos hijas que fueron cantantes ilustres: María Felicia García Malibrán (1808-1836) y Paulina García Viardot (1821-1910), y un hijo famoso como profesor de canto, Manuel Vicente García (1805-1906). Entre sus discípulos figuraron Rimbault y Nourrit.

Gardel, Carlos Cantante y compositor de tangos argentino (Toulouse, Francia, 1887-Medellín, 1935). Grabó su primer disco en 1917 y pronto se convirtió en el cantante por antonomasia del tango, faceta en la cual su estilo aún no ha sido superado. Popular en todo el mundo gracias a sus canciones (*Mi Buenos Aires querido*, *El día que me quieras...*) y sus películas (*Melodía de arrabal*, *Cazadores de estrellas*), falleció en un accidente aéreo acaecido durante una de sus muchas giras.

A la derecha, el tenor sueco Nicolai Gedda en un retrato de juventud.

Gardiner, John Eliot Director de orquesta británico (Springhead, Dorset, 1943). En 1964 fundó el Monteverdi Choir y en 1968 la Monteverdi Orchestra, formaciones al frente de las cuales se convirtió en uno de los adalides de la interpretación de la música antigua con instrumentos y criterios históricos. Gran intérprete de Monteverdi y de los maestros del Barroco, en la década de 1990 inició su aproximación a la música romántica, en especial la de Berlioz y Schumann, a través de otra orquesta también por él fundada: la Orchestre Révolutionnaire et Romantique.

gavota Danza cortesana de origen popular, pausada y refinada. En la suite, solía intercalarse después del minueto y antes de la giga final. Es de compás binario.

Gayarre, Julián Tenor español (Valle del Roncal, Navarra, 1844-Madrid, 1890). Se formó en su ciudad natal y perfeccionó estudios en el Conservatorio de Madrid y en Italia, donde alcanzó un clamoroso éxito en la Scala de Milán en 1876 con *La favorita*. Sus triunfos en el Teatro Real de Madrid, en el Liceo de Barcelona y en muchos otros teatros de Europa hicieron de él un mito de la lírica. Su entierro constituyó un acto de duelo multitudinario.

gebrauchsmusik Término que designa un tipo de música escrita para uso doméstico, sin excesivas complicaciones técnicas, para que pudiera ser interpretada por aficionados. Paul Hindemith fue uno de los principales impulsores de este estilo.

Gedda, Nicolai Tenor sueco (Estocolmo, 1925). De madre sueca y padre ruso, estudió en su ciudad natal. En 1953 debutó ya en la Scala de Milán y en 1954 en la Ópera de París. La pureza de su línea canora y la musicalidad de su estilo, junto a su excelente don de lenguas, le permitieron cultivar prácticamente todo el repertorio.

Geminiani, Francesco Compositor y violinista italiano (Lucca, 1687-Dublín, 1762). Tras estudiar con Alessandro Scarlatti y Arcangelo Corelli, fue primer violín de la orquesta de la Ópera de Nápoles. En 1714 pasó a Londres, donde residió casi toda su vida, aunque en su vejez se trasladó a Irlanda. Es autor de numerosos *concerti grossi*, sonatas y conciertos para violín y un importante tratado sobre la enseñanza del violín: *The art of playing on the violin*.

Gerhard, Robert Compositor español (Valls, Tarragona, 1896-Cambridge, 1970). Fue alumno de Felip Pedrell antes de ir a estudiar con Arnold Schönberg a Viena y Berlín en 1923. A su regreso a Barcelona se convirtió en un activo impulsor de la vida musical catalana. A raíz de la guerra civil

George Gershwin, músico a quien se debe la síntesis entre el jazz y la tradición clásica.

se exilió en Londres, donde trabajó para la BBC. Entre sus obras merecen citarse la ópera *The Duenna*, el ballet *Don Quixote* y cuatro sinfonías. Su música oscila entre el nacionalismo de sus primeros trabajos y el serialismo experimental de los últimos.

Gershwin, George Compositor estadounidense (Nueva York, 1898-Beverly Hills, 1937). Sus dotes como melodista le abrieron las puertas de la fama y le valieron el triunfo en Broadway con revistas musicales como *Oh Kay!*, *Tresaure Girl*, *Funny Face* y *Girl Crazy*, con letras de su hermano Ira. Los temas populares y la rítmica del jazz constituyeron la base para algunas de sus composiciones, como *Rhapsody in blue*, *Concierto para piano en fa*, *Un americano en París* —escrita a partir de las impresiones que en él causó un viaje a la capi-

tal francesa— y la ópera de ambiente negro *Porgy and Bess*. Su obra introdujo a Estados Unidos en el mapa de la música clásica.

Gesualdo, Carlo Compositor italiano (Nápoles, c. 1560-Avellino, 1613). Procedente de una familia noble, ganó notoriedad cuando ordenó asesinar a su primera esposa y al amante de ésta. Escribió varios libros de madrigales en los que evidenció un talento innovador en el terreno armónico a partir de un magistral y expresivo empleo de la disonancia. Dejó también numerosas piezas polifónicas de carácter religioso.

Gewandhaus de Leipzig Orquesta e institución musical fundada en Leipzig en 1781 como continuación del Collegium Musicum que auspició en dicha ciudad muchos años antes Johann Friedrich Fasch. La Gewandhaus alcanzó su plenitud durante el siglo XIX gracias a Felix Mendelssohn, quien estuvo a su frente desde 1835 hasta su fallecimiento en 1847.

Ghiaurov, Nicolai Bajo búlgaro (Lydjene, 1929). Su vinculación al canto eclesiástico ortodoxo lo llevó a cultivar la música. Vencedor en un concurso de canto de París, debutó en 1955 en la Ópera de Sofia en el Don Basilio de *El barbero de Sevilla* rossiniano. En el Festival de Salzburgo, en 1965, interpretó el papel titular de *Boris Godunov*, y a partir de entonces emprendió una carrera internacional del máximo nivel. En 1981 contrajo matrimonio con la soprano Mirella Freni.

Gianneo, Luis Compositor, director de orquesta y pianista argentino (Buenos Aires, 1897-1968). Afincado en Tucumán, allí dirigió la Asociación Sinfónica. Es autor

La Gewandhaus de Leipzig en su actual y moderna sede.

Beniamino Gigli, tenor que fue considerado el sucesor del mítico Caruso.

de poemas sinfónicos como *El tarco en flor*, así como de un *Concierto Aymará* para violín y orquesta y de un ballet, *Blanca Nieves*. Su obra tiene una importancia capital en la consolidación del estilo nacionalista en Argentina.

giga Danza de origen inglés o escocés, inicialmente de carácter rústico, de compás ternario y ritmo rápido. Solía ocupar el último lugar en la suite.

Gigli, Beniamino Tenor italiano (Recanati, 1890-Roma, 1957). El llamado «sucesor de Caruso» se distinguió pronto por su voz lírico-ligera, de grato timbre y flexible agilidad, que le hizo ganar en 1914 un concurso de canto en Parma que propició su debut en Rovigo en el papel de Enzo de *La Gioconda*. Debutó en el Met de Nueva York en 1920, donde cantó durante trece temporadas seguidas. En 1932 se estableció en Roma y fue nombrado embajador musical del gobierno fascista de Mussolini. Se retiró oficialmente en 1954 con un recital en Rovigo.

Gilbert, William Poeta y libretista británico (Londres, 1836-Harrow Weald, Middlesex, 1911). Colaborador habitual del compositor de operetas Arthur Sullivan, sus divertidos textos satíricos, en los que se atacaban diversos aspectos de la Inglaterra vic-

toriana, obtuvieron un gran éxito. *The Sorcerer*, *H.M.S. Pinafore*, *The Pirates of Penzance*, *The Mikado* y *The Gondoliers* son algunos de estos textos, todos ellos musicados por Sullivan.

Gilels, Emil Pianista ruso (Odessa, Ucrania, 1916-Moscú, 1985). Alumno de Heinrich Neuhaus en Moscú, fue una de las figuras emblemáticas de la escuela soviética de piano. Desarrolló su carrera en la URSS hasta 1947, año en que pudo llevar a cabo giras por países del otro lado del telón de acero. Su perfección técnica, su fuerza y su arrebato lo convirtieron en uno de los más grandes intérpretes de la obra para piano de Beethoven. Integró un célebre trío con el violoncelista Mstislav Rostropovich y el violinista Leonid Kogan.

Gillespie, «Dizzy» Trompetista y director de orquesta de jazz estadounidense (Cheraw, Carolina del Sur, 1917-Englewood, New Jersey, 1993). Virtuoso trompetista, que trabajó con distintas orquestas antes de crear la suya propia. Es uno de los fundadores del estilo conocido como *bebop*. Publicó numerosos discos, entre ellos *Paris 1948*, *Swing Low*, *Sweet Cadillac*, *Alternative blues* y *Closer to the source*.

Ginastera, Alberto Compositor argentino (Buenos Aires, 1916-Ginebra, 1983). El estreno en 1940 de su ballet *Panambí* lo convirtió en la gran promesa musical de su país. Aunque vinculado al espíritu musical de Argentina, cultivó una música de tipo ecléctico comprometida con las corrientes innovadoras del siglo XX. Destacan de su producción las óperas *Don Rodrigo*, *Bomarzo* y *Beatrix Cenci*, además del ballet *Estancia* y partituras orquestales como

Variaciones concertantes, *Popol Vuh* y dos conciertos para violoncelo.

Giulini, Carlo Maria Director de orquesta italiano (Barletta, 1914). Estudió en la Accademia di Santa Cecilia de Roma. En la década de 1950 obtuvo sus mayores triunfos en el campo de la ópera, sobre todo en obras de Verdi. Posteriormente, aunque sin abandonar el género lírico, empezó a cultivar el repertorio sinfónico con gran éxito. Si bien el número de composiciones que dirige es relativamente reducido, la calidad de sus versiones es incontestable, como lo prueban sus registros de Brahms o Bruckner.

Glass, Philip Compositor estadounidense (Baltimore, 1937). Es uno de los máximos representantes de la corriente minimalista. Atraído por la ópera, ha dado a este género páginas tan interesantes como poco convencionales: *Einstein on the Beach*, quizás la obra minimalista por excelencia; *Satyagraha*; *Akhnaton*; *The voyage*, entre otras. Se le debe también la banda sonora de películas como *Koyaanisqatsi* y *Kundun*.

Glazunov, Alexander Compositor ruso (San Petersburgo, 1865-Neuilly-sur-Seine, 1936). Discípulo de N. Rimski-Korsakov, en 1882 estrenó su *Sinfonía núm. 1*. Fue director del Conservatorio de San Petersburgo —donde tuvo como discípulo a Dimitri Shostakovisch— desde 1905 hasta 1928, año en que, por divergencias con el régimen soviético, emigró a Francia. Autor de ocho sinfonías, un concierto para violín y varios ballets, entre ellos *Raymonda*.

Glinka, Mijáil Compositor ruso (Novospasskoie, 1804-Berlín, 1857). Considerado el padre de la música nacional rusa, Glin-

Retrato del compositor Mijáil Glinka, el padre del nacionalismo musical ruso.

Arriba, escena de *Alceste*, una de las obras en las que Gluck supo plasmar mejor su reforma operística.

ka introdujo en sus óperas *La vida por el zar* y *Ruslán y Ludmila* numerosos elementos procedentes del folclor de su país, ejemplo que seguirían los músicos posteriores, en especial los del Grupo de los Cinco. Viajero infatigable, una visita a España le inspiró una de sus obras más célebres, la *Jota aragonesa*.

glissando Término musical de origen italiano que significa «resbalando». Indica el efecto que causa el deslizamiento de la mano sobre la cuerda en un instrumento cordófono con el propósito de dar todos los sonidos potenciados en ella, sin solución de continuidad. Algunos instrumentos de viento, como el clarinete, pueden también realizar este efecto.

glockenspiel Instrumento de percusión formado por una serie de láminas de metal dispuestas en forma de escala, que son percutidas por unos bastoncitos. Mozart le dio un gran relieve en *La flauta mágica*.

Gluck, Christoph Willibald Compositor alemán (Erasbach, Alto Palatinado, 1714-Viena, 1787). Fue el protagonista de la más ambiciosa reforma del género operístico anterior a Wagner. Junto al libretista Raniero da Calzabigi, creó una serie de obras en las que la música se ceñía a las necesidades dramáticas: *Orfeo y Eurídice*, *Alceste*. Establecido en París, allí continuó profundizando en esta línea con obras como *Armide*, *Iphigénie en Aulide* e *Iphigénie en Tauride*. Los últimos años de su vida residió en Viena.

Glyndebourne Casa de campo en Sussex, cerca de Lewes, al sur de Londres, donde el magnate John Christie fundó un peque-ño teatro de ópera para que pudiera cantar en él su esposa, Audrey Mildmay. Inaugurado en 1934 como festival operístico de verano, consiguió renombre por sus exquisitos montajes de óperas mozartianas y modernas, como *La violación de Lucrecia* de Benjamin Britten.

Gobbi, Tito Barítono italiano (Bassano del Grappa, 1913-Roma, 1984). Después de ganar el primer premio del Concurso Internacional de la Ópera de Viena, debutó en Roma en 1937, dándose a conocer en diversos escenarios mundiales tras la Segunda Guerra Mundial. Su fama creció cuando grabó discos de calidad sorprendente dentro del repertorio de barítono dramático. Uno de los mejores es su registro del *Falstaff* verdiano, con dirección de Herbert von Karajan.

Goldmark, Karl Compositor húngaro de origen judío (Keszthely, 1830-Viena,1915). Se formó en el Conservatorio de Viena, ciudad donde se distinguió como violinista. En 1865, el éxito de su obertura *Sakunta-la* le permitió dedicarse a la composición. A ella seguirían la ópera *La reina de Saba* y el *Concierto para violín núm. 1* y otras partituras que no han logrado el favor del público.

Goldsmith, Jerry Compositor de música de cine estadounidense (Los Ángeles,1929). Alumno de M. Rózsa, a mediados de la década de 1950 comenzó a componer y a dirigir música para series de radio y televisión, tales como *Perry Mason* y *Gunsmoke*. Ha musicado más de un centenar de películas, tales como *El planeta de los simios*, *Chinatown*, *Patton* y *Alien*. Su estilo es ecléctico.

Gómes, António Carlos Compositor brasileño (Campinas, 1836-Bélém, 1896). Nacido en el seno de una familia de músicos, se formó en el Conservatorio de Rio de Janeiro. Sus tempranos éxitos (*A noite do castello*) le hicieron acreedor de una beca para perfeccionar sus estudios en Milán, donde en 1870 su ópera *Il Guaraní* obtuvo un gran triunfo. En los últimos años de su vida fue nombrado director del Conservatorio de Pará.

gong Instrumento musical de percusión, consistente en un enorme disco metálico que se hace sonar con un mazo.

Goodman, Benny Clarinetista y director de orquesta de jazz estadounidense (Chicago, 1909-Nueva York, 1986). En la década de 1930 obtuvo un éxito extraordinario con un programa radiofónico semanal, *Let's Dance*, que le valió la consideración de rey del *swing*. Su consagración llegó el 16 de enero de 1938, cuando actuó con su grupo en el Carnegie Hall de Nueva York. Realizó algunas incursiones en la música clásica: grabó el *Concierto de clarinete* de Mozart, y Bartok, Stravinski y Copland escribieron obras para él.

De origen oriental, el gong forma parte de la sección de percusión de la orquesta sinfónica moderna.

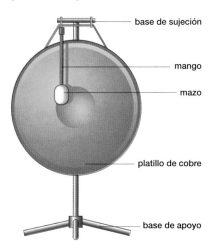

base de sujeción
mango
mazo
platillo de cobre
base de apoyo

Romanticismo y nacionalismo son los dos polos en torno a los cuales se mueve la obra de Enric Granados. A la izquierda, retrato del músico.

trumento músico algunas de sus obras más populares, como los ciclos *Danzas españolas* o *Goyescas*. En 1916 estrenó en el Metropolitan de Nueva York su ópera *Goyescas*, basada en sus piezas para piano del mismo título. A su regreso a Europa, un submarino alemán torpedeó y hundió el *Sussex*, barco a bordo del que viajaba.

Grappelli, Stéphane Violinista de jazz francés (París, 1908). Con el guitarrista belga Django Reinhardt formó el Quintette du Hot Club de France, cuyas interpretaciones dejaban un amplio margen a la improvisación. A partir de 1945 emprendió una carrera brillante en numerosos festivales, y ofreció recitales en los que colaboraba con músicos como los también violinistas Yehudi Menuhin y Nigel Kennedy.

gregoriano Nombre con el que se conoce el canto adoptado para su liturgia por la Iglesia católica romana. De carácter monódico y *a cappella*, el nombre deriva de la atribución al papa Gregorio I (c. 540-c. 604) de la normativa que establece su uso.

Grieg, Edvard Compositor noruego (Bergen, 1843-1907). Tras estudiar en Alemania, pasó a Roma, donde conoció a Liszt, quien se entusiasmó con su *Concierto para piano*. A su regreso a Noruega, colaboró con Nordraak y otros músicos en el estudio del folclor noruego, que siempre ejerció una poderosa influencia en su música. Además del mencionado concierto, dejó una abundante colección de piezas para piano (entre

Górecki, Henryk Compositor polaco (Czernica, 1933). Después de escribir obras influidas por Webern y Messiaen, saltó a la fama internacional en la década de 1990 con su *Sinfonía núm. 3* para soprano y orquesta, escrita en 1976. Pese a emplear algunas técnicas modernas, su música es fundamentalmente tonal, influida por su profunda fe religiosa. Otras obras importantes son la *Sinfonía núm. 2 «Copernicana»* y *Beatus vir*.

gospel Canción negra marcadamente rítmica, cuyo texto versa sobre temas del Evangelio cristiano.

Gould, Glenn Pianista canadiense (Toronto, 1932-1982). Gran virtuoso de su instrumento músico, debutó como solista con la Sinfónica de Toronto a los catorce años. Considerado como un excéntrico, se retiró de los escenarios en 1964 para dedicarse exclusivamente a realizar grabaciones discográficas. Su amplísimo repertorio abarcaba desde Bach (sus tres registros de las *Variaciones Goldberg* son antológicos) hasta Schönberg y otros compositores contemporáneos.

Gounod, Charles Compositor francés (Saint-Cloud, 1818-París, 1893). Ganador del Premio de Roma, en esta ciudad descubrió la música de Palestrina y otros polifonistas. La cantante Paulina Viardot le orientó hacia la ópera, género en el que obtendría sonoros éxitos con títulos como *Fausto*, *Mireille* y *Romeo y Julieta*. En su música se mezclan la sensualidad y la elegancia, junto a una honda vocación religiosa, que aparece en muchas escenas de sus óperas.

grado Nombre que se da a la altura de cada una de las notas de la escala musical. En una melodía, cada nota ocupa un grado. De este modo, se habla de grados conjuntos, en los que se pasa de una nota a la de al lado (como do, re), y grados disjuntos, en los cuales el salto interválico es superior a una nota.

Granados, Enric Compositor y pianista español (Lérida, 1867-Canal de la Mancha, en alta mar, 1916). Estudió primero en Barcelona y luego perfeccionó su estilo en el extranjero. Pianista eminente, fue aclamado en toda Europa, y escribió para su ins-

Edvard Grieg acompañando al piano a su esposa Nina, según una pintura de Kroyer.

las que sobresalen los cuadernos de *Piezas líricas*), un cuarteto de cuerda, una sonata para violín y piano, y música de escena para el *Peer Gynt* de Ibsen y el *Sigurd Jorsalfar* de Bjorgson.

Grumiaux, Arthur Violinista belga (Villers-Perwin,1921-Bruselas, 1986). Niño prodigio del violín, se presentó en público a los cinco años. Estudió en Charleroi, Bruselas y París, donde fue discípulo de G. Enesco. En 1939, a los dieciocho años, ganó el Premio Vieuxtemps, y en 1940, el de virtuosismo del gobierno belga. La Segunda Guerra Mundial interrumpió su carrera, pero en 1950 se hizo famoso formando dúo con Clara Haskil. Excelente intérprete mozartiano, dejó grabaciones de gran calidad.

Guarnieri, Mozart Camargo Compositor brasileño (Tietê, São Paulo, 1907-São Paulo, 1993). Influido primero por el nacionalismo musical (*Dansa brasileira*), fue después un adalid de la música contemporánea en su país. Amplió estudios en París en 1938 con Koechlin y Rühlmann. Durante la Segunda Guerra Mundial dirigió diversos conciertos en Estados Unidos. Al volver a Brasil ocupó diversos cargos de responsabilidad en instituciones musicales. Dejó cuatro sinfonías, la ópera cómica *Pedro Malazarte*, cinco conciertos para piano y dos para violín.

Guastavino, Carlos Compositor argentino (Santa Fe, 1912). Último representante del nacionalismo musical argentino, supo captar el ambiente popular de su patria y reflejarlo en su música. Autor prolífico, ha escrito numerosas piezas para piano y canciones, como *Se equivocó la paloma* o *La rosa y el sauce*. De su producción orquestal destacan el ballet *Fue una vez* y el *Romance de Santa Fe* para piano y orquesta.

Gubaidulina, Sofia Compositora rusa (Chistopol, 1931). Se formó en el Conservatorio de Kazan y en el de Moscú, y se graduó en 1963. Como compositora, rechazó el realismo socialista y escribió obras de estética avanzada, que incluyen la cantata *Rubayat*, *Música para clave e instrumentos de percusión* y varios conciertos y partituras para el cine.

Guido D'Arezzo Teórico de la música italiano (? c. 991-después de 1033). Se le atribuye la invención de la notación por medio de líneas, origen del pentagrama actual. Fue también quien dio nombre a las notas de la escala musical, a partir de la primera sílaba de cada verso del himno de San Juan *Ut queant laxis*. Su obra más conocida en la Edad Media fue el *Micrologus*.

guitarra Instrumento de cuerdas pulsadas de origen árabe, sumamente popular en

clavijero
clavija
ceja
mástil
traste
cuerdas
bordón
tabla armónica
boca de sonido
cuerpo
puente

La guitarra ha sido tradicionalmente un instrumento asociado a la música española.

toda Europa y singularmente en España. Hay numerosas variantes de este instrumento, la más común de las cuales tiene cuatro cuerdas, aunque las hay que incorporan hasta diez.

H

Haendel, Georg Friedrich Compositor alemán naturalizado inglés (Halle, 1685-Londres, 1759). Discípulo del organista F. W. Zachow en Halle, en 1706 marchó a Italia, donde estrenó su ópera *Agrippina*. Con-

tratado por el príncipe Jorge de Hannover como maestro de capilla, Haendel abandonó su puesto en 1711 para pasar a Londres, donde triunfó con sus óperas italianas y oratorios. Títulos como *Giulio Cesare*, *Rodelinda*, *Alcina* o *Israel en Egipto*, *Judas Macabeo* y, sobre todo, *El Mesías*, le proporcionaron fama absoluta. Cabe destacar también, entre su producción orquestal, los *Concerti grossi Opp. 3* y *6*, y sus conciertos para órgano. Sus restos mortales fueron inhumados en la abadía de Westminster.

Haitink, Bernard Director de orquesta holandés (Amsterdam, 1929). Fue director titular de la Orquesta del Concertgebouw de Amsterdam desde 1961 (hasta 1964 compartió el cargo con Eugen Jochum) hasta 1988. En 1987 accedió a la titularidad de la Royal Opera House de Londres. Ha grabado numerosos discos con la Orquesta del Concertgebouw, con obras de Bruckner y Mahler (dos de sus especialidades) y varias óperas, sobre todo de Mozart.

Halffter, Cristóbal Compositor y director de orquesta español (Madrid, 1930). Sobrino de Rodolfo y Ernesto Halffter, estudió con Conrado del Campo en el Conservatorio de Madrid. Sus primeras obras muestran la influencia de Bartok y Stravinski, que más tarde abandonaría por un lenguaje más radical que parte de la experiencia serialista de Darmstadt. De sus obras sobresalen un *Concierto para violín*, *Tiento de primer tono y batalla imperial* y *Siete cantos de España*, así como la ópera *Don Quijote*.

Halffter, Ernesto Compositor español (Madrid, 1905-1989). Hermano de Rodolfo y tío de Cristóbal Halffter. Fue el discípulo predilecto de Manuel de Falla, bajo cuya influencia compuso su obra más difundida: *Sinfonietta*. Así mismo, fue el

Formado en su ciudad natal, Amsterdam, en la que dirigió la Orquesta del Concertgebouw durante casi treinta años, Bernard Haitink es uno de los directores más sólidos de su generación.

La interpretación de la música antigua con criterios historicistas tiene en Nikolaus Harnoncourt uno de sus primeros y más convencidos partidarios.

encargado de continuar la cantata escénica *La Atlántida*, inconclusa a la muerte de su maestro. Su música se enmarca dentro de la corriente nacionalista.

Halffter, Rodolfo Compositor español nacionalizado mexicano (Madrid, 1900-México, 1987). Hermano de Ernesto y tío de Cristóbal Halffter, tras la guerra civil española se exilió en México. Allí dirigió la primera compañía mexicana de ballet contemporáneo, La Paloma Azul. Su estilo derivó de la tradición nacionalista de Falla a un lenguaje más moderno que asimila el método dodecafónico. *Don Lindo de Almería*, *Concierto para violín* y *Tripartita* son tres de sus composiciones.

Hanslick, Eduard Crítico musical austríaco (Praga, 1825 - Baden, Viena, 1904). En 1854 era ya un crítico reconocido cuando publicó *De la belleza en la música*, obra en la que fijó una controvertida posición estética basada en su oposición a Wagner, Liszt y Berlioz. Defensor de Brahms, encabezó la facción antiwagneriana de Viena, y también atacó a Bruckner. La venganza de Wagner consistió en caricaturizarlo en la antipática figura de Beckmesser, en *Los maestros cantores*.

Harnoncourt, Nikolaus Director de orquesta, violoncelista y musicólogo austríaco (Berlín, 1929). Fundador en 1953 del Concentus Musicus de Viena, fue uno de los pioneros de la interpretación de música antigua con instrumentos originales. Su inmensa labor de divulgación de la música barroca se ha visto coronada por la edición discográfica de la integral de las cantatas de Bach, realizada en colaboración con Gustav Leonhardt. En la década de 1990 ha llevado a cabo una importante carrera como director invitado en diversas orquestas, como la del Concertgebouw de Amsterdam, y ha ampliado su repertorio al romanticismo.

Hartmann, Karl Amadeus Compositor alemán (Munich, 1905-1963). Discípulo de Anton Webern, durante el período nazi se retiró de la vida musical alemana. Después de la Segunda Guerra Mundial fundó la serie de conciertos Música Viva, destinada a dar a conocer la producción contemporánea. Luchó por revitalizar la tradición sinfónica alemana, y dejó ocho sinfonías, varios conciertos y también música de cámara. Su uso heterodoxo del sistema dodecafónico recuerda, por su intensidad expresiva, a Alban Berg.

Haydn, Franz Joseph Compositor austríaco (Rohrau, Baja Austria,1732-Viena, 1809). El nombre de Haydn ocupa un puesto de privilegio en la historia de la música: fue él quien consolidó con sus obras los principios de la sinfonía (escribió 104 a lo largo de su carrera) y el cuarteto de cuerda. Al servicio de los príncipes de Esterházy como maestro de capilla durante casi treinta años, compuso para esta familia gran número de composiciones que abarcan todos los géneros, desde la ópera y la música sacra, a la de cámara y orquestal. Gozó en vida de fama mundial, como lo atestiguan los encargos que recibió provenientes de países como Rusia y España o el éxito de sus sinfonías en Londres en sus dos estancias en esta ciudad, en 1791 y 1794. Los oratorios *La Creación* y *Las estaciones* son sus últimas obras maestras.

Heifetz, Jascha Violinista estadounidense de origen ruso (Vilna, Lituania, 1901-Los Ángeles, 1987). Debutó a los seis años con

el *Concierto de violín* de Mendelssohn. En 1917 emigró a Estados Unidos, donde su estilo brillante y aristocrático obtuvo un éxito inmenso. Walton, Korngold y otros compositores le dedicaron obras. Se retiró en 1972. Autor de algunas transcripciones de piezas célebres al violín.

Henry, Pierre Compositor francés (París, 1927). Discípulo de N. Boulanger y O. Messiaen, en 1949 ingresó en los estudios de música electrónica de Radio France, donde dirigió un grupo de investigación de música concreta. Fruto de este trabajo fue la composición, junto a P. Schaeffer, de *Sinfonía para un hombre solo* y de *Orphée 53*, la primera obra de música electrónica para el teatro. Ha colaborado con el coreógrafo Maurice Béjart.

Henze, Hans Werner Compositor y director de orquesta alemán (Gütersloh, Westfalia, 1926). Influido por las clases de René Leibowitz en Darmstadt, se vio atraído en

Retrato de Franz Joseph Haydn realizado en 1791 por Thomas Hardy, con motivo de la visita que el compositor realizó ese año a Londres a invitación del empresario Johann Peter Salomon. Fruto de este viaje fueron una serie de seis sinfonías que se cuentan entre las mejores escritas por el compositor austríaco.

un primer momento por el dodecafonismo, aunque pronto se distanció de los ideales de esta escuela, movido por sus ideas marxistas. Creador de una música esencialmente dramática y ecléctica, sus óperas figuran entre las mejor acogidas por el público actual: *Boulevard Solitude*, *El rey ciervo*, *El príncipe de Homburg*, *El joven lord*, *The Bassarids*, *Elegía para jóvenes amantes*, *El mar traicionado*, *Venus y Adonis*. Autor también de nueve sinfonías, la última de ellas coral.

Herrmann, Bernard Compositor de música de cine y director de orquesta estadounidense (Nueva York, 1911-Los Ángeles, 1975). Trabajó para la CBS como arreglista y director de 1934 a 1940, época en la que escribió la música de más de cien programas. Se inició en el cine en 1940 con *Ciudadano Kane* de Orson Welles. Fue colaborador habitual de Alfred Hitchcock, para quien escribió las bandas sonoras de títulos como *Vértigo*, *Psicosis* y *Con la muerte en los talones*, consideradas como obras maestras del género.

himno 1. Pieza musical en forma de cántico de alabanza o de respeto. Con frecuencia es de tema religioso, pero puede ser también de tema profano. 2. Fragmento musical, casi siempre con texto, en el que se ve el símbolo nacional de un país.

Hindemith, Paul Compositor alemán (Hanau, 1895-Frankfurt, 1963). Reputado violinista y violista, como compositor saltó a la fama en la década de 1920 con una serie de obras provocativas y modernas (*Asesino, esperanza de las mujeres*, *Suite 1922*). En los años treinta empezó a cultivar un lenguaje más convencional, definido como neobarroco. A esta etapa pertenece su obra maestra, *Mathis der Maler*, de la que existe una versión sinfónica y otra operística. Merecen también citarse *Cardillac*, *Metamorfosis sinfónicas sobre temas de Weber* y *Ludus tonalis*.

Holiday, Billie Cantante de jazz estadounidense (Filadelfia, 1915-Nueva York, 1959). Se dio a conocer en 1933 con la orquesta de Benny Goodman. En los inicios de su carrera colaboró con Teddy Wilson, Count Basie y Artie Shaw, hasta crear su propio conjunto. Reinterpretó melodías populares en forma de *blues*, a los que otorgaba una desconocida carga emocional. Su adicción al alcohol y a las drogas perjudicó la calidad de su voz, pero mantuvo su capacidad interpretativa hasta el final.

El compositor alemán Paul Hindemith, un clásico de la música del siglo XX.

Holliger, Heinz Oboísta, director de orquesta y compositor suizo (Langenthal, 1939). Instrumentista de fama internacional, su repertorio se extiende desde la música barroca hasta la vanguardia contemporánea, de la que, como compositor, es uno de los más destacados representantes. Varios compositores (Hans Werner Henze, Witold Lutoslawski, Luciano Berio) le han dedicado obras. Se le deben la ópera de cámara *Der magische Tänzer* y diversas piezas para su instrumento musical.

Holst, Gustav Compositor británico de origen sueco (Cheltenham,1874-Lodres,1934). Hijo de padres músicos, recibió de ellos su primera formación. Su obra más famosa es la suite sinfónica *Los planetas*, fruto de su interés por la astrología. En su producción destacan también la ópera de cámara *Savitri* y el *Himno a Jesús*.

homofonía Pieza o pasaje musical en el que todas las partes suenan al unísono. En el sistema temperado se consideran homófonos los sonidos enarmónicos, esto es, con nombres diferentes, pero que comparten una misma frecuencia.

homorritmia Pieza o pasaje musical en el que existe una unidad de ritmo en todas sus partes o componentes.

Honegger, Arthur Compositor suizo (Le Havre, Francia, 1892-París,1955). Tras la Primera Guerra Mundial, fue uno de los miembros más destacados del llamado Grupo de los Seis. A este período pertenecen obras como el oratorio *El rey David* y la orquestal *Pacific 231*, descripción musical de una locomotora en marcha. Posteriormente, su estilo se alejó del modernismo de esta segunda partitura, para acercarse a una estética en la línea de las grandes formas clásicas. *Juana de Arco en la hoguera* y su *Sinfonía núm. 3 «Litúrgica»* son dos de sus obras más importantes.

hoquetus Recurso de la música polifónica primitiva consistente en introducir silencios en el canto de las distintas partes vocales, de modo que el canto de una de las partes coincidiera por un momento con el silencio de otra, con lo cual se creaba un peculiar efecto rítmico.

Horne, Marilyn Mezzosoprano estadounidense (Bradford, Pennsylvania, 1934). Entre sus óperas de repertorio figuran varios títulos de Rossini (*El barbero de Sevilla*, *L'italiana in Algeri*, *La donna del lago*, *Tancredi*), así como títulos de Bellini, Mozart, Haendel y Vivaldi (*Orlando furioso*), en los que ha hecho gala de una extensión vocal formidable y de una coloratura variada y extremadamente rica. Ha cantado en los principales teatros de ópera de

Detalle de un relieve de Lucca della Robbia que muestra un grupo de ángeles cantores que pueden ser ilustrativos del canto homofónico.

A la izquierda, el gran pianista Vladimir Horowitz al término de un recital.

todo el mundo (Covent Garden de Londres, 1965; la Scala de Milán, 1969).

Horowitz, Vladimir Pianista estadounidense de origen ruso (Berdichev, 1903-Nueva York, 1989). Estudió con su madre y más tarde en el Conservatorio de Kiev, ciudad en la que debutó en 1920. En 1928 lo hizo en Nueva York con la Filarmónica de esta ciudad. Establecido en Estados Unidos, la suya fue una carrera de virtuoso, interrumpida por largos paréntesis de inactividad. Sus interpretaciones de su amigo Rachmaninov, y de compositores como Chopin, Liszt y Chaikovski, preservadas por el disco, todavía hoy no se han superado.

humoresca Composición musical de carácter instrumental y estilo libre, que sugiere una emanación del humor del artista.

Humperdinck, Engelbert Compositor alemán (Siegburg, 1854 - Neustrelitz, 1921). Admirador de Wagner, colaboró estrechamente con él en la preparación del estreno de *Parsifal* en Bayreuth en 1882. Su ópera más conocida es *Hansel y Gretel*, adaptación de un cuento de Grimm, estrenada en 1893 por Richard Strauss. Del resto de su producción sólo *Königskinder* se representa en ocasiones.

I

idiófono Nombre que se da a aquellos instrumentos en los que el sonido se produce a partir de la propia vibración del cuerpo del instrumento, sin ayuda de cuerdas o membranas, sea por el entrechocar de sus partes (castañuelas), sea por percusión (xilófono y derivados).

imitación Procedimiento compositivo que permite al compositor desarrollar una poli-

fonía a varias voces en intervalos diferentes, pero que interpretan una misma frase, motivo o melodía. Entre las formas más apreciadas se cuentan el canon y la fuga.

impostación Técnica de emisión vocal que permite proyectar la voz adecuadamente para que suene homogénea y sin armónicos disonantes.

impresionismo Por analogía con el impresionismo pictórico de la escuela francesa, denominación que se da a una escuela musical surgida a finales del siglo XIX. Se caracteriza por presentar una apariencia fragmentada, casi puntillista, evanescente, del timbre, y por la disociación armónica. El gran autor impresionista —aunque él siempre rechazó tal etiqueta— fue Claude Debussy.

impromptu Pieza musical propia del período romántico, en la que el compositor busca la sensación de arrebato o de improvisación. Franz Schubert escribió notables *impromptus*.

improvisación 1. Práctica musical que supone la introducción, durante la inter-

pretación, de momentos no previstos por el compositor: esencialmente ornamentaciones y detalles complementarios. 2. Procedimiento muy extendido en siglos anteriores, sobre todo durante el Barroco, en el cual los procesos de creación y ejecución son simultáneos. Hoy en día, la improvisación genuina se da en el jazz, no en la música clásica.

incidental, música Nombre que se da a la música compuesta para acompañar a una obra de teatro, con el propósito de realzar algunas de sus escenas. Puede incluir partes cantadas, sin que por ello pueda considerarse en ningún momento una ópera o género afín. Beethoven (*Egmont*) y Schubert (*Rosamunda*) escribieron importantes ejemplos de música incidental.

instrumentación Arte y técnica de distribuir el material melódico y armónico de una composición musical según las características tímbricas y técnicas del instrumento o los instrumentos en cuestión. No debe confundirse con la orquestación.

interludio Pieza o fragmento musical compuesto para servir de pausa entre dos cuadros o escenas de una ópera o un ballet, o, incluso, entre dos movimientos importantes de una obra sinfónica.

intermezzo Pieza operística breve, en dos partes, que en el siglo XVIII se solía intercalar entre los actos de una ópera seria, con miras a ofrecer al público sencillo el solaz que antes deparaban los personajes cómicos de las óperas del primer Barroco, desaparecidos en las posteriores. El *intermezzo* está en el origen de la ópera bufa italiana.

interpretación Proceso por el cual un músico trata de reproducir con la máxima

Frontispicio de la partitura de *La serva padrona* de Giovanni Battista Pergolesi, el más célebre de los *intermezzi* cómicos que dieron origen a la ópera bufa italiana.

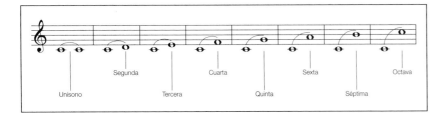

Arriba, distribución de los intervalos dentro de la escala armónica tradicional.

fidelidad la música escrita por el compositor sobre la partitura, en el sentido de otorgarle realidad sonora. Se ha dicho, con razón, que la música se recrea nuevamente cuando se interpreta, y que no existen dos interpretaciones iguales. De ahí el rechazo que algunos artistas manifiestan hacia la música grabada, porque en este caso se trata de una interpretación que queda «congelada» y siempre repetida.

intervalo Distancia que separa dos sonidos en función de su altura. Considerando las dos notas en su posición, encontramos, por ejemplo, que entre el do y el re hay un intervalo de segunda; entre el do y el mi, uno de tercera, y así sucesivamente.

invención Pieza musical sin estructura fija en la que quiere ponerse de relieve el carácter experimental de la composición. Han cultivado esta forma Johann Sebastian Bach y Alban Berg, éste en el tercer acto de *Wozzeck*.

inversión Procedimiento musical en el que los intervalos de un tema o una melodía se transforman en su contrario: si son descendentes se convierten en ascendentes, y viceversa. Es un método característico de la técnica contrapuntística, adaptado por el sistema dodecafónico.

isorritmia Término que indica que en una composición polifónica todas las voces siguen el mismo esquema rítmico.

Ives, Charles Compositor estadounidense (Danbury, Connecticut, 1874-Nueva York, 1954). Hijo de un director de banda de quien heredó la curiosidad por los elementos insólitos de la música, como la politonalidad, a los doce años ya tocaba en alguna de las orquestas que dirigía su padre. Afincado en Nueva York, hizo fortuna como hombre de negocios, lo cual le permitió escribir e investigar en el campo de la música sin necesidad de buscar el éxito del público. Exploró la polirritmia, la atonalidad, los cuartos de tono, etc., aunque sin alejarse nunca de una base folclórica netamente norteamericana. Dejó cuatro sinfonías y diferentes obras orquestales (*Central Park in the dark*) y pianísticas (*Concord Sonata*).

J

Janacek, Leos Compositor checo (Hukvaldy, Moravia, 1854-Loravská Ostrava, 1928). Por influencia de Frantisek Bartos se interesó por el folclor de su región natal, que luego aplicaría a su obra. Su estilo compositivo se afirmó tardíamente, a partir del estreno en 1904 de su ópera *Jenufa*. Su éxito le llevó a dedicarse al género líri-

co: *Katia Kabanová*, *La zorrita astuta* y *Desde la casa de los muertos*. Dignos de mención son también su *Sinfonietta*, la *Misa glagolítica* y dos cuartetos de cuerda.

Janequin, Clément Compositor francés (Châtellerault, c. 1485-París, 1558). Destacó en el género de la *chanson* polifónica, a la que dotó de un alto contenido narrativo. *Les cris de Paris*, *Le chant des oiseaux* o la emblemática *La bataille de Marignan*, muy imitada en toda Europa, son algunas de sus piezas más célebres, caracterizadas todas ellas por su alta calidad descriptiva, que no rechaza la onomatopeya.

jazz Género musical surgido en Estados Unidos a principios del siglo XX, fruto de la influencia de la música de los esclavos negros africanos de los estados sureños. Se caracteriza por la utilización de la síncopa y, sobre todo, por su talante improvisador, lo cual ha motivado que algunos autores lo hayan considerado más una forma de interpretar que un estilo de escritura. Aunque el jazz se ha subdividido en numerosos estilos y tendencias (*bebop, cool, free...*), esa facultad de improvisación se ha mantenido en todos.

Joachim, Joseph Violinista y compositor húngaro (Kittsee, 1831-Berlín, 1907). Aunque trabajó con Liszt en su juventud, fue un adepto de Schumann y Brahms (de este último estrenó su *Concierto para violín y orquesta*). Virtuoso del violín, compuso tres conciertos para su instrumento, de los cuales el segundo, el *Op. 11*, no ha quedado del todo olvidado. De 1868 a 1905 dirigió la Escuela Superior de Música de Berlín, tarea docente que alternó con giras de conciertos que dio hasta poco antes de su muerte.

Jobim, Antonio Carlos Compositor brasileño (Rio de Janeiro, 1927-Nueva York, 1994). Representante de la música popular de su país, alcanzó sus grandes éxitos a partir de 1960, cuando dio a conocer a nivel internacional sus ritmos de *bossa nova*, movimiento del que fue uno de los fundadores. Trabajó en Estados Unidos, donde siguió destacando como pianista y compositor y máximo exponente de la música brasileña. Stan Getz, Charlie Byrd Parker y «Dizzy» Gillespie fueron algunos de los músicos que colaboraron con él. *La chica de Ipanema* y *Desafinado* constituyen dos de sus mayores triunfos.

A la izquierda, escena de la película *New Orleans*, centrada en los inicios del jazz. Louis Armstrong (en la foto tras el piano), Billie Holiday y Woddy Herman fueron algunos de los artistas que participaron en el filme.

Jochum, Eugen Director de orquesta alemán (Babenhausen, 1902-Munich, 1987). Alumno de Siegfried von Hausegger en Munich, fue uno de los más grandes directores de su tiempo. Sus interpretaciones del repertorio clásico y romántico germano, en especial Bruckner y Wagner, conservan intacta todavía toda su vigencia. Fue titular de orquestas como la de la Radio Bávara, de la que fue fundador, y la del Concertgebouw de Amsterdam.

Joplin, Scott Compositor y pianista estadounidense de raza negra (Marshall, Texas, 1868-Nueva York, 1917). Su nombre aparece indisolublemente unido al *ragtime*, pieza de ritmo sincopado muy popular en las primeras décadas del siglo XX en Estados Unidos. Su *Maple Leaf Rag* para piano obtuvo un éxito inmenso. La ópera *Treemonisha*, mezcla de ritmos negros, *ragtime* y ópera italiana, es su trabajo más ambicioso.

juglar En la Edad Media, nombre que se daba a los cantores, mimos, gimnastas y músicos ambulantes que proporcionaban entretenimiento en las calles con sus canciones y servían a la vez de transmisores de noticias y relatores de narraciones jocosas o serias.

El arte de los juglares, aún vivo en la cultura de muchos pueblos europeos a comienzos del siglo XX, constituye una de las facetas más fascinantes y desconocidas de la Edad Media. En la imagen de la derecha, una miniatura, ilustrativa de la importancia que la música desempeñaba en sus espectáculos, que representa a dos de ellos en plena actividad.

K

Kabalevski, Dimitri Compositor ruso (San Petersburgo, 1904-Moscú, 1987). Alumno de Nikolai Miaskovski. En 1938 se distinguió con la ópera *Colas Breugnon* y en 1940 con la suite orquestal *Los comediantes*. Dejó también cuatro sinfonías, tres conciertos para piano, uno para violín y dos para violoncelo. A pesar de algunas críticas por parte del régimen soviético, su estilo se adaptaba en lo fundamental a las directrices de inteligibilidad impuestas por el realismo socialista.

Kagel, Mauricio Compositor argentino (Buenos Aires, 1931). Tras estudiar filosofía y literatura en Buenos Aires y ser director de coro en el Teatro Colón, en 1957 se trasladó a Colonia, donde coincidió con el auge de la música electrónica, a la que dedicó sus esfuerzos creativos. *Anagrama*, *Hétérophonie* o *Montage* son algunos títulos de sus obras, en las cuales se combinan la electrónica con los procedimientos aleatorios. Más convencional, aunque no por ello menos interesante, resulta su *Pasión según san Bach*.

Kálmán, Emmerich Compositor húngaro nacionalizado estadounidense (Siófok, 1882-París, 1953). Afincado en Viena, brilló en el género de la opereta, y algunas de sus obras rivalizaron en éxito con las de Franz Lehár. En 1938 abandonó la capital austríaca para instalarse en París; posteriormente, a causa de la Segunda Guerra Mundial, se trasladó a Estados Unidos. *El pequeño rey*, *La princesa de las czardas*, *La condesa Mariza* y *La princesa del circo* son algunos de los títulos más sobresalientes de este compositor.

Kapellmeister Término alemán que significa «maestro de capilla». En aquellas cortes en que, además de la música religiosa, existía una actividad de música profana, el *Kapellmeister* tenía a su cargo también la dirección musical. El nombre aún se emplea algunas veces en el sentido de director de orquesta.

Karajan, Herbert von Director de orquesta austríaco (Salzburgo, 1908-Anif, 1989). Se formó en el Mozarteum de su ciudad natal. Vinculado a la Staatsoper de Berlín de 1938 a 1945, se vio desposeído de su cargo por haber pertenecido al partido nazi. En 1955 sucedió a Furtwängler como director vitalicio de la Filarmónica de Berlín. Dotado de una innegable capacidad para extraer a las orquestas que dirigía las más brillantes sonoridades, realizó centenares de grabaciones, entre las que destacan sus lecturas de obras de R. Strauss y sus tres integrales de las sinfonías de Beethoven.

Kempff, Wilhelm Pianista alemán (Juterbog, 1895-Positano, 1991). En 1918 debutó con la Filarmónica de Berlín e inició una fructífera carrera de concertista que le llevó por todo el mundo. Sus interpretaciones de autores como Beethoven y Schubert se inscriben dentro de la tradición pianística romántica alemana del siglo XIX. Fue también compositor, aunque no sobresalió en esta faceta.

A la izquierda, el pianista Wilhelm Kempff, uno de los últimos representantes de una tradición interpretativa que hunde sus raíces en el Romanticismo.

Kern, Jerome Compositor estadounidense (Nueva York, 1885-1945). Fue uno de los creadores de la comedia musical americana moderna, sobre todo con su obra *Show Boat*, estrenada en 1927, en la que se incluye su canción «Ol' Man River», mundialmente difundida. Después de 1935 escribió sobre todo música para películas, como la canción «The Last Time I Saw Paris», para el film *Lady be Good*.

Khachaturian, Aram Compositor y director de orquesta ruso de origen armenio (Tiflis, Georgia, 1903-Moscú, 1978). Se estableció en 1920 en Moscú, donde estudió con Mijáil Gnessin y de 1929 a 1934, con Nikolai Miaskovski. Su música revela una profunda influencia de los ritmos y las melodías de Armenia, de cuya música es el máximo representante. Compuso, esencialmente para la orquesta, obras como un concierto para piano, otro para violoncelo y un tercero para violín, tres sinfonías y varios ballets, entre los que destacan *Espartaco* y *Gayaneh*. La *Danza del sable*, perteneciente a este último le ha procurado fama mundial.

Kirov (Teatro Mariinski) Sala inaugurada en San Petersburgo en 1757, momento a partir del cual se convirtó en el epicentro de la lírica rusa y del ballet. Ha acogido los estrenos de las páginas más célebres de Borodin, Chaikovski, Musorgski, Rimski-Korsakov y Prokofiev, e incluso fue el escenario donde se presentó *La forza del destino* de Verdi, en 1862. El edificio actual data de 1860. A partir de 1917 se convirtó en teatro estatal y trocó su nombre por el de Teatro Kirov. Desde 1991 vuelve a denominarse Teatro Mariinski.

Kleiber, Carlos Director de orquesta argentino de origen alemán (Berlín, 1930). Hijo de Erich Kleiber. Aunque empezó estudiando química, por vocación siguió los pasos de su padre. Director atípico, domina un repertorio muy reducido (algunas sinfonías de Beethoven, óperas como *El caballero de la rosa* de Richard Strauss, *Wozzeck* de Alban Berg, *Tristán e Isolda* de Richard Wagner o *El cazador furtivo* de Carl Maria von Weber), ofrece pocos conciertos y graba aún menos discos, pero la calidad de sus versiones está siempre garantizada.

Kleiber, Erich Director de orquesta austríaco (Viena, 1890-Zurich, 1956). Padre de Carlos Kleiber. Se formó en el Conservatorio de Praga, ciudad en la que debutó en 1911 como director. Director general de la Staatsoper de Berlín desde 1923, dimitió de su cargo en el año 1935 como protesta contra la política del nazismo. Exiliado en Argentina, dirigió ciclos de ópera alemana en el Teatro Colón de Buenos Aires. Comprometido con la música más avanzada de

Sobre estas líneas, Otto Klemperer, uno de los titanes de la dirección orquestal moderna.

su tiempo, estrenó la ópera *Wozzeck* de Alban Berg.

Klemperer, Otto Director de orquesta y compositor alemán (Breslau, 1885-Zurich, 1973). Gracias a Gustav Mahler —de quien fue un extraordinario intérprete—, en 1907 fue nombrado director de coro de la Ópera Alemana de Praga. Ganó fama como director de la Kroll Oper de Berlín, donde estrenó importantes trabajos de Stravinski, Schönberg y Hindemith. El régimen nazi le obligó a exiliarse. Después de la Segunda Guerra Mundial volvió a dirigir en varios teatros europeos y realizó diversas grabaciones discográficas donde se aprecia su calidad interpretativa, sobre todo en las obras de Beethoven, Bruckner y Mahler.

Knappertsbusch, Hans Director de orquesta alemán (Elberfeld, 1888-Munich, 1965). Vinculado al Festival de Bayreuth,

se le deben algunas de las más memorables versiones de los dramas musicales wagnerianos, como *Parsifal*. Fue así mismo un entusiasta defensor de la música de Anton Bruckner y Richard Strauss.

Kodály, Zoltán Compositor y pedagogo húngaro (Kecskemét, 1882-Budapest, 1967). Condiscípulo de Bela Bartok, colaboró con éste en la organización y publicación de un amplio corpus de música popular húngara, que dejó profunda huella en todas sus composiciones. De éstas destacan *Psalmus Hungaricus* —que fue un éxito internacional—, *Háry János* y obras de cámara como su magnífica *Sonata para violoncelo solo*.

Kokkonen, Joonas Compositor finlandés (Iisalmi, 1921-Helsinki, 1996). Como compositor sinfónico, fue un continuador de la obra de Sibelius, aunque en algunas de sus partituras introdujo elementos del dodecafonismo. Kokkonen es autor de la ópera *Las últimas tentaciones*, cuatro sinfonías, un *Concierto para violoncelo*, música de cámara (tres cuartetos de cuerda) y piezas corales (*Réquiem*).

Kondrashin, Kiril Director de orquesta ruso (Moscú, 1914-Amsterdam, 1981). Se formó en el Conservatorio de Moscú, del que más tarde sería profesor. Fue el primer director de la Unión Soviética invitado a dirigir en Estados Unidos (1958). Director de la Filarmónica de Moscú de 1960 a 1975, molesto con las presiones políticas, en 1978 emigró a Holanda, donde dirigió la Orquesta del Concertgebouw. Se distinguió por sus interpretaciones de música rusa, especialmente de Shostakovisch.

Korngold, Erich Wolfgang Compositor austríaco nacionalizado estadounidense (Brno, 1897-Los Ángeles, 1957). Hijo del

El Teatro Mariinski (antiguo Kirov), centro de referencia de la cultura musical rusa.

El tenor canario Alfredo Kraus, un maestro incomparable del *bel canto*.

crítico musical Julius Korngold, fue un niño prodigio cuyo talento para la composición fue ensalzado, entre otros, por Gustav Mahler y Richard Strauss. Sus óperas *Violanta* y *La ciudad muerta* conocieron el éxito en toda Europa. En 1934, ante la amenaza nazi, se instaló en Estados Unidos, donde se convirtió en uno de los más solicitados compositores cinematográficos y obtuvo dos Óscars por la música de *Robin Hood* y *Anthony Adverse*. Dejó también un valioso *Concierto para violín*.

Koussevitzky, Serge Director de orquesta ruso nacionalizado estadounidense (Visni-Volochok, 1874-Boston, 1951). En Rusia se convirtió en uno de los principales adalides del modernismo musical a través de la fundación de Ediciones rusas, editorial que protegió a los jóvenes compositores nacionales, entre ellos Alexander Scriabin y Serguéi Prokofiev. A partir de 1920 promovió la ópera rusa en Europa occidental. Emigrado a Estados Unidos, allí dirigió de 1924 a 1949 la Orquesta Sinfónica de Boston, al frente de la cual prosiguió su labor de defensa de la música contemporánea, como intérprete y como impulsor de la composición de nuevos trabajos.

Kraus, Alfredo Tenor español (Las Palmas de Gran Canaria, 1927). Debutó en 1956 en El Cairo en el papel del duque de Mantua de *Rigoletto*. Con el mismo papel se presentó en 1966 en el Metropolitan de Nueva York, donde ha cantado con frecuencia. Durante toda su carrera se ha caracterizado por abordar un repertorio limitado y que se ajusta a sus posibilidades vocales, lo que, realizado mediante una técnica

impecable, le ha permitido abordar obras de Donizetti (*Lucia di Lammermoor*), Bellini (*I puritani*) y los grandes títulos de la ópera francesa del siglo XIX.

Kreisler, Fritz Violinista austríaco nacionalizado estadounidense (Viena, 1875-Nueva York, 1962). A finales del siglo XIX adquirió reputación de virtuoso del violín en toda Europa. En 1910 estrenó el *Concierto para violín* que Edward Elgar había compuesto para él. Hizo algunas incursiones en la composición, con piezas para su instrumento músico, algunas de las cuales, escritas a la manera de autores como Vivaldi y Couperin, atribuía a estos compositores. *Caprice viennois*, *Schön Rosmarin* y *Tambourin chinois* son algunas de sus páginas más célebres.

Krenek, Ernst Compositor austríaco nacionalizado estadounidense (Viena, 1900-Palm Springs, California, 1991). Se formó con Franz Schreker en Viena y amplió estudios en Berlín. En 1926, su ópera *Jonny spielt auf* causó gran impacto por su lenguaje jazzístico. Cultivó también una estética neorromántica que posteriormente, a partir de 1933, dio paso a la adopción del sistema dodecafónico en su música, como en la monumental ópera *Karl V*.

Kubelik, Rafael Director de orquesta y compositor checo nacionalizado suizo (Bychory, 1914-Lucerna, 1996). Hijo del violinista Jan Kubelik, se formó en el Conservatorio de Praga y debutó con la Filarmónica Checa en 1934. En 1948, el advenimiento del régimen comunista motivó su salida del país. Fue titular de la Sinfónica

A la derecha, el director de orquesta de origen checo Rafael Kubelik, gran intérprete de Mahler.

de Chicago, del Covent Garden de Londres y, desde 1961 hasta 1979, de la Sinfónica de la Radio de Baviera, con la que llevó a cabo una larga serie de inestimables grabaciones de autores como Mahler y su compatriota Dvorak.

L

la Sexta nota de la escala diatónica, y antiguamente primera nota de la escala musical, motivo por el cual se indicaba con la primera letra del alfabeto (A), nomenclatura que todavía se usa en los países germánicos y anglosajones. El la central o la_3 se utiliza como punto de partida para la afinación.

Lacerda, Osvaldo Compositor brasileño (São Paulo, 1927). Se formó en su país natal con M. Camargo Guarnieri. Ha escrito música orquestal que, conservando algunos elementos melódicos y rítmicos procedentes de la tradición popular brasileña, incorpora un lenguaje armónico avanzado. Figuran entre sus obras la suite *Piratininga*, música de cámara y piezas corales y pianísticas (como *Brasiliana*).

Lanza, Mario Cantante estadounidense (Filadelfia, 1921-Roma, 1959). Adquirió pronta fama debido a su voz bien timbrada, pero su escasa capacidad escénica motivó que se dedicase sobre todo a cantar en discos y películas como *El gran Caruso*, que le valieron fama universal. Pese a que no cantó más que unas pocas óperas en teatro y de que entró en declive ya muy joven, su fama vocal persiste entre los aficionados a la lírica.

Lara, Agustín Compositor de canciones melódicas mexicano (Tlacotalpán, 1997-México, 1970). Dejó unas seiscientas can-

ciones, muchas de las cuales —*Noche de ronda, Granada, Madrid, Noche criolla, La Cumbancha, Palmera* o *María Bonita*— pertenecen a la memoria colectiva popular. Su éxito incontestable en el Viejo y en el Nuevo Mundo le hizo acreedor de los mayores honores y distinciones. Compuso también la música de algunas películas, como *Santa*, una de las primeras cintas sonoras rodadas en México.

largo Indicación referida al más lento de todos los *tempi*, más que el *adagio*.

Larrocha, Alicia de Pianista española (Barcelona, 1923). Niña prodigio, a los once años dio ya su primer concierto con orquesta, la Sinfónica de Madrid, dirigida por Fernández Arbós. Se ha distinguido por llevar la música española (Albéniz, Granados, Falla) por todo el mundo, aunque no por ello hay que olvidar su magisterio en el repertorio clásico y romántico. Ha recibido por su labor numerosos premios internacionales.

Lasso, Orlando di Compositor franco-flamenco (Mons, 1532-Munich, 1594). Compositor sumamente prolífico y versátil, dejó más de dos mil obras en casi todos los géneros de su época, tanto profanos como sacros, estos últimos cultivados con especial dedicación al final de su vida, cuando ocupaba el puesto de maestro de capilla de la corte de Munich. Junto a Palestrina y Victoria, representa la culminación del estilo polifónico surgido en la Edad Media.

laúd Instrumento de cuerdas pulsadas y mango largo provisto de trastes móviles. De origen árabe, se extendió por toda Euro-

Orlando di Lasso retratado cuando contaba cuarenta años de edad por Hans Mielich.

pa a finales de la Edad Media. Usado para acompañar el canto o la danza, a partir del siglo XVI empezó a ser utilizado como instrumento solista.

Lavista, Mario Compositor mexicano (México, 1943). Discípulo de Roberto Halffter, completó sus estudios en Darmstadt y Colonia en las clases de Stockhausen, Ligeti y Xenaquis, y se interesó por las corrientes musicales más avanzadas, en especial por las posibilidades de la electrónica y la improvisación. *Diacronía* para cuarteto de cuerda, *Continuo* y *Jaula* son algunas de sus composiciones, a las cuales hay que añadir cierto número de electrónicas como *Antinomia*.

Lázaro, Hipólito Tenor español (Barcelona, 1887-Madrid, 1974). Debutó en Barcelona en 1910 y posteriormente se presentó en Milán. A partir de este momento se prodigaron sus actuaciones en España, Italia, el Reino Unido y Estados Unidos. Estrenó óperas de Pietro Mascagni y Umberto Giordano, siendo su repertorio predilecto el de la escuela verista. Gran rival de Miguel Fleta, se retiró en el año 1950, tras haber dejado un relevante legado discográfico.

Lecuona, Ernesto Compositor cubano (Guanabacoa, 1896-Santa Cruz de Tenerife, 1963). Se distinguió como pianista, razón por la que dedicó al piano gran parte de su producción, con obras que explotan los ritmos y las melodías caribeños. Fue también un excelente compositor de can-

ciones, entre las cuales es obligado mencionar *Malagueña, Andalucía* y, sobre todo, *Siboney*. Junto a ellas no deben obviarse sus zarzuelas *Rosa la China, María la O* y *El cafetal.*

legato Término italiano («ligado») que indica que un pasaje ha de ser interpretado de modo que las notas se ejecuten sin interrupción, es decir, con el sonido fluyendo sin solución de continuidad. Su contrario es el *staccato.*

Lehár, Franz Compositor de operetas austríaco de origen húngaro (Komáron, 1870-Bad Ischl, 1948). Hijo de un director de banda militar, en sus primeros años de carrera siguió los pasos de su padre. Con el estreno en 1905 de *La viuda alegre* se convirtió inmediatamente en el principal compositor europeo de operetas, con las cuales alcanzó inmensos triunfos gracias a su habilidad como melodista y orquestador. Otros éxitos suyos duraderos fueron *El conde de Luxemburgo, Amor gitano, Paganini, El zarevich* y *El país de la sonrisa.* Tras *Giuditta*, estrenada en 1935, se retiró de los escenarios.

Lehmann, Lotte Soprano alemana nacionalizada estadounidense (Perleberg, 1888-Santa Barbara, California, 1976). Fue una de las grandes intérpretes wagnerianas de su generación, hasta el punto de ser elegida por Richard Strauss para el estreno de algunas de sus óperas (*Ariadne auf Naxos*). Naturalizada estadounidense en 1945 después de haber abandonado la Alemania nazi, entre 1934 y 1945 cantó cada temporada en el Metropolitan de Nueva York. Se retiró en 1951.

Leoncavallo, Ruggero Compositor italiano (Nápoles, 1857-Montecatini, 1919). Durante su juventud llevó una vida azarosa y viajera que lo condujo a países como Egipto y Grecia. En 1892, el éxito sin precedentes de *I pagliacci* en su estreno hizo de él un músico popular y solicitado. Sin embargo, ninguno de sus posteriores trabajos (entre los que se cuentan las valiosas *La bohème* y *Zazà*) le reportaría un triunfo comparable.

Leonhardt, Gustav Director de orquesta, clavecinista y organista holandés (Graveland, 1928). Especializado en la música barroca, es uno de los principales representantes de la corriente historicista, partidaria de la interpretación con criterios e instrumentos originales. A través de su conjunto, el Leonhardt Consort, ha introducido a multitud de músicos en el cultivo

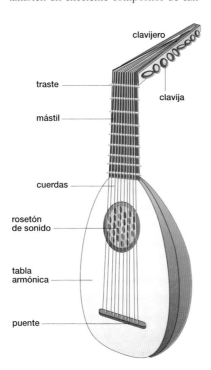

clavijero

traste

clavija

mástil

cuerdas

rosetón de sonido

tabla armónica

puente

Representación de un laúd, instrumento clave del repertorio instrumental renacentista.

Arriba, el director de orquesta estadounidense James Levine durante un ensayo.

del repertorio barroco, en especial el de Bach, compositor de quien es un reconocido intérprete.

Léonin Compositor y poeta francés (París, c.1135-c. 1205). Maestro de la Escuela de Notre Dame de París, donde había recibido su educación, se convirtió en uno de los máximos representantes del *Ars Antiqua*. Vinculado a la iglesia colegiata de St. Benoît, fue miembro de la congregación de San Víctor a partir de 1187. Conocido como «optimus organista», legó un *Magnus libri organi* para el oficio divino.

Levine, James Director de orquesta y pianista estadounidense (Cincinnati, 1943). Aunque ha cultivado también el registro sinfónico, la ópera ocupa un lugar destacado en el repertorio de este director, sobre todo desde que en 1975 accediera a la dirección musical del Metropolitan Opera House de Nueva York. En 1982 debutó en el Festival de Bayreuth, al que ha estado desde entonces vinculado. También ha actuado en el Festival de Salzburgo y en algunos de los recitales de «Los tres tenores» (Carreras, Domingo, Pavarotti).

libreto Nombre que se da al texto, en verso o prosa, que se canta en una ópera o un oratorio, o en el que se basa la acción de un ballet. Wagner fue uno de los primeros compositores en escribir sus propios textos, ejemplo que posteriormente imitarían otros creadores.

Liceo, Gran Teatro del Teatro fundado en Barcelona en 1847, con capacidad para más de tres mil espectadores. Fue el centro del movimiento wagneriano catalán y sede importantísima de la ópera italiana. Un buen número de cantantes internacionales han dado sus primeros pasos en él, como Hipólito Lázaro, Victoria de los Ángeles, Montserrat Caballé, Jaume Aragall y José Carreras. Incendiado en 1861 y reabierto en 1862, sufrió un nuevo incendio en 1994, a consecuencia del cual fue totalmente remodelado.

lied Término alemán que significa «canción», que se aplica sobre todo a un género característico del romanticismo alemán, para voz sola acompañada, generalmente, por un piano. Aunque Haydn, Mozart y Beethoven escribieron bastantes *lieder*, el gran artífice de este género fue Schubert, cuyo ejemplo fue seguido por Schumann, Brahms, Mahler, Wolf y Richard Strauss.

ligadura Signo en forma de arco que indica que las notas que abarca deben tocarse sin interrupción.

Ligeti, György Compositor húngaro nacionalizado austríaco (Dicsöszentmárton, Transilvania, 1923). Sus primeras obras, escritas en Hungría, se sitúan dentro de la tradición bartokiana de recreación del folclor. La represión rusa de 1956 le obligó a pasar a Viena, donde entró en contacto con la vanguardia de Darmstadt y Colonia. Fruto de esta etapa fueron algunas de sus composiciones más atrevidas, como *Atmósferas*, *Aventuras* y *Nuevas aventuras*. A partir de su ópera *El gran Macabro*, estrenada en Estocolmo en 1978, su estilo recuperó un lenguaje más tradicional (*Trío para violín, trompa y piano*).

Lind, Jenny Soprano sueca (Estocolmo, 1920-Wynd's Point, Inglaterra, 1887). Discípula de Manuel García, su hermosa voz le valió el calificativo de «El ruiseñor sueco». Aunque se retiró de la ópera en 1849, tras triunfar en títulos como *Robert le diable* y *Norma*, dio recitales por todo el mundo y especialmente en Estados Unidos. Se retiró definitivamente en 1883.

Lipatti, Dinu Pianista y compositor rumano (Bucarest, 1917-Ginebra, 1950). Intér-

A la derecha, la desaparecida sala del Gran Teatro del Liceo, centro paradigmático de la ópera en Barcelona y España. Destruido por un incendio en 1994, su reconstrucción se emprendió de inmediato.

Franz Liszt interpretando al piano sus obras en presencia de la familia real austríaca.

prete legendario de su instrumento músico, se formó en el Conservatorio de su ciudad natal, y más tarde en París, donde tuvo como profesor a Alfred Cortot. La pureza y sensibilidad de su estilo hicieron de él un incomparable intérprete de Chopin. Fue también compositor (*Concertino en estilo clásico, Sinfonía concertante para dos pianos y orquesta, Suite para dos pianos*).

lira Instrumento de cuerda pulsada cuyo origen se remonta a las primeras civilizaciones. Los griegos lo convirtieron en uno de los atributos del dios Apolo, con lo que pasó a convertirse en símbolo de la misma idea de música.

Liszt, Franz Compositor y pianista húngaro (Raiding, 1811-Bayreuth, 1886). Niño prodigio, pronto conquistó los escenarios de toda Europa con su estilo apasionado de interpretar al piano, en la más pura tradición virtuosística establecida por su admirado Paganini. Atraído desde temprana edad por la composición, destinó sus primeras creaciones a su instrumento músico. Hasta 1848 —cuando aceptó el título de maestro de capilla de la corte de Weimar—, no abandonó su carrera de virtuoso para consagrarse a la composición. De esta etapa datan sus grandes obras sinfónicas, como la *Sinfonía Fausto* o *Los Preludios*, con las que dio un decisivo impulso a la música de programa. En sus últimos años tomó las órdenes menores.

Lloyd Webber, lord Andrew Compositor de comedias musicales británico (Londres, 1948). Nacido en el seno de una familia de músicos, pronto orientó sus capacidades creadoras hacia el mundo del musical. *Jesus Christ Superstar* lo consagró en este género en 1972. Siguieron a esta numerosas obras más, muchas de las cuales —*Evita, Cats, The Phantom of Opera* y *Sunset Boulevard*— han repetido el mismo éxito gracias a su hábil mixtura de sentimentalismo romántico y lenguaje musical moderno, con concesiones a los ritmos de moda.

Locatelli, Pietro Antonio Compositor y violinista italiano (Bérgamo, 1695-Amsterdam, 1764). Ganó fama como violinista en muchas ciudades europeas, incluyendo Berlín y Amsterdam, ciudad donde fijó su residencia y en la que publicó su colección *L'arte del violino*, además de dirigir conciertos públicos. Sus innovaciones en la práctica del violín suscitaron el asombro de sus contemporáneos.

Lorengar, Pilar Soprano española (Zaragoza, 1921-Berlín, 1996). Debutó en Bar-

celona en 1949. A partir de 1954 cantó en Francia y el Reino Unido e inició una carrera internacional que la llevó a actuar en los más destacados centros líricos del mundo. Fue miembro estable de la compañía de la Deutsche Oper de Berlín desde 1958. Especialista en el repertorio mozartiano e italiano, fue galardonada con numerosas distinciones, entre ellas, el Premio Príncipe de Asturias de las Artes.

Ludwig, Christa Mezzosoprano alemana (Berlín, 1928). En 1954 saltó a la fama por su interpretación del Cherubino de *Las bodas de Fígaro* de Mozart en el Festival de Salzburgo. A partir de entonces cantó habitualmente en la Staatsoper de Viena. Su amplitud de registro la llevó a cantar papeles muy variados (Adalgisa en *Norma*; Ulrica en *Un ballo in maschera*; *Carmen*; Kundry en *Parsifal*), además de ser una consumada liederista.

Lully, Jean-Baptiste Compositor francés de origen italiano (Florencia, 1632-París, 1687). Hijo de un molinero, por sus habilidades gimnásticas y musicales el embajador francés lo llevó a París. Al servicio de Luis XIV, trabajó como organizador de los *ballets de cour*, puesto desde el que fue adquiriendo progresiva influencia en la vida musical de la corte. Colaboró con Molière en obras como *El burgués gentilhombre*, al tiempo que con títulos como *Alceste, Amadis* y *Armide* establecía el modelo de la ópera nacional francesa, la *tragédie-lyrique*.

Lutoslawski, Witold Compositor polaco (Varsovia,1913-1994). Formado en el conservatorio de su ciudad natal, obtuvo su primer gran triunfo con su *Concierto para orquesta*, estrenado en 1954. Su estilo introdujo posteriormente la aleatoriedad controlada, como en *Juegos venecianos*, y otros elementos propios de la vanguardia, aun-

A la izquierda, la mezzosoprano alemana Christa Ludwig, una de las mejores cantantes de su cuerda que ha dado el siglo XX, brillante tanto sobre la escena lírica como en el difícil arte del *lied*.

Arriba, el director de orquesta y compositor Lorin Maazel sentado al piano.

que manteniendo en todo momento su independencia creativa. *Marcha fúnebre, Concierto para violoncelo, Concierto para piano, Paroles tissées* y sus cuatro sinfonías son otras obras destacadas de su catálogo.

M

Maazel, Lorin Director de orquesta y compositor estadounidense (Neuilly-sur-Seine, Francia, 1930). Niño prodigio, a los ocho años debutó como director de orquesta. Ya en edad adulta, estuvo al frente de formaciones como la Sinfónica de la Radio de Berlín, la de Cleveland, la Nacional de Francia o la de la Radio de Baviera. Ha cultivado un extenso repertorio, tanto lírico como sinfónico, que lo ha consagrado como una de las batutas más prestigiosas, y en ocasiones controvertidas, de la segunda mitad del siglo XX.

Machaut, Guillaume de Compositor y poeta francés (Machaut, c. 1300-Reims, 1377). Es la figura central de la vida musical francesa en la etapa del *Ars nova*. Dejó un gran número de obras musicales, entre las cuales se hallan la primera misa completa escrita en polifonía (*Misa de Notre-Dame*) y cierto número de piezas profanas de corte trovadoresco, entre ellas, 42 baladas y 33 virelais.

Maderna, Bruno Compositor y director de orquesta italiano (Venecia, 1920-Darmstadt, Alemania, 1973). Fue uno de los más destacados representantes de la escuela serialista de Darmstadt. Si bien en sus composiciones juveniles estuvo influido por Bartok y Stravinski, después se orientó hacia el dodecafonismo y la música electrónica. En *Musica su due dimensioni*, escrita en 1952, fue uno de los primeros en emplear la música en vivo y la cinta magnética. En 1964 presentó el espectáculo lírico *Hyperion*, su obra maestra.

madrigal 1. Pieza polifónica vocal a dos o tres voces, propia de la Italia del siglo XIV. Generalmente escrita sobre un texto literario de valor reconocido, adquirió importancia en la época del *Ars nova*. 2. Pieza polifónica vocal a varias voces, inicialmente sin acompañamiento instrumental, surgida en Italia en el siglo XVI de la mano de compositores flamencos afincados en la península, como Jacob Arcadelt o Adrian Willaert. Pronto el madrigal se convirtió en el género predilecto de los ambientes cortesanos italianos. Entre sus mejores repre-

María Felicia Malibrán, una de las voces más bellas del primer tercio del siglo XIX.

sentantes cabe citar a los compositores Gesualdo, Marenzio y Monteverdi.

magnificat Pieza religiosa de la liturgia católica, del oficio de vísperas, en la cual se usa como texto el cántico de acción de gracias de la Virgen María, tal como aparece en el Evangelio. Son famosos los compuestos por Palestrina, Monteverdi y Bach.

Mahler, Gustav Compositor y director de orquesta austríaco (Kaliste, Bohemia, 1860-Viena, 1911). Alumno del Conservatorio de Viena, poco a poco fue abriéndose camino como director en teatros de provincias. Considerado uno de los mejores intérpretes de su tiempo, en 1897 accedió a la dirección musical de la Ópera de Viena. Su éxito como director no se vio correspondido con el de su faceta como compositor: de sus nueve sinfonías, solamente la *Octava*, merced a sus desmesurados efectivos, obtuvo un éxito inmediato e indiscutible. Su concepción de la música ejerció notable influencia sobre los compositores de la Segunda Escuela de Viena.

Malibrán, María Felicia Mezzosoprano española (París, 1808-Manchester, 1836). Hija del tenor Manuel García, desde su debut en Londres en 1825 —interpretó *El barbero de Sevilla*— alcanzó una proyección internacional en ciudades como París, Milán, Roma, Londres y Nápoles. Disuelto su primer matrimonio con el comerciante François Eugène Malibran, se casó con el violinista belga Charles de Bériot. Una de las máximas especialistas en las óperas de Gioacchino Rossini y Vincenzo Bellini, fue también una apreciable compositora.

Mancini, Henry Compositor, pianista y director de orquesta estadounidense (Cleveland, 1924-Los Ángeles, 1994). De 1952 a 1958 trabajó como compositor en los estudios cinematográficos Universal, en Hollywood. Al cine y la televisión dedicó sus mayores esfuerzos como creador. Entre sus bandas sonoras, en las que es perceptible cierta influencia del jazz, sobresalen *Desayuno con diamantes*, *Días de vino y rosas* y la popularísima *La pantera rosa*.

mandolina Instrumento de cuerda pulsada parecido al laúd, aunque de dimensiones algo más reducidas. Incorpora cuatro dobles cuerdas que se suelen tocar con un plectro o púa. Su tesitura y afinación se corresponden con las del violín.

Mannheim, Escuela de Nombre que recibe el grupo de músicos, instrumentistas y compositores reunidos en torno al compositor bohemio Johann Stamitz, que constituían la famosa orquesta de la corte del elector Carl Theodor a mediados del siglo XVIII. La Escuela de Mannheim adoptó for-

A la derecha, la sala de conciertos de Mannheim, sede de una de las mejores orquestas del siglo XVIII.

mas y modismos conducentes a explotar las posibilidades sonoras de la orquesta (*crescendi* e *diminuendi*), que contribuyeron decisivamente a cristalizar la forma sinfónica clásica.

Marais, Marin Compositor y gambista francés (París, 1656-1728). Estudió la viola da gamba con Sainte-Colombe y composición con Lully. En 1676 entró a formar parte de la orquesta real, en la que permaneció durante cuarenta y nueve años, hasta su retirada en 1725. Muerto Lully, continuó la tradición operística por él establecida con cuatro títulos: *Alcide*, *Ariane et Bacchus*, *Alcione* y *Sémélé*, que obtuvieron un éxito bastante considerable. Sus mejores creaciones, empero, son sus cinco colecciones de música para bajo de viola.

marcha Pieza musical de compás binario y ritmo marcado, que acompaña el desfile de la tropa o el paso de una procesión o un cortejo. Existen varios géneros: militar, fúnebre, nupcial, triunfal...

marimba Instrumento de percusión semejante al xilófono, integrado por una serie de láminas afinadas que forman una escala cromática completa, dotadas de un resonador de calabaza o de bambú. Las láminas se percuten mediante bastones rematados en bolas duras o recubiertas de fieltro. El instrumento, que procede de América Central y del Caribe y cuyos antecedentes remotos pueden encontrarse en África del Sur, se utiliza en composiciones de autores modernos.

Markevich, Igor Director de orquesta y compositor ruso nacionalizado francés (Kiev, 1912-Antibes, 1983). Se formó como

director con Hermann Scherchen. En 1965 le fue encomendada la formación de la Orquesta Sinfónica de la Radio Televisión Española. Gran admirador de Stravinski, fue uno de los mejores intérpretes de su obra. Entre sus composiciones, hoy prácticamente en el olvido, sobresalen el ballet *El vuelo de Ícaro* y el oratorio *El Paraíso perdido*.

Marriner, sir Neville Director de orquesta británico (Lincoln, 1924). Violinista de formación, en 1959 fundó la Academy of Saint-Martin-in-the-Fields, orquesta de cámara al frente de la cual ganó prestigio como intérprete mozartiano y, en general, de la música de los siglos XVIII y XIX, tanto sinfónica como operística. En 1985, la corona inglesa le concedió el título de sir en reconocimiento a su labor musical.

Martin, Frank Compositor suizo (Ginebra, 1890-Naarden, 1974). El apoyo del director de orquesta suizo Ernest Ansermet le permitió estrenar sus primeras obras, como

la cantata *Les Dithyrambes*. En 1940 dio a conocer en Ginebra su oratorio *Le vin herbé*, considerado como su obra maestra. Aunque se interesó por el sistema dodecafónico, la adopción que de él hizo fue siempre muy personal y heterodoxa. Dejó también las óperas *La tempestad* y *Monsieur de Pourceaugnac*.

Martín y Soler, Vicente Compositor español (Valencia, 1754-San Petersburgo, 1806). Conquistó un gran éxito en la Europa de su tiempo gracias a sus óperas, las cuales llegaron a competir en el favor del público con las de Mozart y Cimarosa. En Viena estrenó su trilogía de óperas con texto de Lorenzo da Ponte: *Il burbero di buon cuore*, *Una cosa rara* —citada por Mozart en su *Don Giovanni*— y *L'arbore di Diana*.

Martini, Giovanni Battista Compositor y pedagogo italiano (Bolonia, 1706-1784). Conocido como el «Padre Martini», fue maestro de capilla del monasterio de San

A la izquierda, grabado del siglo XIX que representa una típica banda militar austríaca, cuyo repertorio, además de valses y otras piezas de salón, estaba constituido básicamente por marchas.

Durante el siglo XX, la música clásica ha dejado de ser patrimonio exclusivo de intérpretes occidentales. Asia, por ejemplo, ha dado toda una pléyade de músicos de talento. Uno de ellos es el director de orquesta indio Zubin Mehta, a la izquierda.

Francisco a partir de 1725, cargo que desempeñó durante toda su vida. Adquirió fama de erudito por su tarea de investigación acerca de la música antigua. Durante un corto período de tiempo fue profesor de Wolfgang Amadeus Mozart.

Martinu, Bohuslav Compositor checo nacionalizado estadounidense (Policka, 1890-Liestal, Suiza, 1959). Después de la Primera Guerra Mundial fue violinista de la Filarmónica Checa hasta 1923, año en que se trasladó a París, donde entró en contacto con los círculos vanguardistas. En 1940, el avance nazi le obligó a exiliarse a Estados Unidos, y allí compuso sus seis sinfonías. Entre su producción destacan sus óperas *Juliette* y *La pasión griega*. En su estilo se mezclan elementos de vanguardia con el neoclasicismo y la añoranza de su patria.

Mascagni, Pietro Compositor italiano (Livorno, 1863-Roma, 1945). Inició su carrera en 1888, cuando presentó *Cavalleria rusticana* al concurso de óperas en un acto convocado por la editorial Sonzogno de Milán; ganó el premio y la obra obtuvo un éxito sonoro en su estreno en 1890. Líder de la escuela verista, el resto de su producción dramática (*L'amico Fritz*, *Iris*, *Lodoletta*) no alcanzó en ningún caso el listón de su primer trabajo.

masque Palabra de origen francés, pero arraigada en Inglaterra, equivalente a «mascarada». Designa un tipo de espectáculo teatral con música instrumental, danza, canto, mímica y una compleja escenografía, destinado a representar temas mitológicos o alegóricos, muy en boga durante el siglo XVI. Más tarde, hacia el siglo XVII, se convirtió en un tipo de espectáculo teatral afín a la ópera.

Massenet, Jules Compositor francés (Montaud, 1842-París, 1912). En 1863 obtuvo el Premio de Roma. Después del mediocre éxito de su oratorio *La Vierge* en 1880, se dedicó casi exclusivamente a la ópera, con éxitos como *Hérodiade* y, sobre todo, *Manon*. Tuvo que acudir a Viena para estrenar *Werther*, aunque después ésta se haya convertido, con *Manon*, en su obra emblemática. Su estilo se distingue por su refinamiento melódico, en ocasiones cercano al sentimentalismo.

Massine, Leonid Bailarín y coreógrafo ruso nacionalizado estadounidense (Moscú, 1896-París, 1979). Tras estudiar arte dramático en Moscú, conoció en 1913 a Diaghilev, quien en 1914 facilitó su debut en los Ballets Rusos con el papel protagonista de *La leyenda de José* de Richard Strauss. Con posterioridad, y en la misma compañía, presentó una serie de coreografías innovadoras y originales: *Parade* de Satie, *La boutique fantasque* de Respighi, *El sombrero de tres picos* de Falla, *Pulcinella* de Stravinski. Cuando se separó de Diaghilev inició su colaboración con los Ballets Rusos de Montecarlo, para los que coreografió la *Sinfonía núm. 5* de Chaikovski.

mayor Dícese del modo formado por las notas de cualquiera de las escalas diatónicas, así como del acorde compuesto por la tríada de una de dichas escalas. En el sistema musical occidental, es uno de los dos modos utilizados en las composiciones.

mazurca Danza originaria de Polonia, en compás ternario. Fue introducida en el siglo XVIII en Alemania y en el siglo XIX en Inglaterra, Francia y España. Chopin la divulgó como pieza pianística.

Mehta, Zubin Director de orquesta indio (Bombay, 1936). Hijo del director y violinista Mehli Mehta, estudió dirección de orquesta con Hans Swarowsky en Viena. De 1978 a 1991 fue director musical de la Filarmónica de Nueva York. Tiene a su cargo la dirección musical del Maggio Musicale Fiorentino, donde ha dirigido numerosas óperas. Las mejores orquestas del momento, entre las cuales cabe mencionar las Filarmónicas de Berlín y Viena, han actuado bajo su batuta.

Melba, dame Nellie Soprano australiana (Burnley, Richmond, 1861-Sydney, 1931). Debutó en Bruselas en 1887. Un año después cantó en el Covent Garden londinense, donde fue una artista apreciada y aplaudida durante muchos años. De voz brillante y ágil, cantó el repertorio típico de soprano ligera. Volvió con frecuencia a Inglaterra, donde en 1926 grabó en disco su concierto de despedida.

A la derecha, Nellie Melba, la soprano más popular y aclamada de la Belle Époque.

Melchior, Lauritz Tenor estadounidense de origen danés (Copenhague, 1890-Santa Mónica, California, 1973). La excepcional potencia y musicalidad de su voz hicieron de él un famosísimo *Heldentenor* (tenor heroico), adecuado para encarnar los papeles wagnerianos más exigentes. En 1924 cantó *Siegmund* en el Covent Garden de Londres y el mismo año en Bayreuth, donde actuó hasta 1931. Se naturalizó estadounidense en 1947.

melisma Pasaje musical en el que sobre una misma sílaba se cantan varias notas. Es un procedimiento propio del canto gregoriano, en el cual ejerce una función decorativa.

melodía Junto con la armonía y el ritmo, es uno de los elementos constitutivos de la música, de la que es el elemento lineal: una sucesión lógica de notas dotadas de sentido musical.

melodrama 1. En el siglo XVIII, composición o pasaje de una composición musical en que la música subraya una acción dramática declamada, sin canto. 2. Nombre que se da vulgarmente a una obra dramática con música, y por extensión, a un drama espectacular o incluso exagerado. 3. En Italia, en el siglo XIX, denominación que a veces se dio a la ópera.

melopea Entonación ritmada con que se suele recitar un texto al que se quiere dar un relieve especial. En ocasiones, el término tiene un tono ligeramente peyorativo para aludir a una composición de melodía poco variada.

membranófono Calificativo que se da a los instrumentos cuyo sonido procede de la vibración de una membrana que se percute por medio de un bastón terminado en una bola de fieltro o de madera.

Mendelssohn, Felix Compositor alemán (Hamburgo, 1809-Leipzig, 1847). Hijo de una acomodada familia que le proporcionó todos los medios para satisfacer sus inquietudes artísticas, desde su infancia mostró sus dotes como compositor. De esa época datan ciertos *singspiel*, doce sinfonías para cuerda y algunas otras piezas que llegaron a impresionar al propio Goethe. Concluida su formación, viajó a Gran Bretaña, Italia y Francia. En 1928 exhumó la olvidada *Pasión según san Mateo* de Johann Sebastian Bach. Fundó el Conservatorio de Leipzig en 1843. Legó un amplísimo catálogo, en el que destacan los oratorios *Paulus* y *Elías*, cinco sinfonías, un célebre concierto para violín y la música incidental para *Sueño de una noche de verano*, así como numerosas obras de cámara y piezas para piano como la serie *Romanzas sin palabras*.

El tenor Lauritz Melchior caracterizado como Tannhäuser, uno de sus papeles paradigmáticos.

Mengelberg, Willem Director de orquesta holandés (Utrecht, 1871-Chur, Suiza, 1951). Estudió en su ciudad natal y en Colonia. Después de trabajar como director en Lucerna a partir de 1891, en 1895 fue nombrado titular del Concertgebouw de Amsterdam. Fue un gran difusor de la música de Mahler, a quien dedicó un ciclo en 1920. Durante la Segunda Guerra Mundial actuó repetidamente en Alemania y se hizo sospechoso de simpatías nazis, por lo que fue desposeído de su cargo en el Concertgebouw en 1945.

menor Calificativo alusivo al modo formado por la escala cuyo tercer grado está bemolizado, de manera que se alteran las distancias entre los tonos que caracterizan el mayor, el otro modo existente en la música tradicional. Dícese también del acorde que incluye esta diferenciación.

Menotti, Gian Carlo Compositor italiano (Cadegliano, 1911). Residente en Estados Unidos, ha dedicado sus mayores esfuerzos a la ópera, con títulos como *La médium, El teléfono, El cónsul y Amahl y los visitantes nocturnos*, todos ellos en la tradición melódica pucciniana. Ha escrito la mayoría de sus libretos, y ocasionalmente ha incidido en la dirección escénica de óperas con notable éxito.

Menuhin, lord Yehudi Violinista y director de orquesta de origen ruso, con doble nacionalidad estadounidense y británica (Nueva York, 1916). Niño prodigio, fue discípulo de George Enescu. Saltó a la fama a raíz de una interpretación del *Concierto de violín* de Beethoven en Nueva York, dirigido por Fritz Busch en 1927. Desde entonces ha recorrido los escenarios de todo el mundo. Se ha distinguido como promotor de iniciativas musicales de carácter benéfico y de alcance mundial.

Messiaen, Olivier Compositor y organista francés (Aviñón, 1908-Clichy, 1992). En 1931 fue nombrado organista principal de la Trinité de París, cargo que ocupó durante más de cuarenta años. Católico ferviente, impregnó sus creaciones de una religiosidad mística vinculada a la naturaleza, al universo de los pájaros y a una concepción franciscana de la vida, elementos a los cuales hay que unir la fascinación que sintió por la filosofía hindú. De su catálogo

Portada de la edición de *Luisa Miller*, un melodrama trágico con música de Verdi.

Arriba, **Giacomo Meyerbeer**, el principal impulsor de la *grand-opéra* francesa.

cabe citar *Saint-François d'Assise*, *Oiseaux exotiques*, *Catalogue d'oiseaux*, *Quatuor pour la fin du temps* y la *Sinfonía Turangalila*. Destacado profesor, entre sus alumnos se cuentan Pierre Boulez, Karlheinz Stockhausen e Iannis Xenaquis.

Mestres Quadreny, Josep Maria Compositor español (Manresa, Barcelona, 1929). Fue discípulo de Cristòfor Taltabull. Ha colaborado con el Laboratorio de Música Electrónica de Barcelona. Se distinguió con *Concert per a representar*, *Doble concert* para ondas Martenot, percusión y orquesta, y un *Homenatge a Joan Prats*, todas ellas obras de carácter experimental.

Metastasio, Pietro Libretista italiano (Roma, 1698-Viena, 1782). Su *Didone abbandonata* de 1724, con música de Sarro, inició una serie de libretos, en número de veintisiete, aclamados en su tiempo como obras maestras, paradigmas de la ópera seria. Fueron musicados por docenas de compositores, entre los cuales se cuentan Haendel, Gluck, Hasse, Porpora y Mozart. En total, sus textos se pusieron en música unas ochocientas veces durante algo más de un siglo, hasta 1840. De carácter suave y amable, fue mundialmente admirado hasta su muerte.

metrónomo Aparato medidor del tiempo, obra de Dietrich Nikolaus Winkel, pero patentado por Johannes Maelzel, a quien se atribuye comúnmente el invento. Se trata de un medidor de velocidades que permite graduar el *tempo* de una composición de acuerdo con las indicaciones dadas por el compositor.

Metropolitan Opera House Teatro de ópera edificado en Nueva York e inaugurado el 22 de octubre de 1883 con *Fausto* de Gounod. El antiguo edificio fue derribado en 1966 y en su lugar se inauguró el nuevo Metropolitan en el Lincoln Center, con capacidad para 3.800 espectadores.

Meyerbeer, Giacomo Compositor alemán (Vogelsdorf, Berlín, 1791-París, 1864). Tras estudiar con Weber, viajó a Italia, donde obtuvo grandes éxitos (*Il crociato in Egitto*). Pasó luego a París, donde se convirtió en el máximo representante de la *grand-opéra* con títulos como *Robert le diable*, *Les huguenots*, *Le prophète* y *L'africaine*. Tras su muerte, su nombre empezó a declinar con prontitud, y hoy sólo sus títulos más importantes se representan ocasionalmente.

mezzosoprano Una de las clasificaciones de la voz femenina, que corresponde al tipo vocal intermedio entre la más aguda (soprano) y la más grave (contralto).

mi Tercera nota de la escala diatónica de do. En la notación alfabética todavía en uso en los países germánicos y anglosajones, se la conoce con la letra E.

Miaskovski, Nikolai Compositor ruso (Novogueorguievsk,1881-Moscú, 1950). Discípulo de Nikolai Rimski-Korsakov, fue así mismo un excelente pedagogo, bajo cuya dirección se formaron algunos de los más importantes compositores soviéticos: Aram Khachaturian, Dimitri Kabalevski... Compositor básicamente instrumental, escribió veintisiete sinfonías, trece cuartetos de cuerda y nueve sonatas para piano.

Mignone, Francisco Compositor brasileño (São Paulo, 1897-Rio de Janeiro, 1986). Tras formarse en su país, estudió en el Conservatorio de Milán. Su obra, de notorio acento nacionalista, se inspira en el folclor

de su país, con el agregado de elementos de la escuela italiana. Su producción es amplísima: óperas como *O contractador dos diamantes* y *O inocente*; oratorios (*Alegrias de Nossa Senhora*); ballets (*Quadros amazónicos*) y obras de cámara, concertantes y corales.

Milhaud, Darius Compositor francés (Aix-en-Provence, 1892-Ginebra, 1974). Formó parte del Grupo de los Seis. Interesado por el jazz, la música brasileña y la politonalidad, fue un compositor prolífico que abordó todos los géneros. Sus ballets *La creación del mundo* y *El buey sobre el tejado*, la monumental ópera *Cristóbal Colón* (con libreto de Paul Claudel) y *El carnaval de Aix*, para piano y orquesta, figuran entre sus mejores composiciones.

Milnes, Sherrill Barítono estadounidense (Hinsdale, Illinois, 1935). Estudió en la Universidad de Drake y se consagró en 1964 en la New York City Opera como Valentin en el *Fausto* de Gounod. No tardó en cantar el mismo papel en el Metropolitan de Nueva York, donde emprendió una brillante carrera que lo ha llevado a muchos teatros internacionales con papeles verdianos, mozartianos y puccinianos, muchos de los cuales ha grabado en disco.

Milstein, Nathan Violinista estadounidense de origen ruso (Odessa, 1904-Londres, 1992). Formado en el Conservatorio de San Petersburgo, emprendió su carrera de concertista en 1919. Vladimir Horowitz fue uno de sus *partenaires* habituales. Ambos músicos se exiliaron de la Unión Soviética en 1925, y Milstein obtuvo en 1942 la ciudadanía estadounidense. Fue uno de los virtuosos más admirados de su tiempo.

Mingus, Charles Contrabajista, pianista y compositor de jazz estadounidense (Nogales, Arizona, 1922-Cuernavaca, México, 1979). Hacia 1943 formó parte del conjunto de Louis Armstrong y posteriormente del de Lionel Hampton. En 1953 creó el sello discográfico Debut, al que siguió en 1964 el Charles Mingus Label. Entre sus obras más importantes, en algunas de las cuales se difumina la frontera entre jazz y música escrita, se hallan *Meditations*, *Revelations* y *Epitaph*, ambiciosa composición estrenada en 1989 a título póstumo.

minimalismo Nombre con el que se conoce una escuela de composición de Estados Unidos que, hacia la década de 1960, desarrolló una línea compositiva alternativa al serialismo, que propugnaba el retorno a la armonía y la melodía tradicio-

Darius Milhaud, uno de los integrantes más destacados del Grupo de los Seis.

Escena de *Einstein on the beach*, ópera de Philip Glass que se ha convertido en el paradigma de la corriente minimalista.

nales, pero a través de células rítmicas y melódicas muy breves que se repiten incesantemente. Entre los compositores más destacados de esta corriente figuran Philipp Glass, John Adams, Steve Reich y Michael Nyman.

minueto Danza francesa del siglo XVII, fue adoptada por la corte de Luis XIV y se convirtió en una danza cortesana pausada. Aparece con cierta frecuencia en la suite. A partir de mediados del siglo XVIII se introdujo como tercer movimiento de la sinfonía clásica en Haydn, Mozart y el primer Beethoven.

misa Composición musical realizada sobre el texto latino de la homónima ceremonia litúrgica católica. Su estructura se basa en cinco partes llamadas fijas, conocidas como Ordinario: *Kyrie, Gloria, Credo, Sanctus* y *Agnus Dei*. A partir del siglo XV fueron cada vez más numerosos los compositores que dedicaron su tarea compositiva a la creación de misas. Entre las más representativas cabe citar las de Victoria, Palestrina, Bach, Mozart, Haydn y Beethoven.

Mitropoulos, Dimitri Director de orquesta y compositor griego nacionalizado estadounidense (Atenas, 1896-Milán, 1960). Se formó en Atenas, Bruselas y Berlín. Debutó en Estados Unidos en 1936 con la Sinfónica de Boston. A raíz de su éxito fue promovido a director de la Orquesta Sinfónica de Minneapolis, puesto que ocupó hasta 1949, cuando pasó a dirigir la Filarmónica de Nueva York. Interesado por la música moderna, fue un gran intérprete de la escuela de Schönberg. Falleció de un ataque cardíaco mientras ensayaba una sinfonía de Mahler.

moderato Calificativo con el que se indica un *tempo* de carácter pausado.

modo Nombre que se da a los sistemas de organización de los sonidos en el interior de una escala. Alrededor del siglo XVII, la música europea evolucionó hacia un siste-

ma de dos modos únicos: los denominados mayor y menor.

modulación Técnica compositiva que permite a un compositor pasar de una tonalidad a otra, evitando que el oído perciba irregularidad tonal alguna.

Mompou, Frederic Compositor y pianista español (Barcelona, 1893-1987). La escucha de un recital de Gabriel Fauré decidió su vocación musical. Formado en Barcelona y París, su producción, no muy extensa, se centra en el piano: *Suburbis, Escenes d'infants, Cançons i danses, Música callada*. Todas estas composiciones se distinguen por el refinamiento y la sutileza de su escritura. Compuso también un oratorio, *Improperios*, y numerosas canciones.

Monaco, Mario del Tenor italiano (Florencia, 1915-Mestre, Venecia, 1982). Estudió de modo autodidacta hasta que ingresó en el Conservatorio de Pésaro en 1939 para pulir su voz. En 1945 se presentó en la Scala de Milán como Pinkerton (*Madama Butterfly*), punto de partida de su carre-

ra internacional. Fue considerado en su tiempo el mejor Otello verdiano. Hacia 1970 su salud comenzó a quebrantarse seriamente y se retiró poco después.

Moncayo García, José Pablo Compositor mexicano (Guadalajara, 1912-Ciudad de México, 1958). Estudió piano con Hernández Moncada y composición con Carlos Chávez, quien influyó en su estilo tendente al folclorismo y la vanguardia. Después de tocar en grupos de jazz y con la Orquesta Sinfónica de México, en 1935 creó el Grupo de los Cuatro, con Blas Galindo, Salvador Contreras y Daniel Ayala. Ha escrito una ópera (*La mulata de Córdoba*), obras orquestales como *Huapango* y numerosas piezas para piano solo.

Moniuszko, Stanislaw Compositor polaco (Ubiel, Minsk, 1819-Varsovia, 1872). Después de formarse en Varsovia, Minsk y Berlín, fue organista en Vilna. Con su ópera *Halka*, estrenada en 1848, logró convertirse en el compositor nacional polaco, junto con Chopin. Otras óperas suyas, como *Flis, Verbum nobile* y *Rokiczana*, son muy populares en Polonia.

monocordio Instrumento musical de una sola cuerda, del que los teóricos de la Grecia antigua se sirvieron para llevar a cabo sus investigaciones acerca de los intervalos y las leyes de la acústica.

monodia Composición musical para una sola voz melódica, a diferencia de la polifonía, escrita a varias voces.

Monteux, Pierre Director de orquesta francés nacionalizado estadounidense (París, 1875-Hancock, Maine, 1964). A los doce años dirigió por primera vez una orquesta. En 1910 fundó los Conciertos Ber-

A la derecha, Frederic Mompou, un músico que dedicó lo mejor de su talento creativo a la composición de pequeñas piezas para piano.

Claudio Monteverdi, uno de los mayores innovadores de la historia de la música.

lioz en el Casino de París. Fue director de orquesta de los Ballets Rusos de Serge de Diaghilev, y al frente de esa formación dirigió el mítico estreno de *La consagración de la primavera* de Igor Stravinski. Dirigió la Sinfónica de Boston de 1919 a 1924, y la de San Francisco entre 1935 y 1952. Se naturalizó estadounidense en 1942. Aunque se le asocia a la música rusa y francesa, fue también un gran intérprete del repertorio tradicional alemán.

Monteverdi, Claudio Compositor italiano (Cremona, 1567-Venecia, 1643). Su música representa el paso de la mentalidad renacentista a la barroca. Al servicio del duque de Mantua, escribió para su corte *La favola d'Orfeo*, considerada la primera obra maestra operística. Maestro de capilla de San Marcos de Venecia desde 1613, allí compuso varias óperas más, de las cuales se conservan *Il ritorno d'Ulisse in patria* y *L'incoronazione di Poppea*. Se le deben así mismo valiosas colecciones de madrigales y música religiosa, como las *Vísperas de la Beata Virgen*.

Montoliu, Tete Pianista de jazz español (Barcelona, 1933-1997). Ciego prácticamente desde su nacimiento, obtuvo sus primeros grandes éxitos en el Festival Internacional de Jazz de Cannes en 1958. Figura por antonomasia del pianismo del jazz en España, su reconocimiento le llevó a actuar por toda Europa. Ha dejado un importante legado discográfico.

Montsalvatge, Xavier Compositor español (Gerona, 1912). Figura relevante de la música catalana, ha escrito varias óperas,

como *El gato con botas, Una voce in off* y *Babel 47*. Entre sus obras orquestales destacan *Desintegración morfológica de la chacona de Bach, Concierto breve* para piano y orquesta y *Sinfonía de Réquiem*. Su página más conocida, empero, son las *Cinco canciones negras*, una de las cuales, «Canción de cuna para dormir un negrito», ha conquistado amplia popularidad.

Morales, Cristóbal de Compositor español (Sevilla, c. 1500-Marchena, 1553). Estudió en Sevilla y fue maestro de capilla en Ávila y Plasencia. En 1535 pasó a Italia, y allí formó parte del coro papal en Roma. En 1545 se estableció definitivamente en España, donde compuso varias misas, magnificats y lamentaciones que le convirtieron en uno de los maestros indiscutibles de la música sacra polifónica.

mordente Ornamento de dos notas que preceden a la principal. Se subdivide en mordente superior e inferior, según si la nota ornamental asciende o desciende respecto a la principal.

Moreno Torroba, Federico Compositor español (Madrid, 1891-1982). Se distinguió sobre todo en el campo de la zarzuela, con títulos tan célebres como *La marchenera, Luisa Fernanda* —su obra más famosa— *La chulapona* y *María Manuela*. En 1980 estrenó la ópera *El poeta*, con Plácido Domingo en el papel principal, pero el éxito no le acompañó. Dejó también una importante obra para guitarra.

Morricone, Ennio Compositor italiano (Roma, 1928). Tras sus estudios musicales

académicos, dirigió una orquesta de cámara hasta 1961, año en que comenzó a centrar sus producciones en las bandas sonoras de películas. Famoso por la música compuesta para los *westerns* de Sergio Leone *Por un puñado de dólares* y *El bueno, el feo y el malo*, es autor de música para filmes del cine italiano como *Teorema, Las mil y una noches* o *Novecento*. También ha escrito bandas sonoras para filmes franceses (*La cage aux folles*) y para producciones norteamericanas como *Hubo una vez en América, La misión* o *Los intocables*, entre otras. Se le deben así mismo unas cuantas partituras de concierto, como un temprano *Concierto para orquesta* y una *Cantata para Europa*.

motete Composición vocal polifónica surgida en el siglo XIV. En principio, el término se refería a una de las voces del tejido polifónico, pero pronto pasó a denominar el conjunto de la composición en la que esta voz figuraba. Salvo excepciones medievales, su contenido, sobre todo desde el siglo XVI en adelante, es de índole religiosa.

motivo Dentro de una frase o melodía, nombre que se da al menor elemento analizable, fácil de reconocer.

movimiento Denominación que recibe cada una de las partes en que se dividen las composiciones musicales (sonatas, cuartetos, conciertos, suites, sinfonías). La costumbre barroca de la potenciación de los contrastes obligó a que todas las obras instrumentales estuviesen divididas en varios movimientos.

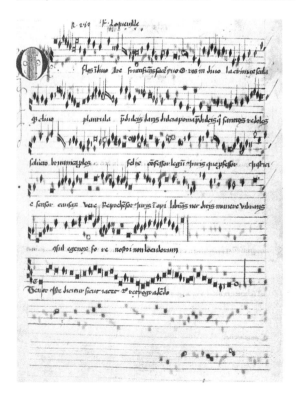

El motete fue uno de los géneros más cultivados desde finales de la Edad Media hasta el período barroco. A la izquierda, página manuscrita, datada a comienzos del siglo XV, que corresponde a la partitura de un motete a tres voces del compositor francés Richard de Loqueville, titulado *O flors in divo*.

La familia Mozart al completo, según un lienzo debido al pintor Della Croce. Podemos ver en él, de izquierda a derecha, a Nannerl, Wolfgang, el retrato de la madre de ambos, y a Leopold.

Mozart, Wolfgang Amadeus Compositor austríaco (Salzburgo, 1756-Viena, 1791). Uno de los mayores genios de la historia de la música. Hijo de Leopold Mozart, a los cuatro años ya dio muestras de sus dotes musicales, tanto en el terreno de la interpretación al violín y al piano como en el de la creación. Bajo la dirección de su padre, recorrió toda Europa y suscitó la admiración en todas y cada una de las cortes y ciudades por las que pasaba. Consciente de su éxito, fue uno de los primeros compositores en romper con el régimen de servidumbre hacia un noble, en su caso el arzobispo de Salzburgo, y en tratar de vivir únicamente de los encargos que se le hicieran. Establecido en Viena, compuso piezas de todo tipo, entre las cuales destacan sus óperas *El rapto del serrallo*, *Las bodas de Fígaro*, *Don Giovanni*, *Così fan tutte*, *La flauta mágica* y *La clemenza di Tito*. Acuciado por problemas económicos y personales, falleció dejando inconcluso su *Réquiem*. Del resto de su obra cabe destacar también las tres últimas de sus 41 sinfonías, sus conciertos para piano y orquesta y su abundante producción camerística y para piano solo.

Mravinski, Evgeni Director de orquesta ruso (San Petersburgo, 1903-1988). Estudió en el conservatorio de su ciudad natal. En 1938 fue nombrado director principal de la Filarmónica de Leningrado, con la que trabajó el resto de su vida artística y a la cual convirtió en una de las más reputadas de su tiempo. Se especializó en compositores rusos, como Chaikovski, Prokofiev, Khachaturian y Kabalevski, además de estrenar varias de las más importantes sinfonías de Shostakovich. Fue también un gran intérprete de Beethoven y Bruckner.

Mudarra, Alonso Vihuelista y compositor español (Palencia, c. 1508-Sevilla, 1580). En 1546 ingresó como canónigo en la catedral de Sevilla, ciudad en la que se estableció. Es conocido, sobre todo, por sus *Tres libros de música en cifra para vihuela*, en los cuales se incluyen tientos, fantasías, danzas y variaciones, además de canciones con acompañamiento en varios idiomas.

Münch, Charles Director de orquesta francés (Estrasburgo, 1891-Richmond, Virginia, 1968). Tras estudiar violín en el Conservatorio de Estrasburgo y haber actuado como concertino de la orquesta de la Gewandhaus de Leipzig, en 1932 debutó en París como director de orquesta. En 1946 lo hizo en Estados Unidos al frente de la Sinfónica de Boston, orquesta de la que sería titular desde 1949 a 1962. Se distinguió por su cultivo del repertorio contemporáneo.

Münchinger, Karl Director de orquesta alemán (Stuttgart, 1915-1990). Tras la Segunda Guerra Mundial fundó la Orquesta de Cámara de Stuttgart, cuyo prestigio estuvo asociado a su nombre. Sus interpretaciones de Bach y de otros autores barrocos, aun con instrumentos modernos, gozaron de amplio prestigio. En 1966 fundó la Klassische Philharmonie de Stuttgart.

musette Danza francesa de carácter rústico, vinculada a la gavota, que se popularizó en Francia durante los siglos XVII y XVIII. Se caracterizaba por la presencia de un bajo persistente semejante al de la gaita (en francés, *musette*).

musical Vocablo inglés que alude a un género teatral que incluía números musicales, semejantes a las «revistas» teatrales con música. Muchas de las comedias musicales más famosas han dado lugar a filmes musicales de gran éxito, desde *Show Boat* hasta *West Side Story*.

music-hall Nombre que se dio en la Inglaterra puritana de Oliver Cromwell a las tabernas donde, debido a la prohibición de interpretar música religiosa, se habían instalado órganos procedentes de las iglesias. De ahí nació la costumbre de hacer música en locales públicos de bebidas, y en el siglo XVIII ya era corriente llamarlos *music-halls*. Evolucionaron en el siglo XIX hacia espectáculos vistosos, con canciones y orquestas de cierta envergadura.

Danza morisca de Toulouse-Lautrec, un artista que debe buena parte de su fama a su recreación de ambientes de cabaret y *music-hall* parisienses de finales del siglo XIX.

333

Retrato de Modest Musorgski realizado en 1865.

musicología Ciencia que estudia la música en sus distintas manifestaciones. Entre sus ramas figuran el análisis musical, la musicología comparada y las distintas facetas de la historia de la música. Aunque se considera que el primer verdadero musicólogo fue el padre Giovanni Battista Martini durante el siglo XVIII, la musicología como ciencia no comenzó a prosperar hasta mediados del siglo XIX en Alemania y un poco más tarde en los distintos países europeos. En España, después de precursores como Baltasar Saldoni y Francisco Asenjo Barbieri, el primer musicólogo internacionalmente reconocido fue el compositor Felip Pedrell.

Musorgski, Modest Compositor ruso (Karevo, Pskov, 1839-San Petersburgo, 1881). Atraído por el folclor y la música eclesiástica rusa, empezó a componer pese a no haber recibido formación alguna en armonía y composición. Integrante del llamado Grupo de los Cinco, consideraba la música popular de su país como el único punto de partida posible para crear una música nacional rusa. A pesar de sus deficiencias técnicas, fue capaz de escribir algunas de las obras más originales e impresionantes del repertorio ruso, como la ópera *Boris Godunov,* el ciclo vocal *Cantos y danzas de la muerte* o el pianístico *Cuadros de una exposición.*

Muti, Riccardo Director de orquesta italiano (Nápoles, 1941). En 1967 ganó el concurso Guido Cantelli de dirección orquestal,

lo que supuso el verdadero inicio de su carrera. En 1972 debutó en Estados Unidos con la Orquesta de Filadelfia, de la cual fue nombrado titular en 1980, cargo que desempeñó hasta 1992. Desde 1986 es director musical de la Scala de Milán, uno de los grandes centros operísticos del mundo.

N

natural Dícese de la nota que no está alterada. Para devolver a la nota su sonido natural, en un pasaje con armadura donde la nota sería sostenido o bemol, se utiliza el becuadro.

negra Nota cuyo valor equivale a la mitad de una blanca y a la cuarta parte de una redonda.

neoclasicismo Movimiento artístico tendente a la restauración de las formas clásicas. Aplicado a la música, suele usarse para indicar el grupo de compositores, especialmente franceses, que en las décadas de 1920 y 1930, y como reacción a los excesos del romanticismo, optaron por un retorno a la forma pura y de inspiración clásica, a través, entre otras, de formas como el *concerto grosso* y la *passacaglia.* Entre los compositores de este estilo debe mencionarse a Alfredo Casella, Paul Hindemith, Manuel de Falla y, en una larga etapa de su vida, Igor Stravinski.

neuma Nombre (del griego *pneuma,* «aliento») que se da a los distintos signos musicales de significación incierta que se usaban en el canto gregoriano para complementar la notación alfabética, la única entonces existente. Señala los sonidos que deben emitirse en una sola espiración.

Neumann, Václav Director de orquesta checo (Praga, 1920-Viena, 1995). Se formó como director en el Conservatorio de Praga. Dirigió diferentes orquestas de su país hasta que en 1968 sucedió a Karel Ancerl al frente de la Orquesta Filarmónica Checa, que dirigió hasta 1989. Fue un extraordinario intérprete de la música de su país y del repertorio romántico germano, tanto en ópera como en concierto. Se le debe una valiosa integral en disco de las sinfonías de Gustav Mahler.

Nielsen, Carl Compositor danés (Sortelung, 1865-Copenhague, 1931). Ocupó diversos cargos en instituciones musicales de su país, entre ellos la dirección del Real Conservatorio de Copenhague. Como compositor se inició en un estilo romántico con toques nacionalistas, pero progresivamente su música empezó a hacerse más cromática y disonante, aunque sin llegar a romper nunca con la tonalidad. Escribió seis sinfonías, dos óperas (*Saúl y David* y *Maskarade*), un concierto para violín, otro para flauta y un tercero para clarinete, así como varias cantatas.

Nijinski, Vatslav Bailarín y coreógrafo ruso (Kiev, 1890-Londres, 1950). Ucraniano de nacimiento y de origen polaco, debutó como solista en San Petersburgo en 1907. En 1909 entró a formar parte de la compañía de los Ballets Rusos de Diaghilev y actuó con notable éxito en París. Su excepcional facilidad para la danza lo hizo famoso en toda Europa: su encarnación del personaje de Petrouchka en el ballet homónimo de Stravinski fue uno de sus mejores logros. A partir de 1912 intentó el paso a la coreografía, pero sin excesiva fortuna: *Preludio a la siesta de un fauno* y *Jeux* de Debussy, y *La consagración de la primavera* de Stravinski, son menos interesantes que su labor como bailarín.

Antifonario del siglo XIV en el que puede apreciarse la escritura con neumas.

especial la electrónica. La ópera *Intolleranza 1960*, *Il canto sospeso*, *La fabbrica illuminata* y *Prometeo* son algunas de sus producciones más representativas.

Norman, Jessye Soprano estadounidense (Augusta, Georgia, 1945). Debutó en la Deutsche Oper de Berlín en 1969 en el papel de Elisabeth (*Tannhäuser*). Aunque ha cantado todo tipo de obras, desde Purcell hasta los grandes clásicos contemporáneos, en su carrera ha dedicado especial atención al repertorio operístico y melódico francés y alemán. Ha grabado numerosos discos con canciones espirituales negras y *lieder* de Schubert, Brahms y Mahler.

North, Alex Compositor y director de orquesta estadounidense (Chester, Pennsylvania, 1910-Pacific Palisades, California, 1991). Fascinado por la música rusa, se formó en el Conservatorio de Moscú. A su regreso a Estados Unidos colaboró asiduamente en el mundo del cine, para el que compuso la música de numerosas películas, entre las que se cuentan títulos como *¡Viva Zapata!*, *Un tranvía llamado Deseo*, *Espartaco* y *Cleopatra*. Ha compuesto también tres sinfonías y algunos ballets.

nota Signo gráfico que representa la altura y duración de un sonido: la posición de la nota sobre el pentagrama indica la altura del sonido; su forma o dibujo expresa su duración (notas negras, blancas, redondas, corcheas...).

notación Nombre que se da al sistema de escritura musical que sirve para representar gráficamente la música, y en el cual se expresan tanto la duración y altura de los sonidos como otros elementos indispensables para su representación e interpretación, como la dinámica, el *tempo*... En el siglo XX, algunos compositores contemporáneos han propuesto otros sistemas de notación que rara vez se han consolidado.

Notre-Dame, Escuela de Escuela musical surgida en Francia en el siglo XII en torno a la catedral de Notre-Dame de París. En su primera etapa, llamada del *Ars antiqua*, tuvo como compositores más relevantes a Léonin (autor de destacados *organa*) y Pérotin, dos autores importantes en la gestación de la primitiva polifonía. Entrado el siglo XIV, la mentalidad musical se modernizó con Philippe de Vitry y Guillaume de Machaut, en lo que se ha dado en llamar *Ars nova*.

Nikolayeva, Tatiana Pianista, pedagoga y compositora rusa (Bezhitz, 1924-San Francisco, 1993). Formada en el Conservatorio de Moscú, pronto se labró una sólida reputación como intérprete de la música para teclado de Johann Sebastian Bach, si bien su exquisita técnica le permitió dominar un extenso repertorio, que tenía en el período romántico y el contemporáneo dos de sus grandes bazas. Dimitri Shostakovisch, por ejemplo, escribió para ella su serie de *24 preludios y fugas*. A partir de 1959 fue profesora del mismo conservatorio en el que había estudiado.

Nin y Castellanos, Joaquín Compositor y pianista cubano (La Habana, 1879-1949). Estudió en Barcelona y en la Schola Cantorum de París. Dejó obras para piano y para violín, y para canto y piano, influidas por el impresionismo musical francés. Como intérprete, tuvo una decisiva aportación en la recuperación de la música antigua para teclado española.

Nin-Culmell, Joaquín Compositor y pianista estadounidense de origen cubano (Berlín, 1908). Hijo de Joaquín Nin y Castellanos, fue alumno de Dukas en París y de Falla en Granada. Establecido en Estados Unidos, ha llevado a cabo una importante labor como pedagogo en diversos centros, y también como concertista y compositor: se le deben un *Homenaje a Falla* para orquesta, numerosas canciones, tres ballets y una ópera (*La Celestina*).

nocturno Composición musical de forma libre y carácter íntimo y poético, surgida en los años finales del siglo XVIII como refle-

El compositor italiano Luigi Nono.

jo de la fascinación por la noche propia de la literatura romántica. El primero en componer piezas con este nombre fue el irlandés John Field. Chopin continuó la tradición con sus famosos *Nocturnos* para piano, cuya lección fue continuada por músicos como Fauré o Scriabin.

Nono, Luigi Compositor italiano (Venecia, 1924-1990). Activo militante del Partido Comunista Italiano, el compromiso político está presente en todas sus obras. En el plano musical, parte de la experiencia dodecafónica y de la Escuela de Darmstadt para crear una música original, en la que se sintetizan las más variadas técnicas, en

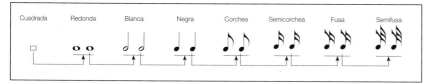

Cuadrada	Redonda	Blanca	Negra	Corchea	Semicorchea	Fusa	Semifusa

Distribución de las notas según su valor.

novena Intervalo compuesto, formado por una octava y una segunda más alta: es el noveno sonido, contado a partir de uno de los grados de la escala diatónica, incluyendo la nota de salida y la de llegada (por ejemplo, del do3 al re4).

Nureiev, Rudolf Bailarín y coreógrafo ruso nacionalizado británico (Irkutsk, 1938-París, 1993). Formado en el Ballet Kirov de San Petersburgo, en 1958 se convirtió en su primer bailarín. Se exilió en 1961 al Reino Unido, donde ingresó en la compañía del Royal Ballet de Londres, en la que tuvo como colaboradora habitual a Margot Fonteyn. Adoptó en 1962 la nacionalidad británica. Su prodigiosa técnica le permitió abordar un amplísimo repertorio, aunque sobresalió en el gran ballet tardorromántico. Sus trabajos como coreógrafo se distinguen por su espectacularidad: *La bayadera*, con música de Minkus, *El lago de los cisnes* de Chaikovski y *Romeo y Julieta* de Prokofiev constituyen algunas de sus mejores aportaciones en este campo.

obertura Fragmento sinfónico que sirve como introducción a una ópera, un oratorio o cualquier otro espectáculo teatral o de grandes proporciones. Sencilla en sus orígenes, durante el siglo XIX pasó a estar

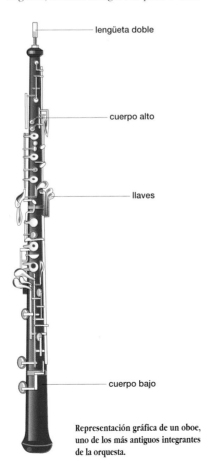

lengüeta doble

cuerpo alto

llaves

cuerpo bajo

Representación gráfica de un oboe, uno de los más antiguos integrantes de la orquesta.

336

constituida por temas extraídos de la obra que introducía. En ese mismo siglo se puso de moda otro tipo de obertura: la de concierto, muy relacionada con el poema sinfónico de inspiración lisztiana.

obligado Dícese de un instrumento cuya presencia es «obligada» durante la interpretación de un aria o una pieza vocal, al mismo nivel de protagonismo que la voz principal. Con frecuencia aparece en las composiciones del siglo XVIII y principios del XIX.

oboe Instrumento de viento de la familia de las maderas, consistente en un tubo ligeramente cónico y doble lengüeta. Es uno de los más antiguos que se conservan.

Obrecht, Jacob Compositor holandés (Berg-op-Zoom, c. 1450 o 1451-Ferrara, Italia, 1505). Como autor de música sacra, este músico ocupa un lugar especial en la música renacentista. Dejó varias misas que se cuentan entre las mejores de su tiempo, elaboradas a partir de un complejo contrapunto que no excluye la expresión. Lo mismo puede decirse de sus numerosos motetes, así como de sus canciones profanas, con textos en holandés, francés o italiano. Su influencia fue breve, por el prestigio que poco después de su muerte adquirió Josquin Desprez.

Ockeghem, Johannes Compositor francoflamenco (?, c. 1410-Tours, 1497). Formó parte de la capilla del duque de Borbón Carlos I. Más adelante sirvió en la corte real de Carlos VII, Luis XI y Carlos VIII de Francia y fue canónigo de Notre-Dame en París, entre 1463 y 1470. Maestro incomparable en el arte del contrapunto, dejó dieciséis

Retrato de Jacques Offenbach, un autor que destacó en el campo de la opereta.

misas, una de las cuales incluye el primer réquiem polifónico.

octava Nombre que se da al salto interválico que separa dos notas del mismo nombre, dentro de la escala diatónica; así, por ejemplo, de do a do agudo. Dentro de una octava se encuentran distribuidos los siete grados de la escala diatónica: do, re, mi, fa, sol, la, si. El octavo, de nuevo do, es la octava.

oda Composición poética destinada a ser cantada y, por generalización, pieza musical que tiene por finalidad ensalzar a una persona, un acontecimiento o un objeto.

ofertorio Una de las partes menores de la misa, situada entre el Credo y el Prefacio.

Offenbach, Jacques Compositor francés de origen alemán (Colonia, 1819-París, 1880). En 1833 se instaló en París, donde ganó cierto renombre como violoncelista. Orientado posteriormente hacia la composición lírica, obtuvo su primer gran éxito en 1858 con la opereta *Orpheé aux enferns*, a la que siguieron *La belle Hélène*, *La Vie parisienne* y *La Périchole*, todas ellas caracterizadas por su fuerte carga satírica. Durante los últimos años de su vida trabajó en su obra más ambiciosa y magistral: *Los cuentos de Hoffmann*, que dejó inacabada a su muerte.

Ohana, Maurice Compositor y pianista francés de origen español (Casablanca, 1914-París, 1992). Su música oscila entre el diatonismo y el serialismo, sin adscribirse a una corriente concreta. Atraído por las culturas ibérica y magrebí, integró en su obra algunos de los elementos de la una y de la otra. Dejó dos conciertos para violoncelo, una ópera (*La Celestina*), música radiofónica (*Iphigénie en Tauride*), el oratorio *Llanto por Ignacio Sánchez Mejías* y varias piezas para diferentes combinaciones instrumentales, como *Signes* y *Kypris*.

Oistrakh, David Violinista ucraniano (Odessa, 1908-Amsterdam, 1974). Conocido como el «Rey David» por su magisterio en el violín, fue el más grande virtuoso de su tiempo, aclamado y reconocido internacionalmente. A su técnica formidable, unía una musicalidad exquisita y una expresividad apasionada. Campeón de la música soviética, Dimitri Shostakovich le dedicó sus dos conciertos para violín. En sus últimos años se dedicó a la dirección orquestal.

onda Denominación que reciben los movimientos acústicos con que se transmiten los sonidos, a modo de oleadas concéntricas. El término se aplica también a la transmisión de señales radiofónicas.

Sin duda alguna, la ópera es uno de los espectáculos más completos que pueden contemplarse: teatro, música y danza se unen en ella en un todo homogéneo y fascinante. En la imagen de la derecha, una escena de *Turandot*, la última ópera escrita por un especialista del género, el italiano Giacomo Puccini.

ondas Martenot Nombre de uno de los primeros instrumentos eléctricos musicales, inventado por Maurice Martenot en 1928. Fue muy utilizado por compositores como Honegger, Milhaud, Koechlin, Jolivet y, sobre todo, Messiaen.

ópera Término de origen italiano (literalmente, «obra») con el que se designó, a partir de 1600, un tipo de espectáculo teatral acompañado de música en su totalidad, surgido del firme convencimiento, por parte de los eruditos de la Camerata Fiorentina, de que los griegos antiguos en sus obras teatrales incluían siempre música y partes cantadas a una sola voz. La ópera nació, pues, con la voluntad de recrear el teatro griego antiguo. Existen varios tipos de ópera, desde las que son íntegramente cantadas, hasta las que poseen partes habladas (*singspiel*, *opéra-comique*); desde las que se estructuran según números cerrados, hasta otras en que la música es concebida como un fluido continuo.

ópera-balada Designación que procede del inglés «ballad opera» y se refiere a un tipo británico de ópera con diálogos hablados, es decir, parecido al *singspiel* alemán y la *opéra-comique* francesa.

opéra-ballet Variante operística surgida en Francia a finales del siglo XVIII por obra del compositor André Campra, quien ideó una mezcla de canto operístico y ballet en el que se perdía la unidad dramática en beneficio de una serie de espectaculares escenas unidas entre sí por un pretexto argumental mínimo. *L'Europe galante* fue el título de la primera *opéra-ballet* escrita por Campra. Otros autores, como Rameau (*Les*

Indes galantes), suscribieron así mismo títulos de este subgénero.

opéra-comique Género operístico francés de carácter popular, caracterizado por la alternancia de escenas cantadas y declamadas. A pesar del adjetivo «comique», su argumento no era necesariamente cómico. La vitalidad de la *opéra-comique* en los años de la Revolución Francesa permitió a compositores como Méhul y Spontini, y a los de la generación siguiente, como Boïeldieu, Auber y Adam, construir un nutrido repertorio de este tipo de obras que alimentarían la vida teatral del teatro de la Opéra-Comique de París. Bizet, con su *Carmen*, introdujo en el género planteamientos más realistas.

opereta Nombre que originalmente se daba a óperas breves de un solo acto. En

el siglo XIX se empezó a dar esta denominación a un tipo de ópera muy ligera, de argumento casi siempre intrascendente o satírico. Entre los principales representantes de este género, que tuvo en París y Viena sus centros de producción más destacados, debe citarse a Jacques Offenbach, Franz von Suppé, Johann Strauss II y Franz Lehár. En Inglaterra alcanzó un gran éxito el tándem formado por el libretista W. S. Gilbert y el músico A. Sullivan.

opus En latín, «obra». Indicación que, añadida al título de una obra (o un conjunto de obras musicales) y seguida por un número, indica qué posición ocupa ésta dentro de la producción de su autor, de modo que establece su orden de clasificación. A menudo se utiliza en las abreviaciones «op.» u «Op.».

oratorio Composición coral, en ocasiones destinada también a ser representada, y por lo general de carácter sacro. Surgido en el Oratorio de San Felipe Neri (de ahí su nombre) en Roma durante el siglo XVI, entre los autores más destacados de este género merecen citarse Carissimi, Stradella, Telemann y, especialmente, Haendel, quien con sus obras estableció el modelo que seguirían los autores posteriores, tales como Haydn (*La Creación* y *Las estaciones*), Mendelssohn (*Elías*) o Liszt (*La leyenda de santa Isabel*). El oratorio cuenta con una gran tradición en Gran Bretaña.

Cartel anunciador de *El conde de Luxemburgo*, una de las operetas de más éxito de Franz Lehár.

A la izquierda, el director de orquesta de origen húngaro Eugène Ormandy durante un concierto. Ligado durante más de cuarenta años a la Orquesta de Filadelfia, Ormandy otorgó a esta formación un estilo propio, basado en la espectacularidad y brillantez de la concepción sonora, que con posterioridad iba a convertirse en una de las señas de identidad de todas las grandes orquestas de Estados Unidos.

Orbón, Julián Compositor español nacionalizado estadounidense (Avilés, 1926-Miami Beach, 1991). Tras seguir estudios en el Conservatorio de Oviedo se desplazó a Cuba, donde fue discípulo de José Ardevol. Integrante del grupo Renovación Musical, fue también profesor del Conservatorio Orbón de La Habana, fundado por su padre. Considerado como uno de los más destacados autores residentes en Cuba, en su obra destacan la *Sonata para piano*, escrita en 1942, y la *Sinfonía en Do mayor*, una de sus páginas más brillantes. A partir de 1950 inició una segunda etapa, fruto de la cual fueron relevantes obras camerísticas en las que adoptó un lenguaje más vanguardista, tales como *Partita para clavicémbalo*, *Liturgias de tres días* para coro y orquesta o la *Partita núm. 4* para piano y orquesta.

ordinario Nombre que se da a las partes inmutables que constituyen la misa en la liturgia católica, mientras que los textos variables que se cantan en días especiales se denominan «propio» (de la conmemoración o festividad de que se trate). Son las cinco siguientes: *Kyrie*, *Gloria*, *Credo*, *Sanctus* y *Agnus Dei*.

orfeón Sociedad coral masculina. Las primeras aparecieron en la década de 1830, en París, y en poco tiempo se difundieron por toda Europa.

Orff, Carl Compositor y pedagogo alemán (Munich, 1895-1982). Se formó en su ciudad natal, donde pronto se interesó por la música antigua. Saltó a la fama como compositor en 1937, cuando dio a conocer su cantata *Carmina Burana*, recreación en clave moderna de unos poemas medievales. Luego, intentó inútilmente repetir su éxito con páginas como *Catulli Carmina* y *Trionfo di Afrodite*. Escribió también las óperas *La luna*, *La mujer astuta* y *Antígona*. Como pedagogo se le debe un método que ha conocido gran difusión.

órgano Instrumento de viento con uno o varios juegos de tubos a los que se insufla aire mediante un dispositivo accionado por uno o más teclados. Se trata del instrumento músico más complejo que existe. Conoció su apogeo durante el Barroco, aunque su origen se remonta a la época grecorromana. Entre los grandes cultivadores de la música para este instrumento cabe citar a Dietrich Buxtehude, Johann Sebastian Bach, Cesar Franck y, en el siglo XX, Jehan Alain y Olivier Messiaen.

organología Ciencia que estudia los instrumentos musicales, su historia y sus clasificaciones, sonoridades, mecanismos y variedades, así como sus posibilidades funcionales, técnicas de construcción, etc.

organum Palabra latina que designa una forma polifónica primitiva, casi siempre basada en un *cantus firmus*.

Ormandy, Eugène Director de orquesta húngaro nacionalizado estadounidense (Budapest, 1899-Filadelfia, 1985). Estudió en la Academia Real de Budapest, y a la temprana edad de 17 años fue nombrado profesor de violín en ella. Afincado en Estados Unidos en 1921, desde 1936 compartió el podio de la Orquesta de Filadelfia con Leopold Stokowski, y la titularidad de la misma desde 1938 a 1980. Entusiasta de los estudios de grabación, protagonizó un inmenso número de registros, muchos de ellos referenciales.

ornamentación Denominación que recibe la nota o notas, ornamentos dinámicos o tímbricos, añadidos a una frase musical para otorgarle mayor riqueza melódica y hacerla más atractiva, tanto para el intérprete —quien puede así lucir mejor sus habilidades— como para el oyente.

orquesta Nombre que se da al conjunto instrumental constituido para interpretar obras que requieren un juego de sonoridades brillante y atractivo. Inicialmente nacida como una pequeña formación de instrumentos casi exclusivamente de cuerda (orquesta de cámara), a finales del siglo

Por la extraordinaria variedad de recursos técnicos y expresivos, y de combinaciones tímbricas que ofrece al compositor y al director, la orquesta es uno de los universos más abiertos y fascinantes de la música. En la imagen, una orquesta mítica, la Filarmónica de Berlín.

XVIII, con Mozart y Haydn y posteriormente Beethoven, adquirió el aspecto que todavía hoy, con variaciones, conserva: una sección de cuerda, dividida en violines I y II, viola, violoncelo y contrabajo; una de maderas (flauta, oboe, clarinete y fagot); una de metal (trompa, trompeta, trombón y tuba) y percusión. Las dos últimas secciones fueron incrementando sus efectivos en el transcurso de los siglos XIX y XX.

orquestación Arte y técnica de distribuir los elementos melódicos y armónicos de una composición musical entre los distintos instrumentos que forman la orquesta. No hay que confundir este término con el de «instrumentación»: mientras éste se refiere al estudio de las propiedades de los instrumentos considerados individualmente, «orquestar» plantea las diversas combinaciones con que pueden presentarse los instrumentos en una composición.

ostinato Diseño musical breve, de naturaleza melódica, armónica o rítmica, que se repite reiteradamente a lo largo de un pasaje, una sección o un movimiento de la composición musical. Se encuentra en la música de todas las culturas.

Ozawa, Seiji Director de orquesta japonés (Fenvtien, China, 1935). Estudió en la Escuela Toho de Tokio. Tras ganar un concurso de dirección orquestal en Besançon, mereció la confianza de directores como Charles Münch y Leonard Bernstein, de quien fue asistente. En 1973 accedió a la dirección de la Sinfónica de Boston, al frente de la cual se ha consagrado como uno de los directores más interesantes de su generación. En 1983 dirigió el estreno absoluto de la ópera *Saint-François d'Assise* de Olivier Messiaen.

P

Pablo, Luis de Compositor español (Bilbao, 1930). Aunque se inició musicalmente siguiendo la tradición de Falla, Stravinski y Bartok, se orientó hacia posiciones más radicales cuando conoció a Boulez y Messiaen en París. En 1965 formó el grupo Alea de música contemporánea. Ha estrenado varias óperas, como *Kiu* y *El viajero indiscreto*, y numerosas obras orquestales y vocales, entre las que sobresalen *Elefantes borrachos* y un *Concierto para piano*. Algunas de sus obras incluyen partes electrónicas.

Pachelbel, Johann Compositor y organista alemán (Nuremberg, 1653-1706). Ocupó el cargo de organista en diversas ciudades

Miniatura realizada por Pierre Pommayrac que representa al violinista Niccolò Paganini, un virtuoso con fama de demoníaco.

alemanas, como Stuttgart, Erfurt o Nuremberg. Dejó numerosas obras para órgano y clave, así como motetes y arias vocales. Es popular, sobre todo, gracias a un *Canon en Re mayor* para tres violines y bajo continuo, que ha sido objeto de numerosos arreglos.

Paderewski, Ignacy Jan Compositor, pianista y político polaco (Kurylówka, 1860-Nueva York, 1941). Se le considera uno de los más grandes virtuosos del piano de todos los tiempos, fiel continuador de la escuela pianística romántica del siglo XIX. Como concertista realizó giras por todo el mundo. Atraído al mismo tiempo por la composición, escribió la ópera *Manru*, fruto de su fascinación por el folclor de la región de los Tatra, así como una *Sinfonía en si menor*, un *Concierto para piano y orquesta* y numerosas piezas para piano solo. Muy vinculado a su patria, poco después de la independencia polaca, en 1919, fue designado primer ministro de su país. Tras la invasión alemana y rusa de Polonia en 1939, formó parte del gobierno polaco en el exilio y se le nombró presidente del parlamento en 1940.

Paganini, Niccolò Violinista y compositor italiano (Génova, 1782-Niza, 1840). Dotado de un talento fuera de lo común, con fama de demoníaco, recorrió todo el continente europeo y por doquiera asombró por su virtuosismo con el violín; entre otros, fue admirado por Franz Liszt, quien intentó ser su homólogo al piano. Compuso seis conciertos para su instrumento, músico, así como *24 caprichos* para violín solo de brillante factura.

Paisiello, Giovanni Compositor italiano (Roccaforzata, 1740-Nápoles, 1816). Se distinguió como operista. Su éxito indujo a Catalina II de Rusia a llamarlo a San Petersburgo, donde Paisiello compuso y estrenó su obra maestra, la ópera bufa *El barbero de Sevilla*. Al volver de Rusia su fama era inmensa, y se confirmó con obras como *Il ré Teodoro in Venezia* y *Nina, ossia la pazza per amore*.

Retrato de Giovanni Paisiello, un músico que triunfó en toda Europa con sus óperas, especialmente con *El barbero de Sevilla*, partitura que contó con el aprecio unánime del público hasta que el éxito de la obra homónima de Rossini la relegó a un segundo e injusto plano. De inspiración amable y agradecida, Paisiello, junto a Cimarosa y Martín y Soler, es un autor para redescubrir.

339

Giovanni Pierluigi da Palestrina representa la culminación del estilo polifónico.

paleografía musical Técnica y ciencia que permite comprender los signos musicales que se usaban antaño para la música. Equivalente a la paleografía propiamente dicha usada en los estudios históricos, literarios, etcétera, permite reconstruir partituras afectadas por graves defectos de conservación, y salvar así sus contenidos.

Palestrina, Giovanni Pierluigi da Compositor italiano (Palestrina, Roma, 1525 o 1526-1594). Por su inigualable habilidad técnica y la pureza de su expresión, es, con Lasso y Victoria, el gran representante de la polifonía durante el siglo XVI. Maestro de capilla de iglesias como la de San Juan de Letrán en Roma, prácticamente toda su producción se circunscribe al género sacro, a excepción de unos cuantos madrigales profanos por los cuales se disculpó con posterioridad.

pandereta Instrumento de percusión, variante del tambor, con un solo parche o membrana y un marco de madera en el que se colocan una serie de sonajas metálicas.

parlando En una partitura vocal, indicación de que determinado pasaje debe ser ejecutado como si se estuviera hablando, sin apenas inflexiones melódicas.

parodia 1. Nombre dado a algunas obras, especialmente misas, del Renacimiento o del primer Barroco, en las que el compositor reelabora en forma seria material musical preexistente, popular o procedente de otra composición. 2. Género teatral o instrumental de carácter humorístico o satírico, por lo común basado en otra pieza bien conocida del público, de la que se hace burla a través de referencias distorsionadas a pasajes célebres de la misma.

Pärt, Arvo Compositor estonio (Paide, 1935). Inicialmente influido por Prokofiev, introdujo luego técnicas seriales en sus composiciones (*Perpetuum mobile*). A partir de la década de 1980 se ganó el reconocimiento internacional con una serie de obras de carácter estático, influidas por los modos medievales y el minimalismo estadounidense. A este estilo pertenecen obras de inspiración religiosa, como *Passio Domini nostri Jesu Christi secundum Joannem*, *Te Deum* y *Miserere*.

particella Partitura correspondiente a una voz o instrumento, destinada a uso personal del instrumentista o el cantante. Dícese también de un tipo de partitura condensada, con un número de pentagramas reducido, usado por algunos compositores.

partita Nombre que a finales del siglo XVI se dio a una variación, por lo general basada en melodías tradicionales. Más adelante pasó a significar una serie de piezas dispuestas en forma similar a la de la suite.

partitura Denominación que recibe el conjunto de páginas de música escrita en las que se halla recogida una obra musical en disposición de ser interpretada. La partitura completa de una obra incluye todas las partes instrumentales y vocales, escritas de la más aguda a la más baja en las páginas sucesivas de la obra.

pasión Variante del oratorio que se destina a glosar la Pasión y muerte de Cristo. Suele basarse en textos evangélicos, y se organiza en forma de diálogo entre los distintos personajes, presididos por un narrador. Las más famosas son las de Schütz, Telemann, Scarlatti y, sobre todo, las dos de Bach. Ya en el siglo XX, el compositor polaco Penderecki retomó el género con su *Pasión según san Lucas*.

pasodoble Danza que a partir de mediados de la década de 1920 adquirió un carácter popular; basada en unos compases rápidos binarios de 2/4 o 6/8, logró su máxima expresión en España y en la América Latina.

passacaglia Forma musical derivada de una danza cortesana de origen italiano de compás ternario y *tempo* moderado cuya música se basa en una serie de variaciones enmarcadas sobre una estructura de dos, cuatro u ocho compases, característica por su bajo de carácter obstinado. Muy popular en la Europa de los siglos XVII y XVIII, destacaron en su composición Girolamo Frescobaldi, Dietrich Buxtehude, Henry Purcell y Johann Sebastian Bach. En el siglo XX fue también cultivada por autores tan renombrados como Anton Webern, Benjamin Britten, Witold Lutoslawski y György Ligeti. En España se le daba el nombre castellanizado de «pasacalle».

pastiche Término procedente del italiano «pasticcio», usado para designar una composición, usualmente operística, construida con arias y fragmentos de procedencia diversa, incluso de compositores distintos. Dícese también de una obra que imita el estilo de otro compositor u otra época (por ejemplo, Pergolesi en el ballet *Pulcinella* de Stravinski).

pastoral Nombre que se dio en la época renacentista y barroca a una composición escénica, generalmente mixta de ballet y

La pastoral fue un género típico barroco. A la derecha, escena pastoril de Constable.

Sobre estas líneas, el tenor italiano Luciano Pavarotti, una de las voces más apreciadas por el público, cuyo éxito supera con creces el estrecho círculo de las salas de ópera.

ópera, en que se narraba una historia de carácter bucólico y campestre.

pavana Danza cortesana de carácter lento, de origen italiano. De ritmo binario, fue muy popular en toda Europa durante los siglos XVI y XVII.

Pavarotti, Luciano Tenor italiano (Módena, 1935). Debutó como Rodolfo (*La bohème*) en 1961 en el Teatro Municipal de Reggio Emilia. Pronto llamó la atención por la belleza de su timbre, expansivo y generoso, y la perfección de sus agudos. Durante la década de 1960 formó un tándem insuperable con la soprano Joan Sutherland, tanto en la escena como en los estudios de grabación. Sobresale en el repertorio *belcantista* italiano, aunque su evolución vocal le ha permitido abordar también óperas de mayor envergadura, como *Aida* de Verdi e *I pagliacci* de Leoncavallo. Junto a Plácido Domingo y José Carreras forma parte de la sociedad artística «Los tres tenores».

Pavlova, Anna Bailarina rusa (San Petersburgo, 1882-La Haya, 1931). En 1906 consiguió ser la *prima ballerina* de la compañía del Teatro Mariinski de San Petersburgo. En 1909 se presentó en París con los Ballets Rusos de Diaghilev, pero tuvo un paso fugaz por esta compañía, ya que su formación y sus gustos clásicos chocaban con los conceptos innovadores de los coreógrafos del empresario ruso. Tras formar su propia compañía, actuó en Europa y América, como intérprete de un repertorio preferentemente romántico. Uno de sus núme-

ros más célebres fue *La muerte del cisne*, que para ella coreografió Michel Fokine.

Paz, Juan Carlos Compositor argentino (Buenos Aires, 1901-1972). Se formó en su ciudad natal y con Vincent D'Indy en la Schola Cantorum de París. Fue uno de los fundadores del grupo Renovación en 1929, al que más tarde seguirían otros conjuntos dedicados a la música contemporánea. En la década de 1930 utilizó el sistema dodecafónico (*Diez piezas sobre una serie dodecafónica*), pero luego lo abandonó. *Movimiento sinfónico, Transformaciones canónicas*, dos conciertos para piano y viento, dos cuartetos de cuerda y *Diez piezas sobre una serie dodecafónica* son algunas de sus obras.

Pears, sir Peter Tenor británico (Farnham, 1910-Aldeburgh, 1986). El nombre de este tenor aparece indisolublemente unido al de Benjamin Britten, su compañero desde 1936 hasta el fallecimiento de éste. Pears cantó el papel principal en el estreno absoluto de *Peter Grimes* de Britten en 1945, así como la mayoría de óperas (*La violación de Lucrecia, Billy Budd, La vuelta de tuerca, Muerte en Venecia*) y ciclos vocales (*Serenata, Sonetos de Miguel Ángel*) de este compositor, con quien fundó en 1948 el Festival de Aldeburgh. Fue un excelente liederista. Le fue otorgado el título de sir en 1978.

pedal 1. Palanca móvil de que están dotados el piano y el arpa, y que modifica la sonoridad de ambos instrumentos; su nombre deriva de que se acciona con el pie. 2. Teclado que se acciona con el pie en el órgano. 3. En armonía, nota o acorde que suena persistentemente y mantiene su presencia en el ámbito armónico cambiante de una composición musical.

Pedrell, Felip Compositor y musicólogo español (Tortosa, 1841-Barcelona, 1922).

Caricatura de Giovanni Battista Pergolesi, el autor de *La serva padrona*, realizada por Ghezzi. A pesar de su breve existencia, dejó una obra amplia y valiosa.

Fue, con Francisco Asenjo Barbieri, uno de los pioneros de la musicología española, tanto en lo que concierne a la música popular como a la del Siglo de Oro. Como compositor, uno de sus objetivos fue el de crear una música nacional española, especialmente en el campo de la ópera: a esta orientación obedecen la trilogía *Los Pirineos* y *La Celestina*, obras que no han conseguido imponerse en el repertorio. Fue maestro de Falla, Granados y Gerhard.

Penderecki, Krzysztof Compositor y director de orquesta polaco (Debica, 1933). Formado en el Conservatorio de Cracovia, se dio a conocer en la década de 1960 con una serie de obras en las que experimentaba con bloques sonoros (*clusters*) y una renovadora escritura coral. A esta tendencia pertenece su *Pasión según san Lucas*, una de sus partituras más aclamadas, junto a los impresionantes *Trenos a las víctimas de Hiroshima* para cuerdas. Posteriormente, su lenguaje se fue haciendo más convencional, neorromántico. *Réquiem polaco*, las óperas *Los diablos de Loudun, El paraíso perdido* y *Ubu rey*, cinco sinfonías y dos conciertos para violín son algunas otras de sus obras.

pentagrama Pauta formada por cinco líneas paralelas y equidistantes que sirve como base para indicar la altura de las notas.

pentatónica Dícese de la escala musical de sólo cinco notas. Corresponde a una escala desprovista de semitonos.

percusión Nombre de una familia de instrumentos cuya sonoridad se obtiene a través del acto de ser golpeados, ya sea directamente o bien por medio de mazos o baquetas. Se dividen en cuatro tipos: membranófonos, de madera, de metal y de teclado. Otro tipo de clasificación distingue entre los de altura definida (esto es, que dan una nota determinada) y los de altura indefinida. La música contemporánea ha otorgado gran importancia al desarrollo de esta familia.

Pergolesi, Giovanni Battista Compositor italiano (Iesi, 1710-Pozzuoli, Nápoles, 1736). La brevedad de su existencia no le impidió llevar a cabo una brillante carrera operística, con títulos como *Lo frate'nnamorato*, en dialecto napolitano, e *Il prigionier superbo*. Pero debe su fama a un breve *intermezzo*, *La serva padrona*, que pronto conquistó toda Europa. Enfermo de tuberculosis, una de sus últimas obras fue su famosísimo *Stabat Mater*.

El violinista estadounidense Ithzak Perlman en plena actuación. Su prodigiosa técnica le ha permitido cultivar un amplio repertorio.

Peri, Jacopo Compositor y cantante italiano (Roma, 1561-Florencia, 1633). Miembro de la Camerata Fiorentina, le cabe el honor de ser considerado el autor de la primera «ópera», *Dafne*, que se representó hacia 1597 y hoy perdida. Sí ha llegado hasta nosotros su siguiente incursión en este género, *Euridice*, con texto, como la anterior, de Ottavio Rinuccini, dada a conocer en Florencia en 1600. Es la primera ópera que se conserva.

período 1. Grupo de frases musicales que constituye un conjunto coherente en sí mismo, separado del período posterior por un silencio o una respiración. 2. Elementos en que se puede dividir una frase musical.

Perlman, Ithzak Violinista estadounidense de origen judío (Tel Aviv, 1945). A pesar de la poliomielitis que sufrió a los cuatro años y le dejó importantes secuelas, ha conseguido sobresalir como uno de los mejores violinistas de su generación. En sus giras de conciertos ha recorrido todo el mundo, y ha actuado junto a los también violinistas Isaac Stern y Pinchas Zukerman. Abierto a todo tipo de música, ha realizado incursiones en el jazz.

Pérotin Compositor francés (París, entre 1155 y 1160-c. 1205). Poco se sabe de este músico, salvo que estuvo activo en la catedral de Notre-Dame de París. Llevó la polifonía a un mayor nivel de desarrollo que su antecesor y maestro Léonin, de quien parece que revisó y abrevió el *Magnus liber*. Fue uno de los creadores del motete polifónico.

Petrassi, Goffredo Compositor italiano (Zagarolo, 1904). En 1933 llamó la atención con su *Partita* para orquesta, después de

lo cual su música siguió el modelo neoclásico de Casella, Stravinski e Hindemith. Su *Salmo IX* y su pieza teatral *Il cordovano* revelan lo mucho que en él influyó el pasado musical italiano, si bien en algunas obras, como *Recreación concertante*, usó técnicas seriales.

Pfitzner, Hans Compositor alemán (Moscú, 1869-Salzburgo, 1949). Su estilo se inscribe de lleno en la corriente poswagneriana. Opuesto a cualquier innovación en el lenguaje musical, expresó su postura conservadora en su ópera *Palestrina*, una encendida proclama en defensa de la tradición, que constituye su obra maestra absoluta. Sus simpatías por el régimen nazi se explican por su convicción de que éste representaba la pervivencia de sus ideales estéticos. Además de la citada, se le deben otras óperas como *Die Rose vom Liebesgarten*, una *Sinfonía en do sostenido menor* y la cantata *Von deutscher Seele*.

Piaf, Édith Cantante y letrista francesa (París, 1915-1963). Aunque empezó su

carrera en la década de 1930, cantando en clubs nocturnos de París, su fama creció en los años posteriores a la Segunda Guerra Mundial, gracias a canciones como *Je ne regrette rien, Milord, La vie en rose* o *Mon Dieu*. Su estilo interpretativo, de gran fuerza expresiva, y su aspecto desvalido y menudo le valieron la admiración incondicional del público. Los más grandes compositores y poetas franceses de su época escribieron para ella.

pianissimo Indicación italiana (*pp* o *ppp*) que se usa en una partitura a fin de expresar que el fragmento correspondiente debe tocarse con extrema suavidad.

piano 1. Indicación dinámica que significa «suave». 2. Instrumento musical derivado de cuerdas que se percuten por medio de unos macillos accionados por un teclado. Su principal característica radica en su capacidad de poder matizar la dinámica, con lo que permite el *piano* y el *forte* (de ahí el nombre original del instrumento, *pianoforte*). Aunque su origen se remonta a principios del siglo XVIII, con Bartolomeo Cristofori, su perfeccionamiento técnico no tuvo lugar hasta el siglo XIX, tanto en lo que concierne al propio mecanismo del instrumento como a su repertorio.

pianola Piano mecánico en que el sonido se obtiene por medio de un ingenioso dispositivo que conecta el teclado con un mecanismo de aire que reproduce las notas musicales previamente grabadas en un rollo. Fue muy popular durante el siglo XIX y principios del XX.

Piazzolla, Astor Compositor y bandoneísta argentino (Buenos Aires, 1921-1992). *Decarissimo, Milonga del ángel, La muerte del ángel, Invierno porteño, Buenos Aires hora cero* y, sobre todo, *Adiós nonino*, son algunos de los títulos que más han contri-

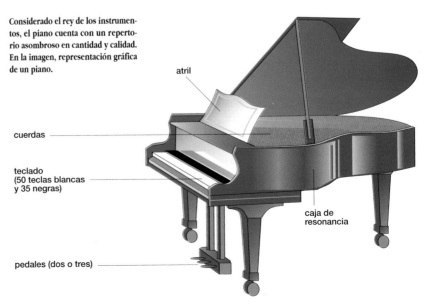

Considerado el rey de los instrumentos, el piano cuenta con un repertorio asombroso en cantidad y calidad. En la imagen, representación gráfica de un piano.

atril

cuerdas

teclado
(50 teclas blancas
y 35 negras)

caja de
resonancia

pedales (dos o tres)

Grabado decimonónico que representa a una pareja bailando una polca.

buido a la fama de este músico argentino, quien cimentó de forma decisiva las características de lo que se ha dado en llamar Nuevo Tango. Amén de estas piezas creó obras vocales como la ópera *María de Buenos Aires*. Recibió la influencia de Aníbal Troilo y Alberto Ginastera y, en París, de Nadia Boulanger. Legó también un valioso *Concierto para bandoneón y orquesta*, importante por todo lo que supone de reivindicación de este instrumento, más allá del papel de mero acompañamiento en conjuntos de baile.

piccolo Nombre italiano que significa «pequeño» y que suele darse al flautín, cuyo sonido es una octava más agudo que el de la flauta tradicional.

Pires, Maria Joao Pianista portuguesa (Lisboa, 1944). Empezó a tocar a los cuatro años de edad y a los cinco dio ya su primer recital. Discípula de Karl Engel, inició su verdadera carrera como concertista en 1970, cuando logró el primer premio del Concurso Beethoven de Bruselas. Desde entonces ha demostrado especial predilección por las obras de Wolfgang Amadeus Mozart, tanto por sus sonatas como por sus conciertos, aunque también destacan sus interpretaciones de composiciones de Beethoven, Schubert y Chopin, muchas de las cuales ha grabado.

Piston, Walter Compositor y pedagogo estadounidense (Rockland, Maine, 1894-Belmont, Massachusetts, 1976). Tras concluir en 1924 sus estudios musicales, los amplió con Nadia Boulanger y Paul Dukas en París. De regreso a su patria ejerció como profesor en Harvard, donde tuvo

como discípulo a Leonard Bernstein. Su música evita las referencias al folclor americano y prefiere un lenguaje más cosmopolita que en sus últimas obras integra algunas de las técnicas del dodecafonismo. Compuso ocho sinfonías y cinco cuartetos de cuerda, entre otras páginas orquestales y camerísticas.

Pizzetti, Ildebrando Compositor y pedagogo italiano (Parma, 1880-Roma, 1968). Se formó en el conservatorio de su ciudad natal. Original compositor escénico, escribió también la mayoría de sus libretos, algunos de ellos con un fuerte componente místico, como *Asesinato en la catedral*, adaptación libre del poema dramático de Thomas Stearns Eliot. Junto a su coetáneo Ottorino Respighi, rechazó el camino que emprendía la música contemporánea y fue un decidido defensor del romanticismo tradicional. Otros títulos de su producción son *Fedra*, *La nave*, *Debora e Jaele* y *Clitemnestra*.

pizzicato Término italiano (equivalente a «pellizcado») referido a los instrumentos de cuerda frotada, por el cual en determinado pasaje de la composición las notas deben tocarse punteando la cuerda con el dedo y no con el arco.

plectro Pequeña pieza de metal o de concha que sirve para pulsar algunos instrumentos de cuerda (la guitarra, la lira...) sin aplicar los dedos.

polca Danza rápida y en compás ternario que, a pesar de lo que indica su nombre, tiene su origen en la música popular de Bohemia y no en la de Polonia. Bedrich Smetana la introdujo en los salones de Praga, desde los que se extendió a Viena, París y desde estas capitales, por extensión, al resto de Europa.

policoralidad Procedimiento de escritura musical en que se contempla la presencia en la interpretación de varios grupos corales que cantan distintamente, unas veces alternándose y otras no. Alcanzó su máxima expresión en San Marcos de Venecia con los Gabrieli.

polifonía Sistema de escritura musical consistente en el desdoblamiento de la antigua voz única del canto gregoriano en varias voces, cuya conjunción crea un efecto armónico totalmente nuevo. Cada una de las voces que integran la composición conserva su independencia melódica, al mismo tiempo que está subordinada al resto en el terreno armónico. Surgida en la Edad Media, alcanzó su máximo esplendor durante los siglos XVI y XVII con nombres como Guillaume Dufay, Josquin Desprez, Jacob Obrecht, Orlando di Lasso, Giovanni Pierluigi da Palestrina o Tomás Luis de Victoria.

polirritmia Nombre que se da a la superposición, en una misma composición musical, de ritmos distintos, constrastados y simultáneos.

politonalidad Denominación que recibe el procedimiento de superponer dos o más pasajes en tonalidades distintas. Es de uso frecuente en la música contemporánea (Igor Stravinski, Darius Milhaud).

Pollini, Maurizio Pianista italiano (Milán, 1942). En 1960 ganó el primer premio del Concurso Chopin de Varsovia, lo que supuso el inicio de su carrera como intérprete. Dotado de una técnica prodigiosa, en sus versiones busca, ante todo, la objetividad, el respeto a lo indicado por el compositor. La música contemporánea, junto con la romántica, ocupa un puesto destacado en su repertorio.

Dotado de una técnica prodigiosa que le permite abordar desde las sonatas de Beethoven y Schubert hasta las más complejas composiciones contemporáneas de autores como Boulez o Nono, Maurizio Pollini es uno de los pianistas más extraordinarios que ha proporcionado Italia a la música instrumental. Sus interpretaciones, aunque en ocasiones puedan considerarse algo frías, poseen siempre una calidad incuestionable.

Sobre estas líneas, dibujo titulado Estudio para la polonesa de Chopin.

polonesa Danza de origen polaco, rápida y de compás ternario que durante el Barroco se introdujo ocasionalmente en la suite y que fue cultivada por autores como Bach. En el siglo XIX, Chopin la convirtió en uno de los símbolos de su patria, a la sazón dominada por Rusia.

Ponce, Manuel Compositor mexicano (Fresnillo, 1882-Ciudad de México, 1948). En una primera etapa recibió la influencia de Paul Dukas, de quien fue discípulo. Dejó obras de corte clásico, todas ellas con un claro acento nacional, como el temprano *Concierto para piano*, el *Concierto del Sur* o el *Concierto para violín*. Fue autor de la célebre canción *Estrellita*, la página que más ha hecho por la perpetuación de su nombre. Otras de sus composiciones dignas de mención son los tres bocetos sinfónicos *Chapultepec* y numerosas piezas para guitarra (*Folías de España, Veinte variaciones y fuga*).

Ponchielli, Amilcare Compositor italiano (Paderno Fasolaro, Cremona, 1834-Milán, 1886). Estudió en el Conservatorio de Milán, en el que más tarde sería profesor de composición. De su producción lírica sólo ha perdurado *La Gioconda*, a pesar del éxito que obtuvieron en su día óperas como *I promessi sposi* e *I lituani*.

Pons, Joan Barítono español (Ciutadella, Menorca, 1946). Después de cantar numerosos papeles en la tesitura de bajo, por consejo de Richard Tucker pasó a la cuerda de barítono, en la que cosechó sus mayores y más indiscutibles éxitos. Su trayectoria, íntimamente ligada al Gran Teatro del Liceo de Barcelona, ha sido reconocida internacionalmente, hasta el punto de que en 1980 inauguró la temporada de la Scala de Milán como Falstaff. Su voz poderosa, diáfana y cálida, ha dado vida a decenas de personajes de un repertorio preferentemente italiano que abraza del *bel canto* hasta el verismo.

pop Término inglés que alude al carácter «popular» de un conjunto de tendencias musicales derivadas del rock, el blues..., muy difundido a partir de la década de 1960. The Beatles fueron los grandes impulsores de este tipo de música.

popurri Término de origen francés («pot-pourri», es decir, «olla podrida»), en la actualidad un tanto en desuso, que se aplica a aquellas piezas en que, sin desarrollarlos, se encadenan temas y fragmentos de obras conocidas.

portamento Término italiano con que se indica un ligero deslizamiento de un sonido a otro, de forma más lenta que el *glissando*. Su uso se refiere, sobre todo, a la técnica vocal.

Porter, Cole Compositor y letrista estadounidense (Perú, Indiana, 1891-Santa Mónica, California, 1964). Estudió teoría musical en Harvard y en París. El éxito de sus canciones y comedias musicales lo convirtió en uno de los autores más populares y cotizados de su época. *La alegre divorciada, Kiss Me Kate, Can-Can* o *Jubilee*, son algunos de los títulos que escribió para Broadway. Entre sus canciones, todavía hoy son recordadas *Night and Day, Don't Fence Me In, My Heart Belongs to Daddy* y *Begin the Beguine*.

posludio Pasaje musical que concluye una pieza de música teatral. En la música de órgano tuvo importancia como improvisación final después de una pieza de alguna extensión.

Poulenc, Francis Compositor francés (París,1899-1963). Miembro del Grupo de los Seis, sus primeras composiciones mostraban una profunda influencia del espíritu burlón de Erik Satie (el ballet *Les Biches*, la ópera *Les mamelles de Tirésias*). Luego, sobre todo a partir de su retorno al catolicismo en 1936, su música se haría más seria, con obras que expresan un sincero contenido religioso (*Stabat Mater, Gloria*, la ópera *Diálogos de carmelitas*) y otras de inspiración clásica (*Concierto campestre para clave*).

Praetorius, Michael Compositor, organista y teórico alemán (Creuzburg an der Werra, 1571-Wolfenbüttel, 1621). Hijo de un pastor protestante, gran parte de su producción está formada por corales e himnos —más de mil— destinados al culto protestante, recopilados en la colección *Musae Sioniae*. Publicó también danzas instrumentales (*Terpsichore*) y un tratado teórico, *Syntagma musicum*, en tres volúmenes, el segundo de los cuales contiene un apéndice (*Theatrum instrumentorum*) que incluye valiosas informaciones sobre la práctica instrumental de la época.

preludio 1. Pieza instrumental breve que actúa a modo de introducción musical a una ópera, un ballet o una obra teatral. 2. Composición de forma libre, en general para un solo instrumento, a veces con cierta finalidad didáctica, que surgió en el

El compositor francés Francis Poulenc según un retrato de Jean de Gaigneron.

André Previn durante un ensayo con la Orquesta Sinfónica de Londres. Músico versátil, ha compuesto varias bandas sonoras para el cine.

siglo XVIII y alcanzó su plenitud en el XIX, con Frédéric Chopin.

Presley, Elvis Cantante de rock estadounidense (Tupelo, Mississippi, 1935-Memphis, Tennessee, 1977). Considerado el «rey del rock», empezó a llamar la atención del gran público a mediados de la década de 1950 con canciones como *Rock around the Clock, Heartbreak Hotel, Love me Tender* y *Jailhouse Rock*. Algunas incursiones en el cine incrementaron más aún su popularidad. En los últimos años de su vida, sus problemas con las drogas y el exceso de peso no mermaron su éxito y a su muerte se desató un culto fanático a su figura.

presto Indicación de *tempo* (del italiano, «rápido») que sugiere una velocidad de ejecución mayor que la del *allegro*.

Previn, André Director de orquesta, pianista y compositor estadounidense (Berlín, 1929). Realizó sus primeros estudios en Berlín, ciudad que abandonó con su familia en 1938, para trasladarse a París y después a Los Ángeles. En Hollywood trabajó para los estudios Metro Goldwyn Mayer como compositor, arreglista y director. A partir de 1960 se centró casi exclusivamente en esta última tarea, y dirigió orquestas como la Sinfónica de Houston, la Sinfónica de Londres, la Filarmónica de Los Ángeles y la Royal Philharmonic de Londres. En su faceta de compositor, su música trasluce la influencia del jazz y la comedia musical americana.

Prey, Hermann Barítono alemán (Berlín, 1929-Krailling, 1998). Formó parte de la compañía de la Ópera de Hamburgo, en la que debutó en 1953. En 1959 pasó a la de Munich, donde adquirió la experiencia necesaria para abordar los grandes papeles de su cuerda del repertorio, como Wolfram (*Tannhäuser*), el conde de Almaviva (*Las bodas de Fígaro*), Papageno (*La flauta mágica*) y Fígaro (*El barbero de Sevilla*). Se ha distinguido también como liederista.

Price, Leontyne Soprano estadounidense (Laurel, 1927). Fue la mejor Aida de su época, tanto por su carácter como por su forma apasionada de interpretar. Aunque fue este papel el que más fama le dio, sobresalió también en otros, como la Bess de *Porgy and Bess* (ópera que supuso su consagración en 1952, después de una gira que la llevó hasta Europa), o en diversos títulos verdianos, como *Ernani, La forza del destino* e *Il trovatore*, muchos de los cuales grabó. Se retiró en 1985 encarnando a Aida por última vez.

Pritchard, sir John Director de orquesta británico (Londres, 1921-Daly City, 1989) Formado con su padre primero y en Italia después, trabajó en el Festival de Glyndebourne como asistente de Fritz Busch a partir de 1948. Fue su director musical entre 1969 y 1977. Su dedicación operística no le hizo descuidar el repertorio sinfónico, que abordó con orquestas como la Filarmónica de Londres, formación que dirigió desde 1962 hasta 1966.

programa, música de Denominación que se da a toda aquella obra inspirada en un motivo extramusical, cuya escucha sugiere imágenes o evoca situaciones poéticas o narrativas. Aunque en todas las épocas ha habido obras así, la música de programa alcanzó su máximo desarrollo durante el Romanticismo, con los poemas sinfónicos (Franz Liszt, Richard Strauss) y con las sinfonías programáticas (Hector Berlioz).

progresión Nombre que se aplica a la sucesión de una fórmula musical que se repite por grados cambiantes, como si el tema o la idea que se está interpretando se desplazara de unas notas a las siguientes de la escala. Si afecta sólo a la melodía, se habla de progresión melódica; si a la armonía, de progresión armónica.

Prokofiev, Serguéi Compositor ucraniano (Sontsovka, Ucrania, 1891-Moscú, 1953). Estudiante del Conservatorio de San Petersburgo, allí se labró una escandalosa reputación como compositor e intérprete atraído por las corrientes más innovadoras. Exiliado tras la revolución rusa, viajó por diversos países, en los que dio a conocer sus obras (*El bufón, El paso de acero, El hijo pródigo*, ballets destinados a los Ballets Rusos; la ópera *El amor de las tres naranjas*, etc.). De regreso en Rusia en 1933, cultivó un estilo más acorde con los principios del régimen soviético, fruto del cual fueron algunas de sus obras más populares (*Romeo y Julieta, La Cenicienta, Pedro y el lobo, Alexander Nevsky, Sinfonía núm. 5...*).

Puccini, Giacomo Compositor italiano (Lucca, 1858-Bruselas, 1924). Descendiente de una dinastía de maestros de capilla de Lucca, estaba destinado a seguir la tradición familiar. Su pasión por la ópera le hizo, empero, seguir un camino diferente. Tras estudiar en el Conservatorio de Milán, se consagró como autor operístico en 1893 con *Manon Lescaut*, título al que siguieron *La bohème, Tosca* y *Madama Butterfly*, tres

Serguéi Prokofiev se labró durante la década de 1920 una merecida fama como compositor de vanguardia con una serie de obras disonantes e iconoclastas como su *Sinfonía núm. 2*. Aunque posteriormente su estilo derivó hacia posiciones más académicas, no por ello su música dejó de suscitar la controversia ante las autoridades musicales de la Unión Soviética. En la imagen, el músico retratado por Piotr Konchalovski en 1934, poco después de su regreso a su país.

de los títulos más representados del repertorio, gracias sobre todo a su calidad melódica. Durante los últimos años de su vida trabajó en *Turandot*, inacabada a su muerte.

puente 1. Nombre que se da al pasaje que sirve de enlace entre un tema y otro dentro de un movimiento en forma sonata. 2. En los instrumentos de arco, pieza de madera sobre la cual están tendidas las cuerdas y que, por estar en contacto con la caja armónica del instrumento, transmite a ésta las vibraciones sonoras.

puntillismo Estilo compositivo caracterizado por la extrema diferenciación del tejido tímbrico, melódico, armónico y rítmico, lo cual otorga a la obra la sensación de estar construida mediante puntos sonoros. Insinuado en la obra de Anton Webern, alcanzó en los compositores de la Escuela de Darmstadt (Stockhausen, Nono, Boulez) su máximo nivel de desarrollo.

puntillo Signo musical que, situado detrás de una nota, provoca que a la duración de ésta se le sume la mitad de su valor.

Purcell, Henry Compositor británico (Londres, 1659-Westminster, 1695). Al servicio de la corte inglesa, su producción es extensa y abarca todos los géneros de su época: música vocal y coral sacra y profana, música instrumental y, sobre todo, una gran variedad de obras escénicas, entre ellas su ópera *Dido y Eneas* y sus «semi-óperas» *King Arthur* y *The Fairy Queen*, además de abundante música incidental. A pesar de lo breve de su existencia, ocupa un lugar primordial en la historia musical de su país, hasta el punto de que es considerado el mejor compositor británico.

El compositor británico Henry Purcell, autor de *Dido y Eneas*, según un retrato anónimo.

quodlibet Nombre latino que se aplica a una composición formada por diferentes melodías o fragmentos que se interpretan juntos a modo de diversión o broma, con alusiones a temas conocidos o simplemente como juego sonoro. Fue un tipo de composición frecuente en el Barroco. Bach añadió un *quodlibet* al final de sus *Variaciones Goldberg*.

R

rabel Instrumento de arco de época primitiva, considerado como un antecesor remoto del violín.

Rachmaninov, Serguéi Compositor y pianista ruso nacionalizado estadounidense (Semyonovo, 1873-Beverly Hills, 1943). El fracaso de su temprana *Sinfonía núm. 1* lo sumió en una profunda depresión que estuvo a punto de llevarle a abandonar su carrera compositiva. Gracias a un psicoanalista, recuperó la confianza necesaria para abordar nuevos trabajos, entre ellos el *Concierto núm. 2 para piano*, la obra que lo consagró a nivel mundial. La revolución rusa motivó su exilio a Estados Unidos, donde su producción decayó considerablemente. Compuso tres sinfonías, unas *Danzas sinfónicas*, cuatro conciertos para piano y numerosas piezas para este instrumento.

ragtime Tipo de composición musical de origen estadounidense, que se puso de moda a finales del siglo XIX y que se distingue por su carácter sincopado. Scott Joplin fue su mejor exponente.

rallentando Indicación musical en italiano que significa que un pasaje debe interpretarse ralentizando cada vez más el ritmo o el *tempo* en que discurre la composición.

Rameau, Jean-Philippe Compositor y teórico musical francés (Dijon, 1683-París, 1764). Conocido como clavecinista (instrumento al cual dedicó una nutrida serie de piezas de gran interés) y organista, en 1722 su *Tratado de armonía* suscitó, por su novedad, cierta controversia. Afincado en París, en esta ciudad consiguió darse a conocer como operista, si bien tardíamente, con *Hippolyte et Aricie*, una *tragédie-lyrique* a la cual siguieron *Castor et Pollux*, *Platée* y *Zoroastre*, obras todas ellas que, partiendo de la tradición de Lully, la renovaban.

Rampal, Jean-Pierre Flautista francés (Marsella, 1922). Tras haber formado parte

Q

Quantz, Johann Joachim Compositor y flautista alemán (Oberscheden, Hannover, 1697- Potsdam, 1773). Dotado de extraordinaria facilidad para tañer instrumentos, además de la flauta dominaba el violín, el oboe y la trompeta. En 1728 fue nombrado profesor de flauta de Federico de Prusia. Dejó unas doscientas sonatas para flauta y bajo continuo y más de trescientos conciertos para el mismo instrumento.

quinta Se denomina de este modo el quinto sonido o intervalo, contado de manera ascendente desde un grado designado como número 1 de la escala diatónica. Se considera una quinta justa cuando incluye un semitono.

A la izquierda, miniatura procedente del *Libro de la música* de Alfonso X el Sabio —fuente inagotable de datos para el estudio de los instrumentos durante la Edad Media— en la que puede verse, sentado, un músico que tañe un rabel.

de diversas orquestas, inició su carrera como solista en la década de 1950. Varios compositores, entre los que se incluyen Poulenc y Jolivet, han compuesto piezas exclusivamente para él. Ha tocado a menudo en España formando dúo con los flautistas Salvador Gratacós y Claudi Arimany, ambos alumnos suyos.

rapsodia Nombre con que en la época romántica se conocieron aquellas piezas musicales que suelen presentar un aspecto formal aparentemente libre, relacionado con la fantasía, y con cierto deje de aire popular.

Rautavaara, Einojuhani Compositor finlandés (Helsinki, 1928). Discípulo en su ciudad natal de Aarre Merikanto, amplió estudios en Estados Unidos gracias a una beca. Su música se distingue por cierto eclecticismo que, unido a una indudable capacidad comunicativa, ha favorecido la recepción de sus composiciones por el público. De su producción cabe destacar su serie de obras dedicadas a los ángeles, figuras que obsesionan al autor desde su infancia. Ha escrito así mismo óperas como *Thomas* o *Vincent*, esta última centrada en la trágica figura del pintor Vincent Van Gogh.

Ravel, Maurice Compositor francés (Ciboure, 1875-París, 1937). Formado en el Conservatorio de París, la originalidad de su estilo, manifestada ya desde sus primeras composiciones, contrastaba con el carácter conservador de dicha institución. Aunque escribió numerosas piezas para piano, algunas de ellas de considerable dificultad (*Gaspard de la nuit*), y un buen número de piezas vocales, su nombre aparece indisolublemente unido a su fama como orquestador, con obras tan brillantes, y al mismo tiempo tan refinadas, como el ballet *Dafnis y Cloe*, *La valse* y, sobre todo, su famosísimo *Bolero*. Compuso también dos apreciables óperas: *La hora española* y *El niño y los sortilegios*.

re Nota que corresponde al segundo grado de la escala diatónica de do. En los países anglosajones y germánicos, para indicarlo se usa la D, recuerdo de la antigua notación alfabética.

recitativo Fragmento o pasaje de una ópera, un oratorio o una cantata en el que, por convención establecida, los cantantes declaman las palabras sobre un somero fondo instrumental, confiado al bajo continuo (*recitativo secco*) o a la orquesta (*recitativo accompagnato*). Por su carácter de canto recitado contrasta con el aria, a la que precede. En la ópera barroca y clásica, la acción propiamente dicha se confía al recitativo, en tanto que el aria es el momento de expansión lírica.

Maurice Ravel, uno de los compositores que mejor han escrito para la orquesta.

redonda En la escritura musical moderna, nombre que se da a la nota de forma oval, incolora, que equivale a cuatro tiempos de negra, es decir, el doble de la nota blanca.

reexposición Pasaje musical propio de la forma sonata, en el que vuelven a oírse los temas fundamentales de la composición, normalmente después de la sección de desarrollo. En la reexposición se escucha de nuevo la totalidad del material temático, aunque algunos compositores suelen introducir en él algún cambio de escasa importancia.

Reger, Max Compositor alemán (Brand, Baviera, 1873-Leipzig, 1916). Aunque densa y con elementos conservadores, la música de este hijo de un maestro de escuela con inclinaciones musicales siempre ha sido apreciada en Alemania. Su estilo se basa en un profundo conocimiento de la tradición contrapuntística barroca, como se aprecia en sus composiciones para órgano y en obras como *Variaciones y fuga sobre un tema de Bach* y *Variaciones y fuga sobre un tema de Mozart*.

registro 1. En el órgano, conjunto de series tímbricas de que dispone el instrumento, que le permiten modificar su sonoridad. Por extensión se da este nombre también a los botones o perillas que permiten que entren en funcionamiento los distintos registros. 2. En música vocal, cada una de las partes en que suele clasificarse la voz humana; así, en la voz masculina se encuentran los registros de tenor, barítono y bajo, según las nociones de agudo, medio y grave.

Reich, Steve Compositor estadounidense (Nueva York, 1936). Es uno de los pioneros de la corriente minimalista norteamericana. Su música revela la fascinación por la sonoridad del gamelán indonesio y los ritmos africanos. Ello confiere una fisonomía sonora especial a sus obras, caracterizadas por estar construidas a partir de una serie de breves células motívicas que se repiten obsesivamente y se yuxtaponen unas a otras. Entre sus obras cabe destacar *Six pianos*, *Desert Music*, *Violin Phase* y *The Cave*, en muchas de las cuales introduce elementos electrónicos.

La ópera barroca y clásica, sobre todo el género serio, concedía suma importancia al recitativo, momento en el que se desarrollaba la acción dramática, mientras que en la parte cantada, el aria, ésta quedaba suspendida. Abajo, escena de *Semíramide*, una ópera seria de Rossini.

El réquiem es un tema que ha fascinado a músicos de toda condición. Sobre estas líneas, página manuscrita del *Réquiem* de Berlioz.

Reicha, Antonín Compositor y pedagogo checo naturalizado francés (Praga, 1770-París, 1836). Profesor en el Conservatorio de París, entre sus alumnos estuvieron Berlioz, Liszt y Franck. De su producción musical son especialmente apreciados sus quintetos para instrumentos de viento, aunque escribió también varias óperas que no se han afirmado en el repertorio. Muy interesante fue su labor como teórico, con textos como su *Curso de composición musical*.

Reiner, Fritz Director de orquesta húngaro nacionalizado estadounidense (Budapest, 1888- Nueva York, 1963). Después de realizar diversas giras por Europa, se estableció en Estados Unidos, donde se nacionalizó en 1928. Tras dirigir varias orquestas y teatros de ópera norteamericanos, en 1953 se hizo cargo de la Sinfónica de Chicago, a la que convirtió, en los nueve años que estuvo a su frente, en una de las mejores formaciones del mundo. Destacó como intérprete de Richard Strauss.

repertorio Colección de composiciones cuya interpretación es habitual o frecuente, y que teatros, intérpretes y conjuntos, de cámara o sinfónicos, tienen siempre a punto. El repertorio antiguo se limitaba a obras recientes, pero desde mediados del siglo XIX se alimenta de obras que la tradición ha consolidado, junto a otras modernas o fruto del gusto de la época, que se van incluyendo en él.

réquiem Misa de difuntos que se canta en las ceremonias fúnebres, con arreglo a un esquema distinto al de la misa normal: no se cantan el *Gloria* ni el *Credo*, y el *Aleluya* se suele reemplazar por un tracto después del cual se canta la secuencia *Dies*

irae. La primera versión conservada de un réquiem polifónico se debe al músico franco-flamenco Johannes Ockeghem.

reservata, música Término usado por Adriano Petit Coclico en su *Compendium musices* (1552) para describir la música de Josquin Desprez y sus seguidores, probablemente por su carácter menos expansivo y ornamental, en contraste con la de la generación anterior.

resolución Nombre que se da a la progresión desde una disonancia —obtenida, por ejemplo, mediante una apoyatura— a su correspondiente nota consonante, o a un acorde disonante, por el correspondiente acorde consonante.

resonancia Nombre que recibe la transmisión de vibraciones de un cuerpo sonoro a otro, sin contacto directo. Este fenómeno sólo se da cuando ambos cuerpos son susceptibles de vibrar en la misma frecuencia o en un armónico de la misma. Así, si se percute una campana con un martillo, en el caso de que al lado haya una campana de parecida estructura vibrará a su vez con la campana percutida; suele decirse también que vibra «por simpatía».

Respighi, Ottorino Compositor italiano (Bolonia, 1879-Roma, 1936). Estudió con Rimski-Korsakov, cuya influencia es evidente en su brillante y colorista manera de orquestar. Aunque su gran ambición fue la de triunfar en el género operístico, hoy es recordado, sobre todo, por sus poemas sinfónicos referidos a Roma: *Fontane di Roma*, *Pini di Roma* y *Feste romane*. *La fiamma*, *Maria Egiziaca*, *Belfagor* y *La campana sommersa* son algunas de sus óperas.

responsorio En el gregoriano, canto de un solista o más de uno, alternando con el coro. Se diferencia del otro tipo de canto habitual en la música eclesiástica medieval, la antífona, en que en ésta el canto recae en una mitad del coro y la respuesta en la otra mitad.

retrógrado Dícese del procedimiento consistente en recorrer una melodía en sentido contrario, desde la última a la primera nota. En la polifonía medieval más compleja se suelen combinar varias voces que avanzan en el tiempo cantando en sentido directo y retrógrado a la vez. Así mismo, es uno de los procedimientos más usados por el sistema dodecafónico.

reverberación Efecto acústico que se produce por la reflexión de las ondas sonoras al rebotar en las paredes del auditorio en que se está ejecutando la composición musical; prolonga la duración del sonido.

Revueltas, Silvestre Compositor mexicano (Santiago Papasquiaro, 1899-Ciudad de México, 1940). Tras formarse en su patria y en Estados Unidos, entre 1929 y 1935 dirigió la Orquesta Sinfónica de México que fundara Carlos Chávez. Legó obras como *Homenaje a García Lorca*, *Esquinas* y *Ventanas*, además de ballets como *El renacuajo pescador* y *La coronela*, aunque sus páginas más conocidas sean las orquestales *La noche de los mayas* y *Sensemayá*, una y otra de una virtuosística escritura rítmica y orquestal, que en cierta medida rememora al Stravinski de *La consagración de la primavera*.

El compositor italiano Ottorino Respighi en una fotografía de juventud.

ricercare Tipo de composición instrumental en estilo fugado frecuente en los siglos XVI y XVII. Se caracteriza por emplear los más complicados artificios del contrapunto y todas las variedades de la construcción de los cánones, con aumentaciones, disminuciones, inversiones, etc.

Richter, Franz Xaver Compositor y cantante alemán de origen bohemio (Holleschau, 1709-Estrasburgo, 1789). Fue uno de los más destacados compositores de la Escuela de Mannheim, autor de más de ochenta sinfonías y seis cuartetos de cuerda, entre otras obras instrumentales, además de una amplia producción sacra. Por su fama como cantante y compositor se le asignó el cargo de maestro de capilla de la catedral de Estrasburgo en 1769.

Richter, Hans Director de orquesta alemán (Raab, Hungría, 1843-Bayreuth, 1916). Defensor de la música de Richard Wagner, fue uno de sus mejores intérpretes, elegido por el mismo compositor para dirigir el ciclo completo de *El anillo del Nibelungo* en Bayreuth en 1876. Fue también un entusiasta de Bruckner, lo cual no le impidió tener en su repertorio las sinfonías de su rival Brahms. Su carrera estuvo vinculada no sólo a Alemania, sino también al Reino Unido, donde fue titular del Festival de Birmingham.

Richter, Sviatoslav Pianista ruso (Jitomir, 1915-Moscú, 1997). Intérprete de técnica perfecta, su carrera discurrió al margen de los grandes circuitos internacionales de conciertos y de la industria del disco. Su extenso repertorio abarcaba desde Bach (su grabación de *El clave bien temperado* es referencial) hasta los compositores de la moderna escuela rusa, sobre todo Shostakovisch y Prokofiev, pasando por toda la literatura romántica para su instrumento músico, de manera destacada Franz Schubert. Realizó diversas grabaciones junto al violinista David Oistrakh y el violoncelista Mstislav Rostropovich.

Ricordi, Giovanni Editor de música italiano (Milán, 1785-1853). Su primera formación musical fue como violinista. En 1844 fundó la Casa Ricordi, una de las más prestigiosas editoriales de música, al lado del Teatro de la Scala de Milán. Su hijo **Tito** (Milán, 1811-1888) amplió el negocio familiar y abrió sucursales en distintas ciudades europeas. A él se le debe la edición de numerosas partituras de Giuseppe Verdi. El hijo de Tito, **Giulio** (Milán, 1840-1912), que siguió la misma carrera de su abuelo y de su padre, fue el descubridor y editor de Giacomo Puccini.

rigodón Danza popular de origen provenzal y de carácter binario, que, trasplan-

Verdi y Puccini fueron dos de los diversos compositores italianos que contaron con la protección de la familia de editores Ricordi.

tada a la corte de Luis XIV, se convertiría en una danza cortesana de carácter alegre.

Rihm, Wolfgang Compositor alemán (Karlsruhe, 1952). Tras estudiar en la Hochschule de Karlsruhe, amplió sus conocimientos con Karlheinz Stockhausen en Colonia y con Klaus Huber en Freiburg. Ha compuesto varias óperas y trabajos para la escena: *Faust und Yorick*, *Jakob Lenz*, *Die Hamletmaschine* y *Die Eroberung von Mexico*. Su producción incluye también tres sinfonías y ocho cuartetos para cuerda, así como diversas canciones y música para piano y órgano. Su obra, ecléctica dentro de su estilo moderno, ha suscitado gran interés entre el público.

Rimski-Korsakov, Nikolai Andreievich Compositor ruso (Tikhvin, Novgorod, 1844-Lyubiensk, San Petersburgo, 1908). Fue el miembro técnicamente más dotado del Grupo de los Cinco, lo cual le permitió revisar, orquestar o concluir algunas de las composiciones de sus compañeros, una vez desaparecidos éstos: *El príncipe Igor* de Borodin, *Boris Godunov* de Musorgski... Orientado hacia la ópera, estrenó una serie de obras inspiradas en leyendas populares o en episodios históricos rusos: *La novia del zar*, *El zar Saltán*, *La ciudad invisible de Kitezh* y *El gallo de oro*. Junto a ellas hay que mencionar obras orquestales como *Scherezade*, *Capricho español* o *La gran pascua rusa*. Orquestador extraordinario, fue así mismo un gran pedagogo: entre sus alumnos se cuentan nombres como los de Alexandr Glazunov o Igor Stravinski.

ripieno término italiano («lo que llena») referido al conjunto de instrumentos de la orquesta, acompañados por el bajo continuo, que en el esquema del *concerto grosso* dialoga con el *concertino*, grupo configurado por los instrumentos solistas de cada sección.

ritardando Vocablo de origen italiano con el cual se indica en una partitura la progresiva disminución del *tempo*. Su significado viene a ser similar al de *rallentando*.

ritmo Uno de los elementos constitutivos de la música, junto con la melodía y la armonía. El ritmo consiste en la ordenación de los sonidos en el tiempo, basada en la

El ruso Nikolai Rimski-Korsakov según un retrato debido a Valentín Serov.

Surgido en Estados Unidos, el *rock and roll* es uno de los fenómenos más característicos de la segunda mitad del siglo XX, cuya influencia se ha dejado sentir a nivel internacional sin distinción de clases sociales, hasta el punto de convertirse en todo un símbolo para la generación nacida tras la Segunda Guerra Mundial.

sucesión de sus duraciones, de acuerdo con una pauta métrica (compás) previamente establecida.

ritornello Pasaje musical, sea instrumental o vocal, que en el transcurso de una composición se repite cada cierto tiempo, es decir, «retorna» (de ahí su nombre en italiano). Viene a significar lo mismo que estribillo.

rock and roll Término inglés (literalmente, «balancearse y dar vueltas») que designa un estilo musical nacido de la conjunción entre el *blues* surgido de la música popular negra y algunos elementos del folclor americano. Con el tiempo, el *rock and roll* se convirtió no sólo en un ritmo de baile, sino en todo un símbolo de la cultura de una juventud que no había vivido ya directamente la Segunda Guerra Mundial y aspiraba a un nuevo clima de libertad familiar y de costumbres.

Rodgers, Richard Compositor de canciones y musicales estadounidense (Hammels Station, Long Island, 1902-Nueva York, 1979). Desde sus primeros trabajos con el letrista Lorenz Hart (*Babes in Arms* y *I married an angel*), su música conquistó los escenarios de Broadway. Tras la muerte de Hart en 1943, inició una fructífera y duradera colaboración con Oscar Hammerstein II, de la que surgieron algunos de los títulos más emblemáticos del género del musical, gracias sobre todo a la sutileza y el encanto de sus melodías: *Oklahoma!*, *Carousel*, *South Pacific*, *The King and I* y *The Sound of Music*.

Rodrigo, Joaquín Compositor y pianista español (Sagunto, 1901). Invidente desde los tres años de edad, estudió en Valencia primero y en París después. En 1934 regresó a España, donde estrenó en 1940 su composición más difundida y apreciada: el *Concierto de Aranjuez* para guitarra y orquesta. Otras de sus composiciones destacables son *Concierto heroico* para piano, *Fantasía para un gentilhombre* para guitarra, *Concierto andaluz* para cuatro guitarras y *Cuatro madrigales amatorios*. Su música se encuadra dentro de la corriente neonacionalista.

Rolling Stones, The Conjunto de *rock and roll* británico fundado en 1962 por Mick Jagger, Keith Richard, Brian Jones, Ian Stewart y Tony Chapman, quien un año más tarde fue sustituido por Charlie Watts. Su estilo agresivo y provocador lo ha convertido en uno de los fenómenos sociales de la música ya desde su primer disco, *The Rolling Stones*. Rivales de The Beatles en su época, decenas de grabaciones y de conciertos multitudinarios en todo el mundo avalan la trayectoria de un conjunto todavía en activo en la década de 1990.

Romanticismo Denominación que se da al movimiento cultural que se empieza a gestar hacia 1770, pero cuya madurez no se concreta hasta inicios del siglo XIX. Movimiento de orientación subjetiva, dio prioridad a la expresión del propio individuo, en este caso el compositor. Atraído por la Edad Media, el nacionalismo, el mundo de los sueños, la fantasía y lo irracional, las innovaciones del Romanticismo en el plano formal y estético fueron numerosas y duraderas, hasta el punto de permanecer muchas de ellas vigentes incluso en el siglo XX.

romanza Nombre que suele darse a una pieza de carácter amoroso en las óperas italianas del siglo XIX, especialmente desde Rossini a Verdi (como, por ejemplo, «Una furtiva lagrima», en *L' elisir d' amore* de Donizetti). De forma más sencilla que el aria, es de una estructura más libre y carece de *cabaletta*. Del mismo modo, la *romanza* suele ser la pieza amorosa más destacada en las zarzuelas españolas. Dícese también de una pieza instrumental caracterizada por un *tempo* moderado y línea melódica *cantabile* (como las dos *Romanzas* para violín de Beethoven).

rondó Forma musical en la que el tema principal se repite y alterna con la aparición de otros temas secundarios, según un esquema que se podría expresar como A-B-A-C-A-D-A. Fue de uso frecuente en los últimos movimientos de la música instrumental y sinfónica del siglo XVIII. También aparece a veces en la ópera como pieza de lucimiento para el intérprete.

Rosas, Juventino Compositor y violinista mexicano (Santa Cruz de Galeana, 1868-Batabanó, Cuba, 1894). Hijo de un arpista, a los quince años ya era miembro de la orquesta de una compañía de ópera. Sobresalió como autor de valses, cuadrillas y polcas que tuvieron enorme éxito en los

El maestro Joaquín Rodrigo, autor del célebre *Concierto de Aranjuez* para guitarra y orquesta.

salones de la época. *Sobre las olas*, colección de cinco valses que escribió en 1891, se convirtió en la composición más famosa del México de finales del siglo XIX.

Rosenthal, Manuel Director de orquesta y compositor francés (París, 1904). Estudió con Ravel el arte de la orquestación, del que llegaría a ser un auténtico especialista, tal como se demuestra en la obra que más fama le ha dado, el ballet *Gaîté parisienne*, compuesto en 1938 a partir de diversos fragmentos y melodías procedentes de operetas originales de Jacques Offenbach. A ésta le siguió en 1953 otra obra de características similares: *Offenbachiana*.

Rossi, Luigi Compositor italiano (Torremaggiore, c. 1597-Roma, 1653). Se formó en Nápoles. En 1646 fue llamado a París por el cardenal Mazarino para que representara su ópera *Orfeo*, en un intento de introducir la ópera italiana en Francia. Además de óperas (*Il palazzo d'Atlante incantato*), dejó unas trescientas cantatas, algunas de las cuales han sido recuperadas gracias al disco.

Rossini, Gioacchino Compositor italiano (Pésaro, 1792-París, 1868). Hijo de un trompetista municipal y de una cantante de ópera de segundo rango, fue el compositor de ópera más aclamado de su tiempo. Estudió en el Liceo Musical de Bolonia, donde se familiarizó con los estilos de Mozart y Haydn, cuya influencia es perceptible en su forma de orquestar y en determinados elementos, como su característico *crescendo*. Dotado de una extraordinaria facilidad para la creación, los títulos, tanto de óperas serias como bufas, se sucedieron uno tras otro con prodigalidad: *Tancredi*, *Ermione*, *Semiramide*, *La donna del lago*, *Il turco in Italia*, *La gazza ladra*, *L'italiana in Algeri* y, sobre todo, *La Cenerentola* y *El barbero de Sevilla*. Descontento de las condiciones de trabajo imperantes en Italia, pasó a París, donde estrenó *Il viaggio a Reims* y *Guillermo Tell*, gran ópera romántica que se presentó en 1829 y significó su temprano adiós a la escena, seguramente a consecuencia del cambio de gusto del público: formado en la tradición clásica, la estética romántica le era ajena.

Rostropovich, Mstislav Violoncelista, pianista y director de orquesta ruso (Bakú, Azerbaiján, 1927). Formado en Moscú, pronto alcanzó celebridad en la Unión Soviética como violoncelista. Gran defensor de la paz, ha dado conciertos por todo el mundo. En 1974 abandonó la URSS por sus divergencias con el régimen soviético. En 1977 fue nombrado director de la Orquesta Nacional de Washington; no regresó a su país hasta 1990, año en que le fue devuelta la ciudadanía rusa. A petición

El compositor Gioacchino Rossini retratado en su juventud por Vincenzo Camuccini.

suya, los mejores compositores de la segunda mitad del siglo XX, desde sus amigos Serguéi Prokofiev y Dimitri Shostakovisch hasta Alfred Schnittke, Witold Lutoslawski, Henri Dutilleux y Benjamin Britten, han escrito para él algunas de las páginas clave del repertorio para violoncelo contemporáneo. Como director, ha sobresalido en el cultivo del repertorio eslavo.

Rota, Nino Compositor italiano (Milán, 1911-Roma, 1979). Niño prodigio, empezó a componer a la edad de ocho años. Aunque escribió numerosas óperas (*Il capello di paglia di Firenze*, *Aladino*), ballets (*Le Molière imaginaire*) y música orquestal (tres sinfonías, diversos conciertos), sobre todo se le recuerda por su producción para el cine, con bandas sonoras para filmes de Luchino Visconti (*El gatopardo*), Franco Zefirelli (*Romeo y Julieta*), Francis Ford Coppola (*El padrino*) y en especial, Federico Fellini (*La dolce vita*, *Ocho y medio*, *Amarcord*, *Casanova*).

Rousseau, Jean-Jacques Filósofo, teórico y compositor suizo (Ginebra, 1712-Ermenonville, 1778). Musicalmente autodidacta, se formó con la lectura de las obras de Jean-Philippe Rameau. Partidario de la ópera italiana en la famosa *Querelle des bouffons*, escribió *Le devin du village*, sobre el modelo de Giovanni Battista Pergolesi. Fue el responsable de la sección de música de la *Encyclopédie française*. Todos sus artículos, reunidos, formaron su famoso *Dictionnaire de musique*, en el que llega-

ba a la conclusión de que el francés no era lengua adecuada para la ópera.

Roussel, Albert Compositor francés (Tourcoing, 1869-Royan, 1937). Siguió estudios de náutica que le permitieron enrolarse en una fragata con destino a Indochina, donde quedó fascinado por la música asiática. En 1894 decidió dedicarse a la composición musical. En 1908, tras años de aprendizaje en la Schola Cantorum, estrenó su *Sinfonía núm. 1*. Escribió ballets (*El festín de la araña*, *Bacchus et Ariane*), la ópera-ballet *Padmâvatî* y cuatro sinfonías. Fue uno de los impulsores del neoclasicismo en Francia.

Rózsa, Miklós Compositor húngaro nacionalizado estadounidense (Budapest, 1907-Los Ángeles, 1995). Formado en Leipzig, al inicio de la Segunda Guerra Mundial se estableció en Hollywood. A partir de ese momento, su carrera como compositor discurriría estrechamente vinculada al cine. Se le deben las bandas sonoras de *Ben-Hur*, *La jungla de asfalto*, *Ivanhoe*, *Julio César* y *Rey de Reyes*, entre otros filmes.

rubato Técnica de interpretación musical que consiste en ampliar ligeramente la duración real de la nota del compás para «robárselo» a otras notas y así desequilibrar la regularidad del *tempo*. Empleada con moderación, favorece la calidad expresiva de la ejecución.

Rubinstein, Anton Pianista, director de orquesta, pedagogo y compositor ruso (Vykhatinets, 1829-Peterhof, 1894). Hermano de Nikolai Rubinstein. En 1862 fundó el Conservatorio Imperial de San Petersburgo, desde el que desempeñó un papel primordial en la vida musical rusa, en la cual introdujo los métodos de enseñanza occidentales. Fue también un apreciable compositor, autor de óperas como *El demonio*, además de excelente pianista.

Polaco al igual que Chopin, Arthur Rubinstein fue como aquél un incomparable virtuoso del piano.

Rubinstein, Arthur Pianista polaco (Lódz, 1887-Ginebra, 1982). Tras recibir su primera formación musical en Varsovia, prosiguió sus estudios en Berlín. Durante la Primera Guerra Mundial residió en Londres. En 1916 realizó una gira por España —de cuya música fue un extraordinario intérprete— y por Sudamérica. Durante la Segunda Guerra Mundial se afincó en Estados Unidos, país cuya nacionalidad obtuvo en 1946. Se retiró en 1976. A su impresionante técnica unía una musicalidad y un lirismo únicos, que hicieron de él el intérprete de Chopin por antonomasia.

Rubinstein, Nikolai Pianista, compositor, pedagogo y director de orquesta ruso (Moscú, 1835-París, 1881). Hermano de Anton Rubinstein. Fue director del Conservatorio de Moscú desde su fundación en 1866 hasta su muerte. Eximio pianista, popularizó el *Concierto para piano núm. 1* de Chaikovski, a él dedicado, pese a que en primera instancia había criticado duramente la obra.

S

sacabuche Nombre primitivo de un instrumento musical muy popular durante los siglos XVI y XVII que daría lugar más tarde al trombón de varas. Parece ser que el nombre es de origen español.

Sáenz, Pedro Compositor argentino (Buenos Aires, 1915). Tras graduarse en el Conservatorio Nacional de su ciudad natal, estudió en París con Arthur Honegger y Darius Milhaud. Brillante pianista, ha dejado una amplia serie de obras para este instrumento (*Tres piezas epigramáticas, Juguetes, Capriccio*). En su catálogo destacan así mismo páginas orquestales como *Movimientos sinfónicos*, y camerísticas como un quinteto con piano y un trío de cuerdas. Fue director del Conservatorio Municipal Manuel de Falla de Buenos Aires desde 1955 hasta 1963.

sainete Composición teatral breve y habitualmente de contenido jocoso que se representaba como pieza complementaria en los teatros españoles desde el siglo XVI. En el XIX se daba también este nombre a las zarzuelas breves que tenían características parecidas a las descritas y en las cuales se retrataban escenas costumbristas.

Saint-Saëns, Camille Compositor francés (París, 1835-Argel, 1921). Se distinguió como pianista ya a los cinco años de edad, y estrenó su *Sinfonía núm. 1* en 1853, cuando sólo contaba dieciocho años. Su música instrumental tiene un marcado sabor clásico en un momento en que triunfaba el

Camille Saint-Saëns retratado por Rossi.

Romanticismo más exaltado. En 1877, Franz Liszt le estrenó en Weimar su ópera más famosa, *Samson et Dalila*, que no se representó en París hasta 1892. Fundador y vicepresidente de la Société Nationale de Musique en 1871, compuso cuatro poemas sinfónicos, cinco conciertos para piano y orquesta (el quinto llamado «Egipcio»), otros varios conciertos para violoncelo y violín, sonatas para estos dos instrumentos y cinco sinfonías (la tercera, en 1886, con órgano, es sumamente conocida). Escribió otras óperas, pero de ellas solamente *Henri VIII* se representa de vez en cuando. También dejó algunas piezas divertidas e inconformistas como *El carnaval de los animales* y *Danza macabra*.

Salas y Castro, Esteban Compositor cubano (La Habana, 1725-Santiago de Cuba, 1803). Maestro de capilla de la catedral de Santiago de Cuba desde 1764 hasta su muerte, fue el primer director de renombre de música de cámara y enseñó filosofía y teología. Allí fundó y dirigió un conjunto de cámara con el que dio a conocer obras sacras e instrumentales de sus contemporáneos europeos Franz Joseph Haydn y Antonio Soler, entre otros. Filósofo y teólogo, además de compositor e intérprete, se le considera el primer gran músico cubano. De su producción se conservan diversas piezas de música religiosa, tonadillas y, sobre todo, unos treinta villancicos.

Salazar, Antonio de Compositor mexicano (c. 1650-Ciudad de México, 1715). Tras una corta estancia en Sevilla, en 1679 regresó a México para ocupar el cargo de maestro de capilla en la catedral de Puebla. En 1688 fue nombrado para desempeñar el mismo puesto en la catedral de México. La mayor parte de su producción, de carácter sacro, está dominada por un profundo conocimiento de las técnicas contrapuntísticas, aunque su estilo pueda considerarse algo anticuado y conservador para la época en que vivió y trabajó. Compuso villancicos, magnificats, himnos y responsorios y otras piezas de música coral, entre ellas un *Oficio de difuntos*.

Salieri, Antonio Compositor italiano (Legnano, 1750-Viena, 1825). En 1766 marchó con Florian Gassmann a Viena, ciudad en la que se desarrolló su carrera. En 1774, tras el fallecimiento de Gassmann, fue nombrado compositor de la corte y director de la Ópera italiana. En 1788 accedió al cargo de maestro de capilla de la corte. Autor operístico célebre en su tiempo, *Palmira, regina di Persia* fue uno de sus mayores éxitos, aunque hoy se recuerda más su *Falstaff*. Como profesor tuvo como alumnos a Ludwig van Beethoven, Franz Schubert, Carl Czerny, Johann Nepomuk Hummel, Franz Liszt e Ignaz Moscheles. Hoy es un compositor recordado, sobre todo, por su tormentosa relación con Mozart, a quien asesinó, según una leyenda romántica, como mínimo, poco fundamentada.

salmo Poema o canto de alabanza a Dios, extraído de la colección de 150 conservados en la Biblia y atribuidos al rey David. Sus textos han inspirado a numerosos compositores durante toda la historia de la música, entre ellos Igor Stravinski, autor de una *Sinfonía de los salmos*.

salmodia Canto litúrgico cristiano adecuado para el canto de los salmos. Aunque se pretende que deriva del modo de cantar la liturgia de los israelitas de tiempos bíblicos, lo cierto es que procede del modo en que se cantaban estas piezas en la Iglesia cris-

Antonio Salieri, uno de los mejores músicos clásicos eclipsados por el genio de Mozart.

tiana primitiva. Su carácter más bien monótono ha dado lugar a una acepción peyorativa del término.

salterio 1. Nombre que designa el *Libro de los Salmos* completo incluido en la Biblia, con 150 salmos atribuidos al rey David. 2. Instrumento cordófono medieval parecido a la cítara, con una caja de resonancia cuadrada o triangular y un número variable de cuerdas pulsadas. Su uso empezó a decaer a partir del siglo XV y acabó por desaparecer.

Sanz, Gaspar Compositor y guitarrista español (Calanda, Zaragoza, 1640-Madrid, 1710). Cursó teología y filosofía en la Universidad de Salamanca. Con posterioridad viajó a Italia, donde estudió música. De regreso en España, fue maestro de guitarra del infante don Juan de Austria. En 1674 publicó su *Instrucción de música sobre la guitarra española*, tratado de gran importancia por la información que contiene acerca de la música de danza tradicional española. La influencia y popularidad de las composiciones de Sanz se mantuvieron hasta mediados del siglo XVIII y han vuelto al repertorio modernamente.

Sarasate, Pablo de Violinista y compositor español (Pamplona, 1844-Biarritz, 1908). Talento precoz, para ampliar su formación se trasladó a Madrid, donde fue escuchado por la reina, quien le concedió una beca para estudiar en el Conservatorio de París entre 1856 y 1859. En 1867 inició una gira de conciertos por América que finalizaría en 1871. Sus éxitos lo convirtieron en una celebridad y compositores como Lalo, Saint-Saëns y Bruch, entre otros, escribieron piezas para él. Compuso gran cantidad de pequeñas piezas para violín, muchas de las cuales remiten a melodías populares españolas o a temas célebres de óperas.

Sás, Andrés Compositor peruano de origen belga (París, 1900-Lima, 1967). Formado en el Conservatorio de Bruselas, en 1924 fue nombrado profesor de violín y música de cámara en la Academia de Lima. Regresó a Bruselas en 1928 para ampliar su formación y volvió dos años más tarde a Lima, donde se afincó definitivamente con su esposa, la pianista Lily Rosay. De entre sus composiciones, destacan varios ballets (*La señora del pueblo*) y diversas obras de cámara, así como pequeñas piezas para piano, muchas de las cuales incluyen referencias a la música tradicional indígena.

Satie, Erik Compositor francés (Honfleur, 1866-París, 1925). Excéntrico y bohemio, fue una figura habitual de los cafés y cabarets de Montmartre. Interesado por la teosofía, fue el compositor oficial de los rosacruces, aunque posteriormente abandonó

La vida de Erik Satie discurrió siempre en los ambientes bohemios. En la imagen, *Un bohemio*, óleo de Santiago Rusiñol en el que se retrata a este compositor francés.

esta secta para fundar su propia religión. Rechazado por las instancias oficiales, se convirtió en el modelo de toda una serie de compositores jóvenes, como los que integraban el Grupo de los Seis, además de contar con el respeto de músicos como Claude Debussy y Maurice Ravel. Escribió, básicamente para su instrumento músico, el piano, una larga serie de obras de carácter simple y sugerente (*Trois gymnopédies, Trois gnossiennes, Tres fragmentos en forma de pera*), aunque compuso así mismo algunas piezas para orquesta, como el ballet *Parade*, en colaboración con Jean Cocteau y Pablo Picasso.

Savall, Jordi Violista, director de orquesta y musicólogo español (Igualada, 1941). Al frente de grupos como Hespèrion XX, la Capella Reial de Catalunya y Le Concert des Nations, ha realizado una destacada labor en la recuperación y difusión del patrimonio musical europeo antiguo, desde el Medievo hasta el siglo XVIII. Muy valorado en Francia, su nombre saltó a la fama internacional a raíz de haber compuesto la banda sonora de la película *Tous les matins du monde* del cineasta Alain Corneau, en la cual recuperó piezas para viola da gamba de Saint-Colombe y Marin Marais. En el Gran Teatro del Liceo obtuvieron gran éxito sus interpretaciones de *Una cosa rara* de Vicente Martín y Soler y *Orfeo* de Claudio Monteverdi.

Sawallisch, Wolfgang Director de orquesta y pianista alemán (Munich, 1923). Dirigió la Sinfónica de Viena de 1960 a 1970 y la Filarmónica de Hamburgo entre 1961 y 1973. Así mismo, fue director musical de la Ópera de Munich desde 1971 hasta 1992, año en que accedió a la dirección de la

Orquesta de Filadelfia. Buen pianista, se ha distinguido como acompañante en recitales de música de cámara y *lieder*.

saxofón Familia de instrumentos de viento metálico inventada en 1841 por el constructor belga de instrumentos Adolphe Sax (1814-1894). El menor de los siete instrumentos de la familia, de corte cónico, parece un clarinete metálico; los restantes tienen el pabellón grande y doblado hacia el frente, con el cuello de la embocadura también inclinado hacia el intérprete. Su sonido peculiar ha sido muy utilizado en la música de jazz; en cambio, en el terreno clásico, sólo unos pocos compositores franceses del siglo XIX lo incluyeron en algún trabajo, aunque su repertorio se ha visto incrementado en el siglo XX con algunas composiciones concertantes.

Scala, Teatro de la Inaugurado el 3 de agosto de 1778 con la ópera *Europa riconosciuta* de Antonio Salieri, el edificio más emblemático de la historia de la ópera se erigió en Milán sobre la antigua iglesia de Santa Maria alla Scala, de la que procede su nombre. En el siglo XIX se estrenaron en su escenario algunas de las obras maestras de la lírica italiana, debidas a compositores como Vincenzo Bellini, Gaetano Donizetti, Giuseppe Verdi y Giacomo Puccini. El edificio, conocido también como Teatro de la Scala, fue bombardeado en 1943 y reconstruido en 1946. En 1955 se abrió la Piccola Scala destinada a ópera de cámara.

El saxofón fue inventado por A. Sax entre 1840 y 1845.

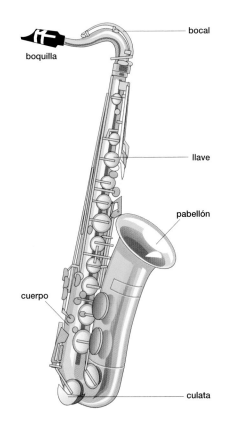

bocal

boquilla

llave

pabellón

cuerpo

culata

Óleo que representa a Alessandro Scarlatti, uno de los mejores representantes de la escuela operística napolitana, con títulos como *Olimpia vendicata*.

Scarlatti, Alessandro Compositor italiano (Palermo, 1660-Nápoles, 1725). Padre de Domenico Scarlatti. Maestro de capilla del virrey de Nápoles entre 1684 y 1702, pronto se labró en esa ciudad una sólida reputación como operista, con gran número de trabajos en los que introdujo un orden estricto, basado en el uso de arias *da capo* y la eliminación de escenas cómicas. *La caduta de' Decemviri*, *Il Pirro e Demetrio*, *Olimpia vendicata* e *Il trionfo dell' onore* fueron algunos de sus mayores triunfos en este campo. Autor prolífico, dejó también numerosas cantatas y composiciones sacras.

Scarlatti, Domenico Compositor italiano (Nápoles, 1685-Madrid, 1757). Hijo de Alessandro Scarlatti, se inició siguiendo los pasos de su padre y escribió óperas como *L' Ottavia ristituita al trono* e *Il Giustino*. En 1709 entró al servicio de la reina María Casimira de Polonia. Luego, en 1724, encontró un cargo estable en la corte de Lisboa, donde fue maestro de la princesa María Bárbara, a quien acompañó cuando se desplazó a España para casarse con el príncipe Fernando en 1728. Scarlatti escribió para ella más de quinientas sonatas bitemáticas para clave en un solo movimiento, de carácter galante.

Schaeffer, Pierre Compositor y novelista francés (Nancy, 1910-1995). Sus trabajos en un estudio de la Radiodifusión francesa le permitieron experimentar con sonidos y ruidos del entorno, grabados y luego manipulados. Sus investigaciones en este terreno fructificaron en 1948 en la teoría de la música concreta. Junto a Pierre Henri, compuso según los principios de ésta su *Sinfonía para un hombre solo*, *collage* de sonidos concretos, y la ópera experimental *Orfeo 53*.

Scherchen, Hermann Director de orquesta alemán (Berlín, 1891-Florencia, 1966). Autodidacta, fue viola en la Filarmónica de Berlín de 1907 a 1910 y asistente de Arnold Schönberg en el estreno del *Pierrot lunaire* en 1912. Precisamente su carrera como director iba a estar vinculada a la escuela de este compositor vienés y a la música contemporánea en general. En este sentido, se le debe el estreno de buen número de obras de la vanguardia musical.

scherzo Término italiano cuyo significado es «broma». Como género apareció a finales del siglo XVIII a modo de fragmento musical de tono humorístico y vinculado a la danza. Beethoven dio el nombre de *scherzo* a los terceros movimientos de sus obras sinfónicas, en sustitución del antiguo minueto. Desde entonces, el *scherzo* ha figurado habitualmente en la música sinfónica europea, aunque también cabe encontrar otros *scherzi* fuera del marco de una sinfonía, como piezas independientes (Frédéric Chopin).

Schifrin, Lalo Director de orquesta, pianista y compositor de música cinematográfica argentino (Buenos Aires, 1932). Estudió con su padre, violinista del Teatro Colón, y en París, donde fue discípulo de Charles Koechlin y Olivier Messiaen. Aunque ha escrito algunas obras para salas de conciertos (*Concierto para guitarra*, *Concierto para flauta*), se ha distinguido en las composiciones para el cine y la televisión (suyo es, por ejemplo, el célebre tema de la serie televisiva *Misión imposible*). Su música refleja su interés por el jazz, estilo del que es un reputado intérprete al piano.

Schipa, Tito Tenor italiano (Lecce, 1888-Nueva York, 1965). Estudió en Milán y debutó en 1910 en Vercelli. En 1917 interpretó el papel de Ruggiero en el estreno de *La rondine* de Giacomo Puccini. Fue uno de los tenores fijos de la Ópera de Chicago durante las temporadas 1919-1932. Sobresalió en el gran repertorio romántico italiano y francés, con personajes como los del duque de Mantua (*Rigoletto*) y Des Grieux (*Manon*).

Schnittke, Alfred Compositor ruso (Engels, 1934-Hamburgo, 1998). Tras cursar estudios en Viena y Moscú, ganó renombre en Rusia a través de sus numerosas partituras de música para el cine. Fue de los primeros compositores rusos en abordar las técnicas seriales y otros procedimientos prohibidos por el régimen soviético. Sin embargo, hacia 1970 cambió de enfoque y desarrolló el «poliestilo», término con el que alude

El tenor italiano Tito Schipa en una fotografía tomada en 1948, en plena madurez artística.

a una mezcla ecléctica de estilos varios. Su producción incluye óperas (*Vida con un idiota*, *Gesualdo*, *Historia del doctor Fausto*), sinfonías y conciertos, así como abundante música de cámara.

Schönberg, Arnold Compositor austríaco (Viena, 1874-Los Ángeles, 1951). De formación prácticamente autodidacta, se inició en la composición con una serie de obras continuadoras de la tradición romántica poswagneriana (*Noche transfigurada*, *Pelleas und Melisande*). Su lenguaje armónico, altamente cromático, le llevó en posteriores partituras a cuestionarse la validez del sistema tonal, con el cual rompió a partir de la *Sinfonía de cámara núm. 1*. El monodrama *La espera* y el ciclo de canciones *Pierrot lunaire* son dos de sus obras más representativas del período expresionista o atonal de la década de 1910. La necesidad de un nuevo sistema de organización de los sonidos alternativo a la tonalidad le llevó a la formulación, en 1924, de la técnica dodecafónica, que en adelante empleó en todas las obras que compuso: *Variaciones para orquesta*, *Moisés y Aarón*, *Un superviviente de Varsovia*. Exiliado en Estados Unidos tras la llegada de los nazis al poder, continuó allí su tarea compositiva y docente. Fue un excelente profesor, entre cuyos alumnos se hallan Alban Berg, Anton Webern, Egon Wellesz y el español Robert Gerhard.

Schreker, Franz Compositor y director de orquesta austríaco (Munich, 1878-Berlín, 1934). Su música, apasionada y mórbida, se inscribe dentro de la corriente posromántica que dominó Centroeuropa en la transición del siglo XIX al XX. Destacó en la composición operística, con títulos como *El sonido lejano*, *El buscador de tesoros*, *Irrelohe* y *Los estigmatizados*, cuyo carácter profundamente expresivo ejerció una honda influencia sobre Alban Berg. La llegada del partido nazi al poder truncó su

carrera y se vio compelido a dimitir de todos sus cargos; falleció poco después.

Schubert, Franz Compositor austríaco (Viena, 1797-1828). Hijo de un maestro de escuela, de niño fue admitido en el coro de la Capilla Imperial de Viena, donde recibió una completa y cuidada formación musical, entre otros profesores, de Antonio Salieri. Contra su voluntad, siguió la carrera de magisterio impuesta por su padre. Pero ya desde temprana edad la composición fue su verdadero objetivo. Aunque abordó todos los géneros, en su época fue conocido, sobre todo, por sus *lieder*, terreno en el que llegó a ser un maestro indiscutible e innovador, con ciclos como *La bella molinera* o *Viaje de invierno*. Sólo póstumamente fue reconocida su valía como compositor sinfónico (nueve sinfonías, de las cuales dos, la *Octava* «Inacabada» y la *Novena* «Grande», son obras maestras del repertorio orquestal) e instrumental (cuartetos de cuerda como los conocidos como «La muerte y la doncella» y «Rosamunda», además de importantes sonatas y piezas varias para piano).

Schumann, Robert Compositor alemán (Zwickau, 1810-Endenich, Bonn, 1856). Atraído por la literatura y la música, dudó entre una y otra como medio de expresión artística, y aunque optó por la segunda, su dedicación a ella no implicó que descuidara su pasión literaria, fruto de la cual fueron los artículos que publicó en diversas revistas y poemas. Quiso ser un virtuoso del piano, pero una lesión irreversible en un dedo frustró sus expectativas en este campo, con lo que su esposa, la pianista Clara Wieck, se convertiría en la mejor embajadora de su música para teclado. A partir de 1840, después de haber compuesto piezas pianísticas sumamente atractivas (*Carnaval*, *Papillons*), emprendió el cultivo de la forma sinfónica, de lo que resultaron cuatro sinfonías. Compuso así mismo un célebre concierto para piano, cuartetos de cuerda, ciclos de *lieder* (*Amor de poeta*) y una ópera (*Genoveva*).

Schütz, Heinrich Compositor alemán (Köstritz, 1585-Dresde, 1672). Formado con Giovanni Gabrieli en Venecia, en 1619 publicó su primera colección de música sacra, *Salmos de David*, en la que es perceptible la influencia de su maestro. Aunque fue autor de la primera ópera alemana, *Dafne*, hoy perdida, la mayor parte de su producción se centra en la música religiosa, con obras como las *Sinfonías sacras*, los *Pequeños conciertos espirituales*, un *Oratorio de Navidad* y tres pasiones, según Mateo, Lucas y Juan.

Schwarzkopf, dame Elisabeth Soprano alemana (Jarotschin, 1915). Estudió en Ber-

Una schubertiada según un dibujo de Leopold von Kupelwieser, en el que se puede ver a Schubert al piano.

lín, donde debutó en 1938. En 1942, un recital en Viena le abrió las puertas de la Ópera vienesa. Entre 1947 y 1964 fue una de las cantantes habituales del Festival de Salzburgo. Debido a las simpatías que había tenido por el partido nazi alemán, su debut en Estados Unidos se retrasó hasta 1953. Hizo toda una creación del papel de la Mariscala de *El caballero de la rosa* de Richard Strauss. Su carrera fue impulsada por el promotor discográfico Walter Legge, con quien contrajo matrimonio en 1953. Se retiró en 1975.

scordatura Término italiano que designa la alteración expresa de la afinación habitual de los instrumentos de cuerda, con el propósito de extender su tesitura y obtener

así algunos efectos especiales. Fue un recurso decorativo especialmente utilizado en los siglos XVI y XVII.

Scotto, Renata Soprano italiana (Savona, 1933). Se formó en Milán, donde debutó en 1953. Cantó en varios teatros italianos y actuó en Chicago en 1960, en el Covent Garden de Londres y el Liceo de Barcelona en 1962, y en el Metropolitan de Nueva York en 1965. A lo largo de su carrera ha interpretado numerosos papeles, entre ellos el de Elena de *Vísperas sicilianas* de Verdi.

Scriabin, Alexandr Compositor ruso (Moscú, 1872-1915). Nacido en el seno de una familia aristocrática y militar, ingresó en 1888 en el Conservatorio de Moscú, donde estudió piano y composición. Se graduó en 1892 e inició una brillante carrera de concertista, con un repertorio integrado por obras de Frédéric Chopin y pie-

Grabado de Kaiser en el que se representa al matrimonio Schumann, Robert y Clara. Tras la lesión que impidió al primero proseguir su carrera como concertista, fue Clara la encargada de dar a conocer todas las nuevas obras que el compositor escribió para piano.

Si la guitarra ocupa hoy un puesto de privilegio en el repertorio instrumental, ello se debe en buena medida a la labor de Andrés Segovia, un guitarrista inimitable para quien escribieron los mejores compositores de su tiempo.

zas propias inspiradas en este músico polaco. Su obsesión por Richard Wagner y Friedrich Nietzsche, y su particular atracción por la teosofía, modificaron el sentido de su obra, la cual adquirió un tono eminentemente cromático, tal como se aprecia en composiciones de títulos tan elocuentes como *Poema divino*, *Poema del éxtasis* y *Prometeo, el poema de fuego*, en las que la armonía roza la atonalidad.

secuencia Fragmento musical propio de la música litúrgica medieval, añadido como complemento al aleluya final, con el que podía estar relacionado melódicamente. Con el tiempo, la secuencia (como también el tropo, de origen parecido) adquirió entidad propia.

Segovia, Andrés Guitarrista español (Linares, 1893-Madrid, 1987). Debutó en 1909 en Granada. Durante la década de 1930 alcanzó renombre mundial y realizó numerosas grabaciones discográficas. Al inicio de la guerra civil española se exilió en Uruguay, donde estrenó la composición de Manuel Ponce *Concierto del Sur*. Regresó a España con la restauración de la democracia. Intérprete de guitarra de fama mundial, elevó ésta al rango de instrumento de concierto.

seguidilla Forma poética española que dio origen a una danza de compás ternario bastante rápida. Aparece mencionada en obras de Cervantes, y su presencia en la música española está bien documentada en los siglos XVII al XIX.

segunda Intervalo que forman una nota y la siguiente. Puede ser aumentada (con un semitono más: do-re sostenido), mayor (do-re), menor (do-re bemol) y disminuida (do sostenido-re bemol).

Seis, Grupo de los Conjunto de compositores surgido en París tras la Primera Guerra Mundial, que debe su nombre a un artículo publicado por Henri Collet en 1920. Estuvo integrado por Georges Auric, Louis Durey, Arthur Honegger, Darius Milhaud, Francis Poulenc y Germaine Tailleferre. Con el poeta Jean Cocteau como ideólogo y Erik Satie como principal modelo musical, surgió como reacción hacia el debussysmo y el wagnerismo a la sazón vigentes, para propugnar en su lugar una música moderna y vital, inspirada en el mundo del circo y el *music-hall*. El grupo como tal tuvo una vida efímera, dada la fuerte personalidad artística de sus miembros, tres de los cuales, Milhaud, Honegger y Poulenc, llevaron a cabo una brillante carrera en solitario.

semicorchea En la notación musical, figura negra con doble línea en el mástil, cuyo valor es la cuarta parte de la nota negra y la mitad de la corchea.

Cuadro de Blanche en el que están representados los componentes del Grupo de los Seis junto a la pianista Marcelle Meyer y el escritor Jean Cocteau.

semifusa Figura de la notación musical que lleva cuatro líneas en el mástil, y equivale a la octava parte de la nota negra y a la mitad de una fusa. Es la nota más breve de la escritura musical habitual.

semitono Nombre que se da al intervalo más pequeño usado habitualmente en el sistema tonal occidental. Existen doce semitonos por octava; en el teclado del piano, cada tecla está separada de la siguiente por un semitono.

séptima Intervalo que separa la nota tónica del séptimo grado de la escala en sentido ascendente. La séptima puede ser aumentada (do-si sostenido), mayor (do-si), menor (do-si bemol) y disminuida (do sostenido-si bemol).

serenata 1. Canción o pieza instrumental de forma libre que solía interpretarse avanzada la tarde o a primeras horas de la noche («sera», en italiano), por lo común al aire libre. En Austria, tal costumbre fue habitual en el siglo XVIII. Con frecuencia se utilizaban mayoritariamente los instrumentos de viento por su mayor sonoridad. En ese mismo siglo, nocturno y casación eran otras denominaciones usadas para designar este tipo de obras. 2. Nombre que se dio a una ópera de pequeño formato o cantata con un argumento pastoril o rural, destinada a ser interpretada con motivo de alguna fiesta de corte, por lo general con una escenografía somera, y que se representaba en la propia corte.

serial, música Sistema de composición basado en la permutación y variación de un grupo de doce notas dispuestas siguiendo un esquema de orden o «serie». Es un procedimiento propio de la música dodecafónica y tuvo una época de seguimiento muy importante después de la Segunda Guerra Mundial.

serialismo integral Nombre que se da a un método de composición especialmente riguroso en el uso de la serie como base de la composición, que no sólo tiene en cuenta la altura del sonido, sino también el resto de parámetros musicales, como el timbre, el ritmo y la dinámica. Conoció su auge durante la década de 1950 con la Escuela de Darmstadt.

serie Disposición de los doce sonidos de la escala temperada en un orden determinado, que constituye el germen sobre el cual se construye la composición, según los principios del serialismo dodecafónico.

Serkin, Rudolf Pianista austríaco, nacionalizado estadounidense (Eger, 1903-Guilford, Vermont, 1991). Alumno de composición de Arnold Schönberg en Viena, se decantó pronto por la carrera de intérprete. En 1920 se asoció con el violinista Adolf Busch —con cuya hija casó en 1935— y juntos interpretaron gran número de recitales. En 1933 debutó en Estados Unidos, donde se refugió años más tarde, tras el estallido de la Segunda Guerra Mundial. En 1950 fue uno de los fundadores de la escuela y el festival de Marlboro.

sexta Es el intervalo que separa la nota tónica del sexto grado de la escala ascendente diatónica. Puede ser sexta aumentada (do-la sostenido), mayor (do-la), menor (do-la bemol) y disminuida (do sostenido-la bemol).

sforzando Término musical italiano que sugiere el refuerzo del sonido de la nota o el pasaje a que se aplica. El resultado es un incremento de la dinámica.

Shankar, Ravi Compositor e intérprete de sitar indio (Benares,1920). Estudió con su hermano, el bailarín Uday Shankar. Sus frecuentes colaboraciones con Yehudi Menuhin, The Beatles y Philip Glass han contribuido a popularizar la música india en Europa y Estados Unidos. Sus composiciones incluyen ballets y música para películas, así como dos conciertos para sitar y algunos ragas.

shimmy Danza popular norteamericana de *tempo* bastante rápido, que se popularizó en los primeros veinte años del siglo XX. Incluía el movimiento de los hombros en direcciones opuestas. Paul Hindemith escribió durante su juventud alguna pieza en este estilo.

Shostakovisch, Dimitri Compositor ruso (San Petersburgo, 1906-Moscú, 1975).

Ravi Shankar, intérprete indio cuyo arte influyó decisivamente sobre los músicos occidentales, desde The Beatles hasta Philip Glass.

Alumno de Alexandr Glazunov, se graduó en 1925 con su *Sinfonía núm. 1*, cuyo rotundo éxito lo proyectó a la fama inmediatamente. Sus primeras obras (*La nariz, La edad de oro*) se inscriben en la corriente modernista. Posteriormente, impelido por las críticas del régimen stalinista, cultivó un lenguaje más clásico, representado por su *Sinfonía núm. 5*. A raíz de la Segunda Guerra Mundial se convirtió en el compositor oficial soviético, sobre todo con su *Sinfonía núm. 7* «Leningrado», símbolo de la resistencia de esta ciudad ante las fuerzas alemanas. La música de sus últimos años expresó una creciente amargura y una profunda obsesión por la muerte.

si Séptimo grado de la escala musical, según los nombres que dio a la escala diatónica Guido D'Arezzo. De hecho, el voca-

blo se formó con las iniciales de las palabras **S**ancte **I**oannis.

Sibelius, Jean Compositor finés (Hämeenlinna, 1865-Järvenpää, 1957). Aunque su familia era de expresión sueca, es el compositor nacional finlandés, sobre todo a partir del estreno de *Finlandia* (1900) y la *Sinfonía núm. 2* (1902). Problemas financieros y de salud lo llevaron a una actividad discontinua, por más que esmaltada de grandes creaciones (*Sinfonía núms. 5 y 7, Concierto para violín, La tempestad*). Después de su poema sinfónico *Tapiola*, de 1926, dejó prácticamente de componer hasta el final de sus días.

siciliana Movimiento de la música instrumental barroca de ritmo pausado que pretende evocar el mundo pastoril, en un compás lento de 6/8 o 12/8. Algunas veces aparece en la suite.

Sidney, Ópera de Fundada en 1954 con el nombre de Elizabethan Trust Opera Company, fue el resultado de la unión entre la New South Wales National Opera de Sidney (creada en 1951 por Clarice Lorenz) y la National Opera Theatre Company de Melbourne. Cuenta desde 1967 con orquesta permanente. El edificio actual, inaugurado el 28 de septiembre de 1973, es obra del arquitecto danés Jørn Utzon. La gran sala de conciertos tiene una capacidad de 2500 plazas; a ella se añade una segunda sala de 1500 butacas.

silencio Momento en el que se interrumpen la música o la intervención de un determinado instrumento o grupo de instrumentos. Esencial en la distribución de

Bajo estas líneas, el inconfundible edificio que alberga la Ópera de Sidney, en Australia.

Escenografía para *La flauta mágica* de Mozart, uno de los *singspiel* que preparó el camino hacia la ópera nacional alemana.

los sonidos, los silencios han desarrollado unos signos de notación graduados de acuerdo con su duración.

Sinatra, Frank Cantante y actor estadounidense (Hoboken, Nueva Jersey, 1915-Los Ángeles, 1998). Tras haber actuado en diversos clubs, en 1939 ingresó en la banda de Harry James. En 1940 fue contratado por Tommy Dorsey para grabar diversas canciones, entre ellas *I'll Never Smile Again* e *In the Blue of the Evening*. Su carrera enlazó un éxito tras otro durante la década de 1950, cuando su fama como cantante le abrió las puertas de Hollywood, donde protagonizó filmes como *De aquí a la eternidad* —el primero en que intervino—, *Un día en Nueva York* y *El hombre del brazo de oro*. Entre sus grabaciones más célebres destacan títulos como *Strangers in the Night*, *My Way* y *New York, New York*. Considerado ya en vida un mito de la canción, su personal estilo y su elegancia le valieron ser conocido como «La Voz».

síncopa Nombre que se da al desplazamiento del acento del tiempo fuerte al débil del compás. Medio expresivo de considerable eficacia, se utiliza también en la música popular ligera.

sinfonía Término de origen griego que alude a varios instrumentos que suenan juntos. Por lo general, designa una forma orquestal vigente desde mediados del siglo XVIII, construida sobre la base de cuatro movimientos: el primero de ellos según el esquema de la forma sonata; el segundo, lento, en forma de *lied*; el tercero, un minueto o *scherzo*; y el cuarto, un rondó. La disposición y el número de estos movi-

mientos, empero, son variables, carácter que se acentuó, sobre todo, en el siglo XX. Aunque se trata de una forma de música abstracta, hay también sinfonías programáticas. Otras variantes son las sinfonías concertantes, habituales en el siglo XVIII, y las que incluyen partes cantadas.

sinfonietta Nombre que recibe una composición sinfónica de pequeño formato, que no siempre sigue el esquema compositivo de la sinfonía regular.

singspiel Término alemán que designa un tipo de ópera primitiva que surgió en Alemania a mediados del siglo XVIII, y cuya característica principal estriba en el uso de la lengua alemana y la alternancia de partes habladas con otras cantadas. Con *El rapto del serrallo* y *La flauta mágica*, Mozart le dio una nueva dignidad al *singspiel*, que favorecería a comienzos del siglo XIX el nacimiento de la ópera alemana con Carl Maria von Weber.

Sinopoli, Giuseppe Compositor y director de orquesta italiano (Venecia, 1946). Se doctoró en psiquiatría por la Universidad

de Padua, al tiempo que estudiaba composición con Stockhausen, Maderna y Donatoni. En 1976 debutó como director de orquesta en La Fenice de Venecia. En 1991 fue nombrado director de la Staatskapelle de Dresden. Es un reputado intérprete de Gustav Mahler y música contemporánea. Ha escrito una ópera: *Lou Salome*.

sintetizador Instrumento capaz de producir sonidos, modificarlos y combinarlos mediante procedimientos electrónicos, de modo tal que las señales acústicas creadas de esta manera se procesan y se hacen audibles mediante la conexión con uno o varios altavoces. Los primeros aparatos sintetizadores aparecieron en 1929, pero su perfeccionamiento no se produjo hasta la década de 1950.

siringa Nombre griego que se aplicó a la flauta de Pan, instrumento de viento compuesto por varias cañas de longitud desigual, afinadas en progresión.

sirtaki Baile popular griego. Se hizo muy popular en la década de 1960 al ser difundido a través de algunas películas de éxito, como *Zorba el griego*.

Skalkottas, Nikos Compositor griego (Halkis, 1904-Atenas, 1949). Fue uno de los alumnos más dotados de Arnold Schönberg en Berlín. Sus composiciones, tan numerosas como poco conocidas, aplican el sistema dodecafónico de su maestro de una manera personal. De su producción destacan dos suites sinfónicas, la obertura *El retorno de Ulises*, un concierto para violín, otro para violoncello y tres para piano, y cuatro cuartetos de cuerda. Muchas de sus partituras se han perdido.

Smetana, Bedrich Compositor checo (Litomysl, Bohemia, 1824-Praga, 1884). Es el padre de la música nacionalista bohemia. Tras una etapa como director de orquesta en Suecia, en 1861 regresó a Praga, donde en 1866 estrenó su obra maestra, la ópera *La novia vendida*. Director del Teatro Nacional de Praga, en su escenario dio a conocer nuevos trabajos operísticos: *Dalibor*, *Libuse*, *Las dos viudas*. En 1879, ya sordo a consecuencia de una sífilis, concluyó su ciclo de poemas sinfónicos *Mi patria*. Afecto de demencia, vivió sus últimos años recluido en un manicomio.

Sojo, Vicente Emilio Compositor y director de orquesta venezolano (Guatire, 1887-Caracas, 1974). En 1937 fue uno de los fundadores de la Orquesta Sinfónica de Venezuela, formación que dirigió durante más

Bedrich Smetana, el padre de la escuela nacionalista checa con obras como *La novia vendida* y el ciclo de poemas sinfónicos *Mi patria*.

de veinte años, lo mismo que el Orfeón Lamas. Gran número de jóvenes compositores venezolanos han sido sus discípulos, por lo que su importancia dentro del desarrollo musical de su país es enorme. La influencia de la música tradicional venezolana está muy presente en sus composiciones, muchas de las cuales son de carácter sacro.

sol Quinto grado de la escala musical de do. Es la llamada nota dominante de la escala y la tercera de la tríada fundamental de la tonalidad de do. En los países germánicos y anglosajones corresponde a la letra G, y esta misma letra, caligráficamente ornamentada, se coloca todavía hoy en la armadura como símbolo de la clave de sol.

Soler, Antoni Compositor español (Olot, 1729-El Escorial, 1783). Se formó musicalmente en la escolanía de Montserrat. En 1752 entró en el monasterio de El Escorial, donde tomó los hábitos de la orden de los jerónimos. En contacto con los músicos de la familia real, especialmente Domenico Scarlatti, compuso más de un centenar de sonatas bitemáticas para clave, según el modelo scarlattiano. Dejó también nueve misas y numerosas piezas religiosas, incluidos villancicos.

solfeo Aprendizaje dirigido a la plena comprensión de un texto musical y que abarca todos los aspectos de la enseñanza musical básica.

Solti, sir Georg Director de orquesta húngaro nacionalizado británico (Budapest, 1912- Antibes, 1997). Fue alumno en Budapest de Bela Bartok, Zoltán Kodály y Leo Weiner. Tras trabajar como asistente de Arturo Toscanini y Bruno Walter, debutó como director en Budapest en 1938. Su carrera comenzó a despuntar tras la Segunda Guerra Mundial. De 1961 a 1971 fue director del Covent Garden londinense, y de 1969 a 1991, de la Sinfónica de Chicago. Su grabación en estudio de *El anillo del Nibelungo* de Richard Wagner es un mito de la fonografía. Richard Strauss y sus tres maestros húngaros ocuparon un lugar privilegiado en su repertorio.

sonata Forma musical nacida en los comienzos del siglo XVII, como consecuencia del triunfo de la música instrumental monódica. Se aplicaba a las composiciones musicales destinadas a instrumentos que «suenan», como el violín o la flauta, por contraposición a los de teclado (que «se tocan», y de ahí *toccata*) o a las piezas de canto (*cantata*). Desde el inicio se subdividieron en varios pasajes o movimientos. La importancia de la sonata fue en aumento durante el siglo XVIII, aplicada entonces a un tipo de composición para uno o

Frontispicio de la *Sonata para piano Op. 106* de Ludwig van Beethoven, uno de los más acabados ejemplos de sonata clásica.

dos instrumentos solistas. Su esquema formal, lo mismo que el de la sinfonía, consta de cuatro movimientos. Es de añadir que el clasicismo dio a la sonata una forma específica, conocida como «forma sonata», que se trasladó también a las restantes formas musicales de cámara y de concierto.

sonido Efecto físico-fisiológico que produce en el oído humano una vibración sonora. La música es el arte de regular el sonido y la acústica, la ciencia que lo estudia.

soprano 1. Nombre que se da a la voz más aguda, femenina o infantil. 2. Calificación que se aplica al más agudo de algunos instrumentos que existen en varios formatos, como la flauta dulce o el saxofón.

Cartel de *Katiuska*, zarzuela del maestro Sorozábal.

sordina Dispositivo que, colocado en un instrumento, rebaja su capacidad vibratoria, por lo que emite un sonido mucho más apagado. Las de los instrumentos de viento se conocían ya en el siglo XVI, mientras que las aplicadas a los de cuerda son un siglo posteriores.

Sorozábal, Pablo Compositor español (San Sebastián, 1898-Madrid, 1988). Destacado director de orquesta, desde 1936 dirigió la Banda Municipal de Madrid, y a partir de 1945, la Orquesta Filarmónica de dicha ciudad. Como compositor, fue uno de los últimos grandes representantes de la zarzuela, en una época en la que el género empezaba a dar muestras inequívocas de agotamiento. *Katiuska*, *La del manojo de rosas*, *La tabernera del puerto* y *Don Manolito* son algunas de sus más célebres aportaciones en este campo.

Sors o **Sor, Fernando** Compositor y guitarrista español (Barcelona, 1778-París, 1839). Recibió su formación musical en el monasterio de Montserrat. En 1797 dio a conocer en Barcelona su ópera *Telemaco nell' isola de Calipso*. Recorrió toda Europa, desde Francia hasta Rusia, pasando por Inglaterra, como concertista de su instrumento músico y compositor de éxito, y estrenó obras como el ballet *Cenicienta*, que presentó triunfalmente en Londres en 1822. Compuso gran cantidad de obras para guitarra, entre ellas algunas piezas para solo. En 1830 publicó un método para guitarra aún hoy vigente.

sostenido Alteración mediante un signo de carácter convencional (#) con el cual se indica que la afinación de la nota señalada ha de elevarse un semitono.

sotto voce Término italiano que indica que un pasaje musical debe cantarse procurando reducir mucho la potencia de la emisión vocal, a media voz, de manera apagada; por extensión se aplica también a la música instrumental.

Spohr, Ludwig Compositor, violinista y director de orquesta alemán (Brunswick, 1784- Kassel, 1859). Autor prolífico, se le deben algunas de las óperas de más éxito del siglo XIX, como *Fausto, Jessonda* y *El alquimista*, que nunca han dejado de estar presentes en el repertorio de los teatros líricos alemanes. Compuso así mismo algunas sinfonías, tan originales como innovadoras en los aspectos formal e instrumental, como la *núm. 6*, subtitulada Sinfonía histórica, dieciocho conciertos para violín, su instrumento músico, y cuatro para clarinete. En 1822 fijó su residencia en Kassel como maestro de capilla de la corte. Con la única salvedad de frecuentes giras por otros países, permaneció en esta ciudad hasta su muerte.

Spontini, Gasparo Compositor italiano (Maiolati, Ancona, 1774-1851). De familia modesta, estudió en Nápoles. Debutó con óperas bufas al estilo de D. Cimarosa, como *Li puntigli delle donne*, pero fue en París, ciudad a la que se trasladó en 1803, donde obtuvo sus mayores triunfos con la ópera seria *La Vestale*, escrita según el austero modelo gluckiano, y *Fernand Cortez*. En 1820 pasó a Berlín, donde, tras unos éxitos iniciales (*Olimpie, Nurmahal*), fue combatido por su actitud soberbia, pese a contar con el apoyo del rey de Prusia. Amargado y sordo, se retiró primero a París y por último a su localidad natal, donde falleció.

stabat mater Título de una secuencia tradicional de la liturgia católica, atribuida al franciscano Jacopone da Todi, de inicios del siglo XIV. Los versos por él escritos son un canto al dolor de María a los pies de la Cruz donde murió Cristo. Abolida esta secuencia por el Concilio de Trento, fue reintroducida en el culto en 1727, hecho que originó un verdadero florecimiento de obras dedicadas a este texto, como las de Pergolesi, Haydn, Rossini, Schubert, Verdi, Dvorak, Poulenc y Penderecki, entre otros muchos otros autores.

staccato Indicación en una partitura de que un pasaje debe interpretarse de modo que se distinga bien el ataque de cada nota, no ligándolas. La forma más habitual de señalarlo consiste en colocar un punto sobre cada una de las notas afectadas. Es lo opuesto a *legato*.

Stamitz, Carl Compositor y violinista alemán de origen bohemio (Mannheim, 1745-Jena, 1801). Estudió con su padre, Johann

El stabat mater es un tipo de composición dedicada a la Virgen. En la imagen, *Crucifixión*, de Jacopo Bassano.

Stamitz (1717-1757), y también con Christian Cannabich, Ignaz Holzbauer y Franz Xaver Richter. En 1762 formó parte de la célebre orquesta de Mannheim, que su padre había convertido en la mejor del momento. En 1770 se trasladó a París junto con su hermano Anton. Compuso más de cincuenta sinfonías, al menos treinta y ocho sinfonías concertantes y más de sesenta conciertos para todo tipo de instrumentos de cuerda y viento.

Steiner, Max Compositor austríaco nacionalizado estadounidense (Viena, 1888-Los Ángeles, 1971). Músico precoz, estudió en su ciudad natal. En 1914 se afincó en Estados Unidos, donde trabajó como director y arreglista en diversos teatros musicales. En 1929 se instaló en Hollywood, y allí inició su relación con la industria cinematográfica, a la que se dedicaría durante el resto de su vida. De las más de trescientas composiciones que escribió para el cine destacan las de los filmes *King Kong, Lo que el viento se llevó, La carga de la Brigada Ligera* y *Casablanca*.

Stenhammar, Wilhelm. Compositor y director de orquesta sueco (Estocolmo, 1871-1927). Nombre trascendental del panorama musical sueco, su ambición fue triunfar en la escena lírica, aunque han sido sus obras orquestales las que mayor difusión han logrado, tanto en su patria como

en el campo internacional. Entre ellas se cuentan la obertura *Excelsior!*, con la que debutó como director de orquesta, la *Sinfonía núm. 2* y el *Concierto para piano núm. 2*. El carácter apasionado de su música remite al romanticismo de un Wagner o un Liszt, si bien tamizado a través de una fuerte personalidad.

Stern, Isaac Violinista ruso nacionalizado estadounidense (Kremenetz, Ucrania, 1920). Su familia emigró a Estados Unidos cuando él era un niño. Talento precoz, estudió en el Conservatorio de San Francisco entre 1928 y 1931, y debutó en 1937 en Nueva York. Concluida la Segunda Guerra Mundial efectuó una gira por Europa que le llevó en 1948 al Festival de Lucerna. En 1956 realizó una gira por la Unión Soviética. Con el pianista Eugene Istomin y el violoncelista Leonard Rose ha integrado uno de los mejores tríos de la música del siglo XX.

Stockhausen, Karlheinz Compositor alemán (Mödrath, Colonia, 1928). Alumno de Frank Martin en Colonia y de Olivier Messiaen en París, pronto se sintió atraído por las posibilidades del serialismo integral y de la electrónica en la creación musical. En 1956 dio a conocer *El canto de los adolescentes*, su más interesante composición electroacústica. En la década de 1960, influido por la filosofía oriental, su música adoptó elementos aleatorios y una cierta atmósfera mística y esotérica que había de convertirse en uno de sus sellos personales. Es el caso de *Licht*, el magno proyecto de siete óperas, una para cada día de la semana, iniciado en 1978, cuya conclusión está prevista para inicios del año 2000. Otras obras suyas son *Klavierstücke I-XI, Hymnen, Sirius* y *Sternklang*.

Stokowski, Leopold Director de orquesta británico nacionalizado estadounidense (Londres, 1882-Nether Wallop, Hampshire,

A la derecha, fotografía dedicada del violinista estadounidense Isaac Stern.

1977). Estudió música en Oxford. En 1905 se trasladó a Nueva York para ocupar el puesto de organista y director de coro. En 1912 fue nombrado director de la Orquesta de Filadelfia, cargo que desempeñaría durante un cuarto de siglo. Entusiasta de la música contemporánea, en Estados Unidos dirigió un sorprendente número de estrenos y primeras audiciones de obras de vanguardia. Verdadero divo del podio, con una concepción muy clara del espectáculo, no dudaba en tomarse todo tipo de libertades respecto a las partituras que interpretaba. Participó en la película de Walt Disney *Fantasía*.

Stradivari, Antonio Constructor de instrumentos musicales italiano (Cremona, 1644- 1737). Discípulo de Niccolò Amati, es uno de los *luthiers* más famosos de todos los tiempos. Entre 1700 y 1725 construyó gran cantidad de instrumentos musicales (violines, violoncelos, arpas, laúdes, mandolinas y guitarras) que todavía hoy continúan en uso. Sus hijos Francesco (1771-1743) y Omobono (1679-1742) continuaron su tradición.

Strauss, Richard Compositor y director de orquesta alemán (Munich, 1864-Garmisch Partenkirchen, Baviera, 1949). Hijo de un valorado intérprete de trompa de Munich, su primera etapa como compositor estuvo dominada por una serie de poemas sinfónicos según el modelo de Franz Liszt, como *Don Juan, Muerte y transfiguración, Las travesuras de Till Eulenspiegel, Así habló Zaratustra, Don Quijote* y *Vida de héroe*. Aplaudido en toda Europa como director de orquesta y compositor, con el cambio de siglo comenzó a interesarse por la forma operística, a la que iba a dedicar sus mayores esfuerzos hasta su muerte: las expresionistas *Salomé* y *Elektra* dejaron paso en 1911 al neoclasicismo de *El caballero de la rosa* y *Ariadne auf Naxos*, ambas con libreto de Hugo von Hofmannsthal. *La mujer sin sombra* y *Arabella* son otros dos títulos destacados de su producción. No hay que olvidar tampoco, junto a sus poemas sinfónicos y óperas, sus *lieder*, que suponen la cima del género en el siglo XX.

Strauss I, Johann Compositor austríaco (Viena, 1804-1849). Conocido como Johann Strauss I para diferenciarlo de su hijo, llamado Johann así mismo, fue un músico autodidacta. En 1819 se incorporó como violinista a un pequeño conjunto que había formado Joseph Lanner, hasta que en 1825 creó su propia orquesta de baile. Hacia 1826 empezó a componer valses y galops. Dio giras por Europa, pero su precaria salud lo obligó a reducir su actividad, y a partir de 1838 se limitó a actuar en Viena. Dejó escritas más de 250 piezas de baile, que quedaron oscurecidas por las de su

Al piano, Igor Stravinski, un músico que revolucionó el panorama musical de comienzos del siglo XX.

hijo Johann II. Su obra más apreciada actualmente es la famosa *Marcha Radetzky*.

Strauss II, Johann Compositor austríaco (Viena, 1825-1899). A pesar de la oposición de su padre, siguió la carrera musical. Sus valses obtuvieron tales éxitos que llegaron a competir con los cosechados por su padre, tanto en Austria como en el resto de Europa. Fue nombrado director de baile de la corte en 1863. Además de centenares de polcas, cuadrillas, marchas y otras piezas, escribió valses sinfónicos de celebridad mundial, como *El bello Danubio azul, Rosas del sur, Cuentos de los bosques de Viena* o *El vals del emperador*. Se distinguió también como autor de operetas, como *El murciélago, El barón gitano* y *Una noche en Venecia*.

Stravinski, Igor Compositor ruso nacionalizado primero francés y con posteriori-

La familia de los Strauss, a través sobre todo de Johann Strauss II, hizo del vals el símbolo musical de la Viena imperial.

dad estadounidense (Oranienbaum, San Petersburgo, 1882-Nueva York, 1971). Su padre fue bajo de la Ópera Imperial. Alumno de Rimski-Korsakov, la oportunidad de darse a conocer se la proporcionó en 1910 Serge de Diaghilev al encargarle el ballet *El pájaro de fuego*. A éste le siguieron *Petrouchka* y *La consagración de la primavera*. Hacia 1920 lideró la corriente neoclásica (*Pulcinella, Mavra, Oedipus Rex, Sinfonía de los salmos, La carrera del libertino*). La influencia de Schönberg motivó que se acercara al serialismo a partir de 1951 (*Agon, El diluvio, Requiem canticles*).

stretta 1. Nombre que se da a la parte más rápida de la fuga, en la que el tema principal se interpreta en un intervalo de tiempo más corto que al principio. 2. El término se aplica también a la parte final, más rápida y contrastada, de los concertantes en las óperas y los oratorios de los siglos XVIII y XIX, o bien la de las obras orquestales de la misma época (por ejemplo, las sinfonías de Beethoven).

stringendo Indicación («acelerando») que en una partitura sugiere que los intérpretes deben acelerar el *tempo*.

subdominante En una escala musical, nombre que se aplica al grado inmediatamente anterior al de la dominante. Así, en la escala de do, la dominante es el quinto grado, es decir, el sol, y la subdominante sería el cuarto grado, o sea el fa.

suite Serie de danzas de distinto carácter que en los siglos XVII y XVIII solían interpretarse como una sola obra, con algún elemento que les otorgaba cierta unidad. Durante el Barroco se adoptó una serie más o menos fija de movimientos que incluían una *allemande*, una *courante*, una zara-

banda y una giga, precedidas a veces por una obertura. La suite tuvo una importancia primordial en el desarrollo de la música instrumental.

sujeto Galicismo que se emplea para aludir al tema («sujet») de la fuga, que surge en las distintas voces del canto imitativo, se repite de nuevo y finalmente se acelera en el *stretto*. El término se usa también para referirse al motivo principal de otras formas de carácter imitativo como el *ricercar*.

Suk, Josef Compositor y violinista checo (Krecovice, 1874-Benesov, 1935). Fue discípulo de Anton Dvorak, con cuya hija casó en 1898. Las tempranas muertes de su esposa y de su suegro le inspiraron en 1905 la composición de una de sus obras más impresionantes, la *Sinfonía Asrael*. Su música, influida en un principio por la de Dvorak, derivó luego hacia un lenguaje armónico más avanzado y unas estructuras formales más abiertas. *Praga, Un cuento de hadas* y *Epílogo* son otras de sus composiciones más representativas.

Sullivan, sir Arthur Compositor británico (Londres, 1842-1900). Asociado al humorista y libretista William Gilbert, escribió numerosas óperas cómicas u operetas que todavía mantienen íntegra su vitalidad: *Trial by Jury, H. M. S. Pinafore, The Pirates of Penzance, Patience, Iolanthe, Princess Ida, The Mikado, Ruddigore, The Yeomen of Guard* y *The Gondoliers*. Fue así mismo autor de una ópera, *Ivanhoe*, y de una *Sinfonía irlandesa*.

Supervía, Conchita Mezzosoprano española (Barcelona, 1895-Londres, 1936). Debutó en Buenos Aires en 1910, y en 1911 cantó en Roma el papel de Octavian de *El caballero de la rosa*. Cantante de gran virtuosismo vocal y encantadora presencia escénica, logró grandes éxitos con su encarnación de Carmen. Especialista también en papeles rossinianos, devolvió a los papeles de Rosina y Cenerentola su tesitura original. Falleció al dar a luz a su único hijo.

Suppé, Franz von Compositor austríaco (Spalato, 1819-Viena, 1895). Sobresalió en el campo de la opereta, con títulos como *Poeta y campesino, La bella Galatea, Boccaccio* y *Caballería ligera*, obras cuyo éxito en su época hizo de él el mayor rival de todo un especialista en el género como Jacques Offenbach, pero que hoy sólo ocasionalmente se representan. Sus oberturas, empero, siguen gozando del favor unánime del público.

Susato, Tylmann Compositor y editor flamenco (c. 1500-Amberes, 1561). Entre 1529 y 1530 fue calígrafo de la catedral de Amberes, y en 1531, trompetista de la mis-

Joan Sutherland, soprano australiana que dejó una huella imborrable en el repertorio *belcantista*.

ma catedral. A partir de 1543 trabajó como editor de música. A lo largo de diecisiete años publicó más de veinticinco libros de canciones, tres libros de misas y diecinueve de motetes, algunos de los cuales contienen composiciones suyas.

Sutherland, dame Joan Soprano australiana (Sidney, 1926). Estudió en su ciudad natal. En 1951 se trasladó a Londres y en 1952 debutó en el Covent Garden con *La flauta mágica*. Especializada en el gran repertorio *belcantista*, ha sido una excelente intérprete de óperas de autores como Rossini, Donizetti y Bellini, algunas de las cuales ha contribuido a recuperar. En 1979 fue nombrada Dama del Imperio Británico. Se retiró en 1990. Está casada con el director de orquesta Richard Bonynge desde 1954.

Sweelinck, Jan Pieterszoon Compositor y organista holandés (Deventer, 1562- Amsterdam,1621). Organista en Amsterdam, fue uno de los grandes improvisadores de su tiempo. Su arte creó escuela, y entre sus discípulos se encuentran Gottfried y Samuel Scheidt, Jacob Praetorius y Heinrich Scheidemann. Aunque compuso numerosas piezas vocales, tanto sacras como profanas, su fama se cimenta, sobre todo, en su producción para teclado, que incluye *ricercares, toccatas* y fantasías.

swing 1. Nombre que se da a un tipo de música de jazz orientado hacia la danza, que apareció en torno a la década de 1930. Fue el estilo surgido de las *big bands* populares, con participación de numerosos ins-

trumentos de viento. 2. Impulso rítmico propio del jazz, imposible de anotar sobre papel y que sólo puede darse en la interpretación.

Szell, George Director de orquesta húngaro nacionalizado estadounidense (Budapest, 1897-Cleveland, 1970). En 1915 fue asistente de Richard Strauss en la Ópera de Berlín. El estallido de la Segunda Guerra Mundial le obligó a exiliarse en Estados Unidos, donde en 1946 asumió la dirección de la Orquesta de Cleveland, que convirtió en una formación de primer orden mundial. Su repertorio comprendía las grandes obras sinfónicas de la tradición clásica y romántica germana.

Szeryng, Henryk Violinista polaco nacionalizado mexicano (Zelazowa Wola, Varsovia, 1918- Kassel, 1988). Estudió violín en Berlín. Durante la Segunda Guerra Mundial ofreció más de trescientos recitales para las fuerzas aliadas. En 1946 se naturalizó mexicano como acto de gratitud a la acogida dispensada por México a cuatro mil compatriotas suyos refugiados. Fue nombrado profesor de la Universidad Ciudad de México en 1946. Sus interpretaciones de Bach y Mozart fueron muy apreciadas.

Szigeti, Joseph Violinista estadounidense de origen húngaro (Budapest, 1892-Lucerna, 1973). Fue uno de los mayores instrumentistas de su época, y con él tocaron figuras de la talla de los pianistas Ferruccio Busoni, Nikita Magaloff, Claudio Arrau, el violoncelista Pablo Casals y el clarinetista Benny Goodman. Al estallar en Europa la Segunda Guerra Mundial, en 1940 se estableció en Estados Unidos y, a partir de 1960, en Suiza, donde llevó a término una encomiable labor pedagógica.

El director George Szell, un extraordinario intérprete del repertorio clásico y romántico centroeuropeo.

Szymanowski, Karol Compositor polaco (Tymoszówka, Ucrania, 1882-Lausana, 1937). En 1901 se trasladó a Varsovia para ampliar estudios. Años más tarde, en 1927, fue nombrado director del conservatorio de esa ciudad. Su producción incluye una primera etapa inspirada en la estética nacionalista, que posteriormente abandonó en favor de una música en la que la influencia alemana y la atracción por la cultura africana dieron lugar a una serie de obras de avanzado lenguaje armónico. Compuso cuatro sinfonías, la última de ellas concertante, con una parte obligada de piano; una ópera, *El rey Roger*; un *Stabat Mater* y varios ciclos de canciones.

T

tablatura Nombre que recibe un sistema de escritura musical, al margen de la notación tradicional, usado para los instrumentos de teclado y de cuerdas pulsadas, que utiliza letras, números o esquemas para situar la altura y el modo de ejecución de la pieza. Existe una gran variedad de sistemas de tablatura generados a través de los siglos, muchos de ellos hoy en desuso.

Tafelmusik Nombre alemán con el que se indica la música de consumo habitual en la época barroca, y especialmente en el siglo XVIII, cuando se generalizó la costumbre de que los nobles y los burgueses tuviesen música en su hogar para acompañar las comidas. La *Tafelmusik* era así la música para ser interpretada domésticamente por músicos profesionales en presencia de los comensales. Georg Philipp Telemann escribió una extensísima serie de obras musicales propias para estas ocasiones.

Tailleferre, Germaine Compositora francesa (Parc-Saint-Maur, París, 1892-París, 1983). Fue la única mujer del Grupo de los Seis. Su música, agradable, despreocupada y un tanto superficial, se caracteriza por cierto encanto que podría calificarse de *naif*. Entre las obras que compuso merecen citarse las óperas bufas *Le bel ambitieux* y *La petite sirène*, el ballet *Le marchand d'oiseax* y la *Cantate de Narcisse*. A finales de la década de 1950 abandonó prácticamente la composición.

Takemitsu, Toru Compositor japonés (Tokio, 1930-1996). En su juventud experimentó con las técnicas de la vanguardia occidental, incluidos el serialismo y la aleatoriedad. En 1951 fue uno de los fundadores de un laboratorio musical, el Jikken Kobo de Tokio, cuyo objetivo era investigar la posibilidad de combinar el lenguaje y los instrumentos tradicionales de la música japonesa con las nuevas corrientes euro-

Sobre estas líneas, *Música para mesa* de Palomedes, cuadro ilustrativo del concepto de *Tafelmusik*, género musical en el que destacó Telemann.

peas y americanas. Sus obras sobresalen por su carácter poético y su refinamiento tímbrico, que en parte recuerda a Claude Debussy. *Una bandada desciende sobre el jardín pentagonal*, *Soledad sonora* y un *Concierto para viola* figuran entre sus obras. También realizó alguna incursión en el cine, campo en el que es autor de la banda sonora de la épica *Ran* de Akira Kurosawa.

Tallis, Thomas Compositor y organista británico (c. 1505-Greenwich, 1585). Tras haber sido organista en distintas iglesias, en 1543 fue nombrado caballero de la Capilla Real, cargo que desempeñó hasta su muerte. Tenía la responsabilidad de interpretar música de órgano y componer música polifónica con destino a los usos litúrgicos de la corte. En 1575, la reina Isabel le otorgó, junto al también compositor William Byrd, el privilegio de imprimir música. De entre sus numerosas obras corales sobresale su colección sobre las *Lamentaciones de Jeremías*.

tambor Instrumento de percusión formado por un cilindro de madera de considerable diámetro, cubierto en las partes superior e inferior por una membrana de piel, que se percute mediante dos baquetas o mazos terminados en una prominencia dura. Los hay de distintas dimensiones, con cajas más largas y más cortas, y en algunos casos se percuten con la mano. La variedad

de mayor tamaño de este instrumento es la llamada gran caja o bombo.

tam-tam Instrumento de percusión de afinación indefinida, semejante al gong, que consta de un plato metálico con un ligero reborde, que se hace sonar mediante una baqueta rematada en una bola de material blando. Algunos tambores africanos reciben esta denominación por error.

tango Baile y canción populares de Cuba, aunque hoy es la modalidad argentina la más conocida y cultivada. Surgido a finales del siglo XIX en las ciudades, muestra una perceptible influencia de la habanera cubana. De tono casi siempre sentimental, hizo furor en todo el mundo hacia 1910 y años sucesivos, gracias sobre todo a intérpretes como Carlos Gardel.

Dibujo de Jean Cocteau en el que aparecen los miembros del Grupo de los Seis, entre ellos, y en la parte inferior izquierda, Germaine Tailleferre.

363

Francisco Tárrega fue uno de los grandes innovadores en la práctica de la guitarra, inaugurando la moderna escuela guitarrista española.

tañer Verbo que se asocia a la práctica o uso de un instrumento: hacerlo sonar. Así, por ejemplo, tañer la guitarra, o tañer las campanas. Se usa pocas veces para los instrumentos de viento. Hoy día es un término en desuso.

tarantela Danza del sur de Italia, originaria de Nápoles. Su nombre se cree que deriva de «tarántula», arácnido cuya picadura produciría un efecto similar al de este baile. Es de compás rápido, de 6/8. A pesar de su origen rústico, fue adoptada por varios compositores de música clásica, como Rossini, Donizetti, etc.

Tárrega, Francisco Guitarrista y compositor español (Villarreal, Castellón, 1852-Barcelona, 1909). Estudió con Julián Arcas a partir de 1862. En 1874 ingresó en el Conservatorio de Madrid, donde estudió armonía y donde en 1877 comenzó a impartir clases de guitarra. En 1885 se afincó en Barcelona. Efectuó diversas giras por toda Europa, compuso numerosas obras para guitarra y transcribió para este instrumento piezas de compositores como Mendelssohn, Chopin y Beethoven, así como de los españoles Albéniz y Granados. Por su maestría con la guitarra, fue comparado con el violinista, también español, Pablo de Sarasate.

Tartini, Giuseppe Compositor, violinista y teórico de la música italiano (Pirano, Istria, 1692-Padua, 1770). Destinado a la carrera eclesiástica, en 1711 su boda con Elisabetta Premazore encendió la ira del cardenal Cornaro, lo cual obligó al músico a buscar refugio en el monasterio franciscano de Asís. Entre 1723 y 1726 trabajó en Praga al servicio del conde Kinsky. De regreso a Padua, fundó una escuela de violín que fue muy famosa en su tiempo. Sus composiciones incluyen escasas piezas de música religiosa, escritas en los últimos años de su vida, y más de 125 conciertos para violín y cerca de 175 sonatas para este mismo instrumento, entre ellas la célebre «El trino del diablo».

Tauber, Richard Tenor austríaco nacionalizado británico (Linz, 1891-Londres, 1948). Fue el tenor predilecto de Franz Lehár, con quien colaboró asiduamente desde 1925, y uno de los más famosos de su tiempo, como demuestra su prolífica carrera discográfica. Cantó en la Ópera de Viena en las temporadas 1922 y 1928, y 1932 y 1938, y en Berlín entre 1923 y 1933; fueron su especialidad los papeles mozartianos de Belmonte, Don Ottavio y Tamino. Opuesto al nazismo, se afincó en Londres y se naturalizó británico en 1940.

Taverner, John Compositor británico (Lincolnshire, c. 1490-Boston, 1545). Después de ocupar diversos cargos como cantante y maestro de coro en distintas iglesias parroquiales, se distinguió como compositor de música religiosa dentro de la más pura tradición polifónica. Se le deben ocho misas, tres magnificats y unos veinticinco motetes latinos. Según una tradición nunca confirmada, fue un agente de Cromwell.

Taverner, John Compositor y organista británico (Londres, 1944). Discípulo de Lennox Berkeley en la Royal Academy of Music londinense, su concepción de la música cambió radicalmente a raíz de su descubrimiento de los cantos litúrgicos de la Iglesia ortodoxa y del misticismo hindú. Su propia obra se convierte así en una lograda síntesis de elementos procedentes de estas tradiciones y de técnicas de la vanguardia occidental europea, incluidos el serialismo y la música electrónica. El resultado de ello es una música estática y serena. La ópera *María de Egipto*, la *Liturgia de san Juan Crisóstomo* e *Icono de luz* figuran entre sus obras más representativas.

te deum Himno de alabanza a Dios que se canta al final de la oración de maitines los domingos y días festivos, y que se convirtió más tarde en himno de acción de gracias con motivo de determinadas solemnidades públicas. Numerosos compositores han puesto música a las palabras de este himno a lo largo de los tiempos: Henry Purcell, Hector Berlioz, Anton Bruckner, Xavier Benguerel...

Tebaldi, Renata Soprano italiana (Pésaro, 1922). Debutó como profesional en Rovigo, donde cantó el papel de Elena del *Mefistófeles* de Arrigo Boito. En 1946 participó con Arturo Toscanini en la reapertura de la Scala de Milán, en cuyo elenco permaneció durante más de una década. En 1950 se presentó en el Covent Garden en el papel de Desdémona. Tras una brillante carrera internacional, se retiró de la escena en 1976.

teclado Conjunto de teclas que, al ser manipuladas con los dedos, las manos o los pies, accionan el mecanismo productor del sonido correspondiente. Entre los instrumentos de teclado destacan el piano, el órgano, el clave, el clavicordio, la espineta, la celesta, el campanólogo, el armonio y el sintetizador.

Telemann, Georg Philipp Compositor alemán (Magdeburgo, 1681-Hamburgo, 1767). Autor prolífico (se le deben más de dos mil obras), su producción abarca todos los géneros y sintetiza de manera sorprendente los diferentes estilos predominantes

Georg Philipp Telemann fue un autor tan prolífico como valioso, cuya obra, tras su muerte, fue prácticamente olvidada hasta su revalorización en el siglo XX. A la derecha, un retrato de este músico alemán.

en su época —el alemán, el francés y el italiano—, aunque sin alcanzar la maestría y la grandeza de su contemporáneo Johann Sebastian Bach. *Der gedultige Socrates, Ulysses* y *Sancio* son algunas de sus óperas. Compuso así mismo oratorios, cantatas y un extenso número de conciertos y sonatas para todo tipo de instrumentos.

tema Nombre que se da a una idea musical bien caracterizada, normalmente de tipo melódico, que sirve de elemento de base para estructurar la composición. El tema, del cual se considera que tiene mayor entidad que un «motivo», debe tener siempre un sentido musical completo y ser fácilmente identificable para el oyente.

temperamento Nombre del sistema de afinación que usa intervalos ligeramente modificados: se trata de la afinación que modifica ligeramente la que en teoría sería pura o justa, porque mantener la afinación estricta produciría conflictos con la práctica musical de determinadas combinaciones melódicas o armónicas, sobre todo en el momento de modular. Con el temperamento se busca un compromiso entre la teoría y la práctica. Johann Sebastian Bach insistió en la necesidad de esta práctica en su obra *El clave bien temperado*.

tempo Palabra italiana con la cual se alude a la velocidad con que debe ejecutarse la música. Por el hecho de no existir una pauta precisa, el valor de las indicaciones del *tempo*, basadas en palabras italianas como *grave, lento, adagio, andante, allegro, vivace, presto...*, depende de la interpretación de cada artista. El intento de fijar el *tempo* mediante el uso del metrónomo no ha dado el resultado apetecido, pues

muchos compositores, entre ellos el propio Beethoven, han discrepado en las interpretaciones de su propia música respecto del valor de metrónomo que habían establecido en un principio.

tenor 1. Nombre que se dio a la voz que mantenía el canto llano en la polifonía. Inicialmente era una voz inferior, pero en el siglo XV pasó a ser la superior, y por este motivo la denominación ha quedado vinculada a la voz aguda masculina. 2. Cantante masculino cuya voz corresponde al registro superior, con capacidad para moverse aproximadamente entre el do2 y el si3 (excepcionalmente el do4). La aparición de la ópera mantuvo al tenor en un segundo plano hasta el Romanticismo, movimiento que dio especial relieve a la figura amorosa masculina, a la que habitualmente se atribuyó la voz de tenor. 3. En

algunos instrumentos, se conoce como tenor al ejemplar de la familia cuyo sonido se encuentra por encima del que recibe el nombre de barítono.

tercera Nombre que se da a la distancia interválica de dos tonos separados por tres grados, incluidos los puntos de partida y de llegada, en la escala musical de do. La tercera puede ser mayor (do-mi), aumentada (do-mi sostenido), menor (do-mi bemol) y disminuida (do sostenido-mi bemol). La tercera mayor es una consonancia muy utilizada en la música tradicional.

ternario Dícese del compás musical que sigue un esquema en tres partes. Un ejemplo de compás ternario muy característico es el ritmo del vals, compás de 3/4.

tesitura Término que se refiere a la extensión que es capaz de cantar con seguridad un intérprete, desde la nota más grave a la más aguda, o a la extensión posible que puede ofrecer un instrumento musical.

tetracordio Espacio que ocupan cuatro notas. En la música griega antigua, el tetracordio era el sistema más pequeño de los usados normalmente, puesto que abarcaba una cuarta justa. Sobre esta noción se articularon sistemas más complejos.

Theodorakis, Mikis Compositor griego (Quíos, 1925). Estudió en el Conservatorio de Atenas. Sus primeras composiciones se basan en la música folclórica griega. En 1953 se trasladó a Francia para estudiar en el Conservatorio de París con Olivier Messiaen. De regreso a Grecia, se convirtió en un símbolo de la lucha contra el régimen militar establecido en su país y contra su

El compositor y cantante griego Mikis Theodorakis durante una actuación.

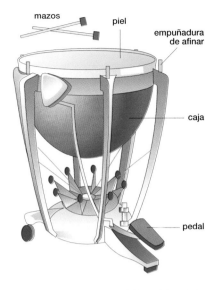

Representación gráfica de un timbal, uno de los más importantes instrumentos de la familia de la percusión.

política cultural. Exiliado en Francia, la restauracion de la democracia le llevó a ocupar un escaño en el Parlamento griego por el Partido Comunista, formación que en la década de 1980 abandonó para abrazar la causa conservadora. Sus composiciones incluyen los oratorios *Epiphania Averoff* y *Canto general*, el drama religioso para voz, coro y conjunto de cámara *Dionysos*, la opera-ballet *Zorbas* y siete sinfonías. Ha compuesto también para el cine: *Z* y *Zorba el griego*.

Thomas, Ambroise Compositor francés (Metz, 1811-París, 1896). Entre 1828 y 1832 estudió en el Conservatorio de París, del que años más tarde (1856) sería profesor, y en 1871, director. En 1832 obtuvo el Gran Premio de Roma. Regresó a París en 1835 y allí compuso canciones y música religiosa, aunque fue en el terreno operístico donde cosechó sus mayores y más duraderos éxitos, con títulos como *Mignon*, sobre un argumento extraído del *Wilhelm Meister* de Goethe, y *Hamlet*, basada en el inmortal drama de Shakespeare. En 1845 fue nombrado caballero de la Legión de Honor.

tiento Composición musical hispánica para arpa, vihuela o tecla que surgió hacia el siglo XVI y desapareció a principios del XVIII. Se parecía bastante al *ricercar* italiano por su complejidad contrapuntística, basada, en definición del tratadista español Correa de Arauxo, en varias fugas cortas que se suceden sobre diferentes melodías.

timbal Instrumento de percusión de la familia de los membranófonos, formado por un caldero de cobre o de bronce de forma semiovoide, recubierto por una única membrana que se percute mediante una baqueta terminada en una prominencia recubierta de fieltro. La membrana puede afinarse merced a unos resortes situados en el perímetro de la caja.

timbre Cualidad específica de un sonido vocal o instrumental que le confiere su personalidad propia. Por usar un símil pictórico, sería el «color», aquello que nos permite distinguir, tras su escucha, de qué instrumento o voz se trata. Viene determinado esencialmente por la forma en que se superponen al sonido principal los diversos armónicos o parciales que lo acompañan. En el campo de la música vocal, el timbre es variable, por ser personal; en el de la música instrumental es fijo, pero puede ser enriquecido tanto por la interpretación como por las combinaciones de un compositor con capacidad para realzar el timbre de los instrumentos que utiliza cuando instrumenta.

Tiomkin, Dimitri Compositor ruso nacionalizado estadounidense (Poltava, 1894-Londres, 1979). Estudió en el Conservatorio de San Petersburgo piano y composición, esta última disciplina bajo la tutela de Alexandr Glazunov. Tras la Revolución rusa de 1917 se trasladó a Berlín, donde estudió con Ferruccio Busoni y Egon Petri. En 1925 realizó una gira por Estados Unidos como pianista. En 1929 recaló en Hollywood, donde comenzó a componer música para filmes, campo en el que se especializó: en cuarenta años creó más de ciento cincuenta partituras. *El puente de San Luis Rey*, *Solo ante el peligro*, *Gigante*, *El Álamo*, *55 días en Pekín* y *La caída del Imperio romano* son algunos de sus *scores* más recordados. Como curiosidad, cabe anotar que fue uno de los creadores del inconfundible sonido del *western* cinematográfico.

Bajo estas líneas, el controvertido e interesante compositor británico Michael Tippett.

tiorba Instrumento de la familia del laúd, de tamaño mucho mayor que éste, y que, además de un mástil de seis órdenes, incorpora otro clavijero fuera del mango, dotado de ocho órdenes que dan las notas más graves. Muy utilizado en Italia durante los siglos XVI y XVII, constituyó la base del canto recitativo y fue usado para el naciente bajo continuo.

tiple 1. Denominación popular y un tanto obsoleta de soprano, propia, en general, de ambientes de música ligera, zarzuela, revista y opereta. 2. Chirimía soprano de la cobla catalana en la interpretación de la sardana.

Tippett, sir Michael Compositor británico (Londres, 1905-1998). Creador comprometido con la sociedad de su tiempo, nunca renunció a su ideología liberal y su vertiente humanista, de las cuales su música es expresión directa. Características de sus primeras composiciones son la incorporación de elementos de la música afroamericana, el *blues* y canciones folclóricas inglesas en una misma obra: su oratorio *A Child of Our Time* es paradigmático en este sentido, puesto que integra espirituales inspirados en la música afroamericana. Destacó en la creación operística, con trabajos como *The Midsummer Marriage*, *King Priam* y *The Knot Garden*, cuyos libretos escribió él mismo. Se le deben también cuatro sinfonías, además de diversas obras de música de cámara. A medida que avanzaba en el tiempo, fue incorporando a su música técnicas y usos de la vanguardia más experimental, dentro siempre de un estilo absolutamente personal.

toccata Composición para un instrumento, habitualmente de tecla, surgida hacia el siglo XV en Italia. De carácter brillante, era una pieza destinada al lucimiento del virtuosismo del intérprete, carácter que se acrecentaba en razón de su gran libertad formal y su condición aparentemente improvisatoria. Su cultivo decayó en el siglo XVIII, aunque ha reaparecido en algunos compositores contemporáneos (Prokofiev, Hindemith, Ravel).

Toldrà, Eduard Compositor, violinista y director de orquesta español (Vilanova i la Geltrú, 1895-Barcelona, 1962). Discípulo de Enric Morera en el Conservatorio de Barcelona, inició su carrera de violinista en 1912, y ese mismo año fue uno de los fundadores del Cuarteto Renaixement. En 1921 obtuvo plaza de profesor de violín del Conservatorio de Barcelona. En 1944 fue nombrado director permanente de la Orquesta Municipal de Barcelona, cargo que desempeñó hasta su muerte. Autor de una ópera, *El giravolt de maig*, y de numerosas composiciones, entre las que destacan el cuar-

Arturo Toscanini, uno de los grandes mitos de la dirección orquestal contemporánea.

teto *Vistes al mar*, los *Seis sonetos* para violín y piano, y el ciclo de poemas *La rosa als llavis*.

tonada Nombre popular de melodía, idea musical que se canta o se interpreta mediante algún instrumento. En América Latina el término se utiliza con frecuencia para indicar un tipo determinado de canción melódica.

tonadilla Pieza teatral cantada y de breves dimensiones que adquirió destacado relieve en la vida teatral española —y sobre todo madrileña— de la segunda mitad del siglo XVIII. Solía constar de una sola escena para dos o tres intérpretes, y se asemejaba a un chiste escenificado, amablemente satírico y de claro acento popular, con acompañamiento instrumental y melodías de aspecto italianizante. En los últimos decenios del siglo se amplió e incorporó más personajes, de modo que puede considerarse el precedente directo de la zarzuela romántica. Blas de Laserna, Pablo Esteve y Luis Misón fueron algunos de sus más célebres cultivadores.

tonalidad En la música tradicional, sistema de relaciones que establece una nota considerada como fundamental o centro tonal —nota tónica—, con respecto a la cual las restantes notas de la escala tienen una función subordinada, aunque vinculada a aquélla por relaciones armónicas. A través de las modulaciones, la tónica no pierde tampoco su carácter dominante. Existen en la música occidental dos tipos de tonalidad, mayor y menor, y como cada nota puede ser tónica, la escala de doce tonos y semitonos es capaz de dar 24 tonalidades distintas, tal como demostró Johann Sebastian Bach en *El clave bien temperado*. A principios del siglo XX, y como consecuencia de la armonía wagneriana que significó la crisis del sistema tonal tradicional, Arnold Schönberg y otros músicos de su

época propugnaron diversos sistemas alternativos a éste: atonalismo, dodecafonismo...

tónica Nota que ejerce la función de base de la tonalidad de una composición determinada. La tónica, o nota fundamental, determina la función de las restantes notas de la escala. Es la que da nombre al modo o tonalidad de la composición.

tono 1. Indicación de qué nota ejerce la función de tónica en una composición, de la cual se dice que está en tono de Do mayor, o de sol menor, etc. 2. Intervalo equivalente a una segunda mayor. 3. Sonido de referencia para la afinación de voces e instrumentos.

Torrejón y Velasco, Tomás de Compositor español (Villarrobledo, Albacete, 1644-Lima, 1728). Después de trabajar en España para el conde de Lemos en 1658, en 1667 se trasladó a Perú con su señor, que había sido nombrado virrey de la colonia. A partir de 1676 ocupó el cargo de maestro de capilla de la catedral de Lima. Tuvo destacada influencia en la composición y difusión de obras sacras sobre textos escritos en latín y castellano, especialmente villancicos, entre los compositores coetáneos suyos. Además, dejó escrita la ópera *La púrpura rosa* con libreto de Calderón de la Barca, obra estrenada en la corte virreinal en 1701.

Toscanini, Arturo Director de orquesta italiano (Parma, 1867-Nueva York, 1957). Batuta mítica por su carácter tiránico y sus excelentes resultados musicales, en 1876 ingresó en el Conservatorio de Parma, donde estudió violoncelo y composición; se graduó en 1885 con el primer premio de violoncelo. En 1886 debutó como director, dirigiendo *Aida* en Rio de Janeiro. Muy unido a Giacomo Puccini, dirigió los estrenos

de *La bohème*, *La fanciulla del West* y *Turandot*. Fue el primer director no alemán que ocupó el podio en los Festivales de Bayreuth en 1930 y 1931, pero rehusó volver a dirigir en Alemania y en Salzburgo por su oposición a la política antisemita de Hitler. Afincado en Estados Unidos, en este país desarrolló una brillante carrera como director sinfónico. Nombrado en 1937 director de la Orquesta Sinfónica de la NBC, ostentó el cargo hasta 1954, año en que se retiró.

tragédie lyrique Término con el que se designó de modo habitual la ópera seria en Francia, a partir de la creación de *Cadmus et Hermione* de Jean-Baptiste Lully en 1673. Generalmente designa un tipo de obra de argumento mitológico o caballeresco en un prólogo y cinco actos. Gluck dio en París un relieve especial al concepto de *tragédie lyrique* como drama con visos de realismo escénico y constantes referencias al mundo trágico greco-latino. En ocasiones, el género aparece mencionado como *tragédie en musique*.

transcripción 1. Adaptación al sistema de notación moderno de una partitura musical escrita en una época más o menos remota, con el objeto de facilitar su ejecución por parte de los intérpretes actuales. 2. Adaptación de una obra musical a un medio instrumental distinto de aquel para el que fue escrita. 3. Notación sobre papel del sonido, sea en directo o grabado. Es una práctica esencial en etnomusicología.

transposición Operación consistente en cambiar la altura a que se interpreta una pieza, por conveniencia del intérprete. Hay instrumentos cuya afinación —los sonidos que emiten— no concuerda con lo que aparece escrito en la partitura. Son los instrumentos transpositores (trompa, clarinete, corno inglés).

trémolo Término de origen italiano que indica el leve temblor o la repetición insis-

Partitura autógrafa de *Armide, tragèdie-lirique* debida a Christoph Willibald Gluck.

tida que se produce en la emisión de una nota como elemento decorativo y expresivo de la interpretación musical.

trepak Danza cosaca en compás binario rápido que incorporaron algunos compositores, como por ejemplo Piotr Ilich Chaikovski en el ballet *Cascanueces*.

tresillo Grupo de tres notas de valor idéntico, cuya duración debe equivaler a la de dos notas iguales. Se indica por medio de un número 3 con una ligadura colocada encima del grupo.

tríada Acorde de tres notas formado por otras tantas notas separadas por la distancia de una tercera, por lo que pueden escribirse en tres líneas o espacios adyacentes del pentagrama. En la escala de do, la tríada la forman el do, el mi y el sol.

triángulo Pequeño instrumento de percusión formado por un triángulo metálico abierto en uno de sus lados que se hace vibrar mediante una baqueta metálica; produce un sonido agudo de altura indeterminada.

trino Ornamento musical consistente en la alternancia de una nota y la siguiente situada por encima de la tonalidad de la pieza. Dicha alternancia pretende introducir un elemento de indefinición tonal.

trío 1. En la música de cámara europea de los siglos XVIII y XIX, una composición para tres instrumentos. A partir de 1750, aproximadamente, el trío solía formarse con vio-

El Romanticismo hizo del trío para violín, violoncelo y piano uno de sus géneros predilectos.

lín, viola y violoncelo, aunque un piano podía sustituir a la viola. Este trío con piano es el que cuenta con mayor repertorio desde el Romanticismo. 2. Pasaje operístico o de oratorio en el que cantan tres voces a la vez, siguiendo las combinaciones deseadas por el compositor. 3. En un movimiento de danza, un minueto o un *scherzo* sinfónicos, segunda sección, que sirve de elemento contrastante entre la sección principal y su repetición.

tritono Intervalo musical en el que se produce un salto de tres tonos enteros. En la armonía tradicional recibe el nombre de cuarta aumentada. Fue una combinación sonora que en la Alta Edad Media se consideraba como una disonancia inadmisible, hasta el punto de que se le dio el nombre de *diabolus in musica*.

trombón Instrumento de viento de la familia de los metales, de forma alargada y estrecha, dotado de una vara telescópica cuyo avance o retroceso da lugar a los sonidos deseados. De timbre violento, durante mucho tiempo estuvo asociado a la músi-

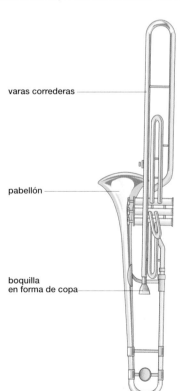

varas correderas

pabellón

boquilla en forma de copa

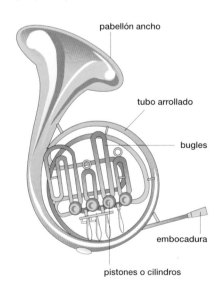

pabellón ancho

tubo arrollado

bugles

embocadura

pistones o cilindros

Dibujo que muestra tres de los instrumentos más representativos de la familia de los metales: de izquierda a derecha, el trombón, la trompa y la trompeta.

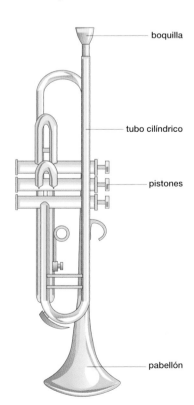

boquilla

tubo cilíndrico

pistones

pabellón

ca fúnebre. En el Romanticismo se incorporó a las orquestas sinfónicas.

trompa Instrumento de viento de la familia de los metales, de forma circular, compuesto por un extensísimo tubo que se recoge sobre sí mismo y termina en un pabellón muy abierto, del cual es posible obtener diferentes sonidos mediante tres pistones, aunque el verdadero productor del sonido es el intérprete y su capacidad de aplicar de manera correcta el soplo, motivo por el cual se trata de uno de los instrumentos más difíciles de hacer sonar adecuadamente. Es un instrumento transpositor.

trompeta Instrumento de viento de la familia de los metales, de formato bastante modesto, del que puede obtenerse un sonido brillante y penetrante no exento de connotaciones militares. Al igual que la trompa, dispone de pistones que le permiten abordar todas las notas de la escala cromática.

trovador Vocablo que designa a un tipo de poetas-compositores que vivieron entre los siglos XII y XIII, representantes de una sociedad cortesana y refinada y creadores de una lírica de alto contenido amoroso. De la música trovadoresca, siempre monódica, sólo se conserva un diez por ciento de las melodías originales. Los trovadores cantaron siempre en lengua provenzal; en el norte de Francia aparecieron los *trouvères*, imitadores que usaron el francés, mientras que en Alemania surgieron los *minnersänger*, cuyo medio de expresión fue el alemán.

tuba Instrumento de viento de la familia de los metales, el de sonido más grave de ellos, de grandes dimensiones, con tubo cónico y provisto de pistones, que le permiten dar todas las notas de la escala cromática. Fue introducido en la orquesta sinfónica en el siglo XIX.

Turina, Joaquín Compositor español (Sevilla, 1882-Madrid, 1949). Recibió su formación musical en su ciudad natal, donde debutó como pianista en 1897. En 1905 se trasladó a París para estudiar en la Schola Cantorum con Vincent D'Indy. Allí se graduó en 1913. Ese mismo año compuso su poema sinfónico *La procesión del Rocío*. Tras regresar a Madrid en 1914, en 1915 compuso *Evangelio de Navidad* y cinco años más tarde, *Sinfonía sevillana*. En 1923 estrenó la ópera *Jardín de Oriente*. En 1930 ingresó como profesor en el Conservatorio de Madrid. Su música trasluce la influencia del nacionalismo español en el carácter de sus composiciones y la del impresionismo francés, sobre todo, en la armonía y el color instrumental. Excelente pianista, dedicó gran número de páginas a este instrumento musical.

Miniatura medieval que representa a Walther von der Vogelweide, uno de los mejores trovadores, o *minnesänger*, alemanes.

tutti Término italiano con que se alude a los instrumentos o las voces de una composición en el momento en que todos suenan al unísono.

U

ukelele Instrumento de cuerda parecido a la guitarra, pero de menor tamaño, procedente de Indonesia. Se ha integrado en la tradición musical norteamericana y aparece con frecuencia en los grupos instrumentales o como acompañamiento de una voz solista.

ultrasonidos Denominación que reciben los sonidos cuya frecuencia es tan alta que no es perceptible por el oído humano. Sin embargo, su vibración puede llegar a producir lesiones en el aparato auditivo.

unísono 1. Coincidencia de dos o más sonidos en una misma altura, hecho que provoca la fusión casi total de ambos en un sonido único, o lo que es lo mismo, ausencia de intervalos. 2. Pasaje musical en el que todos los instrumentos o todas las voces atacan a la vez una misma nota, un acorde o un fragmento.

Usandizaga, José María Compositor español (San Sebastián, 1887-1915). Estudió música en su ciudad natal. Por recomendación de Francis Planté, en 1901 ingresó en la Schola Cantorum de París, donde tuvo como profesor a Vincent D'Indy. En 1906 regresó a España y compuso obras de diversos géneros, con preferencia por la música nacionalista de su tierra vasca. Tuvo sus grandes éxitos en los campos de la ópera y la zarzuela, con sus composiciones *Mendi mendiyan*, *Las golondrinas* y *La llama*, ésta completada por su hermano Ramón. De entre sus composiciones instrumentales destaca la *Obertura sinfónica sobre un tema en canto llano*. La tuberculosis lo llevó prematuramente a la tumba.

V

vals Danza surgida en el siglo XVIII, cuyo nombre deriva de *walzen*, esto es, «rodar», que, de mano de la familia Strauss, se impuso como uno de los bailes de salón más celebrados en Viena durante el siglo XIX. Su origen se halla en una danza popular austríaca de *tempo* en origen lento. Se trata de una danza en compás de 3/4, moderadamente rápida, que alcanzó tal prestigio que ha sobrevivido a todos los cambios de gusto musical que se han dado en casi tres siglos.

El obstinado ritmo del vals personifica como ningún otro el carácter superficial y elegante de la Viena de finales del siglo XIX.

Van Dam, José Barítono belga (Bruselas, 1940). Después de cantar en la Compañía de las Óperas de París (1961-1065) y Ginebra (1965-1967), en 1967 se convirtió en una de las principales figuras de la Ópera Alemana de Berlín. Su amplísimo repertorio abarca desde Don Fernando de *Fidelio* hasta Escamillo de *Carmen*, pasando por Golaud de *Pelléas et Mélisande*, Anfortas de *Parsifal*, Leporello de *Don Giovanni* o Wozzeck, de la ópera homónima de Alban Berg. En 1983 estrenó la ópera *Saint François d'Assise* de Olivier Messiaen.

Varèse, Edgard Compositor francés nacionalizado estadounidense (París, 1883-Nueva York, 1965). Se formó en la Schola Cantorum de París y en Berlín, donde conoció a Ferruccio Busoni, cuyas avanzadas ideas ejercieron poderosa influencia sobre él. Escribió obras que fueron conflictivas en su época por su moderno lenguaje, basado en una forma totalmente nueva de organización sonora, que no excluye el ruido: *Amériques, Octandre, Intégrales, Arcana*. Su pieza *Ionisation* se considera como la primera obra para percusión sola. Fue también uno de los pioneros de la música electrónica, que usó junto a instrumentos tradicionales en *Déserts*.

variación Técnica compositiva que se basa en la habilidad para introducir cambios de tipo melódico, rítmico, armónico o de *tempo* en un tema dado —por lo general expuesto al principio de la composición, y que puede ser original o tomado de otro compositor—, sin alterar su esencia, de modo que sea reconocible a lo largo de toda la obra. *Variaciones Goldberg* de Bach, *Variaciones Diabelli* de Beethoven, *Variaciones sobre un tema de Haydn* de Brahms y *Variaciones «Enigma»* de Elgar son algunas partituras estructuradas según este procedimiento.

vaudeville Pieza que suele figurar al final de las *opéra-comiques* francesas, en la que cada personaje canta un verso y todos se unen para cantar un refrán colectivo, como es el caso, por ejemplo, del final de *El barbero de Sevilla* de Rossini. Se da también este nombre a un espectáculo ligero y de carácter satírico, sobre todo a partir del siglo XIX.

Vaughan Williams, sir Ralph Compositor británico (Down Ampney, Gloucestershire, 1872-Londres, 1958). Durante la primera década del siglo XX trabajó alternativamente como organista de iglesia, editor musical e investigador de canciones populares, que transcribió y adaptó. En 1919 ingresó como profesor en el Royal College of Music de Londres, en el que dio clases durante veinte años. Para entonces era ya un reconocido compositor sinfóni-

Brahms fue un maestro de la variación y sus *Variaciones sobre un tema de Schumann*, una de sus obras más representativas en esta forma.

co, aunque su dedicación a este género fue más bien tardía: hasta 1909 no terminó su primera sinfonía, *A Sea Symphony*. Tras ella verían la luz un total de ocho más. Compuso así mismo óperas como *Sir John in Love* y *The Pilgrim's Progress*, ballets (*Job, a Masque for Dancing*) y diversas piezas instrumentales, dos de las cuales, *Fantasía sobre un tema de Thomas Tallis* y *Fantasía sobre el «Greensleeves»*, le han proporcionado una gran fama fuera de su país.

Vecchi, Orazio Compositor italiano (Módena, 1550-1605). Maestro de capilla de la catedral de Saló entre 1581 y 1584, en 1593 regresó a su ciudad natal para ocupar el mismo cargo. Durante esta etapa en Módena compuso y publicó numerosas composiciones, entre ellas la más conocida, la «comedia armónica» *L'Amfiparnaso*; estrenada en 1594, se trata de una especie de ópera-madrigal en la que cada personaje está cantado a varias voces. Su música reli-

giosa abarca libros de motetes, himnos, lamentaciones y magnificats, muchos de ellos en el estilo veneciano. Sus composiciones de música secular incluyen seis libros de canciones.

Végh, Sándor Violinista, director de orquesta y pedagogo húngaro nacionalizado francés (Kolozsvár, 1912). Discípulo de Zoltán Kodály en Budapest, en 1934 fue miembro fundador del célebre Cuarteto Húngaro. En 1940 fundó el Cuarteto Végh. En 1953 se nacionalizó francés. Como solista ha actuado junto a Richard Strauss, Josef Krips, Ferenc Fricsay, Pablo Casals y Rudolf Serkin. Desde 1979 dirige la Camerata Academica de Salzburgo.

Velasquez, Glauco Compositor brasileño (Nápoles, 1884-Rio de Janeiro, 1914). Nacido en Italia, aunque de origen brasileño, en 1897 se trasladó a Rio de Janeiro, donde ingresó en el Instituto Nacional de Música. Allí fue alumno de Frederico Nascimento y Francisco Braga. Se dedicó a la composición a partir de 1901, y en 1911 presentó sus primeras obras. Autor de fina sensibilidad, plasmó en sus obras las nuevas tendencias musicales de la época, obviando el estilo nacionalista predominante entre sus colegas. Su producción abarcó principalmente la música de cámara y también la música religiosa.

Verdi, Giuseppe Compositor italiano (Le Roncole, Parma, 1813-Milán, 1901). De familia modesta, gracias a un comerciante local, Antonio Barezzi, pudo pagarse los estudios en Milán, aunque, sorprendentemente, no fue aceptado en el Conservatorio a causa de sus deficientes conocimientos, de modo que hubo de recurrir a las lecciones privadas. En 1838 estrenó en la Scala de Milán su primera ópera, *Oberto*. A raíz del fracaso de la ópera bufa *Un giorno di regno* y la muerte de su esposa y sus hijos, pensó en abandonar la composición. Su posterior trabajo, *Nabucco*, lo convirtió en el símbolo del nacionalismo italiano. Con la ópera *Rigoletto*, estrenada en 1851, se inicia su etapa de madurez. Siguieron luego títulos como *Il trovatore, La Traviata, Un ballo in maschera, La forza del destino, Don Carlo* y *Aida*, imprescindibles en el repertorio de toda compañía de ópera. En sus últimos años colaboró con el compositor y libretista Arrigo Boito, autor de los textos de sus dos últimas obras maestras: *Otello* y *Falstaff*.

verismo Movimiento operístico italiano propio de las dos últimas décadas del siglo XIX, aunque sus directrices pueden hallar-

El gran maestro de la ópera italiana, Giuseppe Verdi, retratado por Giovanni Boldini.

se también en otros países durante la misma época (Francia con *Luise* de Charpentier o Moravia con *Jenufa* de Janacek), que buscaba el realismo en la ópera, sobre todo en cuanto a los argumentos, en ocasiones extraídos de la vida real. En el estricto plano musical, este ideal de realismo se plasmó en la sustitución de las ornamentaciones vocales por una emisión vocal directa, basada en las inflexiones del propio idioma. Anticipado por Verdi y Ponchielli, el verismo tuvo sus principales representantes en Mascagni, con *Cavalleria rusticana*, y Leoncavallo, con *I pagliacci*.

vibráfono Instrumento de percusión de afinación precisa, formado por barras metálicas afinadas que se gradúan de acuerdo con las notas de la escala, dispuestas horizontalmente y en serie como en un xilófono. Debajo de cada barra metálica hay un tubo que actúa como caja de resonancia, acentuada por un ventilador eléctrico, que otorga su timbre especial al instrumento.

vibrato Ligera oscilación del sonido característica del timbre de una voz o de un instrumento. De entre los instrumentos, las cuerdas son las que más utilizan este recurso, un *trémolo* atenuado que se usa como fórmula decorativa y expresiva.

Victoria, Tomás Luis de Compositor y organista español (Ávila, 1548-Madrid, 1611). Es la figura más universal que ha dado la música española. En 1565 se trasladó a Roma, donde conoció a Palestrina, con quien probablemente estudió. Cantor y organista de Santa Maria di Montserrato en 1569, en 1575 fue ordenado sacerdote. En 1587, el monarca español Felipe II lo promovió a capellán de su hermana la emperatriz viuda María, que vivía retirada en el monasterio de las Descalzas de Madrid. En 1603, con motivo del fallecimiento de la emperatriz, Victoria compuso su impresionante *Officium defunctorum* a seis voces. El estilo de su música, severo pero intensamente dramático al mismo tiempo, está muy influido por su profunda fe católica. Con él, la polifonía sacra alcanza una de sus cimas más altas.

Vieuxtemps, Henri Violinista y compositor belga (Verviers, 1820-Mustapha, Argelia, 1881). Niño prodigio, discípulo de Charles Bériot, a los trece años de edad, en 1833, realizó una gira por Alemania y un año después actuó en Londres. Entre 1871 y 1873 impartió clases en el prestigioso Conservatorio de Bruselas. Su carrera como concertista quedó truncada en 1873, a causa de una parálisis que le inmovilizó el brazo izquierdo. Sus composiciones incluyen siete conciertos para violín, dos conciertos para violoncelo, así como diversas piezas para violín y piano.

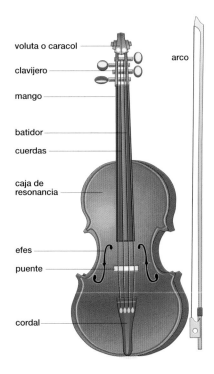

Ligeramente mayor que el violín, la viola tiene una sonoridad más grave.

vihuela Instrumento de cuerda pulsada de la familia del laúd y la guitarra, surgido en España, donde conoció un gran esplendor en el siglo XVI. Existen varios tipos, de los cuales el más frecuente es el de mano. La vihuela de arco tiene la particularidad de ser de cuerda frotada, mientras que la de pénola se pulsaba con un plectro.

Villa-Lobos, Heitor Compositor brasileño (Rio de Janeiro, 1887-1959). Recibió su primera formación musical de su padre, músico aficionado. Entre 1905 y 1912 viajó por todo Brasil para recopilar y estudiar la música folclórica brasileña. En 1915 se dio a conocer en Rio de Janeiro en un concierto de sus propias obras. En 1923 se trasladó a Francia, y hasta 1930 residió en París, donde entró en contacto con la vanguardia musical de la época. En 1942 fundó en su ciudad natal el Conservatorio Municipal y en 1945 la Academia Brasileña de la Música. Autor original y casi en exceso prolífico, su producción abarca todos los géneros: ópera (*Izath*, *Magdalena*, *Yerma*), ballet (*Dança da terra*, *Emperor Jones*), doce sinfonías, poemas sinfónicos (*Amazonas*, *Madona*), conciertos (cinco para piano, dos para violoncelo y otros varios para guitarra, arpa, armónica), diecisiete cuartetos de cuerda, piezas para piano (*Rudepoema*), etc. Pero las obras que más fama le han dado fueron sin lugar a dudas las quince agrupadas bajo el nombre de *Choros* y las nueve *Bachianas brasileiras*, de las cuales la más conocida es la *núm. 5*, escrita para la inusual combinación de violoncelos y voz de soprano.

villancico Tipo de canto religioso español surgido a finales del siglo XV que se interpretó hasta bien entrado el XVIII. Síntesis de cantos sacros y danzas populares, combinaba coplas y estribillos de modo ingenioso y variado. Aunque de origen popular —y de ahí su nombre—, fue muy apreciado en los ambientes cortesanos, en los que se destinaba a fiestas solemnes tales como Navidad y Corpus.

viola 1. Instrumento de la familia del violín, de tamaño ligeramente mayor que éste, pero de sonoridad más grave, dado que sus cuatro cuerdas están afinadas una quinta más baja. Su música suele escribirse en clave de do en tercera línea. 2. Nombre genérico de una serie de instrumentos de arco, en uso en la música europea entre el siglo XV y principios del XVIII. Pertenecen a ella la *viola da braccio* y la *viola da gamba*, entre otros instrumentos de características similares, pero de tamaños y tesituras diferentes.

violín Instrumento de cuerda frotada dotado de una pequeña caja de resonancia que incorpora un mástil rematado en una voluta en la cual se halla el clavijero. Sus cuatro cuerdas van afinadas por quintas y proporcionan una gama de sonidos de gran amplitud. Un arco integrado por crines de caballo tensadas permite frotar las cuerdas y hacerlas vibrar. En su forma definitiva apareció en los años centrales del siglo XVI, y no tardó en popularizarse por su agilidad y su brillantez, hasta el extremo de que

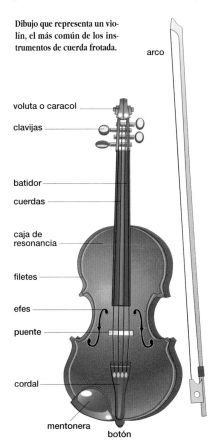

Dibujo que representa un violín, el más común de los instrumentos de cuerda frotada.

rápidamente desplazó a las antiguas violas y generó una familia que incluye la viola moderna, el violoncelo y el contrabajo. Es el puntal de la orquesta tradicional y uno de los instrumentos que cuenta con un repertorio más amplio y variado.

violoncelo Tercer instrumento de la familia del violín, surgido en la segunda mitad del siglo XVI. Está afinado una octava más grave que la viola, y sus cuatro cuerdas se afinan por quintas. Durante mucho tiempo, tuvo como función principal acompañar en el bajo continuo; sin embargo, más adelante, muchos compositores del siglo XVIII empezaron a escribir partes melódicas para el violoncelo, que por otra parte, al desaparecer el bajo continuo, quedó integrado en las cuatro voces del cuarteto de cuerda como instrumento más grave.

virginal Nombre que se dio en Inglaterra durante los siglos XVI y XVII a un instrumento de teclado y cuerdas pulsadas semejante a la espineta. La denominación se atribuye al hecho de que la práctica con este instrumento formaba parte de la educación de muchas jóvenes inglesas de buena familia. Compositores como John Bull y William Byrd fueron algunos de los muchos que en la Inglaterra de la época escribieron piezas para virginal.

virtuosismo 1. Calificación figurada que se da a la capacidad técnica superior a la habitual en la práctica de la música por parte de un ejecutante. 2. En algunas carreras de música, período en que el alumno, ya aprobado en un determinado instrumento, dedica sus estudios a adquirir la máxima destreza técnica.

vísperas Una de las oraciones cantadas en el oficio divino cristiano, que corresponde a la oración vespertina; su rezo o canto incluye el magníficat, pieza de larga tradición musical en Europa.

vivace Término italiano utilizado para indicar, en una partitura, una velocidad de *tempo* bastante rápida, superior a la del *allegro* pero inferior a la del *presto*.

Vivaldi, Antonio Compositor y violinista italiano (Venecia, 1678-Viena, 1741). Por su roja cabellera y su condición de sacerdote, fue conocido, desde su misma época, como *il petre rosso*. Desde 1703 dio clases de violín en el Ospedale della Pietà de su ciudad natal, un orfanato femenino donde escribió gran cantidad de conciertos para todo tipo de instrumentos que le dieron gran fama, tanto en su país como en el resto de Euro-

voluta o caracol
clavijero
batidor
mango
arco
cuerdas
aros
efes
puente
tapa armónica
cordal
pica de metal

El violoncelo es el instrumento más grave de la familia de la cuerda.

pa, como demuestra el hecho de que gran parte de ellos se editaran en Amsterdam. *L'estro armonico*, *La stravaganza*, *Il cimento dell'armonia e dell'invenzione* —que incluye sus célebres *Cuatro estaciones*— y *La cetra* son sus colecciones más célebres en este terreno. Autor prolífico, dejó también una abundante producción de músi-

ca de cámara, vocal y operística, en esta última con títulos como *Orlando finto pazzo*, *Tito Manlio* y *L'Olimpiada*. A pesar de su éxito, murió en Viena en la más absoluta miseria.

Vives, Amadeo Compositor español (Collbató, Barcelona, 1871-Madrid, 1932). Fue discípulo de Felip Pedrell en Barcelona. En 1891 fundó junto con Lluís Millet el Orfeó Català, la sociedad coral más prestigiosa de Cataluña. Se trasladó a Madrid, donde gozó de gran fama como compositor de zarzuelas próximas en su concepción a la ópera, entre ellas *Maruxa*, *Balada de carnaval*, *Doña Francisquita* —su obra maestra—, y *La villana*. También brillante escritor, en 1923 publicó un libro de ensayos titulado *Sofía*. Compuso además un elevado número de piezas para piano y para coro.

vocalise Término francés cuyo significado es «vocalización», es decir, ejercicio de emisión vocal. Se usa para indicar un pasaje musical en que la voz debe hacerse oír en un extenso melisma sin palabras, basado en una sola sílaba del canto. Varios compositores del siglo XX (Ravel, Rachmaninov) han escrito obras basadas en una exhibición vocal de este tipo.

voz 1. Sonido producido por la laringe humana y que, educado debidamente, puede equipararse a un instrumento musical de alta calidad y precisión. Se divide en masculina, femenina y blanca, y tiene distintos grados y categorías. 2. Nombre que se da a una de las líneas melódicas de una composición polifónica, que puede ser a dos, tres, cuatro o más voces.

Grabado que representa al compositor y violinista veneciano Antonio Vivaldi.

W

Wagner, Richard Compositor alemán (Leipzig, 1813-Venecia, 1883), uno de los grandes revolucionarios del género lírico. Tuvo unos comienzos difíciles, con obras que se enmarcaban en la tradición operística establecida por Weber (*Las hadas*), si bien con concesiones a la gran ópera francesa (*Rienzi*). Su estilo futuro no comenzó a manifestarse hasta *El holandés errante*, obra estrenada en 1843, en la que usó por vez primera, aunque de manera rudimentaria, el *leitmotiv* o motivo conductor. Su éxito abrió las puertas a una nueva ópera, *Tannhäuser*, a la cual siguió *Lohengrin*. En ellas, la estructura de números cerrados empieza a ser sustituida por un nuevo tipo de obra, el drama musical, en la que la música fluye ininterrumpidamente, unificada en base a los *leitmotiv*. La tetralogía *El anillo del Nibelungo*, *Tristán e Isolda*, *Los maestros cantores de Nuremberg* y *Parsifal* significan la culminación de su ideal dramático, cuyas novedades formales y armónicas influirán decisivamente en todos los compositores posteriores.

Walter, Bruno Director de orquesta alemán nacionalizado estadounidense (Berlín, 1876- Beverly Hills, 1962). Después de recibir una sólida formación musical en el Conservatorio Stern de Berlín, dirigió en 1893 la Ópera de Colonia. Al año siguiente fue nombrado asistente de Gustav Mahler en la Ópera de Hamburgo. El compositor austríaco ejerció una poderosa influencia sobre el joven músico, que se convertiría en uno de sus mejores intérpretes. En 1901 volvió a ser asistente de Mahler en la Ópera de Viena. Entre 1913 y 1922 dirigió la Ópera de Munich. La llegada de los nazis al poder significó la interrupción de su carrera en Alemania, en razón de su origen judío. En 1939 se estableció en Estados Unidos.

Walton, sir William Compositor británico (Oldham, 1902-Ischia, Italia, 1983). Su padre era organista y maestro de coro, y su madre, cantante. Saltó a la fama en 1923 con el estreno de *Façade*, ciclo de poemas musicados en un estilo moderno y jazzístico, cuyo estreno constituyó un escándalo. Sus posteriores composiciones fueron de tipo más clásico: el oratorio *El festín de Baltasar*, las óperas *Troilo y Crésida* y *El oso*, dos sinfonías, un concierto para violín... Compuso también la música para los filmes que Laurence Olivier realizó sobre dramas de Shakespeare: *Enrique V*, *Hamlet* y *Ricardo III*.

Waxman, Franz Compositor y director de orquesta alemán nacionalizado estadounidense (Königshütte, 1906-Los Ángeles, 1967). Realizó sus estudios musicales en los conservatorios de Dresde y Berlín. En 1934, la presión nazi lo indujo a trasladarse a Estados Unidos, donde compuso la música para diversas películas: *La novia de Frankenstein*, *Rebecca*, *Sunset Boulevard* —que le valió un Oscar— y *Capitanes intrépidos*, entre otras. Fundó el Festival de Música de Los Ángeles, cuya dirección asumió durante veinte años (1947-1967).

Weber, Carl Maria von Compositor, pianista y director de orquesta alemán (Eutin, Holstein, 1786- Londres, 1826). Nacido en el seno de una familia de músicos, a los doce años compuso su primera ópera, hoy perdida. En 1811 obtuvo un gran éxito con su *singspiel* en un acto *Abu Hassan*. Pero su consagración como compositor se produjo en 1821, con el estreno de *El cazador*

Wagner junto a su esposa Cosima Liszt, según una fotografía tomada en Viena en 1872.

furtivo, *singspiel* con el que se hizo realidad la tan anhelada ópera nacional alemana. Su siguiente ópera, *Euryanthe*, estrenada en 1823, obtuvo una pobre acogida. Su último trabajo operístico fue *Oberón*, encargado por el Covent Garden londinense. Además de las citadas y de otras óperas, compuso así mismo numerosas obras para orquesta, entre ellas dos sinfonías, dos conciertos para piano, dos para clarinete, arias de concierto y la célebre *Invitación a la danza* para piano.

Webern, Anton Compositor austríaco (Viena, 1883-Mittersill, Salzburgo, 1945). En 1904 conoció a Arnold Schönberg, quien se convirtió en su maestro y a quien siguió en sus investigaciones más allá de la tonalidad. Su música se caracteriza por su esencial brevedad, por su absoluta condensación. Sus primeras obras se inscriben dentro de la tradición posromántica (*Passacaglia* para orquesta), para adentrarse posteriormente en la atonalidad (*Seis piezas* para orquesta) y el dodecafonismo (*Sinfonía*, *Variaciones* para piano). Su empleo de éste, ortodoxo y conciso, ejerció una considerable influencia en los jóvenes músicos de vanguardia reunidos en la Escuela de Darmstadt. Durante la ocupación aliada de Austria, un soldado norteamericano le disparó por error y le causó la muerte.

Weill, Kurt Compositor alemán nacionalizado estadounidense (Dessau, 1900-Nueva York, 1950). Se formó con Ferruccio Busoni en Berlín y empezó a componer en 1921. Alcanzó cierta notoriedad con obras como el *Concierto para violín y conjunto de viento*. En 1928, con texto del dramaturgo Bertolt Brecht, compuso *La ópera de tres peniques*, representada en toda Europa con un extraordinario éxito, a pesar de su corrosiva carga crítica. Ambos creadores

Carl Maria von Weber, el músico que, siguiendo la senda abierta por Mozart, marcó el nacimiento de la ópera romántica alemana e influyó decisivamente sobre compositores como Richard Wagner.

repitieron colaboración en 1929 con *Ascensión y caída de la ciudad de Mabagonny*. La llegada al poder de los nazis obligó al músico a exiliarse a Estados Unidos, dada su triple condición de judío, autor moderno y comunista. Afincado en Broadway, escribió algunos musicales de éxito, como *Lady in the Dark, One Touch of Venus,* y *The Firebrand of Florence*. Estuvo casado con la cantante Lotte Lenya.

Weingartner, Felix Director de orquesta y compositor austríaco (Zara, Dalmacia, 1863- Winterthur, Suiza, 1942). Estudió en el Conservatorio de Leipzig entre 1881 y 1883. En 1887 fue nombrado director de la Ópera de Hamburgo y dos años más tarde de la Ópera de Mannheim. Sucedió en 1908 a Mahler al frente de la Ópera de la Corte de Viena, puesto que ocupó hasta 1911. Establecido en Viena, dirigió la Filarmónica de esa capital hasta 1927. Compuso diversas óperas, la más conocida de las cuales es *La escuela rural*.

Williams, John Compositor y director de orquesta estadounidense (Nueva York, 1932). Recibió lecciones de composición de Mario Castelnuovo-Tedesco. Durante la década de 1960 compuso música para varias series televisivas, antes de incorporarse al cine. Su estilo brillante y espectacular, en la mejor tradición del género, ha contribuido de manera destacada al éxito de películas como *Encuentros en la tercera fase, Tiburón, Supermán, E. T. el extraterrestre, La lista de Schindler, Parque Jurásico* y las trilogías *La guerra de las galaxias* e *Indiana Jones*. Es el compositor predilecto del director Steven Spielberg.

Wolf, Hugo Compositor austríaco (Windischgraz, Estiria, 1860-Viena, 1903). Aprendió las primeras nociones musicales de su padre. En el año 1875 ingresó en el Conservatorio de Viena, donde fue condiscípulo de Gustav Mahler. Alineado en el bando prowagneriano, fue crítico del *Wiener Salonblatt*, desde el que hostigó a Brahms y sus partidarios. Como compositor, destacó en el terreno del *lied*, género del que es uno de los más originales cultivadores. Ciclos como el *Libro de canciones italianas* y el *Libro de canciones españolas* constituyen cimas del género. Abordó también la ópera, con dos obras de inspiración hispánica, *El corregidor* y *Manuel Venegas*, ésta inacabada. Debido a una enfermedad mental hubo de ser internado en un sanatorio, en el que murió. El poema sinfónico *Penthesilea* y la *Serenata italiana* para orquesta de cámara son otras dos de sus obras.

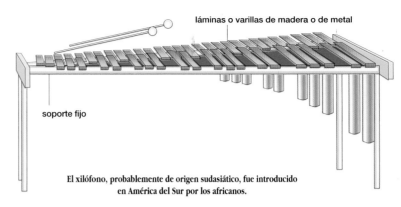

láminas o varillas de madera o de metal

soporte fijo

El xilófono, probablemente de origen sudasiático, fue introducido en América del Sur por los africanos.

Wood, sir Henry Director de orquesta británico (Londres, 1869-Hertfordshire, 1944). Desde muy joven ofreció conciertos públicos para órgano. En 1895 inició los Queen's Hall Promenade Concerts (Proms), con un gran éxito, y en 1899 fundó la Orquesta de Nottingham. Realizó numerosas orquestaciones bajo el seudónimo de Paul Klenovsky. En 1923 impartió clases de dirección orquestal en la Royal Academy of Music. Gran defensor de la música británica de su época, dio a conocer obras como la *Sinfonía núm. 3* de Arnold Bax o el *Concierto para piano y orquesta* de Benjamin Britten.

Wunderlich, Fritz Tenor alemán (Kusel, 1930-Heidelberg, 1966). Estudió en el Conservatorio de Friburgo. Debutó en 1955 cantando el papel de Tamino de *La flauta mágica* de Mozart (una de las grandes encarnaciones de este tenor) en la Ópera de Stuttgart. Participó en los estrenos de *Oedipus der Tyrann* de Carl Orff y *Los esponsales en Santo Domingo* de Werner Egk. Formó parte de la compañía de Frankfurt entre 1958 y 1960 y de la de Munich desde 1960 hasta su fallecimiento en 1966. Fue especialmente apreciado como tenor mozartiano.

X

Xenakis, Iannis Compositor y arquitecto francés de origen griego (Braila, Rumania,

1922). Nacido en el seno de una familia griega residente en Rumania, fue educado en su cultura de origen. Se trasladó a Atenas a los diez años de edad. En 1947 se estableció en París. Como arquitecto, fue asistente de su maestro Le Corbusier. Frecuentó los cursos de composición de Honegger y Milhaud, y posteriormente estudió con Messiaen. Luego, amplió estudios en Suiza con el director de orquesta Hermann Scherchen. De su producción destacan *Metastasis, Pithoprakta, Achorripsis, Akrata, Gmeeoorh* y *Keqrops*, obras todas ellas en las que el compositor busca sintetizar el lenguaje puramente matemático con el musical, a través de la aplicación de la electrónica y la informática.

xilófono Instrumento de percusión de afinación precisa, compuesto por una serie de láminas de madera de diferente medida, según las notas, que, dispuestas sobre una armazón que les permite vibrar al aire, se percuten con una baqueta rematada por una prominencia dura. Debido a la escasa capacidad de resonancia de la madera, su sonido es intenso y seco. El xilófono de concierto normalmente alcanza tres octavas.

Y

Yepes, Narciso Guitarrista español (Lorca, 1927-Murcia 1997). En 1947 debutó en Madrid con la Orquesta Nacional de España; interpretó en tal ocasión el *Concierto*

A la derecha, el extraordinario guitarrista español Narciso Yepes durante un recital.

de Aranjuez de Joaquín Rodrigo, una de sus páginas señeras, bajo la dirección de Ataúlfo Argenta. En 1952 compuso la música para la película *Jeux interdits* de René Clément. En 1964 puso a punto una guitarra de diez cuerdas que a partir de aquel momento utilizó en todos sus conciertos. Recuperó numerosas obras antiguas de música española. Para él escribieron obras compositores como Xavier Montsalvatge, Maurice Ohana, Lleonard Balada, Ernesto Halffter y Salvador Bacarisse.

Z

Zabaleta, Nicanor Arpista español (San Sebastián, 1907-Puerto Rico, 1993). Estudió en Madrid y París. Su calidad como intérprete le permitió realizar diversas giras de conciertos por América y Europa. Interpretó las obras más destacadas del repertorio para arpa, al tiempo que redescubría partituras de compositores españoles de los siglos XVI al XVIII y encargaba nuevas partituras para su instrumento músico a prestigiosos compositores modernos; Ernst Krenek, Germaine Tailleferre, Alberto Ginastera, Darius Milhaud, Heitor Villa-Lobos, Joaquín Rodrigo y Xavier Montsalvatge fueron algunos de los creadores que escribieron para él.

zarabanda Danza barroca de compás ternario y *tempo* más bien lento y majestuoso, aunque en España, al principio, se distinguía por su carácter rápido y notoriamente erótico, lo cual motivó que fuera prohibida desde 1583. Tuvo mucho éxito en Francia y Alemania, donde quedó incorporada a la suite.

zarzuela Espectáculo mixto típicamente español con partes habladas y cantadas, cuyo origen se halla en las representaciones que en el siglo XVII se organizaban en el palacio de La Zarzuela, cerca de Madrid. Calderón de la Barca escribió los textos de algunas obras de este tipo, que solían tener argumento mitológico. Juan de Hidalgo, Sebastián Durón y Antonio Literes son algunos de los compositores que sobresalieron en este género, que acabó por desaparecer de la vida teatral española a mediados del siglo XVIII, orillado por la ópera italiana. Resurgió una centuria más tarde, a impulsos del deseo nacionalista de contar con un teatro musical propio en lengua castellana. A diferencia de la zarzuela antigua, el nuevo género tuvo un carácter muy diferente, de raigambre popular. Francisco Asenjo Barbieri, Joaquín Gaztambide, Cristóbal Oudrid, Pascual Emilio Arrieta y Manuel Fernández Caballero fueron los mejores representantes de una primera generación de autores del género, seguidos luego por

Esbozo escenográfico para *Agua, azucarillos y aguardiente*, zarzuela de Federico Chueca.

Tomás Bretón, Ruperto Chapí, Jerónimo Jiménez, Federico Chueca y Joaquín Valverde. Tras la guerra civil española, la zarzuela decayó de nuevo, hasta extinguirse virtualmente.

Zelenka, Jan Dismas Compositor checo (Lunovice, 1679-Dresde, 1745). Cursó estudios musicales con los jesuitas en Praga. En 1710 se trasladó a Dresde, donde sentó plaza como contrabajista en la orquesta de la corte. En 1715 aprovechó un permiso para trasladarse a Viena, donde amplió su formación musical con Johann Joseph Fux; posteriormente pasó a Italia. Se le debe una importante producción de música religiosa, con misas, salmos y oratorios. No menos interesantes son sus aportaciones a la música puramente instrumental, que en su tiempo suscitaron la admiración de músicos como Bach y Telemann. Olvidado tras su muerte, la recuperación de su legado no se produjo hasta el siglo XX.

Zemlinsky, Alexander von Compositor y director de orquesta austríaco (Viena, 1871- Larchmont, Nueva York,1942). Alumno del Conservatorio de Viena, sus primeras composiciones muestran la influencia de Brahms. Tuvo una relación de amistad con Mahler y Schönberg, que se convertiría en su cuñado en 1901 y a quien dio útiles consejos en materia de composición. En 1911 se trasladó a Praga, en donde fue nombrado director de la Ópera Alemana. En 1933, tras el nombramiento de Hitler como canciller, regresó a Viena, para trasladarse en 1938 a Estados Unidos. De su producción musical destacan las óperas *Érase una vez*, *El enano* y *Una tragedia florentina*. Así mismo, escribió dos sinfonías, además de piezas orquestales como el poema sinfónico *La nereida*, y cuatro cuartetos de cuerda.

Zeno, Apostolo Libretista italiano (Venecia, 1668-1750). En 1700 obtuvo su primer gran éxito como libretista con *Lucio Vero*, representado en Venecia con música de Carlo Francesco Pollarolo. En 1718 fue nombrado poeta de la corte de Viena. Escribió cerca de setenta libretos en los que suprimió los personajes bufos y concedió prioridad a las historias basadas en argumentos mitológicos e históricos clásicos, con lo cual impulsó la ópera seria. Su labor fue continuada por Pietro Metastasio.

Zimmermann, Bernd Alois Compositor alemán (Bliesheim, Colonia, 1918-Königsdorf, Colonia, 1970). Entre 1948 y 1950 estudió en Darmstadt con Wolfgang Fortner y René Leibowitz. En 1957 ingresó en el Conservatorio de Colonia, en el que impartió clases hasta su fallecimiento. En 1965 estrenó en Colonia, con gran éxito, la ópera *Los soldados*, uno de los títulos clave del repertorio operístico del siglo XX. Obsesionado por la idea de la muerte, en 1969 estrenó su *Réquiem para un joven poeta*, que también logró notable resonancia. Su música, absolutamente personal, se distingue por su carácter expresionista y su lenguaje moderno y disonante, de gran efectividad dramática. Se suicidó a los cincuenta y dos años de edad.

Zipoli, Domenico Compositor italiano (Prato, 1688-Santa Catalina, Córdoba, Argentina, 1726). Formado en Florencia y Nápoles, profesó como jesuita en 1716 y al año siguiente marchó a América del Sur. Allí fue organista del templo jesuita de Córdoba. Su colección de sonatas para tecla *Sonate d'intavolatura* se publicó en 1716. Compuso también oratorios, misas y cantatas. Se le ha considerado como el primer compositor argentino.

zortziko Danza vasca de compás rápido, con ritmos punteados, muy popular todavía hoy en el País Vasco y Navarra.

Cronología comparada

A lo largo de la presente cronología puede seguirse el desarrollo de la música a través de las diferentes etapas históricas, comparado con otros hechos significativos y contemporáneos acaecidos en otras actividades y disciplinas del saber humano: Filosofía y Religión, Artes plásticas, Ciencia y Tecnología, Literatura y, junto a ellas, la propia Historia.

◄ Representación de *Otello*, de Giuseppe Verdi.

	Filosofía y Religión	Artes plásticas	Ciencia y Tecnología
s. XXVII a.C.	En Egipto se establece la doctrina de la doble naturaleza, humana y divina, del faraón.	En Gizeh, Egipto, se construye la pirámide del faraón Kefrén (c. 2650 a.C.).	En China se descubre la seda (c. 2650 a.C.).
s. XIX a.C.			Datación del papiro de Kahoun, de contenido médico (c. 1850 a.C.).
s. XV a.C.	Se escribe el *Libro de los muertos* egipcio.	Amenofis III inicia la construcción de un templo funerario en Tebas (c. 1400 a.C.).	Aparece en Egipto el primer reloj de sol conocido (c. 1450 a.C.). En territorio francés se fabrican las primeras hoces de metal.
s. VIII a.C.	Se construye el templo de Artemis Orthia en Esparta. Profecías de Isaías en Israel.		Se produce un eclipse de sol que servirá para fijar la cronología de Babilonia y Egipto (763 a.C.).
s. VII a.C.	El rey hebreo Josías inicia una reforma religiosa.	Aparece en Grecia la cerámica de figuras negras (c. 600 a.C.) y la de figuras rojas (525 a.C.).	Se acuñan las primeras monedas en Grecia (c. 680 a.C.). Nace Tales de Mileto (625 a.C.).
s. VI a.C.	Nacen Buda (c. 560 a.C.) y Confucio (551 a.C.). Construcción en Corinto del templo de Apolo. Nace Parménides (c. 510 a.C.).	Templo de Apolo en Delfos (548-510 a.C.).	Cálculo anticipado de las posiciones del Sol y de la Luna en una tablilla caldea (530 a.C.).
s. IV a.C.	Sócrates es condenado a morir (399 a.C.). Platón, *Diálogos*. Aristóteles es nombrado preceptor de Alejandro Magno (343 a.C).	El santuario de Karnak es reconstruido por Filipo III de Macedonia (320 a.C.).	Se inventa en Esparta la cerradura con llave (c. 400 a.C.). Dionisio de Siracusa presenta la catapulta (397 a.C.).
s. III a.C.	Mueren los filósofos Epicuro (272 a.C) y Zenón (264 a.C).	Gran Muralla China. Se termina el Coloso de Rodas (280 a.C.).	Ptolomeo IV construye la mayor galera conocida hasta entonces (c. 200 a.C.).
s. V	San Agustín escribe *De Civitate Dei*. Nace el teólogo Boecio (c. 480).	*El libro del Génesis*, manuscrito iluminado que inspirará una parte importante del arte paleocristiano (500).	El astrónomo hindú Arybhata advierte la rotación de la Tierra y descubre el valor del número π (c. 499).
s. VI	Boecio muere ajusticiado (524). Justiniano I clausura las escuelas filosóficas de Atenas (529). Nace Mahoma (c. 570).	Construcción de San Vital de Ravena (526-546). Terminación de Monte Casino (529). Santa Sofía de Constantinopla (537).	Se generaliza el uso del arado pesado en Europa.
s. X	Fundación de la abadía benedictina de Cluny (910). El budismo es suplantado por el Islam en Asia Central.	Se inicia la construcción de Saint-Germain-des-Prés, en París (900). El califa Alhaquén amplía la mezquita de Córdoba (960).	Se introduce la herradura.
s. XI	Cisma del patriarca de Constantinopla Miguel Cerulario (1054). A consecuencia de ello, se separan las Iglesias romana y bizantina.	Sant Martí de Canigó, abadía románica (1025). Consagración de San Marcos de Venecia (1094).	El médico bizantino Simeón Seth redacta un tratado sobre los alimentos. Se abre en Salerno (Italia) la primera escuela médica de Europa.
s. XIII	Se fundan las órdenes religiosas de los franciscanos y los dominicos. Concilio de Lyon (1274).	Finaliza la construcción de la catedral de Salisbury (1270).	Aparecen en Europa los primeros molinos de viento en Normandía. Lanfranco de Milán, *Cirugía magna*.
s. XIV	Mueren los filósofos Duns Escoto (1308) y Guillermo de Ockham (1349).	Se empieza a construir Santa María del Mar, en Barcelona (1320).	Jean de Borgoña, *Tratado sobre las enfermedades epidérmicas*.
1420	Se inician las guerras husitas en Bohemia.	Brunelleschi recibe el encargo, tras un concurso, de construir la cúpula de la catedral de Florencia.	Giovanni da Fontana escribe el *Tractatus de pisce, ave et lepore*, en el que presenta nuevos instrumentos de medición.
1431	Los ingleses queman a Juana de Arco.	Fra Angélico empieza *La Anunciación*.	
1440	Nicolás de Cusa, *De docta ignorancia*.		En Portugal se construyen las primeras carabelas.
1441		Muere Jan van Eyck.	
1452	Nicolás de Cusa, *De visione Dei*.	Leon Battista Alberti, *Tratatto dell'architettura (De Re Aedificatoria)*.	Se generaliza el uso de la imprenta.
1464	Dionisio el Cartujano, *Comentaria in IV libri sententiarum*. Muere el papa Pío II.	Mueren Rogier van der Weyden y el mecenas Cosme de Médicis el Viejo.	
1487			La Junta de Salamanca rechaza la propuesta de travesía de Cristóbal Colón.
1492	Alejandro VI es elegido Papa.	Mueren Lorenzo de Médicis el Magnífico y el pintor Piero della Francesca.	Se publica el *Algorithmus,* de George von Prumbeach. Colón llega a América.

Literatura	Historia	Música	
	Diversos territorios al sur de la 1ª catarata del Nilo son anexionados al Imperio egipcio.	Arpas de arco y liras de pie sumerias con caja de resonancia en forma de toro.	**s. XXVII a.C.**
Textos de los sarcófagos, en Egipto.	Llegada de los hebreos a Egipto.	Reproducción de una lira de mano en Babilonia (c. 1800 a.C.).	**s. XIX a.C.**
	Los aqueos desembarcan en Creta (1450 a.C.).	En Creta, cerámicas minoicas muestran representaciones de arpas dobles e instrumentos de viento (c. 1400 a.C.).	**s. XV a.C.**
Homero, la *Ilíada* y la *Odisea*. Hesíodo, *Los trabajos y los días*.	Fundación de Esparta (c. 800 a.C.). Se celebra la primera Olimpiada (776 a.C.). Fundación de Roma (753 a.C.).		**s. VIII a.C.**
Safo de Lesbos, *Odas*.	Destrucción de Babilonia por los asirios (689 a.C.). Fundación del imperio japonés (660 a.C).	Terpandro de Lesbos, citarista, es enviado por el Oráculo de Delfos a Esparta (c. 675 a.C.).	**s. VII a.C.**
Nacen los trágicos Esquilo (525 a.C.) y Sófocles (496 a.C.). Anacreonte, *Eróticas* y poemas de contenidos báquicos (530 a.C.).	Conquista de Jerusalén por Nabucodonosor (587 a.C.). Reinado de Cambises en el Imperio persa (530 a.C.).	Pitágoras establece la relación entre matemáticas y música, y crea su teoría acústica (530 a.C.).	**s. VI a.C.**
	Alejandro Magno sube al trono como sucesor de Filipo (336 a.C.).	Aristógenes escribe los *Elementos de armonía* (320 a.C.).	**s. IV a.C.**
Menandro, *Los litigantes*. Plauto, *Miles gloriosus*.	Auge de las monarquías helenísticas. Segunda guerra púnica (218-201).		**s. III a.C.**
	Vándalos y suevos cruzan el Rin (406). Fin del Imperio Romano de Occidente (476). Se promulga el Edicto de Teodorico (500).	Boecio redacta *Institutione musicae* (500).	**s. V**
Gregorio de Tours, *El libro de los francos* (592).	Justiniano en el trono del Imperio Romano de Oriente (527). Recaredo abjura del arrianismo (589).	El canto litúrgico se unificará tras la proclamación de Gregorio el Grande como Papa (590).	**s. VI**
	Proclamación del Califato de Córdoba (929).	Notker Balbulus define la sequentia y propone sistematizar la notación musical (900).	**s. X**
Anónimo, *La Chanson de Roland*.	Privilegios de Berenguer Ramón I en Barcelona (1025). Sancho II de Castilla y Alfonso VI, rey astur, se reparten el reino de Galicia (1071).	El monje benedictino Guido d'Arezzo escribe *Micrologus* (1025). Nace Guilhem de Poitier, el primer trovador en lengua occitana (1071).	**s. XI**
Gonzalo de Berceo, *Milagros de Nuestra Señora*. Marco Polo, *Libro de las maravillas* (1298).	Octava Cruzada (1270) organizada por San Luis, rey de Francia.	Johannes de Garlandia, *De mensurabili musica* (1270). Inicio de los *jeux partis* y de los motetes de Adam de la Halle (1280).	**s. XIII**
Muere Dante Alighieri (1321). Boccaccio, *Decamerón* (1353). Chaucer, *Cuentos de Canterbury* (1387).	La peste negra se extiende por Europa central (1349). Cruzada de Inocencio VI contra los cátaros (1360). Cisma de Occidente (1378).	Philippe de Vitry da a conocer su *Ars nova* (1320). Guillaume de Machaut, *Misa de Notre Dame* (c. 1349). *Misa de Barcelona* (1360).	**s. XIV**
	El rey de Polonia rechaza la corona de Bohemia que le es otorgada por los husitas.	*Códice de Faenza*.	**1420**
Nace François Villon.	Levantamientos campesinos en Francia y Galicia.		**1431**
Nace Jorge Manrique.	Formación de la Liga de Ciudades Prusianas. Moctezuma I es el nuevo rey de los aztecas.	Nace Josquin Desprez.	**1440**
Lorenzo Valla escribe *De elegantiis linguae latinae*.	Libertad comercial de Holanda en el Báltico.		**1441**
	Federico III es proclamado emperador en Roma.	Conrad Paumann edita su tratado *Fundamentum organisandi*.	**1452**
Anónimo, *Coplas de Mingo Revulgo*.	Paz entre Inglaterra y Escocia.	Aparece la última misa de Guillaume Dufay: *Ave Regina caelorum*.	**1464**
	Finaliza la guerra de las Dos Rosas. Los Reyes Católicos conquistan Málaga.		**1487**
Nebrija, *Gramática de la lengua castellana*. Diego de San Pedro, *Cárcel de amor*.	Los Reyes Católicos toman Granada. Fin de los reinos musulmanes en España.	Muere Antoine Busnois en Brujas.	**1492**

	Filosofía y Religión	Artes plásticas	Ciencia y Tecnología
1510	Erasmo, *Institutio Christiani principis*.	Muere Sandro Botticelli.	
1525	Zwinglio, *Comentario sobre la verdadera y falsa religión*. Lutero, *De servo arbitrio*. Introducción de la Reforma en Prusia.		Alrededor de esta fecha Paracelso introduce en medicina la tintura de opio, con el nombre de láudano.
1555	Canisius, *Suma de la doctrina cristiana*.	Miguel Ángel, *Piedad de Florencia*. Tintoretto, *San Jorge y el dragón*.	Miguel Juan Pascual, *Morborum curatio*.
1562	Se inicia la primera guerra de religión.	Pieter Bruegel el Viejo, *El triunfo de la muerte*. Veronese, *Las bodas de Caná*.	Muere el cirujano Pierre Franco.
1567	Fray Luis de Granada, *Guía de pecadores*. Final del Concilio de Trento.	Tiziano, *Autorretrato*.	Álvaro Mendana de Neyra descubre las islas Salomón en el Pacífico.
1571	Patrizi, *Discussiones peripateticae*.	Muere Benvenuto Cellini.	Nace el astrónomo Johannes Kepler.
1584	Teresa de Jesús inicia la redacción de *Camino de perfección*.	Se termina la construcción del monasterio de El Escorial.	Luis Mercado, *De pulsus arte et harmonia*. Giordano Bruno, *De los furores heroicos*.
1597	Suárez, *Discusiones metafísicas*.		
1600	Es ejecutado Giordano Bruno.	El Greco, *Retrato del cardenal Fernando Niño de Guevara*.	Los astrónomos Tycho Brahe y Johannes Kepler colaboran en Praga.
1618		Velázquez, *Vieja friendo huevos*. Bernini esculpe *Eneas, Anquises y Ascanio*.	Descartes, *Compendium musicae*.
1632	Nacen los filósofos John Locke y Baruch Spinoza.	Rembrandt, *Lección de anatomía*. Velázquez, *El príncipe Baltasar Carlos*.	Galileo, *Diálogo sobre los sistemas principales del mundo*. Observatorio de Leiden.
1650	Hobbes, *Elementos de Ley, Moral y Política*. Muere René Descartes.	Bernini construye el palacio de Montecitorio. Poussin, *Autorretrato*.	Otto von Guericke investiga los efectos del vacío.
1653	Godeau, *Historia de la Iglesia*.	Borromini proyecta la iglesia de Santa Agnese in Agone, en Roma.	
1664	Se funda la Orden Trapense.	Se inicia la construcción del primer Versalles de Luis XIV. Muere Francisco de Zurbarán.	Vicente Mut, *Tratado de arquitectura militar*.
1668		Vermeer, *El astrónomo*. Rembrandt, *El regreso del hijo pródigo*.	Hevelius, *Cometografía*.
1677	Muere Baruch Spinoza.		Se descubren los espermatozoides.
1681	Bossuet, *Discurso sobre la historia universal*.	Juan Carreño, *Retrato de Carlos II*.	Se inaugura el Canal del Midi, en Francia.
1685	Nace George Berkeley.	Claudio Coello pinta el lienzo *Carlos II adorando la Sagrada Forma*.	Abercombry, *De pulsis variatione*.
1689		Fallece el arquitecto bohemio Kilian Ignaz Dientzenhofer.	Se inaugura el observatorio de Greenwich en Inglaterra.
1702		Luca Giordano, frescos de la capilla del tesoro de Nápoles.	Aparece el primer periódico, *The Daily Courant*.
1706	Tindal, *Derechos de la Iglesia cristiana*.	Filippo Juvara finaliza la iglesia de La Superba en Turín.	Pedro de Ulloa, *Elementos matemáticos*.
1715	Los capuchinos llegan al Nepal.	Muere el escultor François Girardon.	Se inventa un reloj al que sólo hace falta dar cuerda una vez a la semana.

Literatura	Historia	Música	
	El papa Julio II levanta la excomunión a la ciudad de Venecia.	Nace Andrea Gabrieli.	**1510**
Nace el poeta Pierre de Ronsard.	Nueva fundación del Imperio mogol, que se extiende hasta el Punjab. Batalla de Pavía, en la que las tropas de Francisco I de Francia son derrotadas por las del emperador Carlos V.	Nace Giovanni Pierluigi da Palestrina.	**1525**
Se cumple el primer año de la publicación de *El Lazarillo de Tormes*.	Carlos V cede el gobierno de los Países Bajos a su hijo Felipe II.	Nicola Vicentino, *L'antica musica ridotta alla moderna prattica*. Cipriano de Rore sucede a Vicentino como maestro de capilla de la corte del duque de Ferrara.	**1555**
Nace Lope de Vega. Tasso, *Rinaldo*.	Maximiliano II, archiduque de Austria, accede al trono de Bohemia.	Nacen John Bull y Jan Sweenlinck. Fallece Adrian Willaert.	**1562**
Juan de Timoneda, *Patrañuelo*.	El duque de Alba es nombrado gobernador de los Países Bajos e instaura una política de terror.	Ve la luz el *Segundo libro de Misas* de Palestrina, entre las que se halla la *Misa del Papa Marcelo*. Nace Claudio Monteverdi.	**1567**
Nace Tirso de Molina.	La batalla de Lepanto supone el fin de la hegemonía turca en el Mediterráneo. Se sofoca la rebelión de las Alpujarras y se expulsa a los moriscos granadinos de España.	Zarlino reproducirá los diálogos mantenidos en casa de Willaert nueve años antes en su obra *Dimostrationi harmoniche*. Nacimiento de Michael Praetorius.	**1571**
Juan Rufo, *La Austriada*. San Juan de la Cruz, *La subida al Monte Carmelo*.	Fallece el zar de Rusia Iván IV sin dejar descendencia.	Francisco Guerrero finaliza su estancia en Roma. Orlando di Lasso publica los *Psalmi Davidis poenitentiales*.	**1584**
Shakespeare, *El mercader de Venecia*.	Calais y Amiens son conquistadas por las tropas españolas.	Edición de las *Sacrae symphoniae* de Giovanni Gabrieli. *L'Amfiparnaso* de Orazio Vecchi.	**1597**
Shakespeare, *Hamlet*. Góngora, *Romancero general*. Nace Pedro Calderón de la Barca.		Jacopo Peri, *Euridice*, primera ópera conservada. Emilio de'Cavalieri, *Rappresentazione di anima e di corpo*.	**1600**
Vicente Espinel, *Vida del escudero Marcos de Obregón*. Lope de Vega, *Fuenteovejuna*.	Defenestración de Praga: comienza la guerra de los Treinta Años.	Nace Joan Cererols. Muere Giulio Caccini.	**1618**
Lope de Vega, *La Dorotea*.		Nace Jean-Baptiste Lully. Claudio Monteverdi publica *Scherzi musicali*.	**1632**
Corneille, *Andrómeda*.		Couperin, *Libro de órgano*. Heinrich Schütz, *Symphoniae Sacrae* (tercer libro).	**1650**
Calderón de la Barca, *La hija del aire*.	Cromwell es proclamado «lord protector» de Inglaterra.	Lully al frente de los *24 violines del Rey*. Nacen Johann Pachelbel y Arcangelo Corelli.	**1653**
Molière, *Tartufo*. Racine, *La Tebaida*.	La colonia de Nueva Amsterdam se convierte en inglesa y toma el nombre de Nueva York.	Lully, *Miserere*. Schütz, *Weihnachtshistorie*, primer oratorio alemán.	**1664**
La Fontaine, *Fábulas*. Molière, *El avaro*.	Portugal se independiza de España. Se firma la Paz de Aquisgrán.	Nace François Couperin.	**1668**
Racine, *Fedra*.	Francia y Holanda están en guerra.		**1677**
Muere Calderón de la Barca.		Nace Georg Philipp Telemann. Arcangelo Corelli, *Trios da chiesa Op. 1*.	**1681**
Antonio de Solís escribe la *Historia de la conquista de México*.	Jacobo II, rey de Inglaterra. Apertura al comercio extranjero de los puertos chinos.	Nacen Bach, Haendel y Scarlatti. Fallece Juan Hidalgo.	**1685**
Se publican en Madrid las *Obras* de Sor Juana Inés de la Cruz.	Guillermo III es coronado rey de Inglaterra.	Henry Purcell, *Dido y Eneas*.	**1689**
Nace Ignacio Luzán.	Inglaterra declara la guerra a Francia.	André Campra, *Tancrède*. Rameau compone sus primeras cantatas.	**1702**
Watts, *Horae Lyricae*.	Juan V es nombrado rey de Portugal.	Rameau publica el *Primer libro de piezas para clavecín*. Marin Marais, *Alcyone*.	**1706**
Lesage, *Gil Blas de Santillana*.	Muere Luis XIV. Le sucede en el trono de Francia Luis XV.	François Couperin, *Leçons de ténèbres*. Haendel, *Amadigi di Gaula*.	**1715**

	Filosofía y Religión	Artes plásticas	Ciencia y Tecnología
1722	Houtteville, *La religión cristiana probada por los hechos.*	Muere el arquitecto Christoph Dientzenhofer. Churriguerismo en España, catedral de Cádiz.	Los holandeses descubren las islas de Pascua y Samoa en el Pacífico.
1732	Berkeley, *Alciphron o el pequeño filósofo.*	Hogarth, *Carrera de una prostituta.* Nace el pintor Jean Honoré Fragonard.	Boerhaave, *Elementos de química.*
1741	Hume, *Ensayos morales y políticos.*	Fachada de la catedral de Murcia. Nace el pintor Johann Heinrich Füssli.	Fallece Victor Behring después de descubrir Alaska.
1750	Rousseau, *Discurso sobre las ciencias y las artes.*	Piranesi, *Cárceles.*	Benjamin Franklin, *Experimentos y observaciones sobre la electricidad.*
1762	Rousseau, *El contrato social.* Nace el filósofo Johann Gottlieb Fichte.	Tiépolo pinta los murales del Palacio Real de Madrid. Luis XIV hace construir el Petit Trianon en Versalles.	Primer pararrayos en Londres.
1770	Holbach, *El sistema de la naturaleza.* Nace Georg Wilhelm Friedrich Hegel.	Mueren los pintores François Boucher y Giovanni Battista Tiepolo.	Lavoisier analiza la composición química del aire. El explorador James Cook en Australia.
1779	Hume, *Diálogos sobre la religión natural.*	Canova, *Dédalo e Ícaro.* Muere el pintor Jean Baptiste Siméon Chardin.	Samuel Crompton inventa el torno de hilar. Primer puente de hierro en Inglaterra.
1786	Kant, *Principios metafísicos de la ciencia natural.*	Reynolds, *La duquesa de Devonshire y su hija.* Goya es nombrado pintor de cámara de Carlos III de España.	Primera ascensión al Mont-Blanc.
1789	Sieyès, *¿Qué es el Tercer Estado?*	Muere el pintor Maurice Quentin Latour.	Lavoisier, *Primera memoria sobre la respiración de los animales.*
1791	Paine, *Los derechos del hombre.* Herder, *Ideas sobre la filosofía de la historia de la humanidad.*	Goya pinta *El pelele.* Nace el pintor Théodore Géricault.	Nace el inventor Samuel F. B. Morse.
1798	Nace Auguste Comte. Malthus, *Ensayo sobre el principio de la población.*	Goya pinta los frescos de San Antonio de la Florida en Madrid.	Louis Robert construye una máquina para fabricar papel en serie. Aloys Senefelder inventa la litografía.
1804	Nace Ludwig Feuerbach. Muere Immanuel Kant.	Ingres, *Autorretrato.*	Wollaston descubre el paladio y el platino.
1807	Hegel, *Fenomenología del espíritu.*	Canova, *Paulina Bonaparte.* David, *Coronación de Napoleón.*	Fulton construye en Estados Unidos el primer barco de vapor, el *Clermont.*
1810	Maistre, *Ensayo sobre el principio generador de las constituciones políticas.*	Goya inicia la serie *Los desastres de la guerra.*	
1812	Hegel, *Ciencia de la lógica.*	Géricault, *Oficial de húsares ordenando una carga.*	Laplace, *Teoría analítica.*
1816	Karamzin, *Historia del imperio ruso.*	Constable, *La esposa del artista.*	Nace el ingeniero Werner Siemens. Laënnec inventa el estetoscopio.
1819	Schopenhauer, *El mundo como voluntad y como representación.*	Constable inicia *El carro de heno.* Goya, *Los disparates.* Géricault, *La balsa de la Medusa.*	Nace el inventor James Watt.
1822		Delacroix, *Dante y Virgilio en los infiernos.*	Fresnel, *Teoría ondulatoria de la luz.*
1825	Herbart, *La psicología como ciencia.*	Muere el pintor Louis David. Delacroix ilustra el *Fausto* de Goethe.	La locomotora de George Stephenson entra en funcionamiento.
1827		Ingres, *Apoteosis de Homero.* Corot, *El puente de Narni.*	Se extiende el uso de la cerilla de fricción en Inglaterra.
1830	Comte, *Curso de filosofía positiva.*	Corot, *Catedral de Chartres.* Delacroix, *La libertad guiando al pueblo.*	Charles Lyell, *Principios de geología.* Primer línea de ferrocarril: Liverpool-Manchester.
1832	Möhler, *Simbólica.*	Nacen el pintor Edouard Manet y el ilustrador Gustave Doré. Constable, *El puente de Waterloo.*	Humboldt, *Viaje a la región equinoccial del Nuevo Continente.*

Literatura	Historia	Música	
Defoe, *Moll Flanders*.		*Tercer libro de clave* de Couperin. Primer libro de *El clave bien temperado* de Bach. Rameau, *Tratado de armonía*.	**1722**
Nace el dramaturgo Pierre-Agustin Caron de Beaumarchais.	Tratado franco-polaco de Varsovia.	Nace Franz Joseph Haydn. Rameau, *Samson*. Bach, *Cantata del café*.	**1732**
Richardson, *Pamela o la virtud recompensada*.		Haendel, *El Mesías*. Nace Giovanni Paisiello. Muere Antonio Vivaldi.	**1741**
Goldoni, *El café*.	José Manuel I de Braganza es coronado rey de Portugal.	Hasse, *La conversione di Sant'Agostino*. Nace Antonio Salieri. Mueren Johann Sebastian Bach y Tommaso Albinoni.	**1750**
Diderot, *El sobrino de Rameau*. Gozzi, *La princesa Turandot*.	Catalina II la Grande es proclamada emperatriz de Rusia. Se instaura el virreinato portugués de Brasil.	Estreno en Viena de *Orfeo y Eurídice* de Gluck. Philidor, *Sancho Panza*. Gira de Mozart por diversos países europeos.	**1762**
Nace el poeta Friedrich Hölderlin. Se suicida el poeta Thomas Chatterton.		Mozart, *Mitridate*. Nace Ludwig van Beethoven. Muere Giuseppe Tartini.	**1770**
Lessing, *Nathan el sabio*. Wieland, *Oberón*.	Las tropas francesas y españolas asedian Gibraltar.	Gluck, *Iphigénie en Tauride*. Mozart, *Misa de la Coronación KV 317*.	**1779**
Ramón de la Cruz, *Las tertulias de Madrid* y *El Prado por la noche*. Se publican las *Memorias* de Carlo Goldoni.	Federico Guillermo II es proclamado emperador de Prusia.	Se estrena *Las bodas de Fígaro* de Mozart. Nace Carl Maria von Weber.	**1786**
Alfieri, *María Estuardo*. Blake, *Cantos de inocencia*.	Revolución francesa: toma de la Bastilla y proclamación de la república.	Cimarosa, *Cleopatra*.	**1789**
Casanova empieza a escribir sus memorias. Mirabeau, *Discursos*. Marqués de Sade, *Justine*.	Luis XVI es apresado y devuelto a París cuando intentaba huir con su familia.	Muere Wolfgang Amadeus Mozart, recién estrenada su *Flauta mágica* y dejando inacabado el *Réquiem*. Cherubini, *Lodoïska*.	**1791**
Hölderlin, *La muerte de Empédocles*. Wordsworth y Coleridge, *Baladas líricas*. Foscolo, *Últimas cartas de Jacobo Ortis*.	Haití pasa a ser colonia francesa.	Franz Joseph Haydn, *La Creación*.	**1798**
Schiller, *Guillermo Tell*. Nace George Sand.	En Francia, Napoleón se proclama emperador.	Beethoven, *Sinfonía núm. 3 «Heroica»*, *Sonata para piano «Appassionata»*. Nacen Mijáil Glinka y Johann Strauss I.	**1804**
Madamme de Staël, *Delfina y Corina*. Foscolo, *Los sepulcros*.	Invasión francesa de Portugal.	Joseph Méhul, *José*. Spontini, *La vestale*.	**1807**
Scott, *La dama del lago*.	Se inicia el movimiento de independencia en México.	Nacen Frédéric Chopin y Robert Schumann. Beethoven, *Egmont*.	**1810**
Hermanos Grimm, *Cuentos de hadas*. Byron, *La peregrinación de Childe Harold*. Nace Charles Dickens.	Guerra entre EE.UU. y el Reino Unido por la conquista de Canadá. Napoleón inicia la campaña de Rusia. En España, las Cortes de Cádiz promueven una constitución.	Beethoven, *Sinfonías núms. 7 y 8*.	**1812**
Hoffmann, *Los elixires del diablo*. Constant, *Adolphe*. Austen, *Emma*.	Independencia de Argentina.	Muere Giovanni Paisiello. Rossini, *El barbero de Sevilla*. Ludwig Spohr, *Fausto*.	**1816**
Keats, *Hyperion*. Nacen Herman Melville y Walt Whitman. Victor Hugo, *Odas*.	Estados Unidos compra Florida a España. Independencia de Colombia.	Nace Jacques Offenbach. Rossini estrena *La donna del lago*.	**1819**
Pushkin inicia *Eugene Oneguin*.	Independencia de Ecuador.	Nace César Franck. Schubert, *Sinfonía núm. 8 «Inacabada»*.	**1822**
Manzoni, *Los novios*. Pushkin, *Boris Godunov*.	Nicolás I es coronado zar de Rusia.	Boieldieu, *La dame blanche*. Nace Johann Strauss, hijo. Muere Antonio Salieri.	**1825**
Victor Hugo, *Cromwell*. Heine, *Libro de canciones*. Muere William Blake.	Gran Bretaña, Francia y Rusia colaboran en la independencia de Grecia.	Muere Beethoven. Schubert, *Viaje de invierno*.	**1827**
Stendhal escribe *El rojo y el negro*. Victor Hugo estrena *Hernani*.	Independencia de Bélgica. En Francia estalla la revolución de julio.	Auber, *Fra Diavolo*. Hector Berlioz, *Sinfonía fantástica*. Donizetti, *Anna Bolena*.	**1830**
Pellico, *Mis prisiones*. Mueren Johann Wolfgang von Goethe y Walter Scott.		Chopin, *Mazurcas*. Donizetti, *L'elisir d'amore*.	**1832**

	Filosofía y Religión	Artes plásticas	Ciencia y Tecnología
1835	David Strauss, *Vida de Jesús*. Quema de conventos en Barcelona.	Wappers pinta *Las luchas en las calles de Bruselas*.	Samuel Colt patenta su popular revólver.
1839		Turner, *El último viaje del Temerario*. Nacen los pintores Paul Cézanne y Alfred Sisley.	Christian F. Schönbein descubre el ozono.
1844	Kierkegaard, *El concepto de la angustia*. Comte, *Discurso sobre el espíritu positivo*.	Turner, *Lluvia, vapor y velocidad*.	Se inician los trabajos de Morse que darán lugar al telégrafo.
1850	Marx, *Las luchas de clases en Francia*.	Gustave Courbet, *Entierro de Ornans*. François Millet, *El sembrador*.	Hermann von Helmholtz establece la velocidad del impulso nervioso.
1859	Nacen Edmund Husserl, Henri Bergson y John Dewey.	Ingres pinta *El baño turco*. Ildefonso Cerdá planifica el Ensanche de Barcelona. Millet realiza *El Angelus*.	Darwin, *El origen de las especies*.
1865	Muere Pierre Joseph Proudhon.	Gustave Doré ilustra el *Paraíso perdido* de John Milton. Manet, *Olympia*. Moreau, *Jasón y Medea*.	Mendel formula las leyes de la herencia genética. Claude Bernard, *Introducción a la medicina experimental*.
1868	Stuart Mill, *Inglaterra e Irlanda*.	Marià Fortuny pinta *La vicaría*.	Descubrimiento del llamado Hombre de Cro-Magnon en Francia.
1871	Nietzsche, *El origen de la tragedia*.	Monet, *El Parlamento de Londres*. Pissarro, *Route de Rocquencourt*.	Darwin publica su obra *El origen del hombre y la selección natural*.
1876	Pi i Margall, *Las nacionalidades*. Renan, *Diálogos y fragmentos filosóficos*.	Renoir, *Le Moulin de la Galette*.	Alexander Graham Bell inventa el teléfono. Heinrich Schliemann excava en Micenas.
1881	Nietzsche, *La gaya ciencia*. Engels, *Del socialismo utópico al socialismo científico*.	Nace Pablo Ruiz Picasso. Monet, *Paisaje nevado al atardecer*.	Nace Alexander Fleming.
1885	Marx, *El capital* (segundo volumen). Tolstoi, *Mi religión*.	Rodin, *Meditación*. Van Gogh, *Aldeanos comiendo patatas*.	Louis Pasteur desarrolla la vacuna antirrábica.
1889	Bergson, *Ensayo sobre los datos inmediatos de la conciencia*.	Edvard Munch, *Banda militar en la calle Karl-Johann*. Se termina la Torre Eiffel, en París.	Isaac Peral, submarino con motor eléctrico.
1893	Blondel, *La acción*.	Munch pinta *El grito*. Nacen Joan Miró y George Grosz.	Emil von Behring, suero contra la difteria. Henry Ford construye su primer coche.
1897	Emile Durkheim, *El suicidio*.	Camille Pisarro pinta *El bulevar de los italianos*. Rodin, *Victor Hugo*.	Ramón y Cajal inicia la redacción de *Estructura del sistema nervioso*.
1900	Muere Friedrich Nietzsche. Freud, *La interpretación de los sueños*.	Sorolla pinta *Triste herencia*.	Max Planck formula la teoría de los *quanta*. Evans empieza a excavar en Cnosos (Creta) y descubre la cultura minoica.
1902	Croce, *Filosofía del espíritu*.	Ignacio Zuloaga pinta *El Cristo de la sangre*. Monet, *El puente de Waterloo*.	Ronald Ross es galardonado con el premio Nobel de Medicina.
1905	Fallece el historiador Albert Sorel.	Picasso, *Los arlequines*. Gaudí inicia las obras de La Pedrera en Barcelona.	El físico Albert Einstein formula la teoría de la relatividad.
1911	Muere Wilhelm Dilthey.	Braque, *Hombre con guitarra*. Klee, *Autorretrato*.	Rutheford teoriza acerca de la estructura atómica. Marie Curie recibe el premio Nobel de Química.
1917	Lenin, *El estado y la revolución*.	Carra, *La musa metafísica*. Muere el escultor Auguste Rodin.	Langevin descubre los ultrasonidos.
1918	Spengler, *La decadencia de Occidente*. Bertrand Russell, *Misticismo y lógica*.	Le Corbusier, *Después del cubismo*. Primera exposición de Miró.	Leonard Woolley inicia las excavaciones arqueológicas en busca de la cultura babilónica.

Literatura	Historia	Música	
Duque de Rivas, *Don Álvaro o la fuerza del sino*. Nace Mark Twain. Balzac, *Le père Goriot*.	Fallece el general carlista Zumalacárregui durante el asedio de Bilbao.	Bellini, *I puritani*. Donizetti, *Lucia di Lammermoor*. Nace Camille Saint-Saëns. Fallece Vincenzo Bellini.	1835
Stendhal, *La cartuja de Parma*. Lermontov, *Un héroe de nuestro tiempo*.		Nace Modest Musorgski. Berlioz, *Romeo y Julieta*. Verdi, *Oberto*.	1839
Dumas, *Los tres mosqueteros*. Zorrilla, *Don Juan Tenorio*. Nace Paul Verlaine.	Establecimiento de la República Dominicana.	Mendelssohn, *Concierto para violín en mi menor*. Nace Nikolai Rimski-Korsakov.	1844
Hawthorne, *La letra escarlata*. Nace Robert Louis Stevenson.		Richard Wagner, *Lohengrin*. Schumann, *Sinfonía núm. 3 «Renana»* y *Genoveva*.	1850
Dickens, *Historia de dos ciudades*. Goncharov, *Oblomov*. Victor Hugo, *La leyenda de los siglos*.	Guerra franco-sarda contra Austria.	Gounod, *Fausto*. Liszt, primer cuaderno de *Años de peregrinaje*. Verdi, *Un ballo in maschera*.	1859
Lewis Carroll, *Alicia en el país de las maravillas*. Tolstoi inicia *Guerra y paz*. Verne, *De la Tierra a la Luna*.	Abraham Lincoln es asesinado. Estados Unidos, abolición de la esclavitud.	Richard Wagner, *Tristán e Isolda*. Nacen Paul Dukas, Alexandr Glazunov y Jean Sibelius.	1865
Dostoievski, *El idiota*. Nace el poeta Stefan George.	Primera guerra revolucionaria por la independencia de Cuba.	Brahms, *Un réquiem alemán*. Muere Gioacchino Rossini.	1868
Zola inicia la redacción de *Los Rougon-Macquart*. Nace Paul Valéry.	Unificación de Alemania. Comuna insurreccional en París.	Verdi, *Aida*.	1871
Twain, *Las aventuras de Tom Sawyer*. Mallarmé, *La siesta del fauno*. Nace Jack London.	Se instaura la monarquía institucional en España gracias a una nueva Constitución. Finaliza la tercera guerra carlista.	Brahms, *Sinfonía núm. 1*. Ponchielli estrena *La Gioconda*. Wagner, *El anillo del Nibelungo* en Bayreuth. Nace Pablo Casals.	1876
Echegaray, *El gran galeoto*. Fallece Feodor Dostoievski.	Francia ejerce el protectorado sobre el territorio tunecino. Muere asesinado el zar Alejandro II; Alejandro III le sucede.	Jacques Offenbach, *Los cuentos de Hoffmann*. Nace Bela Bartok. Muere Modest Musorgski.	1881
Clarín, *La Regenta*. Maupassant, *Bel Ami*. Zola, *Germinal*.	Muere el rey de España Alfonso XII: se inicia la regencia de María Cristina.	Franck, *Variaciones sinfónicas*. Johann Strauss II, *El barón gitano*. Nace Alban Berg.	1885
Stevenson, *El señor de Ballantrae*.	Brasil se convierte en una república tras la deposición del emperador Pedro II.	Franck, *Sinfonía en re menor*. Richard Strauss, *Don Juan*.	1889
Maeterlinck, *Pelléas et Mélisande*. Wilde, *Una mujer sin importancia*.	Stephen Grover Cleveland es reelegido presidente de Estados Unidos. Francia y Rusia firman una alianza militar.	Dvorak, *Sinfonía núm. 9 «Del Nuevo Mundo»*. Verdi, *Falstaff*. Mueren Charles Gounod y Piotr Ilich Chaikovski.	1893
Stoker, *Drácula*. Rostand, *Cyrano de Bergerac*. Chejov, *Tío Vania*.	Asesinato del presidente del gobierno español Antonio Cánovas del Castillo. Práxedes Mateo Sagasta es nombrado nuevo primer ministro.	Mahler accede a la dirección de la Ópera de Viena. Dukas, *El aprendiz de brujo*. Muere Johannes Brahms.	1897
Juan Ramón Jiménez, *Almas de violeta*. Conrad, *Lord Jim*. Muere Oscar Wilde.	Expedición internacional contra los bóxers insurrectos en China. El monarca italiano Humberto I es asesinado por un anarquista; le sucede su hijo Víctor Manuel III.	Puccini estrena su ópera *Tosca*. Nacen Aaron Copland y Kurt Weill.	1900
Conan Doyle, *El perro de los Baskerville*. D'Annunzio, *Francesca da Rimini*.	Mayoría de edad de Alfonso XIII de España. Alianza anglo-japonesa.	Debussy, *Pelléas et Mélisande*. Sibelius, *Sinfonía núm. 2*. Nace Joaquín Rodrigo.	1902
Rubén Darío, *Cantos de vida y esperanza*. Hesse, *Bajo las ruedas*. Rilke, *Libro de horas*.	Primera revolución rusa, frustrada por la intervención del ejército. En Dublín se funda el Sinn Fein.	Albéniz inicia su suite *Iberia*. Debussy, *La mer*. Falla, *La vida breve*. Lehár, *La viuda alegre*. Richard Strauss, *Salomé*.	1905
Pound, *Canzoni*.	En España se funda el sindicato de la Confederación Nacional de Trabajadores (CNT). En China abdica el último emperador. Comienza la revolución mexicana con los movimientos de Zapata y Madero.	Stravinsky, *Petrouchka*. Granados, *Goyescas*. Richard Strauss, *El caballero de la rosa*. Muere Gustav Mahler.	1911
Hamsun, *Los frutos de la tierra*. Maiakowski, *Oda a la Revolución*.	Revolución rusa: toma del poder por el partido bolchevique de Lenin.	Bartok, *El príncipe de madera*. Prokofiev, *Sinfonía núm. 1 «Clásica»*.	1917
Apollinaire, *Caligramas*. Proust, *A la sombra de las muchachas en flor*.	Alemania y las potencias alemanas firman un armisticio que supone el fin de la Primera Guerra Mundial. El zar y su familia son ejecutados en Rusia.	Bartok, *El castillo de Barba Azul*. Muere Claude Debussy.	1918

	Filosofía y Religión	Artes plásticas	Ciencia y Tecnología
1924	Hitler, *Mein Kampf*.	Paul Klee, *Teatro botánico*. Manifiesto surrealista.	Se usan por vez primera los insecticidas.
1928	Jung, *Relaciones entre el ego y el inconsciente*.	Primera exposición individual de Alexander Calder en Nueva York. Chagall, *Boda*.	Fleming descubre la penicilina. Einstein enuncia la teoría del campo unitario.
1934	Einstein, *Mi filosofía*.	Dufy, *El circo*. Magritte, *La condición humana*.	Fermi, fisión del átomo.
1936	Trotski, *La revolución traicionada*. Keynes, *Teoría general del empleo, el interés y el dinero*.	Dalí, *Metamorfosis de Narciso*. Exposición nazi de «Arte degenerado» en Munich.	El cirujano Alexis Carrel implanta el primer corazón artificial.
1939	Sartre, *Esbozo de una teoría de las emociones*. Fallece Sigmund Freud.	Chagall, *Sueño de una noche de verano*.	Se inicia la fabricación industrial de nailon.
1940	Jung, *La interpretación de la personalidad*.	Brancusi, *Pájaro en el espacio*. Muere Paul Klee.	Edwin McMillan y Philip Abelson descubren el neptunio.
1943	Sartre, *El ser y la nada*.	Picasso, *Cabeza de toro*. Balthus, *La paciencia*.	Primer ordenador electrónico.
1945	Bataille, *Sobre Nietzsche*. Russell, *Historia de la filosofía occidental*.	Miró, *Mujer escuchando música*.	Se hace explotar la primera bomba atómica en Alamogordo, Nuevo México.
1948	Malraux, *Psicología del arte*.	Matisse, *Gran interior rojo*. Léger, *Homenaje a David*.	George Gamow, teoría del *big-bang*.
1951	Muere Ludwig Wittgenstein.	Salvador Dalí, *Cristo de san Juan de la Cruz*.	En Estados Unidos aparecen las primeras televisiones en color.
1957	Barthes, *Mitologías*. Jaspers, *Los grandes filósofos*.	Calder, *Mobile* para el aeropuerto Kennedy. Muere el escultor Constantin Brancusi.	Los soviéticos lanzan al espacio los primeros satélites artificiales.
1963	Eliade, *Aspectos del mito*.	Primera antología mundial de los clásicos del cómic. Fallece el pintor Georges Braque.	La soviética Valentina Tereshkova se convierte en la primera mujer astronauta.
1967	Galbraith, *El nuevo estado industrial*.	Kosuth, *Arte como idea*. David Alfaro Siqueiros, *Mural de la Revolución*. Mueren Edward Hopper y René Magritte.	Christian Barnard realiza el primer transplante de un corazón humano.
1969	Fallecen Theodor Adorno y Karl Jaspers.	Fallecen los arquitectos Walter Gropius y Mies van der Rohe.	Neil Armstrong se convierte en el primer hombre que pisa la Luna.
1971	Muere György Lukacs. Toffler, *El choque del futuro*.	Primer curso sobre cómic en la Sorbona.	Estados Unidos pone en órbita los cohetes Apollo 14 y 15.
1975	Marcuse, *Medidas de la época*.	Sert diseña la Fundación Miró de Barcelona.	Muere el biólogo Julian Huxley.
1979	Muere Herbert Marcuse. Recibe el premio Nobel de la Paz la madre Teresa de Calcuta.	Motherwell, *Noche de México*.	La sonda espacial Voyager 1 descubre un anillo alrededor de Júpiter.
1982		*El Guernica* de Picasso es instalado en el Museo del Prado de Madrid.	Se comercializa la insulina producida mediante ingeniería genética.
1990	Fallece Lewis Mumford.	Sol Le Witt, *2 x 7 x 7*.	Ingenieros franceses y británicos finalizan la perforación del Canal de la Mancha.
1991	Muere María Zambrano.	Mueren Rufino Tamayo y Robert Motherwell.	Presentación del nuevo avión Airbús-340.
1995	Juan Pablo II visita Filipinas.	Christo envuelve el Reichstag con 100000 metros de plástico.	La sonda Galileo se acerca a Júpiter.
1997	Fallece Teresa de Calcuta.	Fallecen Victor Vasarely y Willem de Kooning.	Se comercializa el DVD (Digital Video Disc).
1998	Muere Octavio Paz.	Barceló, exposición monográfica en Barcelona.	Se halla agua en la Luna.

Literatura	Historia	Música	
Thomas Mann, *La montaña mágica*. Alberti, *Marinero en tierra*.	Muere Lenin. Stalin toma el poder político en la Unión Soviética.	Puccini, *Turandot*. Nace Luigi Nono. Mueren Giacomo Puccini y Gabriel Fauré.	**1924**
García Lorca, *Romancero gitano*. Muere Vicente Blasco Ibáñez.	Unión de China bajo Chiang Kai-Shek. Zog I se autoproclama rey de Albania.	Gershwin, *Un americano en París*. Ravel, *Bolero*. Nace Karlheinz Stockhausen.	**1928**
Henry Miller, *Trópico de Cáncer*.	Sublevaciones en Asturias y Cataluña. Hitler y Mussolini se encuentran en Venecia.	Hindemith, *Mathis der Maler*. Shostakovisch, *Lady Macbeth del distrito de Mtszensk*.	**1934**
Margaret Mitchell, *Lo que el viento se llevó*. Miguel Hernández, *El rayo que no cesa*. Mueren Federico García Lorca y Rudyard Kipling.	Estalla la guerra civil en España. Hitler inicia la expansión del Reich.	Bartok acaba la *Música para cuerdas, percusión y celesta*. Prokofiev, *Pedro y el lobo*.	**1936**
Gide, *Diario*. Steinbeck, *Las uvas de la ira*. Muere Antonio Machado.	Fin de la guerra civil española. Hitler invade Polonia; estalla la Segunda Guerra Mundial.	Orff, *La luna*. Sauguet, *La cartuja de Parma*.	**1939**
Agatha Christie, *Diez negritos*. Hemingway, *Por quién doblan las campanas*.	Churchill es nombrado primer ministro inglés. Hitler penetra en Francia, Holanda y Bélgica. Batalla de Inglaterra. Trotski es asesinado por orden de Stalin en México.	Schönberg compone su *Sinfonía de cámara núm. 2*. Stravinski, *Sinfonía en do*.	**1940**
Saint-Exupéry, *El pequeño príncipe*. Thomas Mann, *José y sus hermanos*.	Desembarco aliado en Italia. Contraofensiva soviética.	Bartok, *Concierto para orquesta*. Hindemith, *Metamorfosis sinfónicas*. Schönberg, *Oda a Napoleón*. Fallece Serguéi Rachmaninov.	**1943**
Brecht, *El círculo de tiza caucasiano*. Broch, *La muerte de Virgilio*. Camus, *Calígula*.	Hitler se suicida. Capitulación de Alemania. Bombas atómicas sobre Hiroshima y Nagasaki. Fin de la Segunda Guerra Mundial.	Messiaen, *Vingt regards sur l'enfant Jésus*. Mueren Bela Bartok, Pietro Mascagni y Anton Webern.	**1945**
Mailer, *Los desnudos y los muertos*. Auden, *La edad de la ansiedad*.	Creación del Estado de Israel. Primera guerra árabe-israelí. El Mahatma Gandhi es asesinado.	Messiaen, *Sinfonía Turangalila*. Richard Strauss, *Cuatro últimos lieder*. Muere Franz Lehár.	**1948**
Cela, *La colmena*. Yourcenar, *Memorias de Adriano*.	Independencia de Libia. Perón es reelegido presidente de Argentina.	Britten, *Billy Budd*. Stravinski, *La carrera del libertino*. Fallece Arnold Schönberg.	**1951**
Kerouac, *En el camino*. Faulkner, *The town*. Calvino, *El barón rampante*.	Independencia de Ghana y Túnez. Konrad Adenauer consigue la mayoría absoluta en las elecciones alemanas.	Bernstein, *West Side Story*. Fallecen Erich Wolfgang Korngold, Arturo Toscanini y Jean Sibelius.	**1957**
Buero Vallejo, *El concierto de San Ovidio*. Cortázar, *Rayuela*. Muere Jean Cocteau.	El presidente de Estados Unidos John Fitzgerald Kennedy es asesinado.	Mompou, *Los improperios*. Fallecen Francis Poulenc y Paul Hindemith.	**1963**
Aragón, *Blanca o el olvido*. García Márquez, *Cien años de soledad*.	Muere el líder revolucionario Ernesto «Che» Guevara. Se inicia la guerra de los Seis Días entre Israel y las naciones árabes.	Ligeti, *Lontano*. Walton, *El oso*. Muere Zoltán Kodály.	**1967**
Puzo, *El padrino*. Nabokov, *Ada*.	Miles de ciudadanos estadounidenses se manifiestan contra la guerra en Vietnam.	Berio, *Sequenza VII*. Penderecki, *Los diablos de Loudun*.	**1969**
Bachmann, *Malina*. Böll, *Retrato de un grupo con dama*.	Nixon levanta el embargo contra China.	Stockhausen estrena *Sternklang*. Fallecen Louis Armstrong e Igor Stravinski.	**1971**
Borges, *La rosa profunda* y *El libro de arena*. García Márquez, *El otoño del patriarca*.	Muere el general Franco y Juan Carlos I es proclamado rey. Reunificación del Vietnam.	Montsalvatge, *Concerto capriccio*. Mueren Luigi Dallapicola y Dimitri Shostakovich.	**1975**
Calvino, *Si una noche de invierno un viajero*.	Margaret Thatcher, primera ministra británica.	Benguerel da a conocer su *Concierto para violoncelo*. Lutoslawski, *Novelette*.	**1979**
Guillén, *Final*. Nobel de Literatura para García Márquez.	Guerra anglo-argentina en las Malvinas. Felipe González, presidente del Gobierno español.	Nono, *Con Luigi Dallapiccola*. Muere Carl Orff.	**1982**
Octavio Paz recibe el Nobel de Literatura. Muere Graham Greene.	Lech Walesa, presidente de Polonia. Iraq invade Kuwait: inicio de la guerra del Golfo.	Klebe, *Concierto para violoncelo*. Fallecen Luigi Nono y Leonard Bernstein.	**1990**
	Desaparece la Unión Soviética.	Se celebra el bicentenario de la muerte de Mozart.	**1991**
El Estado español adquiere textos inéditos de García Lorca en una subasta.	Guerra en Chechenia. Cumbre iberoamericana de Bariloche.	Penderecki, *Concierto para violín núm. 2*.	**1995**
José Saramago, *Cuaderno de Lanzarote*. Dario Fo, premio Nobel de Literatura.	Tony Blair, primer ministro británico. Hong-Kong vuelve a ser territorio chino.	Fallecen Sviatoslav Richter y sir Georg Solti. Henze, *Venus y Adonis*.	**1997**
Delibes, *El hereje*.	Crisis de Kosovo en los Balcanes.	Mueren Alfred Schnittke y Hermann Prey.	**1998**

77

Guía de la música

La presente *Guía de la música* tiene como objetivo
iniciar al lector en el conocimiento de los instrumentos
musicales y la orquesta. En ella, el texto escrito halla su
complemento práctico y sonoro en un disco compacto
cuyo contenido es explicado y analizado,
track por *track*, de manera sencilla e instructiva
en las páginas que siguen a continuación.

Cómo funciona esta Guía

El objetivo de esta *Guía de la música* es el de presentar al lector una serie de ejemplos musicales acerca de los instrumentos de la orquesta a través de su escucha, e iniciarlo de este modo en la comprensión del lenguaje musical. La *Guía de la música* consta de una parte sonora, compuesta de un disco compacto —donde se han grabado diversos fragmentos representativos de cada uno de los instrumentos que conforman la orquesta—, y una parte impresa —en la que se comenta, paso a paso, el contenido del disco—.

Así mismo, como colofón musical, se incluye íntegramente una pieza que, dadas su estructura y características, se erige en paradigma de la orquesta sinfónica y sus instrumentos: el *Bolero*, de Maurice Ravel. Para aquellos oyentes que estén interesados en profundizar en la complejidad de la partitura, en las páginas 400-403 de la presente *Guía de la música* encontrarán un extenso gráfico explicativo que les permitirá visualizar con facilidad la trama orquestal. En lo que concierne a la grabación de esta obra, se ha conservado la tensión dinámica del original, por lo que los primeros tracks de la pieza suenan con muy poca intensidad. En un equipo de alta fidelidad, la reproducción es perfecta.

Los comentarios a cada uno de los fragmentos musicales que se pueden escuchar en los discos compactos van precedidos de un recuadro donde se recoge la información principal.

Muestra la pista donde se halla grabado el fragmento objeto de estudio.

Dibujo esquemático que recoge las principales características del instrumento al que se dedica el comentario.

Indica el instrumento o, en su defecto, el estilo o género músical a que se dedica el fragmento en cuestión.

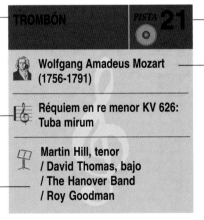

TROMBÓN — PISTA **21**

Wolfgang Amadeus Mozart (1756-1791)

Réquiem en re menor KV 626: Tuba mirum

Martin Hill, tenor / David Thomas, bajo / The Hanover Band / Roy Goodman

Informa de quién es el autor de la composición.

Señala el título de la pieza y el fragmento escogido.

Indica la formación musical, los instrumentistas o los cantantes que interpretan el fragmento seleccionado.

Muestra sobre un pentagrama el tema de la composición.

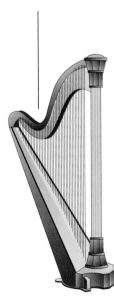

Tu - ba   mi - rum spar - gens so - - -
num,   tu - ba   mi - rum

Señala la extensión del instrumento comparándola con la del teclado del piano.

Los instrumentos musicales

INTRODUCCIÓN
PISTA **1**

**Luigi Boccherini
(1743-1805)**

**Quinteto para cuerdas
en Mi mayor Op. 13 núm. 5:
Minueto**

The Hanover Band / Roy Goodman

Frontispicio de
*Venticuatro nuevos
quintetos*, de Luigi

Boccherini, en una
edición francesa
de la época.

VIOLÍN
PISTA **2**

**Johann Sebastian Bach
(1685-1750)**

**Partita núm. 3
en Mi mayor para violín solo
BWV 1006:
Gavota en rondó**

Mariko Senju, violín

El manuscrito de Johann Sebastian Bach (1685-1750) de las *Sonatas y Partitas para violín solo* —en el original leemos *Sei solo a violino senza basso*— está fechado en 1720, cuando el gran maestro se encontraba adscrito al servicio de la corte de Köthen. Bach pensó en escribir unas composiciones que trataran de explotar todas las posibilidades técnicas del violín, con dobles y triples cuerdas —que resuelven intrincados encadenamientos de acordes—, pasajes fugados, inve-

rosímiles articulaciones y un prodigioso dominio del arco, reservado solamente a unos pocos. La colección la conforman tres sonatas y tres partitas —los músicos alemanes utilizaban el término *partita* como sinónimo de *suite*—. De la última partita escuchamos la *Gavota en rondó*, acaso uno de los momentos más logrados de esta soberbia colección violinística, reflejo del nuevo e irrepetible pulso que Bach imprimió a la música instrumental.

VIOLÍN
PISTA **3**

**Nikolai Rimski-Korsakov
(1844-1908)**

**Scherezade, suite sinfónica basada
en «Las mil y una noches» Op. 35:
El joven príncipe y la princesa**

**Orquesta Sinfónica de la Radio
de Liubliana / Anton Nanut**

Nikolai Rimski-Korsakov (1844-1908) fue uno de los miembros más activos de la escuela rusa y uno de los mejores artífices en el campo orquestal, de ahí que sus obras se distingan por la riqueza sonora. Estas cualidades se hacen perceptibles sobre todo en los pasajes descriptivos, como es el caso de la célebre suite sinfónica *Scherezade*, escrita en el año 1888 y basada en *Las mil y una noches*. Su tercer número, *El joven príncipe y la princesa*, es una de las páginas más líricas del maestro. El primer tema, confiado al violín e identificado con la figura del príncipe, es dúctil y amable, en modo menor, mientras que el segundo se asocia a la princesa, cuya tonalidad mayor resplandece sobre una acusada ritmicidad. La reexposición incluye la maravillosa cadencia del violín, que recrea el material temático de *Scherezade*.

VIOLA PISTA **4**

Gabriel Fauré (1845-1924)

**Pelléas et Mélisande, música
incidental Op. 80: Siciliana**

Pelléas et Mélisande es una de las obras escénicas más valiosas de Gabriel Fauré (1845-1924). Sin embargo, su escritura fue precipitada, puesto que recibió el encargo de la misma cuando estaba inmerso en la creación de otras partituras. Pese a ello aceptó, confiando la orquestación a un discípulo suyo, Charles Koechlin. Tras el éxito del estreno en 1898, decidió crear una suite y reorquestar todos los movimientos. Uno de los números más conocidos es la *Siciliana*, de gran pureza formal y melódica. Su popularidad hizo que se realizaran numerosas transcripciones, algunas de ellas debidas al propio Fauré. Una de las versiones está confiada a la viola, instrumento de sonido íntimo y velado que tanto gustó al compositor francés. Son estas cualidades las que le permiten satisfacer el espíritu sereno de la *Siciliana*, desarrollada en un elegante *Allegro molto moderato*.

VIOLONCELO PISTA **5**

**Camille Saint-Saëns
(1835-1921)**

**El carnaval de los animales
«Gran fantasía zoológica»: El cisne**

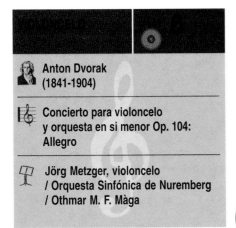

Si *El carnaval de los animales* es una de las páginas más representativas de Camille Saint-Saëns (1835-1921), *El cisne*, que forma parte de esta divertida e irónica colección, es uno de sus momentos más sobresalientes. El músico francés subtituló la obra, no sin humor, «Gran fantasía zoológica», con la cual deseaba caricaturizar a algunos intérpretes y compositores de su tiempo. No obstante, uno de los episodios más desligados del espíritu burlón de *El carnaval* es, precisamente, *El cisne*, de inefable y lánguida melodía escrita para violoncelo, con diseños de gran sensibilidad. Tanta fue la fuerza evocadora que despertó, que la legendaria bailarina Anna Pavlova lo incluyó en sus representaciones, convirtiéndose en uno de los números más aplaudidos por el público, que poco a poco identificó la pieza con un nuevo título: *La muerte del cisne.*

**Anton Dvorak
(1841-1904)**

Concierto para violoncelo y orquesta en si menor Op. 104: Allegro

Jörg Metzger, violoncelo / Orquesta Sinfónica de Nuremberg / Othmar M. F. Màga

1

2

Junto al de Schumann, el *Concierto para violoncelo y orquesta en si menor Op. 104,* de Anton Dvorak (1841-1904), es el más significativo de cuantos fueron escritos durante el siglo XIX. El virtuosismo y la calidad de su depurado lenguaje, tanto en la parte solista como en la orquestal, hacen del mismo una piedra de toque del repertorio violoncelístico. Iniciado a finales de 1894 y terminado a principios del siguiente año, fue elaborado durante la estancia americana de su autor. Al regresar a Bohemia, su tierra natal, procedió a retocar algunas partes, quedando la versión definitiva tal como pudo escucharse durante el estreno, dirigido por el propio Dvorak y tocado por Leo Stern, en marzo de 1896. El *Allegro*, que con-

tiene dos temas, es complejo y esencial. Ambas líneas son objeto de repeticiones, muchas veces moduladas, que discurren en medio de un rico tejido orquestal, que ocasionalmente acomete poderosos *tutti.*

CONTRABAJO   PISTA **7**

**Franz Schubert
(1797-1828)**

Quinteto con piano en La mayor «La trucha» D 667: Allegro vivace

Quinteto Caspar da Salò

El espíritu alegre del *Quinteto con piano en La mayor* «La trucha» *D 667,* de Franz Schubert (1797-1828), es típico de la música vienesa de principios del siglo XIX. El curioso sobrenombre de la obra se debe a que en su cuarto movimiento hay una serie de variaciones sobre un *lied* del mismo título escrito por el propio Schubert. El *Allegro vivace* inicial muestra desde el principio un soberbio melodismo, que afecta también al piano, que no se destina al acompañamiento ni a aportar una base armónica. El primer tema, a cargo del violín, que encuentra en el violoncelo su respuesta, es meditativo y algo indolente. En sus *da capo* y en episodios de enlace sobresale el contrabajo con un firme *pizzicato,* mientras que en otras secuencias desarrolla ágiles dibujos.

FLAUTÍN   PISTA **8**

**Antonio Vivaldi
(1678-1741)**

Concierto para flauta piccolo en Do mayor RV 444: Adagio

Aunque una versión conocida de esta obra es la que el propio Antonio Vivaldi (1678-1741) realizó para flauta travesera, la partitura originaria está escrita para una flauta *sopranino,* de ahí el título original de la partitura: *Concerto per flautino en Do mayor RV 444.* Al igual que otras obras de la misma naturaleza de ese período, procede, según el manuscrito, de los *concerti da camera,* algunos de los cuales, transcritos, fueron incluidos en la colección catalogada como *Op. 10.* El segundo movimiento, *Adagio,* describe con una melodía serena y envolvente un clima pastoral y refinado, muy veneciano, con arpegios, acordes desplegados, lentas escalas y saltos interválicos perfectamente integrados dentro de la línea *cantabile.*

FLAUTÍN   PISTA **9**

**Felix Mendelssohn
(1809-1847)**

Sueño de una noche de verano, música incidental para la obra de Shakespeare Op. 61: Scherzo

Escena del *Sueño de una noche de verano,* obra teatral de William Shakespeare, que sirvió de inspiración a Felix Mendelssohn para la creación de su partitura homónima.

El *Scherzo* del *Sueño de una noche de verano*, obra de Felix Mendelssohn (1809-1847) inspirada en la homónima de Shakespeare, contiene episodios de virtuosismo a lo largo de muchos de sus compases, sobre todo los confiados a las maderas. En dicha sección destaca la intervención de las flautas, que acometen rápidos pasajes *staccato*, con amplios intervalos y diseños melódicos de difícil articulación. Todo ello permite demostrar la versatilidad de la flauta travesera, su capacidad para resolver difíciles motivos en los registros más agudos que exigen del intérprete un gran dominio técnico.

FLAUTA — PISTA 10

Georges Bizet
(1838-1875)

Carmen:
Interludio del Acto III

London Festival Orchestra
/ Alfred Scholz

Georges Bizet (1838-1875) es recordado hoy por sus óperas, sobre todo por la inefable *Carmen*. No obstante, fue un magnífico compositor de música orquestal, singularizada por el detallismo y la viveza de su sonoridad. El hecho de que Bizet fuera extremadamente exigente le llevó a destruir muchas partituras y a abandonar otras. Su prematura muerte contribuyó también a la escasez del repertorio que nos ha llegado. Aparte de dos sinfonías y de sus famosas suites, algunas orquestadas por Guiraud, encontramos bellísimas páginas orquestales dentro de sus óperas, como el *Interludio* del Acto III de *Carmen*, que cuenta con el protagonismo de una elaborada y sensual melodía de la flauta.

OBOE — PISTA 11

Wolfgang Amadeus Mozart
(1756-1791)

Concierto para oboe en
Do mayor KV 314: Andante
ma non troppo

El *Concierto para oboe en Do mayor KV 314* de Wolfgang Amadeus Mozart (1756-1791) se conserva fragmentariamente. Escrito en 1777, lo conocemos en su totalidad gracias a una transcripción que realizó para flauta. Mozart recibió el encargo de un rico aficionado a la flauta, que le pidió conciertos para el instrumento. Acuciado por el trabajo, no hizo otra cosa que escribir una versión para flauta. De Jean, que así se llamaba el acaudalado flautista, sospechó de la estrategia de Mozart y decidió no pagarle. El *Andante ma non troppo* muestra la belleza del oboe, la plenitud de su expresión melancólica a la vez que amable, con un diseño que discurre sobre una melodía paralela de los violines.

CORNO INGLÉS — PISTA 12

Anton Dvorak
(1841-1904)

Sinfonía núm. 9
en mi menor «Del Nuevo Mundo»
Op. 95: Largo, un poco mosso

Orquesta Sinfónica de la Radio Austríaca / Milan Horvat

Una de las composiciones más apreciadas del repertorio sinfónico es la *Sinfonía núm. 9* «Del Nuevo Mundo», debida al compositor bohemio Anton Dvorak (1841-1904) y aplaudida en todas las salas de concierto. El segundo movimiento, *Largo, un poco mosso*, es el más célebre de cuantos la forman y se distingue por la larga y melancólica melodía del corno inglés, que entra después de unos majestuosos compases que protagonizan los instrumentos de viento. Su línea, en un luminoso Re bemol mayor, es ondulante, muy lírica, sin grandes saltos interválicos ni cambios rítmicos. Esta sobriedad contribuye a la sensación de un fluir natural, hasta que llegan episodios de timbre más sombrío.

CLARINETE — PISTA 13

Wolfgang Amadeus Mozart
(1756-1791)

Concierto para clarinete
en La mayor KV 622: Adagio

De entre los relativamente escasos conciertos para un instrumento de viento escritos por Wolfgang A. Mozart (1756-1791) destaca el *Concierto para clarinete en La mayor*, una de sus últimas composiciones. De cuidada elaboración, fue escrito a petición de un amigo clarinetista, Anton Stadler, uno de los mejores instrumentistas vieneses. El *Adagio* es uno de los momentos más conseguidos de la obra, con una bellísima y emotiva melodía, que requiere del intérprete una depurada técnica. La popularidad de dicha melodía ha hecho que sea muy requerida a la hora de ambientar escenas teatrales o cinematográficas, pues en ella se expresa la emoción con un lenguaje directo.

CLARINETE — PISTA 14

Franz Schubert
(1797-1828)

El pastor sobre la peña
(«Der Hirt auf dem Felsen») D 965

Maria Venuti, soprano
/ Charles Spencer, piano
/ Wolfgang Meyer, clarinete

El pastor sobre la peña («Der Hirt auf dem Felsen») es uno de los *lieder* más extraordinarios de Franz Schubert (1797-1828), una síntesis de imaginación y naturalidad. Canción basada en un poema de Wilhelm Müller, fue escrita en octubre de 1828 para soprano, clarinete y piano, y el maestro lo hizo inspirado en el estilo de las breves piezas concertantes para escena. Esta partitura está dedicada a la soprano Anna Milder, que, sin embargo, no la can-

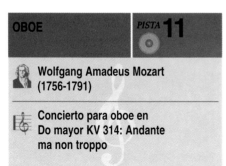

tó hasta 1830, es decir, dos años después de la muerte de su autor. La obra fue publicada póstumamente como *Op. 129*. Una de sus características más destacables y originales es la inclusión del clarinete —inusual en un *lied*—, que, con las amplias y maravillosas evoluciones melódicas, simboliza, según Schubert, al solitario y melancólico pastor que dialoga interiormente con la amada.

FAGOT PISTA **15**

Carl Maria von Weber (1786-1826)

Concierto para fagot en Fa mayor, J 127: Allegro

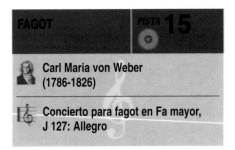

Una de las piedras de toque del repertorio romántico para un instrumento de viento es el *Concierto para fagot* de Carl Maria von Weber (1786-1826), uno de los impulsores del Romanticismo. Escrito en 1811, Weber lo revisó en 1822, tomando la forma definitiva. El *Allegro* inicial nos permite advertir la evolución musical de un instrumento que en época de sus inmediatos antecesores, Haydn y Mozart, todavía estaba en fase de asentamiento. Las evoluciones dinámicas y los rápidos diseños, unidos a los saltos interválicos y a los sutiles pasajes agudos, revelan una notable capacidad mecánica que terminará por consolidarse a mediados del siglo XIX.

SAXOFÓN PISTA **16**

Georges Bizet (1838-1875)

La arlesiana, suite núm. 2 de la música incidental: Intermezzo

La *Suite núm. 2* de *La arlesiana* constituye una de la páginas instrumentales más apreciadas de Georges Bizet (1838-1875), aunque fue su amigo Guiraud quien organizó la suite, ordenándola y realizando algunos cambios. Uno de sus movimientos, el segundo, llamado *Intermezzo*, cuenta con la destacada intervención del saxofón, un instrumento entonces novedoso y muy apreciado por los compositores franceses, quienes no dudaron en incorporarlo a la orquesta. La sonoridad apagada y algo sombría que requiere la primera parte de la partitura está protagonizada por el saxofón, que desarrolla una espléndida melodía en su transcurso. Es la que se escucha en la escena que tiene lugar en la cocina de Castelet, uno de los episodios más emotivos de *La arlesiana*.

TROMPETA PISTA **17**

Franz Joseph Haydn (1732-1809)

Concierto para trompeta en Mi bemol mayor Hob VIIe/1: Andante cantabile

Si Mozart fue poco amante de la trompeta, su amigo Joseph Haydn (1732-1809) la tuvo en gran estima, tal y como lo demuestra su intensa participación en ciertos pasajes sinfónicos y en el hecho de que le dedicara un *Concierto para trompeta en Mi bemol mayor*, que se ha convertido en una de sus creaciones concertantes más conocidas. El destinatario del mismo fue Anton Weidimer, un trompetista vienés que aportó numerosas mejoras al instrumento, como la incorporación de llaves. El bello *Andante cantabile*, sentimental y expresivo, contiene unas células melódicas que inspiraron al propio maestro el himno austríaco, que compuso en 1801, un año después de haber escrito y estrenado el *Concierto*.

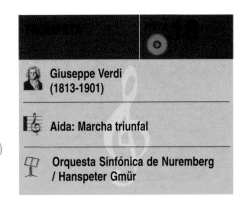

Giuseppe Verdi (1813-1901)

Aida: Marcha triunfal

Orquesta Sinfónica de Nuremberg / Hanspeter Gmür

Aida es la producción más colosal de Giuseppe Verdi (1813-1901), al menos desde un punto de vista escenográfico. Estrenada en El Cairo en 1871 con motivo de la inauguración del canal de Suez, el músico italiano consiguió una obra de gran fuerza dramática ambientada en el antiguo Egipto, donde la pugna de Ramfis y Radamés con los etíopes, que pretenden apoderarse de Tebas y del valle del Nilo, centra la acción. El Acto II tiene ya en su entrada un número de gran efecto, la *Marcha triunfal*, en la que descuellan las fanfarrias de trompetas sobre una orquesta de gran rigor rítmico, con el que se marca el paso de un numeroso ejército.

TROMPA PISTA **19**

Ludwig Spohr (1784-1859)

Quinteto para piano y viento en do menor Op. 52: Allegro

Ludwig Spohr (1784-1859) fue un maestro consumado de la música de cámara, amigo de Weber y Mendelssohn y, así mismo, autor de un largo catálogo de música sinfónica. No obstante, su originalidad reside en el mencionado apartado camerístico, del que destacamos, junto a un *Doble cuarteto de cuerda* y un *Octeto en Mi mayor*, el *Quinteto para piano y viento en do menor*, en el que la trompa interviene en igualdad de condiciones frente a unos instrumentos hasta entonces más evolucionados (flauta, clarinete y fagot), con rápidas figuraciones y repentinas secuencias líricas que contrastan con unos dibujos sencillos, que muestran la amplia sonoridad de un instrumento todavía en desarrollo en 1820, el año de composición de la obra.

TROMPA   PISTA 20

**Johannes Brahms
(1833-1897)**

**Sinfonía núm. 1 en do menor Op. 68:
Adagio. Allegro non troppo
ma con brio**

**Süddeutsche Philharmonie
/ Hans Swarowski**

El Romanticismo fue decisivo para la incorporación y asentamiento de los metales en la orquesta, de la que ocasionalmente se convierten en protagonistas, sobre todo a partir de la segunda mitad del siglo XIX. Dentro de esta familia instrumental, la trompa adquiere una particular importancia, debido sobre todo a su sugerente sonoridad, evocadora de tiempos remotos y edades legendarias, de un mundo mágico e inconfundiblemente «romántico». Un magnífico ejemplo de ello lo constituye la música de Johannes Brahms (1833-1897), en cuyo catálogo encontramos magníficas páginas protagonizadas por la trompa, como las *Variaciones sobre un tema de Haydn*, el *Trío para violín, trompa y piano* o su *Sinfonía núm. 1*. En el cuarto movimiento de esta última, este instrumento es el encargado de exponer el noble y solemne tema principal.

TROMBÓN PISTA 21

**Wolfgang Amadeus Mozart
(1756-1791)**

**Réquiem en re menor KV 626:
Tuba mirum**

**Martin Hill, tenor
/ David Thomas, bajo
/ The Hanover Band
/ Roy Goodman**

Una de las secuencias más imponentes del *Réquiem* de Wolfgang A. Mozart (1756-1791) es el *Tuba mirum*, en el que el trombón, en un sobrio acorde desplegado, majestuoso, anun-

cia la entrada de la voz, a la que acompañará durante muchos compases. El detalle de incorporar el trombón como pórtico del *Tuba mirum* se debe expresamente a Mozart, ya que, como consecuencia de su deteriorado estado físico, apenas pudo instrumentar la obra, tarea que encomendó a sus discípulos más directos, como Eybler y sobre todo Süssmayr, los cuales seguían las instrucciones del maestro.

TUBA PISTA 22

**Anton Bruckner
(1824-1896)**

**Sinfonía núm. 9
en re menor:
Adagio. Sehr langsam, feierlich**

**Süddeutsche Philharmonie
/ Alfred Scholz**

Anton Bruckner (1824-1896), acaso el sinfonista más dotado del último tercio del siglo XIX, concedió una importancia extraordinaria al colorido orquestal, cosa que explica su afición por los contrastes tímbricos de las secciones y por la reiterada intervención, muchas veces unísona, de las maderas y los metales. Influido por su admirado Wagner, hizo un continuado uso de las tubas, en auge en la música sinfónica y operística de entonces. El tercer movimiento, el *Adagio* de la *Sinfonía núm. 9,* presenta temas de insospechada belleza, como los compases que ahora escuchamos, a modo de coral, protagonizados por las tubas.

PIANO PISTA 23

**Alexandr Scriabin
(1872-1915)**

**Preludios Op. 11 núm. 1
en Do mayor**

Una de las figuras musicales que mejor representan el paso del Romanticismo tardío al siglo XX es la de Alexandr Scriabin (1872-1915), compositor ruso de refinado espíritu, artista visionario que dio vida a monumentales partituras orquestales. También su música para piano es de primera magnitud. En ella se refleja la huella de Chopin, así como los avances tonales de Liszt. Una de sus colecciones más logradas es la que contiene los *Preludios Op. 11*, de los que escuchamos el número 1, en Do mayor, que muestran la profundidad y arrebato de un lenguaje articulado a base de ondulantes escalas, temas concisos, rubatos y cambios dinámicos.

PIANO ESPAÑOL PISTA 24

**Isaac Albéniz
(1860-1909)**

**Suite Iberia, Cuaderno II, núm. 3:
Triana**

Stjepan Radic, piano

La *Suite Iberia* constituye la mejor muestra del pianismo español, no sólo del nacionalismo musical sino de todos los tiempos. La desbordante imaginación de su autor, Isaac Albéniz (1860-1909), se hace patente en este extraordinario cuaderno destinado a cantar pueblos o regiones españolas. Debido a la densidad armó-

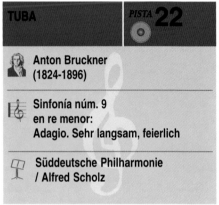

nica de la música, con rápidos y vehementes pasajes propios de Franz Liszt y episodios delicados dignos del más sutil Frédéric Chopin, resulta una prueba de fuego para cualquier pianista. *Triana* demuestra la variedad de colores que el compositor es capaz de conseguir casi de forma impresionista, con una preciosa melodía y una disposición tímbrica que equilibra idealmente la sonoridad de la obra.

PIANO	*PISTA* **25**

Ludwig van Beethoven (1770-1827)

Concierto para piano y orquesta núm. 3 en do menor Op. 37: Allegro con brio

Shoko Sugitani, piano / Orquesta Sinfónica de Berlín / Gerard Oskamp

De los cinco conciertos escritos para piano por Ludwig van Beethoven (1770-1827), el *Concierto núm. 3 en do menor Op. 37*, que data de 1803, es la primera gran creación concertante para piano del maestro. Con acentos que nos acercan al Romanticismo y nos distancian en gran parte de la estética clasicista de Mozart, tiene en su *Allegro con brio* inicial un movimiento de especial entidad. Se abre con una doble exposición temática de la orquesta, que da paso al primer tema, algo majestuoso, del piano, con una escala ascendente de semicorcheas, que luego desciende con un característico pasaje de negras y corcheas con puntillo. Este pasaje constituye el núcleo de una melodía que tendrá su respuesta en un segundo motivo, espléndido, muy lírico y de claro fraseo.

CLAVE	*PISTA* **26**

Jean-Philippe Rameau (1683-1764)

Suite núm. 2: Giga con rondó

Quizás el nombre más ilustre del Barroco francés sea, junto al de François Couperin, el de Jean-Philippe Rameau (1683-1764), un excelente compositor y teórico que aportó al arte musical muchas novedades. Sus bellas suites clavecinísticas son una muestra de la delicadeza y refinamiento armónicos que caracterizaron la escuela francesa del siglo XVIII. De la *Suite núm. 2* escuchamos la *Giga con rondó*, una página llena de gracia y afabilidad en la cual la repetición temática, lejos de ser reiterativa, añade frescura y elegancia. La giga es una de las danzas más alegres de las que componen la suite y fue objeto de un extraordinario cultivo por parte de los músicos franceses, alemanes e ingleses de los siglos XVII y XVIII.

ÓRGANO	*PISTA* **27**

Johann Sebastian Bach (1685-1750)

Toccata y fuga en re menor BWV 565

Miklos Spanyi, órgano

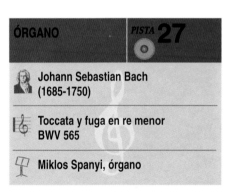

El órgano es el indiscutible rey de los instrumentos y Johann Sebastian Bach (1685-1750) uno de los autores que más y mejor han escrito para él. Excelente organista, famoso por la calidad y originalidad de sus improvisaciones, de su amplia producción destinada al órgano una obra destaca por encima de todas, hasta el punto de haber sobrepasado con creces los estrechos márgenes de la llamada «música clásica» para convertirse en una de las piezas más conocidas del repertorio: la *Toccata y fuga en re menor*. La poderosa y majestuosa sonoridad del instrumento, la amplitud de su registro y su capacidad dinámica son exploradas por el maestro de Eisenach en esta breve partitura de admirable factura, con tal maestría que ha motivado que otros compositores realizaran diversas adaptaciones orquestales que en ningún momento pueden reemplazar al original.

XILÓFONO	*PISTA* **28**

Camille Saint-Saëns (1835-1921)

El carnaval de los animales: Fósiles

Süddeutsche Philharmonie / Hanspeter Gmür

El compositor francés Camille Saint-Saëns (1835-1921) se preocupó durante toda su vida por crear en torno suyo una aureola de músico serio y académico, respetuoso con

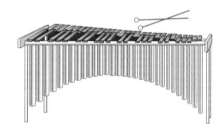

las reglas de la tradición. Es por ello que escondió celosamente de las miradas del público esta singular composición, *El carnaval de los animales,* excluyéndola de su catálogo oficial, razón por la cual carece de número de *opus*. La causa de tal comportamiento no es otra que el espíritu burlón de que hace gala el compositor en ella, parodiando o ridiculizando a algunos de sus contemporáneos, incluido él mismo. Uno de los fragmentos más logrados es el titulado *Fósiles*, en el que Saint-Saëns cita su propia *Danza macabra*, amén de otras melodías de moda entonces. La característica sonoridad del xilófono, combinada con la de los dos pianos, contribuye a darle a este movimiento un especial e irreverente atractivo. Compuesta en 1886, esta «Gran fantasía zoológica», como la definió su autor, sólo vio la luz pública en 1922, una vez ya hubo fallecido el músico.

ARPA

PISTA **29**

Hector Berlioz (1803-1869)

Sinfonía fantástica (Episodios de la vida de un artista) Op. 14: Un baile

Süddeutsche Philharmonie / Alberto Lizzio

Las innovaciones aportadas por Hector Berlioz (1803-1869) a la orquesta forman parte del nuevo culto al sinfonismo, ligado a la expansión del Romanticismo. Berlioz fue un gran maestro en el arte de la instrumentación y creó unas obras muy desvinculadas de las estéticas alemana y austríaca, hasta entonces imperante. Su orquesta goza de un color superior al de sus coetáneos germánicos y su música tiende a la descripción, de ahí que emplee numerosos recursos para representar una acción, como la que sucede en la *Sinfonía fantástica*, que cuenta con la novedosa incorporación de dos arpas. En el segundo movimiento, *Un baile*, estas arpas acompañan oníricamente el tema principal, desarrollado en compás ternario.

GUITARRA

PISTA **30**

Fernando Sors (1778-1839)

Estudio en si menor

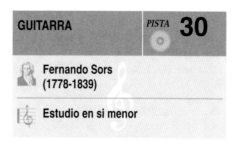

Fernando Sors (1778-1839) fue uno de los guitarristas más famosos de su tiempo, aplaudido en ciudades como San Petersburgo, Londres y París, donde se afincó tras huir de España a causa de sus ideas afrancesadas. Su música tuvo la cualidad de elevar la guitarra a un rango no vivido por el instrumento desde mediados del siglo XVII. Los salones parisinos, acostumbrados al piano, admitieron con Sors el instrumento español. El *Estudio en si menor* es una de sus piezas más difundidas y forma parte habitualmente del repertorio de muchos intérpretes. La melodía recurrente, unida a una armonización sencilla pero de indudable buen gusto, hacen de este *Estudio* una página estimable.

MANDOLINA

PISTA **31**

Domenico Cimarosa (1749-1801)

Sonata para tecla, arpa y otros instrumentos: Adagio

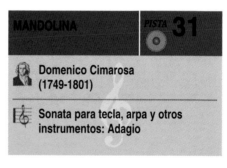

Si bien hoy Domenico Cimarosa (1749-1801) es conocido por sus óperas, en especial por *Il matrimonio segreto*, escribió catorce sinfonías y casi un centenar de sonatas para clave o fortepiano, que adaptó, en ocasiones, a otros instrumentos, de tecla o pulsados. Este es el caso de la presente *Sonata*, muy marcada por el estilo de maestros anteriores a Cimarosa como Bernardo Pasquini y que aquí escuchamos en su segundo movimiento, *Adagio*, tocada con una mandolina, instrumento muy del gusto de los compositores

de ópera bufa napolitanos como el propio Cimarosa, que la introdujeron en más de una escena, del mismo modo que hiciera Mozart en *Don Giovanni*.

CAJA

PISTA **32**

Gioacchino Rossini (1792-1868)

La gazza ladra: Obertura

London Festival Orchestra / Alfred Scholz

Las oberturas operísticas de Gioacchino Rossini (1792-1868) fueron en su tiempo un modelo para imitar, tanto por su riqueza orquestal como por las espléndidas e ingeniosas melodías, que obtuvieron una extraordinaria difusión entre el público. La obertura de *La gazza ladra* («La urraca ladrona») alcanzó una merecida fama, ya que Rossini, hasta la composición de la misma, no había empleado tantos efectivos orquestales ni tampoco había prolongado tan extensamente sus compases. El inicio tiene un distintivo sumamente llamativo, como son los redobles de las cajas, que imponen el *Maestoso marciale* con el que se anuncia el comienzo del espectáculo. Unos nuevos redobles nos llevarán inmediatamente al enunciado del primer tema.

BOMBO — PISTA 33

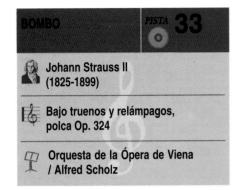

Johann Strauss II (1825-1899)

Bajo truenos y relámpagos, polca Op. 324

Orquesta de la Ópera de Viena / Alfred Scholz

Bajo truenos y relámpagos fue una de las polcas más bailadas en los salones de finales del siglo XIX. Escrita por el maestro del género, Johann Strauss II (1825-1899), expresa el vértigo de una tempestad, aunque de un modo amable y hasta cómico, a lo que contribuyen los rotundos toques del bombo, cuya potente sonoridad irrumpe en medio de una orquesta ciertamente dinámica. El singular y onomatopéyico uso del bombo, unido a la vitalidad de sus compases, hacen que esta polca se cuente entre las mejores de las ciento cuarenta compuestas por el músico y director vienés.

PLATILLOS — PISTA 34

Piotr Ilich Chaikovski (1840-1893)

Obertura solemne «1812» Op. 49

Orquesta Sinfónica de la Radio de Liubliana / Anton Nanut

Cuando Piotr Ilich Chaikovski (1840-1893) recibió el encargo de Nikolai Rubinstein para componer una obertura destinada a celebrar la Exposición Industrial, aceptó a regañadientes, con desgana. Sin embargo, Chaikovski no podía intuir que al dar vida a la *Obertura «1812»* iba a crear una de sus obras más populares y que más grabaciones discográficas ha merecido junto con sus suites de ballet y sinfonías. El rasgo común de la partitura es la grandilocuencia orquestal, con temas de mucha fuerza dramática y una oposición de las secciones instrumentales de notorio relie-

ve. La intervención de los platillos, dentro de una amplia percusión, contribuye a la apoteosis de esta página, estrenada en 1882.

CAMPANAS — PISTA 35

Hector Berlioz (1803-1869)

Sinfonía fantástica (Episodios de la vida de un artista) Op. 14: Sueño de una noche de Sábbat

Süddeutsche Philharmonie / Alberto Lizzio

El afán de experimentación de Hector Berlioz (1803-1869) le llevó a la búsqueda de nuevos timbres y efectos sonoros capaces de enriquecer la orquesta. Éste es el motivo de la introducción de unas campanas en *El sueño de una noche de Sábbat*, movimiento conclusivo de la *Sinfonía fantástica*, en el que se describe a sí mismo envuelto en una tormentosa y trágica escena diabólica. Aunque estas incorporaciones instrumentales nos puedan parecer poco significativas, fueron de gran importancia, ya que entonces constituían una sorprendente novedad. El tañido repetido de la campana añade tetricidad y, una vez finalizado, nos sumergirá en el *Dies irae* con el que se llega al final de la obra.

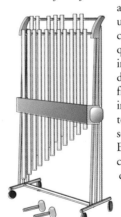

TRIÁNGULO — PISTA 36

Franz Liszt (1811-1886)

Concierto para piano y orquesta núm. 1 en Mi bemol mayor S 124: Allegretto vivace

Dieter Goldmann, piano / Süddeutsche Philharmonie / Hanspeter Gmür

El escrupuloso Eduard Hanslick censuró el tercer movimiento, *Allegretto vivace*, del *Concierto para piano y orquesta núm. 1* de Franz Liszt (1811-1886), arguyendo que se trataba de un concierto para triángulo. Lo cierto es que en pocas obras sinfónicas y concertantes resuena tan diáfanamente este pequeño instrumento de percusión, que ayuda, en este caso, a enfatizar el efecto rítmico que el compositor trató de dar a la orquesta,  para la cual buscó además un contraste tímbrico lo suficientemente sutil como para no requerir el contrapunto de otro instrumento de mayor presencia, cosa que habría desvirtuado el propósito de este pasaje.

TIMBAL — PISTA 37

Georg Friedrich Haendel (1685-1759)

Música para los reales fuegos de artificio HWV 351: La Réjouissance

Süddeutsche Philharmonie / Alexander von Pitamic

Los timbales estuvieron asociados en el pasado a la música heráldica y de celebración, y este es precisamente el cometido que cumplen en la *Música para los reales fuegos de artificio*, una suite escrita por Georg Friedrich Haendel (1685-1759) con ocasión de la paz firmada en Aquisgrán. Al mejor estilo de sus contemporáneos franceses, Haendel dio un acento especial a los timbales en este movimiento de exaltación como es el correspondiente a *La Réjouissance*,  en el que toda la sección temática en que intervienen con intensidad trompetas y trompas se repite enfáticamente hasta tres veces para dar un aire solemne a la vez que festivo.

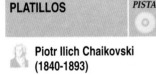
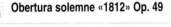

Una lección de música

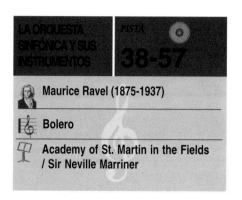

LA ORQUESTA SINFÓNICA Y SUS INSTRUMENTOS

PISTA 38-57

Maurice Ravel (1875-1937)

Bolero

Academy of St. Martin in the Fields / Sir Neville Marriner

En 1927 Maurice Ravel (1875-1937) empezó a componer una obra orquestal destinada a un ballet. Inmerso en otras partituras, aceptó, no sin desgana, lo que era un encargo de Ida Rubinstein. Su amistad con la prestigiosa bailarina le impidió negarse. Para facilitar su trabajo, Ravel pensó orquestar algunas de las rítmicas páginas de Isaac Albéniz, pero los primeros esbozos no le dejaron satisfecho. Así, decidió emprender una nueva creación, una pieza que pudiera satisfacer su propósito: escribir una composición muy rítmica, que fuera ganando colorido y volumen a lo largo de un *crescendo* que sobrepasara los ¡quince minutos! ¿Qué mejor que utilizar un ritmo de bolero? El maestro francés, buen conocedor y admirador del folclor y la música españolas —su madre era vasca—, tomó la base rítmica de esta danza ternaria (3/4) tan en boga a finales del siglo XVIII, emparentada con el fandango, que solía bailarse y cantarse en las calles y plazas de España con unas castañuelas. Citada por Jovellanos, su carácter moderado y su elegancia la hicieron favorita de muchos bailarines, entre ellos Cerezo, a quien algunos estudiosos le atribuyen su invención.

Ciertamente, para Ravel fue una obra experimental, una aventura, una especulación formal. Él mismo lo señaló en una carta publicada en el *Daily Telegraph* en julio de 1931: «Deseo que mi *Bolero* no lleve a engaño, porque no pretende otra cosa que lo que intenta: crear un tejido orquestal sin música, un largo y progresivo *crescendo*.» Es famosa la anécdota de su estreno en la Ópera de París en noviembre de 1928, cuando una espectadora exclamó: «¡Se ha vuelto loco!» A lo que Ravel respondió: «¡Menos mal, veo que alguien ha entendido algo!» El autor no podía imaginar que este *Bolero* de ritmo obsesivo, fruto de un orfebre musical, iba a depararle la fama más duradera y que acabaría convirtiéndose en la composición originaria de maravillosas coreografías como las de Bronislava Nijinska (1932) y Maurice Béjart (1961). Sus numerosísimas grabaciones discográficas y su vigencia en el repertorio orquestal demuestran que el *Bolero* raveliano es una de las páginas más vitales de la primera mitad del siglo XX.

Cómo escuchar el Bolero

El gráfico de las páginas siguientes permite visualizar la trama orquestal del *Bolero*. La intensificación de líneas denota la paulatina complejidad de la partitura, tanto por la intervención de un número superior de instrumentos como por el mayor índice de líneas melódicas y apoyo y refuerzo de la percusión. Las líneas verticales están limitadas por dos cifras: las de la parte superior indican el minutaje, en tanto que las inferiores señalan los compases en que acontecen los cambios instrumentales o entradas de melodías. La estructura horizontal responde al siguiente esquema: La línea verde marca el primer tema:

El color rojo se refiere al segundo tema:

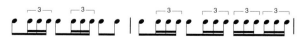

El color verde aceituna indica un tercer tema breve que sólo aparece al final de la obra; el negro muestra la repetición de la característica y obsesiva fórmula rítmica:

El azul, que entra con las violas, denota otra forma rítmica:

Una nueva combinación de ritmo, en color naranja, es inaugurada por el clarinete bajo:

El violoncelo se inicia en la partitura con el azul intenso:

junto con el rosa fuerte

que únicamente aparece al inicio, y sólo en las violas. El naranja intenso surge en el arpa:

Al final de la obra, en trombones y saxofones, el amarillo indica la siguiente fórmula:

glissando glissando

También hacia la finalización, el color rosa está destinado a representar una parte de la percusión, como el bombo y los platillos:

La línea de color gris ejemplifica los compases de cierre orquestal.

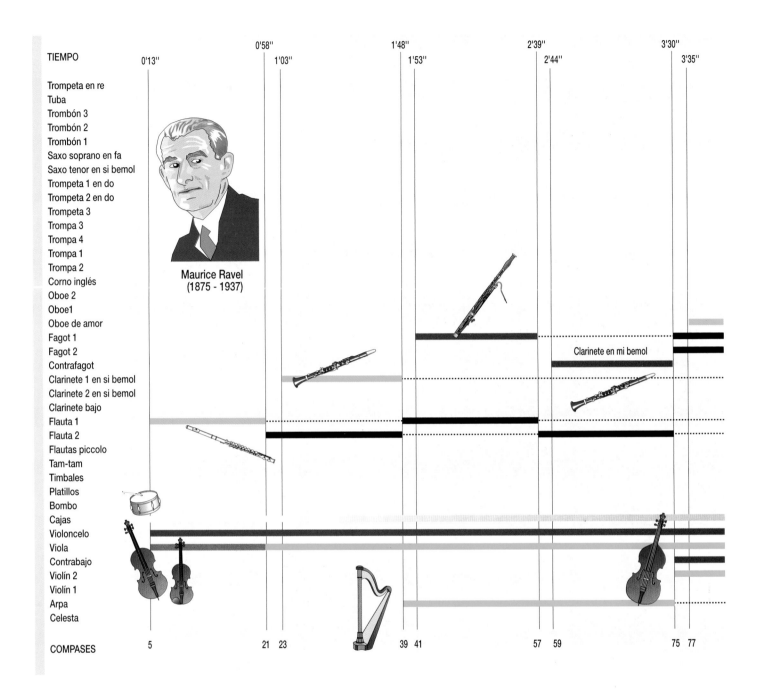

El Bolero *paso a paso*

La flauta travesera es la encargada de inaugurar el tema (verde) [compás 5], que se repetirá a lo largo de toda la obra. El ritmo, indicado en la partitura *Tempo di bolero moderato assai*, está marcado por la fórmula inmutable de las cajas. El clarinete [compás 23] realiza el relevo temático y la flauta segunda pasa a marcar el ritmo. Al terminar el clarinete la exposición del tema, y antes de que el fagot empiece el segundo motivo (rojo) [compás 41], el arpa ha iniciado su trayectoria [compás 39], instrumento que no tocará el tema y que a lo largo de la obra tan sólo ejercerá un papel rítmico, al igual que el resto de los instrumentos cuando no ejecutan la melodía. El *Bolero* se desarrolla sobre la estructura edificada por los citados instrumentos, con los siguientes pasos principales: entrada de tema [compás 59] con el clarinete en mi bemol. Al finalizar la intervención de éste, aparece el contrabajo [compás 75], que a lo largo de toda la partitura únicamente realiza dos diseños rítmicos distintos. Al mismo tiempo intervienen los violines segundos, que con posterioridad dialogarán con los violines primeros. Mientras los fagotes imitan a las cajas [compás 75], el oboe de amor [compás 77] repite el dibujo temático inicial.

NOTA DEL EDITOR:
Los primeros compases del *Bolero* (tracks 38-42) tienen una dinámica sonora muy baja, tal como marca la partitura.

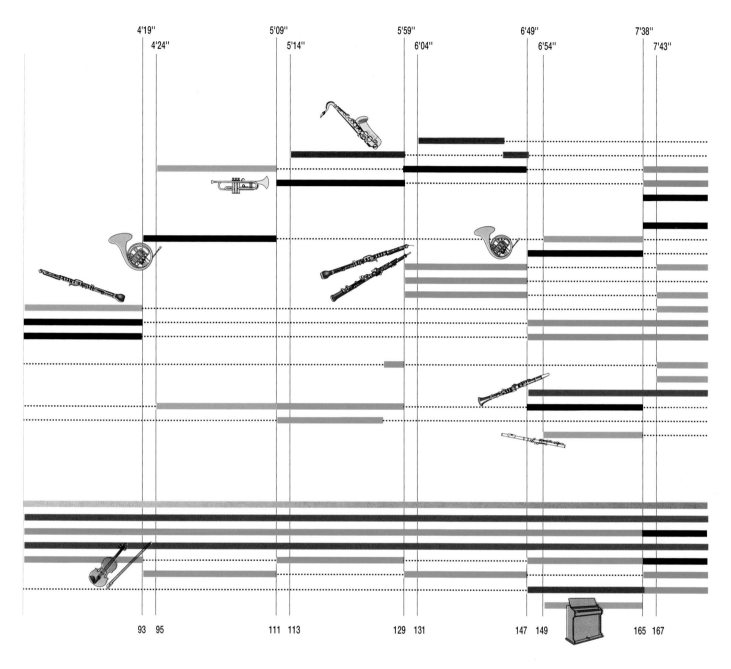

| 4'19" | 5'09" | 5'59" | 6'49" | 7'38" |
| 4'24" | 5'14" | 6'04" | 6'54" | 7'43" |

| 93 95 | 111 113 | 129 131 | 147 149 | 165 167 |

El bolero es una elegante
danza de origen español.
En el grabado, pareja
de bailarines danzando
un bolero.

Antes de que las flautas y la trompeta en do [compás 95] reproduzcan el dibujo del oboe de amor, la trompa [compás 93] se une a las cajas. El saxofón tenor [compás 113] ejecuta el segundo diseño temático, que a su vez repetirá el saxofón soprano [compás 131], los cuales reciben el soporte rítmico de las flautas segundas, trompetas, corno inglés y oboes.

Mientras, las cuerdas prosiguen su rítmico camino. La celesta sólo canta unos instantes el tema característico [compás 149], para desaparecer unos compases después [compás 165], durante los cuales ha sido acompañada por las flautas *piccolo* y por las trompas primeras. Volvemos a oír este dibujo en los clarinetes, oboe de amor, oboes primeros y corno inglés [compás 167].

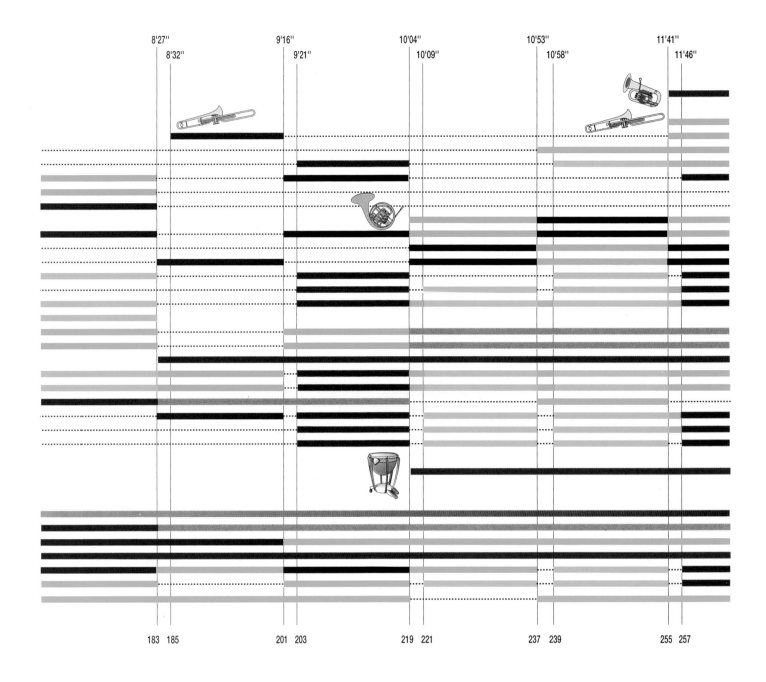

Los trombones principales se estrenan en la realización del segundo tema en solitario [compás 185]. El resto de los efectivos orquestales sigue su curso rítmico. Este segundo trazo temático surge ahora [compás 203] con mucha más fuerza, pues lo tocan el saxofón tenor, corno inglés, oboes, clarinetes, flautas y el *piccolo*, toda vez que la cuerda prosigue su andadura rítmica y obsesiva. El ritmo de las cajas se refuerza con las trompetas, las cuartas trompas y los violines segundos [compás 201]. Por su parte, el fagot y el contrafagot [compás 219] imitarán el ritmo iniciado por los violoncelos y el clarinete bajo [compás 183], para así dar entrada al primer tema en los oboes, clarinetes, flautas, *piccolo* y violines primeros [compás 221]. Mientras tanto, los

timbales dan principio a su intervención imitando la fórmula rítmica del contrabajo [compás 219]. A partir de estos compases se hace más perceptible el aumento de intensidad sonora, el cual se produce de forma progresiva con el lento y sutil *crescendo* que caracteriza la obra. La siguiente entrada temática [compás 239] se cumple con la intervención del saxofón tenor, corno inglés, oboes, clarinetes, flautas, *piccolo*, y, ya en la cuerda, con los violines primeros y segundos. Llega por primera vez la tuba [compás 255] con una imitación del ritmo del contrabajo. Seguidamente, suena el segundo tema en las trompetas primeras, corno inglés, oboes, flautas, *piccolo*, violines primeros y violines segundos [compás 257], que tienen un refuerzo en los últimos compa-

ses con la participación de las cuartas trompas, el clarinete bajo y las violas. El volumen orquestal, ya muy marcado, empieza a alcanzar la plenitud gracias a la intervención de casi todos sus elementos, que de un modo aparentemente natural trenzan el *crescendo*, que sigue su curso.

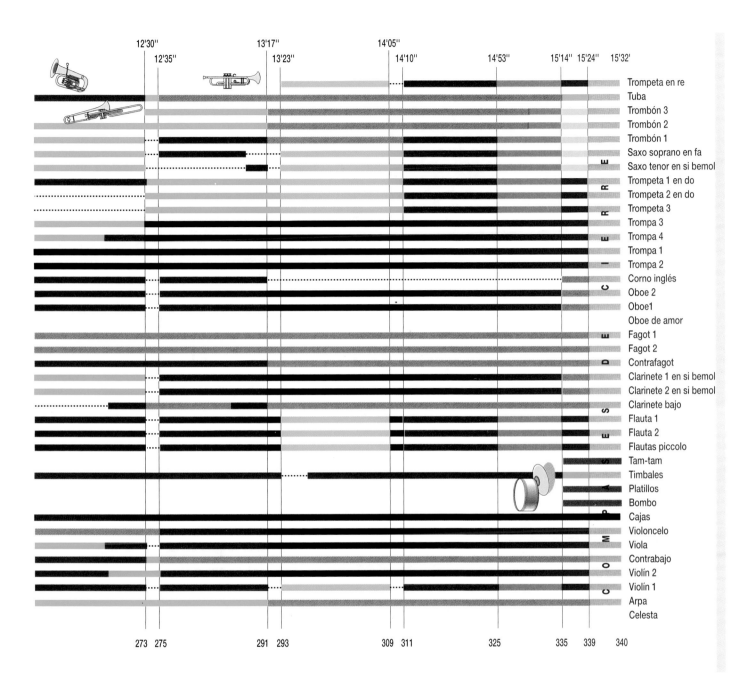

El segundo tema aparece de nuevo en los trombones primeros [compás 275]. El saxofón soprano hace lo propio, si bien el dibujo lo finaliza el saxofón tenor. A éstos les acompañan temáticamente el corno inglés, oboes, clarinetes, flautas, *piccolo*, violas, violoncelos y violines. Se unen a las cajas [compás 291] todas las trompas, oboes, clarinetes, flautas, *piccolo*, violines segundos, violas y violoncelos. Una nueva entrada del tema [compás 293] se hace audible en la trompeta en re, saxofón soprano, saxofón tenor, trompetas, flautas, *piccolo* y violines primeros. Ahora se produce la última intervención del segundo tema [compás 311], perceptible en la trompeta en re, trombones primeros, saxofón soprano, saxofón tenor, trompetas, flautas, *piccolo* y violines primeros. De inmediato [compás 325] surge una derivación del material temático ya escuchado, de modo que se forma una especie de tercer y muy breve tema (verde aceituna) que protagonizan la trompeta en re, trombones, saxofones, trompetas, flautas, *piccolo* y violines primeros. Un nuevo elemento rítmico [compás 335] es creado por los trombones y saxofones, en tanto que la percusión formada por el tam-tam, los platillos y el bombo dan cuerpo a otro ritmo en ese mismo compás [compás 335]. Toda la orquesta [compás 339] realiza un compás de cierre, vehemente y rotundo.

Silueta de un director de orquesta. Por la complejidad de su entramado instrumental, el *Bolero* es una obra apta para el lucimiento de todo buen director.

Índice de la Guía de la música

Los números remiten a la pista correspondiente del disco.

Índice analítico

El presente índice incluye los apartados
de Historia, Voces e instrumentos y Repertorio.
El diccionario, dado su carácter alfabético, es el índice
de sí mismo, por lo que queda excluido.

ABCDEFGHIJKLMNÑOPQRSTVWXYZ

D

E

Rebel, Jean-Féry 166
Recitativo 58, 59, 60, 101
Reger, Max 46
Reicha, Antonín 93
Reimann, Aribert 147
Rellstab, Ludwig 79, 256
Renacimiento 22, 30, 34, 38, 162, 176, 177
Reni, Guido 38
Responsorio 12
Reutter, Georg 68
Revueltas, Silvestre 218
Reyman, Matthias 35
Ricardo I Corazón de León 21
Ricercar 30, 31, 34
Richard, Little 152
Richter, Franz Xaver 57, 65
Richter, Sviatoslav 81, 257
Rietz, Eduard 244
Rilke, Rainer Maria 277, 279
Rimski-Korsakov, Nikolai 106, 107, 130, 202, 211, 213, 217, 229
Rinuccini, Ottavio 28
Ripieno 53
Ritmo 7, 144
Ritornello 29, 61
Robeson, Paul 197
Rock 151, 152, 155
Rodgers, Richard 196, 197
Rodrigo, Joaquín 111, 230, 238
Rodrigues Coelho, Manuel 51
Rodríguez, Vicente 51
Rolling Stones 153
Romani, Felice 185, 188
Romanticismo 98, 104, 105, 107, 108, 132, 161, 167, 169, 170, 174, 232, 245, 246, 260, 265, 266, 274, 278
Romero, Federico 194
Rondó 18
Rore, Cipriano de 23, 24
Rossi, Luigi 40
Rossini, Gioacchino 59, 93, 94, 95, 120, 173, 177, 180, 184, 273
Rostropovich, Mstislav 237, 238
Rósza, Miklós 207
Rota, Nino 206
Rousseau, Jean-Jacques 62, 74
Roussel, Albert 126, 225
Roxy Music 153
Rubinstein, Arthur 81, 251

Rubinstein, Nikolai 231, 249
Rutini, Giovanni Marco 42

S

Sacabuche 165
Sachs, Curt 158
Sainte-Colombe 162
Saint-Saëns, Camille 96, 212, 213, 226, 240
Sáinz de la Maza, Regino 230
Salieri, Antonio 67, 72, 86
Salmond, Felix 237
Salmos 12
Salomon, Johann Peter 69, 222
Sammartini, Giovanni Battista 70
Sand, George 83
Santa María, Tomás de 33, 35, 51
Sanz, Alejandro 153
Sanz, Gaspar 238
Sarasate, Pablo 239
Sarto, Andrea del 38
Satie, Erik 126, 127, 252
Saxofón 164
Scarlatti, Alessandro 40, 45, 268
Scarlatti, Domenico 51, 251, 254, 258
Schenk, Johann 72
Scherzo 73, 91
Schikaneder, Emanuel 187
Schiller, Friedrich von 78, 98, 242
Schlick, Arnolt 32, 34
Schnittke, Alfred 147, 238
Schola Cantorum 114, 115, 230
Schönberg, Arnold 46, 123, 125, 130, 131, 132, 134, 135, 136, 137, 138, 139, 142, 144, 148, 212, 218, 242, 244, 267, 269, 273, 276, 278
Schrattenbach, Sigismund von 70
Schreker, Franz 134
Schubert, Franz 78, 79, 81, 84, 88, 90, 99, 208, 226, 242, 245, 246, 249, 251, 253, 257, 260, 261, 278
Schulhoff, Erwin 138
Schumann, Robert 78, 80, 81, 84, 85, 88, 89, 90, 91, 99, 207, 226, 232, 234, 245, 249, 250, 253, 254, 256, 260, 261

Schuppanzigh, Ignaz 242
Schütz, Heinrich 275
Scott, Robert 209
Scriabin, Alexandr 216
Segovia, Andrés 238
Seguidilla 63
Segunda Escuela de Viena 117, 132, 134, 135, 148
Seidl, Anton 79
Seis, Grupo de los 126, 127, 133
Senesino 41
Senleches, Jacob de 19
Señor de Kürenberg 21
Serialismo 148
Serly, Tibor 231
Serrat, Joan Manuel 152
Sessions, Roger 143
Séverac, Déodat de 115
Sex Pistols 153
Shakespeare, William 93, 98, 99, 203, 205, 207, 209, 217
Shebalin, Visarion 140
Shostakovich, Dimitri 140, 141, 200, 206, 211, 226, 227, 234, 238, 243, 255, 261, 262
Sibelius, Jean 112, 207, 214, 227, 237, 269, 277
Sid Vicious 153
Siface 41
Silbermann, Gottfried 161
Simbolismo 122
Simoni, R. 193
Sinatra, Frank 151, 153
Sinfonía 57, 64, 65, 69, 73, 92, 116
Singspiel 62, 63, 71, 96
Slater, Montagu 190
Smetana, Bedrich 108, 109, 215, 243
Söderman, Johan August 112
Sófocles 11
Solage 19
Soler, Antonio 51, 251
Sollertinski, Iván 249
Solti, Georg 223
Sonata 31, 57
Sondheim, Stephen 197
Sonnleithner, J. 187
Soprano 172, 173
Sors, Carlos 259
Sors, Ferran 259
Soto de Langa, Francico 33, 44
Spandau Ballet 153
Spaun, Joseph von 249
Spice Girls 153

Spiess, Joseph 235
Spontini, Gaspare 177
Stadler, Anton 230, 245
Stalin, Jossif 227, 271
Stamitz, Carl 57
Stamitz, Johann 57, 64
Steffani, Agostino 42, 48, 49
Stein, L. 195
Steiner, Max 207
Stendhal 94
Sterbini, Cesare 180
Stern, Leo 237
Stewart, James 209
Stile rappresentativo 25, 28
Stilo concertato 44
Stockhausen, Karlheinz 135, 144, 147, 149
Stokowski, Leopold 169, 210, 259
Stösslová, Kamila 242
Stradella, Alessandro 40, 45, 53
Strauss, Franz 118
Strauss, Richard 78, 85, 118, 119, 125, 127, 139, 172, 177, 182, 191, 210, 213, 228, 237, 238, 265
Strauss II, Johann 194, 211, 229
Stravinski, Igor 46, 107, 122, 125, 126, 127, 129, 130, 131, 132, 136, 137, 139, 142, 146, 167, 183, 199, 201, 202, 218, 272, 273, 276
Strepponi, Giuseppina 102
Striggio, Alessandro 27, 186
Suárez, Gonzalo 214
Sublime 76, 77
Suite 49
Suk, Joseph 218
Sullivan, Arthur 113
Supervía, Conchita 173
Susato, Tylman 37
Süssmayr, Franz Xaver 67, 274
Sutherland, Joan 95
Sweelinck, Jan Pieterszoon 32, 33, 51
Swing 151, 152
Székely, Zoltán 235
Szymanowski, Karol 277

T

Tablatura 32, 34
Tagore, Rabindranath 276
Tailleferre, Germaine 127
Tallis, Thomas 33, 37